Queen Afua

MULHER SAGRADA

Queen Afua

MULHER SAGRADA

UM GUIA PARA CURAR O CORPO,
A MENTE E O ESPÍRITO FEMININO.

TRADUÇÃO THAÏS COSTA

nVersos

Eu dedico *Mulher Sagrada* às primeiras mães do planeta que podiam curar, à mulher afrakana e às mulheres do mundo inteiro que precisam de bem-estar.

Copyright © 2000 by Queen Afua/Helen O. Robinson

Licença exclusiva para publicação em português brasileiro cedida à nVersos Editora. Todos os direitos reservados. Publicado originalmente na língua inglesa sob o título: *Sacred Woman: A guide to healing the feminine body, mind, and spirit*. Publicado pela Editora One World Trade um selo da Editora Random House da divisão Penguin Random House LLC, New York.

Diretor Editorial e de Arte:
Julio César Batista

Produção Editorial:
Carlos Renato

Preparação:
Mariana Silvestre de Souza

Revisão:
Nathália Florido Osorio e Elisete Capellossa

Diagramação e Capa:
Juliana Siberi

Imagem da Capa:
Mirror, ca. 1478-1390 B.C.E. Silver and copper alloy, 9 3/4 x diam. 51/2in. (24,7x a4 cm). Brooklyn Museum, Charles Edwin Wilbour Fund.

DADOS INTERNACIONAIS DE CATALOGAÇÃO
NA PUBLICAÇÃO (CIP) (CÂMARA BRASILEIRA DO LIVRO, SP, BRASIL)

Afua, Queen
Mulher Sagrada: um guia para curar o corpo, a mente e o espírito feminino / Queen Afua; tradução Thaïs Costa. - 1. ed. - São Paulo, SP: nVersos, 2021.

Título original: *Sacred Woman*
ISBN 978-65-87638-50-8
1. Autocuidados de saúde 2. Cura espiritual 3. Empoderamento
4. Sagrado feminino
5. Naturopatia Longevidade I. Título.
22-99148   CDD-615.852

Índices para catálogo sistemático:

1. Mulher Sagrada: Cura espiritual: Terapia alternativa 615.852
Eliete Marques da Silva - Bibliotecária - CRB-8/9380

NOTA: A nVersos Editora e a autora não pretendem prestar serviços e orientação profissional ao leitor. As ideias, procedimentos e sugestões contidos neste livro são substituem consultas com o seu médico ou terapeuta. Todas as questões relativas à sua saúde requerem supervisão médica. A autora e a nVersos Editora se isentam da responsabilidade por qualquer perda ou dano supostamente decorrente de qualquer informação ou sugestão neste livro.

1ª edição – 2022
Esta obra contempla o Acordo Ortográfico da Língua Portuguesa
Impresso no Brasil - Printed in Brazil
nVersos Editora: Rua Cabo Eduardo Alegre, 36 - CEP: 01257060 - São Paulo – SP
Tel.: 11 3382-3000
www.nversos.com.br
nversos@nversos.com.br

SUMÁRIO

INTRODUÇÃO À EDIÇÃO NO VIGÉSIMO ANIVERSÁRIO.............. 11
PREFÁCIO: Eu Sou a Mulher, Eu Sou a Cura Sagrada 19

I PARTE: OS MODOS ANTIGOS

CAPÍTULO 1: A Filosofia Camito-Núbia 29

II PARTE: A SABEDORIA DO VENTRE

CAPÍTULO 2: Portal 0 - O Ventre Sagrado 41
CAPÍTULO 3: O Espírito do Ventre 61
CAPÍTULO 4: O Cuidado com o Ventre.. 85

III PARTE: OS PORTAIS DE INICIAÇÃO

CAPÍTULO 5: O Compromisso Para Todas as Mulheres
    que Entram nos Portais 143
CAPÍTULO 6: Portal 1 - Palavras Sagradas 159
CAPÍTULO 7: Portal 2 - Comida Sagrada 175
CAPÍTULO 8: Portal 3 - Movimento Sagrado 213
CAPÍTULO 9: Portal 4 - Beleza Sagrada 231
CAPÍTULO 10: Portal 5 - Espaço Sagrado 261
CAPÍTULO 11: Portal 6 - Cura Sagrada 271
CAPÍTULO 12: Portal 7 - Relacionamentos Sagrados 303
CAPÍTULO 13: Portal 8 - União Sagrada 329
CAPÍTULO 14: Portal 9 - Nefertum, Iniciação ao Lótus Sagrado ... 361
CAPÍTULO 15: Portal 10 - Tempo Sagrado 387
CAPÍTULO 16: Portal 11 - Trabalho Sagrado 403

POSFÁCIO: Até o Próximo Encontro 433
APÊNDICE: Biografias de Antepassadas, Anciãs e Contemporâneas
    da Mulher Sagrada 435
NOTAS 445
AGRADECIMENTOS 447
CRÉDITOS DAS IMAGENS 448

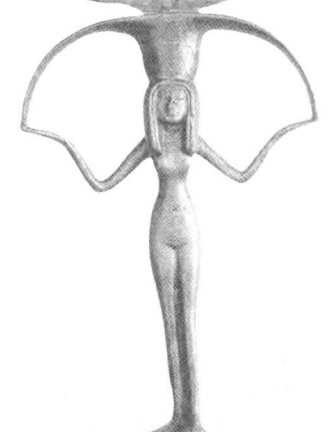

Sou uma flor linda e singular e uma erva curativa com coração, mente, seios, quadris e útero! Eu venho com a medicina da terra sagrada para me curar.

INTRODUÇÃO À EDIÇÃO DO VIGÉSIMO ANIVERSÁRIO

♀

Os braços da *Mulher Sagrada* têm longo alcance, ela abraça desde as mais humildes às mais abençoadas entre nós que estamos em busca do bem-estar. Os braços da *Mulher Sagrada* envolvem as desiludidas, as decepcionadas, as destemidas, as megeras, as raivosas, as *strippers* e os anjos caídos. A mulher sábia, que tem o poder de cura, as irmãs sagradas, a mulher santificada, a deusa e as mães e filhas devotas holísticas: todas elas são abarcadas neste livro. Elas são flexíveis, ovolactovegetarianas, veganas, veganas não híbridas, crudívoras, frugívoras ou preferem se alimentar com peixes, sucos ou plantas ricas em clorofila. As *baby boomers* (nascidas entre 1946 e 1964), as da Geração X (nascidas entre 1960 e 1980), as da Geração Xennials (nascidas entre 1977 e 1983), as Millennials (nascidas entre 1981 e 1994) e as da Geração Z (nascidas entre 1995 e 2015) são da família da *Mulher Sagrada*. Isso inclui as executivas poderosas, as empreendedoras, que batalham por sua liberdade, as artistas criativas, as influenciadoras nas redes sociais, as ativistas pela liberação, as mães solteiras e o Clã da Espada de Veludo: há numerosas tribos, clãs e círculos unidos pela *Mulher Sagrada*. Há mulheres sagradas cristãs, rastafáris, israelitas hebreias, muçulmanas, budistas, iorubás, acãs, nubianas, universalistas e camitas, todas empenhadas em curar o corpo, mente e espírito coletivos da mulher.

O amor no coração da Mulher Sagrada a envolve durante sua jornada de transformação holística. Você está sendo chamada para ocupar seu centro sagrado de poder, que nós mulheres — uma força poderosa e unificada da natureza — podemos aperfeiçoar para nós mesmas, nossas famílias e toda a nossa humanidade.

MULHERES SAGRADAS, NÓS SOMOS CHAMADAS!

Somos mulheres que brilham na escuridão. Viemos para iluminá-la. A escuridão se desfez, pois vencemos os destruidores. Estamos aqui para aqueles que choram, que escondem seus rostos, que naufragam. Eles podem contar conosco. Nós somos mulheres. Temos o poder da cura sagrada.

Mulher Sagrada tem tocado mulheres em todos os lugares. As Mães Antigas atenderam ao nosso chamado para nos curar: para superar nosso "corpo dolorido"; superar o comando de Willie Lynch de dividir e conquistar; para superar o legado daqueles que foram espoliados na Antiga Afraka[1], o berço da humanidade; para superar Jim Crow, a colonização, a dominação, as injustiças sociais, os lares desfeitos e os corações partidos. Nós chamamos e gritamos, e ela respondeu. O ano 2000 trouxe uma grande mudança para as mulheres. Meu amigo Lloyd Strayhorn, astrólogo e numerólogo de renome mundial e autor de *Numbers and You* (sem tradução para o português), previu que o ano 2000 seria o início da era de ascensão da mulher e acertou em cheio. Nós saudamos juntos a chegada da *Mulher Sagrada* enquanto ela passava pelo canal de nascimento de nossa Mãe Celestial Nut[2], que aparece aqui neste livro.

...

Mulher Sagrada: Um Guia para Curar o Corpo, a Mente e o Espírito Feminino nasceu em 4 de abril de 2000, um dia quente no solstício da primavera, quando as flores nos parques e jardins comunitários no Brooklyn começavam a desabrochar. Após sete anos de escrita, canalização, cortes, edição, dificuldades choro e verdades encaradas, o livro *Mulher Sagrada* nasceu, com todo o charme, paz, amor, conhecimento e esperança dela de nos curar, unir e empoderar. Após quatrocentos anos e oito gerações de escravidão, este livro chegou para nos ajudar a ficar plenas, especialmente aquelas mulheres que sobreviveram à Passagem do Meio[3] e à Porta Sem Retorno[4]. O livro visa superar nosso pesar, perdas e feridas por termos sido arrancadas da nossa pátria. *Mulher Sagrada* nos tira da inconsciência e nos desperta. Ao longo da obra, dos círculos e oficinas dos Ritos de Passagem da Mulher Sagrada, nós renascemos. Há mais de vinte anos, ficamos mais radiantes a cada página lida, mais vibrantes a cada nível de desintoxicação, mais esperançosas com as lições de cada portal e mais confiantes a cada passo. À medida que vivemos conforme os preceitos da Mulher Sagrada, nós voltamos a ser as que curam. Nós nos lembramos dos tempos antigos, quando o ar, a água e a comida eram puros e nossos corações eram equilibrados e leves como as penas na Cruz[5] de Maat.

...

Corajosamente, retomamos nossos "eus" originais quando somos reverenciadas por nossos companheiros e respeitadas como Mães de nossa Nação. Nem sempre fomos mulheres magoadas, raivosas, vingativas e melancólicas. Nós éramos *"a mulher que iluminou a escuridão..."* Enquanto seguimos o chamado virando as páginas de *Mulher Sagrada*, desde 2000 até agora, nós estamos nos lembrando, voltando e superando.

...

Entre 2000 e 2020, mais de três gerações avançaram. Nós ouvimos o chamado, ganhamos vida e partilhamos nosso "eu" recém-encontrado com nossas mães, filhas e amigas-irmãs. Muitas mulheres chamam a *Mulher Sagrada* de "Bíblia da Mulher", pois a consideram uma luz que guia todas nós. Enquanto viravam estas páginas, milhares de mulheres começaram a receber nossos tesouros e ganharam uma segunda chance, outro caminho pavimentado com úteros azuis, radiância amarela, corações verdes, autoconfiança cor de alfazema, harmonia rosa e com selenita, topázio, cristais, malaquita, esmeraldas e quartzo rosa. Um caminho para nossa casa interna, onde estamos transformadas. Algumas de nós entram na ponta dos pés nos portais da "Palavra Sagrada", "Comida Sagrada" e "Relacionamentos Sagrados", e ficamos espantadas. Outras quase ficam sem fôlego nos "Círculos dos Ritos de Passagem da Mulher Sagrada". E há, ainda, algumas que desabam nos portais. Algumas de nós fizeram essas coisas sozinhas, com uma xícara de chá de erva, uma vela e uma prece. Outras caíram e se levantaram desde as Mulheres Sagradas da Antiguidade para juntar-se às Mulheres Sagradas do Renascimento. Nós juramos que nunca mais abriríamos mão da vigilância; com a sabedoria recém-encontrada, manteremos o estilo de vida da Mulher Sagrada para sermos salvas, poupadas e rejuvenescidas.

Nós ouvimos o chamado, fomos ao encontro umas das outras e fomos levadas à Aldeia Global da Mulher Sagrada, um porto seguro onde as mulheres que curam zelam por tudo. Na Aldeia Global, nós rimos, choramos, dançamos, cantamos e partilhamos para celebrar nossa sororidade[6]. Nossa sacralidade é um lugar onde nos fortalecemos, inclusive para nossas famílias. Nossas comunidades se conectam por meio de nós e se curam por causa de nós, e aprendemos juntas a viver. Nós reunimos firmemente todas as casas espirituais. Tornamo-nos irmãs sagradas (Ast[7] e Nebt-Het) a partir de muitos pontos em comum e unidas no círculo de irmãs sagradas. Com amor, respeito e honra, nós, mulheres, nos reunimos para receber a cura de nossas tribos e clãs de irmãs. Viemos das quatro direções — Norte, Sul, Leste e Oeste — para sermos restauradas dentro da Nave-Mãe da Mulher Sagrada. Entre 2000 e 2020, a Mulher Sagrada se expandiu dos Ritos de Passagem da Mulher Sagrada para Mães da Mulher Sagrada, Anciãs e Mestras da Mulher Sagrada. Ao longo desses vinte anos, três gerações de mulheres fizeram sua jornada de filhas para mães e de mães para avós, relacionando-se com a cura de si mesmas, de suas famílias e entre si. No espírito de "cada uma ensina à outra", nós nos reunimos e curamos.

MULHER SAGRADA ESTAVA PRESENTE

Nos últimos vinte anos, mulheres testemunharam movimentos como *Black Girls Rock* (BGR[8]), a Marcha de Mulheres contra Trump (que reuniu mais de 1 milhão de participantes no estado da Philadelphia e também em Washington), e os gritos do *Me Too*. A *Mulher Sagrada* estava lá quando o presidente Obama e a primeira-dama Michelle Obama tomaram posse em nome de Ast (Ísis), a Grande Mãe, e Asar (Osíris), o Grande Pai da Ilha da Tartaruga (erroneamente chamada de Estados Unidos). *Mulher Sagrada* testemunhou a Ascensão da Deusa e a Queda de Wall Street. Ela estava lá quando o *mainstream* entrou na onda holística lucrando enormemente, e também quando bancas de frutas e legumes orgânicos se tornaram a norma. *Mulher Sagrada* estava lá quando jovens negros foram abatidos a tiros na "terra dos livres" e quando as pessoas tomaram as ruas de muitas cidades entoando: "Sem justiça não há paz!". *Mulher Sagrada* estava lá no nascimento das minhas netas, Atnnt, Maati e Satraya, fruto do útero holístico de sua mãe. A mamãezona *Mulher Sagrada* estava lá dando boas-vindas a livros que surgiram em seu encalço, como *City of Wellness*, *Overcoming an Angry Vagina: Journey to Womb Wellness* (agora chamado *Sacred Womb Awaken*), *Man Heal Thyself: Journey to Optimal Wellness*, *Circle of Wellness* e *Planet Heal* (livros ainda sem tradução no Brasil). Portanto, *Mulher Sagrada* continuará restaurando as mulheres e, consequentemente, todas as nossas relações agora e ao longo do tempo.

O MOVIMENTO DA MULHER SAGRADA

Mulher Sagrada se tornou um movimento de justiça social, um movimento de bem-estar holístico, um movimento pela paz e um movimento da Mulher Sagrada pela sororidade. É também um movimento de Ast (Ísis) e Nebt-Het (Néftis), um movimento de empreendedoras, um movimento de Bem-Estar Ventral e um movimento de Dança de Yoga Ventral. Ao longo de suas tentativas, provas e tribulações como um lótus saído da lama, *Mulher Sagrada* resiste porque irmãs, mães e filhas sagradas de origem Núbia, almas gêmeas e camaradas clamam por cura, esperando que nossas preces sejam atendidas. Essa é a nossa hora para curar, o movimento tão esperado para nos erguer! A *Mulher Sagrada* não pode ser detida! Das *baby boomers* à Geração X até às millennials: mulheres sagradas sempre atendem às nossas necessidades como mulheres, mães e filhas. Nós somos relevantes e não podemos ser descartadas.

Desde sua concepção nos anos 1990 até seu lançamento, o livro *Mulher Sagrada* foi apresentado para a Aldeia Global da Mulher Sagrada. No verão de 2019, eu, Queen Esther, a decana da Aldeia da Deusa da Mulher Sagrada e minhas irmãs, Ast e Nebt-Het, chegamos ao entendimento de que *Mulher Sagrada* é de fato um movimento.

Em 1969 comecei minha jornada interna de cura pessoal, em paralelo ao surgimento de diversos movimentos: o movimento da Saúde Holística, o movimento Vegetariano, o movimento da Meditação Transcendental, o movimento da Física Quântica, o *Black Power* e os Panteras Negras, o movimento Cultural e pela libertação africana, e, graças ao Dr. Martin Luther King, o movimento pacífico pelos direitos civis. Estudantes faziam protestos em faculdades e circulavam de ônibus como os "Viajantes da Liberdade", enquanto pessoas protestavam contra o racismo e o ódio em cidades incendiadas. Nós protestamos no *Sweet Honey in the Rock*, um grupo pelos direitos civis das mulheres cantando à capela "*We Who Believe in Freedom Cannot Rest*"; "*Say It Loud, I'm Black and I'm Proud*", de James Brown; e a suingada "*Freedom*", de Richie Havens. No icônico Woodstock, Pharoah Sanders cantou "*The Creator Has a Master Plan*". Posteriormente, percebi que todos temos a canção da liberdade pulsando em nós. Podemos superar e sanar nossos problemas pessoais, familiares, comunitários e globais. Assim como nos anos 1960, "Todo o Poder para o Povo" continua sendo uma verdade.

Essas canções e movimentos inspiradores moldaram inúmeras pessoas, incluindo a mim. Quando chegou a hora do Movimento do Espírito da Mulher Sagrada nascer, nós tivemos a força para dotá-lo de uma magnitude profunda que transformou as massas de mulheres à sua espera. Como mulheres, nós continuamos nos mobilizando para transformar a doença em bem-estar para todos. Nós, que curamos, estamos de braços dados para introduzir o bem-estar global.

MULHER SAGRADA EVOLUIU PARA UMA REVOLUÇÃO NO BEM-ESTAR VENTRAL

Ao longo de várias décadas trabalhando holisticamente com ventres femininos, fiquei conhecida como a Mãe do Bem-Estar Ventral. Nesse percurso, observei em consultas, oficinas e seminários que 98% das mulheres têm, no mínimo, de um a três problemas ventrais ao longo de suas vidas. O Portal zero – Nut – representa a Mãe Celeste Universal que dá vida nova às mulheres que buscam ganhar o controle de seus ventres holisticamente. Com devoção e ousadia, nós curamos nossos úteros restituindo o bem-estar e assumindo a responsabilidade de libertá-los de doenças, da toxicidade e de fomentar a conscientização sobre o bem-estar ventral.

Nos anos 1980, o Departamento de Saúde da Cidade de Nova York fez uma homenagem para mim, para a ginecologista e obstetra negra mais velha da cidade — a Dra. Josephine English, que trouxe ao mundo os filhos de Malcolm X e meus bebês no Brooklyn — e para a Dra. Kakayi, uma velha camarada no campo do bem-estar. Desde então, a Dra. English tornou-se uma ilustre antepassada que continua nos guiando.

Esse reconhecimento oficial fortaleceu nosso trabalho com saúde reprodutiva feminina. O trabalho com o "Bem-Estar do Ventre Sagrado" revolucionou a área de saúde reprodutiva feminina e cuidado uterino. Graças a orientações em "O Espírito do Ventre" e "O Cuidado com o Ventre" (Capítulos 3 e 4) em *Mulher Sagrada*, mulheres corajosamente rejuvenescem e desintoxicam seus ventres de tumores fibrosos (de muco cervical cristalizado), cistos vaginais, sangramento menstrual caudaloso, distúrbios hormonais crônicos, corrimento vaginal amarelo e branco, queimação e coceira vaginal. A mudança chegou para mulheres estressadas com úteros infectados, doenças sexualmente transmissíveis, vaginas com PH ácido, infertilidade, uma vida tóxica, oscilações de humor e depressão. A mudança chegou para mulheres jovens, de meia-idade, idosas e também para as que estão na menopausa; para mulheres com esgarçamento nas paredes vaginais ou uterinas e prolapso uterino, que podem levar a uma histerectomia ou a dores crônicas devido à endometriose — males relacionados a um estilo de vida tóxico em termos físicos, mentais, emocionais e alimentares.

Ao longo da década passada, observei mulheres que atendo e outras pelo mundo que têm um estilo de vida de acordo com o bem-estar ventral, graças ao movimento da Mulher Sagrada. Essas mulheres são empoderadas porque têm o conhecimento para cuidar, nutrir e proteger seus ventres com elementos da natureza. Entre 2000 e 2020, trabalhos enfocando o bem-estar ventral da Mulher Sagrada atraíram e conectaram doulas, enfermeiras, parteiras, ginecologistas, obstetras conscientes, professoras de yoga, profissionais que trabalham com energia e nutricionistas para o Portal Nut de Bem-Estar Ventral. Os ensinamentos do bem-estar ventral salvam, transportam e entregam antepassados (bebês) para o mundo. Apesar dos avanços da tecnologia e da medicina, houve um aumento nos óbitos de mulheres negras e de bebês durante o parto, de forma que as grávidas negras estão em crise e contam com pouca ajuda. Por meio da *Mulher Sagrada*, nós, mulheres, estamos nos reunindo, expandindo nosso conhecimento e aprendendo a viver holisticamente para dar fim à disparidade na saúde de nossos ventres.

MULHER SAGRADA COMO UMA TERAPIA HOLÍSTICA FEITA POR MULHERES PARA MULHERES

Nos últimos vinte anos, Mulher Sagrada se tornou um tratamento terapêutico holístico, assim como a terapia da polaridade, acupuntura, massagem, reflexologia, hidroterapia do cólon e terapia de zonas. A terapia da Mulher Sagrada é um tratamento holístico eficaz ofertado pelas Mães da Antiguidade para melhorar a saúde de suas filhas; as mulheres estão transformando a morte em ressurreição. Com o resgate do antigo conceito da mulher como detentora da cura sagrada, pode haver uma mudança na abordagem de cura das mulheres dando-nos escolhas que expandam nosso escopo e conscientização como cuidadoras de si mesmas. Mulheres, especificamente as negras, estão despertando de uma maneira poderosa, começando a assumir a responsabilidade por seu bem-estar e recordando o Espírito da Avó. Nós seguimos as pegadas dela e formamos círculos de irmãs, reuniões de bem-estar e clubes do livro *Mulher Sagrada*. Nós estamos arrumando nossas casas como centros de bem-estar para nossas famílias, baseadas no Espaço Sagrado do Portal de Sekhmet, a deusa da cura, e nos ensinamentos deste livro.

De 2000 até 2020, vi mulheres usando medicina alternativa para se curar. Essas mulheres abrem possibilidades formidáveis e vi muitas delas vencendo doenças. Muitas que se formam nos *Ritos de Passagem da Mulher Sagrada* continuam aperfeiçoando sua educação holística para se tornar profissionais da Mulher Sagrada e formar círculos de irmãs, a fim de ajudar mulheres em nossa comunidade mundial que precisam de bem-estar. As mulheres estão evoluindo com o Movimento da Mulher Sagrada, estudando em nossa universidade holística, ganhando confiança como o pilar da família e proporcionando um novo nível de bem-estar aos companheiros, filhos, pais, amigos, anciões, vizinhos e colegas de trabalho.

Nos últimos vinte anos descobri que "cura sagrada" e "mulher" são sinônimos. Com a ativação do espírito feminino de cuidado e o realinhamento com os elementos da natureza — ar, fogo, água e terra —, as mulheres conseguem se curar e ajudar outras a fazerem o mesmo.

MULHER SAGRADA AINDA NO TOPO

O poder de *Mulher Sagrada* nunca deixa de me surpreender. Em seus primeiros anos, *Mulher Sagrada* foi campeão de vendas durante seis meses na lista da revista *Essence* e também figurou na lista de *best-sellers* do The New York Times e da *BlackBoard*. Vinte anos depois, *Mulher Sagrada* entrou na lista de *best-sellers* da Amazon, pois mulheres e homens que nos amam e buscam o bem-estar estão comprando avidamente exemplares da obra. Nós estamos "nos curando".

A GRANDE MUDANÇA DA *MULHER SAGRADA*

De 1989 até 2014, os Ritos de Passagem da Mulher Sagrada só eram ensinados ao vivo durante doze semanas e atraíam mulheres do Bronx, Manhattan, Long Island, Nova Jersey e até da Philadelphia e Washington, D.C. Elas vinham para curar, se reconstruir, se recuperar e superar suas dores e medos no Círculo da Mulher Sagrada. Nós nos olhávamos de coração para coração, chorávamos, nos abraçávamos e nos apoiávamos a cada primavera, verão, outono e inverno durante os ritos.

Nos anos iniciais, os ritos atraíam dez a 15 mulheres a cada semestre. Mas após o lançamento do guia *Mulher Sagrada*, em abril de 2000, os *Ritos de Passagem* passaram a atrair 40 a 50 mulheres a cada semestre. Na primavera/verão de 2015 os Ritos da Mulher Sagrada passaram por uma transição e expansão. Por meio do Instagram, Facebook, Twitter, Zoom e teleconferências, começamos a oferecer treinamentos *on-line* dos Ritos de Passagem. A cada temporada, por volta de cem mulheres dos Estados Unidos, Canadá, Brasil, Reino Unido, Ilhas Virgens Americanas e África se inscrevem.

Antes das redes sociais, eu chamava as formadas na Mulher Sagrada de Mulheres Sagradas da Antiguidade; a partir de 2015, mudamos o nome para Mulheres Sagradas do Renascimento. Durante o período de renascimento, treinava profissionais da Mulher Sagrada para levar os ensinamentos deste livro para as massas, a fim de melhorar a humanidade. Nós estamos nos tornando um poderoso movimento feminino. Com o apoio de Queen Esther, decana do movimento Aldeia Global da Mulher Sagrada; da Dra. Jewel Pookrum, nossa médica-chefe e mestre de equilíbrio cerebral; da sacerdotisa Sappora; e de várias outras mulheres sagradas devotadas, nós conseguimos tocar mulheres globalmente. Sobrevivemos juntas às tempestades, furacões e deslizamentos de terra da Mulher Sagrada, superando as provações de crescer como um movimento feminino holístico e uma universidade da Mulher Sagrada na escola de Queen Afua de aprendizagem holística.

MULHER SAGRADA CONTINUA ATIVA

As redes sociais apresentam desafios, mas têm defendido a unidade da Mulher Sagrada e corroborado o fato de que, após vinte anos, continuamos plenamente ativas. Devido ao crescimento constante da Mulher Sagrada, nós lançamos o livro *Man Heal Thyself: Journey to Optimal Wellness*, escrito nove anos atrás. Substituto de *Mulher Sagrada*, *Man Heal Thyself* usa o treinamento dos ritos de passagem durante doze semanas para criar Guerreiros do Bem-Estar, complementando o renascimento das formidáveis mães, filhas e esposas dentro do movimento Mulher Sagrada. Nós nos curamos em família.

Mulher Sagrada oficialmente abriu caminho para a cura planetária e da humanidade em 2020 e está mais do que na hora. Mulher Sagrada era, é, e sempre será de grande ajuda para nos libertarmos.

De 2000 até agora observei as seguintes transformações:

Mulher Sagrada como Medicamento Holístico e como Cura / Os Portais como Medicamento Holístico

Eu sou uma mulher com iluminação ventral

Eu sou uma mulher com inteligência divina

Eu sou uma mulher natural

Eu sou uma mulher da Dança do Espírito Sagrado

Eu sou uma mulher com graça e beleza

Eu sou uma mulher com habilidade intuitiva

Eu sou uma mulher da medicina natural

Eu sou uma mulher com harmonia e equilíbrio

Eu sou uma mulher com amor supremo

Eu sou uma mulher de visão

Eu sou uma mulher no tempo cósmico

Eu sou uma mulher com propósito

Nut: Bem-Estar Ventral como Medicamento Pessoal, Portal Zero - Regido pelo Útero

Pessoalmente: em um arco temporal de vinte anos, observei mulheres começarem a viver os portais de muitas maneiras. Vi mulheres se curarem de diversas doenças no útero, pois adotaram um estilo de vida em prol do bem-estar ventral, livrando-se, desta forma, de vários problemas de saúde.

Profissionalmente: nove anos após conceber *Mulher Sagrada*, escrevi, dirigi e atuei na peça solo *Over-coming: if your vagina could speak, what would she say* (Superação: se a sua vagina pudesse falar, o que ela diria), originalmente inspirada nos capítulos sobre bem-estar ventral deste livro.

A peça visava ajudar ventres femininos a renascerem da dor para a paz; da prostração para a integridade. A peça foi apresentada em Nova York, Philadelphia, Atlanta e Londres, conscientizando as mulheres de que podemos usar a arte para inspirar a cura de nossos ventres. Durante a peça, eu e o público ríamos, chorávamos, cantávamos, dançávamos e pulávamos juntos, enquanto optávamos pela cura holística de nossos ventres.

Tehuti[9]: Palavra como Medicamento, Portal 1 - Regido pela Garganta

Pessoalmente: por meio de Tehuti, mulheres usaram suas vozes para clamar por justiça para a família e a comunidade. Mulheres começaram a se pronunciar em prol de uma vida renovada com integridade, curando física e metafisicamente com cada palavra.

Profissionalmente: observei mulheres que resgataram suas escribas internas e pariram os livros que jaziam dormentes em seu interior.

Ta-Urt[10]: Comida como Medicamento, Portal 2 - Regido pelo Sistema Digestivo

Pessoalmente: em Ta-Urt, Comida é como um Medicamento; aprendemos a usar alimentos da horta para curar a nós mesmos e a nossas famílias.

Profissionalmente: algumas mulheres estão fazendo carreira como chefs veganas e outras estão se adaptando a um estilo de vida baseado em uma alimentação natural para viver melhor.

Bes[11]: Movimento Sagrado como Medicamento, Portal 3 - Regido pelo Sistema Circulatório

Pessoalmente: mulheres entram na dança de yoga ventral para se tornar beldades em qualquer faixa etária, mantendo sua juventude e vitalidade com cada movimento e respiração, e retardando o envelhecimento ao se libertar de sofrimentos passados.

Profissionalmente: nas últimas duas décadas, mulheres se tornaram profissionais da dança de yoga ventral por meio da minha certificação.

Het-Hru[12]: Beleza Sagrada como Medicamento, Portal 4 - Regido pelo Coração Jovem

Pessoalmente: para acessar sua beleza autêntica é preciso descobrir a raiz do sofrimento, conectar-se, aceitar e trazer sua criança interior para a jornada de cura da Mulher Sagrada; no decorrer do tempo, a beleza florescerá.

Profissionalmente: algumas mulheres têm carreiras ligadas à beleza, tais como, consultoras, estilistas, costureiras, cabeleireiras, manicures, maquiadoras e modelos.

Nebt-Het[13]: Espaço Sagrado como Medicamento, Portal 5 - Regido pela Glândula Pineal/Ujah

Pessoalmente: por meio de Nebt-Het, as mulheres descobrem que têm o poder de curar todas as coisas, à medida que se conectam com sua voz interna e aprendem a confiar nela.

Profissionalmente: algumas mulheres ficam com a intuição extremamente aguçada e oferecem orientações como profissionais da Mulher Sagrada.

Sekhmet[14]: Cura Sagrada como Medicamento, Portal 6 - Regido pela Corrente Sanguínea

Pessoalmente: por meio de Sekhmet, as mulheres podem baixar sua pressão arterial, livrar-se da raiva e fortalecer sua cura interna.

Profissionalmente: mulheres se tornaram herboristas, profissionais da Mulher Sagrada, de *Reiki* e de energia, massoterapeutas e naturopatas para dar mais bem-estar às suas comunidades. Em geral inspiradas por Sekhmet, as mulheres se tornaram totalmente empoderadas para curar de si mesmas e de suas famílias.

Maat[15]: Relacionamentos Sagrados como Medicamento, Portal 7 - Regido pelo Coração Maduro

Pessoalmente: aprendemos a equilibrar nossos corações na cruz de Maat. Nós aprendemos a perdoar e superar juntas, passando a criar e atrair relacionamentos que apoiam nossa integridade como mulheres, mães e filhas.

Profissionalmente: algumas mulheres sagradas podem ficar inspiradas para se tornar psicoterapeutas ou terapeutas especializadas em relacionamentos.

Ast[16]: União Sagrada como Medicamento, Portal 8 - Regido pela Coroa

Pessoalmente: equilibramos o lado esquerdo do cérebro, que é da inteligência e do materialismo, com o lado direito do cérebro, que é da criatividade e espiritualidade. Só uma década após escrever *Mulher Sagrada* é que percebi que o Portal Ast (Ísis) também é o portal da riqueza e prosperidade. Assim que acessa plenamente seu cérebro, a mulher consegue materializar todas as coisas.

Nefertum[17]: Iluminação como Medicamento, Portal 9 – Regido pela Glândula Pituitária

Pessoalmente: as mulheres que fizeram o treinamento da Mulher Sagrada têm um espírito mágico e os outros percebem isso. O modo com que a Mulher Sagrada se expressa, interage, conecta-se e partilha tudo o que faz é revigorante. Ela tem um brilho natural radiante, pois se ergueu da lama do sofrimento por meio das águas curativas e atingiu a luz solar de uma vida vibrante.

Seshat[18]: Tempo Cósmico como Medicamento, Portal 10 - Regido pelo Esqueleto/Músculos/Articulações

Pessoalmente: o tempo sagrado de Seshat mensura nossa vida pelo que realizamos e como usamos o tempo para receber o melhor da vida — incluindo despertar e fazer a meditação matinal na hora de Nebt-Het (Néftis) para receber a arca do tesouro das 4 h às 6 h; receber a visão da criação plena por volta do meio-dia; encerrar o dia em Het-Hru, com banhos, massagens e um jantar vegano; e, por fim, à noite, período de Nut, descansar para tecer, curar e despertar novamente às 4 h, que é a hora de Nebt-Het (Néftis), e continuar se elevando a cada dia.

Meshkenet[19]: Trabalho Sagrado como Medicamento, Portal 11 - Regido pelo Útero que Dá à Luz

Profissionalmente: a mulher descobre o propósito, missão e trabalho de sua vida, o bálsamo curativo, a alegria, a paz e a prosperidade. Ela pode prestar serviços ou vender produtos; ser escritora, palestrante motivacional, CEO ou parceira em um empreendimento conjunto apoiado pela rede mundial de Mulheres Sagradas e respeitado por sua família e sua comunidade.

Mulher Sagrada me amadurece há mais de três décadas a cada momento e todos os dias. A cada respiração, a *Mulher Sagrada* continua me impulsionando, purificando, confortando, dirigindo e amando. *Mulher Sagrada* é um bálsamo curativo desde o início dos tempos (NTRT Hmt) e sempre será uma ferramenta de cura que nos ajuda a alcançar a integridade. De Portal em Portal, nós nos erguemos. Todo o Poder para o Povo.

Salve, Maat (a Guardiã da Harmonia do Coração) como QUEEN AFUA.

Prefácio
EU SOU A MULHER, EU SOU A CURA SAGRADA

Eu sou a mulher que ilumina a escuridão. Eu vim iluminar a escuridão e ela se iluminou. Eu derrubei os destruidores. Eu me dedico àqueles que estão na escuridão. Eu defendo aqueles que choram, escondem seus rostos e desabam. E eles recorrem a mim.

EU SOU UMA MULHER

EU SOU A CURA

— Papiro de Ani

PREPARANDO-SE PARA ENTRAR NOS PORTAIS — TREINAMENTO DA MULHER SAGRADA

(*Som de telefone tocando*) "221-HEAL. Meu nome é Queen Afua. Como posso ajudá-la?"

A irmã que ligou começou a chorar. "Estou apavorada. Meu médico disse que meus ovários estão mortos... Tenho só 29 anos de idade e parece que estou entrando na menopausa. O que devo fazer?", implorou a moça.

(*Som de telefone tocando*) "221-HEAL. Meu nome é Queen Afua. Como posso ajudá-la?"

Uma voz triste disse: "Acabei de ir ao ginecologista e ele disse que preciso fazer uma histerectomia. Tenho 30 anos de idade e só uma filha, então queria me casar de novo e ter mais filhos. Em 1982 fui diagnosticada com doença inflamatória pélvica e tumores fibrosos. Os tumores não causaram problemas por seis ou sete anos, mas agora cresceram. O que devo fazer? Você pode me ajudar de uma maneira natural? Eu não quero perder meu útero".

(*Som de telefone tocando*) "221-HEAL. Meu nome é Queen Afua. Como posso ajudá-la?"

A moça deu um suspiro profundo e disse: "Olá, Queen. Acho que finalmente estou pronta para tentar a maneira natural, pois até agora nada deu certo. Estou sangrando muito por uns dez dias entre minhas menstruações e tenho distúrbios hormonais constantes. Então, berro como uma louca com minha família e colegas de trabalho. Não aguento mais essa situação".

Como fundadora e diretora do Heal Thyself Center, consultora de saúde holística, parteira e terapeuta de cólon e polaridade, tenho um estilo de vida natural há mais de quarenta e cinco anos e guio milhares de mulheres pelo Caminho da Purificação há mais de quarenta anos. Mas nada em minha experiência como ministra da purificação e sacerdotisa camito-núbia do Templo Nebt-Het (Néftis) iniciada no Santuário de Ptah, pôde me preparar para a epidemia de desgraças uterinas que começou a aparecer no Heal Thyself Center.

A saúde das mulheres afro-americanas sempre foi uma das minhas preocupações principais, pois as estatísticas são assustadoras. Mais de 550 mil histerectomias são feitas por ano nos Estados Unidos[20,21]. Mesmo assim, o Dr. Michael E. Toaff, criador do site *Alternative to Hysterectomy*, comenta: "Na maioria dos casos, essa cirurgia não coloca a vida das pacientes em risco. Apenas 10% das histerectomias são motivadas por algum tipo de câncer"[21].

Uma pesquisa também mostrou que "mulheres afro-americanas são mais propensas do que as brancas a fazer histerectomia, a passar mais tempo internadas em hospitais e a ter complicações e morrer. Baseados em dados hospitalares de 1986 até 1991 do Estado de Maryland, pesquisadores descobriram que mulheres afro-americanas são 25% mais propensas a fazer histerectomia do que as brancas com a mesma idade. O estudo também indicou que mulheres afro-americanas que passam por esse procedimento são mais propensas a ter complicações, a ficar mais tempo internadas no hospital e a ter risco mais alto de morte do que mulheres brancas".[22]

Nossos Antepassados Já Diziam que O Juízo Final É Todo Dia

Muitos livros sobre saúde à venda hoje em dia dão a impressão de que tratar da saúde é um acessório, como comprar um par de brincos em uma loja de departamentos. Isso é simplesmente um descalabro. Ficamos confusas com esse modo consumista de pensar, segundo o qual tudo ficará bem se tivermos tal carro, roupas de grife, um certo aparelho de som ou uma casa chique — ou seja, apenas coisas materiais.

Mas boa saúde não se compra, independentemente de quanto dinheiro e posses você tenha, de seu grau de estudo, de seu cargo profissional e do bairro em que vive. É preciso planejar, cultivar e se empenhar pela boa saúde, porque ela vem de dentro de você e do que compõe a sua vida: pensamentos, preces e afirmações positivos empoderadores, companhias revigorantes e alimentos saudáveis de alta qualidade.

Para ter uma saúde excelente, é preciso investir tempo e energia na transformação do seu templo corporal sagrado. E, ao adquirir uma saúde excelente, você precisa de muito zelo para mantê-la. Esse é o verdadeiro desafio divino — que você pode e deve vencer.

O ESTADO DO SEU VENTRE REFLETE O ESTADO DE SUA VIDA

O ventre é o portal de toda vida humana. Quando é honrado e respeitado, o ventre se torna um canal de poder, criatividade e beleza — e a alegria reina sobre a Terra. Quando sua voz é ignorada ou negada, o útero se torna um receptáculo de doenças.

O estado coletivo dos ventres femininos reflete a situação do mundo. Quando tantos ventres femininos sofrem com tumores, cistos, frigidez e forte sangramento menstrual, quando tantas mulheres são submetidas a atos sexuais agressivos e histerectomias desnecessárias, a desarmonia cobre a Terra.

A situação dos ventres femininos também reflete diretamente a situação das mentes, espíritos e ações das mulheres. O ventre é o depósito de todas as emoções — boas e ruins.

Atualmente, atingimos coletivamente um estado de "poder uterino negativo".

Estilos de vida artificiais e nocivos perpetuam o poder uterino negativo que, por sua vez, incita os conflitos de humanos contra o planeta, de humanos contra humanos e da mulher contra o útero. A situação do ventre de uma mulher também reflete como são seus relacionamentos. Quando ela tem um útero saudável, sua vida reflete esse equilíbrio.

O amor e cuidado dados por uma mulher a seu útero refletem o verdadeiro nível de sua saúde emocional, espiritual, física e mental.

Infelizmente, um número imenso de mulheres no mundo atual tem algum tipo de degeneração uterina que resulta em doenças. À medida que seguimos curando e transformando nossos ventres, nós, mulheres, mudaremos nosso destino e o destino do nosso planeta.

Mulheres, é hora de retomar o controle. Nós devemos defender nossos ventres com nossas vidas, pois o ventre é a origem de todas as nossas capacidades criativas.

Nonkululeko Tyehemba, uma abençoada enfermeira-parteira, falou com muita eloquência sobre o poder do útero totalmente revitalizado:

> "Como parteira e guardiã do santuário de Meshkenet que ajudou a trazer inúmeros bebês ao mundo, eu sei que a Mulher Sagrada fala com o poder do útero. Frequentemente, nós, mulheres, não percebemos o poder que temos, como ele se manifesta e que fatores podem alterar o útero para melhor ou pior.
>
> Todas as meninas nascem com um ovário sagrado que sempre usarão em sua vida. Cada óvulo é uma entidade sagrada. Portanto, é importante não só usar essas palavras de sabedoria conosco, mas também para ajudar nossas filhas à medida que crescem.
>
> Por exemplo, devemos iniciar nossas filhas e nossa garota interior nas diversas práticas que fortalecem o útero. Por sua vez, úteros fortes e potentes serão um santuário para o óvulo fertilizado. Dessa maneira, nós "quebramos os grilhões" de problemas uterinos geracionais, como cólicas menstruais, miomas, infertilidade e outros."

Mulher Sagrada ensina técnicas de herbologia e hidroterapia para proteger nossos ventres contra opressões internas e externas. Nós nos damos conta de que perpetuamos comportamentos nocivos, então, adotamos com gratidão o Método de Transformação de Queen Afua. Aprendemos a nos espiritualizar para melhorar o ventre sagrado, pois quando sabemos nos afirmar, automaticamente empoderamos nosso ventre.

A MISSÃO DA MULHER SAGRADA

As vozes de muitas mulheres falam nestas páginas e acredito que a sua também. Oro para que a mensagem deste livro impulsione sua jornada transformadora. Ao abrir-se para a Mulher Sagrada que verdadeiramente é, você terá uma visão mais elevada de si mesmo, assim como a esperança, ajuda e coragem necessárias para seguir em frente.

Este livro será verdadeiramente bem-sucedido se for capaz de estimulá-la a ajudar não só a si mesma, mas também outra mulher que precise de bem-estar. Esta obra é um lembrete do universo de que você tem o poder inato de gerar mudança e transformação pessoal, comunitária e global. Traga à tona suas habilidades da rainha guerreira Het-Hru e você terá a vitória de se refazer de acordo com a visão divina.

Mulher Sagrada é um caminho e uma jornada para a liberdade interior, um mapa para a Divindade. Ela é a via para a emancipação, liderada pelas primeiras mães da Terra, as mulheres afrakanas. A consciência da Mulher Sagrada é a solução cabal para a cura planetária. Nós estamos embarcando em uma jornada rumo à libertação. O preço da liberdade pode ser alto, mas o preço que pagamos ficando aprisionadas e desligadas da raiz de nosso ser é ainda mais elevado.

Ao optar pela vida, você precisa ter coragem para sacrificar seu velho eu desgastado e ineficaz. Ao se transformar de uma mulher ferida em uma Mulher Sagrada, você passará de um estado amedrontado e desligado para outro corajoso. Você trocará a confusão pela serenidade; a desconfiança pela confiança; o rancor por compaixão e amor; a fraqueza pelo empoderamento; deixará de ser inconsciente e será uma mulher sábia. Sua mente perturbada dará lugar a uma mente divina; a inquietação dará lugar ao contentamento; e o tédio à criatividade.

Você deixará de ser oprimida, desanimada, deprimida, doente, desonesta e pessimista e se tornará expressiva, inspirada, alegre, saudável, honesta e otimista; em vez de seguir um líder, pensará com a própria cabeça. Como um lótus ao sol, você desabrochará como uma radiante Mulher Sagrada.

À medida que ascende como uma Mulher Sagrada, você irá se curar em inúmeras dimensões por meio de preces, afirmações, visualizações, dança sagrada, ritos de purificação, jejum, alimentos vivos, trabalho no altar, contação de histórias, nutrição holística e curas naturais repletos da Sagacidade da Mãe. Nos Portais da Iluminação, o caminho da Mulher Sagrada restaura nossa antiga tradição afrakana, com seu legado de poder, beleza e cura.

À medida que ascende como uma Mulher Sagrada, você encontrará e saudará seus guardiões espirituais, antepassadas e anciãs que têm as chaves dos portais para o céu na Terra. Seu estado de consciência se elevará enquanto você arranca suas partes deterioradas ou dilapidadas.

Enquanto viaja em cada portal, finalmente você alcançará o Centro Sagrado de Ast, o Grande Espírito Materno Afrakano da sabedoria, poder e cura. Em seu centro divino com mente, corpo e espírito mais elevados, você ficará plenamente abastecida e pronta para ser coroada por Nefertum, o Lótus Divino, que a ajudará e guiará para ajudar outras pessoas que também precisem. É assim que criaremos juntas a cura planetária. Como uma Mulher Sagrada em formação e que está constantemente se reinventando enquanto viaja pelos portais rumo à integridade, você tecerá seu xale *seneb* de beleza, saúde e pureza.

A liberdade irá irromper dentro de você, pois, afinal de contas, Mulher Sagrada, sua busca é por liberação e seu ponto de chegada é a liberdade! Bem-vinda ao lar!

Máximo Sagrado Divino,

sou sua filha Helen Robinson transformada em Queen Afua, iluminada para Mut Nebt-Het na linhagem de Nebt-Het que, como Senhora da Casa e Senhora do Céu, traz iluminação e ressurreição para o Templo Corporal Sagrado. Como sacerdotisa de purificação de Nebt-Het, sou guardiã da Respiração e da chave de Ankh. Sou zeladora do Assento de Ast, fundadora do Heal Thyself Natural Living Center, parteira espiritual de muitos, detentora da antiga sacola de medicina Afrakana, filha do vento leste e de Oxum, detentor da pena sagrada dos povos nativos da Ilha da Tartaruga. Como filha das partes pudendas de Ephraim Robinson e do ventre de Ida Ford Robinson, eu lhe peço, toda poderosa e dona do dia e da noite, para abrir o caminho da cura e da integridade para todas as suas filhas. Eu verto a libação em honra de nossos antepassados para que nos ajudem e guiem para nossa Divindade como mulheres. Peço bênçãos enquanto entramos no Círculo do Ventre Sagrado e começamos nossa transformação e iluminação, que abrirão nosso caminho para uma transformação iluminada que levará a mensagem de cura dos corações de todas as Mulheres Sagradas para o coração do mundo.

TREINAMENTO DA *MULHER SAGRADA*: COMO USAR ESTE LIVRO

Mulher Sagrada é uma jornada espiritual e cultural. Para começar essa aventura de descoberta e transformação, é preciso virar a bússola para o sul até as nascentes do rio Nilo no ventre da Mãe Afraka. Assim como o Nilo flui do sul para o norte, contrariando as noções pré-concebidas de como os rios fluem, o mesmo acontece em relação às origens da cultura creditada ao Egito. Poucos entendem ou concordam que as origens do Antigo Egito também vieram do sul — mas especificamente, da fonte afrakana negra da Núbia camítica, que derivou da célebre cultura do norte.

Hoje, herdeiros de várias tradições estão invocando a sabedoria espiritual de seus antepassados, a fim de revitalizar tais tradições na vida moderna. Sejam os povos nativos norte-americanos se reconectando com o Grande Espírito, os chineses bebendo livremente no poço da tradição taoísta ou judeus debatendo suas raízes talmúdicas, nós descobrimos que só podemos ser plenos se entendermos a sabedoria daqueles em cujos ombros nos apoiamos.

A busca dos afro-americanos pelos ensinamentos de sua sabedoria ancestral é dolorosamente restrita pela falta de registros escritos. Mas, graças ao legado profundo de nossa rica tradição oral e aos esforços extraordinários de historiadores e estudiosos africanos e afro-americanos, como o Dr. John Henrik Clarke, o Dr. Yosef Ben Jochannan, o Dr. Shava Ali e Jacob Carruthers —, e de líderes espirituais que aplicam os antigos princípios maatianos na atualidade, como meu marido Hru Sen-Ur Semahj — conseguimos pelo menos documentar as verdadeiras origens da cultura afro-núbia e sua influência decisiva e inquestionável sobre a cultura camítica (egípcia). Munidos do supra citado conhecimento, conseguimos acessar as raízes deste legado e trazer seus frutos para uma vida vibrante.

Mulher Sagrada me deu a oportunidade de partilhar as tradições espirituais do Antigo Kemet — a mãe da cultura do Norte do Egito, que é reverenciada em livros e museus mundo afora. Para mergulhar na tradição afro-núbia do Kemet, é preciso deixar de lado muitas ideias pré-concebidas e difundidas sobre as origens, história e tradições espirituais do "Egito clássico", o que é difícil para quem questiona a legitimidade do legado afro-núbio. Só me resta sugerir que o passaporte para a esfera da Mulher Sagrada é uma mente aberta e um coração disposto a honrar e desfrutar essa sabedoria.

Parte I: Os modos antigos apresentam o legado espiritual e ético de nossos antepassados camíticos núbios, que nos presentearam com o entendimento da unidade sagrada. Tais ensinamentos mostram que o Antigo Kemet jamais foi uma cultura politeísta ou animista. Essa tradição considerava NTR[23] como o Uno Divino indiferenciado do qual toda vida emana e respeitava igualmente os aspectos paternos/maternos do(a) Criador(a).

Os modos antigos também apresentam as orientações espirituais encarnadas nos NTRU[24], como Ast (Ísis), o Grande Espírito Materno Afrakano, portadora de cultura e cura; Maat, que representa a verdade, o equilíbrio, a harmonia, a lei e a ordem cósmica; Het-Hru (Hator), o aspecto do amor divino, beleza e educação; Heru (Hórus), o Guerreiro Sagrado da Luz, o aspecto do livre arbítrio; Bes, o aspecto da expansão, NTRU da dança; Sekhmet, a deusa com cabeça de leoa e padroeira da cura; e, por fim, o lótus sagrado, Nefertum, o aspecto da ascensão mais elevada e do potencial ilimitado.

Portanto, os NTRU, mal interpretados como deuses e deusas, na verdade consistem nas manifestações dos maravilhosos Atributos Divinos de NTR, a Fonte Materna-Paterna. Isso é especialmente importante para as mulheres ocidentais, que estão mais acostumadas a obter empoderamento por meio do culto a uma entidade suprema masculina, com a intercessão de um sacerdote.

Hoje, os ensinamentos espirituais do Antigo Kemet ganham a devida relevância por meio do Treinamento da Mulher Sagrada. Por necessidade, o Treinamento da Mulher Sagrada faz apenas uma breve introdução ao Antigo Kemet, já que um estudo a fundo dessa civilização demandaria uma vida inteira. Eu lhe ofereço isso na esperança de que você fique tão fascinada pela verdade desses ensinamentos que queira explorar mais profundamente nossos ricos tesouros culturais.

Treinamento de primeiro grau da Mulher Sagrada

Portal 0 – O Ventre Sagrado. O Treinamento de primeiro grau da Mulher Sagrada visa despertar para o poder do útero como nosso centro físico, psicológico e espiritual. Ao entrar no Portal Zero, aprendemos a identificar, purificar, curar e honrar um dos portais básicos de nosso poder espiritual.

Por meio do trabalho no altar sagrado, das práticas espirituais diárias, da escrita no diário e do diálogo com o Espírito do Ventre, aprendemos a nos descondicionar de pensamentos, atitudes, hábitos e relacionamentos nocivos. No Portal Zero, aprendemos a arte de cuidar dos nossos ventres oferecendo-lhes a dádiva da Filosofia do Bem-Estar. Isso inclui a abordagem natural para comida, técnicas de rejuvenescimento ventral, afirmações, meditações, e o uso do Códice do Ventre da Mulher Sagrada. O mais importante é que aprendemos a nos respeitar por meio da tradição espiritual e cultural afrakana, cujo único objetivo é nos fazer florescer plenamente.

Você pode fazer seu trabalho ventral entrando sozinha no Portal Zero ou como membro de um Círculo do Ventre Sagrado, composto por quatro a oito mulheres que juntam forças por no mínimo vinte e um dias ou no máximo por quatro meses para purificar e curar o útero nos níveis físico, mental e espiritual. Esse processo pode ser extremamente acolhedor e gratificante, então, convide suas amigas, colegas de trabalho, parentes, e/ou uma turma para fazerem suas malas espirituais e irem com você nessa poderosa ascensão à sua sacralidade. Vocês irão se purificar fisicamente, orar, meditar, escrever nos diários, tocar música, se amar e apoiar enquanto infundem bem-estar e perfeição em seus ventres doentes e desequilibrados.

O Treinamento de primeiro grau da Mulher Sagrada estabelece a base para o bem-estar ventral que faz parte de sua experiência nos Portais de Iniciação. Após concluir o Portal Zero, a saúde de seu ventre estará melhor do que antes e você estará pronta para começar a segunda etapa de seu Treinamento da Mulher Sagrada.

Treinamento de segundo grau da Mulher Sagrada

Explore Um Portal de Cada Vez. Cada portal representa um rito de passagem espiritual que a libertará de sua vida anterior e trará uma nova maneira de ser. Esse trabalho requer o compromisso de se livrar da ignorância, negação e mania de grandeza e partir para um alinhamento harmonioso com sua verdadeira natureza divina como uma mulher sagrada.

Nós não viajamos sozinhas nos portais. Em cada um somos acompanhadas pela inspiração, graça, proteção e orientação dos guardiões espirituais, antepassadas, anciãs e contemporâneas associadas aos ensinamentos daquele portal. E, se formos abençoadas, a energia coletiva e o poder transformador das irmãs também nos acompanham no Círculo do Ventre Sagrado.

Cada portal apresenta um legado espiritual específico que serve como o próximo passo no cultivo de sua Consciência de Mulher Sagrada. Os portais e seus guardiões são: Portal 1 – Palavra Sagrada: Tehuti; Portal 2 – Comida Sagrada: Ta-Urt; Portal 3 – Movimento Sagrado: Bes; Portal 4 - Beleza Sagrada: Het-Hru; Portal 5 – Espaço Sagrado: Nebt-Het; Portal 6 – Cura Sagrada: Sekhmet; Portal 7 – Relacionamentos Sagrados: Maat; Portal 8 – União Sagrada: Ast; Portal 9 – Nefertum: Iniciação ao Lótus Sagrado, Meshkenet e Nefertum /Ast e Nefertum; Portal 10 – Tempo Sagrado: Seshat; e Portal 11 – Trabalho Sagrado: Meshkenet.

Explorar cada portal requer um empenho por sete dias e a imersão consciente nesse terreno profundo.

No Treinamento de segundo grau da Mulher Sagrada você tem a opção de estudar qualquer portal como um curso separado. O requisito mais importante é que o portal escolhido sirva como uma resposta à sua prece.

Por exemplo, Sarah estava em um estado de agitação constante e não parava de reclamar e criticar durante sua família, colegas de trabalho e amigas. Quando sua filha de 4 anos de idade disse: "mami, você diz palavras muito ruins", Sarah irrompeu em lágrimas, pois sabia que suas palavras de fato eram como armas letais. Na segurança de seu Círculo Sagrado, ela sabia que havia uma resposta para seu dilema e buscou refúgio no Portal 1 — Palavra Sagrada, onde foi acolhida pelos braços protetores de Tehuti.

Enquanto Sarah iniciava a jornada pelo Portal 1 e se empenhava nas práticas espirituais diárias, meditações guiadas, anotações no diário e no trabalho transformador, dia a dia sua vida começou a mudar diante de seus olhos.

No Treinamento de segundo grau, os passos mais importantes são:

1. Leia o texto inteiro do portal antes de começar o trabalho.;
2. Reserve sete dias para priorizar o seu trabalho espiritual, o que implica ter uma agenda mais leve e flexível;
3. Torne o período das 4h às 6h sagrado, por mais que sua agenda diária esteja puxada. Lembre-se que se priorizar o compromisso espiritual, você receberá toda a energia necessária.

Treinamento de terceiro grau da Mulher Sagrada

Os Portais Sagrados de Iniciação. No Treinamento de terceiro grau da Mulher Sagrada, você faz um compromisso profundo de colocar o Espírito em primeiro lugar em sua vida. Assim como a iniciação nas antigas escolas místicas, o Treinamento de terceiro grau lhe traz para a encruzilhada entre inconsciência e consciência em sua jornada na vida. Quando entra nesse nível, você não está mais protegida pelas redes de segurança da ignorância oferecidas aos iniciantes — esse é um caminho consciente.

Alguns membros do nosso Círculo do Ventre Sagrado descreveram o processo do Treinamento de terceiro grau das seguintes formas:

> O Treinamento de primeiro grau é como um bacharelado. O Portal Zero contém os fundamentos para localizar e manter o seu Centro Sagrado, e a Sabedoria do Ventre demanda um estudo rigoroso. Ao cabo de quatro meses, você realmente se torna sábia em relação ao seu ventre e começa a entender a necessidade absoluta de adotar um estilo de vida natural.

> O treinamento de segundo grau é como um mestrado. Você escolhe um portal específico do Treinamento da Mulher Sagrada, no qual irá se concentrar e mergulhar fundo. Ao começar a explorar as dimensões corporais, mentais e espirituais de um certo portal, todas as partes de sua vida começam a mudar. Minha primeira experiência no Treinamento de segundo grau se concentrou no Portal 5 — Espaço Sagrado, e vi tudo na minha vida se transformar. A desordem sumiu, me livrei alegremente de coisas velhas que não usava mais e descobri maneiras quase mágicas de abrir Espaço Sagrado em minha vida. Eu nunca havia me dado conta do quanto estava me reprimindo até que Nebt-Het me revelou que eu mantinha velhos medos como os sapatos velhos largados no fundo do armário. Quando me desfiz dos sapatos velhos, também me livrei da minha velha consciência.

> Foi muito gratificante passar três meses no Portal 5. Minha amiga-irmã Anne teve uma experiência positiva e satisfatória nesse Portal em apenas sete dias, mas eu precisei de três meses! O Treinamento de segundo grau nos permite acessar e fazer nosso Tempo Sagrado. Anne comentou que passou seis meses estudando e processando sozinha os ensinamentos do Portal 8 — União Sagrada. Então, decidimos que a coisa mais importante para nós no Treinamento de segundo grau era confiar que nossos guardiões espirituais e antepassadas garantiriam que estivéssemos no portal certo na hora certa.

> O Treinamento de terceiro grau da Mulher Sagrada verdadeiramente a prepara para finalizar seu doutorado. Ele requer um compromisso de 56 dias para colocar o Espírito à frente de tudo em sua vida. Como a maioria das mulheres em meu círculo têm empregos em tempo integral e também cuidam de suas famílias, o Treinamento de terceiro grau é um grande desafio, mas com a ajuda do Círculo Sagrado, elas conseguem fazê-lo!

No Treinamento de terceiro grau da Mulher Sagrada, as aspirantes se reúnem no Círculo do Ventre Sagrado para passar pela sequência de todos os Portais de Iniciação. Elas fazem suas práticas espirituais diárias, partilham histórias de vida, falam de seus encontros com a presença curativa e dos desafios para seguir as diretrizes alimentares e outros elementos do estilo de vida natural, e avaliam seu progresso no trabalho transformador de sete dias.

Elas encaram emoções reprimidas e partilham a alegria por se libertar de velhos medos e curar o espírito feminino. As aspirantes sentem o poder cumulativo de tornar suas palavras sagradas, tornar sua comida sagrada, tornar seus movimentos sagrados, tornar sua beleza sagrada, tornar seu espaço sagrado, tornar sua cura sagrada, tornar seus relacionamentos sagrados, tornar sua união sagrada, tornar seu tempo sagrado e tornar seu trabalho sagrado. O auge do treinamento é sentir Nefertum — Iniciação ao Lótus Sagrado, que entroniza as participantes no centro sagrado da gloriosa feminilidade afrakana, o qual lhes permite manter seu tempo e trabalhos sagrados

Rainha Divina, com seu status de lótus recuperado, você anda na terra como uma mulher sagrada totalmente realizada e em contato com seus domínios celestiais internos. Tudo voltou a ser como no início, quando você era totalmente empoderada. Revigorada com a lembrança de quem você era e é agora, seu potencial dinâmico é ainda maior devido à pureza de sua forte linhagem cultural e espiritual.

Apesar de todas as reviravoltas em nossas vidas, lembrem-se sempre que a Mulher Sagrada foi nosso início. A sacralidade feminina é nossa casa. Viver como uma mulher sagrada é nosso destino. Tudo na vida funciona em um círculo. Todas as coisas vêm do ventre. O Espírito Sagrado mora na Mulher Sagrada e ela sempre se erguerá.

Vamos começar.

Entrando no Templo

Parte I

OS MODOS ANTIGOS

Capítulo 1
A FILOSOFIA CAMITO-NÚBIA

DIZEM QUE NOSSO MODO DE VIDA NÃO EXISTE MAIS E QUE O LEGADO DO VALE DO NILO ACABOU HÁ MILHARES DE ANOS.

MAS NÓS ESTAMOS AQUI E NOS LEMBRAMOS DE TUDO!

Meu povo são os anciões da Terra. Eles deram origem à chamada "filosofia grega", que na verdade é o antigo modo de vida camítico (egípcio). "Kemet" se refere à cultura maatiana núbia original dos afrakanos do Vale do Hapi (Nilo). "Af-ra-ka" significa literalmente "carne [af] e alma [ka] do Sol oculto [ra]." A grafia difundida, "África", vem da palavra árabe *firk* ou *frik*, que significa separar, dividir ou conquistar. Assim como "África", "Egito" é um nome imposto por estrangeiros ao Antigo Kemet. Os camitas são os mestres espirituais, professores, motivadores e guias do planeta ordenados pelo NTR, o(a) Supremo(a) Criador(a).

Há milhares de anos, o povo do Antigo Kemet tinha muito para partilhar. Nós que somos descendentes e perpetuadores dessa tradição sagrada temos muito o que compartilhar hoje. Os modos *hotep* (pacíficos) e a natureza holística original do povo camítico são um modelo que, se for devidamente adaptado, tem capacidade de salvar o planeta Terra da destruição em massa. É esse caminho e esse modo de viver que me inspiram profundamente e estão na raiz do trabalho da minha vida.

Os modos antigos do povo camítico podem ensinar às pessoas a voltarem a ser verdadeiramente humanas. Os mestres camíticos perceberam isso purificando suas vidas. Hoje, quando purificamos nossas vidas, chegamos mais perto de nossos "eus" divinos, e essa transformação nos coloca em um estado de bem-aventurança, paz e bem-estar constantes.

Mulher Sagrada é a entrada que ofereço para esse estado de iluminação. Seguir o caminho de purificação do corpo/mente/espírito nos leva ao lugar onde somos tocados e nos unimos com os ancestrais mais longínquos da Terra — os antepassados.

Meus antepassados aprenderam a combinar e unir os elementos terra, ar, fogo, água e espírito, e continuam nos ensinando seus métodos por meio dos entalhes e inscrições nas paredes dos templos. Eles nos dão a dádiva do uso curativo das mãos graças aos esforços de Ast (Ísis) e sua irmã Nebt-Het (Néftis) para ressuscitar o corpo afogado de Asar (Osíris), que se tornou um símbolo de ressurreição para toda a humanidade.

Ao contrário da crença ignorante ainda prevalecente, meus antepassados, o povo preto da terra negra do Vale do Nilo, não cultuavam muitos deuses e deusas. Eles viam NTR, o(a) Criador(a), como o Uno Divino indiferenciado do qual toda a vida emana. NTR, porém, tem muitos atributos divinos e maravilhosos, e todas as suas manifestações são aspectos de sua integridade. Por ora, considere tais emanações divinas como Maat, o aspecto do equilíbrio, harmonia, verdade, lei, justiça e reciprocidade; Het-Hru (Hator), o aspecto de amor divino e beleza; e Nefertum, o Lótus Sagrado, representando a ascensão mais elevada e o potencial ilimitado. Heru (Hórus), o falcão, representa a vitória e o poder de voar acima de todos os obstáculos; Tehuti (Thot) encarna o aspecto da inteligência divina e por aí vai.

Meus antepassados camitas acreditavam que dentro da esfera celestial a presença do Divino se reflete no culto equilibrado a NTR — o(a) Criador(a) Paterno (Materna), e ambos os aspectos merecem o mesmo respeito. Em contraste, a maioria das religiões ocidentais dos dias atuais reconhece apenas o sacerdote e cultua apenas um Deus. Na antiga tradição espiritual afrakana, há um respeito profundo tanto pela Mãe Criadora e a sacerdotisa quanto pelo Pai Criador e o sacerdote.

Os camitas viviam de acordo com a filosofia de Maat (harmonia) e tinham respeito e reverência por NTR e sua manifestação divina no homem, na mulher e em toda a natureza. Eles viam a natureza e seu meio-ambiente como uma expressão de NTR e uma inspiração para a autocura — sendo essa a origem da minha filosofia "cure-se".

Os camitas usavam o elemento *água* para ritos de purificação. Usavam o elemento *terra* em forma de alimentos, ervas e aromas curativos para purificar e rejuvenescer o templo corporal.

Meus antepassados usavam o elemento *ar* — respiração — por meio de *Ari Ankh Ka*, que hoje é conhecida como Hatha Yoga. Os vários movimentos e poses sagrados representados nas paredes de templos e pirâmides foram entalhados pelo meu povo há milhares de anos. Seus registros desmentiram interpretações equivocadas e sobreviveram às bibliotecas queimadas por estrangeiros que não conseguiam compreender nem apreciar o elevado grau espiritual desse povo tão avançado.

Para se recompor e se purificar, os afrakanos usavam o elemento *fogo* em rituais baseados nos raios poderosos de Atn-Rá (o sol), que luziam no vasto deserto de Kemet. Eles usavam alimentos picantes, como rabanetes, alho-poró, cebolas e pimenta-de-caiena para se purgar. Eles queimavam olíbano e mirra, canela e outras especiarias, assim como ervas e óleos essenciais, então, os espalhavam em seus corpos para destruir entidades espirituais malignas que haviam sido atraídas para o templo corporal.

Atualmente, podemos recorrer à fonte desse conhecimento conforme apresentado nas 42 Leis de Maat.

QUARENTA E DUAS LEIS DE MAAT

Eu não agirei mal.
Eu não roubarei.
Eu não agirei com violência.
Eu não matarei.
Eu não agirei injustamente.
Eu não causarei dor.
Eu não desperdiçarei comida.
Eu não mentirei.
Eu não conspurcarei lugares sagrados.
Eu não falarei mal.
Eu não abusarei da minha sexualidade.
Eu não causarei derramamento de lágrimas.
Eu não semearei arrependimento.
Eu não serei um agressor.
Eu não agirei perfidamente.
Eu não arruinarei a terra arada.
Eu não darei falso testemunho.
Eu não moverei minha boca contra qualquer pessoa.
Eu não terei ira e raiva, a não ser por uma causa justa.
Eu não copularei com a mulher de outro homem.
Eu não copularei com o marido de outra mulher.
Eu não me poluirei.
Eu não causarei terror.
Eu não poluirei a terra.
Eu não falarei movido pela raiva.
Eu não me desviarei de palavras da justiça e da verdade.
Eu não praguejarei.
Eu não iniciarei contendas.
Eu não serei excitável nem briguento.
Eu não julgarei de antemão.
Eu não serei bisbilhoteiro.
Eu não falarei demais.
Eu não trairei meus antepassados.
Eu não desperdiçarei água.
Eu não farei mal.
Eu não serei arrogante.
Eu não blasfemarei contra NTR, o Altíssimo.
Eu não cometerei fraude.
Eu não maltratarei os filhos.
Eu não maltratarei os animais.
Eu não trapacearei com oferendas no templo.
Eu não saquearei os mortos.

AS 42 LEIS DE MAAT

Esse guia moral e ético foi legado por nossos antepassados camíticos-núbios. Egiptólogos se referem a ele como as "Confissões Negativas" ou "Declarações de Inocência". As interpretações abaixo são de Hru Ankh Ra Semahj, sacerdote do Santuário de Ptah na cidade de Nova York.

Ao contrário dos Dez Mandamentos que vieram de um poder externo, as 42 Leis de Maat inspiram responsabilidade pessoal com a Divindade interna. Nós as recitamos no nascer do sol e no poente. De manhã dizemos, "eu não farei..." e, à noite, "eu não fiz...". Dessa maneira, fazemos um balanço moral diário, pois para os camitas todo dia é o Juízo Final.

Hetepu (Paz e Bênçãos).

A Base da Sociedade Camítica

Diariamente mantenho o templo corporal saudável, assim como faziam meus antepassados, abençoando e consumindo os quatro elementos para proteger o corpo, a mente e o espírito contra doenças. Eu aciono o *elemento espiritual* por meio de meditação e *hesi* (cânticos). Esse elemento espiritual permeia todos os elementos, pois NTR e a natureza são unos.

Meus antepassados mais remotos eram principalmente vegetarianos, sobretudo as sacerdotisas e os sacerdotes. Eles entendiam a necessidade de haver pureza durante os trabalhos espirituais — ao contrário de muitos guias espirituais da atualidade. A dieta camítica básica consistia em favas, lentilhas, ervilhas, cevada, painço, nozes, frutas (como tâmaras, melões e romãs), legumes (como cebolas, repolhos e pimentões) e ervas medicinais (como *gotu kola*, urtiga, babosa, alho e salsa). E quando eles foram invadidos por pastores nômades asiáticos, os Heq Shaasu (hicsos), a dieta passou a ter mais carnes, o que foi a semente de sua deterioração.

Meus antepassados fundaram sua sociedade com base no Espírito Divino (NTR), o que os mantinha em um estado contínuo de purificação, meditação, bem-estar e harmonia da alma, corpo e mente. Tudo o que eles faziam era sagrado e motivado por NTR — incluindo o trabalho, as roupas, os relacionamentos, casas, templos e governo. Toda a sociedade era regida pelas 42 Leis de Maat, o código moral e ético que depois inspirou os Dez Mandamentos. Essa crença na sacralidade da vida e de todas as coisas os ajudou a manter uma nação florescente. Como o povo hunza, que ainda vive nas montanhas do Himalaia, meu povo foi pacífico por milhares de anos. Se for posto em prática na atualidade, o exemplo de sua civilização divina poderá levar à Cura Global.

Práticas Espirituais Camíticas

Levanto-me na hora de Nebt-Het (alvorada) para invocar em uma prece as 42 Leis de Maat, a fim de assegurar meu dia espiritualmente. Então, ponho a Pena de Maat nos cabelos para ter coragem de levar o dia com justiça e verdade, pois sou responsável por aquilo que crio.

Meus antepassados africanos nos ensinaram a ter amor próprio por meio da Divinação dos Membros do Corpo, pois todas as nossas partes são um aspecto divino do(a) Criador(a) — desde nossos olhos de Het-Hru (beleza) aos nossos pés de Ptah (estabilidade e força). Esse ritual de cura, que é citado no livro Sagrado afrakano, o *Prt M Hru N Gher* ("*O livro da saída para a luz do dia*"), chamado equivocadamente pelos egiptólogos de *O Livro Egípcio dos Mortos*[25,26], ensina a nos amarmos mais a cada dia para que possamos ser mais úteis na restauração da humanidade.

Meus antepassados camíticos tinham um modo poderoso de equilibrar e curar os corpos espirituais e nos deram palavras sagradas para as meditações, a fim de evocar a ressurreição de nossa *ka* (alma). Minhas favoritas são "*Nuk pu nuk khu ami khu qemam kheperu M NTR hau* — eu sou aquilo que sou; um ser brilhante que mora na luz e oriundo dos membros do Altíssimo NTR". Repito essas palavras diariamente, pois me deixam espiritualmente confiante de que sou divina por natureza, pois sou a essência do(a) Criador(a). Isso preenche minha alma e me completa como uma NTRT Hmt — a Mulher Sagrada.

Meu povo usava a beleza, a arte, a música e a dança para elevar o espírito. Foi o meu povo que deu origem ao violão, à cítara, ao pandeiro e ao tambor. A arte era considerada uma expressão bela e sagrada do Divino, pois meu povo acreditava que a beleza e a bondade eram expressões de NTR, o(a) Divino(a) Criador(a) que mora em nós. É por isso que fazemos muitas cerimônias, rituais e cultos repletos de arte para a glória de NTR. Até hoje, nossa música, vozes e canções, muitas vezes amansam a natureza bestialmente violenta de todos que destroem ou oprimem a vida.

Voltando ao Aconchego de Nossos Verdadeiros Eus

Nós somos o povo original do Lótus, doce, belo, iluminado, espiritual e compassivo. A consciência de quem vive no estado do lótus era/é Nefertum, um ser de pura luz que nasce na lama, onde a semente do lótus é fertilizada, cresce e desabrocha em uma alma de luz maravilhosamente bela. Asar (Osíris), o primeiro mestre do Lótus, está representado em paredes de templos e rolos de papiro com um lótus a seus pés. As sacerdotisas eram mulheres do Lótus que enfeitavam suas cabeças com flores de lótus.

Tragicamente, perdemos nosso modo de vida há milhares de anos. Mas alguns de nós buscamos nos lembrar, crescer e florescer espiritual e fisicamente retomando nossos modos antigos. Desde cedo, meu marido foi tocado pelos antigos. Seu primeiro mentor foi seu pai, James Georges (um garveysta como meu pai), em Tortola, nas Ilhas Virgens britânicas. Embora fosse cristão, ele ensinou e guiou secretamente seu filho desde os 5 anos de idade a respeito do antigo legado camítico, e essa semente plantada desde cedo se tornou uma árvore forte. Após muitos anos de estudo, empenho e meditação, meu marido, Sen-Ur Hru Ankh Ra Semahj, passou a transmitir esse legado guiando a iniciação de muitas pessoas recém-despertas para sua origem camita e mostrando a tradição do Vale do Hapi (Nilo).

Eu sou uma das alunas de Sen-Ur mais empenhadas em aprender nosso antigo caminho. Durante anos procurei meu lar espiritual em muitas vias culturais. Nessa busca, aprendi a amar e apreciar todas as formas de vida espiritual, mas sempre era apenas uma visitante. Nesses anos de busca, ficava olhando de fora, embora dançasse suas danças do espírito, cantasse suas palavras de louvor, usasse suas roupas e falasse em uma língua estrangeira. Mas agora fui abençoada de achar o caminho de volta para meu verdadeiro eu. Minha expressão cultural singular da Divindade agora vive, respira e existe dentro de mim, pois não desconheço mais nossos modos antigos. Tenho a alma plena porque me uni às minhas origens.

Após vinte anos no caminho da purificação, expurgando diligentemente meu *shai* (karma), fui abençoada com um professor que seria meu marido e meu guia no caminho para casa. Recebi minha Ankh, a chave da vida, e fui iniciada no meu legado por Sen-Ur Hru Ankh Ra Semahj Se Ptah, ancião, sacerdote de alta cultura e vida espiritual afrakanas, que já iniciou milhares de pessoas no modo antigo do legado maatiano camito-núbio.

Sou uma antepassada que voltou e estou sacudindo o pó e restaurando meus ossos secos. Afinal, meu legado diz que Ankh (vida) é eterna e que nunca morremos. E, como sou parte dessa eternidade, tive a bênção de saber de onde parti há milhares de anos, pois o autoconhecimento está em meu DNA, em minha melanina.

Sou abençoada porque foi meu povo que ensinou ao mundo sobre NTR, o(a) Criador(a), sobre a verdadeira vida holística e a cura natural, e sobre o respeito pelos anciões, a natureza e a comunidade. Meu povo até ensinou astronomia e astrologia — como ler os planetas e as estrelas — à humanidade. Nós éramos muito sintonizados espiritualmente — antes de estrangeiros começarem a infestar nossa terra e nossos campos verdes e a destruir nossa riqueza espiritual.

Foi meu povo, os anciões da Terra, que deu ao mundo a ciência, a matemática, o poder curativo das mãos (*Reiki*), a reflexologia, a arte, a música e a dança — um legado magnífico de beleza. Portanto, é com imensa gratidão que agora nos realinhamos com o antigo modo de viver maatiano. Ele trouxe glória para o nosso passado e agora pode nos ajudar.

VISÃO GERAL DO KEMET PRÉ-DINÁSTICO (EGITO PRIMEVO): "NOSSA HISTÓRIA", POR HRU ANKH RA SEMAHJ

Nós, camitas, que hoje estamos nos conscientizando, mantemos em nossa memória ancestral uma visão das origens da alta cultura camítica (antiga Núbia egípcia) bem diversa daquela da egiptologia moderna.

Uma narrativa absurda da egiptologia é que caçadores da Idade da Pedra fugindo de uma Era do Gelo nórdica acabaram chegando ao fértil Saara. Quando ele secou, eles migraram para o verdejante Delta do Nilo e se tornaram os fundadores da ciência, do governo, da filosofia, da religião, da astronomia, da arquitetura e da medicina.

A egiptologia também acredita que o povo "egípcio" aprendeu a arte da agricultura com agricultores neolíticos da Mesopotâmia, além de ter a tendência irritante e equivocada de falar da cultura afro-egípcia como se fosse duas entidades distintas.

Lamentavelmente, essa maneira de pensar parece endêmica nos círculos da egiptologia moderna. Esses estudiosos se incomodam com qualquer coisa genial oriunda de alguma fonte na África equatorial. Portanto, termos como "caçadores da Era do Gelo" e "agricultores da Mesopotâmia" induzem a humanidade a aceitar a mentira de uma origem primordial nortista para o florescimento da civilização no Vale do Hapi (Nilo).

Mas os ossos negros na garganta de Olduvai na Tanzânia (que George Leakey datou, mas foram descobertos por sua mulher, a arqueóloga inglesa Mary Leakey); os ossos primordiais de "Lucy" na região de Afar no Kush (Etiópia) e aqueles em Monomotapa (África do Sul) não mentem. Tampouco mentem as peles ricas em melanina dos *sahus* (as chamadas múmias) descobertos no Vale dos Reis e no Vale das Rainhas.

Nossos antepassados Anu/Twa (agora ofensivamente chamados de "pigmeus") deram origem à civilização camítica pré-dinástica e construíram a cidade sagrada de Anu (que é a cidade bíblica On e a grega Heliópolis). Esse mesmo Anu depois migrou e se tornou o Ainu do Japão e o Ta-Annu (Taino) das Índias Ocidentais.

Nossa exaltada civilização afro-núbia existia há milênios antes que os habitantes da zona norte se tornassem conhecidos. E quando nortistas — como o persa Cambises (525 a.C.), o grego Alexandre (330 a.C.) e os romanos Antônio e Cesar (30 a.C.) — finalmente conseguiram conquistar os "irrepreensíveis" afro-núbios, eles não tiveram a sagacidade cultural e espiritual para manter os princípios maatianos (justos) que tornaram a civilização camítica tão admirável e duradora.

Quem quiser se informar sobre as origens da cultura e civilização camítica deve recorrer à história oral e aos materiais escritos mais antigos dos camitas. Em partes de "*O livro da saída para a luz do dia*" (o chamado *Livro Egípcio dos Mortos*), assim como nos Texto das Pirâmides e dos Sarcófagos, meus antepassados citam constantemente uma origem estelar. Os reis e rainhas que se sentavam no Trono de Leão de Heru (Hórus) no Vale do Hapi (Nilo) se autodenominavam respectivamente de Sa-Rá (Filho do Sol) e Sat-Rá (Filha do Sol). Nossa primeira mãe terrestre, Ast (Ísis), nasceu da estrela SPDT (ou Sirius); nosso primeiro pai terrestre, Asar (Osíris), nasceu na constelação de Sah (Órion). Nós afrakanos já viajávamos nas estrelas milhares de anos antes de *Jornada nas Estrelas* do capitão Kirk. Veja o que diz Mut Hetep (Mãe Paz), rainha da quinta dinastia, em seu papiro (nº 10.010, folha 3, no British Museum):

> Eu saí do meio das coxas da divindade (NTRU), fui concebida por Sekhmet e parida na porta da ESTRELA SPDT (Sirius), a primeira que dá passos largos no caminho celestial de Rá dia após dia.

E o que diz outro camita (em um *sesh* [papiro] que está em Paris):

> Eu me ergo como uma estrela poderosa no mundo estelar. Deixe-me viajar por ele como o filho de Rá... Eu sou Hru — herdeiro de Asar. Recebi sua coroa de Nemés no mundo estelar.

Até hoje o povo Dogon do Mali — que teve origem no Vale do Hapi (Nilo) — celebra os ciclos orbitais de Sirius "B" em volta de Sirius "A". Eles chamam Sirius "B" de Potolo, a Estrela-Semente.

Egiptólogos modernos, como Martin Bernal, autor de *Black Athena: The Afroasiatic Roots of Classical Civilization* (sem tradução para o português), agora admite que o povo que criou a primeira civilização egípcia veio das nascentes do rio Hapi em Kush (Etiópia) e de *Khenset* (Sudão núbio). Como as origens sulistas são inegavelmente pretas e afrakanas, alguns egiptólogos europeus achavam que o Egito fica no Oriente Médio. Evidentemente, o Egito está no continente africano, exceto para quem mantém uma cegueira voluntária.

Qualquer pesquisador que tente apresentar um resumo da história camítica é confrontado por um jargão egiptológico empolado com nomes estrangeiros e cronologias, dinastias e dados conflitantes. Todos eles, porém, sugerem que a linha da primeira dinastia começa em 3100 a.C.

Quem se forma em egiptologia e se interessa pela Kemetologia descobre logo que a mente camítica lida simultaneamente com o passado, o presente e o futuro. A história de Kemet é cíclica. À medida que o mundo ocidental entra no terceiro milênio, qualquer um com consciência camítica que precise comemorar datas pode escolher entre inúmeros inícios. Em 10.500 a.C. os camitas núbios spdtianos do Vale do Hapi (Nilo) se uniram para construir HRU-M-AKHET (a Esfinge) em homenagem a Sekhmet, a leoa mãe da cura cósmica que livrou a terra dos inimigos de Maat, os hicsos (historicamente chamados de Heq-Shaasu, pastores nômades que adoravam Seth, NTR do deserto e das tempestades). Em 4240 a.C., o *Hru* (rei) *Narmer*, que os egiptólogos chamam de "faraó Narmer" ou "Menés", reinstituiu a unidade perdida e declarou a *Smai* (unificação) de *Tawi* (as duas regiões) — Kemet e Khenset (Egito e Núbia/Kush).

No ano 2000, se acharmos que a data provável do início da Era de Leão é 10.500 a.C., estaríamos a meio caminho do décimo-terceiro milênio, 12.500 pós-Hu, a Esfinge. Se apontarmos 4240 a.C. de Narmer como o início da Era de Touro, estamos a um quarto do nosso sétimo milênio — desde a reunificação (*Smai Tawi*) por Narmer, isso seria 6240 de *Smai Tawi*. Se escolhermos datar a partir do rei Tutankamon, isso seria 3373 desde Atn-Rá.

Há quanto tempo os camitas estão no planeta Terra? Nossas tradições dizem que "desde os primeiros tempos". Portanto, não nos confundimos com datas conjecturadas por egiptólogos.

Nós olhamos nossa história para reunir as lições dos erros passados e corrigi-los. O mais importante, porém, é reunir os valores duradouros de Maat (cura justa com verdade, luz e ordem), para vivenciá-los e praticá-los.

As provas da glória e ruína camíticas estão nas paredes dos templos e em *sesh* (papiros). Kemet ascendeu e caiu porque nenhuma civilização escapa da lei dos ciclos. (Tudo que vai volta. O que sobe desce novamente.) As pessoas perguntam: "Se os antigos egípcios eram tão incríveis, como ou por que eles decaíram?", mas deveriam refletir e meditar sobre a lei dos ciclos.

Alguns sinais da queda iminente estão espelhados nas paredes, em forma da matança

de animais para comer e para sacrifício, e da matança de humanos em guerras. As paredes desvendam a história de uma civilização gloriosamente pacífica forçada a fazer carros de guerra (que ela não inventou) para se defender dos asiáticos nortistas e dos hicsos sulistas, que agiam contra os princípios de Maat (ordem, justiça e reciprocidade).

Nossos modelos são os tempos de Smai Tawi (Unidade), porque onde há unidade, há cura acontecendo. Nos dias atuais, a humanidade está desunida e doente por causa de tanta violência, pestilência e guerra. Ela precisa ser curada! Temos o dever de fazer o paradigma da unidade camito-núbia de Maat renascer. Quando a preocupação egiptológica com datas e dinastias for deixada de lado, toda a humanidade poderá ter acesso à Smai Tawi: autocura — autoconhecimento — amor-próprio — anter o modo maatiano de ascensão e renascimento.

Ah, Kemet, quantas mentiras históricas são contadas sobre você usando seu nome distorcido (Egito)! Ah, antepassados cuxitas camito-núbios, o homem ocidental afirma que veio do norte para construir as pirâmides (com "tijolos e palha", graças a Hollywood). Ann Baxter é Nefertiti e Yul Brynner é Ramsés. A série televisiva americana *Star Gate: A Chave para o Futuro da Humanidade* conspurcou Rá como um demônio epiceno, e a "Maldição da Múmia" foi desencadeada, a fim de semear a dúvida e o medo entre as pessoas que só precisavam de Maat (verdade, justiça e equidade) em suas vidas. Mas eles não sabiam que Maat é um princípio oculto atrás dos portais da alta cultura divina cósmica cuja entrada supostamente ficaria vedada pela invenção da palavra "Egito". As pragas bíblicas contra o "Egito" impediriam a maioria das pessoas de descobrir o legado glorioso à espera de ser descoberto.

Uma versão ainda mais antiga da história de nossa criação está na pedra de Shabaka (agora preservada no British Museum, em Londres, Inglaterra). Ela nos diz que Ptah/Sekhmet, grande Criador Paterno/Criadora Materna, se tornou o primeiro governante/guia dos camitas. Ptah e Sekhmet estabeleceram os *Hesepu* (os "estados" ou divisões administrativas do país) e construíram os templos e santuários. Eles fizeram as estátuas e estatuetas dos NTRU e os colocaram em seus lugares (egiptólogos se referem a essa época como o "Reinado dos Deuses"). A pedra de Shabaka também faz referência ao afogamento de Asar (Osíris) e à sua ressuscitação a cargo de sua mulher Ast (Ísis) e de sua irmã Nebt-Het (Néftis).

A vida dos cidadãos de Kemet girava em torno do templo, que era como uma prefeitura dos tempos modernos. A reverência pelo Divino permeava todos os aspectos da vida em Kemet. A cultura era espiritual, não religiosa. A religião é moderna, ao passo que a espiritualidade é primordial. A própria palavra "religião" é derivada da palavra latina re-ligare ou religio, que significa religar. Como os camitas viviam intrinsicamente conectados com a Divindade, não havia motivo para se ligar nela. Foram aqueles que estavam alienados do Divino que inventaram a religião e seus dogmas competitivos para ligar outras pessoas mais rapidamente à sua visão espiritual.

A consciência camítica se percebe envolta, saturada, alimentada e imersa na divindade, como os peixes no oceano. Os camitas

não precisavam inventar qualquer religião, já que a imersão espiritual era seu modo de existência. Essa visão empoderava nossos antepassados camíticos, que não tinham uma doutrina de salvação por procuração. Maat exige responsabilidade pessoal. Não há expiação vicária. Quando você vive em Maat, todo dia é o Juízo Final.

Outro erro fatal da egiptologia é usar os termos "deuses" e "deusas" para descrever os atributos, aspectos e diferenciações de NTR (Divindade). Conceitos ocidentais de divindade nos dão um Deus masculino imperando no céu sobre uma hierarquia de anjos masculinos e pequenos querubins. Isso nunca iria funcionar para os camitas.

Desde o início, a cosmologia camítica era maatica (equilibrada) e ensinava sobre NTR, um Criador Paterno/Criadora Materna. Os NTRU (atributos divinos) também eram femininos e masculinos, por exemplo: Ptah/Sekhmet, Amen-Rá/Mut, Tehuti/Maat e Ast/Asar. Esse modo de ver o Divino que permeava a vida cotidiana era "Maatriarcal", e as mulheres desfrutavam muito mais igualdade do que nos tempos atuais. Os gregos e os romanos ficaram estarrecidos com o nível de liberdade das mulheres camíticas, que podiam ter propriedades e ser rainhas, altas sacerdotisas e oráculos vivos.

A linhagem dos reis era transmitida pela mãe como uma herança. A Maatocracia (governo justo) dos antigos camitas eclipsava a democracia dos tempos modernos, cujas marcas têm sido o racismo difuso e a repressão e opressão contra as mulheres.

Para começar a entender a espiritualidade dos antigos camitas, é importante abrir sua consciência e se familiarizar com o legado cosmológico camítico que criou a Maatocracia. Caso ore pedindo orientação enquanto está nos Portais de Iniciação, você descobrirá o que seus antepassados camíticos sempre souberam: que sua vida espiritual e sua vida "normal" são uma só.

Todo dia é o Juízo Final.

NTRU: ANTIGAS ENERGIAS ESPIRITUAIS NÚBIO-CAMÍTICAS

Asar (Osíris): Marido de Ast; ressurreição, reconstituição, renovação da vida.

Ast (Ísis): Mãe de Hru. Grande Espírito Materno Afrakano; portadora da cultura.

Atn-Rá (Aten/Rá/Sol): Elemento fogo. Luz Revelada do Sol Oculto (Rá).

Bast (Bastet): Deusa com cabeça de gato; que afasta as doenças e energias negativas de mulheres e crianças.

Bes: Princípio de expansão; protetor do parto, guardião da dança.

Geb: Elemento terra, consorte de Nut; pai de Asar (Osíris).

Hapi: Rio Nilo; guardião dos pulmões, nome camita de Aquarius.

Heru (Hórus): Guerreiro sagrado da luz e vitória; a capacidade de ter livre arbítrio.

Het-Hru (Hator): Amor divino; beleza, proteção e nutrição.

Imhotep: Sagrado arquiteto; médico-curador e filósofo.

Maat: Verdade, harmonia, equilíbrio, lei, justiça, sobriedade, decoro, ordem cósmica.

Meshkenet (Meshkent): Nascimento/renascimento; guardiã do útero e dos tijolos do nascimento.

Mut: "Olho de Rá", consorte de Amon-Rá; o princípio materno pessoal.

Nebt-Het (Néftis): Irmã de Ísis; protetora, parteira, guardiã da respiração.

Nefer Atum: Ascensão mais elevada; potencial ilimitado, o Adão camita.

Neith: Tecelã, guerreira, defensora.

Nu: Elemento água.

Nun: Águas Primordiais.

Nut (Céu): Consorte de Geb; Grande Mãe Celeste Cósmica; avó de todos os portais e renascimentos.

Ptah: Criatividade; guardião dos artistas, escribas e artesãos.

Renenet: Aquela que nomeia; guardiã da boa sorte.

Renenutet: Cobra Sagrada; nutrição, colheita.

Sekhmet: Consorte de Ptah; leoa padroeira das mulheres que curam.

Serket: Protetora dos órgãos de regeneração; guardiã do intestino delgado.

Sesheta (Seshat): Consorte de Tehuti; padroeira da escrita e arquitetura.

Seth (Irmão de Osíris): Consorte de Nebt-Het; força, senhor do deserto, da escuridão e das tempestades, usurpador.

Shu: Elemento ar; guardião dos ventos, consorte de Tefnut.

Ta-Urt (Taweret): Grande Mãe-Terra.

Tefnut: Guardiã da água e da umidade.

Tehuti (Thot): Lua, Inteligência Divina, Senhor do Tempo; inventor da escrita, padroeiro dos escribas.

GLOSSÁRIO DE ANTIGOS TERMOS CAMÍTICOS

Ankh: Símbolo da vida; chave da eternidade e unidade.

Ari Ankh Ka: Poses egípcias de poder mais antigas que a Yoga.

Arit, Aritu: Chacra, chacras; centros de energia sutis no Templo Corporal.

Hesi: Cantos núbios de louvor (mantras).

Hetepu: "Que a paz esteja com você"; também oferendas e presentes no altar.

Hotep: Paz, calma, tranquilidade; oferendas.

Ka: Alma.

Kemet, Kham, Khm: Antigo Egito.

Khepera: Transformação, evolução, metamorfose.

Mtu NTR: Linguagem hieroglífica; palavras divinas, literalmente, as Palavras de Deus.

Mut: Mãe.

NTR: O Divino Criador Paterno/Criadora Materna.

NTRT Hmt: Mulher Sagrada.

NTRU: Aspectos sagrados de NTR, o Criador/Criadora, como Ast, Maat e Sekhmet

Prt M Hru M Gher: *O Livro da Saída para a Luz do Dia (O Livro Egípcio dos Mortos)*.

Seneb: Saúde, solidez, bem-estar.

Sesh: Papiro.

Shai: Karma, destino.

Smai Tawi: União das Regiões Duplas.

Sunnutu: Médicos.

Tua-k, Tua-Tu: "Obrigada/o".

Tua NTR: "Louvor ao Divino".

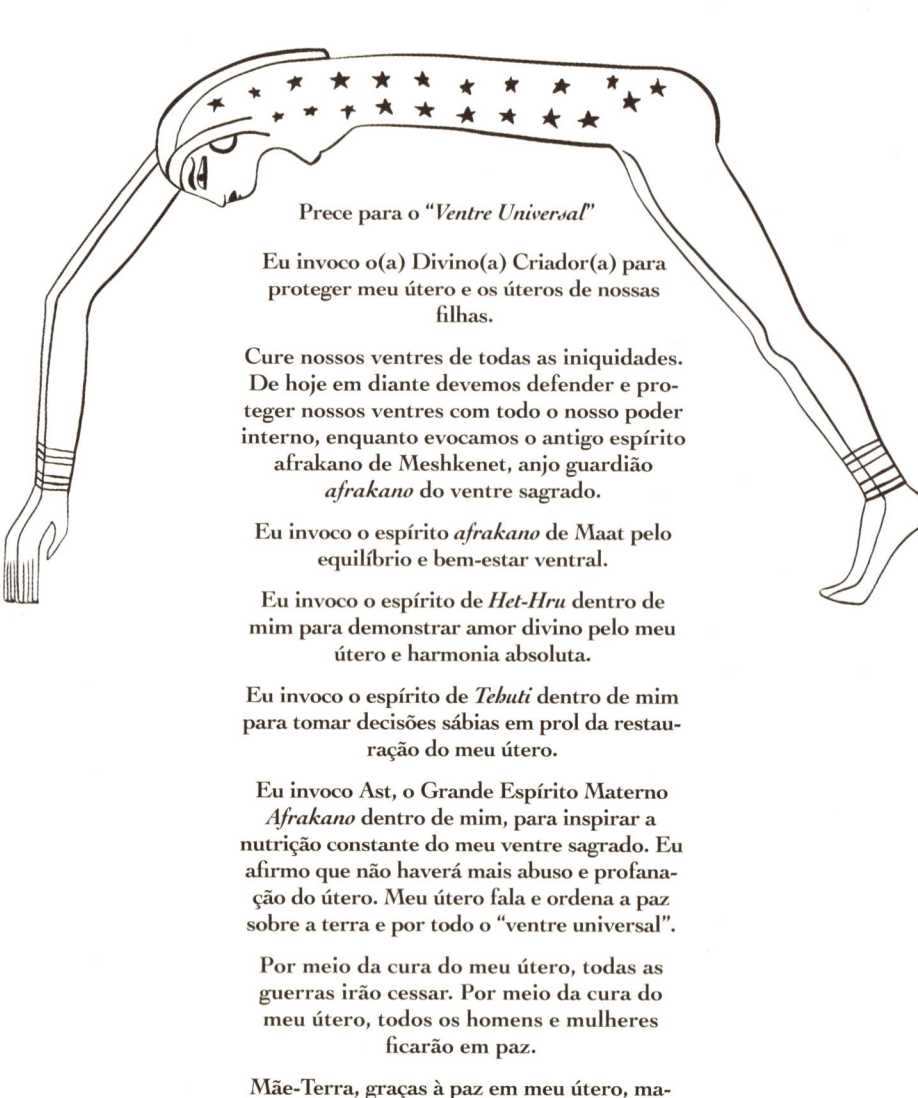

Prece para o *"Ventre Universal"*

Eu invoco o(a) Divino(a) Criador(a) para proteger meu útero e os úteros de nossas filhas.

Cure nossos ventres de todas as iniquidades. De hoje em diante devemos defender e proteger nossos ventres com todo o nosso poder interno, enquanto evocamos o antigo espírito afrakano de Meshkenet, anjo guardião *afrakano* do ventre sagrado.

Eu invoco o espírito *afrakano* de Maat pelo equilíbrio e bem-estar ventral.

Eu invoco o espírito de *Het-Hru* dentro de mim para demonstrar amor divino pelo meu útero e harmonia absoluta.

Eu invoco o espírito de *Tehuti* dentro de mim para tomar decisões sábias em prol da restauração do meu útero.

Eu invoco Ast, o Grande Espírito Materno *Afrakano* dentro de mim, para inspirar a nutrição constante do meu ventre sagrado. Eu afirmo que não haverá mais abuso e profanação do útero. Meu útero fala e ordena a paz sobre a terra e por todo o "ventre universal".

Por meio da cura do meu útero, todas as guerras irão cessar. Por meio da cura do meu útero, todos os homens e mulheres ficarão em paz.

Mãe-Terra, graças à paz em meu útero, marés, furacões, tornados, erupções vulcânicas, enchentes e terremotos irão cessar. De acordo com meu útero, haverá paz, pois, ele é o coordenador espiritual de toda a atividade nesta terra sagrada e de todos os mundos dentro do ventre universal.

Mulheres, protejam bem seu ventre para dar fim às iniquidades.

De acordo com meu útero, Paz.

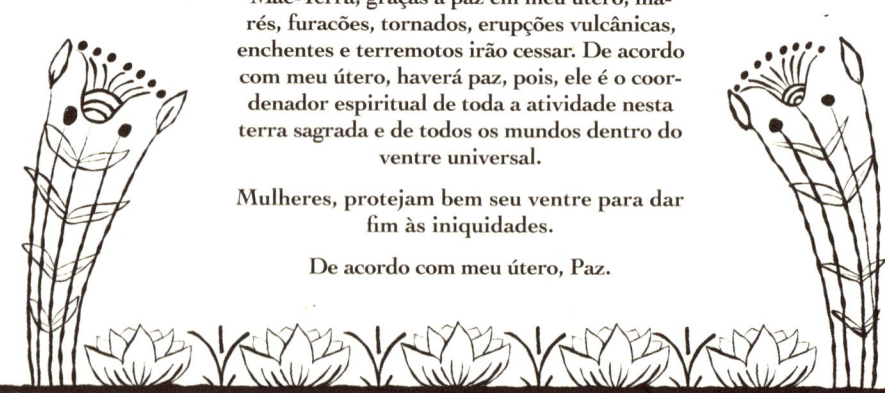

Parte II

A SABEDORIA DO VENTRE

Capítulo 2
PORTAL ZERO – O VENTRE SAGRADO

Nut,
Avó Guardiã
Sagrada

Antepassadas:

Biddy Mason

Queen Mother Moore

Anciãs:

Aunt Iris O'Neal

Dra. Josephine English

Contemporâneas:

Dra. Jewel Pookrum

Nonkululeko Tyehemba

CRIANDO SEU ALTAR SAGRADO

Seu altar deve ser instalado em um cômodo tranquilo. O ideal é um cômodo privado onde você, sua família e amigas possam orar. É nesse lugar que você conversará com o(a) Criador(a), receberá conforto espiritual, mental, emocional e orientação interna por meio de visões para sua elevação. Caso não tenha um cômodo assim, monte seu altar em qualquer canto tranquilo de sua casa sagrada.

Em breve, ao andar pela casa inteira, você perceberá com alegria que todos os cômodos são como um altar, pois estão empoderados com seu toque sagrado e a energia amorosa do Espírito Sagrado.

Coloque a mesa para o seu altar na mesma área escolhida para meditação.

Oferendas no altar

TRABALHO NO ALTAR DO VENTRE SAGRADO
Seu Coração Deve Estar Voltado para o Leste — para o Sol Nascente
(Leiaute visto de cima)

Coloque Fotos ou Figuras na Parede Acima do Altar

| Imagem Divina da Guardiã Espiritual | Foto ou figura de antepassada | Sua fotografia | Foto ou fotografia de anciã | Foto ou fotografia de contemporânea |

Vasilha para o batismo
(ÁGUA)

Pena
(AR)

Ankh para a Vida Eterna ou outro símbolo sagrado
(ESPÍRITO)

Flores ou Plantas
(TERRA)

Óleo de Unção: Olíbano

Vela branca ou azul
(FOGO)

Pedras Sagradas: turquesa, turmalina negra ou selenita

Comida para o NTR e seus antepassados (milho, arroz, frutas etc.)
(Após vinte quatro horas, tire a comida do altar.)

Toalha Sagrada (branca ou azul) e estola ou xale de prece para usar durante o trabalho no altar.

Pano colorido para ficar diante do altar com os instrumentos sagrados (cítara, tambor, sino, chocalho etc.) que serão tocados enquanto você ora.

PREPARAÇÃO DO ALTAR SAGRADO

Lembre-se de purificar todos os objetos antes de colocá-los em seu altar sagrado. Manuseie cada objeto com consciência, emanando as vibrações mais altas possíveis e a intenção de seu corpo, mente e espírito. Lave cada objeto em uma vasilha com água purificada, algumas gotas de olíbano e mirra e uma pitada de sal marinho. Enxugue com um pano branco limpo.

Use o diagrama específico delineado para cada portal para arrumar seus objetos sagrados

Toalha sagrada. Cubra a mesa com um pano branco limpo simbolizando a pureza, então acrescente a cor apropriada sugerida para o portal no qual você está trabalhando. Por exemplo, você pode usar um pano azul para gerar paz dentro do útero e diminuir o sangramento menstrual.

Fotos e fotografias. Coloque primeiro no altar uma foto sua inspiradora em uma bela moldura de material natural (madeira, cristal ou vidro), como um lembrete de sua divindade. A seguir, coloque fotos emolduradas ou representações simbólicas da guardiã espiritual, antepassadas, anciãs e contemporâneas que a apoiam em cada portal.

Pedras sagradas. Coloque as pedras sagradas recomendadas em seu altar, a fim de mobilizar as energias do reino mineral para sua intenção de cura. O quartzo rosa, por exemplo, é uma ferramenta maravilhosa para invocar as energias do Amor Divino.

Flores ou plantas frescas. Use flores ou plantas frescas para insuflar as energias da terra viva em seu altar. Use, por exemplo, uma violeta-africana para banir a negatividade ou uma folha de babosa para cura física.

Velas. Para homenagear o elemento fogo, acenda uma vela branca pequena. Velas de outras cores podem ser usadas conforme as recomendações para o portal. Por medida de segurança, se usar uma vela grande de sete dias, coloque-a em uma vasilha com água em um lugar seguro em seu altar. Nunca deixe uma vela acesa quando sair de casa. Apague as velas ao terminar suas práticas espirituais.

Vasilha para o batismo. Encha uma vasilha de cristal ou de madeira com água purificada para absorver a negatividade no ambiente. Despeje a água após cada cerimônia no altar e encha a vasilha com água fresca no início de sua próxima sessão de trabalho no altar.

Ankh ou outro símbolo sagrado. Coloque sua cruz Ankh sobre um pedaço de veludo ou seda no meio do seu altar. A Ankh representa a vida eterna e a unidade entre corpo, mente e espírito.

Comida. Lave e enxugue bem toda comida sagrada que será oferecida ao NTR, o(a) Criador(a) Paterno (Materna) e aos seus antepassados. Suas oferendas devem consistir em grãos desidratados e frutas frescas de alta qualidade colocados em uma bela vasilha de madeira, vidro ou argila.

Óleos de unção. Use um pouco de óleo essencial para ungir e abençoar a sua testa, o coração e o abdômen, assim conectando os "âmagos" de seus pensamentos e emoções com seu útero físico. Use apenas os melhores óleos essenciais, pois eles têm altas vibrações espirituais. Óleos essenciais sugeridos: rosa, olíbano, mirra, canela, lavanda e jasmim. Assim como no caso das cores, escolha a fragrância mais adequada para suas finalidades meditativas. (Para mais informações, veja a tabela nas páginas 152-158 no final do Capítulo 5.)

Reabasteça seu altar sagrado no primeiro dia de sua entrada em cada portal.

Preparando o altar

E EU ME AUTODENOMINO UMA MULHER DE VERDADE

Nekhena Evans, Iniciada na Mulher Sagrada

Como posso me tornar uma "mulher de verdade"
se não conheço meu útero?
Eu nunca conversei com meu útero,
então, como posso me considerar uma mulher de verdade?
Estou com você... cresci com você,
passei pelos ritos de passagem com você
na infância, na adolescência e na vida adulta, mas mesmo assim...
nunca conversei com você.
Você tem sido uma vítima.
Uma consequência de uma ação.
Um sintoma de uma doença.
Um efeito da minha ação.
Eu nunca falei nem me consultei com você.
Nunca perguntei como você estava nem cuidei de você, e tampouco o entendi.
E eu me autodenomino uma mulher de verdade crescida.
No que eu cresci? Como eu poderia crescer sem falar com você?
Sem reconhecer sua presença e seus feitos?
E eu me autodenomino uma mulher de verdade.
Eu lhe impingi dezenas de homens...
espíritos estranhos/seres/entidades... de todas as dimensões, de todos os lugares e condições.
Através de você, crio e destruo bebês.
Eu lhe alimentei com todos os tipos de venenos, assim gerando doenças — miomas, tumores, cistos e outras.
Tenho lhe abusado sexualmente, assim gerando doenças sexualmente transmissíveis...
infecções de todos os tipos, que coçam... queimam... machucam... QUE DOR!
Tenho lhe usado para meus propósitos...
dinheiro, favores, uma alegada autoestima, beleza, roupas, comida.
Tenho permitido que homens o devassem e médicos o droguem, enquanto eu o oprimo.
Se conhecesse alguém que fez todas essas coisas eu chamaria essa pessoa de tudo que mais desprezo —
ASSASSINO, LADRÃO, MENTIROSO, TRAIDOR, DEMÔNIO.
Sim, é isso que eu faria...
E eu me autodenomino uma mulher de verdade.
Agora é tempo de remissão. REPARAÇÃO, REPARAÇÃO.
PERDOE-ME. PERDOE-ME. PERDOE-ME.
Estou completa.
Serei responsável por você, por mim mesma... por meu útero.
Estamos juntos em um relacionamento desde o princípio.
Vou comungar e me comunicar com você.
Vou escutá-lo. Vou lavá-lo e purificá-lo.
Vou prestar atenção aos seus padrões, humores, sinais e prodígios.
Eu vou... Eu vou... Eu vou... me tornar a mulher de verdade conforme você
me fez desde o início.

PORTAL ZERO: PRÁTICAS ESPIRITUAIS DIÁRIAS DO VENTRE SAGRADO

☥

Elemento do Portal: Água

O Ventre Sagrado é o portal para todos os portais.

Cada portal representa um exercício de ascensão espiritual. As práticas oferecidas no Portal Zero devem ser feitas diariamente por no mínimo 21 dias e no máximo quatro meses. Disciplinar-se para honrar esse caminho despertará seus Portais da Divindade internos para que você possa florescer e consolidar seu centro sagrado.

O ventre sagrado cria a base para o bem-estar ventral e a prepara para os Portais de Iniciação. No treinamento de 21 dias, você aprenderá a eliminar pensamentos, alimentos e atitudes tóxicos em seu templo corporal divino. Você presenteará seu ventre com a filosofia do bem-estar. Isso inclui a abordagem natural em relação à alimentação, técnicas de rejuvenescimento do útero, afirmações e meditações para sintonização total com o útero.

1. O Banho Espiritual

Comece sua jornada no Portal Zero entrando nas profundezas do oceano. Com essa intenção, você pode criar um ritual de levantar-se entre 4-h e 6-h e tomar um banho espiritual com sais de Epsom ou sais do mar morto na alvorada.

Seu banho se torna uma cerimônia — acenda velas e incenso, e ouça música suave e inspiradora. Abençoe a água do banho. Use o banho para se livrar de toda a negatividade, de tudo que bloqueia a movimentação fluida da luz, amor, cura e paz em seu ventre sagrado e templo corporal.

Adicione óleo essencial de olíbano na água do banho para abrir a coroa *arit* (chacra). O olíbano a sintoniza com a inspiração e sabedoria divina do NTR e gera a Divindade e a sacralidade do útero. Isso elimina a confusão e a depressão. Pingue sete gotas de óleo de olíbano na água do banho. Pingue também sete gotas de olíbano em uma vasilha com água purificada em seu altar e borrife algumas gotas no local onde você faz as preces.

2. Seu Altar

Monte seu altar seguindo as diretrizes nas páginas 44 e seguintes e sente-se calmamente diante dele, seja em uma almofada no chão ou em uma cadeira confortável.

Unja com olíbano. Use apenas óleos essenciais puros. Com óleo essencial de olíbano, unja sua coroa e seu terceiro olho (no meio da testa entre as sobrancelhas), o Portal do Templo Corporal da suprema espiritualidade. A seguir, unja o coração (o Portal do Templo Corporal da compaixão e amor divino). Unja também seu ventre, as palmas das mãos (para que tudo que você toque fique mais sagrado) e as solas dos pés (para alinhar-se espiritualmente e sair com mais poder, esperança e fé).

Instrumento musical sagrado. Toque suavemente um instrumento sagrado (tambor, sistro, xequerê[27]) para despertar a legião angelical interna. Se for muito cedo e os outros ainda estiverem dormindo na casa, toque um sininho delicadamente.

3. Abrindo o Portal

Nas preces para cada um dos guardiões do portal, você pode usar as palavras que brotam do seu coração. Veja um exemplo de prece para "Abrir o Caminho" para o Portal Zero:

> Sagrada e Divina Nut, guardiã espiritual do portal do ventre sagrado, peço que aceite minha mais profunda gratidão por sua presença curativa em meu altar e em minha vida. Obrigada por sua orientação, inspiração, amor e bênçãos e, por favor, aceite meu amor e bênçãos em retribuição. *Hetepu.*

4. Libação

A libação consiste em verter um líquido, como água ou bebida destilada, como oferenda sagrada para o(a) Criador(a). Nas práticas da Mulher Sagrada, nós oferecemos cerimonialmente água purificada que abençoamos para o Altíssimo. Para a libação no Portal Zero, verta um pouco de água de uma xícara ou borrife com os dedos algumas gotas tiradas de uma vasilha ou cabaça colocada na terra (caso você esteja ao ar livre) ou de um vaso de planta em seu altar. Enquanto verte sua libação, faça essa prece de adoração (os detalhes mudam a cada portal, mas não a intenção):

> Eu verto essa libação em louvor e adoração pela sagrada guardiã do Portal Zero, Nut, a Grande Mãe Cósmica.
>
> Eu verto essa libação em louvor e adoração pelas antepassadas do Portal Zero, Biddy Mason e Queen Mother Moore.
>
> Eu verto essa libação em louvor e adoração pelas anciãs do Portal Zero, Iris O'Neal e doutora Josephine English.
>
> Eu verto essa libação em louvor e adoração pelo meu eu divino e minhas divinas contemporâneas, Dra. Jewel Pookrum e Nonkululeko Tyehemba.

5. Prece para o Espírito da Mulher Sagrada

Toque o sino ou outro instrumento sagrado suavemente no início e no final da prece.

> Espírito Sagrado, NTR, mantenha-me perto do seu peito. Proteja-me de todo o mal, medo e dos golpes da vida. Dirija meus passos da maneira certa enquanto eu viajo nessa visão. Espírito Sagrado, envolva-me em sua luz absolutamente perfeita. Unja-me em sua pureza, paz e percepção sagradas. Abençoe-me, verdadeiramente abençoe-me, enquanto eu partilho essa vida sagrada. Ensine-me, Espírito Sagrado, a me sintonizar com o universo. Ensine-me a curar com os elementos internos e externos do ar, fogo, água e terra.

6. Prece do Ventre Sagrado

Mais uma vez, toque o sino ou outro instrumento sagrado suavemente no início e no final da prece.

> Mãe Divina, dê-me o poder de curar meu útero. Abençoe os úteros de todas as suas filhas e nos ajude a curar nossos ventres. Restaure a nossa fé de que podemos ter mais força, poder e conhecimento enquanto retomamos a pureza e a sacralidade dos nossos ventres. Que os úteros de todas as mulheres possam renascer para as elevações eternas enquanto a cura e o bem-estar se espalham sobre todas as terras.

7. Cantando Hesi

Cante quatro vezes esse *hesi* da primeira língua, *Mtu* NTR:

> *Nuk Pu Ntrt Hmt* — Eu sou uma mulher sagrada.

8. Respirações de Fogo

Prepare-se para a respiração de fogo (respiração rápida) você deverá inspirar e expirar lentamente por quatro vezes. Quando você estiver totalmente relaxada, comece as respirações de fogo. Faça com que cada respiração profunda de fogo represente a abertura das mil pétalas do lótus da iluminação e radiância, que, por fim, a farão alcançar Nefertum — o Portal da Divindade do Lótus Afrakano. No Portal Zero, você começará com 50 a cem respirações de fogo. E a cada novo portal, você acrescentará mais cem respirações de fogo até fazer mil respirações de poder e luz.

Como Fazer Respirações de Fogo

- Com a boca fechada, inspire bombeando profundamente pelas narinas, direcione a respiração para o abdômen e depois para cima para expandir o peito.
- Expire totalmente enquanto o abdômen se contrai e os pulmões soltam totalmente a respiração.
- Pratique a respiração de fogo lentamente e por algumas vezes, então, faça cinquenta vezes inspirando e expirando o mais rapidamente possível.

Nota: Se você ficar tonta ou quase sem fôlego, o que denota hiperventilação, basta respirar dentro de um saco pequeno de papel — nunca de plástico — mantendo-o sobre o nariz e a boca por alguns minutos, para restaurar o equilíbrio do gás carbônico.

Quanto mais você praticar a respiração de fogo, maior será sua capacidade para fazê-la, e assim, colher seus grandes benefícios energizantes e restauradores.

9. Portal Zero: Meditação do Ventre Sagrado

Em cada um dos 21 dias que você passa trabalhando no Portal Zero, aumente o tempo dedicado à meditação. Quanto mais tempo você meditar, mais profunda será sua paz interior e mais vibrante será seu *ka* (espírito). Quanto mais limpo estiver seu templo corporal, mais rápido ele conseguirá viver permanentemente na paz e com maior equilíbrio interno do estado meditativo.

A Meditação do Ventre Sagrado

- Visualize a si mesma sentada em um leito de lótus enraizado no âmago do seu centro sagrado.
- Agora comece a se sintonizar com a sabedoria do ventre respirando em Nut, a Mãe Celestial Cósmica e guardiã sagrada do útero.
- Inspire e deixe Nut enviar a luz azul da serenidade para seu ventre. Então, expire para se livrar dos bloqueios emocionais e espirituais e substâncias tóxicas em seu útero, que é a sede da criação e da criatividade. Repita sete vezes.
- Agora inspire em quatro rodadas e expire em oito rodadas. Perceba o poder de cura, estabilidade e radiância florescendo, enquanto seu útero aprende a manter um senso de bem-estar.
- Agora, abençoe o ventre de sua mente, o do seu coração e o do seu centro sagrado.

Trabalho com Cores e Pedras para a Cura Sagrada

Visualização de Cores. Visualize a cor do portal em que você está. No Portal Zero, que é regido pelo elemento água, visualize branco ou azul para purificação e serenidade. Para meditar, use roupa branca ou azul e coloque um pano branco ou azul em seu altar.

Meditação da Pedra Sagrada. Mantenha a palma da mão sobre o ventre ou todas as pedras sagradas de cura do Portal Zero: selenita, turquesa e turmalina negra.

- **Selenita** nos abre para a verdadeira feminilidade, para que nos unifiquemos com nossos "eus" divinos. A selenita também ajuda a tratar tumores e é associada à lua e à natureza emocional feminina.
- **Turquesa**, um símbolo do céu azul, eleva o espírito e nos traz elevações espirituais na Terra e nas esferas celestiais. Essa pedra semipreciosa azul-esverdeada nos dá sabedoria e boa sorte, pode absorver sentimentos e vibrações negativas e enviar cura ao portador. Ela representa o quinto *arit* (chacra), ou centro de energia, que regula a garganta e ajuda na comunicação divina, sobretudo na meditação matinal entre 4 h e 6 horas.
- **Turmalina negra** contém energia protetora contra a negatividade e ajuda a pessoa a ficar centrada e sintonizada com a terra.

10. Tônicos de Ervas

Tome chá de erva enquanto monta seu altar, faça uma prece e trabalhe no diário no Portal Zero. Use a *Heal Thyself Woman's Herbal Formula* (veja a lista de produtos no site www.queenafua.com) para o bem-estar ventral geral.

O chá de dente-de-leão, feito com as raízes e folhas de *Taraxacum officinale*, é outro tônico útil para o Portal Zero, pois fortalece o útero, purifica e destrói ácidos no sangue e combate a anemia.

Tome seu chá por 21 dias para colher todos os benefícios de se sintonizar com o Portal Zero. Tome o chá de erva em sua caneca favorita durante ou após a escrita espiritual e termine de tomá-lo antes das 13 horas.

Preparação. Coloque um sachê ou uma colher de chá de chá a granel em 236 mililitros de água fervida em um caneco que não seja de metal. Ferva a água, apague a chama, acrescente o chá e deixe em infusão. Coe a água com as ervas. Tome antes ou após seu banho ou ducha matinal. Beba com alegria e paz enquanto respira calmamente entre os goles, entrando em um estado contemplativo.

11. Essências Florais

Para concentrar, aprofundar e estabilizar sua experiência em cada portal, trabalhe com as essências florais recomendadas. Essências florais são remédios vibracionais que curam quando algumas gotas da essência potencializada de flores aromáticas são postas sobre ou sob a língua, ou em um copinho com água e tomadas aos poucos em intervalos regulares. Essências florais basicamente servem para reequilibrar estados mentais e emocionais, além de poder dar um apoio maravilhoso enquanto trabalhamos para remover os obstáculos no caminho para a autocura.

Como escolher uma essência: selecione alguma das essências recomendadas lendo a descrição de cada uma para ver se ela combina com o estado mental ou emocional que você quer melhorar. Você também pode usar sua intuição, um teste ou um pêndulo para fazer a seleção em meio a um grupo de essências.

Dosagem: coloque quatro gotas da essência recomendada sobre ou sob a língua ou ponha a mesma quantidade em um copinho com água purificada. Leia também as características da essência(s) com a qual está trabalhando e reflita sobre o impacto dela sobre seu estado mental e emocional. Registre suas observações em seu diário do ventre sagrado.

Essências florais para o Portal Zero. O livro *Flower Essence Repertory: A Comprehensive Guide to North American and English Flower Essences for Emotional and Spiritual Well Being* (sem tradução para o português), de Patricia Kaminski e Richard Katz, recomenda para esse portal e todos os subsequentes:

- *Alpine lily* (lírio alpino): promove a capacidade de contatar a verdadeira feminilidade sediada nos órgãos femininos; a integração do feminino com o eu sexual e biológico da mulher.
- *Pomegranate* (romã): expressão do aspecto feminino do eu na procriação e na criatividade terrena.
- *Star tulip* (tulipa estrela): receptividade espiritual, abrindo o aspecto feminino do eu para mundos mais elevados.
- *Black-eyed Susan* (rudbéquia): percepção mais clara sobre emoções ocultas ou reprimidas.
- *Angelica* (angélica): para sentir-se protegida e guiada, para sentir proteção espiritual durante épocas de estresse.

12. Dieta e Movimentação

Siga diariamente as Leis de Alimentação Natural da Mulher Sagrada inclusas no "Plano Alimentar Purificador para o bem-estar ventral" (ver página 90 e seguintes) e faça os movimentos de dança ventral apresentados no Portal 3.

13. Escrita no Diário Sagrado

É melhor escrever no diário após seu banho sagrado e/ou purificação interna com um enema, e/ou meditação. Quando estiver purificada e centrada, você pode ter a graça de receber mensagens espirituais do Altíssimo. Quando você está nesse espírito, as mensagens passam sucessivamente de seu espírito para a mente, para o coração, para a mão e para o papel.

O melhor horário para o trabalho de escrita espiritual é entre 4 h e 6 h, após o trabalho no altar. Mantenha uma caneta e o diário por perto ou em seu altar para trabalhar com o poder, a força e a tranquilidade desde o início da alvorada.

Nessa hora, anote em seu diário os pensamentos, atividades, experiências e interações que ocorreram antes em seu cotidiano. Se quiser, anote também suas esperanças, visões, desejos e afirmações, para que possa relê-los em busca de ajuda e apoio quando necessário. Você ficará surpresa ao encontrar tanta sabedoria em seu diário.

14. Xale ou Colcha pela Liberdade de Senab

Ao entrar no Portal Zero, escolha o pano sagrado que servirá de tela para sua veste espiritual. É com esse pano que você irá criar seu xale ou colcha pela Liberdade de Senab (ver página 147 e seguintes). Você começará preparando os materiais de costura necessários para continuar fazendo sua colcha ou xale de Senab ao longo dos Portais de Iniciação.

15. Ferramentas Sagradas

Mesa de madeira ou plataforma elevada para servir de base para seu altar sagrado. Materiais necessários para montar seu Portal Zero - O Altar do Ventre Sagrado (ver páginas 42 e 44).

16. Lembrete Sagrado

Ao longo dos próximos 21 dias, você deve observar atentamente a sabedoria apresentada no Portal Zero. Para ter resultados altamente satisfatórios, viva livremente em sintonia com os vários sistemas de bem-estar corporal, mental e espiritual apresentados.

Palavras Sagradas de Encerramento

> Divino(a) Criador(a), ajude-me a honrar e a tratar meu útero da maneira mais sagrada. Obrigada por todas as bênçãos concedidas nesta jornada sagrada.

PARA AS GUARDIÃS DO VENTRE SAGRADO

Como diziam os antigos, a Sabedoria do Ventre é um trabalho feminino. Assim como as mães ancestrais oriundas de Nut, nós temos a capacidade e responsabilidade de nos curar de maneiras naturais usando os elementos do ar, fogo, água e terra. Os homens não têm esse poder nem a incumbência de curar nossos ventres e só precisam amar, respeitar, apoiar e reverenciar nossos ventres. Eles só podem apoiar o que as mulheres estabeleçam por meio da renovação de seus ventres sagrados — a base natural da nossa autodescoberta e recuperação.

Somente quando nossos ventres forem restaurados por meio da transformação firme e constante de nossos pensamentos, corações e sangue, o destino da Terra irá se elevar novamente. Devido ao atual estado desarmônico das mulheres, frequentemente não conseguimos curar o "eu". Mulheres perdidas estão desconectadas de seu centro sagrado.

Nós devemos aproveitar todo o nosso poder, que tem estado dormente e trancado em nossos ventres, pois o planeta está sob risco de extinção e precisamos agir para salvaguardar as vidas dos seres humanos. Nós mulheres temos o poder de deter a destruição da Terra. Mulheres sagradas, ajam rapidamente com certeza e tenacidade absolutas.

O estado dos ventres femininos revela a história estatisticamente e eles têm a resposta sobre quem podemos ser ou não. A maioria das mulheres tem problemas no útero. Um número imenso de úteros está dormente. Outros estão infestados por bactérias ou implodiram de estresse e doenças. Alguns estão sangrando até a morte. Nós estamos coletivamente encrencadas, dizem as vozes de nossos ventres.

Nós mulheres estamos acocoradas sobre nosso poder há séculos. É hora de nos levantarmos, pois, a ressurreição plena é nosso direito inato. Quando as mulheres ativarem toda a sua força, as coisas serão como no início. Quando as mulheres eram plenas e supremas também tinham o poder de reger a Terra. Nós, mulheres, guardiãs da vida, somos a chave para criar uma cura gloriosa sobre a Terra, por meio do realinhamento dos modos antigos de cura ensinados pelas primeiras mães da Antiguidade.

Mulheres Sagradas, imploro que vocês deem o melhor de si para tomarem suas vidas e as de suas filhas nas próprias mãos, e que apoiem suas irmãs, mães, avós e tias. Criem um Círculo do Ventre, conversem sobre seus ventres e transmitam o que sabem — ventres são a cura em todo lugar. Ao curar um útero ferido e carregar de luz um útero curado, ele pode gerar um futuro melhor. Visualizem um planeta com mentes e corações saudáveis, pois somos as mantenedoras da paz, as guardiãs do útero. Quando nós, mulheres, formos à luta e estivermos consolidadas no Centro Sagrado de Ast (Ísis), a Grande Mãe interna, os homens, que guerreiam tanto por terra, ambições materiais e recursos naturais, terão que se submeter. Mulheres Sagradas, venham sentar-se conosco no Círculo do Ventre Sagrado e invocar sua verdadeira divindade.

BEM-VINDA AO CÍRCULO DO VENTRE SAGRADO

O Círculo do Ventre Sagrado foi criado para despertar novamente o conhecimento dentro da consciência feminina de que nós temos uma capacidade natural inata para nos curar. Ele nasceu devido à necessidade de apoiar mulheres como você e eu que querem assumir um papel mais ativo e responsável para criar e manter o bem-estar de nossos ventres.

Para começar o processo de bem-estar ventral, primeiramente devemos dominar o conceito e a filosofia do Portal Zero – O Ventre Sagrado – e sua abordagem holística natural para gerar bem-estar ventral. A intenção é oferecer uma introdução carinhosa à educação holística, a qual não substitui um tratamento médico. Se você está se tratando com um médico, por favor, continue fazendo isso e simultaneamente comece a se informar sobre o processo oferecido aqui.

Nos dias atuais, quando tantas mulheres sofrem a ameaça de uma histerectomia devido a um aumento nos casos de doenças no útero, o Círculo do Ventre Sagrado é uma resposta às preces coletivas das mulheres afrakanas. Ele diz: "Venha a mim para a prevenção do sangramento excessivo crônico todos os meses. Venha a mim para eliminar infecções no útero. Venha a mim para estancar o crescimento de cistos ou miomas. Venha a mim para criar coragem e dar fim aos abusos sexuais. Venha a mim para corrigir as dolorosas cicatrizes emocionais de abortos mal feitos. Venha a mim para deter a perda prematura do ciclo menstrual ou o estresse da menopausa. Venha a mim para se regozijar com seus ventres sagrados".

O Portal Zero empodera as mulheres estimulando a formação de Círculos do Ventre Sagrado, a fim de nos curarmos coletivamente por meio do trabalho de bem-estar ventral. Ele instiga as mães a fortalecerem os laços com suas filhas, e as filhas a respeitarem a experiência e sabedoria de suas mães.

O Círculo do Ventre Sagrado

Ele solicita às avós e mulheres mais velhas que reúnam em seu peito todas as mulheres de suas comunidades para partilhar as antigas tradições de cura da "mulher sábia". Tais tradições permitiram que mulheres afrakanas das Américas, do Caribe, da pátria-mãe e de todo o mundo atendessem ao chamado para se curar por meio da Sabedoria do Ventre, usando ervas, raízes, folhas, frutos silvestres, lama, água, ar, sol e preces tradicionais.

O Portal Zero nos ensina a adotar um estilo de vida natural que fortalecerá e purificará a "mente do Ventre Universal" — o âmago do coração e o trono do útero, o Centro Sagrado de Ast.

Mulheres que assumem esse trabalho sagrado estão batalhando para criar ventres que funcionem maravilhosamente — que não doam, não sangrem abundantemente nem as façam gritar de sofrimento. Mulheres que assumem esse trabalho sagrado acabarão com as "guerras uterinas" e salvarão seus centros sagrados do pavor de doenças, para que eles possam se curar naturalmente. Nós precisamos de ventres potentes, sem tumores nem dores, energizados, purificados e insuflados espiritualmente. Nós precisamos de úteros que não retenham pessoas e experiências negativas, para que não fiquem doentes enquanto todas essas toxinas não forem eliminadas com segurança.

Embora não tenha todas as respostas para restaurar a beleza e magnificência plenas do útero, esse portal oferece as primeiras centelhas de luz que podem despertar nossos espíritos dormentes para que atravessemos a ponte rumo à iluminação ventral.

O Portal Zero conversa com todas as mulheres — desde a jovem mulher, que recentemente começou a menstruar, até à mulher cujo útero foi retirado em uma cirurgia. Nós dizemos a todas as mulheres: "Abençoe-em o espírito do seu ventre, pois esse espírito é eterno e jamais morre. Abasteça seu ventre espiritual diariamente com muito amor e paz ao longo de cada ciclo de vida, pois se seu espírito estiver pleno, assim também estará o espírito do seu ventre".

Seja qual for sua linha espiritual, filosofia, formação educacional ou expressão cultural, o Círculo do Ventre Sagrado pode funcionar para você. Ele é um porto seguro no qual toda mulher pode se regozijar com o poder de sua conscientização ventral recém-descoberta. Essa é a base necessária para colocá-la no caminho evolutivo da Mulher Sagrada.

Espero que este livro abra as possibilidades para que você assuma mais responsabilidade pela restauração e preservação do seu ventre. E que cada lição lhe dê um senso maior de integridade.

Vamos começar!

CÍRCULO DO VENTRE SAGRADO

Nós nos sentamos em um Círculo do Ventre para fazer nosso trabalho, para curar nossas mentes, corações e ventres — nosso centro sagrado. Nós nos reunimos, independentemente de classes sociais, para nos curar e curar umas às outras, para formar círculos de amor, confiança e apoio sem julgamentos, nos quais partilhamos nossa "história ventral".

O Círculo do Ventre Sagrado nos oferece o espaço e tempo sagrados para afirmarmos que temos o poder de curar não só a si mesmas, mas também as outras. À medida que revelamos nossos segredos mais íntimos na segurança do círculo, nós começamos o trabalho necessário para purgar o passado e as desarmonias que atraímos no decorrer do tempo para nossos ventres.

No Círculo do Ventre Sagrado nós compartilhamos as maneiras úteis que encontramos para amar, mimar, curar e nos apoiar durante o Trabalho Ventral. Nós ensinamos umas às outras a perdoar e a superar nossas mágoas passadas; a criar os filhos de maneira construtiva; a amar nossos companheiros atuais. Nós inspiramos umas às outras para restaurar a vida divina dos nossos ventres.

Nós meditamos, oramos e escrevemos em nossos diários juntas. Criamos músicas e cantamos canções plenas de espiritualidade para libertar nossas almas. Nós dançamos. Nós lemos nossos poemas de cura e os das outras companheiras. Nós estudamos juntas os princípios do Trabalho do Ventre Sagrado e aprendemos quais alimentos e ervas nutrem nossos ventres e nervos. Nós aprendemos que o templo corporal de uma mulher deve ser mantido limpo e puro, pois à medida que transforma seu ventre, ela se eleva e entra em um estado sagrado especial de integridade.

Quando encerramos o círculo do ventre com uma prece, guardamos as histórias de cada uma em nossos corações como ferramentas que nos ajudarão a crescer. Nós oramos por saúde, amor, abundância, bênçãos e boas vibrações para todas até nosso próximo encontro. Nós somos tudo e todas as coisas nesse círculo de cura de irmã para irmã.

Atualmente há círculos de cura femininos e círculos de irmãs no mundo inteiro. O Espírito Materno/Paterno no fundo de nós está convocando para o bem-estar planetário. Saber que seu Círculo do Ventre Sagrado é parte indelével das numerosas reuniões sagradas ajuda a gerar paz no mundo. Saiba que onde quer que haja uma mulher que esteja curando seu ventre, há uma família com potencial para cura e bem-estar. A cura de uma família de cada vez irá se difundir como um fogo purificador pelas comunidades mundo afora.

Montando um Círculo do Ventre Sagrado

- **Primeira reunião**: na primeira reunião para estabelecer a energia do círculo, você precisa saber qual é o projeto individual de bem-estar ventral de cada irmã e como ela acha que pode se beneficiar entrando no círculo com outras irmãs. Há bastante tempo para meditação e compartilhamento.

- **Propósito do Círculo e da Afirmação do Compromisso**: no final da noite, o círculo deve ter descoberto seu propósito em comum e feito um compromisso de trabalhar em conjunto uma vez por semana por no mínimo 21 dias e no máximo por quatro meses. Então, ada irmã deve assinar e colocar a data de sua afirmação do compromisso pessoal:

> Eu me comprometo com as irmãs do meu círculo sagrado e com as guardiãs, antepassadas e anciãs divinas, a me curar assumindo a responsabilidade pelo bem-estar do meu ventre. Eu me comprometo a participar semanalmente nesse círculo sagrado e a ficar focada em minha missão de me curar. Terei cautela com as distrações e desafios ao meu redor e com a negação e as racionalizações que surjam dentro de mim tentando me desviar do meu intento. Eu ficarei firme e forte na companhia de minhas irmãs porque sei que há unidade, poder e divindade em um ventre saudável sagrado.
>
> *Nome:*_____
>
> *Data:*_____

- **Número de mulheres no grupo**: quatro a oito mulheres perfazem o número ideal para um círculo do ventre, pois todas terão tempo e espaço para partilhar e abrir seus corações.

- **Duração da reunião**: duas a três horas.

- **Onde se reunir**: para o grupo partilhar mais uma experiência, as reuniões se revezam nas casas das participantes.

- **Comidas e bebidas**: as irmãs levam saladas e frutas frescas, chás de ervas, sucos frescos e água.

- **Outras instruções**: vista-se confortavelmente para fazer os movimentos da dança ventral com o grupo. Leve seus instrumentos musicais — sinos, carrilhões, tigela cantante tibetana, kalimba, xequerê, chocalho ou tambores — e toque-os suavemente para se inspirar e criar sons divinos de cura.

- **Registros por escrito**: traga seu diário do ventre sagrado e a caneta para registrar conversas no círculo ou meditações.

Atividades do Círculo do Ventre

- **Altar Sagrado**: caso o círculo do ventre seja em sua casa, você tem o privilégio de montar o altar. Cada irmã acrescentará uma oferenda, como flores, incenso, óleos essenciais ou algo que lhe é sagrado, para elevar a energia do círculo.

- **Música**: abram o círculo do ventre tocando seus instrumentos musicais ou cantando, ou ambos, para criar uma atmosfera harmoniosa para o bem-estar ventral.

- Purifiquem o Espaço Sagrado e a si mesmas usando um desses métodos:

  – Defumar o espaço e umas nas outras.

  – Ter olíbano e mirra em um potinho com carvão à prova de fogo para defumar umas nas outras.

  – Ungir a coroa (mente), coração (espírito) e ventre (centro sagrado) umas das outras com óleos essenciais: lótus, lavanda, sálvia, olíbano e mirra.

  – Ungir umas as outras com água purificada.

- Repitam juntas a prece do círculo do ventre:

> Que nossos ventres possam repousar nas pétalas do lótus sagrado. Mãe Divina, ajude-me a abrir no Círculo do Ventre Sagrado tudo o que está enterrado no cerne da minha mente, do meu coração e do meu centro sagrado.

Que as histórias que partilhamos em nosso círculo do ventre possam renovar nossos ventres, iluminar nossos corações e curar nossas mentes. Que possamos tratar nosso círculo do ventre de maneira sagrada e manter as histórias partilhadas dentro do coletivo, tornando-as sagradas. Que possamos nos empenhar para viajar nessa via de recuperação ventral sem vacilar e restaurar nosso equilíbrio ventral.

Divino que mora em mim, hoje eu me abro para o absoluto bem-estar ventral. Que nosso círculo do ventre possa nos revelar nossa medicina sagrada e que possamos nos curar.

Desde já agradeço pelo bem-estar que envolve meu útero e pela cura e paz que envolvem e protegem nosso círculo do ventre. *Hetepu*.

Participar de um Círculo do Ventre Sagrado significa que estamos prontas para curar nossos corpos, nossas vidas e nosso ambiente. Talvez você queira oferecer frutas, flores ou aplaudir enquanto recebe ou dá apoio às irmãs que conseguem se esforçar contra o próprio abuso ventral e contra o de outras companheiras, que se esforçam ao máximo para seguir o plano alimentar para o bem-estar ventral e que purificam seus cólons para que seus úteros fiquem tão leves quanto uma pena.

A sabedoria divina mora no Círculo do Ventre Sagrado.

Círculo Musical do Ventre com Queen Afua e Lady Prema

NUT, NOSSA MÃE CELESTIAL

O reconhecimento da nossa divindade nos leva para os braços celestiais de Mãe Nut, a avó e guardiã de todos os portais. Para concluir os portais de sacralidade que ela abrange é preciso ficar diante do ventre celestial.

Na primeira língua escrita original — Mdu NTR, falada por nossos antepassados no antigo Vale do Nilo —, o útero era chamado de *khat*, que também significa "segurar", "manter" e "apanhar". Segundo a lei natural, o bem-estar da Mulher Sagrada começa no útero e se dissemina a partir de seu centro como os galhos de uma árvore. Ela ascende para a força ou desce para a fraqueza conforme a condição de suas raízes. A fim de crescer apropriadamente como uma mulher plena, nós devemos retomar espiritualmente a consciência de nossos primórdios e nos suprir do Espírito Feminino mais antigo conhecido pela raça humana — a Bisavó Nut.

Eis aqui uma prece para ela no *Prt M Hru N Gher*, *O Livro Egípcio dos Mortos*:

> Avó Nut, permita que eu alcance o céu da eternidade e a montanha da proteção. Que eu possa me reunir com os seres brilhantes, sagrados e perfeitos e ir com eles para ver suas belezas. Você é a mais brilhante e pacífica, Mãe Nut.

A respeito da Esfera Celestial, Nut nos diz:

> Eu represento o aspecto feminino mais elevado. Eu sou Nut, o Ventre do Universo. Eu fui descoberta pelos camitas, o primeiro povo do Vale do Nilo. Eu sou a Mãe Celestial que se estende por todo o céu. Meu ventre contém todos os trilhões de estrelas e planetas. Eu sou a Mãe do Ventre Universal cujos braços se espalham por todas as galáxias. Eu abarco o universo inteiro.
>
> Meus braços se estendem tanto que consigo proteger todos os meus filhos. Eu sou sua guia e protetora. Aqueles que vêm a mim na meditação renascem na consciência divina. Procurem por mim. Meu corpo é bem azul e coberto de estrelas.
>
> Eu posso lhes dar a pura paz interior. Dentro de mim estão todas as respostas do universo — e as respostas que vocês precisam em seu mundo. Eu sou o princípio do(a) Criador(a) em forma de ventre. Recorram a mim e eu lhes darei total serenidade interior. Passem algum tempo comigo diariamente em sua meditação e eu curarei seus corpos e acenderei sua estrela interna para que vocês possam ter o mesmo brilho dourado e prateado que eu, sua Mãe, tenho.

Todas nós, mulheres, temos nossa vez na roda do nascimento. Nós somos as netas de Nut, o Ventre Universal. Cada uma de nós é uma estrela de luz. Todas as antepassadas, anciãs e contemporâneas que lhe dão as boas-vindas no Portal do Ventre Sagrado são representações das inúmeras manifestações dos seres estelares de Nut. Essas parteiras espirituais que você descobrirá enquanto percorre a Sabedoria do Ventre da Mulher Sagrada a ajudarão em seu renascimento.

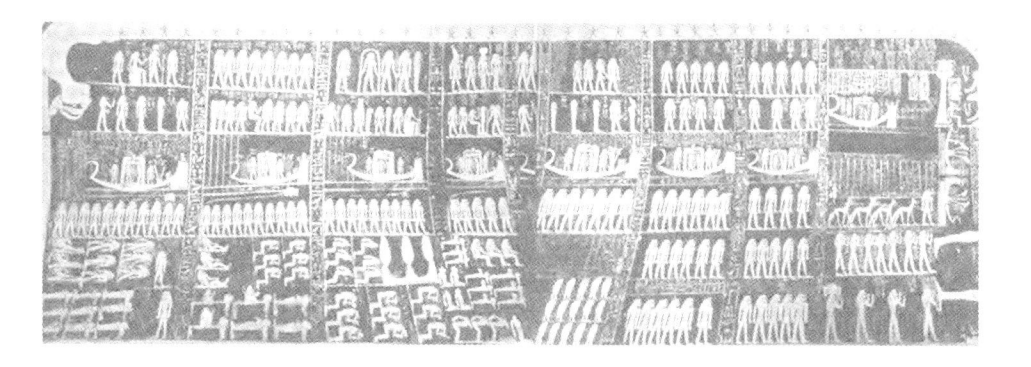

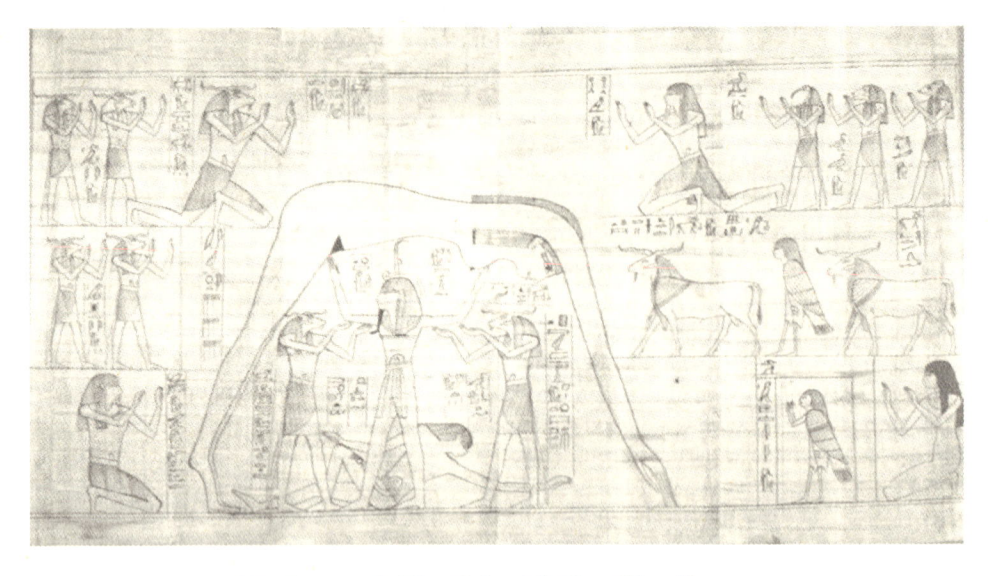

Nos Braços da Mãe Celestial: Uma Visualização

Filhas de Nut, que cada raio de luz lançado em seu ventre faça vocês sentirem a libertação como mulheres. Que vocês brilhem cada vez mais ao encontrarem as parteiras espirituais que ficam no portal de nosso renascimento, com suas saias, panelas de ferro fundido e sorrisos largos e sinceros.

Nut, o princípio e reflexo feminino mais elevado, mantém a luz para que vocês renasçam na feminilidade sagrada. Para começar a cura do seu ventre, Nut fala:

Seja qual for seu estado atual, venha a mim. Eu, Mãe Nut, irei confortá-la. Venha voar comigo. Eu vou libertá-la, pois sou a divindade que mora em você. Contemple-me alguns momentos à noite, ou na alvorada ou o quanto for preciso para você gravar calmamente minha visão no olho de sua mente. E quando a paz, a tranquilidade e a luz tiverem se espalhado por todo o seu corpo, saiba que você se alimentou em meu peito celestial.

Feche os olhos suavemente, sente-se em silêncio e entre em mim em um plano superior. Veja suas estrelas brilharem forte enquanto a luz lhe penetra e você se torna una com seu ventre celestial.

Sentada em silêncio, respire profundamente. Veja suas estrelas internas se renovarem e brilharem cada vez mais forte até todos os espaços escuros em você se fundirem em uma esfera de luz.

Sinta esse estado de luz celestial, seguro e pacífico vibrando e emanando de dentro de você, cercando seu corpo em um templo de luz em forma de ventre.

Medite diariamente comigo, sua Mãe Celestial, para que todos os seus espaços escuros se tornem luz e amor.

Para energizar a cura do seu ventre, mantenha com a palma da mão um pedaço de lápis-lazúli ou selenita sobre seu ventre enquanto faz a Meditação de Nut. Essas pedras aumentam o espaço interno infinito do Espírito Celestial onde Nut se aloja em você.

TEMPO SAGRADO

Para começar o trabalho no Portal Zero, primeiramente devemos alinhar o corpo, a mente e o espírito com um novo senso temporal. Quando honra sua sacralidade, você começa a entender que todo o tempo é espiritual. Quando leva a vida de um modo mais cósmico, oportuno e organizado, você fica mais sintonizada com o eu, a humanidade, a Lua, o Sol e as estrelas. O tempo se move em um círculo. Ele é constante e nunca termina. Até no final da vida, quando achamos que tudo acabou, ele recomeça novamente. Nossos antepassados diziam que a vida é eterna: "Eu sou ontem, vidente de milhões de anos é meu nome e viajo pelo caminho de Heru (a Luz, a Verdade)".

O Relógio Sagrado continua tiquetaqueando, então, use seu tempo com plena consciência e com o máximo de graça e atenção possível para ganhar o poder, a clareza, a riqueza e a fusão com o espírito que vêm na plenitude do tempo. Quanto mais você se sintoniza e respeita o tempo, mais ele o abençoará. Nós usamos cada fração do tempo a todo instante, então, use seus momentos com o máximo de sabedoria possível. Em última instância, o que fazemos com o nosso tempo determina todos os nossos êxitos e todas as nossas tentações. O tempo é repleto de todos os tipos de escolha. Por favor, pense antes para fazer escolhas com sabedoria, pois terá que conviver com todas elas sem descanso, sejam boas ou ruins. Minha alma me guia para dançar no espaço temporal a fim de liberar os vestígios de um dia ruim ou de orar porque minha alma estava radiante de alegria no meio do dia, ou para dançar com leveza porque sobrevivi a mais um dia com graça e facilidade.

Preces para as Horas Sagradas do Dia: Nascer do Sol, Meio-dia, Poente e Noite

No decorrer de 24 horas, Ast (Ísis) e sua irmã Nebt-Het (Néftis), nossas antigas guardiãs afrakanas, vêm nos saudar em sua hora específica do dia, nos ajudar a manter nosso equilíbrio espiritual, físico, emocional e mental, e nos lembrar para usar nosso tempo no espírito de Maat.

Todo o louvor a você, Criador(a) Paterno/Materna, o guardião e concessor de todo o tempo, o aspecto e reflexo do Altíssimo.

Divino(a) Criador(a), você me ajuda a estar em harmonia com as estações do ano, com as horas do dia, o tempo da Lua, o tempo para comer, para jejuar, para descansar e para me levantar, o tempo do meu ciclo menstrual e o tempo para ter intimidade e ser nutrida. Que eu possa estar sintonizada com a lição do tempo e usá-lo com inteligência divina. Que eu possa acompanhar serenamente os fluxos e refluxos das minhas emoções, de forma a manter a harmonia interior.

Nebt-Het: Nascer do Sol

Adoração por você, Nebt-Het — que aparece entre 4 h e 6 h —, a guardiã da hora mais escura antes da alvorada, o equilíbrio entre noite e dia. Você aparece na primeira luz matinal e monta guarda na hora crepuscular. Honra a você, Nebt-Het, a Senhora da Casa e irmã de Ast, a Senhora do Céu, por viver dentro de nós enquanto nos sintonizamos com um novo dia que chega, para que nós, mulheres, possamos manter nossa casa e nosso templo corporal na perfeita ordem divina.

Ritual de Nebt-Het

É na hora de Nebt-Het que a melanina, simbólica da nossa força espiritual de iluminação, flui mais forte. Durante a aparição sagrada de Nebt-Het na alvorada, sente-se em silêncio e medite. Você pode cobrir a cabeça com um xale de prece nas cores roxa ou branca enquanto medita sobre a Senhora Sagrada da Casa Cósmica que lhe perpassa em um estado de limpeza e Maat. No telhado de sua casa, ela é coroada com uma vasilha representando purificação, plenitude e integridade. E no portão de sua casa, a pena de Maat de paz e harmonia tocará e ungirá sua entrada em seu eu divino.

Toque um sino para convocar a legião celestial, a fim de ser envolvida por ela. Queime incenso de olíbano e mirra para se preparar para um dia purificado.

Ast: Meio-Dia

Todo louvor a você, Ast, a Grande Mãe. O tempo se reflete através de você como a luz mais radiante do meio-dia, quando o sol está mais alto e mais forte nos céus, na Terra e dentro de nós, dando-nos grande vitalidade e vigor. Ast, eu a agradeço por essa carga potente de luz na hora do dia que você reservou para meu florescimento completo. Amado(a)Criador(a), ajude-me a ficar sintonizada com o tempo, a estar afinada com a vida e com os compromissos que assumo para que sejam partilhados com o mundo temporal.

HET-HRU: POENTE

Het-Hru (Hator), a Senhora do Amor Divino e da Beleza, faz sua aparição quando o Sol se põe. Nossos antepassados a chamavam de Het, Hert Nebt Amentet ou Hator, Senhora de Amentet, pois Amentet é o Oeste, onde o sol se põe e, portanto, o lugar de renovação para os antigos povos camíticos.

RITUAL DE HET-HRU

O horário de Het-Hru, que mora em você, pede momentos íntimos.

Use sais de Epsom ou sal de banho do mar morto, óleos de aromaterapia ou óleos essenciais para realçar sua beleza interior, bondade e paz, mas não use sais se tiver pressão arterial alta ou edema. Óleos essenciais, como os de canela, lótus e lavanda, eram usados pelos antigos para unção e suavidade.

Enquanto está na banheira, cante como quiser para Het-Hru, Senhora de Amentet ou Senhora do Poente. Repita várias vezes esse *hesi* enquanto a água quente com sais e óleos traz alívio dos desafios que você enfrentou no decorrer do dia.

Enquanto está cercada de água na banheira, livre-se de todo o estresse, para encarar a noite com serenidade.

Caso tenha escolhido hoje à noite para fazer amor divino, deixe a beleza de Het-Hru se manifestar através de você.

Nut: Noite

Todo louvor a você, Mãe Nut. Ajude-me a admirá-la, mãe da estrela diurna, do sol, e das estrelas da noite enquanto elas deslizam pelo céu, para manter meu relógio cósmico interno. Ajude-me a usar o tempo sabiamente, a respeitar o tempo que recebo e a respeitar o tempo dos outros. Criador(a), ajude-me a considerar o tempo tão precioso quanto meus filhos. Ajude-me a ficar mais ciente de que o tempo deve ser bem tratado e bem despendido, como os bons momentos que passo com minha família estendida.

Tudo o que tenho é este momento para fazer minha vida dar certo. E lhe agradeço por dá-lo a mim. Ajude-me a pensar antes de marcar horários e usar o tempo, pois nunca mais recuperarei esse tempo. Que eu possa transformar as minhas horas em cura, construção, amor e raciocínio.

Criador(a) Paterno/Materna, que eu possa ficar contente à medida que envelheço, pois somente ao longo de muitos anos de vida a sabedoria aumenta. O conhecimento é minha flor e espero que minha vida seja repleta de gratas recordações e de sementes saudáveis que plantei. Nunca permita que eu desperdice meu tempo, pois ele não para jamais. Ajude-me a me lembrar de que ciclos vêm e vão, e não importa o quanto as coisas estejam difíceis ou boas neste momento, nada permanece igual.

Criador(a), ajude-me a me lembrar de que quando o sol se põe e a noite vem, nas horas de desespero ou quietude, devo apenas seguir o fluxo, pois o tempo tem seu jeito de ser; nem o pesar nem a doce solidão duram para sempre. Eventualmente, o sol se erguerá novamente e a alegria e a paz voltarão a prevalecer.

Espírito Materno/Paterno Celestial, quando meu tempo nesta vida se esgotar e meu relógio finalmente estiver para soar, que eu possa olhar minha vida em retrospecto e refletir que minhas lições foram bem aprendidas e que os momentos da minha vida foram repletos de bondade. Que eu possa deixar um legado de tempo bem despendido e, quando passar para o outro lado, para a esfera dos antepassados, que eu possa cultivar o tempo celestial com eles.

Agora que entramos no conceito do Tempo Sagrado, estamos prontas para estabelecer o ritmo do Relógio Sagrado durante os 21 dias de experiência no Portal Zero — O Ventre Sagrado e em cada um dos portais seguintes.

PORTAL ZERO - O VENTRE SAGRADO

O RELÓGIO SAGRADO

Encruzilhadas Horas do dia Agradecimento com prece e meditação em cada encruzilhada do dia	Que horas são?	Estado de consciência	Alimentação ao longo do dia	Épocas na vida de uma mulher para alimentar o corpo e o espírito	Estações ao longo das 24 horas do dia	Fases da lua nas 24 horas do dia
4 horas à 5 horas: Hora do poder de Nebt-Het antes da alvorada. O equilíbrio entre noite e dia	Acorde! É hora de meditar e louvar, pois reinícios estão de acordo com seu empenho no jejum e nas preces.	Nessa hora crepuscular, o néctar sagrado, minha melanina, flui da minha coroa e me funde com a Divindade.	Jejue ou tome chá de ervas. Tome água morna ou suco de clorofila fresco.	Bebê no útero Tempo para criação	Final do inverno	Lua minguante (A Vinda)
6 horas: Nascer do sol/alvorada, a chegada do dia	Tempo para se renovar, voltar a despertar e se purificar. Essa é a melhor hora para escrever em seu diário ou fazer sua dança ventral.	Não importa o que aconteceu no dia anterior, a alvorada voltou mais uma vez para me mostrar um modo melhor.	Refeição líquida: suco de fruta fresco, limpeza dos rins e do fígado	0 a 6 anos	Um tempo para descoberta	Início da primavera
9 horas: Meio da manhã	Tempo para purificação mais profunda.	O equilíbrio matinal está fluindo dentro de mim, trazendo um estado de despertar espiritual.	Refeição sólida mais leve do dia: frutas frescas, nozes, sementes	7 a 12 anos Um tempo de descoberta	Final da primavera	Lua minguante
Meio Dia: Hora de Poder de Ast (Ísis) Meio-dia	Melhor hora para atividade e produtividade total. Tempo para se regenerar e por suas ideias em prática, pois essa é a parte mais forte do dia.	O sol está forte em meu Templo Corporal, o que me ajuda a digerir a vida com vigor, poder e vitalidade.	Suco fresco de legumes orgânicos (236 a 354 ml) 12-13 h	13 a 21 anos Um tempo de descoberta	Verão	Lua cheia (A Chegada Plena)
15 horas: Tarde	Tempo de seguir suas visões, abrir portas e finalmente fazer as coisas acontecerem. Tempo para sintonia fina.	A luz está alta no céu, então eu me movimento bastante durante o meu dia, buscando explorar, aprender, alcançar e obter.	Refeição mais pesada do dia: proteína vegetariana, amido, legumes 13-15 horas	22 a 39 anos Tempo para buscar a verdade	Fim do verão	Lua minguante (A Retirada)
16 horas: Poente/Cair da noite de Het-Hru no inverno 20 horas: Horas de poder do verão	Tempo de seguir suas visões, abrir portas e finalmente fazer as coisas acontecerem. Tempo para sintonia fina.	É hora de parar e refletir sobre o que aconteceu nesse dia divino.	Tomar 236 a 354 ml de suco fresco de legumes orgânicos na primeira hora do poente. Jantar leve com legumes frescos, grãos integrais e proteína vegetariana durante o poente.	40 a 60 anos Tempo de meditação e contemplação profundas. Tempo para saber a verdade!	Outono	Lua minguante (A Retirada)
Meia Noite: A Mulher Sagrada deve dormir bem antes da meia-noite para aproveitar seu repouso ao máximo. Horas de Nut de cura e reconstrução.	Tempo de seguir suas visões, abrir portas e finalmente fazer as coisas acontecerem. Tempo para sintonia fina.	O sono chegou para me levar para casa, renovar meu corpo e restaurar minha alma.	Jejum de líquidos e de alimentos sólidos. Tome o néctar do sono. Dormir é comer na esfera espiritual. Se seu dia foi bom, seus sonhos refletirão isso.	65 a 100 anos Tempo para viver com verdade absoluta e iluminação.	Inverno	Lua minguante

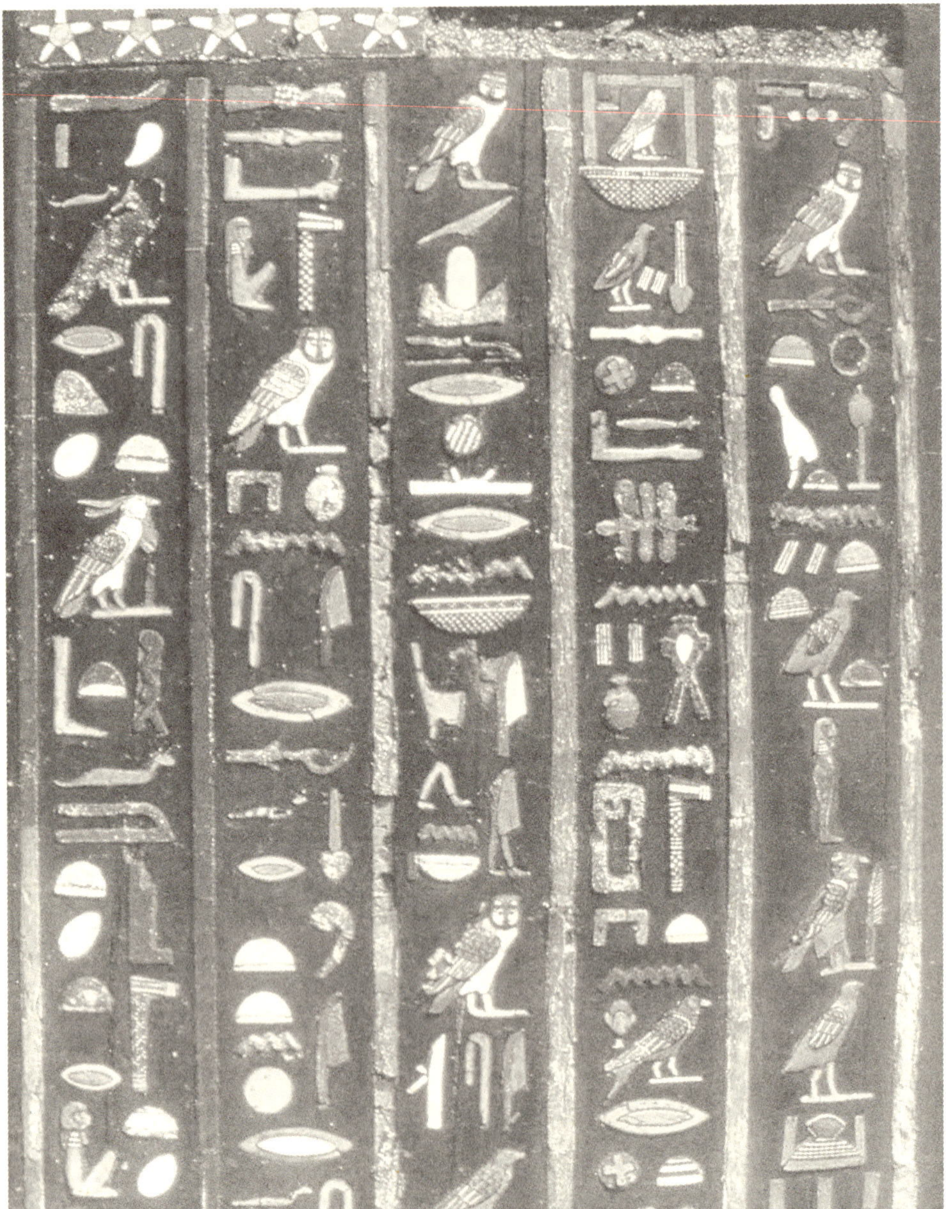

Capítulo 3
O ESPÍRITO DO VENTRE

O DIÁRIO DO VENTRE SAGRADO

Minhas irmãs, andamos entorpecidas e é hora de soar o alarme para o útero por meio do trabalho no Diário do Ventre Sagrado. Isso pode incomodar um pouco, mas tudo ficará bem. Acreditem em mim, passaremos em segurança para o outro lado, onde está a autocura.

O trabalho no Diário do Ventre Sagrado é uma maneira de provar para si mesma que você não aguenta mais sofrer e tem o direito de se pronunciar. Tem havido demasiado sofrimento para tolerar. E a ironia é que uma cura tão profunda acontece assim que ficamos dispostas a reconhecer e escutar a voz do útero.

A Mãe Sagrada está sempre estendendo a mão e dizendo: "Eu estou aqui. Passe seu sofrimento para mim". E você continuava teimando: "Não, obrigada, preciso continuar apegada a ele, mesmo que isso me mate".

Então, essa tolerância com as dores e sofrimentos acabam se transformando em doenças. Tantas coisas são feitas aos nossos ventres sem estarmos conscientes, mas alguns atos foram conscientes. Muitas ações em nossas vidas resultaram de pura ignorância sobre o que era melhor. Agora, porém, para crescer e nos curar juntas, precisamos estar dispostas a expor nossa ignorância a respeito de nós mesmas e de outras coisas determinantes em nossas experiências para que possamos aprender a partilhar nossas experiências umas com as outras.

O trabalho no Diário do Ventre Sagrado também é uma ferramenta para nos centrarmos. Centrar-se no útero significa examinar como nos relacionamos com o nosso corpo. Nós devemos começar por ele, pois desenvolver um útero saudável é a chave para desenvolver um corpo saudável. A partir do útero, aprendemos a parar de colocar o cérebro acima do corpo. Aprendemos a parar de fazer vista grossa ao nosso real estado físico. Aprendemos a usar tudo o que o útero passa como um meio para o crescimento.

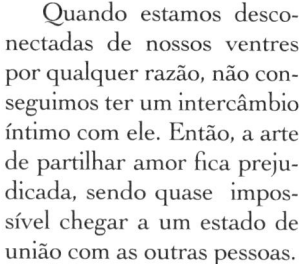

Quando estamos desconectadas de nossos ventres por qualquer razão, não conseguimos ter um intercâmbio íntimo com ele. Então, a arte de partilhar amor fica prejudicada, sendo quase impossível chegar a um estado de união com as outras pessoas.

É útil conversar sobre essas questões com as mulheres em seu círculo, como irmãs ou amigas, não só para seu próprio bem, mas para ajudar a evitar o sofrimento delas.

Como mulheres sagradas renascidas, nós devemos usar tudo como medicamentos. Tudo em nossa vida está aqui para nos ajudar, fortalecer e empoderar. Ouvir as histórias de outras mulheres faz você questionar: "Pelo o que estou passando?". Sua história e as histórias que compartilhamos são nossos medicamentos. Nunca é tarde demais para se reconectar com o útero — o seu centro sagrado — e tornar-se amiga de si mesma.

A fim de curar ou rejuvenescer nosso centro sagrado, primeiramente é preciso saber o que há em suas profundezas. O Diário do Ventre Sagrado nos ajuda a ficar à vontade com nossos ventres, para que possamos entrar no caminho da purificação, purgação e do rejuvenescimento. Isso ajuda a identificar as preocupações uterinas intuitivas para então avaliarmos nosso nível de bem-estar ventral e começarmos a nos curar de verdade.

Para se livrar das aflições relacionadas ao nosso ventre, vamos visitar aquela parte exilada de nós mesmas — "ali", como tantas mulheres se referem ao útero. Você não precisa de um passaporte para ir "ali". Seu Diário do Ventre Sagrado a ajudará a participar diariamente de um ritual que a fará desabrochar como o belo lótus que você é por natureza.

A Voz do Útero

Quando estava falando sobre dialogar com o útero em um círculo de irmãs, uma delas perguntou: "O útero tem voz? E caso tenha, como ele fala?".

"Sim, o útero tem voz e fala com uma linguagem própria", eu disse a ela.

Irmãs, entrem no cerne do útero em sua meditação diária e escutem bem. Seu útero deseja falar através de você e lhe dirá do que ele precisa, onde estava indo, onde esteve e que quer se curar.

O útero sabe tudo e registra todos os acontecimentos em nossas vidas, todas as nossas interações e reações nos relacionamentos. Ele sente nossos receios e recebe todo amor. O útero nunca se esquece das lições e das bênçãos. Quando entramos em suas profundezas, descobrimos que nosso ventre se lembra e está preparado para falar conosco sobre cada medo e cada alegria.

O útero tem uma linguagem própria, canta e geme. Quando ele fala de sofrimento, tumores crescem. Quando ele fala do prazer de interagir com um parceiro amoroso, o amor cresce. Às vezes, o útero diz sim, mas frequentemente diz não. Quando ele exulta, bebês são gerados. Quando ele berra e grita, os coágulos sanguíneos descem.

Ouça atentamente seu útero; aprenda sua linguagem, considere sua mensagem. Deixe seu Diário do Ventre Sagrado ser o intérprete entre você e a voz do seu útero.

É hora de conhecer a fundo os nossos ventres. Tenha coragem e não tema sua verdade aflorando, pois, a verdade é essencial para a cura. Se em qualquer ponto do trabalho no diário você tiver um bloqueio e não conseguir ouvir ou sentir seu útero, fique sentada e ponha as palmas das mãos sobre a área um pouco abaixo do umbigo. Respire profundamente e relaxe. Diga suavemente ao útero para não ter medo. Eventualmente, ele ficará tranquilo e seguro para falar. Nunca o obrigue a nada. Todas as coisas vêm na hora certa. Quanto mais você se purifica, a comunicação com ele será melhor.

Comece a trabalhar no Diário do Ventre Sagrado em três dias de um fim de semana, sete dias, 21 dias, uma estação, um ano ou pelo resto da vida. Lembre-se de que seu útero está vivo! E você precisa ficar em contato com ele, mas não há problema se você não trabalhar um dia ou uma semana no diário. Não desanime e persista. Quanto mais tempo você investe nas reflexões no diário, mais profundas serão suas descobertas e recuperação. Seu útero é uma arca do tesouro à espera de ser explorada. Então, abra-o e veja as joias intuitivas de sabedoria à sua espera à medida que você se descobre e faz aflorar seu interior!

Despertando o Útero

Seu Diário do Ventre Sagrado pode oferecer uma grande ajuda para você se reconectar consigo mesma, pois ele aciona a conexão entre corpo, mente, espírito e útero. Ele também estimula um diálogo interno que a auxilia a examinar sua vida de maneira mais profunda, a explorar a vida de seu útero e a ter um entendimento melhor sobre quem você é e no que se tornou.

A fim de curar e rejuvenescer o cerne do seu útero, primeiramente você precisa saber o que há em seu interior. Escrever no diário nos ajuda a entrar no clima de purificação, purgação e rejuvenescimento do útero, assim como a ficarmos à vontade com ele, pois ao identificar suas preocupações, podemos nos curar. Ao identificar o que está em desequilíbrio, nós podemos tomar providências em relação ao que até então era um sofrimento indefinido.

Relaxe e se entregue. Feche os olhos e pergunte ao seu útero como ele se sente. Deixe-o à vontade para falar. Assim que estiver conectada com ele, repita a meditação de

Nut para fazer uma conexão mais profunda com o seu centro sagrado. Enquanto estiver nesse estado, deixe Nut, a Mãe Celestial que mora em você, verter sua força vital de cura em seu útero para revitalizá-lo. Quanto mais deixa seu útero falar, mais luz brilha através de você.

Como Surgiu o Trabalho no Diário do Ventre Sagrado

Vou lhe contar algo bem íntimo. Certa noite, eu estava feliz e empolgada com uma palestra que havia escutado, então, continuei falando sobre ela com o meu companheiro. Sou muito falante em casa e ele me ouve. Então, fomos deitar ainda conversando e adivinhe o que ele fez?

Ele fez de conta que pegou um microfone, apontou-o para o meu ventre e disse: "Você pode pedir para o seu útero me dizer por que você não quer que eu toque nele?". Então, ele tentou me tocar ali e eu ri. "É isso que você sempre faz", comentou ele.

Eu me dei conta de que ele tinha razão, pois sempre ria quando ele tocava o meu ventre. Mas quando comecei a pensar nisso, eu disse: "Sabe, no início do relacionamento, você me tocava, mas costumava cantar mais para mim, tocar violão e recitar poesia. Isso abria meu coração, meu ventre, minha confiança e meu intelecto". Mas eu sabia que isso era apenas uma parte da verdade.

Então, mantendo o microfone apontado para o meu ventre, ele disse: "E o útero consegue falar?".

Respondi que ele podia dizer tudo o que quisesse. Eu não sabia o que ele poderia dizer, mas intuía que ele não gostava da maneira com que as pessoas tocavam nele.

Respirei fundo e disse ao meu ventre, "fale!". E ele começou a falar através de mim. Ele relembrou quando eu tive a minha segunda filha. Essa época era nebulosa para mim, pois aconteceram coisas muito traumáticas. Mas meu ventre se lembrava de tudo. Minha médica estava ausente quando entrei em trabalho de parto e só apareceu muito tempo depois. Fiquei muito assustada, pois achava que ela estaria comigo o tempo todo.

Então, um médico europeu veio me examinar e eu quase desfaleci. "Pelo amor de Deus", pensei, "o que ele vai fazer?". Eu não queria estar ali, pois parecia que eu estava sendo detida, em vez de ir para o hospital. Estava há anos no caminho da cura holística, mas ainda não havia purificado meu ventre o suficiente para que estivesse preparado para um parto natural.

Esse médico me mandou colocar as pernas nos frios estribos e então enfiou a mão dentro de mim. Quando eu dei um salto e recuei, ele disse: "Aposto que você não fez isso quando ficou grávida".

As lágrimas rolaram em meu rosto e eu fiquei muito tensa. Comecei a tirar a pulseira de identificação no meu pulso e só queria ir embora. Tinha uns 20 e poucos anos de idade e minha família sempre dizia que eu era sensível demais. Então, fiquei martelando na cabeça o que eles diriam: "Ouça o médico, pois ele sabe o que é melhor para você".

Fiquei olhando para o teto e pensando: "Preciso me submeter a isso". Parecia que eu estava à beira da morte. Para relaxar, eu tinha de morrer e deixar meu corpo ali sendo tocado por aquele médico. Quando ele terminou o exame, eu nunca mais fui a mesma. A experiência ficou cravada no fundo do meu ventre.

Então, minha médica apareceu. Ela era uma boa profissional, mas estava assoberbada fazendo partos como em uma linha de montagem e havia úteros com todos os tipos de problemas: dores, cólicas, tudo ao mesmo tempo. Ela se aproximou e disse: "Ponha os pés para cima. Como você está se sentindo?". E eu disse: "Com vontade de morrer imediatamente", mas ela nem me escutou e me encaminhou para outra cesariana. Foi isso que me fez ficar tão empenhada em curar meu ventre e dizer a mim mesma: "Eu posso tratar meu ventre com mais doçura, reverência e respeito".

Passei a estudar todos os meios naturais existentes para curar o ventre e evitar problemas e relacionamentos futuros que me fariam ficar ainda mais travada. Percebi que também é preciso analisar nossos laços e reações emocionais.

Pensei sobre a relação com meu marido naquela época. Ela me foi tão traumatizante que não restou outra alternativa saudável senão o divórcio.

Todas as minhas evasivas foram resultado de sua brutalidade em meu ventre. Embora finalmente tenha encontrado um homem bondoso e gentil, ainda me incomoda quando sou intimamente tocada, mas disfarço dando risadas. Dessa vez, porém, contei a ele sobre minhas experiências ruins e nós conversamos a respeito.

Então, ele disse: "Agora posso compreender. Durante sete anos nunca entendi direito o que estava acontecendo", pontuou ele. Comecei a abraçá-lo enquanto ele explicava como se sentia em relação à minha sensibilidade e emoções. Nesse momento recomeçamos tudo do zero e parecia que tudo era novidade entre nós. De repente, meu marido começou a me ninar e a cantar como um poeta, e meu ventre se abriu em um sorriso maravilhado. Graças à iniciativa dele de querer saber o que ocorria comigo, que o problema com o toque no útero ficou totalmente esclarecido.

O Útero Não Curado: Preparando-se para o Trabalho em Seu Diário do Ventre Sagrado

Conforme o poeta Langston Hughes disse tão veementemente em A Dream Deferred:

Ele se desidrata
como uma uva ao sol?
Ou supura como uma ferida —
E então escorre?
Ele cheira mal como carne vermelha podre? ...
Talvez ele apenas caia
como uma carga pesada.
Ou ele explode?

Esse poema descreve um útero doente. Quando não nos relacionamos com nossos ventres nem resolvemos nossos conflitos internos, o espírito do útero seca e ficamos entorpecidas. Então, o útero exala um odor ruim porque estamos amargas ou fica infestado por doenças e destrói nossa criatividade. Pior ainda, ele pode supurar, pingar e gerar problemas ainda mais graves que fazem o ventre apodrecer e ser retirado em uma histerectomia.

Para curar nossas feridas, precisamos estar dispostas a mergulhar fundo nas recordações retidas em nossos ventres, voltar à cena do crime ou do prazer e encarar quem os insultou, abusou ou ultrajou — e quem foi bondoso, respeitoso e amoroso com eles.

Precisamos dizer a nós mesmas: "Se esse é o preço da cura, vamos aceitá-lo!". O passo seguinte é invocar nosso guia interno meditando e refletindo. Nós precisamos pedir ajuda à Mãe Ast enquanto voltamos ao lugar que achávamos ter deixado definitivamente para trás. Andando nesse lugar doloroso, nós descobriremos o quanto nos equivocamos ao achar que, se desviássemos, tudo estaria superado e que nunca saímos e não sairemos, a menos que nos curemos de uma vez por todas. Caso contrário, a situação se repetirá constantemente em nossas vidas. O sofrimento pode mudar de elenco e local, mas continuará nos amargurando.

Quando entrei pela primeira vez nesse lugar interno, bem no cerne do meu ventre, fiquei em conflito. Havia duas partes de mim discordando sobre o que fazer. Uma parte queria fugir e a outra queria terminar o trabalho de uma vez por todas:

"Ah, não, está começando a doer."
"Vamos lá, garota, apenas respire."
"É demais, preciso ir. Eu não quero saber."
"Garota, você foi muito corajosa para chegar tão longe. Basta continuar inspirando amor e cura e expirando toda essa dor e medo."
"É difícil demais!"

"É muito mais difícil continuar carregando essa carga de dor."

"Bem... Eu sei que preciso chegar ao fundo dos dilemas no meu ventre."

"Com certeza, nós podemos fazer isso. Nós somos a cura sagrada renascida."

Quanto mais comungava com as profundezas do meu ventre, mais forte eu ficava. Lágrimas rolaram, mas eu não desisti. Foi assim que as respostas às minhas perguntas começaram a se revelar e fiquei animada para continuar, pois sentia um manto de cura me confortando.

Então, falei ao meu eu medroso:

"Vamos lá, amiga, não se feche, não desista. Vamos explorar esses lugares sombrios no fundo do ventre para os quais não queríamos olhar."

"Mas isso machuca muito e estou muito triste."

"Venha, vou segurar sua mão."

"Certo. Se eu entrar, você pode me ajudar a aliviar o sofrimento? Porque meu ventre pode facilmente se descontrolar e berrar devido às coisas que estão trancadas nele."

"Esse lugar também é um mistério para mim. Venha, eu vou ajudar. Se nós fizermos isso juntas, não será tão difícil. Há muito tempo nosso ventre/corpo/mente/coração quer ajudar a nos curarmos, para que possamos recuperar nosso estado natural de bem-estar e integridade."

O ÚTERO COMO CENTRO ESPIRITUAL

O útero fica na região pélvica e é protegido pelos ovários e as trompas de Falópio. O órgão feminino mais sagrado de reprodução é convexo, em forma de pera, fica sobre a bexiga e é composto por três camadas. Começando pela camada mais interna, temos o endométrio, o miométrio e o paramétrio. O útero também tem um corpo e um colo. O corpo do útero se estende do topo até a ponta estreita externa, o colo.

Para encontrar seu útero, sente-se calmamente em almofadas no chão ou em uma cadeira confortável, feche os olhos, mantenha os pés no chão e as pernas afastadas. Relaxe e fique assim por um ou dois minutos.

- Agora esfregue as palmas das mãos vigorosamente até elas esquentarem e pressione-as sobre o útero. Você o descobrirá entre o umbigo e a cintura pélvica, entre as trompas de Falópio e os ovários — lembre-se de que o útero não é a vagina.

- Deixe suas mãos sentirem a presença do útero, o espírito do seu centro sagrado. Transmita o calor interno de suas mãos para o coração e o útero. Fique calma, concentre sua atenção e sinta a energia do seu útero.

- Agora abra os olhos e sente-se calmamente em sua divindade. Sente-se como uma rainha sagrada. Saiba que todas nós somos divinas.

O aspecto espiritual do útero no corpo é como um *arit*, a palavra camítica original para "centro energético espiritual" ou "portal". Os *aritu* (plural) também são sinônimos dos chacras, os sete centros energéticos sutis do corpo. O *arit* do útero corresponde ao segundo chacra, que representa a procriação, a inspiração e a família.

Se o útero sofreu de alguma maneira — seja por sangramento menstrual forte, síndrome pré-menstrual, numerosas infecções, miomas ou tumores; ou se a área do útero foi cortada, queimada, recebeu irradiação ou borrifos químicos, foi invadida ou abusada por um parceiro sexual, ou passou por abortos ou histerectomia —, o nível de criatividade, inspiração, fertilidade, estabilidade, êxito nos relacionamentos e alegria da mulher é prejudicado.

O *arit* do útero é regido pela lua e, portanto, pelas marés e representa o elemento água, o que afeta profundamente nossas marés emocionais. É por isso que nós mulheres somos tão beneficiadas por todos os rituais e curas com água. Com os ensinamentos em *Mulher Sagrada* você aprenderá que pode benzer um copo de água antes de tomá-lo e reequilibrar um estado negativo. Experimente fazer isso e ficará surpreendida.

Você pode tomar uma chuveirada, inalar os íons negativos abençoados em uma ducha fria, tomar banho de mar, andar na chuva, tomar um banho com sais em seu cômodo de hidroterapia (não use sais caso tenha pressão arterial alta ou edema), jejuar tomando apenas sucos vivos e água, ou usar tons de azul e branco, as cores de água. Qualquer uma dessas atividades com água irá reconectá-la com seu eu de mulher sagrada e restaurar a transcendência de seu estado uterino natural. Isso colocará a energia do chacra do seu útero no sentido horário de um *arit* na ordem divina de NTRT Maat.

Meditação e Prece para o Útero

Para começar a seguinte meditação, sente-se com as costas retas em uma cadeira, com os pés no chão e com as palmas das mãos para cima. Agora feche os olhos e relaxe.

Inale profundamente e solte o ar lentamente pelo nariz.

Inale novamente indo cada vez mais fundo, enviando o amor e luz ao seu centro sagrado. Agora expulse todo o estresse do útero. Inale mais uma vez profundamente e agora, enquanto expira, expulse toda a negatividade — tudo que a impede de receber suas bênçãos e estar bem.

Inale profundamente e expire lentamente. Inspirar e expirar no útero mais uma vez faz com que ele se abra para esta prece:

> Meu ventre decreta proteção e paz. Enquanto inspiro profundamente no meu centro sagrado — o portal de toda a vida na terra, o portal de toda a criatividade e poder, o portal para toda a transformação e mudança —, eu expulso tudo o que está me impedindo de receber sua mensagem, sua força, sua energia, seu equilíbrio e sua harmonia.

Você deve manter sempre o espírito aberto, pois a força das mulheres está na esfera espiritual. Nós sempre sentimos as coisas e tomamos decisões a partir dos nossos ventres. Quando seu útero está bloqueado, você perde a intuição e a sagacidade. Nós temos de manter nossa sabedoria do ventre bem aberta ou ficamos perdidas. Quantas vezes você já disse: "Algo está me dizendo para..." ou "estou com uma sensação forte de que..."?

Uma das razões do surgimento da Mulher Sagrada é que, ao curar nosso centro sagrado, recuperamos nosso conhecimento sobre o poder de ser mulher. Você sabe tudo e isso vem do seu interior. E quanto mais você se purifica e reconhece sua divindade, mais essa verdade começa a aflorar.

Você tem internamente tudo o que é preciso para se curar. Você é feita dos cinco elementos-chave que regem o universo: espírito, ar, fogo, água e terra. Tais elementos estão dentro do seu templo corporal sagrado e estão exteriormente no mundo. Eles também estão em seu laboratório culinário, onde você cura o cerne de sua mente, de seu coração e de seu centro sagrado.

O Surgimento das Perguntas no Diário do Ventre Sagrado

As perguntas para o Diário do Ventre Sagrado surgiram intuitivamente, mas só após eu ter feito muita purificação. Isso envolveu um mês de banhos e aplicações de compressas de argila. Em certos dias, as perguntas me ocorriam, mas não se concatenavam. Por fim, tudo começou a tomar forma e a fazer sentido, como se alguém estivesse atuando através de mim. Acho que o espírito de Nut me viu e disse: "É assim que eu quero que você faça isso, enquanto cria seu perfil ventral. Isso vai dar certo".

Então, peço que você seja a mais sincera possível consigo mesma. Talvez você não queira comentar algumas perguntas no diário com ninguém, pois acha que algumas coisas sobre o seu útero devem ficar apenas entre você e o Altíssimo. Isso é um direito e um privilégio seu. Tente apenas ficar em paz consigo mesma, com o que esteja sentindo ou com qualquer coisa que fira seus sentimentos. Quando partilhar isso consigo mesma, você ficará mais próxima do seu eu e começará a se purificar e a se reconectar com o espírito mais elevado do seu útero.

Isso é acordar o útero!

...

Quando estamos desconectadas de nossos ventres seja lá por que motivo, não conseguimos ter um relacionamento íntimo com alguém. Isso prejudica a capacidade para partilharmos o amor proveniente do nosso centro, pois sem comunicação com o centro, fica difícil partilhá-lo em uma união.

Nunca é tarde demais para se reconquistar e se tornar amiga de si mesma. Solte essas emoções dolorosas bloqueadas nas profundezas do útero. Perdoe-se. Abençoe seu útero. Ouça a voz dele por meio de meditação e de suas atividades diárias. Você pode receber uma mensagem durante o dia enquanto toma chá ou quando acorda, pois a primeira Mente, o primeiro Espírito que vem através de você de manhã, é a resposta para a pergunta feita a seu útero que ficou anotada em seu computador mental. Talvez você tenha perguntado: "Por que tenho tanta raiva da minha vagina?" ou "Por que não achava meu ventre bonito quando me olhava no espelho?".

Você não tem de achar logo uma resposta para sua pergunta. Vá dormir. Quando você acordar, ela virá. E embora ainda não saiba como se curar daquele problema, seguirá em frente, tomará banho e um chá e, talvez, quando estiver mergulhada na banheira à luz de velas ou meditando sobre as quatro direções, a resposta surgirá. Você terá vontade de dizer essa prece ou de trabalhar com essa cor. Você terá pressa para falar com essa Mãe Anciã ou para enviar uma carta para sua mãe no espírito. Então, queimará a carta com sálvia para que ela vá direto para o cosmo.

Registre os sentimentos do seu ventre enquanto você explora as diversas vias do trabalho com o ele. Dialogue de verdade com o seu útero quando fizer seus exercícios. Fale em voz alta. Tenha conversas engraçadas, profundas ou sérias. Diga: "Garota, por que você sempre está tão tensa? Você não consegue fazer nada quando seu útero está travado. Garota, por que você não tenta relaxar? Eu vou trabalhar com você e massageá-la levemente. Está tudo bem. É muito bom se curar".

Converse do mesmo jeito que conversa com todo mundo ao seu redor. Você pode conversar com seus seios ou quadris. Você pode dizer: "Sim, seios, eu amo vocês. Eu amo sua maciez e forma arredondada" ou "eu amo esses quadris, celulite e tudo o mais, pois são meus e tenho o poder de melhorá-los".

Por favor, lembre-se de que quando seu útero está sofrendo, sobretudo quando surgem dificuldades, desafios ou dúvidas, isso significa que ele quer falar com você.

Então, comece a respirar profundamente. Talvez você não ouça nada após quatro ou dez respirações. Mas após fazer de 50 a cem respirações de fogo, certamente você ouvirá a voz dele começando a falar. Ele tem tentado chamar sua atenção, então escute atentamente e depois anote o que ouviu no Diário do Ventre Sagrado.

Você quer que seu útero se recupere? Você quer que ele tenha paz? Você quer atrair relacionamentos saudáveis, bebês saudáveis e pensamentos elevados? Então, arranje tempo para você e seu diário. Seu útero é uma arca do tesouro à espera de ser explorada, então abra-a.

Você achará algumas perguntas mais difíceis do que as outras e, então dirá: "hoje não estou preparada, mas talvez esteja daqui a cinco dias". O fato é que pode levar algumas semanas ou meses para analisar aquela questão. Pode fazer bem ficar alguns dias junto à natureza. Mas se você firmou um compromisso com seu útero, sua sabedoria virá.

Perguntas e Reflexões em seu Diário do Ventre Sagrado

Essa é a oportunidade para iniciar um diálogo com seu útero e saber tudo sobre si mesma — o que você pensa; como se sente sinceramente a respeito de si mesma, dos relacionamentos e acontecimentos; seus pesares, medos e raiva conscientes e ocultos; o estado do seu útero e como se sente como mulher; e, por fim, suas esperanças, planos e visões para o futuro.

Se esse for o seu primeiro diálogo com o útero, não fique temerosa nem nervosa, pois você está prestes a conhecer o seu amigo mais sábio, sincero, carinhoso e que nunca irá decepcioná-la. Ele se lembra de tudo, mas não julga. Mesmo que tenha sido retirado em uma cirurgia, seu espírito indomável continua intacto dentro de você, pronto para se comunicar e apoiá-la.

Para começar, pegue sua caneta e o diário, sente-se calmamente em seu espaço sagrado, de preferência após o banho sagrado e as meditações e sem interrupções. Faça várias respirações profundas por um ou dois minutos enquanto mergulha em seu interior. Então, escreva apenas suas iniciais à esquerda no

Refletindo sobre as perguntas no Diário do Ventre Sagrado

alto da página e pergunte ao útero se ele quer falar com você. Ele não recusará, mas lhe dê a honra de ser convidado.

Para a resposta dele, escreva apenas: "Meu ventre" à esquerda da linha seguinte. Anote tudo o que vier à sua mente. Quando a mente se calar, faça a próxima pergunta. Suas conversas podem ser longas ou breves. Tanto você quanto ele podem ter muito a dizer ou falar pouco. Cada sessão será diferente, fascinante e revigorante para vocês dois.

Você pode ter vontade de fazer todas as perguntas em uma sessão longa, ou fazer uma ou duas perguntas de cada vez e ir fundo no que elas significam. Não há regras — faça como quiser.

Use as perguntas subsequentes para analisar suas atitudes em relação ao útero como parte de seu trabalho no diário na privacidade da sua casa. Caso queira, partilhe suas experiências com o seu Círculo do Ventre Sagrado.

Coisas para Refletir

1. Algo para conversar com o seu útero, porque até então você não dialogava com ele.
2. Você acha importante falar sobre seu útero? Por quê? Por que não?
3. Você tem amizade com o seu útero? Por quê? Por que não?
4. Como você o silenciou?
5. Escreva sobre o que está acontecendo em sua vida e como isso pode afetar sua atitude em relação ao útero. O que ele tem a dizer a esse respeito? Pergunte e aguarde sua resposta direta e sincera.
6. Você se divorciou do seu útero e repudiou o sofrimento dele? Em caso afirmativo, como? Como você encobriu o sofrimento dele e sua insatisfação (com comida, drogas, bebidas alcoólicas, trabalho, sexo)?
7. Como você pode superar o sofrimento do seu útero? O que é preciso alterar em sua vida para que você possa curá-lo?

Pergunte ao seu útero sobre seu estado físico:

1. Você já tocou o seu útero ou vagina fora da hora do banho?
2. O que você sentiu em relação a eles?
3. O que você sentiu quando tocou sua entrada? Você ficou constrangida ou à vontade?
4. Sua área vaginal tem um odor de limpeza? O que você sente ao tocar ou sentir o odor de sua área vaginal e do centro uterino?
5. Discuta que doença(s) se reflete(m) em seu útero. O que seu útero tem a dizer sobre isso?
6. Você se sente entorpecida em relação a seu estado físico por que tem muito medo de se conectar? O que você acha que irá acontecer quando se conectar? Que sabedoria imagina que seu útero tem a oferecer em relação a seus medos?
7. Quantas amigas, colegas de trabalho e parentes suas têm miomas, tumores ou outras doenças uterinas? Discuta as doenças delas detalhadamente, mas omita os nomes se pretende mostrar seu diário para outras pessoas.

8. Quantas amigas, colegas de trabalho e parentes suas fizeram histerectomias ou mastectomias?

Pergunte ao seu útero sobre o seu estado emocional:

1. Sabendo que o útero é seu centro, identifique e registre os golpes que ele levou e absorveu.
2. Até que ponto a ferida em seu útero é profunda?
3. Que dores você sentiu no útero na infância, na adolescência, como jovem adulta, mãe ou idosa?
4. Como você se sentiu em relação ao seu primeiro período menstrual?
5. Descreva a primeira vez em que fez sexo. Como você se sentiu? E como se sente agora em relação a essa experiência? Como seu útero reagiu a isso?
6. O que você sente em relação a sexo?
7. Você faz sexo ou faz amor? Qual é a diferença? O que você prefere? Por quê?
8. Você é sexualmente agressiva ou reprimida?
9. Como foi sua experiência de dar à luz pela primeira vez? E nas outras vezes?
10. Pense sobre todos os homens em sua vida — da família nuclear, da família estendida, amigos e amantes — e peça a opinião do útero sobre cada um deles.
11. O que você acha de sua orientação sexual?
12. Você tem intimidade sexual com mulheres? Por quê? Qual é a sensação? Como isso difere do relacionamento com um homem?

Pergunte ao seu útero o que acha de seus relacionamentos:

1. O que você acha do seu relacionamento atual?
2. Quem ou o quê ainda resta em seu útero? Dê nome(s) e estado(s) físico(s).
3. Com quantos homens, e de que tipo, você já teve relações? Como foi cada experiência?
4. O que você estava sentindo a respeito do seu eu, do seu útero e da sua vida durante cada relacionamento?
5. Como você se sente quando seu amante te toca intimamente?
6. Você já teve uma "crise uterina" em sua vida? Escreva sobre o que você aprendeu com ela. Como você tentou se curar?
7. Seu pai ou sua mãe era sexualmente abusivo com você? Como isso a afetou?
8. Você já foi assediada? Conte sua história. Como isso afeta seu relacionamento atual consigo mesma e com os outros?
9. Peça ao seu útero para lhe contar a versão dele da "história". Isso pode ser muito esclarecedor.

Enquanto mantém um diálogo interno constante por meio do trabalho no diário, anote seus verdadeiros sentimentos. Deixe que a sabedoria do seu ventre por escrito lhe mostre por que você continua atraindo as mesmas situações nocivas para o seu útero e para a sua vida. Comprometa-se a reservar diariamente 10 minutos pela manhã para prece e meditação, seguidas pelo trabalho no diário. Entre em um estado interno calmo e escreva no diário. Dê tempo para o seu diálogo interno evoluir e você verá o quanto irá aprender sobre si mesma e tudo o que vem tolerando. Você ganhará uma nova perspectiva e entendimento sobre si mesma e os outros. Deixe seu útero falar em seu nome e presencie os milagres ocorrendo em seu interior e à sua volta.

Meditação sobre o Ventre

Após explorar as perguntas no diário, faça a seguinte meditação:

- Sente-se calmamente em uma almofada ou em uma cadeira confortável. Feche os olhos. Faça várias respirações profundas mantendo as mãos sobre o ventre e se sintonizando com ele.
- Com o olho da mente, entre em seu útero e ande por lá simbolicamente. O que

você vê e sente ao explorar o útero por dentro? Como seu corpo e seu útero estão se sentindo?

- E você se sente melhor ou pior, mais fragilizada ou mais forte neste momento?
- Afirme: "Meu ventre e eu somos parceiros carinhosos no caminho da Mulher Sagrada".

DA DEVASTAÇÃO À DOCE INSPIRAÇÃO

Meu contato inicial com meu ventre foi aos 13 anos de idade quando menstruei pela primeira vez. Como estava totalmente despreparada para isso, assim que o sangue escorreu começou o inferno sobre a terra. A dor latejante em meu ventre era avassaladora. Os vômitos, as cólicas, os gemidos se sucediam e eu rolava na cama da minha mãe tentando achar algum alívio. Ao anoitecer, estava esgotada e só queria me ver livre dele. Eu gritava tanto que minha mãe me deu um analgésico que me entorpeceu. Fiquei inerte, mas pelo menos conseguia respirar e a dor deu uma pequena trégua.

Não conseguia acreditar que eu — e todas as mulheres — éramos fadadas a sentir tamanha agonia e tínhamos de aprender a suportá-la todos os meses durante trinta e cinco anos ou mais. Eu faria qualquer coisa para nunca mais sentir essa guerra em meu ventre.

Lembro que na minha ingenuidade pensei: "Não vou aguentar que essa dor passe só na menopausa". Eu não tinha ideia de que teria de mudar todo o meu estilo de vida para ficar em paz com o meu ventre — para descobrir um útero sem dor, cólica, coágulos, latejos ou sangramento forte durante sete ou oito dias por mês. Que confusão! Em minhas preces apenas pedia um útero calmo que me deixasse em paz.

Aos 18 anos de idade parei de comer carne e me tornei vegetariana, então, os coágulos de sangue pararam de descer. Aos 23 anos de idade, após o nascimento do meu primeiro filho, comecei para valer minha jornada rumo ao bem-estar ventral e aprendi a aplicar compressas de lama sobre a pelve.

As propriedades curativas da lama penetravam-me e eliminavam a dor. Eu tomava chá de framboesa e dente-de-leão e apoiava as pernas na parede em um ângulo de 45 graus para enviar energia curativa ao ventre. Após o nascimento do meu segundo filho, comecei a tomar sucos verdes diariamente para fortalecer meu templo corporal e a desenvolver meu santuário interno.

Seguindo na minha jornada de bem-estar ventral, quando minha terceira filha nasceu, eu havia começado a recitar preces para o útero em busca de inspiração.

Agradeço ao(a) Criador(a) por minha nova atitude em relação ao útero, que é o meu centro sagrado. Sou especialmente grata ao fato de que as provações acabaram me conectando com a voz dele. Ao longo dos anos, essa voz infalível tornou-se minha proteção divina e guia para uma vida mais saudável e vibrante.

Agora, você pode estar curiosa para saber o motivo, apesar de fazer tantas coisas saudáveis, fui submetida a três cesarianas. Quando estava escrevendo este livro, essa era a última coisa que eu queria abordar. Afinal, era algo embaraçoso e só comecei a me cuidar tardiamente. Quando sua vida é tóxica há muito tempo e você tenta introduzir uma abordagem natural, isso não acontece com a rapidez desejada porque seu corpo está longe do ideal. Portanto, naquela época meu ventre não estava realmente bem preparado, e eu fazia parte da sociedade vigente. Estive na engrenagem do *status quo* desde o nascimento até os 18 anos de idade.

Mas acredito que cada lição é uma bênção, e as cesarianas me fizeram ir mais fundo e começar a me curar como um prelúdio para minha iniciação como uma mulher sagrada. Minha experiência possibilitou que eu ajudasse muitas mulheres a não passarem pelo que passei. Todas nós aprendemos e crescemos com o nosso passado. E nós aprendemos que, quando compartilhamos nossas lições com os outros, podemos transformá-las em bênçãos.

Compartilhando nossas histórias.

Histórias no Círculo do Ventre Sagrado

Maria

"Quando comecei a escrever no diário, percebi que nunca havia pensado sobre o meu ventre. Provavelmente, estava evitando isso desde que comecei a menstruar. Eu nunca tive uma conversa com minha mãe sobre isso porque ela não conversava comigo, mas o fato é que menstruei pela primeira vez no dia da minha formatura. Minha mãe foi à escola após receber um telefonema da enfermeira e disse: "Vá ao banheiro e confira o que aconteceu". Eu fui e o que havia acontecido não foi traumático nem grande coisa. Quando cheguei em casa havia uma caixa de absorventes Kotex na minha cama. Minha mãe havia se preparado de antemão para esse momento, mas foi só isso que ela fez.

Essa experiência marcou minha adolescência numa época em que ninguém falava muito sobre essas coisas. Minha mãe, por exemplo, não sabia sequer coisas básicas, como o que fazer para não engravidar. Então, tive que me virar sozinha. Quando isso acontece, uma adolescente fica vulnerável a muitas coisas, especialmente por não saber lidar com os relacionamentos. Como sempre li muito e amo as palavras, buscava informações em revistas. Aos 17 anos de idade, eu lia muito aqueles anúncios de Kotex com perguntas e respostas — e era através deles que eu descobria alguns fatos.

E, obviamente, quando você tem relacionamentos e é tão desinformada, ocorrem algumas experiências bem traumáticas. As minhas eram mais autoabusivas e tive até que fazer um aborto. Viajei da Philadelphia para Nova York, porque só lá era possível achar alguém que fizesse abortos. Quando me lembro do quanto essa vivência foi horrorosa, fico espantada de ter sobrevivido. Ninguém me disse o que eu devia esperar, como: "Você vai lá, acontecem tais coisas, aí volta para casa e o que vem a partir daí é traumático".

Mesmo assim, ao longo da minha vida e agora já se passaram quarenta anos desde o aborto, tenho uma atitude muito positiva comigo mesma e tento manter vários graus de bem-estar. Naturalmente, às vezes saio da linha. Apesar de sempre tentar fazer o melhor, em algumas situações tomo um copo de vinho a mais e cometo outros exageros. São essas coisas que gostaria de realizar durante minha vida para transmitir alguma sabedoria para minha filha.

Por ironia, minha filha me ligou ontem do Tennessee, contou que estava sofrendo muito com um sangramento terrível e perguntou se eu tinha algum conselho para dar. E eu disse: "Aguente firme que vou ajudá-la". Ela estava apavorada e disse que ficou três meses sem menstruar, então, eu disse: "Por que você não me contou isso antes?" Logo, isso será útil para mim, para minha filha e para minha outra filha, que esteve comigo diariamente ao longo dessa provação. Essa é apenas uma parte da história — mães aprendendo e partilhando abertamente com suas filhas, ao contrário de nossas mães que nunca partilhavam as coisas conosco."

Khadeesha

"Quase me senti uma idiota por ser tão inconsciente em relação ao meu ventre. Comecei a menstruar aos 13 anos de idade e nunca tinha cólicas nem outros problemas, então, não sabia quando estava para menstruar nem quantos dias cada ciclo durava. Aí, quando me casei de novo aos 35 anos de idade, desejava ter mais filhos, mas não conseguia engravidar. Imediatamente pensei: "Deve haver algo errado em mim". Participei de uma oficina sobre fertilidade e achei tudo fascinante. Foi lá que aprendi quantos dias durava o meu ciclo e que ele era bem regular. Deste modo, comecei a marcá-lo em um calendário e a saber em que dia a menstruação viria. Sinto muito não ter tido uma filha, mas, provavelmente, isso é uma bênção, pois se não fosse por esse fato, ainda continuaria ignorante. Nunca havia investigado meu ventre ou algo assim antes e isso é muito importante.

Sou artista visual e estou começando a ver a situação do útero e velhas lembranças transparecerem em meu trabalho. Passei também a escrever sobre ele e uma das coisas que anotei é que eu sou o útero e faço parte de uma série contínua de mulheres. Meu corpo tem uma memória que remonta a milhares de anos e é com isso que trabalho."

Angela

"Estava em Vermont rezando para que alguma cura surgisse, mas não esperava uma resposta em vinte e quatro horas nem que eu estaria sentada aqui com vocês neste círculo do ventre.

Trabalho com o corpo e a vida toda trabalhei com mulheres. Sou cabeleireira há quarenta anos e também ensino culinária vegetariana. Mas no ano passado descobri que tenho um mioma, o que não me preocupa, porque tenho muita fé de que posso resolver isso.

É interessante que, apesar de ser vegetariana há vinte e sete anos, esse mioma tenha surgido. Embora não coma carne, como combinações alimentares erradas e meu estado mental teve traumas em diversas ocasiões. Em seu livro Women's Bodies, Women's Wisdom (sem tradução para o português), Christiane Northrup relata problemas que ocorrem no útero e diz que uma das causas é o relacionamento ruim com a própria mãe. Eu não tinha um bom relacionamento com a minha mãe, mas quando ela morreu, superei esse karma e foi maravilhoso. Mas fiquei frustrada em termos de criatividade, dos relacionamentos e de muitas outras coisas.

Comecei a observar realmente as coisas e pensei: "Caramba, eu estava totalmente entorpecida em relação ao meu ventre. Achava que era tão consciente que podia lhe conceder vinte minutos com qualquer técnica oriental. Mas onde estou?".

Tenho 54 anos de idade. Menstruei pela primeira vez aos 9 anos de idade. Olhei o sangue entre as pernas por alguns minutos e pensei: "Pensei essa calça jeans justa deve estar me cortando". Não tinha a menor ideia do que estava acontecendo. Minha mãe era caribenha — de Porto Rico — e extremamente rigorosa. Deus a proibia de dizer qualquer coisa sobre o que estava acontecendo com o meu corpo. Tinha dois irmãos, era a única menina e a caçula, e ninguém jamais me disse o que eu precisava saber.

Lembro-me que minha mãe disse ao meu pai: "Vá comprar Kotex, pois sua filha ficou mocinha". Eu era gordinha e pensei: "O que significa ser mocinha?". Queria beijar, mas agora não podia mais, senão engravidaria. Então, bati todos os recordes em Nova York e mantive a virgindade até os 25 anos de idade para provar meu valor para minha mãe. Mas depois pensei: "Preciso me livrar disso antes que vire um problema". Demorei para transar, mas depois tirei o atraso durante dez anos. Todos os relacionamentos eram ruins e eu sempre atraía as pessoas erradas por causa da minha mentalidade tóxica.

Por fim, ouvi uma palestra que mudou totalmente a minha vida. A palestrante disse que nós absorvemos todo homem com quem ficamos e que os homens querem transar o tempo todo porque se purificam através de nós. Nós absorvemos tudo. Então, continuo com todos esses homens impregnados em mim. Mas tive a oportunidade de parar de ficar "com vários parceiros" e tive um relacionamento que durou oito anos. Achava que ele era o homem ideal e que poderia até me tornar uma xamã, mas não deu certo.

Nos últimos dois anos não tive relações e de repente essa parte de mim pulsa e fala comigo. A voz do útero. Meu ventre fala e tenho visões. É por isso que sei que o mioma irá desaparecer. As visões mostram minha gruta selada temporariamente por um penedo, mas meu ventre diz: "Não, não, não". É isso. Conforme nossas afirmações, meu ventre está se curando e minha vida também!

Latitia

"Quando minha irmã mencionou esse Círculo do Ventre Sagrado, fiquei surpresa e feliz, pois estava tendo muitos problemas uterinos. Como não tenho intimidade com minha mãe nem com as mulheres da família, não tenho a quem perguntar sobre histórias do passado. Até os 20 anos de idade, minhas menstruações eram regulares, mas daí em diante foi ladeira abaixo. Menstruava um mês, depois passava três ou seis meses em branco ou então o sangramento durava apenas um dia.

Sofri vários abortos espontâneos e então parei de engravidar. Ouvi de vários médicos, por quem busquei ajuda, que estava tudo bem comigo. Precisei passar por duas curetagens nas trompas após o aborto e, de acordo com os profissionais com quem me consultei, todos os problemas que porventura pudessem ter existido foram erradicados no procedimento.

Então, há uns dois meses, provavelmente em novembro, cheguei à seguinte resolução: "Vou ficar bem e sei que tudo vai entrar nos eixos. Vou ter um filho, minha menstruação será regular e tudo vai dar certo na minha vida". É nesse ponto que estou agora e quero que meu ventre se recomponha para que tudo passe a fluir. Eu quero amá-lo para que tudo que seja possível aconteça.

Betty

"Sempre consegui ter um relacionamento especial com meu ventre. E o que mais gostava na menstruação era sua regularidade confiável. Isso me deu a chance de aprender o que acontecia nesse ínterim de vinte e oito a trinta dias. Certas sensações me preveniam e eu dizia: "Aha!". Eu não precisava de um calendário para saber em que ponto estava meu ciclo, pois meu corpo me orientava. E, quando começava a ficar chorona um pouco antes da menstruação chegar, eu pensava: "É hora de comprar um livro novo" ou "Preciso sair e conversar com alguém que me anime ou me afague. Mas é melhor evitar tal pessoa que é um tanto ríspida e certamente irá me magoar".

Infelizmente, casei-me com um homem sem esse tipo de sensibilidade, então, comecei a perder contato comigo mesma e parte das minhas estratégias. Mas, logo após minha filha nascer, percebi que havia perdido o contato com o meu ventre e precisava me empenhar para retomá-lo.

Não sei se alguma de vocês toma pílulas anticoncepcionais, mas a realidade é que elas nos impedem de sentir o próprio ritmo e me deixaram incapaz de saber em que ponto estava o meu ciclo. Antes de começar a tomar as pílulas, quatorze dias após uma menstruação eu ficava excitada sexualmente, mas pensava: "Preciso usar algum tipo de proteção para transar, pois estou vulnerável". Conhecia meu ciclo.

Logo após uma menstruação, era como se o sol aparecesse e clareasse tudo — coisas que não entendia antes ficavam claras. Adorava esse intervalo que sucedia à menstruação. Mas aconselho vocês a não tomarem decisões pouco antes de menstruar porque podem se confundir devido à atividade hormonal. Contudo, logo após menstruar vem aquela luz.

Esse tempo era bom para estudar devido a falta de sono e a agitação no decorrer do dia. Aprendi a usar essas situações rítmicas e previsíveis há pouco tempo atrás.

Porém, recentemente apareceram miomas uterinos e percebi que havia perdido o contato com meu corpo. Os miomas desapareceram de uma hora para a outra, minha ginecologista ficou pasma ao fazer esta constatação em meu último exame. Em seguida, foi a vez de um caroço do tamanho de uma noz surgir em meu seio. Precisei refletir e concluí que alguma coisa errada havia acontecido, talvez alguma necessidade não tenha sido suprida. Foi aí que uma amiga me disse: "Você precisa ir àquele grupo sobre o qual lhe falei". E foi assim que vim parar aqui.

Acho que neste momento da minha vida estou prestes a ser reprodutiva — não no sentido biológico, mas espiritual. Há coisas começando a se abrir e isso requer que eu fique em contato não só com meu útero, mas com todo meu sistema reprodutivo.

Felizmente o caroço no meu seio já sumiu. Em uma visualização, enxerguei que meu seio estava me pedindo cuidados e que eu precisava atendê-lo e respeitá-lo. Minha médica não tinha uma teoria que explicasse o sumiço do caroço, mas sei como isso aconteceu. Comecei uma imersão, passei também a escrever e a conversar comigo mesma e com várias partes minhas para entender o que elas estavam sentindo.

Muita coisa começou a clarear. Sendo assim, passei a integrar práticas agradáveis ligadas à minha sexualidade. Saí e comprei uma blusa linda que me animou bastante. A sensação foi nova porque geralmente só compro o necessário.

Foi isso que começou a acontecer. À medida que dialogo com minha intimidade, estou entrando em contato com partes minhas até então desconhecidas. Essas descobertas são interessantes, mas dão trabalho e demandam bastante tempo. Inicialmente até pensei como iria arranjar tempo para isso, mas quando é preciso, a gente sempre dá um jeito. Esse foi um bom início e agora penso que há algo para mim aqui e continuarei aberta até descobrir.

RITUAL NO CÍRCULO DO VENTRE SAGRADO PARA CURAR OS VENTRES DO MUNDO

É doloroso escavar as lembranças do seu útero e todas as coisas que foram ditas ou não. À medida que as semanas passam, seu diário pode estar repleto de questões e sentimentos reprimidos. Mas quem você é se compõe de cada uma dessas experiências que até então estavam se acumulando em seu interior e agora o sofrimento está aflorando, pois ele precisa ser realmente sentido.

Sim, chorar faz bem, porque as lágrimas a deixam plena. Elas são uma libação para o espírito, lavam a alma e trazem a renovação. Sempre que ouço as histórias contadas pelas rainhas-irmãs, choro por dentro. E nunca sei bem se minhas lágrimas são pela minha vida ou se são delas ou uma combinação de lágrimas vertidas pelos ventres sobre toda a Terra. O fato é que estamos sangrando até a morte neste planeta moribundo. Mas nós podemos lhe restituir o bem-estar mantendo nossos círculos do ventre unidos e nos comprometendo com nossa sabedoria do ventre, a sabedoria que pode fazer toda a humanidade renascer.

Mulheres Pretas Fortes

Quantas vezes você já ouviu dizer que as mulheres pretas se tornam fortes para poder seguir em frente? Bem, não acredite nisso piamente. Pesquisas recentes sobre melanina apontaram que ela retém tudo – sejam coisas boas, ruins ou neutras. E quanto mais forte for a melanina, mais a pessoa retém emoções, resíduos químicos e toxinas. Quando é hora de deixar algo para trás, outras etnias com menos melanina se livram mais facilmente. Mas nossa melanina retém tudo.

Quando certas coisas surgem em seu diário ou em conversas com suas amigas, pode ser que você pense: "Vou compartilhar com minhas irmãs, pois me sinto segura. Não vou passar por isso sozinha".

Mas você sentirá tudo profundamente. Então, aconselho que, enquanto estiver nesse processo doloroso de autoconhecimento, você se levante entre 4 h e 6 h da manhã, que é quando a energia intuitiva flui com mais força e o nosso poder está no auge. E, segundo nosso antigo legado camítico afrakano, é nesse horário que Nebt-Het e os NTRU lidam com o mistério aparecem em forma de uma voz interna e de um estado onírico no qual você consegue se conectar com a fonte onisciente.

EU CHORO UM RIO DE LÁGRIMAS QUE CURAM

Nosso círculo sagrado realizou um ritual de cura especial e extraordinariamente poderoso, no qual nos aprofundamos no sofrimento e o processamos em nome de todas as mulheres feridas do mundo, algo muito relacionado com o poema coreográfico *For Colored Girls Who Have Considered Suicide When the Rainbow Is Enuf* (sem tradução em português), de Ntozake Shanges.

Nesse ritual, todas as mulheres no círculo sagrado atuam como um coro. Cada mulher conta uma história e o coro inteiro canta: "Eu choro um rio de lágrimas que curam...". Você pode usar essa ideia e pedir às mulheres em seu círculo que contribuam com oferendas especiais e preces para a liberação e cura profundas.

Eu choro um rio de lágrimas que curam, pois chorar faz bem e as lágrimas são sagradas. Chorar abre espaço para a cura acontecer. Chorar clareia nossa visão para vermos os desejos do nosso coração. Chorar liberta e une. Chorar descarrega tudo que é artificial e abre espaço para o místico. Chorar renova, restaura e abre todas as possibilidades. Nossas lágrimas lavam nossas almas. Chorar nos dá humildade para seguir as determinações do(a) Criador(a). Quando o choro vem das nossas profundezas, nós batizamos e reverenciamos o ventre e ele se regenera com a libação de nossas lágrimas.

Eu choro um rio de lágrimas que curam por Ankht-Rá, cuja mãe e avó, assim como muitas mulheres negras em Trinidad, nas Índias Ocidentais, foram ao hospital para passar por uma apendicectomia, mas, em vez disso, tiveram seus úteros retirados. Demorou muito para que elas descobrissem que haviam sido vítimas dessa fraude trágica cometida por médicos aos quais haviam confiado suas vidas. Elas nunca mais se recuperaram.

Eu choro um rio de lágrimas que curam pela querida irmãzinha que poderia ser minha filha. Ela foi assediada sexualmente desde os 7 anos de idade por seu pai e o tio paterno. Ninguém jamais notou a tragédia vivida por essa criança. No final, anos de sofrimento e pesar resultaram em um câncer no útero. Ela morreu aos 29 anos de idade com o coração e o ventre partidos. Que sua alma finalmente possa descansar em paz.

Eu choro um rio de lágrimas que curam pela mutilação genital feminina, também conhecida como "castração feminina" ou "circuncisão feminina", ligada a uma tradição afrakana de mutilar o clitóris quando uma adolescente está se aproximando da vida adulta. Choro toda vez que leio a respeito da mutilação genital feminina, pois o clitóris é sensível como uma flor e, se for tocado com reverência, a mulher entra em êxtase. Mas caso o clitóris seja manipulado com brutalidade, o corpo todo da mulher sente ondas de terror.

Incontáveis mulheres passaram por essa castração, na qual suas pernas foram abertas à força por mulheres idosas que fazem o procedimento. Esse crime contra ventres femininos perpetua uma tradição que causa um sofrimento grande e duradouro. Como mulheres fazem tanto mal a outras mulheres?

Eu choro um rio de lágrimas que curam pela minha tataravó, uma escrava negra que foi forçada a abrir as pernas para um pênis levemente rosado e demoníaco penetrar violentamente em seu útero macio, deixando seu... Desculpe, isso aconteceu há duzentos anos, mas ainda me causa tanta mágoa e raiva que não consigo respirar. Fico indignada imaginando o medo e desamparo de todas as tataravós cujo autodesprezo, falta de autoestima e a guerra interna por aceitar abusos são sentidos até hoje por suas descendentes.

Eu choro um rio de lágrimas que curam por todos os ventres que não suportaram as dores infligidas pela vida. Os ventres que desistiram e preferiram morrer. Essas perdas ocorreram porque as guardiãs desses úteros desconheciam as maneiras de se curar. Choro porque ao longo das eras mães perderam a sabedoria e a confiança para curar seus ventres e os de suas filhas. Choro na minha xícara de chá, e minhas lágrimas atuam como um tônico e liberam a ascensão da minha alma.

Quando penso nas histórias sofridas e sangrentas das mulheres, as lágrimas caem do meu coração como as águas vastas do Nilo. ouço as vozes reprimidas dos ventres dessas mulheres e choro um rio de lágrimas que curam.

Eu choro um rio de lágrimas que curam por ventres que sobreviveram após degradações, surras, estupros, ataques e desrespeito, os quais geraram o caos planetário que se reflete nas debilidades dos ventres femininos.

Choro por ventres que seguiram em frente após sangrar dias e meses, ter corrimento constante e sofrer com as contrações. Choro pela libertação misericordiosa de ventres que conseguem renascer.

Eu choro um rio de lágrimas que curam pelas mulheres que seguiram em frente após as guerras, a mutilação e as cicatrizes do incesto, destilando dor, vergonha e arrependimento. Choro por ventres que seguiram em frente após bebês nascerem e morrerem dentro deles. Choro por ventres que seguiram em frente após ataques de radiação e laser para eliminar os tumores repletos de muco, ódio, raiva e vexação do espírito alojados no ninho sagrado.

Eu choro um rio de lágrimas que curam sobre homens e mulheres para expulsar a exaustão dos nossos ventres, pois, embora continuemos resistindo, tivemos de aguentar tanta coisa ruim neles que é espantoso ainda estarmos de pé. Espírito Santo, Olodumarê, por que é tão difícil ser mulher?

Eu sou uma mulher afrakana chorando amargamente minha dor, berrando e vertendo rios de lágrimas de geração em geração. Minhas lágrimas fervem com bílis por causa da vida miserável dos escravos em fazendas nos Estados Unidos. Aqui, fábricas de sexo institucionalizadas foram brutalmente impostas sobre pessoas espoliadas durante gerações.

Choro pelos ventres macios e almas dilaceradas das mulheres que foram forçadas a ter bebês frutos da fúria e do incesto. Elas foram vítimas de uma guerra de quatro séculos que danificou até o seu DNA. Ah, como são profundas as feridas nos ventres das mulheres da minha tribo.

Nossos ventres ainda se engasgam, gaguejam, lutam e fogem.

Mãe, me ajude.

Estou orando sem cessar para que os ventres renovados produzam um futuro radioso que lhes granjeie respeito, gratidão, graça e amor.

Digo a mulheres que continuam sofrendo por ser alvo de crimes: "Retesem suas partes pudendas, purifiquem-se, jejuem e orem até haver uma mudança em todos os aspectos da sua vida e vocês ficarem cobertas de luz". Minhas lágrimas honram esses ventres que carregaram todos nós e seguiram em frente após ser alienados e mutilados. Ventres que seguiram em frente mesmo após violações autoinfligidas e sociais; ventres que seguiram em frente mesmo restando apenas um ovário para se defender da toxicidade interna.

Eu choro um rio de lágrimas que talvez não curem nessa geração os estupros perpetrados pelos japoneses em Nanquim, na China, durante a II Guerra Mundial. Lágrimas caíram no colo de uma mulher cuja alma voou do seu útero quando soldados japoneses abriram suas pernas e a amarraram em uma cadeira para estuprá-la até a morte.

Lágrimas continuam fluindo para um rio conjunto devido ao soldado desumano que enfiou uma vareta metálica no ventre de uma mulher nua e desamparada que estava caída na rua de sua cidade. Ela era filha de alguém e mãe de alguém, e foi barbaramente seviciada e engolfada pelas chamas da guerra.

E algum dia haverá lágrimas suficientes para curar as mulheres da Bósnia impiedosamente forçadas a servir sexualmente aos soldados em diabólicos campos de estupro institucionalizados que arrebentaram ventres feridos e destruíram qualquer possibilidade de vida?

Eu choro um rio de lágrimas que curam por nossas filhas que anseiam por paz em seus ventres. Choro lágrimas da alma, dotadas de verdade, visão, esperança e louvor, pela ressurreição dos ventres sagrados das primeiras mulheres. Minhas lágrimas choram um rio de raios curativos e energizantes de lápis-lazúli, esmeralda e malaquita, e elas dançam diante da visão de ventres retomados, purificados, alegres e sagrados, que são regenerados por nós mulheres e protegidos por nossos homens bons e sagrados.

Essa visão nos oferece um futuro tão radioso que enviará uma luz cristalina para toda a terra em uma maré de libertação.

Eu choro um rio de lágrimas que curam com todas as mulheres no planeta Terra. Que nossas lágrimas coletivas possam se tornar asas de pura luz com as quais nossas almas voem como Heru, o Falcão, por um oceano global de redenção para curar e batizar a terra.

Meu Senhor! Meu(minha) Criador(a), Mut, Ast e Mãe Maria, abençoem todas as suas filhas no mundo inteiro, especialmente a mulher do ventre escuro, a mãe mais antiga. Mãe Ast (Ísis), proteja nossos ventres em toda a nossa jornada de vida para que nós, mulheres, possamos envelhecer belamente dentro de nossos "eus" sagrados.

Eu choro um rio de lágrimas que curam, pois agora podemos sair do rio e entrar na lama curativa. Enquanto nosso ventre se nutre com a terra, nós nos recarregamos com o sol. Nós dançamos junto ao rio e lavamos nossos ventres, renascendo como mulheres sagradas e entrando em nosso estado original divino.

Saudamos as mães que nos geraram e nutriram para que viéssemos ao planeta e estivéssemos constantemente atentas ao grande ventre.

"Obrigada, Criador Paterno/Criadora Materna." Ofereço essas palavras de gratidão por cuidar de nós e nos fazer crescer como árvores altas; por amar e zelar por todos os seus filhos ignorantes que têm sido surdos aos apelos dos nossos corpos e insensíveis à nossa dor. Amado(a) Criador(a) Paterno(Materna), que todas nós possamos ser libertadas, estimuladas e inspiradas para fazer uma mudança geral no mundo. Se a atitude global em relação aos ventres femininos não mudar, será impossível haver paz na Terra. Se não houver mudança, guerras, escravidão e injustiças sempre prevalecerão.

Então, eu choro lágrimas de louvor, honra, respeito, gratidão, graça e amor pelos ventres que fizeram a transição para o outro mundo e para aqueles ventres que sobreviveram.

Uma Bênção da Mãe Nut

Todos os ventres no mundo, dirijam o olhar para Nut, a Mãe Celestial, e escutem quando ela fala dentro de vocês:

> Eu sou Nut. Confiem em mim, pois sou o sopro vital e o útero do(a) Criador(a). Eu, Mãe Nut, derramo nuvens de serenidade sobre minhas filhas. Hoje é um novo dia, o seu dia, e eu lhes concedo outra chance, minhas filhas, uma visão mais elevada, um jeito melhor, uma segunda vinda.

> Minhas filhas, saibam que, não importa o quanto a vida de seu ventre seja pesada ou dolorosa, eu as dotei com incontáveis estrelas de luz que moram dentro de vocês. Eu plantei em vocês a semente da iluminação ventral que crescerá à medida que fiquem mais conscientes da minha presença em seu interior. Minhas filhas amadas, sentem-se comigo diariamente e eu lançarei luz em seu útero e lhes darei paz.

RITUAIS, MEDITAÇÕES, AFIRMAÇÕES, CANTOS E PRECES

Ritual de Liberação para Limpar o Útero

O ritual de liberação para limpar o útero da sua alma deve ser feito após ou durante sua prece. Ele ajuda a purgar os ataques físicos e psíquicos aos nossos ventres. Considere as experiências do seu útero como lições. Seu útero começará a se livrar de todos os traumas que geram doenças físicas, mentais e espirituais.

Em seu diário, escreva uma carta para as pessoas que de algum modo ofenderam seu corpo. E inclua também o autoperdão, caso você tenha causado, conscientemente ou inconscientemente, algum dano ou sofrimento ao seu útero. Para sobreviver, a uma certa altura devemos deixar tudo para trás. Derrame seus sentimentos nas páginas do seu diário. Por exemplo, escreva: "Eu (seu nome), me liberto da dor que (nome da pessoa que feriu você) deixou no meu ventre e na minha vida".

Acorde! Sacuda e se livre dos resíduos de raiva ou ressentimento que se acumularam em seu centro uterino divino. Vamos lá, deixe isso acontecer. Ao longo de sete dias de jejum, preces e banhos espirituais, livre-se do veneno emocional em seu templo corporal. Se souber o paradeiro da pessoa que a magoou ou ofendeu, envie a ela uma carta de libertação.

Caso não consiga achá-la, assim que terminar seu ritual de escrita, queime a carta, talvez com um pouco de sálvia, e libere as emoções acumuladas na fumaça espiritual. Enquanto a carta queima, ore para que sua liberação seja levada nas asas do ar rumo à liberdade.

Então, vá imediatamente para o mar ou uma mata e cante, dance, grite e bata os pés com força no chão. Seja a rainha do seu templo corporal. Permita que sua mente e espírito sejam preenchidos por um novo mundo de revelação, autoaceitação e autocura.

Esse ritual de perdão e desprendimento não está necessariamente relacionado a pessoa que lhe fez mal, pois o importante é assegurar sua cura pessoal. Ao nos libertar, abrimos espaço para as uniões divinas que são nosso direito nato.

A Pena de Maat

Nós precisamos criar um tempo sagrado diariamente para restaurar a paz e o equilíbrio interno, e descarregar tudo que oprime nosso coração, ventre e espírito.

Uma maneira de fazer isso é meditar com a pena de Maat, o símbolo da verdade, harmonia e equilíbrio. O horário das 4h às 6h é regido por Nebt-Het, a Senhora da Casa, o templo corporal, e Senhora dos Céus, o corpo celestial. Nebt-Het também representa o espírito da intuição. Neste horário, sua melanina verte e você ouve coisas que ficam inaudíveis durante o dia. Você recebe visões que não aparecerão depois, conecta-se com seus sonhos e recebe mensagens. Também começa a entender profundamente quem e o que você é, e por que é assim.

É no horário de Nebt-Het que tomamos água pura e chás de ervas, como framboesa, e um banho curativo. E é neste horário que Nebt-Het vem, fala conosco e nos responde. Para dar as boas-vindas a ela, devemos comer pouco na noite anterior. Se estivermos empanturradas devido a um jantar pesado, não conseguiremos escutá-la.

Vamos celebrar esse espírito. Vamos andar com uma pena. Quem trabalha em prol do bem-estar ventral deve ter uma pena em sua sacola de medicamentos, porque é o meio

MEU VENTRE
Queen Ife/Cassandra Battle

Eu me comprometo a me curar.
Eu me comprometo a curar meu ventre —
O útero gerado por uma nação
O útero penetrado por uma nação.
Pelo nascimento e por parir bebês
Mulher, o ventre feminino que criamos,
Os golpes duros e traumas que nos fazem comer
Produtos lácteos, carnes, o estupro
Do seu ser físico e emocional.
A sua desfaçatez que entra em meu ventre,
minha parede de açúcar
Que eu deixo entrar em um estado raivoso
Criando devastação ou prazer libidinoso e eu participo.
E quando eu resolvo matar o bebê,
Os cistos, os tumores, tudo de que me alimentei
Ah, útero, que estado deprimente
Nós beijamos e fazemos sexo inconsequente,
o que estimula
Abusos — que o útero acumula
A depressão, a dor e a doença têm tudo a ver!
Então todos os distúrbios o constiparão.
Meu ventre se comunica,
Toxinas injetadas degradantes sufocam.
O útero em agonia expele os venenos
Ele regurgita.
"Vamos fazer uma limpeza completa", o médico diz
E os cirurgiões aguardam diligentemente
O médico diz ao útero, "tarde demais".
Eu lutei para meu ventre continuar inteiro.
Você não vai tirar nem um pedacinho
Não é tarde demais, afirma o médico.
Recorri então à medicina alternativa
E agora entendo o porque.
Ainda mais no meu estado.
Meu ventre chora,
Eu sofro e sinto dor
E ele grita pelos
sonhos frustrados e relacionamentos sem carinho
— com a família e os homens.
Agora eu escorrego na patente
Usando a alavanca como ferramenta,
E jorro todos os refugos.
Sem a menor pressa
Eu me esvazio, elimino e limpo
Faço amor com meu ventre.
Eu me elevo.
E digo ao meu ventre:
"Amo você".
E digo ao meu ventre: REJUVENESÇA!

mais rápido para aliviar o coração. Afinal, as doenças se instalam quando o coração está pesado. Os antigos camitas comparavam o peso do coração ao de uma pena para determinar a qualidade da alma de alguém. Quando seu coração fica pesado devido à raiva, sofrimento e competição acumulados, esse desequilíbrio causa doenças. Quando fica pesado dia após dia, ano após ano, o coração começa a acumular perturbações que talvez você nem perceba. O corpo começa a ficar profundamente marcado pela angústia e totalmente desequilibrado. É aí que a pena de Maat pode nos dar a clareza necessária para restaurar o equilíbrio interno e externo.

Recentemente, prendi uma pena no alto da minha cabeça porque estava no espírito. Mas tinha um compromisso de trabalho naquela manhã e fiquei pensando se as pessoas não estranhariam a pena. Será que eu deveria mudar meu visual para fazer negócios? Conhecia bem uma das pessoas que iria encontrar e quando perguntei se devia tirar a pena da cabeça, ela disse: "Não, seja quem você realmente é." Ela, então, pegou sua sacola de medicamentos — que toda mulher sagrada deve ter—, abriu-a ali mesmo no ambiente corporativo, pediu que eu fechasse os olhos e colocou uma miúda pena na minha mão. Quase desmaiei de alegria ao ser agraciada com este gesto tão miraculoso.

Isso foi uma bênção de Nebt-Het, pois só podemos entrar em sua casa com a pena de Maat. É por isso que nós temos de tomar todas as decisões com equilíbrio, justiça, verdade e harmonia. Maat rege a leveza do coração por meio da sua pena. Nós podemos checar nosso coração diariamente ao sair do banho, pois não somos obrigadas a enfrentar o dia com um coração pesado.

Meditação da Pena de Maat

Para limpar o seu coração, faça, conforme instrução abaixo, a Meditação da Pena de Maat. Tente por uma semana e veja o que se abre em sua vida. Caso grave esta meditação, você pode ouvi-la enquanto relaxa e vai mais fundo.

- Deite-se em um lugar sagrado e tranquilo, onde não será perturbada. Ponha uma pena branca sobre o ventre, feche os olhos, foque em sua respiração e entre cada vez mais fundo em um estado meditativo.

- Inspire e expire lentamente enquanto se funde com a leveza da pena. Relaxe e se livre do estresse e das pressões do mundo. Libere toda a ansiedade do seu útero. Enquanto continua respirando profundamente, livre-se do sofrimento desta vida e de todas as vidas passadas.

- Deixe seu corpo deslizar facilmente para um estado sereno de unidade com o Espírito Divino. Você está se fundindo com a pena pousada em seu ventre e entrando cada vez mais fundo nesse espaço calmo e seguro. Sinta a paz e a calma fluírem em você enquanto seu equilíbrio interno é restaurado e renovado. Se você estiver na cama e já houver encerrado o dia, entregue-se a um sono gostoso.

- Se você estiver começando seu dia e pronta para entrar na meditação ativa que se chama vida, encerre a meditação respirando como o oceano rolando calma e profundamente. Então, se arrume lentamente e continue respirando como o oceano. Quando estiver pronta, levante-se sabendo que está repleta de luz e clareza, e enfrente seu dia com o mesmo equilíbrio sereno que atingiu durante essa meditação.

Meditação para Infundir a Luz da Cura no Útero

Esta é outra meditação excelente para fazer no horário de Nebt-Het, a fim de limpar, equilibrar e nutrir o útero.

Nossos ventres estão sujeitos a todos os tipos de trauma, inclusive emocionais. Isso inclui: corrimentos vaginais, coágulos, cólicas e menstruação caudalosa, assim como tumores crescendo ou já removidos, histerectomias, parto difícil, cesarianas, relação sexual abusiva, abortos, cirurgia com bisturi ou laser e radioterapia. Ao fazer a meditação diariamente, podemos nos livrar desse histórico traumático com respiração e visualizações de cores, além de uma dieta apropriada e uma cura ativa.

- Sente-se confortavelmente em uma cadeira ou no chão, com as pernas cruzadas e os braços repousando no colo, ou deite-se de costas — faça o que preferir. Comece a respirar profunda e lentamente enquanto relaxa o rosto, o peito, os braços, as mãos, o ventre, os quadris, as coxas, as pernas e os pés.
- Carregue a energia em suas mãos esfregando-as vigorosamente até elas ficarem repletas de calor curativo. Ponha as mãos sobre o ventre e fique bem calma. Respire profundamente e sinta o calor da cura em suas mãos penetrando e preenchendo seu útero. Sinta como ele relaxa.
- Continue respirando profundamente. Inspire lentamente, visualizando luz, paz e cura entrando em seu útero enquanto o ar expande seu abdômen e depois o peito. Então, expire lentamente, visualizando todas as toxinas emocionais e físicas saindo do seu útero, enquanto o abdômen se contrai e os pulmões expelem o ar restante. Repita entre dez a 20 vezes.
- Use agora sua respiração para injetar as cores da cura no útero. Use todas as cores do espectro carregá-lo, limpá-lo e rejuvenescê-lo. Continue respirando em cada cor sucessiva até seu útero ficar repleto dessa energia, então, mude para a cor seguinte. Enquanto cada cor banha seu útero, diga: "Útero, fique calmo e em paz".
- Injete lentamente no útero a cor branca para purificação. Agora respire em vermelho/laranja para infundir poder e energia. A seguir, use um tom profundo de azul para paz. Injete a cor verde no útero para seu bem-estar abundante. Então, injete roxo no útero para espiritualidade; cor de rosa para amor divino; violeta para alta consciência ventral; e dourado para prosperidade. Por fim, injete amarelo claro no útero visando a mente mais elevada.
- Recarregue agora a energia nas mãos e coloque-as suavemente sobre o ventre. Sinta a paz, harmonia e bem-estar que preenchem seu ventre sagrado.
- Por fim, enquanto continua respirando lentamente, visualize os quatro elementos do mundo natural — fogo, água, ar e terra — e convide-os para entrar e curar o seu útero. Assim como nas visualizações de cores, use o tempo necessário para visualizar cada elemento curando, nutrindo, acariciando e trazendo harmonia.
- Primeiro, visualize o sol energizando o seu útero. A seguir, sinta o oceano lavando e purificando o útero. Sinta o ar acariciando e serenando o útero. Sinta a terra sob você extraindo toda a negatividade do seu útero.

...

Após terminar a meditação e entrar em um estado profundo de relaxamento, use as "Técnicas de Rejuvenescimento do Ventre" (ver páginas 114 e o Capítulo 4) quando tiver tempo. O essencial é ser boa consigo mesma, não só neste momento em que você está sintonizada, mas no decorrer do dia quando as coisas ficam agitadas e dia após dia, até sua vida se tornar uma meditação contínua de paz, equilíbrio e harmonia.

CANTOS E AFIRMAÇÕES DE APOIO AO ÚTERO

Além de meditações e visualizações, tente preencher seu útero diariamente com palavras sagradas de bem-estar por meio de cantos e afirmações na alvorada e no poente. Alimente o útero com pensamentos, palavras e atitudes positivas ao longo do dia. Sirva-se à vontade dessas afirmações, pois se usá-las o suficiente, sua vida ficará mais leve.

Por meio da reprogramação e purificação mental, espiritual e física, nós podemos redirecionar um útero confuso. Comece a aplicar as afirmações que ofereço como um guia para direcionar suas ideias e estados para a cura física, mental e espiritual do útero.

Se o seu coração deseja curar o seu útero, fale palavras poderosas regularmente para ele. Fale com todo fervor, amor e compaixão necessários para fortalecer a consciência sagrada dele. Repita essas afirmações o quanto for necessário para curar, recarregar e purificar o espírito de seu útero. Enquanto fala essas afirmações de empoderamento, deixe um fluxo de criatividade natural preencher o útero para elevá-lo, a fim de ficar inspirada para se curar, se amar e ser uma mulher livre e plena!

25 *Hesi* (Cantos) para o Ventre

Injete bem-estar em seu útero cantando esses 25 *hesi* na alvorada e no poente. Alimente seu útero com essas e outras afirmações positivas ao longo do dia:

1. Meu ventre é sagrado, e assim é minha vida.
2. Meu ventre é precioso, e assim é minha vida.
3. Meu ventre é divino, e assim é minha vida.
4. Meu ventre é amor, e assim é minha vida.
5. Meu ventre está bem abastecido, e assim está minha vida.
6. Meu ventre é livre, e assim é minha vida.
7. Meu ventre é radiante, e assim é minha vida.
8. Meu ventre é luz, e assim é minha vida.
9. Meu ventre é maravilhoso, e assim é minha vida.
10. Meu ventre é celestial, e assim é minha vida.
11. Meu ventre é paz, e assim é minha vida.
12. Meu ventre é bem-aventurança, e assim é minha vida.
13. Meu ventre é brilhante, e assim é minha vida.
14. Meu ventre é natural, e assim é minha vida.
15. Meu ventre é livre, e assim é minha vida.
16. Meu ventre é cheio de energia, e assim é minha vida.
17. Meu ventre é puro, e assim é minha vida.
18. Meu ventre está em sintonia, e assim está minha vida.
19. Meu ventre é todo poderoso, e assim é minha vida.
20. Meu ventre é o centro da minha criatividade, e assim é minha vida.
21. Meu ventre está pleno, e assim está minha vida.
22. Meu ventre está repleto de prece, e assim está minha vida.
23. Meu ventre é uma força dinâmica, e assim é minha vida.
24. Meu ventre é sagrado, e assim é minha vida.
25. Meu ventre é o portal para o céu aqui na Terra, e assim é minha vida.

Cantando "Ventre"

O som ajuda a harmonizar o corpo, a mente e o espírito.

- Sente-se calmamente em uma postura meditativa em seu espaço sagrado, com as palmas das mãos para cima.

- Inspire e expire lentamente, voltando para o seu centro, relaxando e indo cada vez mais fundo. Em seguida, cantarole por duas vezes a palavra "ventre", como se estivesse cantando "om" ou "ankh".

- Relaxe e, ao expirar, expire o som da palavra ("ventre"). Inspire novamente. Se você estiver em um círculo sagrado, ache seu tom e cante novamente.

- Ao cantar, deixe a palavra vibrar no útero enquanto você se abre e relaxa ainda mais. Concentre sua mente e o som no útero. Visualize as cores da vitalidade, vermelho ou laranja, que representam Rá, o sol. Envie o som de "ventre" e a cor do sol ao útero para ajudá-lo a ressuscitar. Injete o sol em seu útero com a cor e o som, e respire. Inspire e volte a cantar.

- Batize o útero com a cor da serenidade, já que há tanto estresse em nossos ventres, corações e mentes. Visualize um azul profundo como o do oceano, para representar serenidade. Enquanto vibra com o som, continue cantarolando a palavra "ventre" e visualize o azul do oceano preenchendo seu útero com serenidade. Inspire. Expire. Cante "ventre".

- Trabalhar com luz também é essencial, então, ilumine seu útero. Enquanto inspira, visualize uma luz branca ao redor do útero. Cante a palavra "ventre" o mais alto que puder como uma soprano porque isso aumenta a energia do útero. Visualize a luz branca preenchendo seu útero. Inspire. Expire. Cante a palavra "ventre".

A sabedoria do bem-estar ventral continua presente e estamos aqui para defender, apoiar e elevar o espírito de nossos ventres, a fim que sejam livres para ter ideias divinas, energia divina, criatividade divina e filhos divinos neste planeta. A ressurreição de nossos ventres é a ressurreição do planeta Terra. O ventre da Terra foi violado da mesma forma que nossos úteros foram abusados e entraram em desarmonia. Mas à medida que curarmos nossos ventres, curaremos também o útero da Mãe Terra.

AFIRMAÇÕES: DA REVELAÇÃO À REGENERAÇÃO DO ÚTERO

Coloque uma bela música com flauta, piano ou tambor para tocar ou fique em silêncio enquanto medita ou recita a litania de afirmações pela regeneração do útero.

Eu amo meu ventre e ele me agrada.
Meu ventre está em perfeita harmonia.
Meu ventre está livre de doenças.
Ele não tem tumores, cistos, corrimentos nem síndrome pré-menstrual.
Meu ventre está feliz, íntegro e livre de toda e qualquer doença.
Eu envio amor e paz ao meu ventre.
Eu envio luz e sopro vital ao meu ventre.
Meu ventre é a sede da minha feminilidade e contém meu poder como mulher.
Eu libero e me livro de todas as mágoas e decepções enquanto afirmo:
Vou transformar cada lição em uma bênção.
Eu recebo as lições por meio das minhas preces e meditações.
Eu me livro de toda a bagagem da memória do meu ventre.
Eu substituo o turbilhão de negatividade por verdade e amor divino.
Meu ventre nunca mais ficará empacado na ignorância das doenças uterinas, pois eu me comprometo com o bem-estar ventral.

CANÇÃO DO VENTRE
QUEEN AFUA E HRU ANKH RA SEMAHJ

A junção de sons e respiração pode curar. Os tons melódicos de sua voz dentro do seu templo corporal podem colocar seus *aritu* (chacras) em um estado de Maat. Fique à vontade para expressar sua criatividade na canção do ventre. Observe seu útero se tornando mais sintonizado e harmonioso.

Khat-A M khu
(Meu ventre é feito de luz.)
Khat-A M Nut
(Meu ventre é do céu.)
Khat-A M Ast
(Meu ventre é da mãe divina.)
Khat-A M Maat
(Meu ventre é feito de harmonia.)

Ritual e Prece de Purificação do Útero

Este ritual visa a purificação espiritual intensa do seu ventre sagrado.

Coloque um pequeno bastão de carvão vegetal em um defumador de ferro fundido ou outro material à prova de fogo. Acenda o bastão e, quando ele esquentar, adicione um punhado de olíbano e mirra. Ponha o defumador no chão ou em um trempe de metal para não queimar o chão. Abra as pernas e fique acima do defumador com olíbano e mirra, como as antigas mulheres camíticas costumavam fazer. Enquanto expele todas as vibrações negativas, adicione uma pitada de canela ao carvão para amaciar seu útero.

Se você precisar de mais bênçãos, proteção e purificação, unja o ventre com óleo ou essência de olíbano e mirra, lavanda ou sálvia. (Consulte a tabela na página 135 para escolher óleos para unção.) Unja também a coroa de sua cabeça e o *arit* do seu coração para ter pensamentos elevados e purificar o coração.

Recite a prece a seguir ou suas afirmações:

Criador(a), abro meu ventre para vós em busca de cura, a fim de me livrar de toda decepção, tumores, infecções, dor, ressentimento, síndrome pré-menstrual, mágoa e tristeza. Com esta prece, peço um útero saudável e íntegro.

Criador(a), eu vos ofereço meu ventre para a cura completa; eu aceito o útero que colocastes em mim como um ser sagrado e divino. Submeto-me e aceito todas as vossas leis naturais de pureza e asseio.

Hoje me livro de todos os bloqueios que porventura estejam em meu ventre devido a perturbações mentais e espirituais. Sem reservas, aceito e envio a energia da cura para meu centro sagrado. Neste dia celebro o renascimento do meu ventre. Eu vos louvo e desde já agradeço pela unção e cura do meu ventre ferido.

Meu(minha) Amado(amada) Criador(a), proteja minha mente, meu ventre e minha alma contra as injustiças do mundo, para que meu ventre sagrado possa ficar protegido e repleto de perfeita paz, e minha alma possa ser inundada com a luz do amor. Que meu ventre possa falar e reconhecer a saúde e a cura como um estado natural de ser.

Passe o dia em um espírito santo elevado, sentindo-se leve e empoderada porque agora seu útero está livre espiritualmente.

Trabalhos com Prece

Faça alguns ou todos os trabalhos seguintes. Ouça a voz do seu útero e guie-se pelo seu espírito.

1. Defume seu útero com olíbano e mirra.
2. Unja seu útero com óleos sagrados.
3. Louve o(a) Criador(a) (*Tua* NTR) pelas muitas bênçãos já recebidas em sua vida e nas vidas de sua família nuclear e da família estendida.
4. Louve o(a) Criador(a) por seu útero.
5. Por meio da prece, livre-se de toda a negatividade, sentimentos e emoções tóxicos que podem estar dominando seu útero e causando doenças e revolta.
6. Ao orar, peça a cura do seu útero.
7. Ofereça afirmações ou preces para Nut, como as mencionadas neste livro. Deixe seu espírito fluir e comece a criar outras preces. Use-as com regularidade para ter inspiração e iluminação.
8. Finalize a prece respirando profundamente por vários minutos e então comece a meditar.

Crie Arranjos de Contas para Usar na Cintura

Usar contas na cintura é outra adorável atividade espiritual transmitida pelas mulheres da minha cultura, que foram as primeiras a usá-las como adorno e proteção. As contas ao redor da cintura visam a cura física e espiritual do útero.

Você pode comprar essas contas em lojas de produtos afrakanos ou fazer os arranjos. Use contas de cristal de quartzo para purificação ou contas de cristal de quartzo rosa que representam o amor divino.

Antes de ser usadas, as contas devem ser benzidas por uma mãe anciã ou mentora, para que o amor, bênçãos e cura das gerações preencham e protejam seu útero.

Rituais na Lua Nova e na Lua Cheia

A vida emocional e espiritual das mulheres reflete os ciclos lunares. Assim como a lua se renova, mingua, cresce e fica plena, o mesmo acontece com as mulheres. Sintonize-se com a lua por meio da meditação consciente e de rituais.

Fique sozinha ao ar livre sob a lua nova ou convide as mulheres do seu Círculo do Ventre Sagrado. Toquem seus instrumentos sagrados (tambores, chocalhos, sinos etc.).

Comece o ritual de purificação usando o ar (som) e o fogo (defumação).

A anciã, guia espiritual ou alta sacerdotisa que comanda o ritual deve defumar todas as participantes com sálvia dos pés à cabeça.

A anciã deve invocar o nome do Divino em gratidão e depois o nome de Khonsu Nefer Hetep várias vezes. Como filho de Amon e Mut, Khonsu cruza o céu todas as noites no barco celestial da Lua. Ele é uma antiga divindade de cura e regeneração. Khonsu ajuda as mulheres com problemas de fertilidade a conceberem filhos e ideias.

Invoquem então o nome de Tehuti várias vezes. Tehuti é o guardião e protetor da lua.

Agora invoquem os guardiões das direções:

Adoração por Mãe Mut Nebt-Het do Leste. Tua NTR.

Adoração por Mãe Mut Serket do Sul. Tua NTR.

Adoração por Mãe Mut Ast do Oeste. Tua NTR.

Adoração por Mãe Mut Nt do Norte. Tua NTR.

Adoração por nossa Mãe Celestial, Nut.

Adoração por nosso Pai Terrestre, Geb.

Adoração por Shu (respiração, atmosfera).

Adoração por Tefnut (água, umidade).

Tome tônicos à base de ervas das mulheres sagradas em honra do útero. Escolha o tônico apropriado para o que você precisa. Por exemplo: se tiver tumores, use vara-de-ouro; se tiver sangramento forte, use bolsa-de-pastor; se seu útero precisar de tonificação, use framboesa; se ele precisa de fortalecimento, use dente-de-leão.

Se seu Círculo do Ventre Sagrado estiver honrando a lua cheia, todas as mulheres devem dançar em uma roda no sentido horário, ecoando os movimentos fluidos da lua cheia como o oceano de Nun. A dança mobiliza e eleva o espírito, e reconhece nossos fluxos e refluxos expressos cosmicamente na lua. Louve as visões provenientes do luar.

Se seu círculo do Ventre Sagrado estiver fazendo uma cerimônia para a lua nova, ore para que se manifeste o que você deseja e quer construir se manifeste — um trabalho, uma missão, um projeto, um acontecimento. Nós produzimos novos pensamentos, novas visões e recomeços em um ritual na lua nova. Dance por recomeços trazidos pela lua nova. Dance para a lua nova, para reconhecer as visões vindas de outras eras.

A lua nova também é poderosa para você pedir perdão, perdoar e entrar em um estado mental mais elevado. Trata-se de um tempo para purificação. Respire profundamente enquanto mantém um cristal de quartzo transparente ou selenita sobre o ventre, expelindo as velhas mágoas e sofrimentos e abrindo espaço para recomeços.

Agradeça pelo que já se manifestou, pelas dádivas que já recebeu, pelas batalhas que terminaram. Louve a ajuda que recebeu.

Encerre o círculo agradecendo e louvando a lua e Mãe Mut, e dançando ao som de tambores, sinos, xequerê e demais instrumentos. Deixe o espírito guiá-la. Louve a Nebt-Het, a guardiã da lua nova.

Digam em conjunto: "Adoração pela celestial Mãe Natureza por manter a Lua e o Sol no céu!".

Mantenha uma selenita em seu altar de Nut para apoiar a harmonia e cura do seu útero.

Capítulo 4
O CUIDADO COM O VENTRE

Estou no caminho da vida natural há mais de quarenta e cinco anos e ajudo mulheres há pelo menos trinta e oito anos. Não tinha exatamente a intenção de enfocar no cuidado de mulheres, pois meu compromisso inicial era curar famílias. Não obstante, via muitas mulheres com problemas de saúde, incluindo pressão arterial alta, diabetes, sangramento menstrual forte, cistos e tumores. Então, descobri que todas elas tinham algum nível de bloqueio no útero.

Os problemas uterinos das minhas clientes me levaram a estudar ervas, alimentos, afirmações, meditações e cores propícias à cura. Para o meu espanto, tudo isso me ensinou que é possível transformar todo o templo corporal curando apenas uma parte do corpo.

Como profissional de colonterapia, sei que nossos corpos miraculosos são compostos por muitos mundos e que podemos focar em um mundo e ver o que está acontecendo nos outros. Tomemos a reflexologia como exemplo. O pé é um mapa completo do corpo humano, desde o dedão (que representa o cérebro), a planta do pé (que representa a espinha), o calcanhar (as extremidades inferiores) aos tornozelos (os órgãos reprodutivos). E se você gosta de iridologia já sabe que, quando um iridologista analisa os seus olhos, ele identifica onde estão todos os bloqueios e como eles correspondem ao resto do corpo.

Explorando a vida natural e as artes da cura, cheguei à conclusão de que o útero é o pilar do eu íntegro de uma mulher, o centro sagrado que define nossos corpos, mentes e espíritos.

Ao longo dos anos, muitas mulheres me procuraram quando estavam passando por alguma crise, como o risco iminente de perder o útero. Ao invés de dizer a elas para não marcarem a cirurgia, apenas perguntava: "O médico lhe deu algum prazo para isso?".

"Bem, ele disse que é preciso tirar meu útero daqui a dois meses ou talvez até no mês que vem."

Então, apontava outra possibilidade: "Vamos ver o que é possível fazer agora. Talvez valha a pena explorar algumas alternativas, ao invés de achar que a histerectomia é a única opção".

Meu trabalho corroborou o conceito de que há uma abordagem pacífica para o bem-estar ventral. Que envolve estar consciente da sabedoria do útero e utilizar terapias naturais que respeitam a integridade do nosso ser, incluindo:

- Sucoterapia;
- Alimentos vivos;
- Ervas da natureza;
- Hidroterapia;
- Movimentação física e respiração;
- Óleos essenciais;
- Infusões e aplicações de argila.

COMER PARA VIVER

Há estilos de vida tóxicos que alimentam tumores no útero, nos seios e em outras partes do corpo. No entanto, se adotarmos uma dieta natural, sem carne e com pouco amido, podemos evitar tumores e doenças no útero, nos seios e em todo o templo corporal. Por exemplo: manga, mamão, água de coco, gengibre, azedinha, melão, aipo, pastinaca e pepino, assim como muitos tipos de verduras, tornam nossos ventres supremos.

Em *Heal Thyself for Health and Longevity*, digo que é preciso amor para alimentar uma criança, água para regar uma planta, e leite, ovos, queijo e carne para alimentar um tumor. Isso significa que temos o controle sobre nosso bem-estar. Quando nós mulheres seguimos os princípios de "comer para viver", ao invés de "viver para comer", asseguramos a boa saúde.

Os métodos de alimentação natural apresentados neste capítulo ajudarão o seu útero a se recuperar dos alimentos tóxicos que propiciam doenças. Estude esses princípios e técnicas de vida natural e se transforme.

Caso você tenha síndrome pré-menstrual, miomas, sangramento menstrual forte, infertilidade ou menopausa, entre 21 e 28 dias usando a abordagem de vida natural, você começará a notar as mudanças. Os ciclos mensais são uma forma perfeita de mensuração. Quando ficar consciente de seu útero e da sabedoria dele, você verá o quanto sua vida mudará de uma menstruação para a outra. Quando o seu útero mudar, você verá como o resto da sua vida também mudará. Suas atitudes mudarão — em relação aos homens, aos filhos, ao seu trabalho e à sua vida — e você realmente começará a compreender o quanto seu útero abarca e como o estado dele afeta tudo em sua vida.

ABORDAGEM DO BEM-ESTAR DO VENTRE SAGRADO

Para começar a jornada de cuidar bem do ventre, ofereço-lhe a visualização e as afirmações abaixo para o bem-estar ventral:

Afirmação para o Bem-Estar do Ventre Sagrado

Medite sobre o bem-estar ventral. Visualize um útero saudável diariamente na alvorada e no poente, pois você se torna o que vê e instila em sua alma. Afirme:

> Minhas trompas de Falópio estão limpas e desobstruídas. Meus ovários estão repletos de vida. Minha vagina é um canal de pureza. Meu útero é radiosamente saudável, pois o ventre é uma parte sagrada de mim.

O Antigo Espelho Sagrado

O espelho foi inventado há milhares de anos em Kemet, mediante o polimento de uma superfície de metal até ela refletir fielmente o que havia diante dela. Os espelhos eram importantes, pois simbolizavam fertilidade, beleza e proteção. Na Antiguidade as pessoas não usavam o espelho só para se ver, pois sabiam que, além de seu corpo físico e da beleza, ele também refletia seu estado espiritual e dava oportunidade de ver as próprias almas na retaguarda. Esse poder está imbuído na palavra egípcia *ankh*, que tanto significa espelho quanto vida. O espelho reflete e simboliza parto, fertilidade e proteção.

O povo camita também usava espelhos para afugentar forças negativas e atrair energia positiva — como a antiga prática chinesa do Feng Shui faz até hoje. Tudo o que os antigos faziam era inspirado espiritualmente; até as faces dos espelhos eram moldadas em forma redonda como o sol para refletir seu poder e vitalidade penetrantes.

Explorando Seu Útero: Exercício de Autorreflexão com Espelho

Na loja de algum museu, compre uma reprodução do antigo espelho de Het-Hru (Hator), ou então, faça uma cópia. Pegue um espelhinho redondo simples com uma alça e enfeite-o. Sintonizada com o espírito de Het-Hru, a guardiã espiritual da beleza, pinte o espelho caprichadamente ou cole búzios ou brilhos prateados, dourados, verdes ou cor de lavanda nele.

Para começar a conhecer seu útero, leve seu espelho com a carga espiritual de Het-Hru para um recanto privado em seu santuário sagrado, de preferência onde os raios de sol entrem pela janela. Ponha alguma música suave de cordas, flauta ou piano para tocar, a fim de criar a atmosfera certa para a jornada em seu útero. Sente-se calmamente no chão e respire profundamente enquanto medita sobre Mãe Nut para ter paz interior.

Agora, levante o vestido até a cintura ou tire as calças e também a calcinha.

Abra lentamente as pernas e ponha o espelho entre as coxas. Dê uma olhada longa, atenta e meditativa na entrada do útero. Quando estiver pronta, respire profundamente e separe delicadamente os lábios do seu portal para ver melhor o que há em seu jardim sagrado. Medite calmamente sobre o que você vê por alguns minutos e se familiarize.

Quando acabar, abençoe seu portal sagrado e o agradeça por se revelar. Ainda em estado meditativo, sente-se calmamente e escreva em seu diário. Registre o que sentiu em relação a essa parte sagrada de sua feminilidade:

- Você quis acabar logo o exercício ou conseguiu fazê-lo calmamente?
- Qual era a aparência do útero — boa, saudável, homogênea, convidativa, fraca, seca, úmida?
- Ele estava espumando ou gotejando?
- Ele tinha um odor doce e natural de limpeza? Ou cheirava a peixe, levedo ou carne?
- Essa jornada no ventre sagrado fez você se sentir suja ou bela? Constrangida ou envergonhada? Sua atitude é positiva ou negativa em relação a olhar o interior do seu útero?

Durante esse exercício, ocorre uma grande cura nos planos sutis internos. Você pode ficar temerosa, chocada ou à vontade. Muitas emoções afloram e trazem muitas informações armazenadas sobre você. Deixe-as fluírem.

Não tenha medo, pois o Altíssimo está com você ao longo da cura do seu útero. À medida que se sintoniza com o espírito interno do ventre, inicie um diálogo em voz alta ou em silêncio. Ouça atentamente — por meio do espelho, seu útero está dizendo o que precisa para se curar.

Aventura com o Espelho em Meu Ventre

Relutei bastante para explorar o meu útero com o espelho e ficava enrolando com a desculpa de que estava muito ocupada com outras coisas. Por fim, criei coragem, então fui para o quarto, sentei-me calmamente e abri as pernas. Peguei o espelho e olhei a entrada do meu ventre.

"Já estive aqui antes", foi a primeira coisa que pensei, seguida de: Hhummm, isso parece estranho. Você precisa de um bom trato". Peguei um pouco de azeite de oliva e de óleo de lótus, e passei nele pensando: "Ah, Mãe Nut, tenho sido desleixada".

Quando abri os lábios, pensei: "Que bom, eles estão bem rosados. Vocês dois são belos, então, vou tentar ter belos pensamentos sobre o que estou vendo".

Enquanto fazia essa meditação profunda, surgiram diversos sentimentos, os partos dos bebês que saíram dali, a dor das menstruações, as infecções...

Você também verá diversas coisas físicas e espirituais em seu útero. O Exercício de Autorreflexão com Espelho será seu momento da verdade e de dizer:

> Eu amo você. Eu amo você incondicionalmente.
> Eu o amava até em minha ignorância.
> Eu o amava mesmo sem saber.
> Eu simplesmente amo você.

Mesmo que inicialmente não acredite nisso, envie esse amor ao seu útero. Lembre-se de que essas reflexões sobre o seu útero propiciadas pelo espelho também são um reflexo da sua vida.

Após essa parte da jornada no ventre sagrado, defume a área do útero cuidadosamente com fumaça de sálvia à antiga moda camítica, ficando em pé acima de um defumador de ferro, no qual estão queimando um pequeno bastão de carvão vegetal, folhas e ramos de sálvia. Ou unja a superfície externa do útero com óleo de lótus, enquanto afirma e ora pela cura dele. Tome cuidado para não passar óleo no sensível revestimento interno da vagina.

Faça esse ritual diariamente de três a sete dias ou até ficar completamente à vontade com seu útero e ele ter declarado as necessidades para o próprio bem-estar.

Eventualmente, quando você receber orientação interna, repita esse exercício para obter mais sabedoria do ventre e outras percepções.

O SISTEMA REPRODUTIVO FEMININO

Agora vamos explorar a fisiologia do útero para fazer um inventário sobre o seu estado. Ao examinar bem o que não está funcionando adequadamente, nós aprendemos mais sobre os próprios corpos e começamos a seguir pelo caminho do bem-estar preconizado pelas mulheres sábias.

Os Órgãos Reprodutivos

Os principais órgãos reprodutivos femininos são o útero, os ovários, as trompas de Falópio e a vagina.

O **útero** é um órgão oco e mediano com cerca de 7,6 centímetros de extensão, que fica bem no fundo da cavidade pélvica. Abriga o feto em desenvolvimento.

O **colo**, que é o gargalo do útero, se projeta na vagina. A vagina é um tubo com 10 centímetros de extensão que recebe o pênis e o esperma, e serve de canal para os bebês nascerem.

As **trompas de Falópio**, um par de estruturas de cerca de 10 cm de extensão cada, se juntam ao útero perto do topo. Suas extremidades ficam perto dos ovários.

Os **ovários** são duas glândulas em forma de amêndoa, que produzem óvulos e os hormônios femininos. Após ser expelido na cavidade pélvica, um óvulo passa por uma trompa de Falópio no útero. Se for fertilizado pelo esperma, o óvulo se implanta na parede do útero e a gestação começa.

Sinais Comuns de Desequilíbrios ou Doenças no Útero

Saúde Menstrual

Amenorreia. Tanto a amenorreia primária quanto a secundária (a ausência de períodos menstruais) têm diversas causas. A **ausência crônica de ovulação** se deve a anormalidades anatômicas, disfunção no hipotálamo ou na glândula pituitária, outras disfunções hormonais ou defeitos genéticos; exercício e estresse excessivo; menopausa prematura; e gravidez.

Dismenorreia (cólicas menstruais) muitas vezes se deve a contrações uterinas durante um ciclo ovulatório, endometriose (crescimento do tecido endometrial fora do útero) ou miomas, mas nem sempre a causa específica pode ser determinada.

Menorragia (duração ou volume excessivo de menstruação) geralmente dura de cinco a dez dias, causa dor e desconforto. Pode ser causada por miomas, endometriose ou disfunção hormonal. *Sintomas e sinais*: inchaço, ganho de peso, irritabilidade, dor de cabeça, depressões e edema.

Doenças Sexualmente Transmissíveis

Vaginite. Uma inflamação na vagina, geralmente causada por infecção bacteriana ou fungos. **Sintomas e sinais**: ardor ou coceira vaginal, ou corrimento branco ou amarelo com odor forte.

Vaginose bacteriana. É a proliferação excessiva de uma certa bactéria vaginal e também associada ao uso de alguns produtos para purificação genital. Pode levar a partos prematuros de bebês com peso abaixo do normal. A taxa de vaginose bacteriana é mais alta em mulheres afro-americanas.

Clamídia. Uma infecção bacteriana que ocorre basicamente no colo do útero em mulheres e na uretra em homens. Se o tratamento com antibiótico não for seguido, mulheres e homens podem ter infertilidade.

Herpes genital. Um vírus sexualmente transmissível que aparece na área genital. **Sintomas e sinais**: ardor, coceira e o aparecimento de bolhas dolorosas. Não há cura; portanto, o tratamento só alivia o desconforto e evita a infecção bacteriana.

Gonorreia. É uma das DSTs mais comuns e trata-se de uma infecção bacteriana que inflama as glândulas. Se não for tratada, pode causar doença pélvica inflamatória, infertilidade e gravidez ectópica. O tratamento inclui antibióticos, mas algumas cepas são resistentes ao tratamento.

Sífilis. Uma infecção bacteriana que começa como uma ferida indolor na área genital e se alastra rapidamente pelo corpo. Apresenta sintomas graves, incluindo febre, dor de cabeça e nos ossos, deterioração mental e até morte. É imprescindível ir a um médico para seguir um tratamento.

Distúrbios no Sistema Reprodutivo

Endometriose. O endométrio é composto de células que formam o revestimento do útero. Essas células podem se romper e crescer na cavidade uterina, implantando-se na pelve, ovários, apêndice, intestinos e/ou bexiga.

Sintomas e sinais: cólicas menstruais (com dor crônica), cicatrizações pélvicas e aderências no útero. É associada à infertilidade.

Miomas. Uma massa de células se divide rapidamente e invade o tecido circundante. Essas células roubam os nutrientes das células normais ao redor.

Sintomas e sinais: dor, cólica, sangramento ou corrimento incomuns, coágulos e cólicas menstruais fortes. Pode causar abortos espontâneos.

Prolapso uterino. Ocorre quando os músculos pélvicos enfraquecem e não conseguem manter o útero e outros órgãos pélvicos no lugar. Muitas vezes isso se deve ao cólon impactado ou a complicações no parto.

Sintomas e sinais: Enfraquecimento dos músculos vaginais e da bexiga, urinação frequente, dor abdominal e nas costas. Pode causar infertilidade, trompas bloqueadas e abortos espontâneos.

Saúde na Gravidez

Hipertensão associada à gravidez. Os sintomas incluem elevação repentina da pressão arterial, dores de cabeça, distúrbios visuais, inchaço e proteína na urina. Pode levar às mortes do feto e da gestante.

Aborto espontâneo. A mulher grávida dá à luz ou perde um feto antes da vigésima semana de gravidez. O aborto espontâneo pode ser causado por infecções, deficiência nutricional, anormalidades estruturais ou nos cromossomos, diabetes, uso de drogas, excesso de estresse e causas desconhecidas.

Nascimento prematuro. O bebê nasce prematuramente entre 20 e 37 semanas de gestação e, frequentemente, a causa é desconhecida. Fatores de risco incluem vaginose bacteriana não tratada, má nutrição e parto prematuro anterior.

Menopausa

A menopausa não é uma doença, pois faz parte dos processos naturais na vida de uma mulher. Nessa etapa, mudanças glandulares indicam o fim dos ciclos menstruais.

A partir daí a mulher tem o privilégio de manter seu "sangue sábio" e sua voz passa a ter mais peso na comunidade.

A menopausa é causada pela queda na produção dos hormônios sexuais femininos e, geralmente, ocorre entre os 42 e 52 anos de idade, mas seus sintomas podem começar a partir dos 35 anos de idade.

Sintomas e sinais: embora a menopausa seja uma etapa natural da vida, os indícios de sua chegada podem ser um processo fácil e suave, ou muito difícil. Mulheres que comem mal, não se exercitam o suficiente e têm um estilo de vida estressante podem ter alguns ou todos os seguintes sintomas: nervosismo, irritabilidade, depressão, excitabilidade excessiva, dores de cabeça, dores abdominais, ondas de calor na cabeça e no peito ("fogachos"), dor nas costas, cãibra nas pernas, suores noturnos e sangramentos nasais.

No entanto, é possível evitar ou curar esses sintomas desagradáveis comendo alimentos vivos e frutas frescas, tomando sucos de frutas e legumes e chás de ervas, mantendo o cólon limpo, fazendo exercícios e meditando diariamente — e, acima de tudo, curando ou finalizando todos os relacionamentos negativos em suas vidas.

PERFIL DO BEM-ESTAR VENTRAL

O seguinte Perfil do Bem-Estar Ventral foi dividido em seis categorias para que seja possível avaliar o estado do seu útero e para manter um registro acurado da sua saúde uterina ao longo do tempo. Após registrar os dados atuais, continue monitorando o bem-estar do seu útero por no mínimo seis ciclos (ou seja, seis meses).

Para ter uma visão clara sobre o estado de seus períodos menstruais atuais, você precisa considerar a intensidade do fluxo, se ela é leve ou pesada, com ou sem coágulos, com ou sem odor menstrual e a duração de sua menstruação, por exemplo, normal (1-3 dias), média (4-5 dias; pode indicar que o útero já está doente), crônica (6-10 dias).

Preencha as seguintes informações sobre seu ciclo menstrual independentemente de você ainda estar na fase reprodutiva ou na menopausa.
Data do primeiro ciclo menstrual _____
Número de dias do ciclo _____
Duração do fluxo menstrual (número de dias) _____

Orientações para avaliar o bem-estar ventral

Marque 0 a 3 para avaliar os itens em seu perfil do bem-estar ventral.
Marque 0 se isso nunca existiu ou deixou de existir.
Marque 1 se isso ocorre raramente.
Marque 2 se isso ocorre frequentemente.
Marque 3 se isso é um problema grave (como endometriose, câncer cervical etc.), ou se você teve um episódio traumático (como estupro, assédio na infância ou aborto).

	Data			
Registre a duração de cada ciclo	Ciclo 1	Ciclo 2	Ciclo 3	Ciclo 4
Categoria A – Saúde Menstrual				
1. Fluxo menstrual				
0=1 ou 2 dias				
1=2 ou 3 dias				
2=3 ou 4 dias				
3=5, 6 ou mais dias				
P=A partir da menopausa (coloque a data do último ciclo menstrual)				
2. Dores menstruais: cabeça/costas/pernas				
3. Cólicas menstruais				
4. Sangramento menstrual caudaloso e/ou coágulos				
5. Síndrome pré-menstrual/oscilações de humor: depressões, raiva, hostilidade				
SUBTOTAL				

Registre a duração de cada ciclo	Data			
	Ciclo 1	Ciclo 2	Ciclo 3	Ciclo 4
Categoria B — Saúde Vaginal				
6. Coceira ou ardor vaginal crônico				
7. Odor vaginal crônico				
8. Corrimento vaginal ou vaginite crônica				
9. Feridas vaginais				
10. Cistos vaginais diagnosticados				
11. Candidíase (vaginite crônica)				
SUBTOTAL				
Categoria C — Saúde Sexual				
12. Dor nas relações sexuais				
13. Incapacidade para ter orgasmo				
14. Frigidez (aversão à atividade sexual)				
15. Doenças sexualmente transmissíveis (sífilis, gonorreia, clamídia, herpes genital)				
16. Abuso sexual (estupro, assédio)				
17. Parceiros tóxicos				
SUBTOTAL				

Categoria D — Saúde na Gravidez. Marque três em cada ciclo se você já teve algum dos seguintes problemas de saúde reprodutiva, mesmo que já tenham sido superados. Ao obter a cura corporal, mental e espiritual, você pode diminuir sua pontuação.

17. Infertilidade				
18. Toxemia durante a gravidez				
19. Parto(s) difícil(eis)				
20. Aborto(s) espontâneo(s)				
21. Aborto(s)				
SUBTOTAL				
Categoria E — Menopausa				
22. Fogachos				
23. Secura vaginal				
24. Desequilíbrios hormonais diagnosticados				
25. Irritabilidade e mudanças de humor				

	Data			
Registre a duração de cada ciclo	Ciclo 1	Ciclo 2	Ciclo 3	Ciclo 4
26. Suores noturnos				
27. Dores de cabeça, dores nas costas				
SUBTOTAL				

Categoria F - Doenças Comuns

28. Doença inflamatória pélvica (PID)

29. Trompas de Falópio bloqueadas

30. Miomas/cistos diagnosticados clinicamente (indique o tamanho: toranja, laranja=3, limão=2, tamanho do alfinete=1)

31. Endometriose

33. Prolapso Genital (Prolapso do Ventre)

34. Câncer uterino

Interpretando sua pontuação

O ideal é ter uma pontuação baixa ao mensurar as condições tóxicas do útero, pois isso indica mais bem-estar ventral. O total geral dá um bom panorama do estado do seu útero e a ajuda a estabelecer um parâmetro enquanto progride até zerar sua pontuação.

- A pontuação 0 indica excelente bem-estar ventral. Mantenha seu maravilhoso trabalho de cura!

- A pontuação 1 para problemas basicamente na Categoria A indica bloqueio ocasional ou em vias de acabar. Para o máximo de rejuvenescimento, continue o regime de purificação do útero por um a quatro ciclos.

- A pontuação 2 para problemas basicamente nas categorias A e B indica bloqueio frequente. Para o máximo de rejuvenescimento, continue o regime de purificação do útero por quatro a seis ciclos.

- A pontuação 3 para problemas basicamente na Categoria C indica bloqueios constantes e/ou agudo. Não há soluções simples nem rápidas para os problemas na Categoria C.

Cura Profunda Requer Compromisso Profundo

Muitos estados da categoria C até a F indicam desafios de longo prazo para o bem-estar ventral. É preciso se comprometer seriamente e ter disciplina para recuperar ao máximo o bem-estar ventral. Além de mudar radicalmente seus hábitos alimentares e estilo de vida, é crucial recorrer à profissionais de saúde, como uma ginecologista, uma especialista em fertilidade ou uma psicoterapeuta. Entrar em um Círculo do Ventre Sagrado para ter apoio e um retorno sobre o seu desempenho também é altamente recomendado.

Para rejuvenescer seu útero para valer, você deve estar disposta a se empenhar constantemente. Antes de começar uma purificação de longo prazo, considere o seguinte:

- Deixe seu útero descansar durante o período de desintoxicação, para maximizar a cura; abstenha-se ou pelo menos limite as relações sexuais. Nessa fase, você e seu parceiro podem explorar alternativas para dar vazão ao desejo.
- Mulheres se preparando para engravidar devem batalhar para zerar sua pontuação em termos de problemas uterinos. Iniciar a gravidez com o útero saudável diminui a chance de haver crises durante a gestação e cria um ambiente mais equilibrado para a gestante e para o bebê.
- Monitore seu progresso de quatro a doze ciclos.
- Lembre-se de que o bem-estar ventral é um pré-requisito para os portais de iniciação.

Chega de Desequilíbrio! Curando os Ventres de Sua Família

Atingir e manter o bem-estar ventral faz parte de um processo que dura a vida inteira. Os resultados da purificação dependerão de sua disposição para adotar um estilo de vida natural e da capacidade do seu corpo para se livrar das toxinas que impedem o seu bem-estar.

Agora que você já completou seu perfil do bem-estar ventral e sabe sua pontuação, lembre-se de que isso é só o começo. É preciso considerar que se você carrega desconforto íntimo há anos (ou durante a vida inteira), não serão dois meses de tratamento que irão te curar. Tudo começa no útero de sua mãe e de todas as mães que a antecederam. Se começar a buscar histórias e coisas em comum entre sua mãe, sua avó, sua bisavó e sua tataravó, verá que o que aconteceu com o seu útero segue padrões semelhantes aos de suas antepassadas. Isso se deve tanto a pensamentos e atitudes entranhados quanto às comidas que elas lhe ensinaram a comer.

Essa corrente de mal-estar ventral só pode ser quebrada quando você perceber que é a única que pode mudar esse padrão de energia. Eu digo isso porque em toda família sempre há mulheres como você. Há sempre uma que se destaca e parece peculiar, pois faz as coisas de um modo meio diferente, se veste de outra maneira e usa cores inusitadas. E a família fica pensando: "por que você age assim?".

Nós somos a geração que deve resgatar esse conhecimento. Eu não pude perguntar à minha avó sobre sua sabedoria do ventre, pois quando iniciei a pesquisa para o livro ela já havia morrido. Então, contei à minha mãe que iria a Nova Orleans para conversar com minhas tias e suas amigas. Sobre minha declaração ela não soube informar se alguém de fato detinha o conhecimento que eu buscava: "Não sei bem quem possa lhe ajudar. Talvez a tia Sadie, que conhecia um pouco sobre ervas — e acho que havia a parteira".

Foi aí que percebi que nosso saber mais precioso está se extinguindo. Nossa geração deve resgatá-lo e transmiti-lo aos nossos filhos e filhas, a fim de que continue vivo em nossas famílias. Precisamos recuperar essa riqueza e jamais esquecer que temos o poder e a força para desenvolver a habilidade de cura. Quando foram trazidas para cá como escravas e seus sequestradores e donos menosprezavam suas necessidades de saúde, o que nossas antepassadas faziam? Elas rezavam, meditavam, se sintonizavam com suas vozes internas e colhiam raízes e ervas silvestres na natureza.

Sempre me lembro das mulheres sagradas idosas em cadeiras de balanço nas varandas que, enquanto se balançavam, alinhavam seus centros energéticos. Elas cantarolavam sintonizando-se com o que eram e ouvindo o que deviam fazer para curar seus filhos, marido, amiga ou uma vizinha.

Elas ficavam escutando até se conectarem com a Fonte, o Altíssimo, e ouvir o que precisavam saber: "Ah... é essa argila que preciso colocar na testa dessa pessoa; é esse matinho, folha ou flor que preciso achar". George Washington Carver falava com as plantas e elas ouviam. Nossas antepassadas captavam todas essas energias e vibrações para se curar e curar os outros. Isso faz parte do nosso rico legado.

Grande parte dessa tradição ainda perdura nas ilhas. Em geral, os ilhéus são mais sintonizados porque estão mais próximos dos modos da *Afraka*. Como sua cultura não foi tão desmantelada nem destruída quanto a nossa, eles mantêm um elo com a terra de origem.

Embora estejamos mais contaminados — pelos *fast-foods* e a vida acelerada — e tenhamos esquecido os matinhos e os modos naturais, os países pobres ou em desenvolvimento ainda mantêm essa conexão com o continente afrakano. Tenho recordações de crianças em fila esperando para receber chás e remédios de matinhos.

Não vi isso pessoalmente, mas meu DNA preserva todas essas recordações. Em consequência, criei meus filhos à moda de uma herborista urbana. Toda manhã vou acordá-los e digo: "Aqui estão sua bebida e suas ervas". À tarde, eu os examino e digo: "Ah, vejo que um de vocês está mal-humorado e precisa tomar um purgante".

Nosso poder reside em saber todas as coisas e como nos conectar com aquele lugar sagrado de empoderamento, a fim de nos curar e inspirar outras pessoas a virem aprender conosco a se curar.

As Estações e o Bem-Estar Ventral

A primeira regra para ser uma mulher sagrada realmente eficaz é conseguir se curar!

É por isso que começamos pelo perfil do bem-estar ventral, que a ajuda a traçar o mapa da sua evolução. Talvez valha a pena fazer cópias do perfil para usá-lo o ano inteiro. Ao longo das quatro estações do ano, você pode ressuscitar e curar qualquer coisa, porque cada estação é propícia a um certo tipo de trabalho de cura.

Por exemplo, quando chega a primavera, sentimos que é tempo de renovação. Como uma flor desabrochando, você se abre e deixa certas coisas para trás. Nos exercitamos, dançamos e cantamos mais porque essa é uma das melhores épocas para abrir o útero.

Então, quando chega o verão, caso esteja realmente saudável nem irá se incomodar com o calor. O calor energiza e você realmente fica plena. No verão, seu trabalho de cura pode levá-la para um nível mais alto e os raios do sol podem curá-la. O sol purga, purifica e recarrega o corpo e o espírito.

No outono, o seu templo corporal revitalizado entrará em um estado de repouso. Todas as atividades que você terminou no verão irão se curvar ao friozinho do outono. Você ficará mais motivada para meditar sobre o bem que fez para si mesma.

E quando chega o inverno, é mais provável que os seus conhecimentos se aprofundem e que sua quietude se amplie. Com menos vontade de sair, você escreverá suas visões, sonhos e pensamentos no Diário do Ventre Sagrado. Aproveite bem esse tempo mais introspectivo porque, quando a primavera voltar, você estará firme e pronta para atingir níveis cada vez mais altos de bem-estar ventral.

Revendo Seus Ciclos

Reveja o Ciclo 1 em seu perfil do bem-estar ventral. Tome nota da duração do seu fluxo menstrual, porque ele pode ter encurtado metade de um dia ou mais de um ciclo para outro e é preciso saber o que está acontecendo. A mudança inicial talvez não seja grande — o fluxo diminuiu em um dia, metade de um dia ou até um quarto de dia. Ou se era de oito dias, o ciclo pode passar a durar quatro dias. Embora essas reduções geralmente não aconteçam em pouco tempo, não se esqueça de que o compromisso de se curar torna todas as coisas possíveis e que leva um tempo para curar o útero.

Tome nota do estado atual do seu útero na tabela e também anote o que está sentindo em relação a quaisquer questões relevantes na primeira parte das perguntas no Diário do Ventre Sagrado.

Por exemplo, se houver corrimento vaginal todos os dias, ele é crônico. Se o corrimento ocorrer duas ou três vezes por semana, ele não é tão crônico. Se ele ocorrer uma vez por semana, sua pontuação é mais baixa. Repetindo mais uma vez, a meta durante cada ciclo é chegar a zero, o que significa que o útero está íntegro. Quanto mais baixa a pontuação, mais saudável está o útero. Embora inicialmente seus números sejam mais altos, um novo ciclo começa a cada 25 a 28 dias (embora a duração usual do seu ciclo possa variar até 31 dias). À medida que você passa a aplicar as técnicas do livro *Heal Thyself*, suas pontuações serão cada vez mais baixas.

Perguntas e Respostas sobre o Perfil do Bem-Estar Ventral

Parei de menstruar. Como registro isso?

Tome nota disso e do ano da ocorrência. Eu já vi algumas mulheres que se encontravam na menopausa voltarem a menstruar. Então, a data é importante. Há quanto tempo você está na menopausa indica se será possível revertê-la. Certas mulheres querem reverter a menopausa, porque a mudança hormonal pode causar problemas graves de saúde.

Quando você diz para registrar nossas menstruações, devemos anotar as datas entre elas ou do começo ao fim?

Eu me refiro ao ciclo do começo ao fim. Você pode destacar dois dias, mas é preciso registrar toda a duração. É possível que você tenha um fluxo pesado por dois dias, por isso prestar atenção em apenas três dias. Inclua tudo e tome nota da caudalosidade ou leveza do fluxo.

Digamos que você costumava ter dor nos rins ou nas costas, inchaço, sua pele descamava ou havia oscilações de humor, e sua dieta alimentava sua toxicidade. Mas quando mudou a dieta e começou a desintoxicar o organismo, saiu desse círculo vicioso. O perfil do bem-estar ventral irá lhe mostrar seu progresso. É por isso que precisamos manter um registro dos nossos ciclos anteriores.

Como tenho um histórico de asma, por exemplo, se eu comer certas coisas, ela pode voltar. Se você retomar o estilo de vida nocivo, os velhos problemas de saúde ressurgirão. Se tinha um tumor que foi removido, é provável que volte a crescer em um ou dois anos se continuar consumindo produtos lácteos ou estiver constantemente estressada.

É preciso responder novamente a todas as perguntas no "Ciclo 2" após monitorar o útero por um mês?

Em cada ciclo você deve responder a todas as perguntas pertinentes para ter um registro pessoal do histórico do seu útero. Os fatos importantes em seu perfil do bem-estar ventral também podem ser anotados no diário do vente sagrado. Se alguma das perguntas não puder ser respondida categoricamente, será preciso obter informações mais detalhadas acerca do estado do seu ventre. A manutenção de um diário permite que elas sejam encontradas lá.

Você pode escrever, por exemplo: "Eu menstruei por dez dias e aí saiu um coágulo, então voltei à médica". Ou: "Por três ou quatro meses minha menstruação diminuiu para quatro dias, não tinha coágulos e não tive mais a síndrome pré-menstrual. Lembro-me que estava tomando o *Womb Works Tea* e aplicando compressas de argila e de óleo de mamona, sem contar as outras mudanças feitas por mim, as quais me permitiram um melhor entendimento sobre tudo". Esse é o tipo de informação que deve ser registrado no diário. Isso mostra que você está começando a assumir mais responsabilidade pelo bem-estar do seu útero, e que sua cura está começando.

DIETA PARA O BEM-ESTAR VENTRAL DA MULHER SAGRADA

Quanto mais você purifica o corpo, fica mais fácil fazer mudanças saudáveis. Ao analisar a dieta para o bem-estar ventral da

Mulher Sagrada, você verá que ela é basicamente vegetariana. Embora não tenha de ser vegetariana para cuidar do bem-estar do seu útero, você realmente precisa começar a evitar comidas à base de carne.

Tornando-se vegetariana

Início: Se você comia carne de todos os tipos e agora quer mudar, limite-se aos peixes mais frescos possíveis (exceto marisco) nos próximos 21 dias, pois eles são menos tóxicos do que carne vermelha. Basta pensar na quantidade de antibióticos, esteroides e outros hormônios a que o gado bovino é submetido. Tais produtos químicos acabam com o equilíbrio hormonal dos humanos. Não se esqueça de que quanto mais você ingere algo que sangra mais você irá sangrar. Portanto, abra mão de carne bovina e de frango. Se adora o sabor delas, apele para as carnes feitas com proteínas de soja — há galinha, peru e até bacon de soja. Como a ideia é que esse primeiro estágio de desintoxicação seja um processo indolor, suas fontes de proteína serão peixe ou soja.

Fase avançada: Se você estiver preparada para mergulhar em uma purificação profunda e se tornar vegetariana, as fontes de proteína em sua dieta serão feijões, ervilhas, lentilhas e quantidades restritas de nozes e sementes. Limite o consumo de nozes e sementes, porque elas causam um sangramento tão forte quanto comidas à base de carne. Não se esqueça de que o consumo exagerado de quaisquer proteínas pode alimentar tumores.

A dieta do bem-estar ventral requer proteínas vegetarianas. Então, você pode comer peixe na segunda-feira, feijão-preto com arroz integral ou painço e legumes na terça-feira, peixe com legumes na quarta-feira, feijão na quinta-feira e assim por diante.

Certos alimentos são nossos inimigos, pois atacam o útero e alimentam tumores, a exemplo de tudo que é à base de carne, de leite (queijo, sorvete), de farinha branca e ovos. Tumores não surgem por acaso. Quando junta suas emoções intensas — raiva, sofrimento e frustração — com carne vermelha, produtos lácteos e comidas que levam farinha branca, você dá um banquete para o tumor.

Toda vez que ingere comidas pesadas, você passa mensagens negativas ao seu corpo. Você está dizendo: "Estou com raiva", porque comer carne é uma expressão de raiva ou fúria. Quando come comidas pesadas, você fica cansada e amortecida, e seu corpo não consegue ajudá-la.

Mas quando você se desintoxica, seu corpo reage se algo estranho se infiltra, e automaticamente começa a expelir comidas tóxicas, assim como pensamentos ou atitudes desta mesma natureza. É para isso que estamos batalhando. Portanto, siga esses princípios em sua dieta com o maior rigor possível.

Ervas Naturais

Comece a utilizar ervas, algo abundante na natureza. Todas as ervas que menciono estão à venda em lojas de produtos naturais. Um tônico notável para o útero é o chá de framboesa. Ou se você tiver sangramento forte, tome chá de dente-de-leão para repor o ferro. Se você tiver tumores ou cistos, tome chá de vara-de-ouro.

Na página 115 sugiro chás específicos para o tratamento de vários males. Mas, por ora, utilize o tônico *Womb Works Tea* disponível no *Heal Thyself* (ver a lista de produtos no site www.queenafua.com).

Chá para o Ventre

Ferva quatro ou cinco xícaras de água em um caneco de aço inoxidável, vidro ou cerâmica (nunca de alumínio) à noite, antes de dormir.

Apague o fogo e acrescente duas a três colheres de chá de framboesa, dente-de-leão e vara-de-ouro desidratados. Cubra e deixe até o dia seguinte. De manhã, entre 4h e 6h, quando você se levantar, coe o chá.

Durante o processo de renovação, tome o *Womb Works Tea* antes ou depois da prece, durante o seu jejum e na meditação. Essas ervas se incorporarão em seu útero e começarão a expelir as toxinas.

Os Benefícios do Resguardo Sexual Durante o Trabalho de Renovação do Ventre

Nesta fase é preferível a solitude, pois você estará abrindo caminho para a restauração do útero. O resguardo sexual é importante para que possa receber a sabedoria espiritual que penetrará em sua alma e a desintoxicará. Quando seu parceiro quiser uma relação sexual, ofereça beijos e abraços carinhosos e reconfortantes. Também lhe ofereça chá de ervas e prepare um banho com sais de Epsom ou com sal do mar morto, algumas ervas e pétalas de rosa (não use sais se vocês tiverem pressão arterial alta ou edema). É assim que você faz amor com seu parceiro quando está de resguardo, pois há diversas maneiras de amar alguém.

Em nosso trabalho de renovação o Altíssimo começa a se conectar e a falar conosco. É por isso que muitas vezes temos a sensação de que estamos ouvindo uma voz. Não se assuste ao se questionar o que está acontecendo. Se relatar a situação às suas amigas íntimas, descobrirá que todas ouvem as mesmas mensagens porque estão tendo ciclos iguais. Todas nós passamos pelas mesmas coisas, então, não é preciso se envergonhar de nada, independentemente de falarmos ou não sobre isso.

Lembre-se sempre de que é na liberação que a cura acontece. Mesmo que ache que está sem forças, vá ao banheiro e acenda uma vela. Coloque algumas flores frescas e monte um altar divino no banheiro, porque é nele que você vai fazer a sua purificação. Faça do banheiro seu santuário. É nele que você pode apagar as luzes e dizer para si mesma: "aqui estamos somente eu, o Altíssimo e todas as suas forças angélicas — o Princípio Materno, Ast, Nebt-Het e minha tia. Somos eu e meu Eu Divino".

O(a) Criador(a) é uma expressão de feminilidade e de masculinidade, e temos todo o direito de ungir nosso espaço feminino sagrado. Ele só poderia ser sagrado, pois nós, mulheres, criamos todas as vidas e o mundo todo tem origem em nossos ventres. À medida que criamos pensamentos e ideias melhores, mais criatividade fluirá em nossos ventres e no mundo.

Não posso ter mais filhos, mas a *Mulher Sagrada* certamente é cria minha, pois tive muito trabalho para pari-la. Para mim, parir uma criança, um livro ou uma dança é parte do mesmo ciclo de criatividade. Os "nascimentos" são o auge de um período de crescimento e a expressão da força vital.

Eu me lembro de minha mãe dizendo: "Aonde você vai agora?".

Eu dizia: "Para a aula de dança! Preciso dançar para salvar o meu ventre". Quando danço, me conecto com o espírito e sinto meu ventre se soltar e se restaurar, e meu coração se livrar desses relacionamentos negativos, para que eu possa reivindicar um novo corpo, uma nova mente e um novo coração.

A questão não é termos de fazer ou mudar tanto, mas o fato é que não toleramos mais que nossos ventres atuem contra nós. Não queremos mais que ele nos machuque. Não queremos sentir raiva por usá-lo para atacar outra irmã ou manipular um amante por conta da síndrome pré-menstrual. Aliás, não precisamos ter síndrome pré-menstrual e nem deixar que a menstruação seja uma experiência dolorosa. Uma das minhas alegrias é ouvir mulheres que estão em tratamento dizerem: "Desta vez minha menstruação desceu discretamente e sem que eu me irritasse.. Não fiquei tensa dois ou três dias antes". A dor, a tensão e o medo não são parte do seu verdadeiro eu. O trabalho pelo bem-estar ventral é uma experiência voltada ao amor-próprio. E esse vai ser o melhor relacionamento amoroso que você já teve na vida.

O PLANO ALIMENTAR DE PURIFICAÇÃO PARA O BEM-ESTAR VENTRAL

Alimentos vegetais ajudam a se conectar com sua essência espiritual. Quanto mais plantas você ingerir, mais sentirá a recuperação de seu corpo. O verde é importante porque representa o portal para a vida espiritual e auxilia na comunicação em um plano espiritual elevado (você também pode infundir a cor verde em si mesma ao visualizá-la preenchendo sua intimidade enquanto medita ou toma banho com sais).

Comidas à base de carne e aquelas que formam muco permitem que as doenças se instalem e destroem a vitalidade do útero. Evite comidas que formam muco, como tudo que leva farinha branca, massas, pão branco, arroz branco, batatas e produtos lácteos. Coma grãos com moderação, inclusive os integrais, e só quando o sol estiver em seu ponto mais alto no céu (meio-dia).

As seguintes recomendações alimentares ajudam a eliminar a congestão, o muco, tumores, miomas e cistos, sobretudo no útero e nos seios.

Nota: No início desse regime de desintoxicação, descarte os amidos, pois eles congestionam o corpo inteiro e causam constipação e estagnação. Abstenha-se também de proteínas por pelo menos sete dias, para dar um descanso merecido ao seu corpo.

Antes do Desjejum Matinal: Limpeza dos Rins e do Fígado

A limpeza dos rins e do fígado dura entre sete e vinte e um dias. A fórmula para limpar o cólon e o extrato de alho líquido estão à venda em lojas de produtos naturais. Misture no liquidificador:

- 2 colheres de sopa da fórmula para limpar o cólon ou azeite de oliva extravirgem prensado a frio com partes iguais de óleo de mamona;
- 12 gotas de extrato de alho líquido ou 2 dentes de alho fresco esmagados;
- Suco de 1 limão ou limão-doce, ou uma a duas colheres de sopa de vinagre de maçã orgânico;
- Uma pitada de pimenta-caiena (não use se você tiver pressão arterial alta);
- Água quente fervida ou filtrada (236 ml);
- Misture bem e tome.

O Desjejum Matinal Recomendado

Aquele desjejum matinal com cereais ficou para trás — e agora as frutas devem prevalecer. Dependendo do seu apetite, coma um a três pedaços de fruta, como maçã ou pera, misturados com ½ a uma xícara de morangos. Ou coma ½ xícara de vacínios e framboesas. Todas as frutas silvestres, incluindo oxicocos, são excelentes para a purificação do útero e a circulação sanguínea. Sua energia vermelha vital desintoxica e purifica, o que contribui para a menstruação saudável.

Não coma bananas durante o primeiro mês de purificação, pois elas podem causar constipação, gases e inchaço, sobretudo se não estiverem bem maduras.

Sucos feitos na hora sem açúcar nem adoçante, como os de toranja, abacaxi, laranja, maçã ou *cranberry*, também são excelentes para o desjejum matinal. Misture 118 ml de suco com 118 ml de água fervida ou filtrada.

Caso esteja meio indisposta e precisando de sabores mais doces, adicione uma pitada de canela ou noz-moscada aos sucos e purês de frutas. Canela também cai bem se você estiver sentindo privação, não conseguir ouvir sua voz interna e estiver pensando: "Esse regime é insuportável, eu quero comer o que eu quiser e na hora que eu quiser". Com a canela seu organismo vai sentir um certo alívio e se acalmar. Lembre-se, quanto melhor você seguir a dieta, mais energia terá!

Diariamente, dê um passo a mais do que acha possível. O ideal seria preparar tudo na hora. Mesmo que inicialmente isso não seja possível, pelo menos tente se ater aos sucos frescos e frutas frescas. Não deixe seu "eu" desvitalizado desviá-la do bem-estar e faça o que for possível. Faça um purê de maçã ou pera de sobremesa à noite.

Tente comer apenas produtos de alta qualidade e, quando possível, compre frutas e legumes orgânicos. Ou então deixe os produtos de molho por alguns minutos em uma tigela com água filtrada e ½ xícara de vinagre de maçã orgânico. Lave-os com água do filtro ou outra água limpa.

O Que Comer no Almoço e no Jantar

O almoço consistirá em uma salada crua farta e deliciosa.

Para o jantar, você fará outra salada grande, na qual pode acrescentar tabule, cuscuz marroquino ou triguilho (a menos que você seja alérgica). Esses ingredientes são maravilhosos porque não precisam ser cozidos, de modo que você ingere trigo vivo.

Como preparar os grãos de trigo: Primeiro, ponha duas xícaras dos grãos em uma tigela grande — a porção vai render por alguns dias. A seguir, despeje duas xícaras de água sobre os grãos, cubra a tigela e deixe de molho por sete minutos ou, no caso de grãos mais duros, por até quinze minutos. Então, experimente e se eles ainda estiverem duros, coloque mais água. Em três ou quatro minutos os grãos vivos devem estar prontos. Guarde as sobras na geladeira.

Enquanto os grãos estão inchando, corte todos os legumes que entrarão na receita. Depois, afofe os grãos com um garfo, adicione os legumes e deixe os ingredientes marinando por mais dez minutos.

Uma erva curativa muito especial para adicionar aos pratos com grãos é a sálvia (*Salvia officinalis*), aquela usada por sua avó no peru no Dia de Ação de Graças, não a sálvia do deserto usada para defumação sagrada — embora ambos os tipos de sálvia sejam poderosos para as mulheres. A *Salvia officinalis* propicia uma purificação maravilhosa para o útero (a menos que você esteja amamentando, porque ela interrompe o fluxo do leite).

Base da salada. Evite verduras hidropônicas, pois elas não têm nutrientes. Rale repolho verde ou roxo, ou ambos. Experimente também adicionar legumes frescos, como pimentões vermelhos e verdes, aipo, e/ou cenouras raladas e grãos.

Quiabo. É outro legume essencial para manter o bem-estar ventral e deve ser comido diariamente como um purgativo. Quero dizer a quem detesta quiabo cozido que o quiabo fresco cru nunca é viscoso. Corte-o em pedacinhos e adicione ao triguilho ou outro grão que você esteja preparando. É uma delícia!

No entanto, se você realmente não suporta quiabo, use linhaça. Antes de dormir, coloque duas colheres de sopa de linhaça de molho em água filtrada até o dia seguinte. Então, misture a linhaça no purê ou suco de frutas para limpar seu organismo.

Fontes de proteína. Durante a dieta de purificação, use brotos de alfafa, de feijão etc (ver "Coma" na página 100). Reluto em sugerir nozes porque as pessoas acham que elas substituem tudo de que estamos abrindo mão, enquanto estamos começando a desenvolver hábitos alimentares conscientes. Em vez de nozes, experimente sementes, mas tampouco as superestime. Quando a salada estiver pronta, polvilhe-a com um pouco de sementes de girassol cruas e sem sal, que devem ficar meia hora de molho em água pura.

Tofu. Também limite seu consumo de tofu, que é feito com grãos de soja, mas pode deixá-lo constipado como se tivesse comido queijo. Então, se quiser usar tofu, pegue um quarto de um bloco grande, corte-o em cubinhos e deixe marinando com o triguilho ou legumes. Você também pode temperá-lo com pimenta-caiena, alho ou algas marinhas. Outra boa opção de tempero é um pouco de azeite de oliva extravirgem prensado a frio, porque contém clorofila.

Você pode usar de 2-3 colheres de sopa de *homus* enquanto faz a transição para alimentos vivos, mas à medida que progride, lembre-se do objetivo de parar de depender de comida cozida.

Os cardápios de almoço e jantar são iguais, mas com variações que você começará a apreciar cada vez mais. Ao longo do tempo, suas papilas gustativas se tornam extremamente sensíveis, e você começará a distinguir as diferenças sutis de paladar em cada ingrediente de suas saladas vivas.

Um processador de alimentos facilita muito, pois você pode colocar brócolis, nabo, repolho e quaisquer verduras, e ralar tudo ao mesmo tempo. Depois espalhe esse rico molho vivo sobre a salada.

Ervas. Seja criativa e pense em todas as ervas frescas disponíveis nos mercados e quitandas ou que você pode plantar em um vaso ou caixote em casa. Certifique-se sobre a boa procedência das ervas. Se quiser deixar um prato mais saboroso, coloque as ervas e os legumes no processador de alimentos. Você também pode usar o liquidificador mas, neste caso, é preciso adicionar água à mistura.

Os legumes ralados servidos sobre os grãos dão uma sensação de saciedade igual à proporcionada por amidos. Brócolis, aipo, repolho roxo e/ou verde, cebolinha-verde ou alguns pimentões vermelhos também saciam bem o apetite.

Alga marinha. Plantas marinhas são outra opção excelente para as saladas. A alga marinha é rica em ferro e minerais, os quais fazem bem para a tireoide e o sistema imunológico. Ela também é disponível em um saleiro prático para ficar na mesa de jantar. Se você sente falta de comer peixe, tente usar alga marinha nos legumes, pois isso a ajudará a se sentir satisfeita.

Nutrientes adicionais. Para aumentar o valor nutricional de suas saladas, adicione ingredientes como spirulina[28], clorofila e vitamina C. A lecitina ajuda a desobstruir as artérias, para que o sangue e o oxigênio fluam nelas livremente. Rotineiramente, adicione 1 colher de sopa de lecitina a 236 ml de sucos vivos pelo menos duas vezes por dia para fortalecer seu sistema imunológico.

Sucos Revigorantes

Tome sucos de legumes para rejuvenescer e se fortalecer. Tome suco de ameixa para se desintoxicar. Caso dobre a quantidade do suco de ameixa, você ficará mais emotiva e sensível e pode começar a desabar, o que indica que a desintoxicação está em curso.

Não tenha preguiça de fazer os sucos e não reclame do gosto deles. Nós estamos tentando ir além do gosto para privilegiar a cura. No decorrer do tempo, você gostará tanto dos efeitos que vai parar de implicar com o sabor. Além disso, quanto mais limpo estiver seu templo corporal, o gosto de tudo ficará melhor. Sucos de legumes fortalecem, rejuvenescem e acalmam, e você se sente acima de tudo. À medida que você se abre, mais prosperidade e riquezas corporais, mentais e espirituais entrarão em sua vida. Aliás, essas são as verdadeiras riquezas que o ser humano deve almejar.

Adicionar spirulina ou clorofila aos sucos vivos ajuda a controlar o desejo de comer demais porque elas já suprem a maioria das vitaminas necessárias para o corpo. A spirulina tem proteína vegetariana, cálcio para os ossos e os nervos, e vitaminas B. Se você nunca usou spirulina ou clorofila, comece colocando 1 colher de sopa no suco. Se você já estiver se purificando há algum tempo, adicione 2 colheres de sopa.

Caso tenha dificuldade para tomar muitos sucos de legumes, tome chá de dente-de-leão ou de alfafa. Deixe-o em infusão por duas horas e você terá uma experiência maravilhosa de cura.

Coma

Lentilhas, brotos, grãos de soja, tofu, ervilhas, nozes, carnes à base de soja e PVT (proteína vegetal texturizada), mas leia os rótulos. Muitas carnes à base de soja contêm clara de ovo e glutamato monossódico.

Deixe todos os feijões, sementes e nozes de molho na água até o dia seguinte, para facilitar a digestão. No entanto, se você quiser um lanche mais rápido, deixe as nozes e sementes de molho por pelo menos 10 minutos, mas isso não deve se tornar um hábito.

Não Coma

Moluscos, ostras, lagosta e camarão são "vassouras" que limpam os oceanos — juntando as toxinas que você come posteriormente!

Evite carne de porco, cordeiro, boi e galinha, e glutamato monossódico.

Se estiver em um período de transição para parar de consumir carne, coma apenas peixe assado ou cozido no vapor no máximo duas ou três vezes por semana.

Coma amidos (carboidratos) no máximo três ou quatro vezes por semana — quanto menos, melhor. Os carboidratos complexos mais fáceis de digerir são painço, cuscuz marroquino, tabule, trigo, triguilho e pão de levedura natural tostado.

Abstenha-se de amidos mais pesados, como batatas-doces assadas, cenouras cruas ou cozidas, espigas de milho cruas ou cozidas e pão integral (tostado no forno), ou coma-os com moderação.

Faça pão substituindo a farinha de trigo integral por sementes de girassol e abóbora ou amêndoas e outras nozes moídas. A textura será mais densa do que a dos pães de farinha de trigo branca, mas o pão será mais saboroso. Consulte um bom livro de culinária vegetariana para achar receitas interessantes.

Opções de Suplementos Alimentares

Da mesma forma que você come frutas e legumes, incorpore essas fórmulas em sua alimentação duas ou três vezes por dia:

- Formula I: 1-2 colheres de sopa de *Heal Thyself Super Nutritional Formula*; normalmente 1 colher de sopa, mas se estiver estressada, tome duas. Essa fórmula contém todas as vitaminas e minerais necessários para o templo corporal se nutrir e rejuvenescer. (Ver a lista de produtos no site www.queenafua.com); Ou...
- Spirulina em pó, 1-2 colheres de sopa; Ou...
- Clorofila líquida ou em pó, 1-2 colheres de chá; Ou...
- Alga azul-esverdeada, spirulina ou clorela, quatro a seis comprimidos.

Tome os seguintes nutrientes uma ou duas vezes por dia.

- Vitaminas do complexo B (comprimidos de 25-50 mg). Essas vitaminas são poderosas contra o estresse;
- Vitamina C com bioflavonoides (500-1.000 mg). Ajuda a estancar sangramentos e infecções, fortalece o sistema imunológico e acalma rompantes emocionais e altercações;
- Vitamina E (400 mg). Aumenta o fluxo de oxigênio no sangue e estimula a circulação;
- Lecitina (1-2 colheres de sopa). É um alimento para o cérebro e também leva oxigênio para as células do corpo inteiro desobstruindo as artérias entupidas. Use lecitina para limpar e reanimar as trompas bloqueadas no útero;
- Óleo de linhaça (1-2 colheres de chá desse óleo não refinado ou então prensado a frio). A linhaça é excepcionalmente rica em ácido alfa linoleico e previne deficiências de ácidos graxos essenciais. É útil no tratamento de doenças degenerativas crônicas.

Purificação Interna

Invista no bem-estar do cólon para seu útero ficar mais leve. Nossas antepassadas achavam que purificar o cólon resolvia todos os problemas e nós devemos fazer o mesmo para promover o bem-estar ventral.

Caso tenha um problema crônico, faça um enema (clister), uma a três vezes por semana por até vinte e um dias ou doze semanas (ver orientações na página 117). Empenhe-se em manter uma vida natural e invista no bem-estar do cólon.

Para o Rejuvenescimento Intensivo do Útero

Para qualquer problema uterino, tome ½ litro de suco verde fresco diariamente. Ele consiste em uma mistura de verduras extraída no espremedor de suco. Tome também clorofila, seja em forma de comprimidos de alfafa, 1-59 ml de clorofila, spirulina ou alga azul-esverdeada diluída em um suco de legume ou água. Esses sucos verdes ajudam a fortalecer e rejuvenescer o útero.

Suco da Rainha Guerreira

Útil para mulheres que têm menstruação caudalosa e/ou anemia. Extraia no espremedor de suco:

¼ – ½ xícara de couve
½ xícara de brócolis
2 talos de aipo (não use se tiver edema ou pressão arterial alta)
¼ de xícara de folhas de mostarda

RECEITAS DO LABORATÓRIO CULINÁRIO DE CURA

1-2 dentes de alho

Suco Rápido

Recomendado para aliviar os "fogachos" na menopausa. Extraia no espremedor de suco:

¼ de xícara de salsa ou agrião orgânico
½ xícara de brotos de couve-de-bruxelas
½ pepino (tire a casca se não for orgânico)

Suco Verde da Horta

Extraia no espremedor de suco:

½ xícara de feijão verde
¼ de xícara de espinafre
½ – 1 xícara de brotos de feijão ou alfafa
½ xícara de repolho verde ou roxo

Julep de Frutas

Para rejuvenescer e purificar o útero.

¼ de xícara de cranberry crus
½ xícara de morangos sem o cabo
¼ de xícara de vacínios
¼ de xícara de framboesas
2 xícaras de suco de maçã orgânico
Misture todos os ingredientes no liquidificador.

Salada Verde da Horta

½ xícara de brotos de feijão ou alfafa
1 xícara de quiabo cru cortado
½ xícara de pimentão vermelho cortado
3 xícaras de verduras variadas
¼ de xícara de sementes de girassol que ficaram de molho (opcional)
Misture todos os ingredientes e tempere com sálvia, alga marinha, sal com ervas ou shoyu.

Molho para Salada

½ xícara de azeite de oliva extravirgem prensado a frio (mantenha na geladeira)
2-3 colheres de sopa vinagre de sidra orgânico
Misture tudo e verta sobre as verduras.

Batida de Frutas

"Quanto mais escura a fruta silvestre, mais doce é o suco", diz a sabedoria antiga. Essa batida deliciosa adoça o útero e a disposição — seu parceiro irá gostar muito.

½ xícara de vacínios
½ xícara de framboesas
1 xícara de morangos
½ xícara de cranberry após ficarem de molho em ¼ de xícara de tâmaras cobertas de água filtrada
½ xícara de suco de maçã orgânico
Misture todos os ingredientes no liquidificador.

Salada de Plantas Marinhas e Quiabo

Inclua plantas marinhas — como alga marinha, dulse, nori, arame, kombu, hijiki ou wakame — para enriquecer sua dieta com vitaminas e minerais. A alga marinha é especialmente recomendada para mulheres que estão tentando engravidar ou já estão grávidas. Após progredir para uma dieta só com alimentos vivos, algas matinhas são os únicos alimentos marinhos que você pode comer. Você pode fatiar, cortar em cubinhos ou ralar as plantas marinhas, usá-las para fazer uma salada ou adicioná-las a sopas, saladas e verduras cozidas no vapor. (Algumas são vendidas desidratadas e é preciso colocá-las de molho antes de usar.)

Quiabo cru cortado
Alga marinha após ficar de molho
Molho para salada (ver receita acima)

Sopa para o Bem-Estar Ventral

Especialmente recomendada para mulheres com prolapso uterino devido ao cólon impactado ou após o parto.

2 xícaras de quiabo cru fatiado
¼ de xícara de cebolinha verde fatiada
1 pitada de sálvia, de alga marinha e de folha de framboesa desidratada

Ponha o quiabo e a cebolinha verde em 3 xícaras de água pura para ferver por 5 minutos, então apague o fogo. Adicione os ingredientes restantes. Cubra e deixe em infusão por 20 minutos. Então verta em sua tigela de sopa favorita e desfrute.

Pipoca de Quiabo

2 xícaras de quiabo cru cortado em pedacinhos
Tempere com um pouco de molho tamari e azeite de oliva. Coloque em sacos plásticos e coma como lanche.

MUCO, UM INIMIGO PERIGOSO

Conforme já mencionei, comidas que formam muco incluem produtos desvitalizados com farinha branca como pão branco, *muffins*, *bagels* e massas, assim como arroz branco, batatas inglesas e derivados de leite (como queijo, leite, sorvete etc.). No entanto, carnes de origem animal são a principal causa do acúmulo de muco. O consumo diário de comidas que formam muco é debilitante e pode amortecê-la em termos psicológicos, físicos e espirituais. Tumores e cistos basicamente também são uma massa de muco aglutinado.

- Muco acumulado no cérebro pode causar dores de cabeça, falhas de memória e até tumores cerebrais.
- Muco nos olhos causa catarata, visão ruim e olhos vermelhos.
- Muco nos ouvidos causa perda de audição e forma cera nos ouvidos.
- Muco no nariz causa congestão nasal, resfriados e rinite alérgica.
- Muco na garganta causa problemas na tireoide, resfriados e afonia.
- Muco nos pulmões causa asma, influenza, bronquite e baixa resistência.
- Muco no cólon causa constipação.
- Muco nos seios causa tumores ou cistos.
- Muco no útero causa miomas, cistos na vagina, corrimentos vaginais, sangramento forte e coágulos. Quanto mais você comer alimentos que criam muco, maior será a duração da menstruarão (cinco a oito dias). A duração e caudalosidade do seu fluxo menstrual indicam o nível de muco alojado no útero.
- Em geral, o muco causa inchaço no pescoço, mãos, joelhos e tornozelos.
- Nos homens, o muco na próstata causa tumores, cistos e impotência.

Como Dissolver o Muco no Organismo

O Plano Alimentar de Purificação para o bem-estar ventral e purificação interna pode eliminar todos os sintomas do muco.

Siga as técnicas de regeneração do útero:
1. Limpeza dos rins e do fígado (ver página 98).
2. Kit para o bem-estar do cólon.
3. Purifique o corpo com sucos de limões, limões-doces, laranjas, toranjas, abacaxis e melancia. Mantenha seu equilíbrio com uma dieta rica em verduras cruas (em forma de saladas e sucos verdes frescos).

Bebida para Expelir o Muco

Esprema 2 toranjas ou 3 laranjas. Toranjas expelem o muco e esse suco fresco ajuda a limpar o útero. Você também pode misturar os sucos de 1 toranja e 2 laranjas.

Se sua pele for excessivamente frágil, isso significa que seu sangue está impuro, e seu cólon, impactado. Caso queira mudar um pouco seu regime de purificação, passe um dia à base de toranjas e laranjas, e no dia seguinte tome suco de maçã e suco de pera puros frescos, pois eles são alcalinos e purificam o sangue. Quando alternados com sucos mais fortes, como os de laranja ou toranja, diminuem a intoxicação expelida pela pele.

No entanto, se sua pele estiver descamando, tome de manhã uma mistura de suco de limão, azeite de oliva extravirgem prensado a frio e gengibre ralado fresco (ver "Bebida Matinal do Elemento Fogo", página 106).

Outra alternativa maravilhosa para os sucos de frutas cítricas é o suco de cranberry, rico no elemento fogo. Use o tipo puro disponível em lojas de produtos naturais, porque o tipo muito processado contém açúcar, o qual deteriora o cérebro, os ossos e o sistema nervoso.

O CÓLON E O ÚTERO

Se você ingerir três refeições diariamente, o que significa 21 refeições em uma semana, e só evacuar uma vez por dia, isso significa que 14 refeições ficam retidas em seu cólon. Essas 14 refeições se transformam em pedras ou revestem o cólon como um couro homogêneo e isso pesa. Devido a esse peso adicional, o cólon, que fica acima do umbigo, desce e pressiona o útero. Visualize seus ovários dançando felizes e livres, e suas trompas de Falópio no lugar. Agora visualize como um cólon pesado esmaga tudo abaixo dele. Pode imaginar como seu útero se porta em relação a isso?

Problemas no cólon derivam da massa sólida e nociva que se forma em seu corpo. Essa densidade se acumula e faz a pessoa se apegar à raiva e a não se perdoar. Isso talvez atinja o alvo da sua negatividade, mas a maior prejudicada é você. Para não ficar empacada pela angústia e a dor, tome pelo menos seis copos de água pura (236 ml) por dia — e chame os anjos que representam Het-Hru. Peça a eles que venham salvá-la e ressuscitá-la. Algo tão simples como tomar banho pode fazer você se desprender das coisas nocivas e ficar aberta para a cura.

Inimigos do Útero

Se continuar no ponto em que está, você vai querer aumentar a ingestão de amido. É comum vegetarianas recentes, que estão diminuindo gradualmente o consumo de carnes, dobrarem a quantidade de amidos em sua dieta. Pense sobre toda essa densidade e começará a entender exatamente o que a deixa constipada e bota para baixo.

O mesmo acontece quando estamos com raiva. Quando estamos angustiadas, nós comemos maçãs e peras? Não. Quando estamos estressadas e com raiva do mundo, nós comemos amidos — e quanto mais, melhor. Quando estamos realmente furiosas, nós queremos esmigalhar algo ruidosamente e, em geral, algo que seja denso e pesado.

Menstruação e Evacuação

Desde que tinha 13 anos de idade, e ao longo da década seguinte, minha menstruação era um pesadelo mensal. Eu também me lembro de que tinha dificuldade para evacuar. Era extremamente constipada e, às vezes, passava dias sem evacuar.

Hoje entendo que há uma conexão inegável entre menstruação e evacuação. Quando examinamos uma mulher com problemas no útero, frequentemente o cólon o está pressionando por causa da constipação. E devido a esse estresse e à opressão emocional de tantas mulheres, todo esse peso equivale a uma tonelada de tijolos em nossos ventres. Esses "tijolos" no cólon bloqueiam o que deveríamos expelir tanto física quanto emocionalmente.

Minha experiência pessoal com constipação e minha descoberta de como ela causa aflições dariam início à minha missão.

Também me lembro de que quando era desconectada do útero e sangrava sete ou oito dias todos os meses, só não tive um tumor porque aos 18 anos de idade tive a bênção de aprender que devia mudar radicalmente meu estilo de vida.

Quanto mais tempo você fica inconsciente do seu útero, maior é a probabilidade de ele apresentar problemas. Nossa sociedade come com pressa e, principalmente, *fast food*, alimentos processados e todos os tipos de combinações alimentares tóxicas, desde produtos com farinha branca a carnes contaminadas, o que contribui muito para devastar o útero e o cólon.

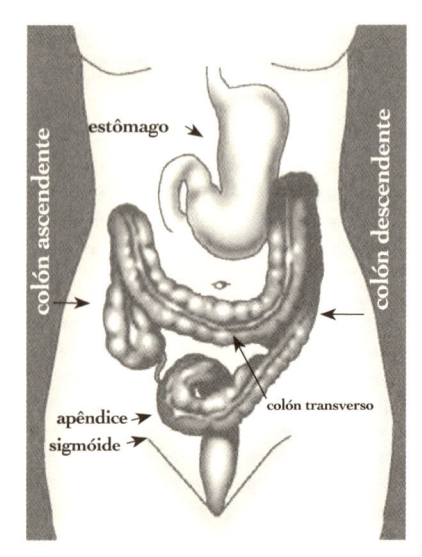

Cólon Anormal [29]

O Peso do Seu Cólon Está Prejudicando o Útero?

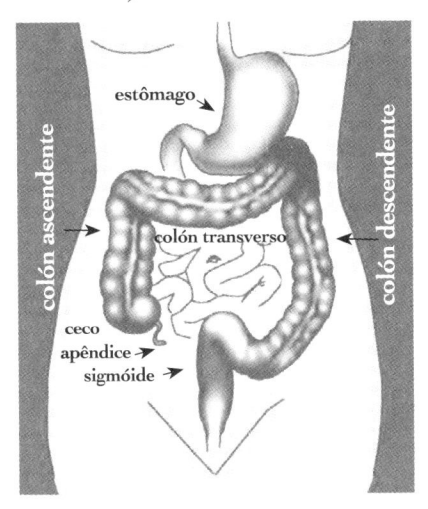

Cólon Normal [29]

Um cólon normal e saudável é o resultado de manter uma vida natural.

Um cólon normal é mantido pelo consumo de proteínas vegetais, muitas frutas e legumes frescos, porções pequenas de grãos integrais e muita água potável purificada, aliado a exercícios e a uma mentalidade positiva.

Um cólon saudável permite que o útero, as trompas de Falópio e os ovários funcionem sem obstáculos.

Nota: Cada refeição que você come deve produzir uma evacuação antes da próxima refeição. Caso consuma duas ou três refeições por dia, você deve evacuar pelo menos duas ou três vezes diariamente. Isso indica que você tem um cólon vibrante e, portanto, um útero vibrante.

Um cólon constipado e deslocado é o resultado de um estilo de vida tóxico, incluindo padrões alimentares nocivos, e pode deslocar o útero.

Se estiver fora do lugar, o cólon aperta e prejudica a circulação sanguínea no útero, bloqueia as trompas de Falópio, gera cólicas durante a menstruação, fluxo menstrual irregular e constrição nos ovários. Você fica mais suscetível a tumores infecciosos e dores no útero.

O cólon fora do lugar pode causar abortos espontâneos, pois o útero fica comprimido e com pouco espaço para um feto se desenvolver plenamente. Por isso, é essencial purificar o cólon bem antes de engravidar. Adote o estilo de vida natural apresentado em *Mulher Sagrada* no mínimo quatro meses a um ano antes de engravidar.

Um cólon fora do lugar é a consequência de comer tarde da noite, de combinações alimentares inadequadas, de tomar pouca água, da falta de exercício e, por fim, de pensamentos depressivos ou reprimidos.

Pense bem! Se você evacua só uma vez por dia e consome duas ou três refeições diariamente, ou pior, se só evacua algumas vezes por semana, tem muita flatulência e as fezes são duras, saiba que seu cólon está impactado e fora do lugar. Isso significa que seu útero está debilitado e precisando de ajuda urgente.

Proporcionando Bem-Estar ao Cólon

Como o estado do cólon afeta o bem-estar e pode fazer o útero adoecer, uma das nossas prioridades é voltar a ter um cólon normal, saudável e equilibrado. Seguindo um programa de doze semanas, você pode fazer seu cólon impactado e deslocado voltar ao normal.

Tente fazer o seguinte regime para dar alívio a seu cólon:

- Coma verduras e frutas frescas.
- Tome sucos frescos, sobretudo suco verde.
- Tome 6 copos (236 ml) de água filtrada ou fervida diariamente.
- Faça enemas e tome laxantes à base de ervas (1 colher de sopa de linhaça após ficar de molho ou 2-4 comprimidos de cáscara sagrada duas a três vezes por semana).
- Massageie o abdômen da direita para a esquerda com azeite de oliva ou óleo de mamona.

- Faça exercícios abdominais como levantamento e balanço de pernas e flexões abdominais. Ou faça os exercícios de dança ventral no Portal 3.

Levantamento de pernas: deitada de costas para não forçar a coluna, erga o joelho esquerdo até o peito e levante a perna sete vezes. Repita o exercício com o joelho e a perna direita. Faça uma ou duas rodadas.

Regra de respiração para todos os movimentos corporais: inspire enquanto o corpo se ergue e expire enquanto desce. Respire no ritmo do fluxo dos movimentos.

Balanço de pernas: em pé, apoie a mão direita em uma cadeira ou uma mesa para se equilibrar. Mantenha o pescoço reto, as costas retas e os ombros para baixo, e erga a perna esquerda para trás. Balance-a para frente e para trás sete vezes. Vire-se e se apoie na mesa ou cadeira com a mão esquerda. Erga a perna esquerda para trás e balance-a para frente e para trás sete vezes. Faça uma ou duas rodadas. Siga a regra de respiração acima.

Flexões abdominais para iniciantes: deite-se de costas, com os joelhos para cima e as mãos atrás da cabeça. Erga-se suavemente em direção aos joelhos. Expire enquanto sobe e inspire lentamente enquanto se deita novamente. Repita de sete a 21 vezes. À medida que seus músculos abdominais ficam mais fortes, você pode aumentar o número de flexões.

Bebida Matinal do Elemento Fogo e Banho para Limpar o Cólon

A maioria das mulheres tem prolapso uterino. Por quê? Porque comemos amidos cozidos e proteínas em excesso e tarde da noite. Além disso, não ingerimos água e verduras o suficiente.

Portanto, precisamos limpar o cólon e desmanchar as pedras fecais e substâncias duras que lá estejam, para poder expeli-las. A partir daí, o cólon libera o útero e começa a respirar. Agora ele está um tanto estressado, mas esta bebida vai ser de grande ajuda.

Bebida Matinal do Elemento Fogo

Durante uma semana, comece o dia tomando esta bebida. A clorofila no azeite de oliva prensado a frio é de grande ajuda para o seu cólon.

Suco de 1 limão
¼ de colher de chá de pimenta-caiena
2-4 colheres de sopa de azeite de oliva extravirgem prensado a frio
236 ml de água pura quente
Misture todos os ingredientes e beba.

Quando você começa a tomar essa mistura de suco de limão com azeite de oliva, é comum expelir muitos gases. Nós temos muitos gases no corpo e isso também afeta nossa parte emocional. Assim que todo esse vento tóxico for expelido, você se sentirá muito melhor, mais leve e otimista. Então, após fazer essa purificação matinal por alguns dias, experimente o seguinte: esprema ou rale um pedaço de 7,6 centímetros de raiz de gengibre fresca e adicione ao suco de limão com azeite de oliva.

Isso purifica profundamente todo o organismo. O útero vai sentir isso porque, assim como o gengibre, também é do elemento fogo. A aura do útero é vermelha e laranja, então o fogo do gengibre purifica tanto sua aura quanto seu corpo físico.

Banho com Gengibre

Após adicionar gengibre à sua bebida, adicione gengibre ao seu banho. Use um pedaço de raiz de gengibre fresca do tamanho da sua mão. Rale ou esfregue o pedaço no espremedor de suco, e adicione o sumo ao seu banho. Deixe um pouco de água escorrer no espremedor de suco para aproveitar o resto de gengibre no banho. Ou coloque-o ralado em um esfregão limpo de rosto ou de banho, prenda o esfregão com um elástico e faça uma boa esfoliação na sua pele durante o banho, pois isso ajuda a remover as toxinas. Enquanto está de molho na água do banho com 453 g de sal do mar morto, você também pode adicionar algumas gotas dos seus óleos essenciais favoritos (não use sais caso tenha pressão arterial alta ou edema).

A bebida matinal do elemento fogo abre seu organismo e você começa a se sentir aliviada, pois todo o muco em seus pulmões e no útero é eliminado. Com a bebida e o banho com gengibre, é possível faz uma purificação interna e externa.

MENSTRUAÇÃO: SANGRAR OU NÃO SANGRAR

O período menstrual é um tempo sagrado, pois é quando a mulher está mais sintonizada espiritualmente e mais sensível ao seu entorno. Ela fica mais aberta e apta a receber mensagens do(a) Criador(a) que a ajudarão a ter uma existência mais harmoniosa. Um ventre sintonizado continua pacífico durante a menstruação. No entanto, esse estado espiritual avançado só pode ocorrer todos os meses se a mulher estiver realmente em harmonia.

Esse estado saudável é desconhecido para a chamada mulher normal que sangra quatro ou mais dias, tem dores terríveis e expele coágulos sanguíneos. Tal mulher é tomada por pensamentos tóxicos, come comidas tóxicas e é menos sintonizada espiritualmente. Em consequência, está em oposição à sua verdadeira divindade e intoxicada em termos ambientais, sociais e alimentares. Seu estilo de vida artificial a faz sofrer com a síndrome pré-menstrual, depressões, ansiedade, oscilações de humor, tumores, cistos etc.. É por isso que, durante a menstruação, ela sente os problemas de maneira mais aguda.

Portanto, não surpreende que uma mulher que desafia constantemente seu templo corporal comendo carne de porco, boi, cordeiro, peru, galinha e *fast-foods* sinta tanto sofrimento ventral. Além disso, o nível de desequilíbrio em homens e mulheres com um estilo de vida tóxico aflora em forma de ciúme, ganância, depressões e ego inflado. Além disso, nos homens o esperma também fica tóxico e é depositado nas mulheres durante as relações sexuais.

A saúde do útero indica o que está acontecendo no restante do corpo de uma mulher.

Assim que todas as carnes, seus subprodutos e os amidos cozidos forem eliminados da dieta, sua menstruação começará a refletir um bem-estar total e o sangramento irá durar um ou dois dias ou até poucas horas. Uma dieta pura cria um útero puro e repleto de amor, luz e bem-estar. Com a pureza, a menstruação dura muito menos e não é mais acompanhada de síndrome pré-menstrual, dor, cólicas, coágulos sanguíneos ou exaustão. Enquanto se dedica ao bem-estar ventral e elimina as doenças em seu útero, fique atenta ao fato de que sua menstruação fluirá cada vez menos a cada mês.

OS SEIOS

Seios preciosos, tão grandes e redondos.
Seios preciosos, pequenos e profundos.
Vocês são as montanhas e as lindas colinas do meu mundo.
Eu devo meditar no topo do meu mundo
e visualizá-los repletos
da energia vibrante do sol.

O estado dos seios é inextricavelmente ligado ao estado do útero, e os hormônios que afetam o funcionamento do nosso ventre interagem com aqueles que afetam nossos seios. É por isso que o Plano Alimentar de Purificação para o Bem-Estar Ventral, para revitalizar e purificar nossos ventres, também pode ter um efeito profundo sobre os seios. Aquilo que encolhe um tumor no útero provavelmente encolhe um tumor no seio. Obviamente, diante da alta incidência de câncer de mama, é igualmente importante que você consulte seu médico e mantenha a abordagem da *Mulher Sagrada* em relação ao bem-estar do templo corporal.

As seguintes sugestões para o cuidado natural com os seios são o complemento perfeito para nossa abordagem em relação ao bem-estar ventral.

Fatos sobre o Câncer de Mama

Outubro é o mês de conscientização sobre o câncer de mama em diversos países. Em sua publicação *Cancer Facts & Figures for African Americans* de 1999, a *American Cancer Society* relata que:

Em geral, os afro-americanos têm mais probabilidade de ter câncer do que pessoas de qualquer outro grupo étnico e racial... As mulheres afro-americanas têm mais probabilidade de morrer de câncer de mama (31,5 a cada cem mil), de cólon e de reto (20,1 a cada cem mil) do que mulheres de qualquer outro grupo étnico e racial".

Embora a incidência de câncer de mama seja mais baixa entre mulheres afro-americanas do que na população em geral, nós temos a taxa mais alta de mortes causadas por essa doença. Para mulheres afro-americanas com câncer de mama, a taxa de sobrevida em cinco anos é de 70%, ao passo que é de 85% para mulheres brancas. Por ocasião do diagnóstico, 58% dos cânceres de mamas encontrados em mulheres afro-americanas já se espalharam para um ou mais pontos no corpo.

A conclusão acachapante é óbvia. O diagnóstico precoce em mulheres afro-americanas pode reduzir muito as taxas de mortalidade por câncer de mama. Consequentemente, é fundamental fazer um autoexame mensal nos seios, que seu médico faça um exame anual nos seus seios, pois entre 35 e 40 anos de idade é importante agendar a sua primeira mamografia e, a partir daí, faça esse exame todos os anos.

Há muito tempo, pesquisadores também estão cientes de que essa doença mata o dobro de mulheres afro-americanas em comparação com mulheres europeias.

Cuidado Natural e Gentil com Seus Seios

Embora a amamentação e a questão de beleza sejam fatores importantes, cuidar dos seios basicamente é para o bem da sua própria saúde.

Para evitar ou atenuar caroços, cistos e tumores, evite todas as comidas à base de carne, leite e farinha branca. Viva naturalmente e siga os passos abaixo.

1. Durante o banho quente matinal, deixe a água jorrar sobre os seios para estimulá-los e desintoxicá-los;
2. Após o banho ou ducha quente, massageie-os suavemente por dez minutos com azeite de oliva, óleo de amêndoa ou óleo de amendoim. Faça isso todas as noites ou pelo menos três vezes por semana para problemas crônicos, e duas vezes por semana para manutenção;
3. Aplique compressas de óleo de mamona nos seios três a quatro vezes por semana (ver instruções na 118);
4. Aplique compressas de argila nos seios por sete noites, depois em noites alternadas. Use argila verde ou vermelha em pó, ou lama preta disponíveis em lojas de produtos naturais. Misture duas partes de argila em pó com uma parte de água. Espalhe a argila em gazes de vários comprimentos e com largura suficiente para cobrir os dois seios. Coloque as gazes com argila nos seios, fixe-as com fita adesiva cirúrgica e deixe até o dia seguinte. De manhã tire-as e descarte a compressa. Lave os restos de argila no banho quente; ele potencializará o estímulo e desintoxicação nos seios;
5. Descanse diariamente em uma prancha inclinada ou apoie os pés contra uma parede em um ângulo de 45 graus para extrair as toxinas dos seios e melhorar a circulação. Faça isso por quinze a vinte minutos ou tire uma soneca nessa posição. Se você tiver problemas cardíacos, faça isso por apenas quinze minutos;
6. Faça rotações e balanços com os braços e contrações e relaxamentos com os seios diariamente. Se preferir, faça todos os exercícios ouvindo música.

Balanços com os braços: fique em pé bem ereta, com a cabeça e o pescoço retos, e os ombros para baixo; faça algumas respirações profundas e relaxe. Inspire e erga os braços para frente subindo até a cabeça. Expire abaixando os braços, coloque-os para trás e balance-os para frente e para trás sete a 21 vezes.

A seguir, cruze os braços, com as palmas das mãos voltadas para você. Erga os braços até o teto, abra-os e faça um círculo completo até abaixá-los. Faça isso sete a 21 vezes. Inspire enquanto ergue os braços, expire enquanto os abaixa. Agora mude de lado e faça mais sete a 21 vezes.

Contrações dos seios: fique em pé ou sente-se com as costas retas, os ombros para baixo e os braços dos lados. Enquanto expira, leve o queixo até o peito, contraia o peito para dentro e curve as costas em um C. Enquanto inspira, abra o peito e se aprume. Sinta o peito se expandir enquanto a cabeça volta a ficar reta.

Para alunas mais avançadas: mantenha os braços para frente e curve-os suavemente para dentro. Expanda o peito enquanto os membros superiores e a cabeça recuam para relaxar. Em seguida, contraia-o enquanto expira e traz novamente os braços à sua dianteira.

Amamentação: se puder, amamente seu bebê. A amamentação é altamente benéfica tanto para a criança quanto para a mãe. Os nutrientes no leite materno (o único adequado para bebês humanos) ajudam a fortalecer o sistema imunológico do bebê, ao passo que o processo de amamentação cria um vínculo perene entre ele e a mãe. Por fim, a sucção do bebê durante a amamentação ajuda o útero (muito estirado durante a gravidez) a retomar sua forma e posicionamento anterior.

Esse cuidado e atenção carinhosos com os seios trarão um grande nível de prazer para você e seu parceiro.

Ao visitar os templos no Kemet, você verá imagens de Ast (Ísis) amamentando Hru. Essas pinturas simbolizam a mãe nutrindo e apoiando seu filho para que um dia ele possa voar alto espiritualmente, como o Falcão Hru.

PLANO RADICAL DE RECUPERAÇÃO PARA SANGRAMENTOS FORTES, TUMORES E DORES MENSTRUAIS CONSTANTES

O seguinte plano de bem-estar ventral drena rapidamente as toxinas do útero.

- Por vinte e um a oitenta e quatro dias (de três a doze semanas), faça uma dieta que consiste em 50% de sucos verdes, água filtrada ou fervida e chás de ervas específicas para os sintomas em seu útero.

- Os 50% restantes da dieta consistem em verduras, de preferência cruas e/ou levemente cozidas no vapor. É possível também incluir fontes de proteínas vegetarianas como brotos, lentilhas e ervilhas. Para resultados satisfatórios, elimine todos os tipos de amido durante esse período.

COMO CULTIVAR UM TUMOR OU CISTO E GERAR SANGRAMENTO MENSTRUAL FORTE

Comidas que Alimentam um Tumor ou Cisto no Útero ou Seio de uma Mulher

CUIDADO COM A GUERRA NO ÚTERO!

Carne
(de porco, boi, galinha e peixe)

Leite de vaca ou de cabra

Queijo de leite de vaca ou de cabra

Sorvete à base de leite e açúcar

Ovos

Amidos desvitalizados

Frituras

Esperma ácido (produzido por homens que consomem esses alimentos)

Emoções e Estados que Alimentam um Tumor ou Cisto no Útero ou Seio de uma Mulher

CUIDADO COM A GUERRA NO ÚTERO!

Raiva

Preocupação

Ressentimento

Incapacidade de perdoar

Falta de amor

Depressão

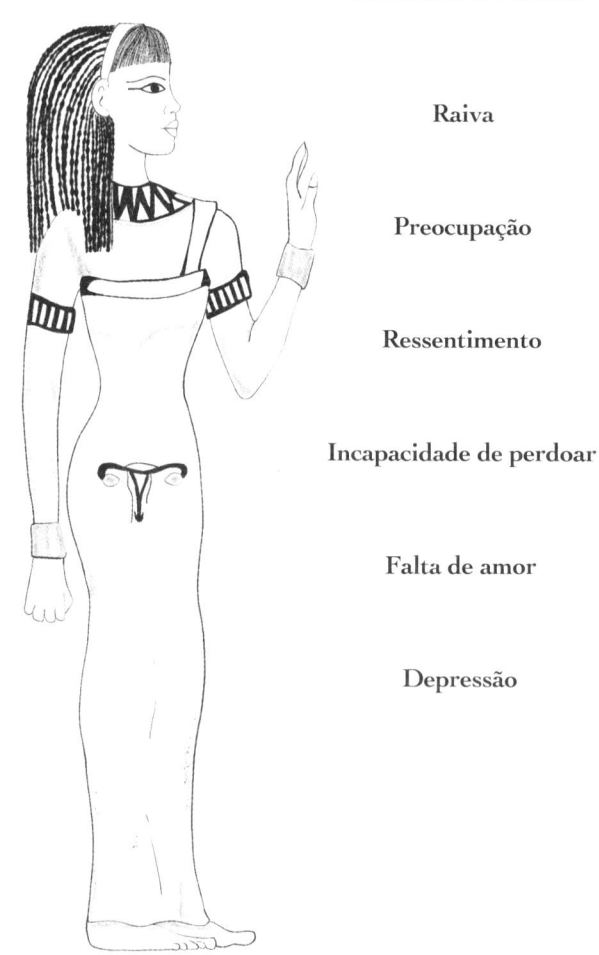

Quanto mais você consome comidas desvitalizadas, maior será seu desequilíbrio emocional e físico.

COMO MINAR E SE LIVRAR DE UM TUMOR OU CISTO E DO SANGRAMENTO MENSTRUAL FORTE

Comidas Benéficas para o Bem-Estar do Útero ou Seio de uma Mulher e um Templo Corporal sem Doenças	Emoções, Estados e Afirmações benéficos para o Bem-Estar do Útero ou Seio de uma Mulher e um Templo Corporal sem Doenças
	Afirme diariamente: Eu sou
Proteínas vegetarianas: nozes, sementes, feijões, lentilhas, brotos e spirulina	Alegre
	Carinhosa
Leite de soja, nozes ou sementes	Paciente
	Pacífica
Sucos verdes de legumes (fontes de cálcio)	Íntegra
	Um ser radiante
Verduras e frutas frescas (de preferência, orgânicas)	"Eu afirmo neste dia que vou parar de alimentar tumores e cistos em meu templo corporal."
Esperma alcalino (sem acidez): alimente seu parceiro com essas comidas puras para o amor de vocês vibrar ao máximo.	"Eu me livro de todas as comidas, emoções e pessoas que têm um efeito negativo sobre mim, a fim de me livrar dos tumores internos."
O consumo de alimentos naturais cria uma consciência equilibrada (Maat).	"Amado Criador, me dê a força para mudar, para que possa ficar livre de todos os tormentos!"

DESINTOXICAÇÃO DO VENTRE: O QUE ESPERAR DURANTE O PROCESSO

Assim que você começar a harmonizar o templo corporal, as toxinas que se acumularam ao longo do tempo sairão pelas aberturas em seu corpo — olhos, ouvidos, nariz, boca, vagina e os poros da pele.

Com a desintoxicação, o corpo se livra dos venenos acumulados que podem gerar doenças. O processo de desintoxicação envolve o jejum; o consumo de sucos vivos e ervas; e a adoção de outros procedimentos, como o enema.

Corrimento Desintoxicante

Assim que você começar a consumir ervas, sucos vivos, alimentos integrais e outras coisas saudáveis, a vagina começará a expelir corrimentos com os venenos. Caso tenha qualquer doença uterina e comece a se desintoxicar dessa maneira, você poderá ter corrimento vaginal por um a dois meses, sobretudo, se tiver um histórico de vaginite.

Durante esse período, faça duchas vaginais com 59 ml de clorofila em ½ litro de água em temperatura ambiente ou ¼ de colher de chá de hidraste em pó misturado com o suco de 1 limão-doce e ½ litro de água. Continue fazendo a ducha duas ou três vezes por semana até o corrimento parar.

Menstruação como um Barômetro de Doença ou Bem-Estar

Se você tiver um histórico de sangramento menstrual forte durante cinco dias ou mais, com ou sem coágulos sanguíneos, assim que começar a ter um estilo de vida natural, talvez sangre mais do que o habitual durante a menstruação no primeiro ou segundo mês em reação à purificação.

Se você continuar firme no regime de purificação, no terceiro ou quarto mês sua menstruação irá durar metade de um dia ou um dia inteiro a menos do que no mês anterior. Seu fluxo continuará diminuindo a cada mês até a menstruação durar apenas um ou dois dias.

Tumores

Dissolver um tumor ou cisto requer uma dieta abundante em água filtrada, ervas, legumes orgânicos vivos e sucos de frutas específicos para a purificação do útero.

Outras medidas necessárias são fazer enemas, tomar banhos com sal e aplicar compressas de argila e óleo de mamona; evitar carne e comidas lácteas; descansar mais; meditar; escrever no diário e praticar a dança ventral.

Se seguir esse regime à risca, você notará que após um a três meses o tumor ou cisto sólido e imobilizado em seu útero amolecerá e ficará instável. Isso indica que ele está se despregando do útero e a natureza está vencendo essa guerra.

No decorrer dos meses, enquanto ganha mais consciência e bem-estar ventral, você terá bastante corrimento. Isso significa que o tumor ou cisto está se dissolvendo e saindo pela vagina. Eventualmente, haverá menos ou nada de corrimentos vaginais, odor vaginal, coágulos sanguíneos, menos dias de menstruação e a síndrome pré-menstrual terá fim.

Advertência: agora que você está se sentindo melhor, fique ciente de que não deve retomar ao seu velho estilo de vida tóxico e estressante, senão pode regredir e voltar a ter tumores e outros distúrbios vaginais. Afinal de contas, todo esse processo não se resume a uma dieta ou a algumas técnicas. O objetivo é uma transformação total no estilo de vida, que produzirá a cura em seu útero.

O processo de desintoxicação eliminará resíduos e venenos que estão em seu corpo há anos. Não se assuste quando começar a ter reações após jejuar, pois isso é natural e previsível. No entanto, quanto mais tempo você passar se preparando para jejuar — comendo mais frutas e legumes crus —, mais leves serão as reações por causa da desintoxicação.

Veja a lista de possíveis reações à desintoxicação durante os primeiros dias de jejum:

- Dores de cabeça;
- Respiração pesada;

- Flatulência;
- Fraqueza;
- Febre;
- Falta de fôlego;
- Fadiga;
- Erupções cutâneas;
- Elevação da pressão arterial;
- Pesadelos;
- Impaciência;
- Oscilações de humor;
- Confusão mental;
- Dores;
- Sangramentos menstruais fortes nos dois meses iniciais;
- Depressão;
- Tontura;
- Mais coágulos menstruais;
- Corrimentos vaginais;
- Visão embaçada.

Dicas para Desintoxicação Geral

Essas reações são a consequência de anos tendo uma dieta ruim, comendo tarde da noite e exagerando no consumo de amidos, açúcar, carnes, frituras e produtos lácteos. As reações podem durar uma hora ou até dois ou três dias.

Para o seu corpo se ajustar a essas mudanças, basta parar de tomar todos os sucos de frutas até os sintomas se acalmarem. No entanto, continue tomando os sucos mistos de legumes. Tomar apenas sucos de legumes estabilizará e fortalecerá o corpo antes de continuar com uma purificação mais profunda, ou quando voltar a tomar sucos de frutas.

Faça enemas, enchendo ¼ de uma bolsa plástica com água quente. Pare de tomar banhos com sais por dois dias e tome banhos quentes. Faça uma massagem vigorosa começando pelos pés e subindo até o coração ou recorra a uma massagista profissional.

Pare de fazer a limpeza dos rins e do fígado, e passe a tomar a bebida matinal do elemento fogo (ver página 98). Tome também um chá de dente-de-leão e alfafa: 2 colheres de chá de cada erva em 2 xícaras de água fervendo, deixando em infusão por duas horas.

Acima de tudo, descanse e durma mais!

Se seguir essas instruções, suas reações à desintoxicação deverão acabar no prazo de um a três dias. Se os sintomas persistirem, entre em contato com sua consultora de jejum ou faça uma limpeza emergencial no cólon. Quem já estava fazendo uma dieta vegetariana leve antes de jejuar geralmente não sente as reações citadas acima.

Um ponto-chave durante o jejum é se tratar constantemente com preces intensas. Invoque o Altíssimo do fundo do seu coração e da sua alma e peça sua restauração e cura.

VINTE E CINCO TÉCNICAS NATURAIS DE REJUVENESCIMENTO DO VENTRE

Como uma mulher sagrada,
eu me empenho para ter uma vida natural,
a fim de evitar o uso de remédios, cirurgias
e/ou radioterapia.

O(a) Criador(a) Paterno (Materna)
não me deixou à míngua, pois na natureza

consigo encontrar tudo o que é necessário para me curar.

Eu reivindico meu ventre e tudo em mim, e confio em vós.

Eu lhe apresento essas técnicas de rejuvenescimento do ventre no espírito das antigas sacerdotisas afrakanas, mulheres sagradas, *ju-jus*, avós, mães e tias da *Afraka*, do Caribe e do Hemisfério Sul. Essas mulheres que preservam o conhecimento das sábias primevas têm muito poder, inclusive para nos ajudar a reivindicar a posse e o cuidado com nossos ventres, que nos foram concedidos pelo Altíssimo. Essas técnicas a guiarão pelo caminho rumo à integridade e ao bem-estar, que inclui viver em harmonia com as leis naturais do(a) Criador(a).

Atualmente, a maioria das mulheres sofre com algum tipo de degeneração uterina devido ao estresse emocional, comidas tóxicas desvitalizadas, bebidas processadas e, por fim, ao desconhecimento em relação às leis da vida natural. A degeneração uterina começa com corrimentos e borbulhas vaginais, tumores, cistos, trompas bloqueadas, candidíase, sangramento excessivo durante a menstruação, síndrome pré-menstrual e, em muitos casos, leva a uma histerectomia.

Se você tiver quaisquer desses problemas ou já teve experiências sexuais negativas, utilize essas técnicas simples para limpar e rejuvenescer o seu útero.

Elas também são excelentes para purificar e fortalecer o útero se você estiver querendo engravidar ou apenas tentando ficar sintonizada com seu ventre sagrado.

Bebidas Curativas

1. *Água*

Aumente a ingestão de água. Tome diariamente pelo menos seis copos de 236 ml de água filtrada ou fervida e em temperatura ambiente para lavar seus órgãos internos.

- Tome água quente para dissolver tumores que estressam o útero;
- Tome água fria se tiver prolapso uterino, frigidez ou pouca energia.

2. *Tônicos à base de ervas*

Tome tônicos de ervas para ter um ventre precioso. Experimente a *Queen Afua's Heal Thyself Woman's Life Formula* (ver a lista de produtos no *site* www.queenafua.com), que contém framboesa, vara-de-ouro, ginseng azul, *dong quai* (*Angelica sinensis*), dente-de-leão e trevo vermelho, ou continue tomando seus chás de ervas favoritos.

3. *Clorofila*

A clorofila absorve muita energia solar e contém todas as vitaminas e minerais necessários ao corpo humano, exceto a vitamina C. Ela purifica o sangue e tem fortes propriedades rejuvenescedoras que fortalecem os nervos, as células, os tecidos e os ossos.

Nota: A clorofila é um desintoxicante muito potente. Caso seu organismo esteja congestionado devido a comidas tóxicas, ingerir doses grandes de clorofila pode causar náusea e/ou tontura. Quanto mais limpo estiver seu organismo, você será mais capaz de ingerir clorofila sem ter efeitos colaterais.

Bebida de Clorofila

Tome diariamente entre 29,5 ou 59 ml de suco de clorofila misturado com 236 a 354 ml de água em temperatura ambiente. Para uma limpeza mais profunda, aumente para uma medida entre 88,5 e 118 ml de suco de clorofila por dia.

4. *Bebida de Gengibre*

A raiz de gengibre é picante, queima toxinas no corpo e equivale a ingestão de um fogo solar curativo.

O Uso de Ervas

Aqui estão as regras básicas, sobretudo para quem ainda não conhece o poder das ervas para o bem-estar ventral.

- Quando você usar ervas em forma de raízes, casca, folhas e flores, coloque 1 colher de chá por xícara (236 ml) de água fervendo. Deixe todas as ervas para chás de molho por trinta minutos a uma hora.
- Quando você usar ervas em pó, coloque ¼ de colher de chá para 236 ml de água.
- Quando você usar extratos de ervas, pingue 10 gotas em 236 ml de água.

Como Fazer Chás para o Bem-Estar Ventral

Para fazer um bule de chá medicinal, ferva 5 xícaras de água à noite em uma chaleira que não seja de metal, apague o fogo, adicione 2-3 colheres (de chá) do chá ou ervas e deixe em infusão até o dia seguinte. De manhã, coe o chá em uma garrafa escura e tome-o até meio-dia. Não reaqueça nem ponha na geladeira, pois ele tem que estar em temperatura ambiente.

Isso ajuda a rejuvenescer, tonificar e limpar o útero. Isso é importante para gerar bebês, mas também para ter ideias, visões, esperanças e aperfeiçoar sua arte e atividade profissional. Tudo o que você precisa provém do cerne do seu útero — que é o âmago da sua mente, coração e centro sagrado. É por isso que nós devemos purificá-lo e preenchê-lo com o espírito.

Preparação Avançada

Coloque 3-5 colheres de sopa de ervas em 3-5 xícaras de água filtrada em uma jarra grande de vidro. Deixe a jarra ao ar livre, ou em um parapeito, deixe o sol e o tempo fazerem a infusão das ervas por vinte e quatro a quarenta e oito horas. Depois desfrute!

Para fazer chá, fatie pedaços de raiz de gengibre fresca em 236 ml de água fervendo e deixe em infusão por trinta minutos a uma hora. Para fazer uma bebida, extraia ¼ de xícara de sumo de raiz de gengibre fresco e dilua-o em 236 a 472 ml de suco fresco de legume ou de fruta ou água filtrada.

5. *Bebida de Argila*

A argila bentonítica e a vulcânica podem ser ingeridas. Tome 1 colher de chá da *Sonne's Formula #7*, ou 1-2 colheres de sopa da *Sonne's Formula #9*, três vezes por dia com suco de frutas frescas (ver a lista de produtos no site www.queenafua.com). Não se esqueça de acrescentar alguma forma de clorofila na fórmula de argila. Faça também enemas diariamente e tome os laxantes inclusos na embalagem da fórmula.

Banhos

6. *Ducha*

Use um massageador manual na área pélvica durante a ducha. Alterne a temperatura de quente para fria e repita.

7. *Banho com Sal*

Coloque 900g a 1,8kg de sais de Epsom ou 450g de sal do mar morto em uma banheira com água quente. Tome pelo menos ½ a ¼ de litro água filtrada ou água com ervas (tônica) durante o banho para limpeza interna e externa. (Não use sais caso tenha pressão arterial alta ou edema.)

8. *Banho de Assento*

Tome um banho de assento frio por três a cinco minutos; isso irá energizar e despertar sua parede pélvica.

9. *Banho com Gengibre*

Para aumentar a circulação, adicione 236 ml de sumo de gengibre a um banho quente em uma banheira de hidromassagem ou comum. Fique de molho por trinta minutos.

10. Banho com Areia

Quando for a alguma praia, cave um buraco grande e fundo na areia ao meio-dia. Use um chapéu, cubra a área pélvica com gaze ou uma folha de repolho, enfie-se nessa "sauna" e deixe-a drenar-lhe as toxinas. Depois tome um banho de mar com os espíritos maternos Nu (camítica), Iemanjá (a deusa iorubá dos mares), Yemaya (santería) etc.

11. Banho de Vapor

Tome um banho de vapor (calor úmido) uma a três vezes por semana para seus poros se livrarem das toxinas.

12. Sauna

Tome uma sauna (calor seco) uma a três vezes por semana para seus poros se livrarem das toxinas.

13. Banho de Sol

A pele é o maior órgão de eliminação no corpo, para que seus poros se livrem das toxinas, tente tomar banho de sol uma a três vezes por semana. Por vinte a trinta minutos, exponha o abdômen descansando em uma cadeira de praia. Para intensificar a cura, massageie-o com óleo de mamona.

Duchas

14. Ducha de Purificação

Coloque meio litro de água filtrada em uma bolsa plástica para ducha e adicione um dos seguintes ingredientes:
- ¼ de colher de chá de hidraste em pó com o suco de ½ limão ou limão-doce;
- 2 xícaras de chá de folha de framboesa;
- Suco de 1 limão-doce ou limão;
- 3 colheres de sopa de vinagre de maçã orgânico.

15. Supositórios de Clorofila e Ducha

Quando for à loja de produtos naturais para comprar suco de clorofila, verá a polpa saindo da centrífuga. Ponha essa polpa em um saco plástico e leve para casa, para usá-la como supositório. Ela funciona como uma esponja e absorve todo o muco. Se você tiver corrimento ou odor vaginal forte, o supositório de clorofila dá cabo de ambos.

Como usar o supositório: embeba a polpa no suco de clorofila. Insira a polpa alguns centímetros para cima na vagina e deixe por uma hora. Depois insira os dedos suavemente na vagina e puxe a polpa, que sairá facilmente. Faça então uma ducha vaginal com o que sobrou do suco de clorofila — 29,5 ou 59 ml em ¼ de litro de água — para eliminar mais toxinas.

16. Purificação interna

Em uma bolsa plástica para enema, adicione o suco de 1 limão e 1 limão-doce ou 3-4 colheres de sopa de vinagre de maçã orgânico. (Isso é especialmente indicado para quem tem muita flatulência, indigestão e inchaço.) Caso tenha uma úlcera, a qual deve desaparecer enquanto você cura seu útero, coloque 29,5 ou 59 ml de clorofila ou 2-4 colheres de sopa de clorofila líquida na água. Encha então a bolsa com água quente e feche bem a trava.

Deite-se agora do lado esquerdo no chão ou sobre uma toalha e deixe outra à mão. Ponha a mão na parede, onde deve haver um gancho para pendurar a bolsa plástica, e faça o enema.

Um cólon saudável depende de um útero saudável. Lembre-se de que, se o cólon estiver impactado, o útero também será afetado.

Quando o cólon transverso está deslocado devido à alimentação fora de hora (em hora avançada) ou a ingestão de comidas indigestas, como carnes e amidos processados brancos, o cólon pode descer abaixo do umbigo. Se houver 4,5 a 13,6 kg de resíduos em seu organismo, esse peso pode pressionar o útero para baixo, o que causa muitos problemas uterinos.

17. Outras Técnicas de Purificação

Tome um laxante natural à base de ervas. O laxante de cáscara sagrada é o mais suave que conheço. Tome 3 comprimidos com um copo de água quente antes de dormir.

Se você ronca dormindo, tem dificuldade para respirar, acorda com muco na cabeça

Como Fazer um Enema

- Encha ¼ a 2/4 quartos de uma bolsa plástica para enema com água quente e feche bem a trava. Se quiser, adicione os ingredientes listados no "número 18" da lista de técnicas. Usar óleo no enema ajuda a soltar resíduos que impactam o cólon.
- Antes de inserir a mangueira na bolsa plástica, abra um pouco a trava e deixe escorrer um pouco de água para expelir qualquer ar em excesso, o que evita a formação de gases no cólon na primeira ingestão de água.
- Feche a trava. Passe um creme lubrificante natural na ponta da mangueira ligada à bolsa plástica e insira-a no ânus.
- Deite-se do lado esquerdo, abra a trava e solte um pouco da água. Então, absorva o máximo de água possível, enquanto massageia o lado esquerdo do cólon. Se tudo estiver correndo bem, vire-se e deite-se de costas para relaxar um pouco. Deite-se então do lado direito e repita o mesmo passo.

Se você se sentir segura, libere toda a água para dentro e segure. Caso contrário, libere apenas a quantidade de água que você conseguiu reter. Se seu cólon estiver impactado, provavelmente você usará apenas um quarto ou metade da água. Em uma semana, porém, você pode usar toda a água, caso tenha feito bastante purificação e ingerido quiabo ou linhaça.

- A seguir, sente-se no vaso sanitário com as pernas erguidas sobre um banquinho e solte a água e os resíduos.
- Agora que você descarregou o máximo possível, faça outro enema com a bolsa plástica e termine de usar a água restante. Ou apenas deite-se um pouco no chão e relaxe; tente erguer as pernas em um ângulo de 45 graus. Comece a massagear o cólon com um movimento circular, o que cria um equilíbrio. Então desça para a área do útero, massageie o ovário direito e respire profundamente. Massageie as trompas de Falópio e respire. Massageie o ovário esquerdo e respire.
- Após terminar o enema, deite-se no chão por alguns minutos e medite sobre o quanto se sente bem, limpa e purificada.

ou bolsas inchadas sob os olhos, antes de dormir, tome 3 comprimidos de laxante com suco de 1 limão-doce ou 2 colheres de sopa de vinagre de sidra orgânico diluído em 236 ml de água quente, para abrir os pulmões e o cólon. Isso ajudará você a se purificar enquanto está dormindo. Enquanto purga o cólon, você também expele o muco acima e abaixo.

18. Enema de Alho, Óleo de Mamona ou Azeite de Oliva

Siga as orientações acima. Adicione um óleo e um adstringente entre as seguintes opções:

Óleo
¼ de xícara de óleo de mamona
¼ de xícara de azeite de oliva prensado a frio

Adstringentes
Suco de 1 limão
Suco de 1 limão-doce
12 gotas de extrato de alho líquido
¼ de colher de chá de hidraste em pó
2 colheres de sopa de gel de babosa (é preciso moer a polpa antes até ela ficar líquida)

19. *Compressa Interna de Argila*

Envolva 1 colher de sopa de *Queen Afua's Rejuvenating Clay* ou *Fuller's Earth* em um pedaço de talagarça. Coloque na entrada da vagina e deixe por 30 a 60 minutos. Retire a argila suavemente lavando e enxaguando com água quente. A argila ajuda a extrair venenos, como corrimentos, cistos e odores do útero. Você pode substituí-la por um dente de alho fresco.

20. Supositórios de Argila

Você também pode colocar *Queen Afua's Rejuvenating Clay ou Fuller's Earth* (1 colher de sopa) na vagina, empurrá-la para cima e deixá-la atuando por cerca de uma hora. Então lave com o chuveirinho ou um borrifador com água filtrada. A argila começará um descarrego de limpeza. Faça isso para manter o útero saudável e purificado.

Compressas e Cataplasmas

A argila representa a Grande Mãe Terra. Em honra dela e para empoderar seu ventre, aplique uma compressa de argila sobre o útero à noite e deixe até o dia seguinte em toda lua nova e lua cheia para uma revitalização profunda.

21. Compressa Externa de Argila

Para começar a curar o útero, use compressas de argila. Isso é especialmente útil para quem tem síndrome pré-menstrual, inchaço ou sangramento forte.

Dobre várias camadas de gaze (talagarça) e espalhe uma quantidade de *Queen Afua's Rejuvenating Clay ou Fuller's Earth* com 2,5 cm de espessura na camada superior. Coloque a compressa sobre o útero, com a argila em contato direto com sua pele, e fixe-a no lugar com fita adesiva de papel. Vá dormir.

Enquanto você está dormindo, a argila extrairá os venenos e permitirá que sua pele absorva os minerais. Ou seja, ela penetra na pele e começa a nutri-la e curá-la.

22. Compressa de Gengibre e Argila

Misture 1 colher de sopa de sumo de gengibre fresco com ½ xícara de argila, então aplique essa compressa sobre a pelve. Deixe até o dia seguinte e lave durante o banho matinal.

23. Cataplasma de Folha e Argila

Esse cataplasma é especialmente benéfico após alguma cirurgia, mas a argila só pode ser aplicada seis semanas após a remoção dos pontos cirúrgicos. Vá primeiro ao médico para se certificar de que a ferida está completamente fechada.

Coloque ½ -1 xícara de *Queen Afua's Rejuvenation Clay* em uma folha grande de alguma hortaliça verde-escura, como espinafre, repolho ou couve. Deite-se e coloque a folha com argila sobre a área machucada. Cubra com gaze e prenda as pontas com fita adesiva de papel. Deixe o cataplasma até o dia seguinte.

Pela manhã a argila terá absorvido toxinas e começado a rejuvenescer o útero. Tire a gaze e a folha de verdura. Tome um banho quente, concentrando o jato de água na pelve. De dia aplique óleo de mamona prensado a frio ou óleo de vitamina E (25.000 UI) sobre a pelve; cubra a área para o óleo não manchar suas roupas.

24. Compressa Externa de Óleo de Mamona

Embeba um pedaço de flanela limpa ou esfregão branco de rosto ou de banho em água fervida. Torça o pano, sature-o com óleo de mamona prensado a frio e coloque sobre a área pélvica. Cubra o pano com plástico, aplique a compressa e deixe-a por uma hora. Tire a compressa de óleo de mamona e aplique uma compressa espessa de argila que ficará até o dia seguinte.

Massagem

25. Massagem Pélvica

Esfregue as mãos vigorosamente para aquecê-las e produzir o magnetismo do poder curativo que flui nelas. Massageie a área pélvica da direita para a esquerda várias vezes, com azeite de oliva, óleo de vitamina E ou óleo de amêndoa.

26. Aprenda Massagem de Reflexologia

Há vários livros à venda para treinamento autônomo. Com movimentos circulares, massageie o ponto nos tornozelos que corresponde ao útero. Massageie também os pontos que correspondem ao cólon, aos órgãos reprodutivos e aos seios. Advertência: Não massageie os tornozelos se estiver grávida.

Descanse

Um dos ingredientes mais vitais para restaurar e equilibrar o útero é o repouso. Diariamente, reserve momentos para descansar e aliviar seu útero das pressões e responsabilidades enfrentadas no cotidiano apenas por sua condição feminina.

Algumas palavras a mais sobre o descanso: nós, mulheres, damos duro para parir, animar, estimular, apoiar, alimentar e cuidar da saúde de todos à nossa volta. Como mães, nós amamentamos, preparamos refeições e educamos nossos filhos. Como esposas e amantes, zelamos por nossos companheiros. Fazemos sempre o papel de conselheiras e amigas. Lavamos, cozinhamos, limpamos, arrumamos e administramos nossos lares, além de trabalhar fora. Somos membros de associações cívicas, coletamos fundos, oramos, fazemos ações beneficentes e erguemos nossas vozes nas arenas políticas pelo bem de nossas comunidades em nível local, nacional e internacional. Algumas de nós somos parteiras que ajudam outras mulheres a trazer seus bebês ao mundo. Mas, de certa maneira, todas nós somos as "parteiras" que ajudam nossas famílias, empregadores e amigas a "parirem" suas metas, planos e sonhos.

Será que não merecemos um descanso? É claro que sim! Então, sente-se, ponha os pés para cima e deixe seus entes queridos a mimarem e cuidarem de você. E descanse!

Faça isso!

Às vezes, você desanima e pensa: "Minha vida está muito confusa e este não é o momento ideal para fazer o regime de bem-estar ventral", mas essa é justamente a hora para começar. Faça apenas o que puder e não desista. Você achará um jeito e arranjará tempo. O importante é começar!

Cada pessoa prefere fazer suco de laranja de um jeito — à mão ou usando um espremedor de suco convencional ou elétrico — e em um certo horário. E cada uma diz uma coisa: "Não consigo fazer o suco de manhã, só à tarde" ou "minha rotina é dormir de dia e trabalhar à noite". Processe essa informação e resolva: "Certo, vou fazer isso de acordo com meu tempo e a minha vida". A meta é só fazer o regime!

Outro ponto-chave é fazer uma prece para abrir espaço em sua vida para esse trabalho de cura, pois sem a prece fica mais difícil ir em frente. Você pode dizer:

> Eu sei que isso não vai ser tão fácil quanto gostaria, mas sei que dou conta porque as mães antepassadas estão me apoiando. Então, mãos à obra!

Queen Afua bota fé em você!

BEM-ESTAR DO VENTRE E DOS SEIOS: O CUSTO DE NÃO SABER

Abaixo estão "etiquetas de preços" de seis procedimentos cirúrgicos feitos regularmente em mulheres. Certas pacientes dizem que essas despesas não pesam no bolso porque contam com a cobertura do plano de saúde. Mas qual é o preço pago pelo corpo humano durante e após um procedimento cirúrgico? Muitos médicos concordam que, quanto mais o corpo estiver bem preparado antes da cirurgia, melhor será o resultado e a recuperação ocorrerá com mais rapidez e completude. Mas em última instância, evitar cirurgias seria mais benéfico para o corpo humano e para as finanças. Com ou sem procedimento cirúrgico, porém, vale a pena considerar os efeitos de restaurar o seu corpo, mente e espírito com ferramentas e estratégias holísticas. Cuidar da saúde é autocuidado.

Seja qual for o procedimento alopático ou holístico que você resolva fazer, lembre-se de que você tem o poder de escolha. Algumas mulheres até usam simultaneamente a medicina tradicional e a natural, conforme a gravidade de seu estado uterino. Seja qual for o seu caso, ouça várias opiniões e saiba que as preces sagradas da Aldeia Global da Mulher Sagrada estão com você em sua jornada para recuperar seu útero e seus seios.

CUIDANDO DE SI MESMA

Como você já está usando as técnicas de rejuvenescimento do ventre, mudou a dieta e começou a tomar banhos com sais e ervas, certamente começou a sentir mudanças saudáveis em seu corpo.

Recentemente estava trabalhando com um círculo do ventre sagrado e perguntei às participantes como se sentiam após o banho matinal. Elas deram diversas respostas que podem ser esclarecedoras para o que você está passando.

Queen Afua: como vocês se sentem após o banho?

Victoria: muito cansada.

Queen Afua: você precisa descansar para valer porque está esgotada. Devia tirar uma soneca no meio da tarde ou, quando possível, sair do trabalho mais cedo. Diga para si mesma: "Vou me presentear com uma hora para tomar uma xícara de chá de erva em minha caneca favorita, acender minha vela divina e descansar o corpo e a alma". O descanso é muito mais profundo, quando você permite que sua alma repouse. Ficamos exaustas porque o tempo todo exigimos demais de nós mesmas.

Queen Afua: isso significa que você está lidando há anos com um acúmulo tóxico e precisa perguntar a si mesma como está o seu útero. Você precisa se livrar do quê para se sentir melhor?

Victoria: é complicado ser o arrimo da família. Sempre fui a pessoa que carrega todo o peso para todo mundo e faz tudo, então, quando me levanto para meditar às 4 horas da manhã, sempre me sinto culpada. Acho que estou fazendo algo errado, que deveria estar fazendo alguma coisa para outra pessoa.

Queen Afua: como se você estivesse roubando tempo?

Victoria: exatamente, roubando tempo.

Queen Afua: mas você vive cedendo seu tempo para outras pessoas. A verdade é que nós temos um problema com a síndrome materna e exageramos no papel de mães. Você não acha que as mães também têm o direito de ser servidas?

Victoria: claro, sei que isso é correto e que podemos comentar a respeito entre nós. A questão é botar em prática e mudar o que sentimos em relação a isso.

Queen Afua: você precisa treinar para reaprender a ter tempo para si mesma.

Victoria: eu tomo banho, fico muito cansada e penso: "Talvez eu tenha deixado a água quente demais". Você sabe como é? Às vezes, tudo o que você quer é um banho quente, mas fica tonta quando termina. Eu fico tão cansada e triste que sento no chão do box.

Queen Afua: você dizer: "Estou exausta e do fundo da minha alma preciso de um descanso", aponta para sua cura. Mas é preciso incluir o autocuidado em sua vida. Pense sobre isso.

Se fosse para um retiro, atenderia aos telefonemas? Então, por que você não reserva algum tempo para si mesma nas próximas duas semanas? Decida de uma vez por todas: "Vou fazer um retiro de dois dias neste fim de semana. Não vou sair nem ajudar ninguém. Vou ficar indisponível e deixar a secretária eletrônica ligada. Esses dois dias serão só para mim. E mesmo que sinta culpa, ficarei firme no meu propósito".

E você ficará, pois em 24 horas você se sentirá melhor do que há anos, simplesmente por dar a si mesma a mesma atenção que oferece ao mundo. Pare tudo e diga: "Esse tempo me pertence".

Nós temos de treinar para que a vida atue a nosso favor; caso contrário, continuamos nos autoderrotando. Estamos sempre planejando fazer coisas no futuro, quando a situação estiver melhor. Mas que tal fazer agora? Levante-se e tome uma xícara de chás de erva. Deixe as pessoas esperando. Aliás, diga a elas: "Darei retorno daqui a dois dias ou uma semana porque agora estou atendendo uma paciente". E quem é a paciente? Você. Afinal, você merece todo o tempo, atenção e cuidado. Caso contrário, você sabe que pode ir parar no hospital e essa está longe de ser a melhor opção para descansar.

Victoria: meu marido também me diz isso o tempo todo: "Reserve um tempo para si mesma". Aí eu digo: "Mas tenho de fazer isso e aquilo, e as crianças..." Ele é a pessoa que mais me dá apoio desde que me entendo por gente e vive insistindo para eu me cuidar melhor. Não tenho conseguido fazer isso, mas talvez agora tente novamente.

Queen Afua: mais banhos com sal marinho irão ajudar — ouça o que estou dizendo. E, se puder, fique mais tempo no banho. Comece a tomar suco verde e mais água. Comece a levantar um pouco mais cedo para orar e descansar sua alma.

Mary: sou totalmente o oposto em relação aos banhos. Tomei um ontem — e tirei o dia só para mim. Fiquei sentada em casa, não lavei roupa nem cuidei das outras tarefas domésticas. Só fiz o que quis o dia inteiro.

Levantei-me hoje de manhã, tomei banho, fiquei totalmente desperta e até ia tirar uma folga. Liguei para o trabalho ontem à noite avisando: "Não vou trabalhar amanhã". Mas como fiquei com tanta energia após o banho, acabei indo trabalhar. Parecia que toda a minha alma estava viva e desperta como se fosse um milagre, como se fosse o paraíso. Foi uma sensação muito boa.

Demetrie: após meus dois primeiros banhos, apareceu urticária no meu rosto. Geralmente, minha pele descama muito, mas desta vez era mesmo urticária nas minhas bochechas, uns inchaços que eu nunca havia tido antes. Mas quando fui para o trabalho, minha amiga disse: "Seu rosto está diferente, tão claro". Então, achei que tudo de ruim estava saindo pelos meus poros.

Lauryn: Tive de ir a uma conferência em outra cidade e levei meus produtos de banho. Para falar a verdade, não sou muito chegada a banhos nem relaxo no banho como as pessoas costumam dizer. Mas o hotel era muito bom e meu quarto tinha uma banheira grande. Então, entrei na banheira e pensei: "Basta ficar sentada aqui. Não, não quero ficar aqui. Fique apenas cinco minutos deitada na água".

Depois me deitei e foi uma delícia. Então, pensei: "Está faltando alguma coisa. Ah, não acendi minha vela. Bem, o jeito é fazer isso amanhã".

Dormi muito bem. Geralmente, tenho dor nas costas, mas nessa semana a dor sumiu.

No dia seguinte, pensei: "Hoje o banho vai ser melhor, porque estou com a minha vela". Como é proibido fumar nesse hotel, tive de procurar muito até achar fósforos, mas não resisti a ficar cinco minutos na banheira.

Ao acordar na manhã seguinte, lembrei de ter tido um sonho em que eu estava dando a luz a uma criança sem fazer o menor esforço ou sentir o mínimo de dor. Tudo estava calmo na casa e eu estava cercada pelo apoio de todos, que ansiosamente aguardavam o parto. Quando o bebê nasceu, nossos olhos se encontraram carinhosamente. Tive uma sensação de reconhecimento. Ele me encarou, carregava no semblante uma espécie de ancestralidade... Isso me fez sentir muito segura, apoiada e protegida.

Fiquei aturdida com a sensação, mas pensei: "Uau, eu ainda não vou interpretar isso. Vou apenas fluir e curtir esses sentimentos".

Queen Afua: recomeços, renovação — toda a sua alma está passando por um renascimento.

Anna: tomo os banhos e tudo o mais, e comecei a eliminar os amidos. Para mim, comer muito amido está ligado ao estado emocional. Há quinze dias venho passando por um renascimento. Comecei a ter síndrome pré-menstrual há seis ou sete meses. Embora não tivesse muitas oscilações de humor, só queria comer comidas pesadas, açúcar e outras porcarias. Não gosto quando isso acontece, então estou tendo um conflito interno como o que aconteceu esta semana.

Geralmente, recebo muitas mensagens no celular e muita gente telefona o tempo todo, mas esta semana meu celular quase não tocou. Tudo estava bem calmo e fiquei sem fazer nada a semana toda, só relaxando em casa. Tomei os banhos e escrevi muito em meu diário. Fico muito sonolenta após o banho, por isso não tenho o hábito de tomar durante o dia, do contrário ficaria incapacitada para desenvolver as tarefas.

Ruth: ando meio desorientada e com uma certa ansiedade, mas me senti bem na maior parte da semana. Saí do jejum há pouco tempo. Geralmente o faço a base de sucos todos os anos e nunca saio dele da forma correta.

Mas este ano a comida não entrou em acordo comigo e tudo que como cai mal. Se como um pedaço de pão pesa imediatamente. Isso nunca havia acontecido, então desta vez estou realmente tentando ter disciplina e fazer a coisa certa.

Esta é a terceira ou quarta semana desde que acabei o jejum e achei que meu velho "eu" ressurgiria e conseguiria comer o que quisesse e ficaria bem, mas não é isso que está acontecendo. Então, estou mantendo a disciplina porque sei que qualquer coisa que eu coma irá fazer mal. Comi um pouco de arroz branco e tive cólicas tão fortes que mal conseguia andar pela casa.

Queen Afua: o fato é que você começa a evoluir. Mas quando evolui nas leis e regras alimentares e quer voltar ao que era habitual, descobre que seu corpo já saiu daquele nível anterior de entorpecimento e acordou. É isso que está acontecendo com você.

É como se alguém parasse de comer carne vermelha durante uma semana, depois voltasse a consumi-la e começasse a ter enjoo ou dores de cabeça. Se tentar retomar os velhos hábitos, você começa a sentir a verdadeira reação causada pela comida.

Evidentemente, você já superou a falsa necessidade de comer arroz. Por que você não experimenta cuscuz marroquino, trigilho ou painço? Você irá manter o equilíbrio e ficará menos congestionada.

Sheryl: preciso me policiar um pouco porque ainda trapaceio para ver o que acontece. Mas a abordagem para o bem-estar é uma bênção. Estou tomando os banhos e tentando me levantar entre 4 e 6 horas da manhã — aliás, uma coisa que faço há anos é tentar manter a pontualidade. Às vezes, não consigo me levantar às 4 horas, mas estou levantando mais cedo e até chego ao trabalho meia hora antes do estipulado.

Estudo, trabalho e sou mãe solteira em tempo integral, mas mesmo assim estou me esforçando. Estou mencionando isso porque sei que todas as mulheres no grupo são extremamente ocupadas, mas tenho conseguido me levantar às 4 horas da manhã. Sinto-me estranha e sem energia, mas mesmo assim é uma vitória à qual sou muito grata.

Queen Afua: bem, cada pessoa é de um jeito. Algumas de vocês podem querer tomar banho nas horas de Het-Hru, quando o sol se põe. Após o poente, o anjo divino do amor e da beleza impera, então você mergulha em seu eu interno, começa a embelezá-lo nos banhos e trazer à tona o espírito e tons mais belos do coração. Sua expressão e tudo o mais ficam mais suaves e gentis. Você fica em um estado harmonioso de retiro, ideal para se banhar. E aí dorme melhor e acorda mais descansada. Isso realmente funciona.

A vida funciona; você só precisa achar o seu caminho e o que realmente dá certo. Em diversas épocas da sua vida você pode querer mudar sua rotina e iniciar uma nova fase. É preciso achar o caminho instintivamente enquanto faz a purificação e se cura.

Pode levar muitos meses ou anos para reprogramar o organismo, desenvolver e manter um novo estilo de vida. No entanto, a fim de ir além da metade do caminho, ter mais acesso ao poder e a uma monta exuberante de energia e vitalidade, e fazer tudo a partir de um lugar de poder —, você precisa se livrar do velho estilo de vida tóxico. Você não gostaria de ficar totalmente desperta? Este é o chamado para que acorde.

A vida é como uma tigela. Quanto mais coisas boas colocamos nela, melhores serão os resultados. Tente se desembaraçar de algumas coisas e voltar a se concentrar em si mesma. Ainda está se sentindo confusa? Ainda não se sente divina? Lembre-se de que acabou de chegar por aqui. Se continuar fazendo o trabalho, começará a ficar mais relaxada e a se movimentar com graça e equilíbrio. Mudar de rumo após tantos anos é difícil e demanda tempo. Use os portais de sua sacralidade e veja como a vida começa a dar certo. Eu sei que você consegue!

Crescendo juntas no Círculo do Ventre Sagrado

O CÓDICE DO VENTRE DA MULHER SAGRADA

O Útero é o Lótus Divino da Grande Mãe Terra Ta-Urt para a Grande Mãe Celestial Nut.

Códice do Ventre da Mulher Sagrada

Enquanto nós, mulheres, zeladoras do coração e de cura para a humanidade, avançamos corajosamente pela esfera terrestre de Geb rumo à Esfera Celestial de Nut, que o mundo natural e os corações de toda a humanidade possam despertar, respeitando e honrando o poder do Ventre Sagrado. Assim como era no princípio, que nós possamos coletivamente equilibrar, defender, apoiar, proteger e elevar os ventres das mulheres em todos os lugares. Com ousadia, devemos retomar os modos da antiga *Afraka*, onde a civilização nasceu, onde ficava o Jardim do Éden, onde as mulheres gozavam da mais alta estima física e espiritual, onde o Criador também era feminino (Criadora). O "Códice do Ventre da Mulher Sagrada" a guiará no caminho para as alturas da consciência ventral, para a sobrevivência e continuidade da vida, e para evocar um mundo pacífico e sem violência.

Ao observar minhas clientes e meu próprio processo de crescimento ao longo dos anos, comprovei que tudo que acontece com as mulheres está relacionado aos nossos ventres. Nossas experiências de vida deixam marcas na memória de nossos ventres. O Códice do Ventre da Mulher Sagrada é um esquema abrangente para eliminar e harmonizar as numerosas impressões negativas absorvidas por nossos ventres.

À medida que aplica e aciona conscienciosamente os princípios do Códice do Ventre, você sairá da zona 0 para a integridade na nona zona uterina. Lá você estará livre de doença físicas, espirituais e psicológicas, e o útero poderá retomar seu estado original de bem-estar.

Se cada mulher na Terra aplicasse os ensinamentos do Códice do Ventre, todo o nosso planeta se curaria e renasceria por meio de crianças saudáveis refletindo a harmonia consigo mesmas, com seus relacionamentos e com a natureza, criando um ambiente repleto de paz.

Benefícios de Usar o Códice do Ventre da Mulher Sagrada

Os ensinamentos do Códice do Ventre da Mulher Sagrada aqui apresentados constituem uma abordagem sistemática para os deleites do bem-estar ventral ao longo da vida.

Você sentirá a grande purgação ventral, desde que mantenha regularmente suas práticas diárias enquanto atravessa as nove zonas uterinas.

Os ensinamentos do Códice do Ventre podem ajudá-la a:

- Se livrar do sofrimento ventral físico, mental, espiritual ou emocional;
- Regenerar e fortalecer o útero;
- Evitar ou eliminar aflições e doenças físicas;
- Criar um campo energético protetor ao redor da sua consciência para se desviar de atos agressivos contra seu útero;
- Criar autoestima e amor-próprio;
- Atrair um companheiro mais divino, que irá tratá-la com o máximo de respeito, amor e bondade;
- Ficar mais empoderada espiritualmente por se reconectar com suas antigas guardiãs e parteiras, para seu útero renascer;
- Reconectar-se com os elementos naturais das zonas internas de poder, por meio de cores, alimentos, óleos, velas e meditação que a realinham com o espírito, o ar, o fogo, a água e a terra;
- Acessar e receber o poder curativo celestial e terrestre contido no útero;
- Se curar de agressões como estupro, incesto e outros abusos sexuais;
- Ter partos mais fáceis e a eliminar todas as doenças uterinas;
- Deixar de fazer sexo para fazer amor. Os ensinamentos do Códice do Ventre infundem o espírito de Maat na mulher e no homem.

Nós nascemos e renascemos por meio da respiração. O Códice do Ventre ajuda a restaurar sua respiração e a recuperar a integridade original, que foi desmantelada pelo sofrimento de gerações.

> Amado Criador Paterno/Criadora Materna, abençoe o renascimento do meu lótus ventral para que ele possa ficar íntegro. Abençoe meu ventre para que ele fique tão radiante quanto a luz da natureza e possa voltar a respirar plenamente, e assim refletir a pura essência do amor, conforme eram os ventres no início dos tempos.

Quatro Maneiras de Abordar os Ensinamentos do Códice do Ventre

1. Ao longo de dez dias, trabalhe todas as zonas uterinas, uma por dia. Reserve trinta minutos a uma hora para fazer esse ritual, que a unificará com a zona a ser praticada. Comece pela zona uterina zero de Ta-Urt e prossiga por dez dias até chegar à zona uterina 9 de Nut;
2. Faça um retiro de três dias e realize todo o trabalho recomendado em cada nível, da zona zero até a zona 9;
3. Sempre comece o trabalho com o Códice do Ventre durante a transição da lua nova para a lua cheia;
4. Mantenha o trabalho com o Códice do Ventre pelo tempo que for preciso, durante vários ciclos lunares de vinte e oito dias.

Nota: O raciocínio ocidental compartimentalizado divide os NTRU em categorias, mas na verdade os aspectos divinos dos NTRU às vezes se sobrepõem e se fundem. Consequentemente, se comparar, digamos, o Códice do Ventre Sagrado e as práticas no portal Zero, você descobrirá que eles nem sempre correspondem em termos de pedra, cor ou função. Mas não se preocupe. A consciência camítica permite uma visão ampla sobre onde está *Nebu Nefer* (O Todo Benevolente). Ao combinar meditação com cores, pedras, óleos essenciais e a invocação dos guardiões espirituais para se curar, seja criativa. Deixe-se guiar por sua cura interna para descobrir seu fluxo natural e sua própria interpretação do Códice do Ventre.

Meditação no Círculo do Ventre Sagrado sobre o Códice do Ventre

- Sente-se em posição de lótus (com as costas retas e as pernas entrelaçadas) para ajudar o cerne do seu útero a se abrir para a Divindade. Você também pode se deitar ou se sentar confortavelmente em uma cadeira.
- Unja com óleo o cerne do seu útero, do seu coração e da sua garganta expressando seu primeiro olho e o centro de sua coroa, para alcançar a consciência ventral mais elevada. Mantenha sobre seu coração ou seu ventre a pedra da zona em que está e que reflete o problema do seu útero;
- Invoque sua guardiã espiritual para vir através de você, enquanto faz seu trabalho em cada zona uterina;
- Visualize, fale em voz alta ou escreva em seu diário do que você quer se livrar;
- Então visualize, fale em voz alta ou escreva em seu diário o que você deseja que se materialize em seu bem-estar ventral/corporal/mental/espiritual;
- Visualize o pano ou vela colorido na zona uterina em que você está trabalhando;
- Agora feche os olhos e respire profundamente em seu útero várias vezes. Quando estiver totalmente centrada, faça a meditação pelo tempo que for preciso para receber sua cura e se fundir com a natureza. A participante do círculo do ventre sagrado que estiver atuando como guia no início e no fim da meditação falará em voz alta as palavras específicas da consciência ventral mais elevada, para ajudar o grupo a realizar seus propósitos individuais e coletivos;
- Agora abra os olhos e fale sua verdade enquanto se compromete a executar a ação terapêutica natural indicada para a zona na qual você está trabalhando;
- Contemple o estado de consciência ventral mais elevada apresentado para a zona na qual você está trabalhando;
- Agradeça aos Guardiões Sagrados.

Realinhamento Ventral Diário

- Tome o chá e coma os alimentos apropriados para a zona uterina em questão;
- Cubra seu útero com lama envolta em uma gaze;

O CÓDICE DO VENTRE DA MULHER SAGRADA

		1. NTRU Femininos/ Guardiã Regente	2. Indicadores Espirituais de Bloqueio	3. Libertador Espiritual	4. Velas/ Cores Tecidos Símbolos das Guardiãs
ESFERA CELESTIAL DE NUT DAS ZONAS UTERINAS 8 E 9	**Centro energético das Zonas Uterinas 0-9**	Cada zona uterina representa aspectos dos princípios e afirmações femininos divinos. As seguintes NTRU, que moram em seu interior, simbolizam as antigas parteiras afrakanas que a ajudam espiritualmente no renascimento do seu útero.	Desequilíbrios físicos e espirituais. Menstruação: de quatro a sete dias ou mais. Para mulheres mais velhas, os sintomas da menopausa são crônicos e refletem o caos no útero. Hemorragia ou sintomas agudos da menopausa indicam que o útero precisa ser salvo de uma ou mais aflições.	Menstruação: de um a três dias. A menopausa é suave e não intrusiva. O útero superou os traumas e está saudável.	Visualize sua luz interna usando velas. Durante a meditação, coordene as cores das roupas, do pano sagrado ou do xale para ativar o espírito do centro do seu útero.
	Zona Uterina 9	**NUT** A Grande Mãe da Esfera Celestial representa paz total, expansão e ascensão espiritual. Nut a ajuda a considerar seu útero sagrado.	Inconsciente da luz e das mensagens internas do útero. O útero está fechado, causa dor crônica e tem prolapso físico e espiritual. Excessivamente masculino/ carente de feminilidade. Entorpecimento e vergonha de experiências dolorosas anteriores.	Você consegue se lembrar com o que sonhou. Os antigos camitas usavam as recordações dos sonhos como uma terapia de cura. Da escuridão do útero surge a iluminação.	Branco de dia, preto à noite.
	Zona Uterina 8	**MAAT** A Grande Mãe da Harmonia e do Equilíbrio rege também a iluminação e a integridade. Voe nas asas da liberdade espiritual de Maat!	Há um peso incômodo no útero. Desespero, decepção profunda com a vida, sente-se sem saída e abusada emocionalmente. Trauma uterino total.	Ambiente uterino totalmente saudável e equilibrado, com a aura purificada. Há clareza, leveza e calma emocional. Sua personalidade feminina emerge com força. Uma sensação de segurança, confiança e abertura se estabelece em sua vida.	Branco.

UMA VEZ ATINGIDO ESTE ESTADO DE VENTRE, O SEU ÚTERO DE LÓTUS ESTICA-SE.

PARA CURA E RENASCIMENTO VENTRAL

5. Óleos e Incenso	6. Pedras (Pilhas Espirituais)	7. Visão Meditativa da Natureza	8. Consciência Ventral Mais Elevada	9. Terapia Natural para o Útero	10. Alimentos Indicados
Unja o cerne da mente, do coração e do centro sagrado com esses aromas e incenso sagrados durante a meditação ou quando se sentir inspirada. Os seguintes óleos eram usados em rituais espirituais pelos antigos camitas afrakanos.	Durante a meditação, coloque pedras específicas ao seu redor ou sobre o ventre, o coração ou a coroa, ou use as contas na cintura. Peça para uma mentora mais velha benzer as contas antes de você usá-las. (Os antigos camitas afrakanos usavam pedras para fomentar a cura espiritual.) Beber pedras: Deixe as pedras de molho em água potável purificada por várias horas para energizar a água.	A natureza está dentro e fora de nós e tem o poder de curar e restituir nosso equilíbrio. Medite ao ar livre ou em um espaço tranquilo em sua casa reservado para meditação e preces.	À medida que reavivamos a mente espiritual, o centro do útero fica repleto de luz. Uma nova atitude adequada eleva a vibração da consciência ventral e a fortalece, enquanto você se purifica, jejua e medita pela sua salvação e a dos habitantes do planeta Terra.	Várias modalidades são usadas para transformar o útero. A terapia natural ativa seu bem-estar ventral.	Consuma principalmente os seguintes alimentos. Enquanto se purifica e jejua com eles, seu corpo conseguirá purgar carnes, *fastfoods*, açúcar e amidos para curar seu útero.
Lótus. Antiga planta egípcia camítica: o óleo extraído da flor de lótus propicia harmonia mental, emocional e espiritual, e é útil para mães e durante o parto.	Selenita. Essa pedra sagrada é ligada à lua e ajuda a abrir a natureza emocional feminina. Acalma reações exageradas nas interações pessoais.	Meditação do Céu Medite sobre Mãe Nut para elevar seus pensamentos e espírito para o nível mais elevado.	A libertação espiritual do ventre é a chave nesta zona.	Jejue na mudança das estações e cante os sons sagrados de *Hesi*.	Jejum com sucos vivos e água. Energize a água com um cristal ou como pilar para o jejum. Tome sucos de todas as frutas e legumes orgânicos citados abaixo.
Olíbano. Extraído da casca da árvore. Conforta quem tem dificuldade com contato físico e elimina o medo e a ansiedade.	Cristal de quartzo. Essa pedra reflete nossa verdadeira natureza e infunde clareza. Protege, equilibra e harmoniza a aura e seu campo energético.	Meditação da Lua. Medite sobre unir-se com a lua nova e a lua cheia enquanto a pureza emerge suavemente do seu útero revitalizado. Tudo está bem dentro de você e do seu ventre sagrado. É melhor fazer essa meditação ao cair da noite ou antes da aurora.	Capacidade de obter esclarecimento do seu universo ventral. As lições e experiências de vida criam o potencial de iluminação absoluta à medida que ascendemos para além das nossas aparentes limitações vitoriosas. Pensamentos equilibrados e clareza são as chaves para esta zona.	Formar um círculo ventral com outras mulheres para transmitir o Movimento Global de Cura do Útero.	

PENA DE MAAT, CURANDO, HARMONIZANDO, REJUVENESCENDO E RESTAURANDO SEU ÚTERO.

	1. NTRU Femininos/ Guardiã Regente	2. Indicadores Espirituais de Bloqueio	3. Libertador Espiritual	4. Velas/Cores dos Tecidos e Símbolos das Guardiãs
ZONA UTERINA 7	**SESHETA** A Guardiã dos Segredos, do Desconhecido. **TEHUTI** A Sábia Guardiã da Sabedoria e da Inteligência Divina.	Ignorância sobre como tratar e cuidar do útero, e quanto ao propósito divino dele como força vital e propulsora de ideias criativas para apoiar uma enorme evolução no planeta.	Revela a você os segredos do seu útero e suas emoções e pensamentos reprimidos. Dá capacidade para usar a mente e a força de vontade para curar o útero. Purga o desequilíbrio mental.	Amarelo
ZONA UTERINA 6	**NEBT-HET** A Grande Mãe do Templo Divino rege o espaço do templo corporal que abriga o ventre divino. Senhora da Respiração.	Bloqueio ou desconexão mental, espiritual e emocional em relação ao útero. Por exemplo, a mulher se refere a ele como "ali", um lugar distante e estranho do qual não se ocupa.	Fusão do ventre com o Espírito. Capacidade de ver o útero como uma entidade espiritual e o espaço sagrado da beleza celestial. Cuidar do útero.	Índigo
ZONA UTERINA 5	**AST** A Grande Mãe de Sabedoria Divina rege o ensino e a comunicação. Ast e seu marido levaram Kemet a um estado de alta civilização. Deixe Ast se comunicar por meio de Hru, o guerreiro divino em sua mente superior.	Incapaz de falar a partir do centro do seu útero. Falta de criatividade na vida. Incapacidade de se comunicar e expressar mensagens do seu útero para si mesma e para os outros.	Capacidade de expressar-se, comunicar-se e interpretar mensagens do seu útero. Tem as habilidades para proteger e curar seu útero. Capacidade de falar pela voz do útero visando a ascensão.	Azul
ZONA UTERINA 4	**HET-HRU** A Grande Mãe da Compaixão, Amor e Beleza faz você enxergar a beleza do seu útero.	Desamor e desrespeito pelo útero. Raiva, ódio, culpa, coração partido e abuso sexual.	Amor, harmonia e serenidade ventral. O útero está estável, rejuvenescido e saudável.	Verde

ESFERA CELESTIAL DE NUT DAS ZONAS UTERINAS 4-7

SUA MEDITAÇÃO A LEVOU AO CORAÇÃO VERDE DE KHEPERA, O PORTAL ENTRE A TRANSFORMAÇÃO CELESTIAL.

5. Óleos e Incenso	6. Pedra (Pilhas Espirituais)	7. Visão Meditativa da Natureza	8. Consciência Ventral Mais Elevada	9. Terapia Natural para o Útero	10. Alimentos Indicados
Alecrim. Parte da erva tem um efeito estimulante poderoso sobre a mente e clareia os pensamentos. Sálvia. Alivia a exaustão mental; melhora a memória e a concentração; purga a mente.	Ametista. Inspira a meditação e a servir a humanidade por meio da superação das provações. Dispersa a raiva, a hostilidade e os medos. Equilibra e estabiliza problemas sexuais. Excelente para eliminar impurezas no sangue.	Meditação no Campo no Outono. Medite sobre o campo no outono. Foque nas folhas que embelezam as árvores. Sinta o brilho se irradiando do seu útero.	Pelo bem do seu útero, pense antes de agir para não criar karma do qual possa se arrepender. "Pense antes de agir" é a chave nesta zona.	Escreva em seu diário para se sintonizar, sobretudo antes da aurora no horário de Nebt-Het, quando sua melanina e fluidos espirituais estão mais ativados.	Alimentos Amarelos: Papaia, mangas, abacaxi, maçãs, bananas maduras, moranga, *akee* e *grapefruits*.
Lavanda. Destilada das flores frescas da planta; alivia a tensão mental (massageie a testa e as têmporas). Ajuda a equilibrar as emoções causadas por estresse, choque e preocupação.	Safira. Ajuda a aliviar distúrbios mentais causados por abusos e aflições. Desenvolve a intuição, fazendo a pessoa ver a verdade e ter sabedoria sobre questões atuais e passadas do ventre.	Meditação com Argila. Medite sobre seu útero enquanto ele está em um estado místico roxo que irradia luz e poder em seu interior.	Repleta de alta consciência. Devoção à harmonia ventral e ao seu espaço sagrado na terra é a chave nesta zona.	Banhe seu útero. Vá à natureza para purgar o útero (por exemplo, jejuar, tomar banho de imersão etc.).	Alimentos Roxos: Ameixas, uvas e berinjela.
Eucalipto. Óleo extraído das folhas frescas das árvores. Pingue uma a duas gotas em qualquer mistura. Ajuda a desintoxicar e a aflorar emoções e sentimentos reprimidos.	Lápis-lazúli. Alivia a depressão e as dores menstruais. Infunde alto idealismo. Turquesa. Absorve sentimentos negativos. Purifica o espírito de ventres feridos. O alto teor de cobre abre a cura do templo corporal. Água-marinha. Equilibra e estabiliza os planos emocional, mental e físico.	Meditação da Cachoeira. Medite sobre a cachoeira enquanto você está imersa na natureza. Deixe a água fluir do seu útero enquanto você voa alto no céu azul de Nut.	Comunicação pacífica, maternal e fluida com o útero é a chave nesta zona.	Acesse a voz do seu útero, a Grande Mãe: que fala com você e dá orientação divina por meio da meditação.	Alimento Azul: Vacínios.
Canela. Óleo destilado da casca da árvore. Promove a abertura e o fortalecimento do cerne do coração. (Evite se sua pele for sensível.)	Malaquita. Símbolo da criatividade e transformação. Essa pedra é usada para proteção durante a gravidez. Turmalina verde. Cura o coração, o sangue e asma. Esmeralda. A pedra do nascimento. Ajuda a revelar experiências ventrais celestiais e terrenas. Quartzo rosa. Dá clareza aos centros do útero e do coração.	Meditação do Prado Verde. Medite sobre o prado coberto de relva e flores silvestres. Descanse, rejuvenesça e inale a energia abundante de cura presente em seu útero.	Cura, rejuvenescimento, amor, compaixão e paciência são as lições para o seu útero. Perdão é a chave nesta zona.	Embarque na dança ventral de Bes, o Guardião da Dança e da Arte, por meio do espírito amoroso de Het-Hru. Respire, dance... livre-se da dor para deixar o amor fluir. Domine as 25 técnicas para tonificar e rejuvenescer física e espiritualmente o útero.	Alimentos Verdes: Verduras, uvas, clorofila, brotos, avocados, salsa, agrião, couve etc.

A ZONA UTERINA DE POTENCIAL BEM-AVENTURANÇA, SERENIDADE E ESFERAS TERRESTRES. BEM-VINDA, AMADA!

		1. NTRU Femininos/ Guardiã Regente	2. Indicadores Espirituais de Bloqueio	3. Libertador Espiritual	4. Velas/Cores dos Tecidos e Símbolos das Guardiãs
ESFERA CELESTIAL DE NUT DAS ZONAS UTERINAS 0-3	ZONA UTERINA 3	**RENENET E MESHKENET** As Grandes Mães do nascimento e parteiras espirituais que regem a casa do Nascimento e Renascimento.	Incapaz de entender as necessidades do seu útero, de ouvi-lo e responder ao seu chamado. Incapacidade de restaurar o útero. Fertilidade e criatividade bloqueadas; ideias e criatividade estéreis e atrasos nos trabalhos.	Confiança em seu útero e a intuição. Capacidade de restaurar o útero. Mente e espírito férteis.	Amarelo
	ZONA UTERINA 2	**SERKET** A Grande Mãe de Água, que purga, alivia e lava o útero, assim como a dor e o sofrimento que bloqueiam a energia sexual e prejudicam as relações familiares.	Útero debilitado em relação a si mesmo e aos outros. Incapacidade de lidar com desafios e relacionamentos. Impotente sexualmente. Carece de apoio.	Tomada de decisões inteligentes em relação aos outros. Capacidade de lidar bem com os relacionamentos. Equilíbrio sexual.	Amarelo.
	ZONA UTERINA 1	**SEKEMET** A Grande Mãe do Fogo e Destruidora do Mal rege as chamas curativas da vitalidade. Deixe o fogo dela purgar e recarregar o útero.	Abuso autoperpetrado ou a cargo dos outros. Útero ferido. Estéril criativamente ou fisicamente. Incapacidade de defender o útero. Menstruação caudalosa.	Capacidade de defender seu bem-estar ventral. Proteção e alta energia constantes. O centro uterino está fortalecido e corajosamente mantido. Um útero fértil permite que você purgue suas emoções.	Vermelho
	ZONA UTERINA 0	**TA-URT** A Grande Mãe de Terra nos alimenta e nutre com suas ervas, legumes e o solo, dando-nos o necessário para sobreviver de modo harmonioso.	Às vezes animada, às vezes deprimida. A vida uterina é regada de lágrimas. Útero estéril.	Estabilidade e saúde no útero, que é empoderado, confiante e fértil.	Preto

5. Óleos e Incenso	6. Pedras (Pilhas Espirituais)	7. Visão Meditativa da Natureza	8. Consciência Ventral Mais Elevada	9. Terapia Natural para o Útero	10. Alimentos Indicados
Funcho. Óleo extraído das sementes da planta. Expectorante e diurético, alivia a constipação; ajuda a pessoa a se libertar espiritualmente e a renascer emocionalmente.	Âmbar amarelo. Limpa e purifica todo o organismo. Ajuda a abrir e elevar a energia da Kundalini. Aquece o ventre e elimina a constipação, tirando a pressão no ventre.	Meditação do Sol-Rá na Primavera. Medite sobre o sol da primavera enquanto seus raios brilham em seu útero, drenando os venenos físicos e espirituais. Acocore-se entre dois tijolos, um à esquerda e o outro à direita, apoie as mãos nos tijolos, incline-se e deixe o sol ajudá-la a se livrar do bloqueio em seu ventre.	Útero evoluído e energizado espiritualmente. Confiança em seu renascimento e destemor são as chaves nesta zona.	Renenet celebrará o renascimento do seu útero com movimentos de dança vibrantes e reptilíneos. Faça uma cerimônia de nascimento/renascimento sozinha ou com um grupo de mulheres que se empenharam com você na busca pela sabedoria, após vocês dominarem ou ativarem o trabalho na zona uterina nos portais.	Alimentos Amarelos: Papaia, mangas, abacaxi, maçãs, bananas maduras, abóbora moranga, *akee* e *grapefruits*.
Alecrim. O óleo é destilado das folhas da planta. Tem efeito tonificante sobre o útero; ajuda a digerir emoções.	Cornalina laranja ou avermelhada. Fortalece e ajuda a desintoxicar, digerir e assimilar.	Meditação do Oceano. Visualize-se descansando em um oceano calmo enquanto a água drena as impurezas em seu útero e em todo o seu templo corporal. Regozije-se enquanto o oceano leva embora seu sofrimento sexual e a debilidade em seu ventre.	Cura os relacionamentos no que concerne ao seu útero. A chave nesta zona é ter habilidade para trabalhar com os outros.	Para obter encerramento, livrar-se do passado e de bloqueios atuais em relacionamentos. Escreva cartas, faça telefonemas, foque no presente e deixe o sofrimento para trás. Faça uma série de banhos, rituais no oceano etc. Tome bastante água.	Alimentos Alaranjados: Laranjas, cenouras, damascos, cumquate e melão cantalupo.
Óleo de zimbro. É destilado das bagas desidratadas. Mulheres grávidas e pessoas com problemas renais devem evitá-lo. O zimbro tem efeito purificante sobre os planos emocional e físico, e alivia crises emocionais.	Jaspe. Apoia a força e a vitalidade. Estimula o centro sagrado e o plexo solar. Hematita. Aciona os quatro elementos para equilibrar deficiências de ferro no sangue.	Meditação de Sol-Rá no Verão. Medite sobre a visão do Sol-Rá no verão enquanto o calor solar purifica e energiza seu útero.	A energia se irradia para a sobrevivência do seu útero. Proteção e energia são as chaves nesta zona.	Queime os venenos no ventre. Use as chamas da natureza para purgar o ventre (por exemplo, suadouro, banho de sol, comer e beber itens picantes, como certas frutas silvestres, gengibre, pimenta-caiena e alho).	Alimentos Vermelhos: Framboesas, cerejas, morangos, oxicocos, gengibre, pimenta-caiena, uvas, azedinha, beterraba, repolho, rabanete e melancia.
Olíbano. Extraído da casca da árvore. Atenua traumas emocionais, infundindo calma e tranquilidade.	Turmalina preta. Expulsa a negatividade por reflexo e atua como um escudo protetor contra energias negativas.	Meditação da Gruta. Entre na serenidade da gruta escura de sua mente e alma para se curar e refletir. Todas as cores do espectro derivam do preto da terra. Toda a cura emana do assoalho do seu útero. Em sua gruta interna, foque no ponto preto no meio da sua visão interna.	Esta é a sede do poder da sua melanina, a qual emana toda a genialidade criativa e espiritual, poder ventral e estabilidade que fazem a vida germinar e dão origem a todas as esperanças, sonhos e à vida. Construir a base, podar, desarraigar e plantar são as chaves nesta zona.	Acredite e ative sua intuição enquanto planta sementes de cura por meio de afirmações e visualizações positivas. • Ponha as mãos aquecidas sobre o ventre; • Compressas de argila e óleo de mamona sobre o ventre; • Defume seu útero ficando acima de uma bacia com ervas queimando, para começar seus ritos de purificação.	Ervas: Compressas de lama no ventre.

COMO USAR O CÓDICE DO VENTRE DA MULHER SAGRADA

1. **Invoque as Guardiãs Espirituais/NTRU.** Enquanto se abre para aplicar o Códice do Ventre desde a zona zero até a 9 ou em uma determinada zona uterina, comece invocando as Guardiãs ou NTRU que regem a zona em questão para energizar seu trabalho espiritual;
2. **Identifique seus Bloqueios Espirituais.** Quando o útero está desconectado de sua fonte de vida, é comum isso se manifestar como uma doença física, espiritual ou mental;
3. **Identifique seu Libertador Espiritual.** O ventre prova que aprendeu os ensinamentos em cada zona uterina quando fica desobstruído e bem equilibrado em termos espirituais, físicos e mentais;
4. **Acenda sua Vela e Ajeite Seu Pano.** Use cores, velas e o pano ou xale sagrado na Meditação da Natureza. Essas ferramentas servem para manter a sua luz interna ou para você se concentrar nela. Outras ferramentas são alimentos vivos, pensamentos leves, companhias e relacionamentos salutares, pedras e óleos essenciais. Quando está purificado, o templo corporal emana pura luz, refletindo o bem-estar ventral e a saúde perfeita do corpo, da mente e do espírito.

Meditações e Visualizações

A meditação visa centrar e acalmar a mente, o corpo e o espírito. Ela une a região espiritual superior com a região física inferior. Conforme nossos antepassados acreditavam, ela é a unificação — a *smai tawi* — dos nossos "eus" visando a ascensão espiritual, para que possamos ter acesso total à nossa verdadeira natureza divina.

A meditação nos ajuda a desbloquear a vida e a nos unir com nossos "eus" mais elevados, assim vivendo e amando com uma postura iluminada. A meditação nos integra à luz do(a) Criador(a) e acende nossa luz interior. Foi por meio da meditação que nossos antepassados afrakanos criaram um modo de vida espiritual tão evoluído que se tornou um modelo para todos os povos na Terra. Silenciar a mente tranquiliza todo o templo corporal e nos dá mais acesso ao poder infinito da energia criativa, a fonte da paz e sabedoria divinas.

A meditação envolve uma concentração profunda na respiração e gera alegria e graça ilimitadas, relaxamento e uma consciência maior sobre tudo em sua vida. Com a meditação diária, recebemos uma dose enorme de energia, que desperta nossa intuição e nos traz as informações internas sobre o que precisamos para curar todos os males pequenos e grandes. Ela reduz o estresse, aumenta a circulação, desintoxica o corpo e purifica a alma.

O espírito/mente do ventre tem uma memória divina, um depósito de autoconhecimento, no qual a mulher acessa a sabedoria e consciência mais elevadas à vontade, por meio da arte da meditação e da contemplação. A prática diária da meditação nos livra dos venenos em nosso organismo. Ela encaminha a energia regenerativa para nosso centro sagrado, fazendo com que o útero volte ao seu verdadeiro estado de divindade, independentemente do que tenha sofrido no passado (karma).

Respiração

Ao longo de sua meditação, concentre-se na respiração. Enquanto inspira e expira, recomponha sua vida e leve seu útero para um plano superior. À medida que trabalha no Códice do Ventre, respire em cada órgão, desde o útero até a coroa. Enquanto respira no cerne da sua mente, coração e centro sagrado, elimine doenças e/ou experiências tóxicas do seu útero.

Meditando na Natureza

O cerne do útero fica mais saudável, mais feliz, mais livre e mais expansivo quando é exposto às belezas do mundo natural — sobretudo sob os raios do sol ao ar livre diante do mar aberto, no alto de uma montanha ou em uma floresta tropical. Você pode fazer sua meditação em um recinto limpo e silencioso em sua casa ou em um templo. Mas sempre que possível, faça as meditações com cores e pedras junto à natureza, para colher todos os benefícios. A natureza e os seres humanos são compostos pelos mesmos elementos. Quando usamos ativamente a natureza para nos curar, ficamos plenas, harmoniosas, equilibradas e recarregadas. Quanto maior for nossa comunhão com a natureza, mais nos fundimos espiritualmente com o(a) Criador(a).

A natureza e nossos corpos são compostos por quatro elementos principais: ar (o oxigênio que circula em nossos pulmões), fogo (o sol que circula em nosso sangue), água (o oceano que circula em nossos rins, sendo que somos 60% constituídos de água) e terra (o solo e a vegetação depositados em nossos ossos). A natureza pode curar todas as doenças mentais, sociais, emocionais e físicas, pois purga e erradica pensamentos e elementos tóxicos e doentios. Como mulheres sagradas emergentes, quanto mais aprendemos a acessar e nos fundir com a natureza, melhor exercemos nosso poder como curadouras de si mesmas e de outros em busca de bem-estar. À medida que você cura seus elementos ventrais terrestres, seus elementos celestiais terão a capacidade de curar.

Meditação da Natureza: Curando Seu Útero

Use a intuição enquanto ouve a voz do seu útero. Verifique o estado do seu útero e mensure seus progressos usando um pêndulo de cristal antes e após a meditação. (Ver sugestões nas páginas 289, 290, 291 e 292 para usar o pêndulo.)

- Feche os olhos e comece afirmando a finalidade da sua meditação;
- Conforme a necessidade do seu útero, coloque a pedra apropriada sobre o ventre;
- Visualize a cura ocorrendo enquanto medita sobre a cor da sua vela em relação à cura do seu útero;
- Se estiver em um recinto fechado, visualize-se cercada por uma bela paisagem natural. Flua com sua visão interna para receber a cura no cerne da sua mente, coração e centro sagrado;
- Funda-se com a natureza enquanto respira em seu útero e visualiza uma sequência de belas paisagens naturais. Sinta seu útero ficar repleto de energia alegre e curativa.

Consciência Ventral Mais Elevada

Alcançar uma consciência ventral mais elevada é a salvação para as mulheres, o céu na terra. Quando estamos curadas e equilibradas, o ventre fala conosco a partir do aspecto mais evoluído da nossa consciência ventral. A progressão para estados ventrais cada vez mais elevados é representada no Códice do Ventre. Essa é a verdadeira natureza dos nossos ventres e pode ser obtida quando purificamos o templo corporal do karma passado e presente.

Viver na esfera mais elevada da consciência ventral atrai o que há de melhor em termos de pessoas, lugares e coisas para nossa vida. À medida que aprendemos a manter isso, contamos com ajuda para curar todas as nossas feridas e mágoas, rumar para nossa chama interior e espaço divino e viver nas alturas.

Anos acumulando dor, desconfiança, medo e estresse nos deixaram marcas profundas, e destruíram nossa serenidade — nos fazendo sentir mortas por dentro ou nos causando explosões. Assim que começamos a mudar o foco e expelir as toxinas dessa guerra interna, nosso âmago se transforma. Nós nos tornamos um farol de puro espaço interno, atraindo apenas o Espírito Divino que por natureza reside em nós.

Trabalho Cromático nas Zonas Uterinas: Visualização e Respiração com Cores

Raios de luz coloridos em forma de velas, roupas de algodão ou seda natural, pedras e visualizações irradiam poder e energia ilimitados sobre os níveis físicos e espirituais sutis do nosso templo corporal. As cores irradiam luz que ajuda o corpo a se curar e ficar pleno. Elas também exercem um efeito profundo sobre a mente e as emoções. Certas cores afetam centros energéticos específicos em nosso templo corporal, o que ajuda nosso mundo interior e os *aritu* (chacras) a fluírem livremente e a termos mais acesso a um conhecimento mental, emocional e espiritual mais elevado. Use sua respiração para acionar as cores recomendadas em cada zona uterina.

Tabela de Cores

Zona 9 — Branco/Preto: essa é a zona de Nut, a Grande Mãe Celestial. Suas energias nos abrem para nosso grande espaço interno e nos colocam em contato com a verdadeira *hotep* (paz).

Zona 8 — Branco: purifica o ventre.

Zona 7 — Amarelo: ajuda-nos a pensar com clareza sobre o estado do ventre e seu entorno.

Zona 6 — Índigo: eleva a vibração espiritual para as alturas da integridade.

Zona 5 — Azul: acalma e alivia o ventre; acalenta nosso coração.

Zona 4 — Verde: rejuvenesce o ventre.

Zona 3 — Amarelo: ajuda você a se comunicar plenamente com o seu útero.

Zona 2 — Laranja: ajuda o ventre a digerir os desafios na vida.

Zona 1 — Vermelho: energiza o ventre e queima venenos e toxinas.

Zona 0 — Preto: deixa o ventre ficar centrado. Todas as cores derivam do preto; todas as pessoas tiveram origem na raça do útero escuro.

Visualização e Respiração com Cores

- Inspire o ar profundamente, passando-o pelos seios, pulmões e descendo-o até o útero;

- Expire, soltando todas as toxinas e negatividade desde o ventre até o rosto. No final, prolongue-se em uma sensação de alívio enquanto expira;

- Sempre que inspirar, a cor com a qual você está trabalhando fica mais vibrante em seu útero. Enquanto absorve energia ou cura, observe seu útero se recuperar a cada respiração;

- Faça a respiração com cores sete vezes ou mais, enquanto a luz de velas, a luz do sol ou uma luz elétrica brilha sobre você e lhe dá mais autoconhecimento e serenidade.

Guardiãs das Zonas Uterinas

Todas as Guardiãs NTRU comparecem à cerimônia de nascimento dos nossos eus renovados e plenos. Essas parteiras espirituais nos ajudam a alcançar o status de lótus como mulheres sagradas. Peça a ajuda delas enquanto medita sobre o que podem fazer por seu útero. Explore os vários aspectos que elas representam para que o seu útero se cure e renasça.

Zona 9 — Nut: por meio de meditação e visualização, ela ajuda a evocar a libertação espiritual do seu útero.

Zona 8 — Maat: por meio de meditação e visualização, ela ajuda a evocar clareza, discernimento e iluminação do útero universal.

Zona 7 — Sesheta: por meio de meditação e visualização, ela ajuda a pensar antes de agir pelo bem do seu útero.

Zona 6 — Nebt-Het: por meio de meditação e visualização, ela evoca discernimento mental e devoção pela harmonia do sagrado espaço ventral.

Zona 5 — Ast: por meio de meditação e visualização, ela evoca proteção, nutrição e uma linha direta de comunicação com seu útero.

Zona 4 — Het-Hru: por meio de meditação e visualização, ela evoca harmonia e amor em seu útero.

Zona 3 — Renenet e Meshkenet: por meio de meditação e visualização, elas evocam ventres espiritualmente energizados, destemor e confiança em seu processo de renascimento.

Zona 2 — Serket: por meio de meditação e visualização, ela evoca a cura no relacionamento através do seu útero e ajuda no desenvolvimento das habilidades necessárias para trabalhar com os outros.

Zona 1 — Sekhmet: por meio de meditação e visualização, ela evoca proteção e carrega sua energia radiante para a sobrevivência do seu útero.

Zona Zero — Ta-Urt: por meio de meditação e visualização, ela evoca os poderes da melanina, que é a origem de toda a sua genialidade criativa e espiritual. Ela também evoca poder e estabilidade ventral, pois é lá que toda a vidas germina e todas as esperanças, sonhos e criatividade nascem. Ela rege a base — podando, desarraigando e plantando.

Óleos e Incenso para as Zonas Uterinas

Use os óleos e incenso específicos para ungir seu útero no espírito de cada zona de rejuvenescimento, escolhendo-os entre os óleos essenciais listados abaixo e na ordem descrita.

- Unja seu útero, que é seu centro sagrado;
- Unja o centro do seu coração, também coração do seu ventre;
- Unja sua garganta, que é o âmago da sua expressão;
- Unja seu primeiro olho, que é a visão espiritual do seu ventre;
- Unja sua coroa, que também é a coroa do seu útero.

Zona 9 — Lótus: antiga planta camítica (egípcia) cujo óleo é extraído da flor de lótus. Seu óleo gera harmonia mental, emocional e espiritual e é útil para a mulher durante o parto;

Zona 8 — Olíbano: antigo remédio camítico extraído da casca da árvore, conforta quem tem dificuldade com contato físico. Dissipa medos, nervosismo e neuroses;

Zona 7a — Alecrim: esta erva tem um poderoso efeito estimulante sobre a mente e clareia os pensamentos;

Zona 7b — Sálvia: alivia a exaustão mental; melhora a memória e a capacidade de se concentrar; purifica a mente;

Zona 6 — Lavanda: é destilada das flores frescas da planta; alivia a tensão mental (massageie-o na testa e nas têmporas). Ajuda a equilibrar emoções causadas por estresse, choque ou preocupação;

Zona 5 — Eucalipto: o óleo é extraído das folhas frescas das árvores. Pingue uma ou duas gotas em qualquer mistura. Ajuda a desintoxicar a garganta, e assim a pessoa passa a expressar melhor as emoções e sentimentos reprimidos;

Zona 4 — Canela: antigo remédio camítico. O óleo de canela é destilado da casca da árvore e promove a abertura e o fortalecimento do centro do coração. Não é indicado para quem tem pele sensível;

Zona 3 — Funcho: o óleo é extraído das sementes da planta. O funcho promove a liberação física e espiritual, o que ajuda o renascimento emocional;

Zona 2 — Alecrim: o óleo é destilado das folhas da planta. Tem efeito tonificante sobre o centro do útero e ajuda a digerir emoções;

Zona 1 — Zimbro: o óleo é destilado das bagas desidratadas. Mulheres grávidas e pessoas com doenças renais devem evitá-lo. O zimbro tem um efeito purificante sobre os planos emocional e físico, e alivia crises emocionais;

Zona Zero — Olíbano: extraído da casca da árvore, acalma traumas emocionais e gera tranquilidade.

Pedras das Zonas Uterinas

Coloque a pedra sagrada indicada sobre ou ao lado do ventre ou use contas na cintura. Essa ferramenta de meditação purifica, carrega, acelera e desperta estados dormentes. Diversas pedras enviam cura profunda aos nossos centros energéticos. As pedras curativas podem ser usadas no corpo para facilitar o bem-estar ao longo do dia ou o tempo todo. Cada cor ajuda um determinado estado iluminado de ser a vibrar, conforme mencionado abaixo. Coloque também pedras de molho por várias horas em água potável purificada para energizá-la — então beba.

Zona 9 — Selenita: essa pedra sagrada ligada às energias da lua a ajuda a abrir sua natureza emocional feminina, enquanto acalma reações exageradas a acontecimentos e a interações pessoais;

Zona 8 — Cristal de quartzo: essa pedra gera clareza, protege, equilibra e harmoniza a aura e seu campo energético, bem como reflete a sua verdadeira natureza;

Zona 7 — Ametista: conhecida como a "Mãe da Cura", inspira a meditação e o serviço à humanidade por meio das provações que temos de superar. Dissipa a raiva, a hostilidade e o medo, e estabiliza problemas sexuais. É excelente para tratar impurezas no sangue e doenças venéreas;

Zona 6 — Safira: ajuda a aliviar transtornos mentais ligados a abusos e aflições, a desenvolver a intuição, a ver a verdade e assim ganhar sabedoria em relação a problemas passados e atuais;

Zona 5a — Turquesa: absorve sentimentos negativos e purifica o espírito de ventres feridos. Seu alto teor de cobre abre a cura do templo corporal;

Zona 5b — Água-marinha: estabiliza os planos emocional, mental e físico;

Zona 5c — Lápis-lazúli: alivia a depressão e dores na menstruação. Infunde alto idealismo;

Zona 4a — Esmeralda: essa é a pedra do nascimento e ajuda a revelar experiências ventrais celestiais e terrestres para que possamos crescer e nos transformar;

Zona 4b — Quartzo rosa: a cor rosa promove a clareza do ventre e do coração. O quartzo rosa restaura o amor e a compaixão por si mesma e pelos outros, e cura por meio da liberação da energia amorosa;

Zona 4c — Malaquita: símbolo de criatividade e transformação, essa pedra é usada para equilibrar e harmonizar, e para proteção durante a gravidez. Também ajuda na transição do físico para o espiritual, permitindo que o ventre deprimido se energize espiritualmente. Cura problemas de relacionamento por meio da liberação da energia amorosa;

Zona 4d — Turmalina verde: ajuda a curar o coração, a pressão arterial e asma. Essa pedra promove serenidade e gera sabedoria, apaziguando conflitos;

Zona 3 — Âmbar amarelo: limpa e purifica todo o organismo. Ajuda a despertar o poder e a energia da serpente Kundalini no templo corporal. Aquece o ventre e o livra da pressão da constipação;

Zona 2 — Cornalina: ajuda a se centrar e a digerir e assimilar em todos os níveis;

Zona 1 — Jaspe vermelho: dá força e vitalidade ao templo corporal; estimula o centro sagrado e o plexo solar;

Zona 0 — Turmalina preta: dispersa a negatividade por reflexo, é um escudo protetor contra energias negativas.

Meditação com Pedra

- Coloque a pedra apropriada sobre ou ao lado do ventre;
- Respire em cada órgão, da cabeça aos pés, e também no centro do útero;
- Quando estiver relaxada, respire em cada *arit* (chacra);
- Respire no *arit*, o cerne do ventre. Foque toda a sua atenção na cor verde;
- Agora foque na cor da zona uterina na qual você está trabalhando;
- Infunda profundamente o amor divino e a compaixão no cerne do seu útero enquanto visualiza a Meditação da Natureza;
- Iniciantes devem meditar 5 minutos; pessoas mais experientes podem meditar em prol do bem-estar ventral por até trinta minutos;
- Seja criativa ao combinar a meditação com cores, pedras e óleos essenciais. Deixe sua mulher sagrada interna revelar o que você precisa para se curar.

Terapia Natural para o Ventre

A Terapia Natural para o Ventre consiste em várias técnicas e métodos apresentados no Portal Zero de Nut, que é sobre a "Sabedoria do Ventre Sagrado". Essa terapia ajudará seu corpo, mente e espírito a transformarem o seu útero. Guie-se pelo Códice do Ventre.

Alimentos Indicados

Os alimentos que apoiam, nutrem, desintoxicam e equilibram o ventre devem ser consumidos regularmente para evitar ou eliminar doenças. A natureza cura. No Portal Zero há instruções sobre ervas, compressas de lama, jejum e nutrição. Coma os seguintes alimentos uma ou duas vezes por dia em prol do bem-estar ventral.

Zonas 9 e 8 — Jejum: jejue à base de sucos vivos de legumes para rejuvenescer o ventre, chás de frutas para desintoxicação com ¼ de litro de água purificada diariamente, e chás de ervas para o bem-estar ventral;

Zona 7 — Alimentos amarelos: para sabedoria e assimilação de alimentos e situações. Incluem papaia, limões, abóbora e *grapefruit*;

Zona 6 — Alimentos roxos: incluem uvas e repolho, e estimulam a elevação da mente;

Zona 5 — Alimentos azuis: incluem vacínios e aliviam sangramentos e estresse;

Zona 4 — Alimentos verdes: incluem pepinos, salsa, agrião, clorofila, spirulina e couve, e acalmam e equilibram as emoções que nos impedem de rejuvenescer e restaurar o centro do útero.;

Zona 3 — Alimentos amarelos: como na Zona 7;

Zona 2 — Alimentos alaranjados: incluem laranjas, xinxim, cantalupo e damascos, e aliviam cólicas menstruais, flatulência e toxinas que pressionam o ventre devido à constipação;

Zona 1 — Alimentos vermelhos: incluem framboesas, beterraba, *cranberry*, morangos, melancia e romãs, e regem o corpo físico e a circulação, além de aquecer o corpo;

Zona Zero — Ervas: para o Portal da Mãe Celestial Nut, use ervas de acordo com suas necessidades diárias. Use 2-3 colheres de chá de erva para 2-3 xícaras de água fervida, deixe em infusão até o dia seguinte e tome na meditação matinal.

Sabedoria do Ventre: Técnicas de Bem-Estar

Use técnicas de bem-estar para se livrar de traumas ventrais. O ideal é reservar uma hora e meia para fazer esses procedimentos no mínimo três vezes por semana em seu quarto ou no recinto em que você mantém um altar.

Passo 1: A Prece do Ventre Sagrado

- Fique voltada para o leste e ofereça uma prece no altar;
- Identifique o problema em seu útero;
- Peça uma solução.

Passo 2: Tome Água Energizada com Pedras para Energizar o Ventre

- Tome a água energizada com um cristal ou pedra. Consulte a tabela de pedras para identificar as apropriadas para as necessidades do útero. Coloque uma pedra curativa em 1 xícara de água fervida por alguns minutos, ou despeje a água energizada em uma garrafa e coloque-a sob uma pirâmide para energizá-la ainda mais;

- Tome o *Women's Womb Herbal Tonic* para purgar o ventre. Use a erva específica para equilibrar o seu útero. Coloque 2 colheres de chá de erva em 2 xícaras de água fervida. Deixe em infusão por 30 minutos para melhorar a circulação ou, para obter um tônico potente, deixe em infusão por 4 horas ou até o dia seguinte;

- Faça uma bebida para aquecer o organismo com o sumo de ¼ de xícara de raiz de gengibre fresca; adicione ½ litro de água fervida e o suco de 1 limão.

Passo 3: Suadouro Ventral/ Banho de Vapor ou com Sal/ Banho com Alga Marinha para Eliminar Toxinas; Repouso Sob Luz

Suadouro Ventral

- Sue por 15 a 20 minutos entrando e saindo de uma sauna. Tome duchas quentes e frias mirando a área pélvica entre cada sessão;

- Tome um banho quente por trinta minutos a uma hora. Adicione 900 g a 1,8 kg de sais de Epsom ou 450 g a 1,3 kg de sal do mar morto a 1 xícara de alga marinha. Verta água em uma tigela e deixe a alga marinha de molho por 30 minutos ou até o dia seguinte. Adicione-a ao banho quente;

- Agora deite-se e descanse na cama energizada por cristais. Coloque cristais, que são reflexos diretos do seu corpo físico, sob o colchão ou nos quatro cantos da cama e um no meio para purificar seu corpo espiritual. Se estiver trabalhando com um grupo de mulheres, coloque cristais de quartzo nos quatro pontos do recinto para honrar as quatro direções — norte, sul, leste e oeste.

Repouso do Templo Corporal

- Descanse sob uma luz apontada para o centro do útero;
- Coloque pedras específicas do Códice do Ventre sobre o ventre para energizar seu templo corporal;
- Use aromaterapia e descanse sob uma luz apontada para o centro do seu ventre. Consulte o Códice do Ventre para escolher os óleos essenciais adequados que serão queimados ou borrifados no ar para a cura emocional e espiritual.

Passo 4: Respiração Ventral (Khat) e Sons para se Livrar de Bloqueios e Energizar o Ventre

- Inspire e expire profundamente em seu útero várias vezes guiando-se pela Meditação da Pena de Maat (ver "Portal Zero").

Passo 5: Use Afirmações para se Empoderar

- Use em seu grupo os chamados e respostas de mulheres sagradas para mulheres sagradas, com base nos 25 *hesi* (cantos) listados.

Passo 6: Invoque as Neterutu (parteiras) para Ajudá-la a Orar pela Cura do Ventre Sagrado

- Para ter equilíbrio emocional, tome os florais da Califórnia ou de Bach indicados para suas preocupações, medos, mágoas, ressentimento e outros traumas.

Passo 7: Meditação Guiada com Visualização da Natureza e/ou Meditação de Maat

- Deixe a voz do ventre falar com você por cinco a trinta minutos no encerramento da meditação.

Passo 8: Aplique Compressas Quentes com Óleo de Mamona sobre o Ventre

- Mantenha a compressa sobre o ventre por trinta minutos a uma hora (ver "Portal 0").

Passo 9: Aplique Compressa de Argila sobre o Ventre e Deixe por Várias Horas

- Use uma prancha inclinada ou apoie as pernas na parede em um ângulo de 45 graus por 3 a 5 minutos para a aplicação da argila (ver "Portal Zero").

Passo 10: Tome uma Bebida Verde

- Tome suco verde de legumes, clorofila líquida em água fervida ou adicione 1-2 colheres de sopa de clorofila ou spirulina em pó ao suco de legumes.

Passo 11: Escreva em seu Diário

- Após tomar banho e um chá de erva entre 4h e 6h da manhã, que é o horário de Nebt-Het, sempre escreva em seu diário.

Câmara Uterina: Montando um Espaço para Terapia

Para elevar a vibração em sua câmara uterina e equilibrar totalmente o seu templo corporal, as cores do recinto, dos lençóis e da sua camisola devem ser branco, lavanda, azul pastel ou verde.

Seu espaço de cura é uma ferramenta para purificar, energizar, acelerar e despertar estados dormentes. Isso lhe infunde um estado iluminado de ser.

Plantas. Coloque plantas em todos os cantos de seu recinto de terapia, para enviar íons negativos que purificam a atmosfera e melhoram sua capacidade respiratória.

Cura com Música/Sons. Use música de harpa, teclado, cítara, carrilhões, sinos, tambores e xequerê.

Velas. Use as velas indicadas na tabela para carregar o cerne do seu útero.

Pirâmide. Durante a sessão, fique deitada em um colchonete no chão ou em uma prancha inclinada, ou, se possível, sob uma pirâmide.

Pedras/Cristais. Coloque pedras nas quatro direções em sua coroa, ventre e pés para harmonizar e equilibrar seu ventre. Coloque cristais sob os quatro cantos do colchão. Você também pode colocar várias pedras sobre o ventre, conforme o bloqueio em questão.

Luzes coloridas. Use vermelho, laranja ou amarelo claro para energizar o ventre. Deite-se sob uma luz colorida por 30 minutos. Então, na meia hora seguinte use luz verde, azul e roxa para acalmar e aliviar o ventre.

Aromaterapia e Queima de Óleos Essenciais. Conforme o bloqueio em questão, queime óleos ou use-os para unção, para obter saúde emocional e espiritual, equilíbrio interno e harmonia. Adicione algumas gotas de óleo em uma panela quente com água fervente.

Ventilação. O recinto deve ser bem ventilado, pois o frescor do oxigênio facilita a autocura.

Todas as provações, sofrimento, lutas, mágoas e lições da vida fizeram você se tornar um diamante.

Na hora certa você descobrirá que nada é mais importante na vida do que achar e estar em seu centro sagrado. O que é ser sagrada? Ser sagrada é ter e manter a visão de que você está em fusão divina com o universo. Ser sagrada é estar alinhada com a presença divina interna que é a luz que guia todos nós. Sacralidade é a força libertadora que nos torna dinamicamente plenas no corpo, mente e espírito. Quando estiver buscando sua sacralidade, guie-se pela pena de Maat.

Parte III

OS PORTAIS DE INICIAÇÃO

Entrando nos portais

Capítulo 5
O COMPROMISSO PARA TODAS AS MULHERES QUE ENTRAM NOS PORTAIS

A ANTIGA VOZ AFRAKANA DE NEBT-HET DIZ

Eu, Nebt-Het, como Guardiã e Parteira Sagrada, serei sua guia por todos os Portais de Sacralidade.

Eu, Nebt-Het, sou o princípio divino — NTRU — da Senhora da Casa do Templo Corporal.

Eu, Nebt-Het, também sou a Senhora do Céu e, como Maat, produzo verdade, equilíbrio e justiça. Sou sinônimo de ordem interna e externa.

Fui eu, Nebt-Het, que juntei com minha irmã Ast (Ísis) os pedaços dispersos de Asar (Osíris), o primeiro salvador crucificado, e o ressuscitei com o sopro do espírito. Ajudei a reconstruir-lhe o órgão de regeneração que fez Heru (Horus), o guerreiro Sol, ser concebido imaculadamente e nascer.

Eu, Nebt-Het, ensino às mulheres e homens afrakanos a arte divina da cooperação, ao invés da competição, pois ela é indispensável para o renascimento da nossa civilização maatiana.

Na mão direita seguro Ankh, o símbolo da vida. Ergo a mão esquerda com a palma voltada para você para representar a presença curativa que eu, por meio do Altíssimo, irradiarei pela Terra; minha mão esquerda erguida também bloqueará a negatividade e a impedirá de envenenar os virtuosos.

Uso na cabeça a coroa de Nebt-Het, a Casa Divina na qual vivo na consciensiosidade. Em meu recinto de meditação fica a pena de Maat que carrego para que a paz, a harmonia e o equilíbrio sempre me sigam. No topo do meu templo divino há uma tigela com água, que representa a cura total do templo corporal por meio da purificação do corpo, mente e alma, a qual concedo a você, bela representante do Criador. Madeixas núbias naturais coroam minha cabeça para manter meu espírito sintonizado com NTR, o Altíssimo Criador, que mora em todos nós e nos dá orientação, proteção e iluminação.

Meu espírito de cura sempre estará com você, assim como os espíritos das anciãs, das antepassadas e de outros guardiões espirituais, para guiá-la pelos Nove Portais da Sacralidade. Nossa presença dissipa qualquer medo ou apreensão que possa impedir sua ascensão. Nós somos os porteiros que representam o Altíssimo dentro de você. Nós a guiaremos até sua Divindade.

SEUS GUARDIÕES ESPIRITUAIS FALAM

Abençoada seja sua jornada pelo Portal Zero — O Círculo do Ventre Sagrado, que a prepara para entrar na Alta Iniciação Espiritual nos Portais da Mulher Sagrada. Com a orientação espiritual de Meshkenet, Ast, Nebt-Het e Aunt Iris, você já está na entrada dos portais.

À medida que prosseguir, você receberá ferramentas sagradas que lhe darão poder para fazer grandes obras, para despertar sua cura divina interna, para ungi-la na sacralidade e para libertar seu espírito de mulher sagrada.

Os NTRU — Guardiões dos Portais

É um grande equívoco usar os termos "deuses" e "deusas" para se referir às forças e princípios da cosmologia camítica afrakana. A mentalidade ocidental impôs ao mundo a teoria patriarcal de um Deus distante. Portanto, para os ocidentais, todos os pensamentos afrakanos sobre coisas divinas são taxados de paganismo e politeísmo. O povo camítico chamava o "Todo Divino" de NTR (pronuncia-se Ntur), um nome holofônico núbio, e seus atributos coletivos ou específicos de NTRU. Como camitas ressurgindo agora, nós fazemos o mesmo, pois desde o início NTR era considerado por nossos antepassados como a Grande Divindade Cósmica Materna/Paterna, jamais só como o Deus/Pai. Aliás, a palavra inglesa "*God*" deriva da palavra teutônica "*Got*", que invoca a entidade patriarcal. Embora falemos inglês, nosso nome para o Divino deve estar em harmonia com nossos antepassados camíticos tão bem-sucedidos no Vale do Hapi (Nilo).

Os NTRU (a pronúncia é *Neteru*) são diversas zonas internas de consciensiosidade dentro da esfera cósmica de Nut, a mente materna primordial, que temos o privilégio de invocar sempre que for preciso. Por exemplo, caso queira, você pode renascer em uma nova condição ou circunstância por meio da meditação e do *hesi* (canto) do nome Meshkenet. Meshkenet é o renascimento dos NTRU. Os NTRU se expressam na complementaridade entre feminino e masculino. Nossos antepassados camitas observavam os animais (fossem aves, répteis ou insetos) e plantas cujos hábitos ou comportamentos representavam melhor os aspectos ou atributos específicos da divindade. Isso não era um culto aos animais. Os sinais, símbolos e implementos que aparecem com cada NTRU são ferramentas que ajudam a invocar suas forças ou poderes durante a meditação. Os nomes em parênteses após os nomes camíticos dos NTRU são derivados do grego e conhecidos por grande parte das pessoas.

Portal Zero — Ventre Sagrado

Guardião espiritual: Nut

Nut é o ventre cósmico, a Mãe Celeste que concebeu todos os orbes flamejantes — estrelas, planetas e constelações. Nut "engole" o sol toda noite e o faz renascer toda manhã. Nut é seu cérebro, no qual as ideias são processadas e postas em ação. Geb, o NTRU da Terra, é consorte de Nut. A mentalidade ocidental inverteu o processo afirmando que o Deus/Pai mora no céu e a Mãe foi trazida para a Terra e reduzida a um fantasma, muito embora sagrado.

Portal 1 — Palavras Sagradas

Guardião espiritual: Tehuti

Tehuti é o guardião da palavra e padroeiro dos escribas. Os hieróglifos inscritos em templos, tumbas, obeliscos e sesh (papiro) são regidos por ele. O íbis e o cinocéfalo, um símio com focinho e orelhas de cão, são usados para indicar essa divindade. Tehuti está presente na cena do Juízo Final e registra a comparação entre o peso do coração e o da pena da verdade de Maat. A ligação de Tehuti com Mercúrio indica seu status de mensageiro e ele também é associado à lua. Tehuti é a palavra de sabedoria interna que Hru (o guerreiro espiritual) consulta na guerra contra Set (Desafio). Um sacerdote ou sacerdotisa usa uma máscara de íbis na celebração do Wep Renput, que marca o Ano Novo no Vale do Hapi (Nilo). Além disso, o ritual de "esticar a corda" é feito para orientar a fundação de templos regida por Tehuti e Sesheta, os NTRU das letras.

Portal 2 — Comida Sagrada

Guardiã espiritual: Ta-Urt

"Ta-Urt" significa "Terra" (Ta) e "Grande" (Urt). Ela é o princípio da "Grande Mãe Terra" e chamada de Gaia pelos gregos. Ta-Urt é a provedora da comida e da abundância. Seus emblemas são o crocodilo e o hipopótamo, conhecido por proteger e nutrir zelosamente seus filhotes. Ta-Urt é associada à constelação da Ursa Maior nos céus do Hemisfério Norte.

Portal 3 — Movimento Sagrado

Guardião espiritual: Bes

Bes é do povo Twa (erroneamente chamado de "pigmeu") e frequentemente representado como um anão barbudo e engraçado. Ele é reverenciado como o NTRU dos prazeres domésticos, como música, dança, comida boa e relaxamento, e associado à proteção das mulheres e bebês durante o parto. Como é o protetor e animador das crianças, sua figura é colocada nos quartos delas para afugentar espíritos malignos e infortúnios.

Portal 4 — Beleza Sagrada

Guardiã espiritual: Het-Hru

"Het-Hru" significa "Casa do Rosto". NTRU da beleza, alegria, nutrição e proteção, ela preside a unificação das duas terras e é o aspecto sensual de todas as mulheres. Cosmicamente situada no céu do Ocidente, ela abraça as almas dos mortos que estão a caminho da eternidade. Het-Hru ativa o princípio Menu (Min) da procriação por meio da arte da dança sensual.

Portal 5 — Espaço Sagrado

Guardiã espiritual: Nebt-Het

"Nebt-Het" significa "Senhora da Casa ou da Cabana". Na lenda de Asar, Nebt-Het (Néftis) é irmã de Ast (Ísis) e a parteira de Heru (Horus), o menino herói. Conhecida como a "Senhora das Sombras", é associada à Sirius B, a estrela negra. Ela orbita sua estrela irmã Ast Spdt e a ajuda a se manter em órbita. Ambas anunciam as cheias do Nilo. Nebt-Het ensina a arte da cooperação, pois ajudou Ast a reconstruir e revitalizar o corpo de Asar (Osíris), o primeiro salvador do mundo que foi crucificado.

Portal 6 — Cura Sagrada

Guardiã espiritual: Sekhmet

Sekhmet, que significa força vital, se manifesta como o calor escaldante no verão. Ela é filha de Rá, consorte de Ptah e mãe de Nefertum, o Adão camítico — o ser perfeito que nasceu nas pétalas de um lótus. Sekhmet é a padroeira de todas as mulheres sagradas que curam e atua como o calor nas febres que purga as impurezas. Todos os Sunnutu (médicos camíticos) invocavam seus poderes de cura.

Portal 7 — Relacionamentos Sagrados

Guardiã espiritual: Maat

Maat representa equilíbrio divino, ordem cósmica, a lei, a verdade, a medida, o peso e a propriedade. Com seu símbolo, a pena, Maat preside a pesagem do coração no dia do Juízo Final, que camiticamente falando é todo dia. Todos devem viver de acordo com os Princípios Maatianos Divinos para ter harmonia espiritual. As 42 Leis de Maat foram a base da moralidade camítica. O Decálogo Mosaico, ou seja, os Dez Mandamentos, também tem origem na lei moral camítica afrakana.

Portal 8 — União Sagrada

Guardiã espiritual: Ast

Milhares de anos antes de Eva ou Maria (mãe de Jesus), Ast foi a primeira madona da história com seu bebê Hru e a primeira mestra desse guerreiro. Como seu nome significa trono, ela é representada com um trono na cabeça. Ast é cosmicamente associada à estrela Spdt (Sirius), que causa a inundação do rio Hapi (Nilo). Por isso, ela é considerada a mãe zelosa que alimenta seus filhos, graças ao seu controle sobre o rio. A lenda de Ast e Asar a mostra como o protótipo da esposa e mãe amorosa, assim como sua irmã Nebt-Het. Ela reconstituiu o corpo de seu marido Asar que foi esquartejado por Set, seu irmão invejoso.

Portal 9 — Nefertum: Iniciação no Lótus Sagrado

Guardiões espirituais: Sesheta e Nefertum

Sesheta significa literalmente "segredo". Essa NTRU das letras é, juntamente com Maat, consorte de Tehuti. No templo, iniciados no serviço, estudavam os livros de Sesheta para desvendar os segredos da vida divina. "Sesh" também é a palavra camítica para papiro, o que a torna, juntamente com Tehuti, a padroeira dos escribas. Sesheta é associada à matemática e conta os anos na palma de sua mão. Seus emblemas são uma flor com sete folhas, um par de chifres virados para baixo e o cetro da Flor de Lótus do Renascimento.

Nefertum é filho de Ptah (o pilar) e Sekhmet (deusa da cura). Nefertum é o guardião de todos os óleos essenciais sagrados usados na aromaterapia para elevar e abrandar o corpo, a mente e o espírito das pessoas. Nefertum representa iluminação espiritual, divindade, pureza, beleza radiante e graça. Nefertum é simbolizado pelo lótus, a essência de fusão suprema com o Divino.

Guardiões e Protetores dos Portais de Iniciação

Seus guias espirituais, antepassadas, anciãs e contemporâneas estarão à sua espera na entrada de cada portal.

- **Guardiões espirituais.** Os NTRU são aspectos do Criador Paterno/Criadora Materna NTR e espíritos que vivem dentro de todos nós para nos guiar pela vida. Todos temos o poder de nos conectar com nossos guias por meio de preces, meditações, canções e danças sagradas;
- **Antepassada.** Alguém de sua família nuclear ou estendida que morreu, está na esfera espiritual e pode ajudar quem invoca seu nome em busca de orientação espiritual no mundo material;
- **Anciã.** É uma mulher idosa que preserva a sabedoria de sua família nuclear ou estendida. Você pode recorrer a ela para receber conselhos, orientações e conhecimento. Quanto mais você respeita as suas anciãs, maiores serão suas bênçãos;
- **Contemporânea.** Na perspectiva da Mulher Sagrada, a contemporânea é alguém que inspira as outras no grupo a serem exemplos de uma vida altamente satisfatória em um determinado aspecto. Nesse contexto, a contemporânea é alguém que domina uma certa habilidade, atitude, profissão ou nível espiritual.

RITOS DE PASSAGEM: OS PORTAIS

Nosso povo teve diversos estilos de vida devido à desarmonia gerada pelo legado da escravidão. Precisamos de uma cura ampla para recuperar nossa ordem divina, poder e harmonia inatos como afrakanos.

Por que será que os povos de origem afrakana nas Américas, no Caribe e em várias partes do mundo são tão desunidos? Isso começou há mais de dois mil anos, quando estrangeiros declararam guerra contra nós e se apossaram de nossa terra natal. Isso se estendeu por quatro séculos, quando milhões de afrakanos foram capturados e vendidos para ser escravos. Em consequência desse trauma incompreensível carregado por gerações sucessivas até hoje, há índices astronômicos de divórcio e guerra entre irmãs, mães, filhas, irmãos, pais e filhos.

Antes de sermos arrancados de nossos lares e privados de nossas tradições e modo de vida na Mãe Afraka, éramos um povo íntegro e saudável. Nossas tradições nos proporcionavam equilíbrio e harmonia.

O holocausto vivido pelos negros afrakanos nos privou de nossa terra, cultura, línguas, música, dança, costumes, comidas, religião, vestuário e, acima de tudo, do nosso(a) Criador(a). Nós ficamos sem nossos ritos de passagem da infância para a vida adulta. Ficamos impossibilitados de fechar nossas cicatrizes. Ficamos sem uma vida familiar saudável, pois éramos constantemente separados dos pais, filhos, maridos e esposas, e enviados para trabalhar como escravos de sol a sol em fazendas distantes. Nosso amor-próprio foi quase ceifado por agressores impiedosos e desumanos. Mas, apesar de tudo, nunca nos separamos do espírito. Nos erguemos hoje como o povo preto invencível que somos e, assim como o sol nasce e se põe, nossa ascensão é inevitável.

Tradicionalmente, havia um treinamento sistemático nas sociedades tribais afrakanas para os jovens na puberdade assumirem sua feminilidade ou masculinidade. Esse treinamento durava dois a quatro anos e constituía nossos ritos de passagem. A pessoa não enfrentava a vida sem saber direito qual era sua direção, papel e propósito dentro da comunidade, pois era treinada para ser responsável, inteligente e produtiva. Ela aprendia as habilidades necessárias para o êxito coletivo de seu povo.

Hoje, porém, quando uma mulher e um homem se casam, os desentendimentos são frequentes, pois ambos não foram treinados nos ritos de passagem. Na vida tradicional dos camitas, quando um casal entrava em conflito, os anciões dos dois lados da família se reuniam para ajudar os cônjuges a sanarem suas divergências e o problema era resolvido.

Tal costume ajuda a evitar divórcios devido a pais que não cuidam dos filhos ou a mães ou esposas incapazes de cumprir os votos do matrimônio. O homem e a mulher recebem orientações para manter a família produtiva, pois a família é o pilar de uma tribo, país ou sociedade forte.

Sem os ritos de passagem que ensinam mulheres e homens a serem justos, não pode haver um futuro saudável. Sem esses ritos, homens e mulheres ficam perdidos em termos de direcionamento na vida, produtividade e cura. Portanto, vamos implantar novamente nossos ritos de passagem para assumirmos corretamente sua feminilidade e mulheres maduras se reconectarem com sua sacralidade. A iniciação na *Mulher Sagrada* é meu esforço para recriar nossos antigos ritos segundo minha perspectiva como uma mulher sagrada contemporânea. Oro para que tudo o que partilho com você lhe traga muitas riquezas. Aproveite esses ensinamentos para alcançar sua integridade. À medida que passa pelos portais de cura da sacralidade feminina, tenha mais amor, respeito e apreço por seu belo eu afrakano.

CRIANDO O XALE DA LIBERDADE DA MULHER SAGRADA

Enquanto se prepara para entrar no portal 1, realize o projeto a seguir.

Nossas avós e bisavós faziam colchas meditando com a mente, o coração e as mãos ou em um círculo de amigas e parentes. E isso era sempre um ritual de mulheres. As colchas eram feitas com a junção de pedaços de retalhos com diversos padrões e cores. Cada pedaço era medido e costurado junto com os outros durante a meditação ou conversas interessantes que geravam um espírito de união, alegria e risadas. Tais colchas se tornaram monumentos da nossa história. Na atualidade, as colchas da unidade são símbolos da liberdade para as mulheres sagradas e você pode usá-las como xales ou sobre a cama para protegê-la durante sua jornada espiritual.

Desde os tempos antigos, trabalhar com tecidos servia não só para produzir roupas e cobertas, mas também para marcar ocasiões especiais e trocar informações e mensagens sociais. Isso servia ainda como um recurso mnemônico para lembrar de acontecimentos ou outros dados e invocar "magias — para proteger e assegurar a fertilidade e riquezas, e para adivinhar o futuro".

A fiação, urdidura e penteamento dos fios para produzir tecidos é uma prática feminina que remonta às nossas origens camíticas no quarto milênio antes de Cristo. As mulheres se sentavam em banquinhos ou no chão para tecer. O tear ficava fixado no chão e duas tecelãs agachadas de cada lado movimentavam a laçadeira para frente e para trás.

Ao fazer tecidos, nós, mulheres sagradas, entramos na tapeçaria da própria libertação e da cura a cada linha entremeada e a cada peça costurada. À medida que captamos mais conscienciosidade ao entrar em cada portal, estamos nos inserindo em um pano de unidade.

Costurando seu Xale ou Colcha da Liberdade

Honrar a tradição de costurar reflete nosso aprofundamento na sacralidade como mulheres livres e empoderadas. Outro nome para esse tecido é *senab*, a palavra camítica do Metu NTR para "saúde", pois ele representa tudo o que é saudável e íntegro em uma mulher. O pano poder ser um xale, uma colcha, uma manta, um manto, um drapeado ou tapeçaria de parede — uma peça de arte.

O tecido representa o Portal Zero — O Ventre Sagrado e todos os portais de iniciação. A linha dourada usada para costurar os pedaços de tecido junta as lições que recebemos em cada portal. Ao juntar os pedaços de tecido que representam nossa sabedoria, esperança, visões, preces, descanso e alegria, consertamos o nosso tecido e o de nossas vidas durante a passagem pelos portais. Incorporamos em nosso *senab* tudo o que aprendemos estudando e dominando nossas lições, aumentando o conhecimento do nosso círculo sagrado, recebendo e partilhando tudo o que é preciso para ser uma mulher sagrada. Nossa colcha ou xale sagrado é composto por dez pedaços de pano, com cores lindas e inspiradoras que representam a sabedoria conquistada a duras penas.

Durante a jornada de iniciação na *Mulher Sagrada*, continuamos tecendo vários pedaços que representam os estágios do nosso desenvolvimento. No final, teremos uma colcha ou xale que nos aquecerá quando o tempo estiver frio e continuará conosco vida afora para dar proteção e conforto espiritual quando for preciso. Essa peça nos acalma quando a cura está ocorrendo, nos protege quando a cozinha da vida esquenta demais e nos envolve para realçar nossa beleza régia. Nós a colocamos em volta dos ombros como um xale quando precisamos de força para tratar de assuntos sérios, quando andamos na terra ou para enfrentar o mundo e a deixamos perto da cama, quando é preciso pensar em que direção devemos seguir. Esses dez pedaços de tecido sagrado foram inspirados e produzidos pelos ventres das primeiras mães. Quando todos os pedaços se juntam por meio da junção dos nossos "eus" sagrados, surge uma tapeçaria rica e colorida, que é um legado eterno da nossa verdadeira feminilidade transmitida para nossas filhas, da mesma maneira que nossas mães primevas transmitiram o legado da Mulher Sagrada primeva para todas as outras mulheres em busca de plenitude.

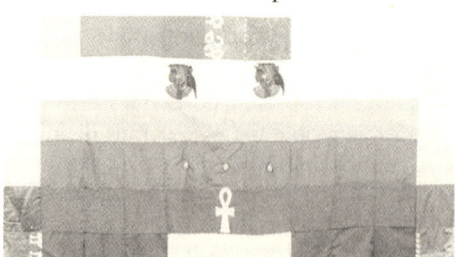

Xale para Preces

Ao entrar no Portal Zero, você pode receber o xale de Ast/Nebt-Het (de irmã para irmã). Não é preciso esperar até o final da sua iniciação para usar esse xale. Você pode orar com ele e usá-lo durante suas preces e rituais de purificação de manhã e à noite. Use o xale enquanto estuda a sacralidade feminina. Ao se aproximar de cada portal, unja seu xale com o óleo essencial específico para esse portal. Você também pode usar o xale de Ast/Nebt-Het para ter apoio ao longo dos portais enquanto cria seu xale ou colcha da liberdade.

Fazendo seu Xale ou Colcha da Liberdade

Passo 1: Mente

Familiarize-se com o livro *Mulher Sagrada* lendo sobre cada portal. Prepare-se para aplicar na preparação do seu xale da liberdade tudo o que está aprendendo como uma mulher sagrada. Observe que sinais e símbolos aparecem em sua vida e reflita sobre o que eles representam a respeito do que você e seu xale irão se tornar.

Passo 2: Espírito

Enquanto costura, medite sobre esse ritual como um meio de juntar todos os pedaços do seu "eu" feminino em uma tapeçaria linda e coesa. Visualize pensamentos de bem-estar em sua vida e da visão mais elevada de si mesma e costure-os nessa peça.

Passo 3: Corpo

Arranje amostras de pano com as dez cores simbólicas de cada portal listadas no "Mapa das Práticas Espirituais" na tabela dos portais (ver página 153). Ao longo dos portais Zero a 9, você irá costurar uma amostra a cada sete dias. O Portal Zero deve ficar no meio e os demais ao redor do seu ventre sagrado. A última linha será costurada quando você estiver prestes a sair de cada portal.

Esse processo continua no início e no fim de cada portal subsequente. Esse é o ritual dos inícios e fins no qual você liga com as mãos e o espírito um pedaço de tecido e um pedaço do seu "eu" ao todo.

Após juntar os pedaços do xale ou colcha, costure uma tira de tecido branco, azul ou prateado nas bordas da peça para dar um belo acabamento. Você também pode aplicar uma tira de tecido prateado ou azul em um ou todos os portais para representar o espírito divino de Nut, nossa Mãe Celestial. Como uma artista sagrada, fique à vontade para pintar estrelas ou o que quiser em seu xale.

No pano prateado ou azul, corte o formato do trono (o assento) de Ast (Ísis) e o aplique bem no meio do xale ou colcha. Agora corte o formato de um lótus no pano branco e costure-o acima do trono de Ast. Enquanto costura, pense nesse ritual como um meio de juntar todos os pedaços do seu eu feminino em uma bela peça de tecido mostrando a riqueza da vida.

Como não há limite para sua criatividade, você pode costurar ou colar uma pedra sagrada que corresponda a cada portal (ver as tabelas de trabalho no altar) no xale ou pintar imagens de si mesma, dos guardiões, dos antepassadas e das anciãs. Por fim, unja o tecido com os óleos essenciais de cada portal, para que a peça represente sua vida sagrada.

Montando uma Colcha Coletiva

Outro projeto que pode lhe interessar é o da "Colcha da Liberdade". Ele tem o condão de simbolizar a unidade do Círculo de Mulheres Sagradas. Quando a jornada pelos portais chega ao fim, a colcha pode ser pendurada na parede em uma área comum para que todas a apreciem. No mais, seria propício a inclusão de uma foto com data, tirada das participantes do círculo. Isso ajuda a manter a história do clã da Mulher Sagrada sempre visível e pode incentivar outras iniciadas a fazerem o mesmo.

Desafio da Mulher Sagrada

Se em qualquer momento lhe faltar energia criativa ou força vital, invoque as irmãs Ast e Nebt-Het. Invoque o espírito de liberdade do seu xale, coloque-o nos ombros ou em sua coroa e pense nos seus guardiões espirituais, antepassadas e anciãs. Peça ajuda para sair do impasse, pois eles sempre estarão disponíveis para orientá-la e confortá-la.

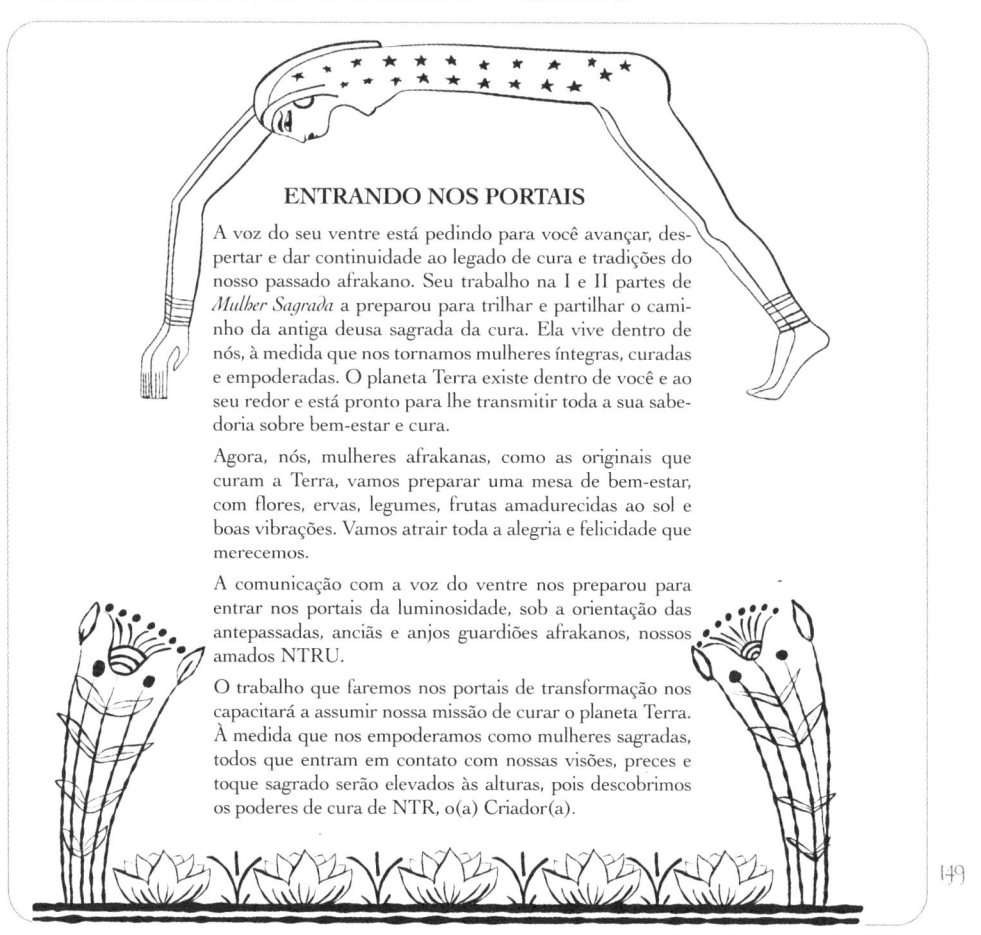

ENTRANDO NOS PORTAIS

A voz do seu ventre está pedindo para você avançar, despertar e dar continuidade ao legado de cura e tradições do nosso passado afrakano. Seu trabalho na I e II partes de *Mulher Sagrada* a preparou para trilhar e partilhar o caminho da antiga deusa sagrada da cura. Ela vive dentro de nós, à medida que nos tornamos mulheres íntegras, curadas e empoderadas. O planeta Terra existe dentro de você e ao seu redor e está pronto para lhe transmitir toda a sua sabedoria sobre bem-estar e cura.

Agora, nós, mulheres afrakanas, como as originais que curam a Terra, vamos preparar uma mesa de bem-estar, com flores, ervas, legumes, frutas amadurecidas ao sol e boas vibrações. Vamos atrair toda a alegria e felicidade que merecemos.

A comunicação com a voz do ventre nos preparou para entrar nos portais da luminosidade, sob a orientação das antepassadas, anciãs e anjos guardiões afrakanos, nossos amados NTRU.

O trabalho que faremos nos portais de transformação nos capacitará a assumir nossa missão de curar o planeta Terra. À medida que nos empoderamos como mulheres sagradas, todos que entram em contato com nossas visões, preces e toque sagrado serão elevados às alturas, pois descobrimos os poderes de cura de NTR, o(a) Criador(a).

PRÁTICAS NATURAIS DIÁRIAS PARA A ASCENSÃO DA MULHER SAGRADA

Durante sua jornada na Aldeia Global da Mulher Sagrada, por favor, honre as seguintes intenções:

Observe Nut:
- Mantenha abstinência sexual durante o treinamento inicial na *Mulher Sagrada*. Peça ao seu parceiro para respeitar esse dever, mas se houver bastante intimidade, ele pode buscar algum grau de purificação por dois a três dias com você, a fim de fazer amor de maneira holística;
- Jejue na lua nova, na lua cheia e durante a menstruação.

Observe Tehuti:
- Fique em silêncio por uma a quatro horas diariamente;
- Limite as conversas por telefone e ao vivo e não faça mexericos;
- Meça suas palavras. Não pragueje, julgue, critique nem coloque você e os outros para baixo. Use as palavras como medicina;
- Registre no seu diário as lições, dificuldades e bênçãos em cada portal.

Observe Ta-Urt:
- Siga uma dieta totalmente vegetariana. Caso ainda seja carnívora, você tem sete dias para fazer a transição para o vegetarianismo. Todas as informações necessárias para você começar estão na "II Parte" de *Mulher Sagrada*;
- Veja os vídeos do curso *Heal Thyself Kitchen Power* sobre a preparação de comidas naturais ou leia *The Heal Thyself Cookbook*, de Dianne Ciccone;
- Jejue um dia por semana ingerindo apenas sucos de legumes e frutas, água filtrada e chás de ervas;
- Acolha plenamente a transformação e dispense todas as condições, pessoas, coisas, comidas e atividades tóxicas da sua vida.

Observe Bes:
- Pratique movimentos, exercícios e danças sagradas diariamente.

Observe Het-Hru:
- Embeleze o corpo e o espírito por meio de suas palavras, ações e aparência;
- Comungue com a natureza uma vez por semana. Vá ao parque ou à praia para fazer meditações. A natureza é o espelho da sua sacralidade, estar em harmonia com ela a manterá sintonizada.

Observe Nebt-Het:
- Levante-se diariamente às 4 h da manhã para orar e meditar;
- Purifique sua casa diariamente de alguma maneira;
- Só veja conteúdos na televisão e vídeos que tenham ótimas vibrações e sejam inspiradores;
- Livre seu templo corporal de antigas hostilidades, malícia, raiva, ressentimento e mágoas, usando sempre as técnicas de purificação apresentadas na "II Parte" de *Mulher Sagrada*;
- Mantenha seu templo corporal, sua casa e seu espaço de trabalho limpos e purificados.

Observe Sekhmet:
- Seja totalmente sincera, carinhosa e paciente com seu "eu" feminino. Use o tempo que for preciso para realmente se curar.;
- Não perca tempo e concentre-se naquilo que quer curar.

Observe Ast:
- Emane diariamente um reflexo e exemplo saudável do seu "eu" divino.

Observe Maat:
- Agradeça e louve as lições aprendidas. Ore para ter coragem e força para enfrentar as próximas sem perder o equilíbrio.

Observe Nefertum:
- Faça diariamente uma boa ação concreta ou com palavras para os outros.

Agradeça e louve as lições aprendidas.

Trabalho no Diário com Sesheta em Cada Portal

Sesheta, a guardiã espiritual dos segredos, está em todos os portais. Quando solicitada, ela se revela para que possamos purgar aqueles segredos bem guardados que nos impedem de acessar nossa verdadeira natureza divina e plenitude como mulheres. Ela irá guiar você.

Sesheta a guiará quando você ficar cara a cara com seus segredos em cada portal, o que pode ser a coisa mais difícil que você já fez. As perguntas feitas à Sesheta a seguir, ajudam a aflorarem informações das suas profundezas em sua mente, corpo e espírito. Assim que esses segredos são revelados e você se depara claramente consigo mesma, a verdadeira cura pode começar a acontecer. Embora isso possa ser desorientador, a revelação do que era oculto e protegido pode lhe dar mais clareza, poder e paz.

Muitas vezes nos protegemos por medo de que os outros não nos aceitem, amem nem compreendam. Temos medo de perder. Quando Sesheta revela o segredo de cada portal para nós ou para os outros, isso é uma oportunidade para "lavarmos nossa roupa suja" e nos curarmos. O processo de revelação empreendido por Sesheta é uma dádiva para nos purificarmos em cada portal.

Perguntas para Sesheta no Portal 1 – Palavras Sagradas, Guardado por Tehuti.

Use esse sistema intuitivamente em cada portal. Converse consigo mesma ou com a irmã que lhe dá apoio.

Pergunta 1: Qual é minha verdade oculta? Que palavras eu temo dizer às pessoas?

Pergunta 2: Por que tenho medo de expressar verdades ocultas para os outros? Temo perder uma amiga? O que aconteceria se eu a perdesse? Tenho medo de ficar sozinha?

Resposta do guardião Tehuti: Em primeiro lugar, a verdade é que você nunca está sozinha. Além disso, a verdade a libertará. Se continuar se purificando e rejuvenescendo por meio do trabalho na Mulher Sagrada, mesmo que perca uma amiga da esfera inferior, você também está crescendo e ganhando novas amizades da esfera superior que espelham sua evolução.

Em cada portal peça ao seu guardião espiritual para lhe revelar, diretamente ou por meio do seu diário, quem você é, o que você é e por que é assim. Peça a Sesheta para lhe revelar seus segredos. Saiba que Sesheta fará a resposta vir para a superfície. Se você achar difícil receber as respostas para os seus segredos, peça permissão a Sesheta para pedir que os guardiões do portal falem através da sua voz ou do diário. Registre no diário suas perguntas e as respostas que receber no trabalho relativo ao portal em que você está. Repita:

> Tua NTR (obrigada), Sesheta, por revelar meus segredos. Eu a louvo por ter aberto o reino da verdade para mim.

TRABALHO TRANSFORMADOR DE SETE DIAS

O trabalho transformador no portal sagrado é o mais importante que você fará na terceira parte de *Mulher Sagrada*. Ele integra tudo que você está aprendendo em cada portal e lhe dá uma visão geral do plano inteiro.

As práticas oferecem poderosos exercícios espirituais e físicos diários, lembretes importantes sobre dieta e técnicas de purificação, listas úteis do que fazer ou não, assim como visualizações, meditações, afirmações e preces. Acima de tudo, elas ajudam a criar novas prioridades na vida cotidiana, enquanto você continua sua jornada rumo à sacralidade feminina.

Ao longo dos sete dias em cada portal, lembre-se de continuar transformando as frases "eu não consigo" em "eu consigo", "eu não farei" em "eu farei" e "sou incapaz" em "sou capaz", e veja sua vida se transformar diante de seus olhos!

BÊNÇÃO DA PRIMEIRA MULHER SAGRADA

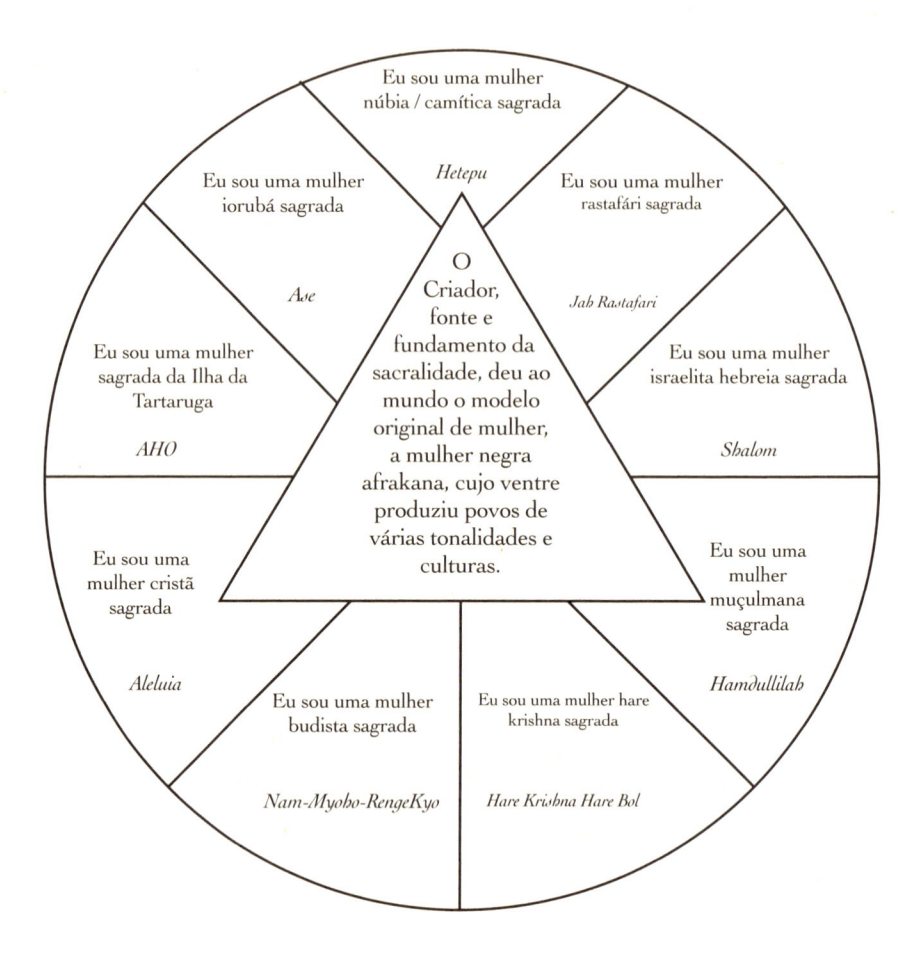

Diagrama circular com os seguintes elementos:

No centro (triângulo): "O Criador, fonte e fundamento da sacralidade, deu ao mundo o modelo original de mulher, a mulher negra afrakana, cujo ventre produziu povos de várias tonalidades e culturas."

Ao redor do círculo:
- Eu sou uma mulher núbia / camítica sagrada — *Hetepu*
- Eu sou uma mulher rastafári sagrada — *Jah Rastafari*
- Eu sou uma mulher israelita hebreia sagrada — *Shalom*
- Eu sou uma mulher muçulmana sagrada — *Hamdullilah*
- Eu sou uma mulher hare krishna sagrada — *Hare Krishna Hare Bol*
- Eu sou uma mulher budista sagrada — *Nam-Myoho-RengeKyo*
- Eu sou uma mulher cristã sagrada — *Aleluia*
- Eu sou uma mulher sagrada da Ilha da Tartaruga — *AHO*
- Eu sou uma mulher iorubá sagrada — *Ase*

Mulheres sagradas do mundo, eu venho com saudações e paz enquanto vocês se reúnem em *smai tawi*, em unidade, para disseminar a cura por todos os recantos da Terra.

Sou a primeira mulher, a mulher afrakana-núbia, mãe de todas as outras mulheres dentro do arco-íris de cores, tradições e culturas que agora cobre o globo.

Como a mulher ancestral, todos os aspectos da minha existência foram direcionados espiritualmente — no governo, trabalho, casamento, vida familiar, alimentação, cura e cerimônia. A vida e a transformação (morte) foram direcionadas pelo Altíssimo NTR (Criador/Criadora). Na minha época, não havia separação entre espírito estado. Tudo era uno e proveniente do(a) Criador(a), o Espírito Divino. Como uma mulher afrakana-núbia, eu vivia, respirava, me vestia e me enfeitava no Espírito Sagrado da Grande Mãe e do Grande Pai.

De mim, a mulher ancestral, afrakana e universal, nasceram todas as línguas, culturas e religiões. Todas as tradições se inspiraram na primeira mulher. Honrem, louvem e adorem a primeira mãe, a mulher afrakana sagrada.

MAPA DAS PRÁTICAS ESPIRITUAIS DIÁRIAS DA MULHER SAGRADA NOS PORTAIS DE INICIAÇÃO

PORTAL 0	PORTAL 1	PORTAL 2	PORTAL 3	PORTAL 4
VENTRE SAGRADO	PALAVRAS SAGRADAS	COMIDA SAGRADA	MOVIMENTO SAGRADO	BELEZA SAGRADA

Elemento do Portal:

Água e Ar	Terra	Terra e Ar	Terra	

1. O Banho Espiritual: Adicione 4-6 gotas de óleos essenciais na água do banho e 1 xícara de sal marinho. Encha a banheira com água quente.

Óleo de olíbano	Óleo de eucalipto	Óleo de tomilho	Óleo de bergamota	Óleo de rosas ou de canela

2. Montando Seu Altar: Siga o diagrama para o trabalho no altar em cada portal e também coloque nele os seguintes objetos espiritualizados:

Um ovo tântrico de cristal de quartzo	Um papiro enrolado preso com uma fita e uma caneta	Uma tigela com frutas	Um pandeiro, tambor, ou sinos nos tornozelos e na cintura	Um instrumento sagrado que você deve tocar diariamente enquanto ora

3. Unção com Óleos: Diante do altar, unja sua coroa, a testa (o portal corporal da suprema espiritualidade), o coração (para ter poder, esperança e fé) e as mãos (para que tudo que você toque fique mais sagrado).

Óleo de olíbano	Óleo de eucalipto	Óleo de tomilho	Óleo de bergamota ou óleo de olíbano e mirra	Óleo de rosas ou de canela

4. Abrindo o portal: Para invocar o guardião espiritual do portal, faça uma prece sincera e espontânea. Por exemplo: "Divino guardião espiritual do portal, por favor, aceite meu amor mais profundo e bênçãos em retribuição. Hetepu".

Enquanto ora, toque um instrumento sagrado (tambor, xequerê, sistro ou sinos).

5. Libação: Verta a libação para os guardiões sagrados, antepassadas, anciãs e contemporâneas.

Guardiã sagrada *Nut*	Guardião sagrado *Tehuti*	Guardiã sagrada *To-Urt*	Guardião sagrado *Bes*	Guardiã sagrada *Het-Hru*

PORTAL 5	PORTAL 6	PORTAL 7	PORTAL 8	PORTAL 9
ESPAÇO SAGRADO	CURA SAGRADA	RELACIONAMENTOS SAGRADOS	UNIÃO SAGRADA	NEFER ATUM Iniciação no lótus sagrado
Ar	Fogo	Ar	Água / Lua / Feminina Fogo / Sol / Masculino	Espaço celeste
Coloque uma vassourinha perto do altar (de preferência, uma vassoura de canela)	Coloque uma tigela com alho e folhas de babosa no altar, pois os antigos camitas usavam ambos para cura.	Coloque uma árvore genealógica de sua família nuclear estendida no altar.	Faça uma colagem com fotos de casais e coloque no altar.	Coloque uma flor branca em um vaso de cristal, adicione 1 gota de óleo de lótus e coloque no altar.
Unja o ventre, as palmas das mãos e as solas dos pés para o alinhamento espiritual (use apenas óleos essenciais).					
Óleo de lavanda	Olíbano e mirra	Lavanda ou ylang-ylang	Óleo de rosa branca	Óleo de lótus
Um exemplo de prece que pode ser modificada em cada portal: "Gratidão por sua presença curativa em meu altar e em minha vida. Obrigada por sua orientação e inspiração para despertar o NTR interno".				
Guardiã sagrada *Nebt-Het*	Guardiã sagrada *Sekhmet*	Guardiã sagrada *Maat*	Gurdiã sagrada *Ast*	Guardiões sagrados *Ast* e *Nefertum*

O Compromisso para todas as Mulheres que Entram nos Portais

PORTAL 0	PORTAL 1	PORTAL 2	PORTAL 3	PORTAL 4
VENTRE SAGRADO	PALAVRAS SAGRADAS	COMIDA SAGRADA	MOVIMENTO SAGRADO	BELEZA SAGRADA
Antepassadas: *Biddy Mason e Queen Mother Moore*	Antepassadas: *Zora Neale Hurston e Margaret Walker*	Antepassada: *Ast* Antepassadas: *Josephine Baker e Pearl Primus*	Antepassada: *Rainha Tiye*	
Anciãs: *Aunt Iris O'Neal e Dra. Josephine English*	Anciãs: *Maya Angelou, Toni Morrison, Camille Yarbrough e Nikki Giovanni*	Anciã: *Amon d Re A*	Anciã: *Katherine Dunham*	Anciãs: *Lena Horne, Kaitha Het Hru e Nekhena Evans*
Contemporâneas: *Dra. Jewel Pookrum e Nunkeleko Lychessia*	Contemporâneas: *Edwidge Danticat e Jessica Care Moore*	Contemporâneas: *Cher Carden e Dianne Ciccone*	Contemporâneas: *Carmen Delavallade, Judith Jamison, Debbie Allen e Queen Esther*	Contemporâneas: *Erykah Badu e Lauryn Hill*

7. Prece Sagrada:

| Para o ventre sagrado | Para as palavras sagradas | Para a comida sagrada | Para o movimento sagrado | Para a beleza sagrada |

Cante (*besi*):

8. Respirações de fogo: Prepare suas respirações de fogo inspirando lentamente quatro vezes e expirando quatro vezes, quando estiver totalmente à vontade, faça:

| Cem vezes por dia | Duzentas vezes por dia | Trezentas vezes do dia | Quatrocentas vezes por dia | Quinhentas vezes por dia |

9. Meditação no Portal da Mulher Sagrada: aumente a duração da meditação a cada sete dias. Quanto mais você meditar e viver em um estado meditativo, melhor. Medite e depois trabalhe no diário.

5 minutos	10 minutos	20 minutos	30 minutos	40 minutos
Branco ou azul para purificação e serenidade.	Amarelo para sabedoria divina e intelecto elevado.	Marrom ou verde para ficar centrada e se regenerar.	Marrom avermelhado ou laranja.	Verde para regeneração, fertilidade e crescimento.

9a. Visualização cromática: visualize a cor do portal em que você está e use-a para meditar.

9b. Meditação com a pedra sagrada: enquanto medita, ponha a pedra sagrada na parte do corpo que é simbólica do portal.

| Selenita, turquesa ou turmalina preta — útero | Água-marinha — garganta | Cornalina dourada — estômago | Cornalina e ágata vermelha — espinha | Malaquita verde — coração |

PORTAL 5	PORTAL 6	PORTAL 7	PORTAL 8	PORTAL 9
ESPAÇO SAGRADO	CURA SAGRADA	RELACIONAMENTOS SAGRADOS	UNIÃO SAGRADA	
Antepassadas: *Queen Nefertari e Aah-mes*	Antepassadas: *Dra. Alvenia Fulton e Ankh Hesen Pa Aten Ra*	Antepassadas: *Sojourner Truth Sarah e Elizabeth Del-aney*	Antepassada: *Betty Shabazz*	Antepassadas
Anciã: *Barbara Ann Teer*	Anciã: *Berlina Baker*	Anciãs: *Queen Nzinga e Ratabisha Heru*	Anciãs: *Ruby Dee e Coretta Scott King*	Anciãs
Contemporânea: *Queen Afua MutNebt-Het*	Contemporâneas: *Dra. Sharon Oliver e Earthlyn Marselean Manuel*	Contemporâneas: *Oprah Winfrey, Iyanla Vanzant e Lady Prema*	Contemporâneas: *Camille Cosby e Susan Taylor*	Contemporâneas
Prece para o espaço sagrado	Prece para a cura sagrada	Prece para os relacionamentos sagrados	Prece para a união sagrada	Prece para Neferatum e iniciação no lótus sagrado
Seiscentas vezes por dia	Setecentas vezes por dia	Oitocentas vezes por dia	Novecentas vezes por dia	Mil vezes por dia
50 minutos	60 minutos	70 minutos	80 minutos	90 minutos
Roxo para libertação espiritual	Vermelho para vitalidade, saúde e poder. Limite ou evite se for muito sensível	Branco para purificação	Azul royal para paz interna	Branco e azul claro para purificação, iluminação e devoção.
Safira azul – pulmões	Hematita – plexo solar	Turmalina e quartzo rosa – coração	Lápis-lazúli – primeiro olho	Ametista

PORTAL 0	PORTAL 1	PORTAL 2	PORTAL 3	PORTAL 4
VENTRE SAGRADO	PALAVRAS SAGRADAS	COMIDA SAGRADA	MOVIMENTO SAGRADO	BELEZA SAGRADA

10. Tônicos de ervas: chá de ervas enquanto escreve no diário e ao longo da semana, 1-4 xícaras diariamente.

Heal Thyself Woman's Life Tea ou de dente-de-leão	Eucalipto	Salsa	Gingko biloba	Babosa

11. Essências florais: para aprofundar sua experiência em cada portal, escolha até três das seguintes essências florais:

Alpine Lily, Pomegranate, Star Tulip, Black-Eyed Susan, Angelica	*Calendula, Cosmos, Trumpet Vine, Snapdragon, Larch, Heather*	*Crab Apple, Iris, Pink Monkeyflower, Goldenrod, Self-Heal, Walnut*	*Dandelion, Star of Bethlehem, Self-Heal, Manzanita, Hibiscus*	*Pomegranate, Iris, Indian Paintbrush, Pretty Face, Pink Monkeyflower*

12. Dieta: siga as Leis de Alimentação Natural da Mulher Sagrada apresentadas em cada portal.

60% dos alimentos cozidos no vapor e 40% crus vivos	60% dos alimentos cozidos no vapor e 40% crus vivos	60% dos alimentos cozidos no vapor e 40% crus vivos	60% dos alimentos cozidos no vapor e 40% crus vivos	50% dos alimentos cozidos no vapor e 50% crus vivos

13. Escrita no diário: anote em seus diários pensamentos, realizações, atividades e experiências importantes. Se tiver um bloqueio, consulte Sesheta.

14. Xale da liberdade de Senab: escolha um novo pedaço de pano que corresponda à cor do portal e adicione ao xale, assim como símbolos significativos, como objetos naturais, relíquias de família, itens colecionáveis etc.

15. Ferramentas da Mulher Sagrada: suprimentos e objetos especiais necessários para o trabalho em cada portal.

Mesa de madeira ou plataforma elevada para montar o altar no portal Zero.	Gravador de áudio ou câmera para registrar e depois observar como você usa as palavras.	Ferramentas para o Laboratório Culinário: extrator de sucos; liquidificador; panelas de aço inoxidável; copo ou bule não metálico para a infusão de chás de ervas; vasos para ervas; coador para ervas; extrator de clorofila	Um templo corporal disposto a se transformar	Tecido (3,6 m) para praticar como enrolar seu templo corporal com beleza simples. Contas para cintura e braceletes para os tornozelos.

16. Lembrete sagrado: ao longo da semana, observe atentamente a sabedoria apresentada no portal em que você está e o trabalho feito no encerramento de cada portal.

Palavras sagradas de encerramento: encerre sua cerimônia diária no altar com palavras de louvor ao(a) Criador(a).

PORTAL 5	PORTAL 6	PORTAL 7	PORTAL 8	PORTAL 9
ESPAÇO SAGRADO	CURA SAGRADA	RELACIONAMENTOS SAGRADOS	UNIÃO SAGRADA	NEFERTUM Iniciação no lótus sagrado
Gotu kola	Gengibre	Camomila	Bálsamo de limão	Água solar
Tome 4 gotas três vezes por dia.				
Indian Paintbrush, Mountain Pennyroyal, Iris, Canyon Dudleya, Star Tulip, Sagebrush e Shasta Daisy	*Self-Heal, Love Lies Bleeding, Shasta Daisy, Pink Yarrow e Black-Eyed Susan*	*Calendula, Fawn Lily, Mallow, Violet, Pink Yarrow, Forget-Me-Not e Poison Oak*	*Evening Primrose, Chamomile, Forget-Me-Not, Sticky Monkey Flower, Snapdragon e Penstemon*	*Star Tulip, Pomegranate, Mugwort, Iris, Angelica, Alpine Lily e Lotus*
50% dos alimentos cozidos no vapor e 50% crus vivos	50% dos alimentos cozidos no vapor e 50% crus vivos	25% a 40% dos alimentos cozidos no vapor e 60% a 75% crus vivos	25% a 40% dos alimentos cozidos no vapor e 60% a 75% crus vivos	100% dos alimentos crus vivos ou Jejum da Mulher Sagrada

É melhor trabalhar no diário após a meditação ou a purificação interna ou externa.

Xale ou colcha da liberdade. O tecido serve como uma tela para representar sua experiência em cada portal. Adicione também:

Vassouras sagradas de canela. Uma pequena fica perto do altar e uma grande fica perto da porta da frente. Panelinha de ferro fundido para a defumação com óleos sagrados.	Pêndulo de cristal e tabelas sobre pêndulos. Oráculos como as Cartas do Anjo Negro e as Cartas de Divinação da Mulher Sagrada. Materiais para as Sacolas Medicinais da Mulher Sagrada.	Uma bela pena branca de avestruz para ser sua pena de Maat e servir como leque. Uma balança que pareça a balança da justiça.	Uma Ankh especial para simbolizar a união do masculino e do feminino. Diálogo no diário sobre a união sagrada.	Pano e roupas cerimoniais brancas para a Iniciação. Objetos sagrados especiais requeridos para todas as participantes na Cerimônia de Renascimento do Lótus Sagrado.

Para obter o máximo de resultados, harmonize-se com os vários sistemas de bem-estar apresentados, faça o trabalho transformador de sete dias e expresse gratidão profunda pelas bênçãos recebidas.

Capítulo 6
PORTAL I – PALAVRAS SAGRADAS

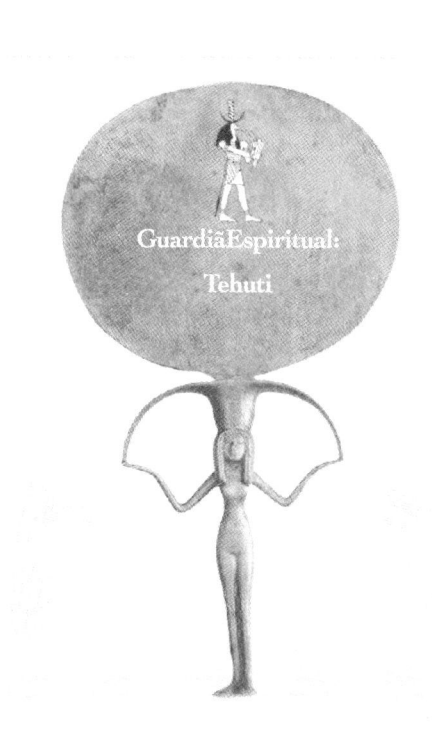

GuardiãEspiritual:

Tehuti

Antepassadas:

Zora Neale Hurston

Margaret Walker

Anciãs:

Maya Angelou
Toni Morrison
Camille Yarbrough
Nikki Giovanni

Contemporâneas:

Edwidge Danticat

Jessica Care Moore

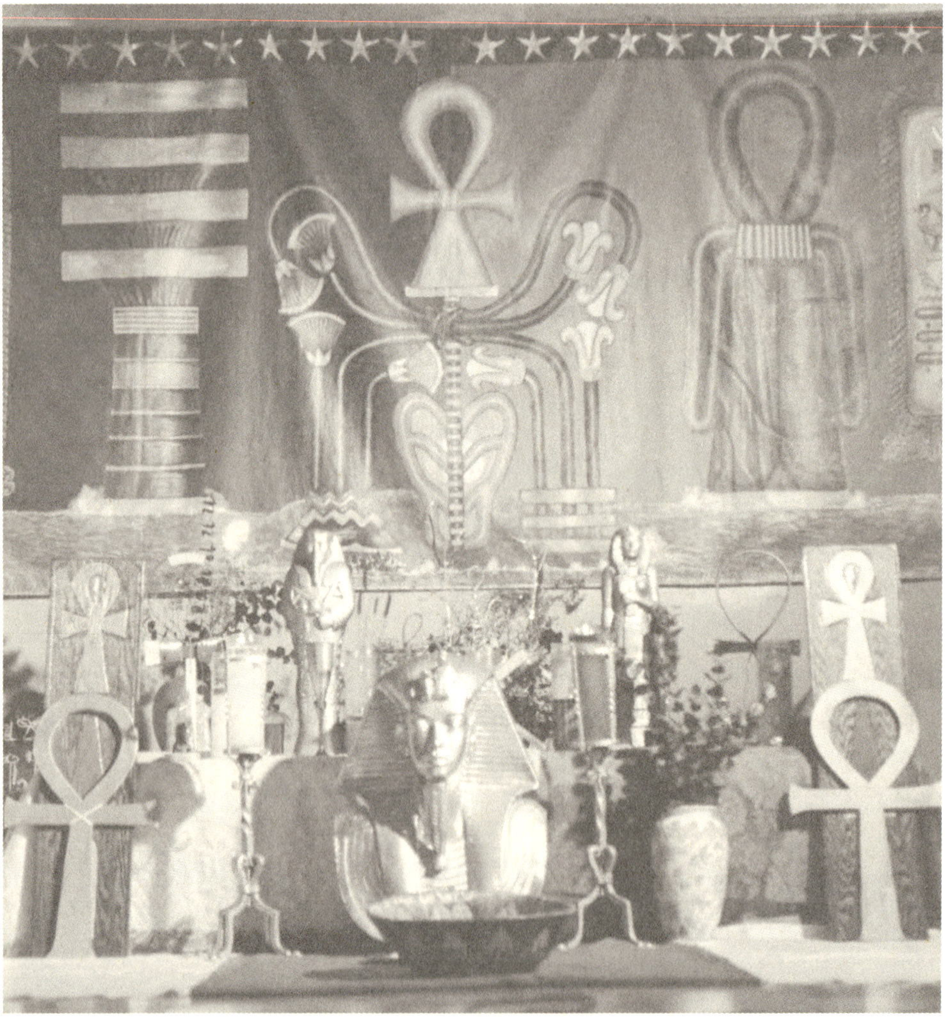

TRABALHO NO ALTAR DAS PALAVRAS SAGRADAS
Seu Coração Deve Estar Voltado para o Leste — para o Sol Nascente
(Leiaute visto de cima)

Coloque Fotos ou Figuras na Parede Acima do Altar

| Imagem do guardião espiritual | Foto ou figura da antepassada | Sua fotografia | Foto ou figura de anciã | Foto ou figura de contemporânea |

Vasilha para o batismo
(ÁGUA)

Pena
(AR)

Ankh para a Vida Eterna ou outro símbolo sagrado
(ESPÍRITO)

Flores frescas ou planta florida
(TERRA)

Óleo de Unção:
Eucalipto

Vela amarela
(FOGO)

Pedras Sagradas:
Água-marinha

Comida para o NTR e seus antepassados (milho, arroz, frutas etc.)
(Após vinte quatro horas, tire a comida do altar.)

Toalha de mesa sagrada (amarela) e estola para usar durante a prece.
Pano colorido sagrado para colocar diante do altar. Instrumentos sagrados para serem tocados enquanto você ora.

PORTAL 1 - PALAVRAS SAGRADAS: PRÁTICAS ESPIRITUAIS DIÁRIAS

Elemento do Portal: Ar

No princípio havia a palavra, e a palavra começou em Nu, o ventre, as primeiras águas primordiais.

As Palavras Sagradas regem o cerne da garganta. A Iniciação nas Palavras Sagradas elimina problemas de comunicação e bloqueios para expressar sua criatividade, e também erradica a emissão de palavras destrutivas e debilitantes que diminuem você e os outros. Essa iniciação lhe dá poder para se comunicar com sinceridade, criatividade e de maneira holística em todos os aspectos da sua vida, além de lhe ensinar a falar palavras construtivas que rejuvenescem e curam.

Portal 1: o trabalho com as Palavras Sagradas ajudará a eliminar bloqueios e problemas na tireoide, garganta, brônquios e laringite.

Os exercícios espirituais de ascensão devem ser feitos por sete dias — o número do Espírito. Eles ativarão seus portais internos de divindade para que você entre em seu centro sagrado.

1. O Banho Espiritual

Um banho com óleo essencial de eucalipto trata o sistema respiratório e a garganta. Esse óleo a sintoniza com o poder de Tehuti, guardião da palavra falada, e promove a comunicação sincera, confiável e bem-sucedida ou a expressão criativa.

Como a essência de eucalipto é forte, use apenas 1-2 gotas só no corpo e adicione 4-6 gotas do óleo na água do banho quando a banheira estiver quase cheia.

2. Seu Altar

Monte seu altar sagrado no primeiro dia em que entrar nesse portal. Você pode montá-lo conforme suas crenças religiosas ou espirituais (ver páginas 42 e 44). Sente-se silenciosamente diante do altar — sobre uma almofada no chão ou em uma cadeira. Adicione algumas gotas de óleo de eucalipto na vasilha de batismo no altar e borrife algumas gotas no recinto para preces.

Unja com óleo de eucalipto. Utilize apenas óleos essenciais puros. Use óleo de eucalipto para ungir sua coroa, a testa (o portal corporal da espiritualidade suprema), o coração (o portal corporal da compaixão e amor divino), o ventre, as solas dos pés (para alinhar-se espiritualmente e ganhar poder, esperança e fé), e as palmas das mãos (para que tudo que você toque fique mais sagrado). Unja sua garganta para promover comunicações sagradas e curar todos os bloqueios energéticos no cerne da garganta.

3. Abrindo o Portal

Para invocar o guardião espiritual de cada portal, é possível usar palavras ditadas por seu coração. Aqui está, por exemplo, uma prece que pode se feita no Portal 1:

> Sagrado Tehuti, guardião divino do Portal das Palavras Sagradas, peço que aceite minha gratidão mais profunda por sua presença curativa em meu altar e em minha vida. Obrigada por sua orientação, inspiração, amor e bênçãos. Aceite meu amor e bênçãos em retribuição. Hetepu.

Enquanto ofe rece sua prece, toque um instrumento sagrado (sistro, tambor, xequerê ou sinos) para despertar o NTR interno.

4. Libação

Verta a libação para o Portal das Palavras Sagradas usando uma xícara especial ou borrife água de uma tigela na terra ou em uma planta enquanto faz a invocação com louvor e adoração.

- Todo louvor e adoração pelo guardião espiritual, Tehuti, o protetor da palavra sagrada e da inteligência divina;
- Todo louvor e adoração pelas antepassadas mães da palavra sagrada, Zora Neale Hurston e Margaret Walker;
- Todo louvor e adoração pelas anciãs da palavra sagrada, Maya Angelou, Toni Morrison, Camille Yarbrough e Nikki Giovanni;
- Todo louvor e adoração pelo meu eu divino e pelas minhas divinas irmãs contemporâneas, Edwidge Danticat e Jessica Care Moore, que honram a palavra sagrada.

5. Prece ao Espírito da Mulher Sagrada

Toque um sino ou outro instrumento sagrado no início e no fim dessa prece. Abra as palmas das mãos para o Espírito Sagrado ou coloque-as suavemente sobre seu coração e recite:

Prece ao espírito da Mulher Sagrada

Mulher sagrada em evolução,
Mulher sagrada reativada,
Espírito Sagrado, mantenha-me por perto.
Proteja-me de todo mal e medo
ocultos sob as pedras da vida.
Dirija meus passos no rumo certo enquanto viajo nessa visão.
Espírito Sagrado,
envolva-me em sua luz perfeita.
Unja-me em sua pureza sagrada, paz e percepção divina.
Abençoe-me totalmente, enquanto compartilho essa vida sagrada.
Ensine-me, Espírito Sagrado, a ficar em sintonia com o universo.
Ensine-me a curar
com os elementos internos e externos do ar, fogo, água e terra.

6. Prece da Palavra Sagrada

Toque sinos, tambores ou outro instrumento.

Divino(a) Criador(a), ajude-me a falar *hekau*, palavras de poder. Que minhas palavras possam ser ungidas e não façam mal à alma de ninguém. Mãe Divina, ajude-me a falar palavras que curem, que empoderem, que construam e que transformem. Ajude-me a guardar minhas palavras para que nenhum veneno passe pelos meus lábios e cause destruição. Quero que minhas palavras transmitam luz para almas que estão em busca do seu rosto. Se minhas palavras mostrarem que estou apartada da ordem divina, que minha mente e minha boca sejam purificadas. Ajude-me a não falar palavras que abatam o Divino em mim ou em minha irmã ou irmão, companheiro, filhos, anciãs ou antepassadas.

Divino(a) Criador(a), coloque palavras em meus lábios que façam minha voz disseminar a medicina sagrada. Que minhas palavras possam ser flores de lótus que estimulam todas as almas que encontro a buscarem alturas mais elevadas. Que minhas palavras possam falar com sua respiração e cantar sua doce canção da vida. Que as palavras e tons evoluídos que produzo possam fazer o bem me seguir em todos os dias da minha vida.

7. Cantando Hesi

Cante esse *hesi* do primeiro idioma, Mtu NTR, quatro vezes:

Nuk Pu Ntrt Hmt — Eu sou uma mulher sagrada.

8. Respirações de Fogo

Prepare-se para as respirações de fogo inspirando e expirando lentamente quatro vezes. Quando estiver totalmente à vontade, comece a fazer as respirações. Inspire profundamente bombeando pelas narinas (com a boca fechada) e expandindo a respiração até o abdômen, então até o peito, e solte todo o ar dos pulmões enquanto o abdômen se contrai. Repita tudo rapidamente.

Cada respiração de fogo profunda — inspirando e expirando rapidamente pelas narinas — representa a abertura das mil pétalas de lótus de iluminação e radiância que levam a Nefertum — a estação do lótus afrakano da Divindade. Nós progredimos de cinquenta para cem respirações no Portal Zero e passamos para duzentas respirações no Portal 1. A cada portal sucessivo, fazemos cem respirações de fogo a mais até chegar a mil respirações de poder e luz.

9. Portal 1: Meditação das Palavras Sagradas

A cada sete dias aumente a duração da meditação. Quanto mais tempo você medita, mais profunda será sua paz interior e mais sólido será seu *ka* (espírito). Quanto mais limpo estiver seu templo corporal, mais cedo você conseguirá atingir um estado de paz e equilíbrio interno durante a prática.

- Respire infundindo Tehuti, o guardião da palavra sagrada e da inteligência divina, em sua mente e coração, e expulse a tagarelice mental, palavras tóxicas e bloqueios que geram um discurso confuso;

- Agora inspire e expire em quatro etapas por sete vezes, para que as palavras possam curar a ti e ao próximo enquanto medita sobre a cor amarela;

- **Meditação da Pena de Maat.** Nossos antepassados colocavam uma pena na balança de Maat para comparar o peso da língua e o peso do coração. A intenção é que nossas palavras sejam sempre equilibradas e harmoniosas. Antes de começar a meditação de Tehuti e enquanto faz as práticas espirituais matinais, pegue sua pena de Maat e coloque-a diante da boca por alguns minutos e medite. Visualize Maat na sua língua, guiando cada palavra sua. Após a meditação com a pena de Maat, diga suavemente essa prece:

"Eu sou pura de coração e pura de língua.
Minha vida é criada por meio das minhas palavras.
Que Tehuti possa me abençoar e proteger."

Visualização Cromática. Visualize a cor amarela no portal. Enquanto medita use amarelo e/ou coloque um tecido desta mesma cor no seu altar. no seu altar. Amarelo é a cor da sabedoria divina e do intelecto elevado e tem correntes magnéticas positivas que fortalecem os nervos e o cérebro.

Meditação com pedra sagrada. Enquanto medita, mantenha a palma da mão sobre a boca com a pedra sagrada de cura do Portal 1, a água-marinha, que ajuda a eliminar a congestão na garganta. Ela também promove clareza e pureza de visão, e a capacidade de expressar a verdade por meio do poder da palavra falada.

10. Tônicos de Ervas

Beba chá de eucalipto. Parte usada: o óleo das folhas. Esse chá ajuda a abrir o cerne da garganta e clareia a expressão e a criatividade. Beba o chá ou tônico de eucalipto por sete dias para colher todos os benefícios de estar no Portal 1. Beba o chá de erva em sua caneca favorita durante ou após escrever no diário.

Preparação. Use um sachê de chá para uma xícara de água. Ferva água em um caneco de vidro, argila ou aço inoxidável, apague o fogo, adicione o chá e deixe em infusão antes ou depois do seu banho matinal ou ducha sagrada. Coe as ervas, então, tome o chá com alegria e paz enquanto respira entre um gole e outro e entra em um estado de contemplação e reflexão.

11. Essências Florais

Para aprofundar sua experiência no Portal 1, escolha alguma das seguintes essências florais. Coloque 4 gotas sobre a língua ou tome-as em um copinho com água purificada, repetindo o processo quatro vezes ao dia. Para instruções sobre a escolha de essências florais, ver página 49.

- *Calendula* (calêndula): para acionar o poder curativo das palavras, usando-as como uma força positiva para a cura;
- *Cosmos*: para falar com clareza e profundidade se há tendência a atropelos ou confusões;
- *Trumpet vine* (alfarroba): para clareza e vitalidade na expressão verbal;
- *Snapdragon* (boca-de-leão): para tratar a tendência de invectivar ou não completar as palavras; promove a comunicação emocionalmente equilibrada;
- *Heather* (urze): para combater o egocentrismo, como falar demais sobre os próprios problemas;
- *Larch (lariço):* Para ter confiança na autoexpressão. Cura a garganta, o chacra da comunicação e criatividade.

12. Dieta

Siga as práticas de transição alimentar apresentadas nos Portais 1-3.

13. Escrita sobre as Palavras Sagradas no Diário

É melhor fazer isso após a limpeza interna (enema) e/ou meditação. Quando está desintoxicada e centrada, você pode ter a graça de receber mensagens espirituais e, quando estiver no espírito, as mensagens vão passando pela sua mente, coração e mão até o papel. (É assim que sempre escrevo.)

Redija com o máximo de inspiração espiritual após o trabalho no altar, entre 4h e 6h da manhã. Mantenha seu diário e uma caneta perto ou sobre o altar para trabalhar com poder, força e calma na chegada da aurora, o horário de Nebt-Het.

Afirme sua vida cotidiana nesse horário e anote no diário quaisquer pensamentos, atividades, experiências e interações que venham à mente. Você também pode anotar suas visões, desejos, sonhos e afirmações, para refrescar a memória quando precisar de apoio e ajuda.

Consulte Sesheta. Caso não consiga se comunicar com sua voz interna durante o trabalho no diário, chame Sesheta, a guardiã interna que revela segredos, para ajudá-la e para falar através de você.

A fim de desenvolver inspiração para escrever no diário, coloque em seu altar um pedaço de papel enrolado e preso com fita. Deixe uma caneta sob a fita.

14. Xale ou Colcha da Liberdade de Senab

Escolha um novo pedaço de tecido que corresponda à cor do portal (indicada no "exercício 9" das suas práticas espirituais diárias ou no trabalho no altar sagrado) para adicionar ao seu xale ou colcha da liberdade de Senab. Esse tecido será como uma tela que representa sua experiência no portal em que está trabalhando.

Arranje também símbolos significativos para aplicar no xale ou colcha como se faz com *patchwork*. Você pode adicionar pedras, outros objetos naturais, itens de coleção, relíquias da família, fotografias estampadas em tecido e outros itens significativos que representem a essência de sua experiência. Dê asas à imaginação e deixe seu espírito habilidoso contar sua história. Para mais informações sobre o xale ou colcha da liberdade de Senab, ver página 147.

15. Ferramentas Sagradas

Use um gravador ou câmera de vídeo para registrar e depois observar como você usa suas palavras (ver página 173).

16. Lembrete Sagrado

Ao longo da semana, observe atentamente a sabedoria apresentada no portal em que você está. Para obter o máximo de resultados, viva livremente e em harmonia com os vários sistemas de bem-estar e pratique o trabalho transformador de sete dias no final do portal.

Palavras Sagradas de Encerramento

Criador Paterno/Criadora Materna, ajude-me a falar palavras sagradas para mim mesma e para os outros.

TORNANDO A PALAVRA SAGRADA

Há milhares de anos, nossos antepassados afrakanos do Vale do Nilo inscreveram nas paredes de seus templos como nós éramos e somos por natureza, usando o idioma de Mtu NTR (as palavras do Divino) e revelando as profundezas de nossa sacralidade.

Nuk pu nuk khu, ami khu qemam xeperu em NTR hau Nuk ua em ennu en khu amu khu.

Eu sou um ser reluzente morador da luz, que foi criado e parido pelo NTR (o(a) Criador(a). Eu sou uma dessas luzes que moram na Luz.

Repita essas palavras ao longo do dia para se fundir com seu eu sagrado. Enquanto fala as palavras sagradas, saiba que ninguém poderá se apossar da sua luz, pois a fonte dela é NTR, nosso nosso(a) abençoado(a) e eterno(a) Criador(a).

Se abraçarmos nossa verdadeira sacralidade e deixarmos nossa luz brilhar, essa terra sofrida na qual vivemos será curada. Com a clareza e a força do(a) nosso(a) Criadora), nenhum lugar, pessoa ou coisa escapará da sua luz sagrada.

Nota: No idioma original de nossos antepassados, as palavras para "mulheres sagradas" são "*Ntrt Hmt*" e para "eu sou uma mulher sagrada" são "*Nuk Pu Ntrt Hmt*".

A mulher sagrada é uma mulher espiritual que confia plenamente no(a) Criador(a) para todas as coisas. Ela é espírito em movimento, pura e natural em suas ações, pensamentos, maneiras e palavras. Ela reside na Casa da Cura e da Transformação, inspirada por Nebt-Het. Todos que entram em sua aura são curados por sua presença.

Quando uma mulher sagrada entra em um ambiente, as vibrações das pessoas e do lugar se elevam e ficam repletas de luz. Devido à sua sacralidade, onde quer que ela ande, o chão se torna sagrado. Ela não cultiva raiva, desejo de vingança, nem fúria ou competitividade. Ela porta em seu espírito a antiga pena afrakana de Maat, que simboliza verdade, justiça e retidão, indicando que seu coração é leve como uma pena.

Sem malícia nem doença, a mulher sagrada não sente dor. Graças à sua sabedoria espiritual evoluída, nada perturba sua paz, calma e graça. Ela circula com confiança, mesmo em meio à confusão, ilusão e insanidade terrestres, pois tem certeza de que o Altíssimo se move e respira através de seu ser. Ao longo de sua jornada de vida, ela cura todas as coisas.

A mulher sagrada é plena e consciente de NTR, de Deus, de Alá, de Olodumarê, de Jeová, de Krishna, de Yeshua e do Espírito dos Avós. Ela é repleta da luz e do amor do Altíssimo Supremo, e partilha esse amor brilhantemente com todos que entram em sua vida.

O amor da mulher sagrada é tão ardente e profundo que ela pode salvar um ser humano da cadeia, resgatar um ser humano derrotado alimentando-o, aquecendo-o, banhando-o, esfregando-o, enxugando-o, tratando-o com argila e orando para que ele resgate seu verdadeiro "eu" como um ser elevado.

Esses são os poderes e habilidades naturais da mulher sagrada. Ninguém pode se comparar com ela.

Afirmações das Palavras Sagradas

Como uma mulher afrakana sagrada, permaneço firme e empoderada pala minha genealogia; com a orientação e bênçãos do meu divino NTRU e das minhas anciãs, antepassadas e guardiãs espirituais, eu me pronuncio com poder.

Recite esses princípios em voz alta diariamente e reivindique o poder das palavras para fortalecer seu papel divino como uma mulher sagrada que infunde o espírito da cura em todas as esferas da existência.

Eu sou uma mulher sagrada preenchida pelo espírito do Altíssimo Supremo.

Eu sou uma mulher sagrada repleta de amor e graça.

Eu sou uma mulher sagrada em estado puro.

Eu sou uma mulher sagrada disseminando cura pela Terra.

Eu sou uma mulher sagrada radiante e esplêndida.

Eu sou uma mulher sagrada que produz a luz.

Eu sou uma mulher sagrada que se guia pelo espírito.

Eu sou uma mulher sagrada que permanece forte e altaneira.

Eu sou uma mulher sagrada saudável, afortunada e sábia.

Eu sou uma mulher sagrada fazendo magia no meu laboratório culinário de cura.

Eu sou uma mulher sagrada com beleza natural em todos os sentidos.

Eu sou uma mulher sagrada sem malícia em relação a homens e mulheres.

Eu sou uma mulher sagrada empoderada com liberdade e harmonia.

Eu sou uma mulher sagrada trabalhando habilidosamente com ar, fogo, água e terra, os quatro elementos da natureza: "Venham trabalhar comigo para restaurarmos a harmonia sobre a Terra.

Aumentando Seu Poder com Palavras Sagradas

Pense nas afirmações que faz diariamente para seu ventre, pois sua maneira de falar tanto pode infundir bem-estar quanto doenças. Lembre-se sempre disso. Mesmo que o dia tenha sido péssimo, mude o fraseado e faça a vida vibrar a seu favor. Adote o caminho mais elevado e diga: "Que dia difícil, mas venci porque ainda estou em pé!".

Nós escolhemos as palavras que dizemos e devemos reconhecer o quanto elas têm poder. Caso houvesse um incêndio em sua casa, você poderia dizer: "Felizmente, eu e meus filhos estamos vivos". Agradeça o fato de haver algo para agradecer.

Suponha que seu útero fosse retirado. Que palavras de poder poderiam ser reconfortantes? "Eu ainda tenho o espírito do meu ventre." "Eu ainda tenho a minha vida." "Eu ainda tenho a capacidade de criar."

Procure sempre o caminho mais elevado. Procure sempre aquela palavra que fortalecerá seu espírito. Essa é a palavra sagrada. Você escolhe e cria seu mundo por meio das palavras que diz. Se disser constantemente: "Eu não tenho nada... estou cansada."Não consigo fazer isso. Minhas necessidades não estão sendo supridas. Não tenho ninguém", toda essa energia negativa enfraquece sua aura e seu espírito. Palavras como essas a deixam exaurida, o que abre uma brecha para doenças entrarem em seu campo energético e atacarem seu ventre sagrado.

Portanto, temos que proteger nosso ventre sagrado, que é nosso cerne sagrado, ficando atentas às nossas mentes. É preciso controlar nossas mentes, o que dizemos e alimentar nosso templo corporal com as palavras, pensamentos e alimentos mais elevados. Um modo de fazer isso é manter contato com outras rainhas que estão trilhando o mesmo caminho que você. É possível mudar, mas isso leva algum tempo. E isso requer aprender a mudar suas palavras para que reflitam o Espírito e fazer preces, afirmações e meditações constantes.

Pense nas artes marciais. Como os praticantes se tornam faixas pretas? Por meio de disciplina, perseverança, treinos constantes e autodomínio. Eles aprendem a cair quando são derrubados. Quando comecei nas artes marciais, levei muitos meses para aprender a cair da maneira certa, pois isso é crucial para não quebrar os braços nem as pernas.

As quedas podem ser positivas ou negativas. Ao invés de desanimar ou desistir, admita que "está exausta e precisa descansar". Use palavras sagradas para perseverar. Ouça seu corpo e descanse um pouco. Fale com seu espírito por quinze minutos e passe mais quinze minutos meditando ou fazendo uma afirmação. Esse tempo precioso será retribuído cem vezes.

Quando proferimos palavras conscientes, investimos em nosso poder, bem-estar e cura. Sempre que pensamos em nosso ventre estando pleno, na verdade estamos reconstruindo-o e curando-o de todos os traumas acumulados. É por isso que nossas palavras e pensamentos são tão poderosos.

Estamos sempre crescendo com base nas lições e experiências enfrentadas, e todo dia é um recomeço. Há sempre uma nova oportunidade de cura à nossa espera. Nós somos divinas por natureza, desde o início dos tempos, e assim seremos por toda a eternidade.

Silêncio Sagrado

Às vezes falamos demais, mas precisamos ter cuidado com as palavras. Algumas delas animam e fazem bem, ao passo que outras podem abater o espírito e fazer mal a alguém. No entanto, falas construtivas emitidas por pessoas saudáveis elevam e curam seu mundo e quem faz parte dele. Em um certo ponto do seu desenvolvimento sagrado, você terá purificado tanto a sua alma que ficará calma e silenciosa, preferindo se abster de falar. A essa altura, você terá se livrado da inveja, ciúme, julgamento, raiva, ira, culpa, amargura, maldade e outras negatividades que a apartam do(a) Criador(a) e a mantém agitada e apegada a "falas tóxicas". Com o passar do tempo e com a cura, tudo isso será expelido em um banho de silêncio.

Há uma conversa cósmica em andamento dentro de você, mas é preciso estar serena para ouvir a doce linguagem do não dito. Ao manter o silêncio interno, sua pureza lhe permitirá ouvir a língua das árvores, da relva, do vento e dos raios curativos do sol. O espírito e a natureza falam a mesma língua, a língua do(a) Criador(a).

À medida que sua sacralidade se evolui, você entrará em um mundo pacífico, no qual a energia vital está pronta para responder às suas perguntas e ajudá-la a alcançar sua magnificência total.

Basta de falar! Faça um jejum de palavras. Com imersão interna, preces e meditações, você aciona seus poderes espirituais, que silenciosamente lhe darão as respostas ansiadas.

Quando você está quieta em meio a tanta atividade, o mundo pode parecer distante. Mas na realidade você está em um estado sereno resultante da escuta interna e da purificação profunda.

Após longo tempo em silêncio, quando for preciso falar, suas palavras terão mais peso e profundidade, pois você juntou energia de sua fonte de poder — aquele lugar silencioso da paz interior.

À medida que sua sacralidade serena se desenvolve, você entenderá as bênçãos do distanciamento, o qual gera pureza. Quando está em um estado de distanciamento amoroso, isso é vantajoso para você e para os outros, pois mostra a capacidade de amar incondicionalmente — de deixar o amor fluir continuamente em seu ser. Isso é liberdade! A liberdade de amar apesar de todos os pesares. Quando você estiver em um estado de distanciamento calmo e amoroso, saiba que a paz mágica que está sentindo não será perturbada por condições, circunstâncias, palavras ou oscilações de humor alheias.

Seu estado de distanciamento sereno pode acarretar muitas bênçãos.

Quando interage bem com as pessoas em sua vida, você se sente abençoada. E quando chega a hora de elas se afastarem, você se sente igualmente abençoada. Você consegue se desapegar delas e crescer. A dádiva da paz é uma serenidade imperturbável. Seria muito bom se alguém lhe dissesse: "Eu amo você", mas se alguém lhe disser o oposto, não há problema porque você confia no Altíssimo e sabe que tudo o que acontece é para o seu bem. Você tem fé de que as coisas estão atuando em seu favor e isso a torna mais forte, mais sábia e mais firme espiritualmente.

Use todas as experiências para evoluir enquanto avança pelo caminho da purificação e sacralidade. Mantenha a paz no centro da sua vida, à medida que o estado de distanciamento sereno e amoroso floresce a partir dos "jejuns de fala".

O Jejum de Fala

1. Fique junto à natureza e mergulhe em seu silêncio profundo. Respire nesse prado verdejante com relva e árvores ou ouça o som do poderoso oceano ou de um riacho correndo, ou apenas deite-se e observe a beleza ao redor;

2. Tente ficar em silêncio de uma a quatro horas por dia e sinta a alegria e a paz da quietude. Abstenha-se de falar. E, quando se deparar com alguém conhecido, curve-se silenciosamente transmitindo serenidade e amor. Caso esteja sintonizada com a própria quietude, a pessoa sentirá seu amor não dito, pois tem profundidade suficiente para responder à voz do coração;

3. Viva sem perturbação enquanto mergulha no doce silêncio, que é um lugar e um estado no qual se encontra o céu na terra;

4. No final do dia, sente-se em silêncio tomando uma xícara de *Quiet Herb Tonic* e pergunte a si mesma: "Minhas palavras fizeram mal a alguém?". Em caso afirmativo, conserte esse dano! Então volte a ficar em silêncio;

5. Registre no diário do ventre sagrado os sussurros e compreensões internas oriundos do seu silêncio sagrado.

Tônico de Ervas Calmante

Durante o seu jejum de fala, tome esse chá calmante.

1 colher de chá de camomila desidratada;
1 colher de chá de lúpulo desidratado;
5-10 gotas de extrato de valeriana.

Ferva 2 xícaras de água em um caneco de aço inoxidável, vidro ou barro, apague o fogo e adicione as ervas. Deixe 20 minutos em infusão, então, tome enquanto relaxa e fica em contemplação.

Yolanda Tribble toma água em uma cabaça purificada.

Apontamento para Palavras Sagradas no Diário

Rha, deusa do código NTRU Palavras sagradas se manifestam no silêncio.

Filhas da Divindade, cantem as libações da capitulação, enquanto o(a) Criador(a) canaliza a verdade universal.

Palavras sagradas vivem no espírito, a essência do "eu", que vai de uma terra a outra coletando pérolas de sabedoria e cura pelo caminho.

Palavras sagradas dançam no templo da Deusa, envolvendo as auras repletas de Rha com bênçãos infinitas e guiando passos certeiros que se somam no caminho do destino.

Palavras sagradas portam as sementes de frutas orgânicas, que nutrem almas cansadas com o néctar da elevação e preenchem vasos vazios com amor, abundância e alegria.

Palavras sagradas nos lábios das mulheres sagradas têm a potência dos modos ancestrais e magia mística suficiente para curar o mundo.

Palavras sagradas desembocam em coragem, falam o indizível com clareza, visão e propósito, e enviam mensagens de honra e proteção.

Palavras sagradas repousam no coração e despertam os sons prazerosos da promessa que vem de cima irradiando luz.

PRÁTICAS DE TRANSIÇÃO ALIMENTAR PARA OS PORTAIS 1-3

Nos portais de 1-3, você irá comer 60% de alimentos cozidos no vapor e 40% de alimentos crus vivos.

Antes do Desjejum

Limpeza dos rins e do fígado (ver página 98).

Desjejum Matinal

Sucos de frutas feitos na hora (236 a 354 ml diluídos em 236 a 354 ml de água pura), com 1-2 colheres de sopa da *Heal Thyself Green Life Formula I*.

Regra para frutas: coma frutas e tome sucos de frutas uma hora antes de cada refeição para facilitar a digestão.

Frutas: Ácidas – toranja, limões, limões-doces, laranjas e tangerinas. Alcalinas – maçãs, peras, ameixas, cerejas, frutas silvestres e pêssegos. Exclua as bananas. Não misture frutas ácidas com outras alcalinas.

Coma panquecas de trigo integral com xarope de bordo e sem leite uma a três vezes por semana, ou arroz, soja, gergelim e leite de amêndoa.

Almoço

Sucos vegetais feitos na hora (236 a 354 ml diluídos em 236 a 354 ml de água), com 1-2 colheres de sopa da *Heal Thyself Green Life Formula I*.

Salada crua grande. Tendo repolho verde e/ou vermelho como base, adicione quiabo, couve, couve-flor, folhas de nabo, folhas de mostarda, brócolis ou plantas marinhas (alga marinha, alga das rodimeniáceas, hijiki, wakame e nori, por exemplo). Não use tomate, mas inclua brotos, como de alfafa e feijão.

Proteínas: Escolha apenas uma dessas fontes:

- Brotos;
- Feijões;
- Ervilhas;
- Tofu;
- Lentilhas;
- Proteína vegetal texturizada (PVT).

Caso seja uma carnívora em transição, prepare peixe assado, frango orgânico ou de soja uma a três vezes por semana. Você também pode incluir oleaginosas cruas (amêndoas, avelãs, nozes e pecãs; evite castanha-de-caju e amendoim, inclusive o torrado) que ficaram previamente de molho e sementes (de girassol e abóbora).

Amidos: Você pode comer grãos quatro a sete vezes por semana, porém com moderação. Escolha um dos seguintes:

- Painço;
- Bulgur;
- Arroz integral;
- Cuscuz marroquino;
- Batata ou mandioca assada;
- Milho na espiga (cru ou cozido no vapor);
- Pão de trigo integral e levedura natural (tostado).

Jantar

Repita o almoço, mas não coma proteínas nem amidos à noite. Coma apenas alimentos vivos, como saladas, frutas, legumes cozidos no vapor e sopa ou caldo de legumes.

SUPLEMENTOS ALIMENTARES

- A *Heal Thyself Green Life Formula I* contém todas as vitaminas e minerais necessários para o templo corporal. Tome três vezes por dia com algum suco ou com clorofila em pó (1 colher de chá a 1 colher de sopa) ou líquida (29,5 a 59 ml) diluída em água pura; spirulina em pó (1 colher de chá a 1 colher de sopa) ou líquida (29,5 a 59 ml) com água pura; ou maná azul-esverdeado em pó (1 colher de chá a 1 colher de sopa) ou líquido (29,5 a 59 ml) com água pura;

- Caso esteja estressada, tome 25 a 50 mg de vitaminas do complexo B para evitar erupções cutâneas. Vitaminas do complexo B também fortalecem o sistema nervoso e rejuvenescem a pele e o cabelo;
- Para melhorar a memória e a circulação, tome 1 colher de sopa de lecitina granulada. Ela ajuda a desobstruir as artérias e a melhorar a circulação;
- Tome 50 a 100 mg de vitamina C diariamente para fortalecer o sistema imunológico e combater resfriados e infecções. A Ester-C é mais branda para o sistema digestivo;
- Tome três gotas de *Heal Thyself Breath of Spring* (opcional) duas vezes por dia com água quente, sobretudo quando tiver rinite alérgica. (Ver a lista de produtos no *site* www.queenafua.com.)

Purificação Interna

Faça enemas três vezes por semana. Comece fazendo-os sete noites consecutivas, então, três vezes por semana ao longo das semanas nos portais 1-3. Em dias alternados, tome também 3 comprimidos de cáscara sagrada com 236 ml de água antes de dormir.

Para limpeza profunda, faça uma a três irrigações no cólon durante os vinte e um dias de jejum.

Atividade Física

Faça os exercícios da dança ventral 15 a 30 minutos diariamente (ver "Portal 3 - Movimento Sagrado"). Faça a meditação da respiração de fogo de cinco a quinze minutos diariamente.

Banhos Rejuvenescedores

Coloque 1-2 xícaras de sal de Epsom ou 1 xícara de sal do mar morto na água do banho durante sete noites seguidas.

Fique imersa na água por quinze a trinta minutos, então, tome uma ducha para tirar os sais. (Não use sais de banho se você tiver pressão arterial alta.)

Heal Thyself Master Herbal Formula II

Ferva 5-6 xícaras de água filtrada, apague o fogo e adicione 3 colheres desse chá de ervas. Coe de manhã e tome antes das 14h. (Ver capítulo 3 na II Parte.)

Queen Afua's Rejuvenating Clay Application

PALAVRAS SAGRADAS: TRABALHO TRANSFORMADOR DE SETE DIAS

- **Identifique e anote palavras ou frases que a impedem de receber bênçãos.** Com que frequência você pensa nelas ou as profere? Palavras tóxicas ou ambíguas são ímãs para uma vida sofrida e improdutiva;

- **Identifique e faça duas listas em seu diário: uma lista de palavras ou frases que a enfraquecem e a outra com palavras ou frases que a empoderam.** Com que frequência você pensa nelas ou as profere? Observe como sua forma de usar as palavras influenciou seu passado e a sua situação atual. Conduza sua vida de maneira mais produtiva praticando palavras de poder. Por meio da observação e da reflexão, você entenderá melhor sua situação atual e que cria seu mundo com cada palavra dita ou não dita;

- *Keferatize* **suas palavras**. (*Kéfera* é a palavra camítica para transformação). Ao invés de dizer, por exemplo: "Estou cansada", diga: "Preciso descansar".

Ao invés de dizer:	Diga:
"Estou doente."	"Estou me desintoxicando."
"Eu detesto meu emprego."	"Estou procurando outro emprego."
"Estou tentando."	"Estou fazendo."
"Não consigo."	"Eu consigo."
"Não tenho..."	"Tenho tudo que preciso para conseguir o que quero."
"Eu detesto aquela pessoa."	"Embora não concorde, eu aceito o comportamento dela."

Cuidado para não fazer mal a si mesma e aos outros devido às suas palavras. Quando transforma e restaura o poder curativo das suas falas, você recupera a harmonia em sua vida.

- **Experimente várias maneiras de purificar suas palavras:**

  – Faça um jejum se abstendo de mexericos, comentários traiçoeiros e palavras irrefletidas sobre si mesma e os outro;

  – Ocupe sua mente com pensamentos elevados lendo material espiritualmente edificante; destaque os trechos mais animadores;

  – Conviva com pessoas de princípios elevados;

  – Veja apenas TV e vídeos que tenham conteúdo positivo para sua alma. Evite sempre conteúdos agressivos que envenenam seu ânimo;

  – Coma alimentos vegetarianos orgânicos vivos que nutrem a mente;

  – Consuma apenas o açúcar natural das frutas. O açúcar branco processado deteriora e corrói os tecidos cerebrais como lixívia e, no decorrer do tempo, deforma suas palavras;

  – Tome ½ de água diariamente para purgar pensamentos negativos do seu organismo e campo energético;

  – Diariamente, pelos sete dias seguintes, expulse os dejetos e gases em seu cólon com enemas, laxantes à base de ervas, quiabo, linhaça ou suco de maçã feito na hora. Se seu cólon estiver limpo, sua mente fica limpa e você se expressa usando palavras sagradas;

  – Evite praguejar em voz alta ou mentalmente contra si mesma e os outros;

  – Seja sempre sincera. Evite mentir. Tenha conversas espirituais com os outros. Fale sobre desenvolvimento, ascensão; autocura espirituais, e libertação de um estado indesejado. Estimule os outros a se livrarem de palavras venenosas e hábitos tóxicos em suas vidas;

– Evite substâncias inebriantes e toxinas (drogas, bebidas alcoólicas, açúcar, sal, carne e *fastfoods*);

- **Lembre-se, palavras são como *hesi* (cantos sagrados)**. As palavras que você escolhe influenciam muito o estado da sua alma. Transforme sua vida falando palavras com alta energia espiritual.

- **Escreva nove afirmações empoderadoras em seu diário para fortalecer seu novo estilo de vida.** Fale diariamente essas palavras de poder em silêncio e em voz alta, e sua vida irá começar a melhorar. Fique também ciente de que seus pensamentos equivalem a palavras. Lembre-se de que o não dito não significa não ouvido;

- **Observe como seus amigos ou colegas de trabalho falam sobre você.** Enquanto reavalia como usa as palavras, decida se deve manter esses relacionamentos, limitá-los ou eliminá-los. As palavras ditas sobre você a abatem ou fortalecem, a enfraquecem ou a empoderam?;

- **Lave suas palavras da mesma maneira que lava as paredes e pisos.** Faça um polimento em suas palavras até que restem apenas vocábulos e expressões harmônicas. A prática de insultar ou praguejar alguém se apresenta como um alerta para a mudança de hábitos e o asseamento da fala e das reações costumeiras.

- **Para dominar suas palavras, use as seguintes ferramentas:**

    – Gravador. Grave suas falas e um poema para domar sua língua. Ou fale sobre seus sentimentos em relação a um problema. Depois ouça tudo atentamente para começar a limpar suas palavras e modular seu tom;

    – Câmera de vídeo. Vale a pena filmar a própria linguagem corporal quando interagimos com os outros. Observar como você fala e se movimenta lhe dará uma visão precisa de seus dons e bloqueios de comunicação. Inclua os outros nas gravações dos vídeos para saber como eles veem e interagem com você, e o que deve ser mudado. Grave um vídeo no primeiro dia no Portal 1, outro no sétimo dia e compare os resultados;

- **Respeite a si mesma como um ser afrakano.** Enriqueça sua bagagem cultural e espiritual estudando nossa antiga língua afrakana do Vale do Nilo, Metu NTR, os métodos de cura, a alta consciência dos nossos antepassados e como eles usavam as palavras. Ao longo de *Mulher Sagrada*, você aprenderá algumas antigas palavras de poder para sua ascensão. Use-as frequentemente para se fortalecer em sua jornada pelos portais;

- **Desacelere sua vida para observar e registrar suas palavras nesses sete dias seguintes.** Comece corrigindo diligentemente o que você diz e pensa. Todas as palavras têm o poder de romper ou recriar. Com as palavras certas, um coração puro e intenções corretas, você pode acionar uma vida nova plena de divindade. Tudo está na palavra. Assuma a missão de escolhê-las corretamente e usá-las para criar uma nova vida;

Enquanto continua purificando sua vida diariamente por meio de palavras, pensamentos e ações sagrados nos planos físico, mental, emocional e espiritual, os vocábulos (proferidos ou a você direcionados) serão repletos de poder, luz e cura. Você se expressará de maneira nobre para almas que partilham de semelhante estado;

- **Faça um jejum de fala nos sete dias seguintes.** Fale apenas o estritamente necessário, fique atenta a cada palavra proferida e torne-se pura e orgânica. Fique sete a doze horas em silêncio sozinha ou com outras pessoas que estejam fazendo a mesma prática ao longo da semana;

- **Escolha a essência floral adequada**, em meio às mencionadas na página 49, para apoiar seu trabalho transformador com as palavras sagradas;

- **Afirmação em relação às palavras sagradas.** Por fim, faça a seguinte afirmação diariamente, sobretudo, após as preces e meditações de manhã e à noite, para começar a recuperar seu eu natural sagrado por meio das suas palavras:

Minha vida reflete os níveis das palavras que falo. Hoje estou transformando a minha vida para expressar minha bondade superior por meio de palavras que energizam e curam.

Meu Compromisso no Fim da Semana com as Palavras Sagradas

Eu me comprometo a estabelecer e manter a sabedoria de Tehuti e o poder das palavras sagradas em todas as áreas da minha vida.

Nome: _____

Data: _____

Capítulo 7
PORTAL 2 - COMIDA SAGRADA

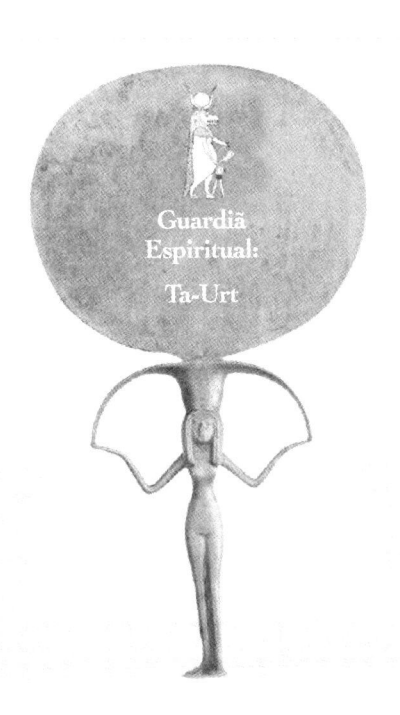

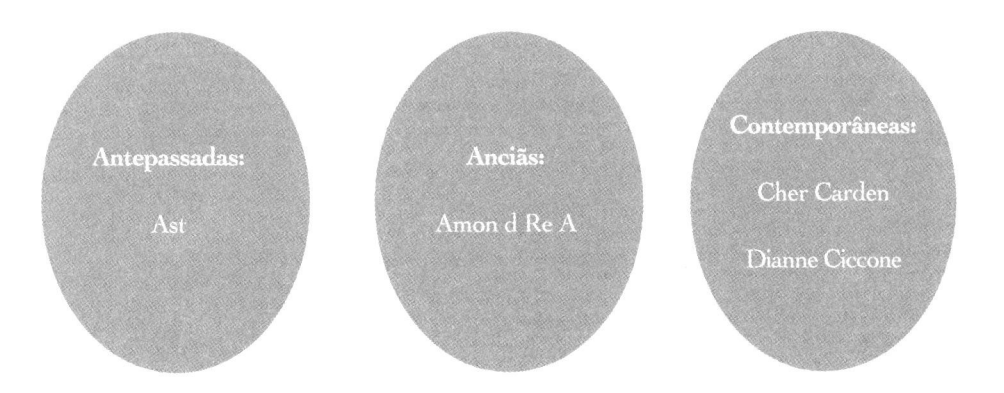

Guardiã
Espiritual:

Ta-Urt

Antepassadas:

Ast

Anciãs:

Amon d Re A

Contemporâneas:

Cher Carden

Dianne Ciccone

TRABALHO NO ALTAR DAS COMIDAS SAGRADAS
Seu Coração Deve Estar Voltado para o Leste — para o Sol Nascente
(Leiaute visto de cima)

Coloque Fotos ou Figuras na Parede Acima do Altar

| Imagem da guardiã espiritual | Foto ou figura de antepassada | Sua fotografia | Foto ou figura de anciã | Foto ou figura de contemporânea |

Vasilha para o batismo
(ÁGUA)

Pena
(AR)

Ankh para a Vida Eterna ou outro símbolo sagrado
(ESPÍRITO)

Erva com flores
(TERRA)

Óleo de Unção:
Tomilho

Vela marrom ou verde
(FOGO)

Pedras Sagradas:
Cornalina

Comida para o NTR e seus antepassados (milho, arroz, frutas etc.)
(Após vinte quatro horas, tire a comida do altar.)

Ponha uma tigela com terra no altar.

Toalha de mesa sagrada (marrom ou verde) e echarpe para usar durante a prece.
Pano colorido sagrado para colocar diante do altar. Instrumentos sagrados para serem tocados enquanto você ora.

PORTAL 2 - COMIDA SAGRADA: PRÁTICAS ESPIRITUAIS DIÁRIAS

Elemento do Portal: Terra

Este portal lhe dará a capacidade de comer e assimilar alimentos e ideias que curam. Por meio do consumo de alimentos holísticos, você aprende a ter uma vida saudável, nutritiva e bem equilibrada. Comer carne, *fast food* e porcarias em geral destrói a vitalidade feminina. Uma dieta vegetariana, vegana ou frugívora fortalece e cura o corpo feminino. Os alimentos vivos dão longevidade e eliminam o medo, o ódio e a sensação de sobrecarga com os desafios da vida. Comida sagrada é o pilar corporal da mulher sagrada.

O Portal 2 – Comida Sagrada eliminará problemas como obesidade, anorexia e a compulsão para comer demais.

Os exercícios espirituais de ascensão devem ser feitos por sete dias — o número do Espírito. Eles ativarão seus portais internos de divindade para que você se instale plenamente em seu centro sagrado.

1. O Banho Espiritual

Um banho com óleo essencial de tomilho ajuda a regular seu apetite e elimina a compulsão para comer fora de hora e em excesso. Adicione 4 a 6 gotas de óleo de tomilho na água do banho.

2. Seu Altar

Monte seu altar sagrado no primeiro dia de entrada nesse portal. Você pode montá-lo conforme suas crenças religiosas ou espirituais (ver páginas 42 e 44). Sente-se calmamente diante do altar, sobre uma almofada no chão ou em uma cadeira. Ponha uma tigela com frutas no altar. Adicione algumas gotas de óleo de tomilho na vasilha de batismo no altar e borrife algumas gotas no recinto para preces.

Unja com óleo de tomilho. Use apenas óleos essenciais puros. Use óleo essencial de tomilho para ungir sua coroa, a testa (o portal corporal da espiritualidade suprema), seu coração (o portal corporal da compaixão e amor divino), o ventre, as palmas das mãos (para que tudo que você toque fique mais sagrado), e as solas dos pés (para alinhar-se espiritualmente e ganhar poder, esperança e fé).

3. Abrindo o Portal

Para invocar o guardião espiritual de cada portal, você pode usar palavras ditadas por seu coração. Aqui está, por exemplo, uma prece que pode ser feita no "Portal 2":

> Sagrada Ta-Urt, guardiã divina do Portal da Comida Sagrada, peço que aceite minha gratidão mais profunda por sua presença curativa em meu altar e em minha vida. Obrigada por sua orientação, inspiração, amor e bênçãos e, por favor, aceite meu amor e bênçãos em retribuição. *Hetepu.*

Enquanto oferece sua prece, toque um instrumento sagrado (sistro, tambor, xequerê ou sinos) para despertar o NTR interno.

4. Libação

Verta a libação para o Portal da Comida Sagrada usando uma xícara especial ou borrife água de uma tigela sobre a terra ou uma planta enquanto diz as seguintes palavras:

- Todo louvor e adoração pela guardiã espiritual Ta-Urt, protetora da comida da terra sagrada;
- Todo louvor e adoração pela antepassada da comida sagrada, Ast;
- Todo louvor e adoração pelo ancião da comida sagrada, Amon d Re A;
- Todo louvor e adoração pelo meu eu divino e por minhas divinas irmãs contemporâneas, Cher Carden e Dianne Ciccone, que honram a comida sagrada;
- Todo louvor e adoração pela guardiã espiritual Ta-Urt, protetora da comida da terra sagrada;

5. Prece ao Espírito da Mulher Sagrada

Toque um sino ou outro instrumento sagrado no início e no fim dessa prece. Abra as palmas das mãos para o Espírito Sagrado ou coloque-as suavemente sobre seu coração e recite:

Prece ao Espírito da Mulher Sagrada

Mulher sagrada em evolução,
Mulher sagrada reativada,
Espírito Sagrado, mantenha-me por perto.
Proteja-me de todo mal e medo
ocultos sob as pedras da vida.
Dirija meus passos ao rumo certo enquanto viajo
nesta visão.
Espírito Sagrado,
envolva-me em sua luz absolutamente perfeita.
Unja-me em sua pureza sagrada, paz
e percepção divina.
Abençoe-me totalmente, enquanto compartilho
essa vida sagrada.
Ensine-me, Espírito Sagrado, a ficar sintonizada
com o universo.
Ensine-me a curar
com os elementos internos e externos
do ar, fogo, água e terra.

6. *Prece à Comida Sagrada*

Toque sinos, tambores ou outro instrumento no início e no fim dessa prece.

Divino(a) Criador(a), ajude-me a me livrar dos vícios alimentares que geram doenças. Ajude-me a evitar alimentos que causam câncer, pressão arterial alta, tumores, ansiedade e envelhecimento prematuro. Ajude-me a discernir as boas comidas das más comidas. Dê-me o poder para consumir alimentos que transformem meu corpo em um templo de bem-estar, radiância e saúde.

Que eu possa ser abençoada com a firmeza de me alimentar sem carne, apenas com legumes e frutas perfeitos, e assim manter meu templo corporal sagrado. Que minhas papilas gustativas debilitadas possam ser revitalizadas, para que eu sinta prazer em comer os alimentos que me trazem a cura.

Que eu tenha alívio consumindo frutas, legumes, nozes, grãos integrais, brotos orgânicos e água pura. Que todas essas dádivas da verdadeira nutrição possam me transformar em um ser de luz — uma mulher sagrada.

7. *Cantando Hesi*

Cante esse *hesi* quatro vezes:

Nuk Pu Ntrt Hmt — Eu sou uma mulher sagrada.

8. *Respirações de Fogo*

Comece inspirando e expirando quatro vezes. Quando estiver totalmente à vontade, comece a fazer as respirações.

Inspire profundamente bombeando pelas narinas (com a boca fechada), expandindo a respiração até o abdômen, então até o peito, e solte todo o ar dos pulmões enquanto o abdômen se contrai. Repita tudo rapidamente.

Cada respiração de fogo profunda representa a abertura das mil pétalas de lótus de iluminação e radiância que levam a Nefertum — a estação do lótus afrakano da Divindade. Nós progredimos para trezentas respirações de fogo no Portal 2.

9. *Portal 2: Meditação da Comida Sagrada*

A cada sete dias aumente a duração da meditação. Quanto mais tempo você medita, mais profunda será sua paz interior e mais sólido será seu *ka* (espírito). Quanto mais limpo estiver seu templo corporal, mais cedo você conseguirá atingir sempre um estado de paz e equilíbrio interno quando medita.

Visualização de Ta-Urt, Mãe Guardiã da Terra

- Sente-se confortavelmente para inalar a força vital — a nutrição proveniente da terra;
- Comece inspirando a nutrição espiritual da terra pelas solas dos pés subindo até sua coroa;
- Então expire da coroa de volta à essência de sua nutrição pela terra: inspire contando até quatro e expire contando até oito. Continue inspirando e expirando o espírito de Ta-Urt, a Mãe Guardiã da Terra;
- Visualize a cor da energia marrom e/ou verde da terra fluindo pelo seu sangue. Injete essa energia em suas células e nas articulações, então expire;
- Agora injete essa energia em seus ossos e expire. Injete-a em seus nervos e expire. Injete-a em sua pele e expire;
- Injete a nutrição em seus músculos e expire. Depois injete-a em seus órgãos e pulmões, e expire. Por fim, injete-a em seu cérebro e expire;

- Agora que está repleta de *prana*[30] (energia vital) da terra, descanse e fique *hotep* (em paz).

Visualização Cromática. Visualize as cores marrom ou verde do portal. O solo marrom ou preto produz as plantas e as folhas que nos alimentam e nutrem; o verde representa regeneração. Enquanto medita, use marrom ou verde e/ou ponha um pano marrom ou verde em seu altar.

Meditação com Pedra Sagrada. Enquanto medita, mantenha a palma da mão sobre o estômago com a cornalina, pedra sagrada de cura desse portal. A cornalina regula a ingestão de alimentos e facilita sua assimilação, assim como faz bem para a circulação e ajuda o sistema digestivo a filtrar bem as impurezas.

10. Tônicos de Ervas

Tome chá de salsa. Partes usadas: raízes e sementes. A salsa regula o ciclo menstrual e tem alto teor de ferro e clorofila. (Não tome se estiver amamentando, pois esse chá seca o leite.) Tome o chá de salsa por sete dias para colher plenamente os benefícios de estar no Portal 2 — desfrute seu chá de erva em sua caneca favorita durante ou após escrever no diário.

Preparação. Um sachê de chá para 1 xícara de água. Ferva água em um caneco de vidro, argila ou aço inoxidável, apague o fogo, ponha o sachê de chá e deixe em infusão. Tome antes ou depois do seu banho matinal ou ducha sagrada. Tome com alegria e paz enquanto respira entre um gole e outro e entra em um estado de contemplação e reflexão.

11. Essências Florais

Para aprofundar sua experiência no Portal 2, escolha alguma das seguintes essências florais, listadas abaixo. Coloque 4 gotas sobre ou sob a língua ou pingue-as em um copinho com água purificada e tome. Repita o processo quatro vezes ao dia. Para instruções sobre a escolha de essências florais, ver página 49.

- *Crab apple* (maçã silvestre): ajuda a expelir toxinas durante regimes de purificação ou jejum;
- *Iris* (íris): ajuda a eliminar a ânsia por doces e a hipoglicemia; promove a consciência corporal feminina;
- *Pink monkeyflower* (margarida amarela): indicado para quem compensa a fragilidade emocional comendo demais até se entorpecer;
- *Goldenrod* (vara-de-ouro): indicado para quem esconde seu verdadeiro eu mediante o excesso de peso;
- *Self-heal* (autocura): dá confiança de que o corpo consegue digerir e assimilar bem a comida e que a pessoa fica nutrida e energizada com o que come;
- *Walnut* (noz): Para se livrar de velhos padrões alimentares e desenvolver uma nova relação com alimentos nutritivos.

12. Dieta

Siga as práticas de transição alimentar para os Portais 1-3 ou faça o jejum de sete dias (ver página 196).

13. Comida Sagrada Escrita no Diário

É melhor fazer isso após a limpeza interna (enema) e/ou meditação. Quando está purificada e centrada, você pode ter a graça de receber mensagens espirituais do Altíssimo Quando se está no espírito, mensagens vão passando pela sua mente, coração e mão até o papel.

Redija com o máximo de inspiração espiritual após o trabalho no altar, entre 4h e 6h da manhã. Mantenha seu diário e uma caneta perto ou sobre o altar para trabalhar com o poder, força e calma na chegada da aurora, o horário de Nebt-Het.

Afirme sua vida cotidiana neste horário e escreva no diário os pensamentos, atividades, experiências e interações que venham à sua mente. Você também pode anotar suas visões, desejos, sonhos e afirmações, para refrescar a memória quando precisar de apoio e ajuda.

Consulte Sesheta. Se não conseguir contatar sua voz interna durante o trabalho em seu diário, chame Sesheta, a guardiã interna que revela segredos, para ajudá-la e falar através de você.

14. Xale ou Colcha da Liberdade de Senab

Escolha um novo pedaço de pano que corresponda à cor do portal (indicada no "exercício 9" das suas práticas espirituais diárias ou no trabalho no altar sagrado) para adicionar ao seu xale ou colcha da liberdade de Senab. Esse pano será como uma tela que representa sua experiência no portal em que está trabalhando.

Arranje também símbolos significativos para aplicar no xale ou colcha como um *patch-work*. É possível adicionar pedras, outros objetos naturais, itens de coleção, relíquias da família, fotos estampadas em tecido e outros itens significativos que representem a essência de sua experiência. Dê asas à imaginação e deixe seu espírito habilidoso contar sua história. Para mais informações sobre o xale ou colcha da liberdade de Senab, ver páginas 147.

15. Ferramentas Sagradas

Você precisará de ferramentas para o laboratório culinário abordado neste capítulo: um extrator de sucos, liquidificador, panelas de aço inoxidável, um caneco esmaltado ou de vidro à prova de calor para a infusão dos chás de ervas, vasos para várias ervas, um coador e um extrator de clorofila.

16. Lembrete Sagrado

Ao longo da semana, observe atentamente a sabedoria apresentada no portal em que você estiver. Para obter o máximo de resultados, viva livremente e em harmonia com os vários sistemas de bem-estar apresentados. Pratique o trabalho transformador de sete dias no final do portal.

Palavras Sagradas de Encerramento

> Criador(a) Paterno (Materna), oriente-me para escolher bem os frutos da terra e ajude-me a comer alimentos naturais sagrados que mantenham meu templo corporal saudável e puro.

NÓS SOMOS TUDO O QUE CONSUMIMOS

Tudo o que consumimos determina quem e o quê somos e em quê nos transformamos. O Portal 3 – Comida Sagrada — nos mostra como consumir no nível mais puro e elevado para nos transformarmos em seres de luz com a vibração mais elevada possível. Enquanto estudamos e aplicamos a filosofia da Mulher Sagrada, rumo ao topo da pirâmide (*merkut*), estamos consumindo mais pureza, autoconhecimento, paz, cura e integridade. Estamos consumindo o conhecimento que apoia o estilo de vida de uma mulher evoluída e sua cota de luz até nos tornarmos plenamente iluminadas e empoderadas. A cada avanço no autoconhecimento, livramos-nos dos pensamentos, alimentos, situações e pessoas que vampirizam nossa sacralidade. Como mulheres sagradas em evolução, cada vez mais somos apoiadas pela iluminação do Altíssimo Divino e, à medida que essa luz interna cresce, começamos a expressar nossa verdadeira natureza gloriosa a olhos vistos.

Nós somos aquilo que consumimos, sejam companhias ou o ambiente. A lixívia e as tinturas que contêm metais pesados, que aplicamos em nossos couros cabeludos, penetram no cérebro e derramam toxicidade em nossas coroas sagradas transtornam nossas mentes. Nós nos tornamos as visões, sons e odores que consumimos.

Nós absorvemos os homens que penetram nossos ventres e fluem em nossas veias no calor da noite, mesmo depois que vão embora. Se as relações sexuais são boas, queremos mais, mesmo que a pessoa não seja a melhor escolha. Garota, cuidado com quem você se deita! Não deixe esse homem se tornar um vício e arruiná-la, pois, isso não condiz com uma mulher sagrada. Como nossas vaginas absorvem a essência masculina, passamos a refletir a natureza dos homens, seja boa ou má, tóxica ou pura. Mas quando uma mulher consome a essência de um homem puro, sua alma fica plena quando ela dança na lua crescente.

Também devemos ter cuidado com o que consumimos na televisão, pois isso nos influencia demais. Nossas psiques ficam sobrecarregadas pela violência constante, medo e consumismo desenfreado. O bombardeio de inúmeras sugestões subliminares pode gerar coisas péssimas. Mas, à medida que consumimos visões virtuosas e inspiradoras para a ascensão da nossa alma, ficamos mais sábias.

Para nos tornar um reflexo do Divino, precisamos nos empenhar em elevar a vibração dos alimentos que consumimos. Enquanto nos elevamos sistematicamente ao longo dos Portais da Mulher Sagrada, precisamos consumir uma quantidade maior de alimentos vivos que contenham enzimas vivas e mais oxigênio e nutrição.

Como nos tornamos o que comemos, pensamos e sentimos, ao consumir alimentos vegetarianos orgânicos crus vivos, nosso templo corporal para de ansiar por carne e paramos de sentir cansaço e exaustão. Quando tomamos diariamente sucos verdes feitos na hora (como os de pepino, agrião, salsa, brócolis e couve), nossas células rejuvenescem. Quando comemos beterraba e *cranberry*, o sangue fica limpo e a circulação melhora, deixando-nos com a pele saudável e radiante e muito mais disposição. Quando comemos quiabo e saladas de legumes com um pouco de alho, o cólon purga velhas toxinas, dejetos, gases e vermes. O consumo das plantas marinhas como, *gotu kola*, spirulina e alguns sucos frescos ativa o cérebro, melhora a memória e dá agudeza e concentração aos sentidos. Quando tomamos chá de gengibre, colocamos alho-poró e cebolinha verde na sopa, os pulmões se expandem e se desintoxicam, aumentando nossa vitalidade e vigor e dando fim à rinite alérgica, asma e estagnação.

Por outro lado, se você estiver sem energia e com células cancerígenas espalhadas pelo corpo, ou estiver sexualmente agressiva e ansiosa, ou se seu sistema imunológico estiver debilitado e contraindo infecções, provavelmente você deve estar tendo uma *overdose* de carne. Desse modo, caso tenha passado por cirurgias para retirar tumores no útero ou no seio, eles podem voltar a crescer novamente a cada pedaço de carne consumido.

Um banquete de mulheres sagradas

Acaso tenha muito muco no corpo e dificuldade para respirar, é provável que o seu consumo de leite e derivados (tais como queijos e sorvetes) esteja em excesso.

Dor nas articulações e uma carga desordenada de estresse ou incontinência verbal com posterior arrependimento (por ter causado mágoa a alguém) são sinais de um extrapolamento no consumo de açúcar, farinha branca ou cocaína. Todas essas substâncias viciantes são altamente debilitantes.

Durante o estado de apatia e dispersão, onde sua ansiedade para o consumo de alimentos nocivos (como doces recheados de gordura, biscoitos, bolos e batata frita) cresce, é preciso refletir se os amidos não estão realmente se tornando um vício

É importante ressaltar que não apenas as questões alimentares e emocionais têm efeitos sobre a harmonia do seu corpo, mas também o que fortalece o seu aparato físico. O envelhecimento precoce e a celulite nas coxas, talvez sejam reflexos da ausência de exercícios físicos regulares

Vamos lá, minha amiga, mexa-se! Se você continua atraindo pessoas negativas e sua vida é marcada pelo sofrimento emocional, provavelmente está consumindo quatro refeições por dia, excesso de carnes gordurosas, frituras, refrigerantes, alimentos industrializados e fazendo pausas matinais para tomar café, o que diminui sua vibração e drena seus poderes sagrados. Portanto, pense sobre isso. Seu estilo alimentar é benéfico ou destrutivo? Está na hora de abastecer seu prato com verduras, grãos integrais e feijões feitos na hora.

A mulher sagrada realmente evolui à medida que se cura consumindo as coisas certas e se fundindo com os elementos da natureza — terra, ar, fogo e água. Ao dominar seu ambiente interno e externo, ela ganha acesso total ao próprio corpo, que é por si mesmo um universo completo, e descobre que tem domínio sobre os céus e a terra. Digamos que um vulcão esteja prestes a entrar em erupção; com toda sua radiância, a mulher sagrada pode falar com o vulcão — ou terremoto, furacão ou outro fenômeno humano ou ambiental —, e pedir que se acalme.

Após semanas ou meses levando uma vida natural, jejuando e comendo apenas alimentos crus vivos, você chega ao topo da pirâmide de purificação e descobre que se tornou uma rainha divina, uma força angelical que produz e direciona pura luz.

Ao estar em seu assento de poder, apta a transformar seu mundo e todos que fazem parte dele, lembre-se sempre:

> Se quiser ascender no caminho da Mulher Sagrada, saiba que você se torna tudo aquilo que consome.

O LABORATÓRIO CULINÁRIO DE CURA

Nossa casa deve ser um centro de cura, como um santuário ou um templo, no qual curamos nós mesmas e a nossa família. Quanto mais aprendemos a trabalhar com os princípios da vida natural, melhor é nossa atuação como conselheiras espirituais, psicólogas e herboristas. A meta é dominar o princípio divino da autocura.

Mulheres Sagradas realizadas são médicas no lar, pois contêm o ventre universal. As primeiras mulheres que curavam no planeta eram "bosquímanas". Hoje, é preciso transformar nossa cozinha mundana e cheia de equipamentos modernos, que geram doenças mentais e físicas e abreviam nossas vidas, em um laboratório culinário de cura. Usando esse laboratório, podemos assegurar templos corporais plenos de bem-estar, poder e talento. Nossas ferramentas são sucos feitos na hora e, sempre que possível, frutas e legumes orgânicos vivos, sopas, saladas, ervas e especiarias.

O laboratório culinário de cura é um lugar sagrado onde enxugamos as lágrimas das amigas com um bule de chá de menta fumegante e defumamos o ar com jasmim para ter paz.

PORTAL 2 – COMIDA SAGRADA

É no laboratório culinário de cura que protegemos nossos filhos contra doenças desnecessárias na infância, pois os alimentamos com as substâncias corretas que agem como medicamentos preventivos.

Por meio da educação alimentar adequada, sucos vivos e sopas, curamos nossos parceiros de algumas doenças como: pressão arterial alta, derrames etc. Tratamos com tônicos de ervas; problemas na próstata e tristeza profunda, com verduras. Quando o relacionamento entre vocês não está indo bem, esteja certa de que o problema está no que consome — no frango frito, nas costelas de porco e na mandioca (a carne, a gordura e o açúcar acabam com nosso estado natural divino). Pensamentos e atitudes nocivos derivam dos venenos em nosso prato.

A cozinha à moda antiga dos nossos antepassados curava todas as aflições, pois os alimentos tinham poder para nutrir corpos, mentes e espíritos. Na cozinha da nossa avó, as mulheres se sentavam em torno do fogão, a fim de equilibrar suas vidas e relacionamentos tomando chá de framboesa vermelha e vara-de-ouro. Como mulheres naturais, elas se reuniam em torno da comida e trabalhavam com as mãos e seus espíritos compassivos para curar suas famílias.

Nós devemos imitá-las e curar nossas famílias durante as refeições, reuniões e passeios, enquanto a comida passa de mão em mão. Está na hora de retomarmos a sabedoria da "cozinha à moda antiga". Faça do seu laboratório culinário de cura um lugar onde você e sua família sintam plena liberdade interna.

Queen Afua mexe o caldeirão em
St. Croix, nas Ilhas Virgens

Equipamento Básico para o Laboratório Culinário de Cura

Ao invés de cozinhas com fornos de micro-ondas para aquecer carnes, frituras e *fast-foods*, queremos um laboratório para nos curar e curarmos a família com sucos, alimentos vivos e ervas. Veja abaixo o equipamento básico para montar a cozinha do século XXI, mas conforme uma antiga perspectiva de cura afrakana.

Espremedor de fruta;
Processador de alimentos;
Germinador;
Extrato de clorofila;
Xícaras de barro;
Moedor de nozes e sementes;
Panelas de aço inoxidável;
Cartazes e imagens inspiradores;
Panelinha de ferro fundido;
Vasos para ervas com rótulos;
Vaso para brotos;
Liquidificador;
Faca de aço inoxidável;
Coador;
Tábua de corte feita de madeira.

Queen Afua e Ntrelsa Elsa Bernal, guia holística e especialista em alimentação natural há trinta anos, no Laboratório Culinário de Cura

Ervas e Especiarias para o Laboratório Culinário de Cura

Alfalfa: Valiosa fonte de clorofila que também pode acelerar a eliminação de toxinas do corpo.

Cáscara sagrada: Atua como laxante e promove a purificação do cólon.

Pimenta-caiena: atenua o sangramento menstrual caudaloso e melhora a circulação e a pressão arterial baixa.

Camomila: antiespasmódico e maravilhoso digestivo e calmante, relaxa o trato digestivo e o útero.

Canela: estimula o útero, diminui o fluxo menstrual e atua como afrodisíaco.

Dente-de-leão: diurético e digestivo, é muito útil para aliviar a síndrome pré-menstrual e o incômodo com inchaços.

Alga das rodimeniáceas: tem alto teor de ferro e minerais, assim como a alga marinha e outras plantas marinhas.

Alho: produz oxigênio, fortalece o sistema imunológico, atua como afrodisíaco e afugenta espíritos malignos.

Raiz fresca de gengibre: melhora a circulação, dissolve a celulite e o muco, alivia a congestão e faz a menstruação descer.

Hidraste: acalma o estômago e o útero e também pode combater infecções causadas por bactérias e fungos.

Menta: atua como afrodisíaco, ajuda no tratamento contra a infertilidade e aumenta a virilidade.

Noz-moscada: é germicida e facilita o parto.

Salsa: tem vitaminas A e C, ferro, iodo, magnésio e cobre. É boa para os rins e o sistema nervoso, e seca o leite em seios inchados. Não consuma salsa enquanto estiver amamentando.

Sálvia: ajuda a digestão e a menstruação atrasada a descer. Não consuma sálvia enquanto estiver amamentando, pois ela pode interromper o fluxo de leite.

Bolsa-de-pastor: contém substâncias que aceleram a coagulação do sangue. A erva desidratada ajuda a reduzir sangramentos nasais e o fluxo menstrual caudaloso. É também adstringente de feridas.

Alfavaca cheirosa: invoca proteção, aumenta a fertilidade, cura cólicas menstruais e o enjoo matinal, e expele resíduos após o parto.

Valeriana: um calmante para cólicas intestinais, nervosismo e dores de cabeça.

Agrião: tem alto teor de minerais e faz bem para o fígado.

Minha Cozinha Não Tem Negatividade

Meu laboratório culinário de cura é uma coisa séria.

Eu me sento na diagonal, com a panelinha de ferro fundido na mão direita e o chá de erva na esquerda, e inspeciono todas as embalagens para ver se alguma contém a morte.

Eu acordo os sonolentos, rejuvenesço os vivos, energizo e purifico com sopas, tônicos, alimentos vivos e sucos.

Nada de morte por aqui, nada de frangos, porcos, vacas nem cordeiros. Nada de peixes, cabras, leite nem presunto.

É óbvio que o que comemos pode nos libertar.

Mas, cuidado, pois alguns empecilhos ainda se disfarçam de diversas formas em nossos pratos.

Comidas mortas controlam nossas oscilações de humor.

Seguramos as armas da morte em forma de garfos, colheres, panelas e vasilhas.

Fique longe do hambúrguer, da pizza gotejante, das batatas fritas gordurosas e dos refrigerantes, que produzem tanto mal.

Demônios belamente embalados que nos impedem de ser quem realmente somos.

Eles estão em nossos pratos e em nossas panelas.

Cuidado com os hábitos nocivos que levam à perdição e à putrefação causando doenças parasitárias.

Demônios, demônios, saiam do meu laboratório de cura, saiam da minha panela.

Eu vou purgá-los e libertá-los, pois purificação é a chave.

Salsichas, café com creme de manhã, biscoitos antes de dormir e sorvete à base de leite de vaca.

Cuidado com esses danos que levam à perdição.

Inspecione os armários, as sacolas e as embalagens na cozinha, e dispense tudo o que não for vivo.

Frutas, legumes, nozes e grãos integrais têm todo o direito de permanecer.

Reconquiste sua mente, os nervos, a carne, os ossos, os seios, os joelhos e o peito.

Reconquiste seu marido e seus filhos abrindo mão da competitividade, e afugentando os demônios da sua vida.

Resgate seu laboratório culinário de cura com poder, orgulho e dignidade.

O poder está em suas mãos para levantar os mortos e libertar a terra das carnes, drogas, bebidas alcoólicas, comidas processadas e açúcar

É assim que a cozinha se torna um laboratório de cura.

LISTAS DE ALIMENTOS DA "COZINHA SEM NEGATIVIDADE"

Para se inspirar, pregue na parede uma lista de comidas nocivas para a vida e outra de comidas naturais benéficas para a vida.

Comidas Nocivas	Comidas Naturais Benéficas	Nutrientes Importantes
Carnes;		
Grãos desvitalizados;		Nutrientes verdes;
Itens com farinha branca;	Legumes e frutas frescos;	Vitaminas do complexo B;
Refrigerantes;	Clorofila (suco fresco);	Vitamina C;
Frituras;	Brotos;	Lecitina;
Ovos;	Feijões, ervilhas, sementes, nozes e grãos integrais;	Vitamina E;
Todos os produtos derivados de leite, incluindo leite, queijo e sorvete;	Vinagre de sidra orgânico;	*Inner Ease Colon Formula*;
	Limões e limões-doces;	Clorofila (em pó);
Gordura velha;	Sorvete de soja.	Dentes de alho frescos.
Sal e açúcar.		

ALIMENTOS AFETAM NOSSAS EMOÇÕES

Ao longo de anos dando consultas de saúde holística, observei as seguintes conexões entre corpo e mente.

Itens à base de carne	Doenças Emocionais e Sociais	Alternativas	Doenças Físicas
Porco, vaca, frango, cabra e peixe.	Causam ressentimento; Embotam os sentidos; Geram raiva; Produzem violência; Causam inveja e agressão sexual.	Coma proteínas vegetais; Purgue com chá de trevo-dos-prados e chaparral; Faça enemas e tome laxantes à base de ervas.	Câncer; Falta de energia/fadiga; Pressão arterial alta; Inchaço; Problemas na próstata; Impotência e infertilidade.

- Consumir comidas à base de carne é uma tentativa de preencher vazios emocionais. Por isso eliminem ou, se não for possível, evitem ao máximo o consumo de carnes.

Itens com Farinha Branca	Doenças Emocionais e Sociais	Alternativas	Doenças Físicas
Massas, pães e doces.	Vazio em sua vida; Insatisfação; Tédio.	Painço; Cuscuz marroquino; Bulgur; Arroz integral.	Má circulação; Constipação; Hemorroidas; Congestão.

- Coma grãos integrais com moderação. Para facilitar a assimilação e a digestão, só coma grãos de dia, além de ingerir legumes crus ou cozidos no vapor junto com amidos.

Itens à Base de Leite	Doenças Emocionais e Sociais	Alternativas	Doenças Físicas
Leite, queijo, sorvete, manteiga e iogurte.	Solidão; Sentimento de desamor; Relacionamentos enredados com os pais, especialmente com a mãe.	Leite de soja; Leite de amêndoa, leite de sementes; Verduras e sucos; Legumes vivos: clorofila, spirulina, alfalfa, dente-de-leão.	Tumores; Glaucoma; Resfriados e febres; Rinite alérgica; Asma e muco.

- Itens à base de leite de origem animal são tão destrutivos quanto as carnes para o nosso templo corporal. Além disso, eles produzem muco no corpo todo gerando várias doenças, incluindo asma e tumores.

FRUTAS FRESCAS PURIFICAM SUA VIDA

Introduza forças angelicais na sua vida e nas vidas de todos em sua família com frutas silvestres de todos os tipos como, mangas, pêssegos, cerejas, papaia, uvas vermelhas, abacaxi, damascos, ameixas, melões de todos os tipos, toranja, laranjas, limões e limões-doces, mas exclua as bananas. Coma as frutas orgânicas frescas da estação ou em forma de sucos feitos na hora. Comidas fritas, enlatadas e congeladas são proibidas para quem deseja uma vida plena.

Comer frutas frescas pode:

Melhorar relacionamento amoroso;	Livrar o corpo de incômodos respiratórios como asma, resfriados e congestão nasal;
Produzir bem-aventurança e paz;	
Fomentar compaixão;	Purificar a pele, o sangue, as células e tecidos;
Gerar serenidade;	
Purificar pensamentos;	Purificar o ato de fazer amor;
Purificar seu estado mental;	Eliminar tumores e corrimento vaginal;
Melhorar a disposição;	Produzir uma geração de bebês com saúde;
Criar a sensação de amorosidade	Desobstruir a próstata dos homens.

QUEBRANDO A CORRENTE

Para quebrar a corrente de desamparo, depressão, sofrimento e confusão, consuma alimentos que geram mais luz e libertação. Confira a lista abaixo:

Comidas Opressivas	Estados Opressivos	Comidas Libertadoras	Estados Libertadores
Carne	Raiva	Proteína Vegetal	Capaz de fazer mudanças positivas.
Açúcar	Depressão, raiva, frustração e oscilações de humor.	Frutas	Alegria

Comidas Opressivas	Estados Opressivos	Comidas Libertadoras	Estados Libertadores
Derivados de leite	Solidão, estagnação e ressentimento	Suco verde, leite de sementes de nozes	Consciência tranquila
Fast-foods e outras ultraprocessadas	Estado tóxico debilitante	Alimentos integrais	Capacidade para digerir a vida
Comidas e sucos desvitalizados	Falta de energia	Legumes crus frescos e sucos de frutas frescos	Muita energia e vivacidade
Comidas gordurosas enlatadas e congeladas	Raciocínio enevoado e morte	Azeite de oliva puro	Flexibilidade e energia
Café	Envenenado e hiperativo	Melaço de cana	Energia
Comidas cozidas	Confusão, cansaço e apatia	Alimentos vivos	Empoderamento

PLANTAS: ALIMENTOS PODEROSOS QUE INJETAM A ORDEM DIVINA EM SUA VIDA

Aipo	Fomenta pensamentos positivos
Pepinos	Fomenta o perdão
Espinafre	Fomenta a criatividade
Brócolis e Couve-de-bruxelas	Fomenta a força e a resistência física e mental
Spirulina	Produz uma geração forte
Algas azuis-esverdeadas ou maná	Produz entendimento e a conecta com o Criador / Criadora
Salsa	Fomenta sua vida espiritual
Agrião e vagens	Atraem prosperidade
Brotos	Infundem uma presença majestosa
Endro	Rejuvenesce os ossos e elimina dores
Hortelã-pimenta fresca	Restaura o cabelo, a pele e os nervos
Folhas de nabo	Restaura o sangue e eliminam eczemas, furúnculos, espinhas e acne

- Beba sucos verdes duas vezes por dia e coma plantas duas ou três vezes por dia;
- Use verde para ter mais poder e produtividade;
- Comidas enlatadas, congeladas e preparadas no forno de micro-ondas são proibidas, pois são mortas, ou seja, desvitalizadas.

A Poesia das Plantas: Alimentos Poderosos que Injetam a Ordem Divina em Sua Vida

Coma verde, tome verde, medite e ande sobre a relva, para obter o máximo de vitalidade e uma beleza duradora e profunda.

> Aipo, traga-me a doce serenidade;
>
> Pepino, salsa e agrião, ajudem-me a me libertar e abrir caminho para o perdão;
>
> Espinafre, fortaleça minha criatividade;
>
> Brócolis e couve-de-bruxelas, tragam-me estabilidade física e mental;
>
> Spirulina, algas azuis-esverdeadas, maná e clorela, produzam regeneração para um templo corporal repleto da luz solar de Rá;
>
> Alfalfa, feijões e brotos, reconectem-me com minha divindade, assim realçando minha espiritualidade;
>
> Suculentas folhas de nabo, rejuvenesçam meus ossos e tirem as dores;
>
> Folhas de couve, restaurem meu cabelo, pele, ossos e sangue deixando-os limpos e saudáveis;
>
> Preciosas folhas de endro e de hortelã-pimenta, facilitem meus passos nessa jornada sagrada;
>
> Agradeço a todos os campos verdes na terra e a toda lâmina de relva que cresce por fazerem minha alma prosperar.

Lembre-se, Coma Bem para Ter 100% de Bem-Estar

- Se você for "viciada em açúcar", coma ou tome suco de toranja, limões-doces e limões. Tome também chá de hidraste: ¼ de colher de chá da erva em pó para 1 xícara de água quente;
- Caso tenha pressão arterial alta, evite aipo, pimenta-caiena, gengibre e sal;
- Faça as seguintes substituições: ao invés de maionese, use maionese de soja. Ao invés de sal ou molho inglês, use molho tamari ou missô *light*. Ao invés de chocolate, use alfarroba em pó. Ao invés de mostarda processada, use mostarda natural e germe de trigo;
- Óleos de açafroa, oliva, canola e gergelim não devem ser cozidos nem aquecidos. É melhor colocá-los sobre os legumes cozidos no vapor ou fervidos em fogo baixo após esfriarem.
- À medida que vai se purificando, inclua mais alimentos vivos em sua dieta até o ponto de consumir apenas tais alimentos.
- Adeptas avançadas da purificação devem comer somente alimentos crus vivos.
- Como a prece é alimento para a alma, ore e agradeça antes e após cada refeição.
- Comer alimentos naturais a manterá conectada espiritualmente com as fontes de tudo que é bom, divino e abençoado.

Cozinheiras da Terra
por *Wahida Abdul Malik*

A vasta horta da Terra produz uma abundância de ervas, frutas, legumes, grãos, nozes e sementes, que são fundamentais para purificar, reparar, fortalecer e trazer paz e tranquilidade para nossos corpos, mentes e espíritos.

Esses alimentos divinos são dádivas do(a) Criador(a) para nos nutrir e curar, pois eles contêm tudo de que precisamos. Eles satisfazem as diversas necessidades de alimentação e medicina vital para curar nossas doenças durante a jornada de desenvolvimento.

O(a) Criador(a) nos abençoou com esses corpos magníficos e miraculosamente formados, e é nosso direito e dever divinos manter esses vasos da vida com o máximo de cuidado e amor.

Comer de forma saudável dá uma alegria imensa, pois quando ingerimos alimentos naturais saudáveis tratamos o corpo, a mente e o espírito da maneira correta e colhemos os benefícios funcionando no nível máximo de produtividade.

Esse princípio de causa e efeito corrobora o dito de que "nós somos o que comemos". Ao disponibilizar tamanha abundância, o(a) Criador(a), está dizendo que é assim que Ele(a) deseja que nos alimentemos. Portanto, basta seguir seus sinais claros aceitando o que é bom e rejeitando o que é nocivo.

Comidas industriais processadas contêm substâncias químicas que entopem, desaceleram e acabam destruindo nossos corpos, tudo em nome da praticidade. Se o(a) Criador(a) pudesse dizer o que é melhor para nós, acredito que Ele(a) diria: "Preparei de antemão para vocês tudo o que é bom e natural. Aproveitem!".

Comer corretamente é uma ciência, e a chave para entendê-la é perceber que os melhores alimentos são aqueles totalmente aproveitados por nossos corpos.

Ao entrar em nossas cozinhas, devemos considerá-las laboratórios de cura e assumir o nosso papel de "cientistas" em busca da cura para nossas famílias. Entre sempre nesse lugar sagrado com um estado mental altamente consciente. Prepare-se para operar novos milagres e descobertas que ajudarão o desenvolvimento não só da sua família, mas também da nossa nação. Nossos organismos precisam ser fortalecidos para combater os ataques implacáveis do meio ambiente poluído no qual vivemos. Todas nós temos a opção divina de ser "cozinheiras da Terra", de tomar uma decisão consciente entre curar nossa nação ou contribuir ainda mais para sua destruição.

Cozinheiras da Terra, peçam sempre orientação ao(a) Criador(a) antes de entrar em seus laboratórios de cura para criar comidas e fórmulas que curam. Ao fazer isso, ficamos totalmente surpresas com o que se materializa devido à nossa fé e confiança total em Deus. Tornar-se uma cozinheira da Terra é um passo essencial para quem decide trilhar o caminho da libertação e da autocura por meio da purificação.

Mexendo o Caldeirão

A mulher "mexe o caldeirão" e "se escarrapacha no fogão" para injetar suas vibrações na comida que está preparando. Não se trata apenas de uma panela com aipo, cebolas ou sálvia, mas de uma panela cheia de vibrações. Você está preparando a "sopa da alegria", a "sopa para se libertar da escravidão" ou "a sopa do amor pela família". Nós ouvíamos histórias sobre uma mulher idosa que conseguia alimentar sua família com pouco ou nenhum dinheiro, mas todos ficavam satisfeitos e de bom humor após tomar sua sopa. Isso acontecia por causa das altas vibrações espirituais infundidas pela cozinheira — a mãe e a mulher sagrada — enquanto mexia a panela.

Certo dia, meu companheiro e eu estávamos na cozinha, e ele tirou a tampa de uma panela vazia que estava no fogão, esperando achar uma refeição cozida. Então, eu disse a ele: "querido, agora só comemos alimentos vivos. Lembre-se que chega de comidas cozidas mortas aqui em casa. Conseguimos essa vitória com muita prece!".

Para ajudá-lo na transição de alimentos cozidos para os crus, eu ralei aipo, cebolinha verde, brócolis e beterraba no processador de alimentos. Então, coloquei tudo na panela e fique mexendo da maneira tradicional, com muito amor, ervas e óleos naturais puros. Servi o jantar na panela e ele ficou tão contente que comeu um prato cheio de alimentos crus vivos.

Panelas falam! Entre o povo Saramaka, que vive no Suriname e na Guiana Francesa, um homem pode acusar sua esposa de abandono se ela levar muitas panelas para sua aldeia de origem. Portanto, mulheres, fiquem atentas ao que suas panelas dizem.

Nota: Nunca cozinhe em panelas de alumínio, pois quando ficam velhas geram doenças debilitantes.

Deixe o Espírito Mexer Essa Sopa

Mulheres sagradas, vamos mexer as panelas em nossos laboratórios culinários de cura até a vitória! "Tome minha sopa para que veja outro gigante adormecido acordar, pois ela tem poder."

O poder sempre esteve na "sopa". Mulheres afrakanas em todos os lugares, mexam as panelas, mostrem que se importam, sejam criativas e deixem o Espírito também mexer essa sopa! Usem água filtrada ou destilada na preparação.

Uma boa opção é adicionar legumes cozidos no vapor por três a cinco minutos. Quanto menos a comida for cozida, melhor, pois assim ela retém mais vitaminas e minerais. Portanto, como irmã Wahida e outras cozinheiras espirituais, você deve se tornar uma cozinheira da Terra seguindo seu espírito interno enquanto prepara comidas naturais sagradas para nutrir o corpo, a mente e o espírito.

Use sua intuição e sagacidade para calcular a quantidade de água, legumes e temperos requeridos para o prato em questão. Prepare a comida com a melhor disposição espiritual para entrar em sintonia com a cozinheira da Terra dentro de você. Aqui estão algumas sugestões:

- **Sopa para os nervos e a paz interior**: endro, aipo, cebolinha verde picada e folhas de menta;
- **Sopa rejuvenescedora**: Alfafa, alga das rodimeniáceas, salsa e folhas de couve ou de mostarda picadas
- **Sopa para fazer amor**: musgo-do-mar, beterraba e plantas marinhas;
- **Sopa para limpar o cólon**: Quiabo e cebolas;
- **Sopa para emagrecer**: Alho, uma pitada de morugem ou funcho e agrião.

Evite terminantemente comidas desvitalizadas tóxicas. É fundamental preparar a sopa com ingredientes naturais frescos e vivos para infundir paz a quem precisa. Se estiver solitária, deprimida ou estressada, tente não comer! Faça um jejum à base de sucos. Mas, caso sinta necessidade de comer, tome uma sopa que lhe transmita pureza, paz e amor. Ou, melhor ainda, vá para o seu quarto rejuvenescer fazendo amor com seu companheiro.

Não dispense os livros antigos de receitas, pois basta substituir os ingredientes tóxicos por alimentos naturais vivos. Ao invés de leite de vaca use leite de soja, amêndoa ou sementes. Ao invés de arroz branco, use arroz integral, painço ou cuscuz marroquino.

Receita para uma Sopa Gostosa

Prepare a sopa cantando,
dando risadas,
murmurando e orando.

RECEITAS DA COZINHEIRA DA TERRA PARA A TRANSIÇÃO

Nesta parte, a irmã Wahida Abdul Malik, cozinheira da Terra, a ajudará a fazer a transição de uma alimentação tóxica com carnes para um estilo de vida vegetariano.

Tofu Assado

Tofu firme;	Tomilho;
Alho picado;	Pimenta-caiena;
Páprica;	Cebola;
Sal vegano;	Azeite de oliva;
Sávia;	Farinha de trigo integral.

Corte o tofu em tiras longas e tempere ambos os lados com uma leve pitada de alho, páprica, sal vegano, sálvia, tomilho, pimenta-caiena e cebola. Unte uma forma com óleo e borrife farinha de trigo integral até cobrir toda a superfície. Coloque as tiras temperadas na forma e asse no forno a 180°C por trinta minutos até elas ficarem bem tostadas e escuras. Tire a forma e derrame molho natural para churrasco (veja abaixo ou compre em lojas de produtos naturais) sobre o tofu. Coloque a forma novamente no forno e deixe assando de quinze a vinte minutos. Sirva quente.

Molho natural para churrasco: misture 1 colher de sopa de molho defumado, 1 colher de sopa de mostarda natural, 1 colher de sopa de mel e 1 colher de sopa de sal.

Cozido Vegetariano

Azeite de oliva ou 1¼ bastão de margarina de soja;	1 colher de sopa de endro fresco;
2 cebolas descascadas e cortadas;	1 colher de sopa de salsa;
1 pimentão verde cortado, sem sementes e sem filamentos;	2 colheres de sopa de sal natural;
2-5 talos de aipo cortados;	½ xícara de água;

3 dentes de alho picadinhos;

½ colher de chá de sálvia;

1 colher de sopa de *curry* em pó;

1 colher de sopa de sal natural;

4 maços de espinafre bem lavados e cortados;

Pitada de pimenta-caiena;

½ xícara de tofu firme ralado.

Em uma panela grande, salteie cebolas, pimentão verde, aipo e alho no azeite de oliva ou margarina de soja. Quando as cebolas ficarem translúcidas, adicione sálvia, *curry* em pó (diluído em uma xícara com um pouco de água até formar uma pasta rala), sal natural, endro, salsa, ¼ de bastão de margarina e ½ xícara de água. Acrescente o espinafre e deixe ferver em fogo baixo. Você pode adicionar pimenta-caiena a gosto e ½ xícara de tofu ralado, ao invés de queijo. Coloque 1½ ou até 2 pacotes de tofu com salsa, endro e ½ colher de sopa de sal natural no liquidificador.

Molho de mel: misture 1½ xícara de molho de tomate, 1 colher de chá de mostarda, sal natural a gosto e 1 colher de chá de mel. Espalhe sobre o cozido e sirva com arroz integral.

Proteína Vegetal Texturizada ao Curry

450 g de PVT (proteína vegetal texturizada);

2 colheres de sopa de margarina de soja;

3 cebolas descascadas e cortadas;

½ colher de sopa de alho picadinho;

1 colher de sopa de sal natural;

½ colher de sopa de sálvia;

1 colher de sopa de mel;

½ colher de sopa de sal marinho;

450 g de grão-de-bico;

1 xícara de cenouras cortadas;

2 colheres de sopa de azeite de oliva;

2 colheres de sopa de curry em pó.

Coloque a PVT de molho em água morna até ela ficar macia. Em uma panela grande, misture 2 colheres de sopa de margarina de soja, cebolas, alho, sal natural, sálvia e *curry* em pó (diluído em um pouco de água até virar uma pasta rala), mel e sal marinho e salteie tudo. Então, adicione 225 g de grão-de-bico e cenouras cozidas. Bata mais 225 g de grãos-de-bico cozidos no liquidificador e adicione à mistura para engrossar. Adicione cerca de 2 xícaras de água. Após a mistura esfriar por dez minutos, adicione azeite de oliva prensado a frio.

Torta de Batata-Doce

Massa de torta com espessura de 22,8 cm;

Cerca de 4 colheres de sopa de azeite de oliva (para uma torta mais leve);

1-2 colheres de chá de noz-moscada;

675 g de batatas-doces (rende quatro tortas);

1 colher de chá ou 1 colher de sopa de canela;

Xarope de bordo orgânico ou 3 xícaras de tâmaras misturadas com água para adoçar.

Prepare a massa de torta ou compre em lojas de produtos naturais. Ferva as batatas-doces. Quando elas estiverem cozidas, tire a casca e coloque novamente na panela. Adicione 4 colheres de sopa de azeite de oliva. Adicione canela, noz-moscada e xarope de bordo ou tâmaras a gosto. Misture todos os ingredientes até ficarem homogêneos e coloque-os na massa de torta. Coloque a forma no forno a 180°C e deixe assando por trinta a quarenta e cinco minutos.

RECEITAS VEGETARIANAS DE QUEEN AFUA

Para apoiar sua transformação alimentar, seguem abaixo algumas receitas úteis para você se purificar, rejuvenescer e se curar.

Legumes ao Vapor

- 2 xícaras de vagens;
- 1 xícara de pimentões amarelos sem filamentos;
- 1 colher de chá de folhas de manjericão;
- ¼ de colher de chá de sal natural;
- 1 colher de sopa de sálvia em pó.
- 2 xícaras de ervilhas;
- 1 xícara de pimentões vermelhos filamentos e fatiados;
- ¼ de colher de chá de manjerona;
- 1 colher de sopa de tempero para churrasco.

Cozinhe as vagens, ervilhas, pimentões amarelos e pimentões vermelhos por 3 minutos no vapor. Apague o fogo e adicione manjericão, manjerona, sal, tempero para churrasco e sálvia em pó. Misture levemente e sirva.

Sonho Verde

- 4 talos de aipo;
- 2 pimentões vermelhos;
- Folhas de repolho roxo;
- 1 xícara de brotos de feijão;
- 1 cabeça de couve-flor;
- 1 cabeça de brócolis;
- 1 xícara de brotos de girassol;
- Folhas frescas de hortelã-pimenta.

Retalhe o aipo, a couve-flor, 1 pimentão vermelho e o brócolis no processador de alimentos, então coloque-os em uma tigela para salada. Adicione os brotos e o molho (abaixo) e deixe marinando por duas a quatro horas para intensificar o sabor. Sirva em folhas de repolho roxo e tiras de pimentão vermelho, e decore com folhas frescas de hortelã-pimenta.

Molho: misture ¼-½ xícara de azeite de oliva, ¼ de colher de chá de alho em pó, 4 colheres de sopa de vinagre de sidra orgânico e ¼ de colher de chá de tempero para churrasco.

Super Salada da Horta

- Uma porção grande de rúcula ou alfaces mescladas;
- 1 xícara de salsa fresca picada;
- 2 xícaras de brotos de alfalfa.
- 1 xícara de pimentão vermelho em cubinhos;
- ½ xícara de pimentão amarelo em cubinhos.

Misture todos os ingredientes e adicione o molho (abaixo).

Molho para Salada: Misture bem 1 xícara de azeite de oliva, 1 colher de chá de tempero, 2 colheres de sopa de vinagre de sidra e 1 colher de sopa de salsa picadinha.

Delícia com Girassol e Cuscuz Marroquino

- 2 xícaras de cuscuz marroquino;
- 2 colheres de sopa de azeite de oliva prensado a frio;
- ¼ de xícara de cebola em cubos ou cebolinha verde;
- Sal natural;
- Pimenta-caiena;
- 2 xícaras de água;
- ¼ de xícara de salsa picada;
- Cominho;
- Páprica;
- ¼ de xícara de sementes de girassol (após ficarem de molho na véspera para facilitar a digestão e a absorção).

Coloque o cuscuz marroquino em uma tigela de madeira ou vidro — esse grão natural dispensa o cozimento. Verta lentamente 2 xícaras de água na tigela. Após dez minutos, os grãos estão prontos, mas afofe-os levemente com um garfo. Adicione azeite de oliva prensado a frio, salsa e cebolas. Tempere a gosto com cominho, sal, páprica ou pimenta-caiena. Por fim, adicione sementes de girassol que ficaram previamente de molho.

Sobremesa Crocante de Maçã, Pera e Mirtilo

4 maçãs cortadas em pedaços, sem os talos e sementes;	4 peras cortadas em pedaços, sem os talos e sementes;
2 xícaras de mirtilo;	½ xícara de groselha (após ficarem uma hora de molho);
1 xícara de nozes (após ficarem de molho desde a véspera);	Coco ralado.

Coloque os cinco ingredientes iniciais no processador de alimentos e bata até ficarem bem misturados. Coloque em taças, borrife o coco ralado e sirva como sobremesa.

A Cabaça Sagrada

Para as mulheres do povo Saramaka e de toda a Afraka, as cabaças são "uma coisa feminina. As árvores que as produzem pertencem às mulheres, os frutos são processados por elas e o produto final é usado por elas". As mulheres afrakanas usam as cabaças para tomar líquidos, lavar, comer, servir e carregar água. As cabaças também são usadas para decoração e, ao prender uma rede de contas em volta delas, viram xequerês.

Gosto de servir comida para o meu companheiro em uma cabaça e também utilizo outra para tomar água e sucos frescos. Uma cabaça grande também serve para as abluções, quando faço a cerimônia de purificação.

Recentemente, tenho usado minhas cabaças também como xequerês, que produzem lindos sons que tocam a alma. Graças à minha mentora e professora desse antigo instrumento sagrado, irmã Queen Cheryl Thomas, é um prazer tocá-lo. Isso me ajuda a espairecer e a acompanhar as melodias rítmicas do universo. É também um requinte servir frutas em cabaças. Minha família e os amigos comentam as que as comidas servidas em cabaças dão uma vibração especial às nossas refeições.

Minha velha amiga Charlene Heyliger do Brooklyn, Nova York, tem a Gourd Chips Boutique, na qual vende suas lindas cabaças artísticas. Criações dela inclusive integram os acervos permanentes do DuSable Museum em Chicago, do Children's Museum em Indianápolis e do Weekville Museum no Brooklyn.

> Salve, NRTU do templo da alma,
> que pesa o Céu e a Terra na balança,
> que são doadores de alimento para a alma.
> Salve, Tatunen,
> Criador(a) de mulheres e homens a partir da substância do NTR do sul, norte, oeste e leste.
> Louvor ao Senhor de Rá.

JEJUM DE SETE DIAS DA MULHER SAGRADA

Para o bem-estar do corpo, mente e espírito e mimos divinos, a melhor coisa que uma mulher pode fazer é reservar um tempo especial para si mesma.

Faça os 21 dias de Purificação para Preparação para a Vida Natural (página 42) antes desse jejum para que a desintoxicação não seja abrupta. O jejum de sete dias pode ser feito mensalmente. Jejuar à base de sucos verdes, ervas e nutrientes ajuda a evitar ou diminuir a síndrome pré-menstrual, a irritabilidade, a menstruação caudalosa, inchaços e coágulos, dando-lhe mais disposição, energia e estabilidade emocional.

Antes do desjejum: Suco de 1 limão e 1-2 colheres de sopa de óleo de mamona ou 2 colheres de chá de azeite de oliva prensado a frio.

Desjejum matinal: suco de 2 toranjas ou 3 laranjas, ou ½ xícara de suco de morango, mirtilo ou *cranberry* misturado com 118 a 236 ml de água filtrada;

Almoço: 236 a 472 ml de suco verde;

Jantar: 236 a 472 ml de suco verde. Tome ½ ou ¼ de litro de água filtrada em temperatura ambiente;

Nutrientes: alfafa e dente-de-leão em pó (1/3-1 colher de sopa de cada) ou spirulina em pó (1-2 colheres de sopa), ou clorofila líquida ou em pó (1 colher de sopa), ou maná azul-esverdeado (4-6 comprimidos) duas ou três vezes por dia;

Purificação interna: enemas com ¼ de litro de água diariamente;

Laxantes à base de ervas: *Heal Thyself Herbal Laxatives*, 3-4 comprimidos com 236 ml de água quente filtrada diariamente;

Banhos: 1-2 xícaras de sal do mar morto no banho em dias alternados;

Exercícios: exercícios da Dança Ventral, vinte a quarenta e cinco minutos. Cem respirações de fogo profundas por dia;

Heal Thyself Woman's Life Herbal Formula: 3 colheres de sopa com 5-6 xícaras de água diariamente;

Afirmação: repita os 25 *hesi* (cantos na página 81);

Aplicação de argila: aplique gazes com argila sobre a pelve três vezes por semana. Caso tenha uma doença crônica, aplique compressas de argila diariamente e compressas com óleo de mamona aquecido em dias alternados;

Ducha: ½ litro de água quente filtrada com 2-3 colheres de sopa de extrato de framboesa vermelha e suco de 1 limão-doce ou 59 ml de clorofila;

Suadouros: em dias alternados por uma hora; alterne chuveiradas e sauna;

Roupa: use branco nas preces matinais durante o jejum ou pelo menos quando voltar do trabalho para casa.

Parceiros de Jejum

Tente jejuar com outra irmã para evocar o par original das irmãs Ast e Nebt-Het. Jejuar com seu companheiro também é uma ideia muito harmoniosa (Maat). Os benefícios de jejuar incluem paz espiritual, clareza mental, perda de peso, pele mais bonita, atenuação da celulite e um maior bem-estar ventral.

Outra prática espiritual é manter um relatório sobre o jejum ou ter uma parte especial para essas anotações. Deixe-o diário no seu altar sagrado e visite-o na alvorada e no poente, ou quando tiver vontade. Conecte-se todos os dias com o cerne da sua mente, coração e útero, mantendo um diálogo interno por escrito com seu ventre durante o jejum, a fim de ter um registro do seu desenvolvimento. Ao deixar o Espírito fluir através de você, essa comunhão divina produzirá uma cura surpreendente.

Abstinência Sexual Durante o Jejum

Durante o jejum de sete dias, mantenha também a abstinência sexual, mas você e seu companheiro podem explorar outras maneiras de se expressar e fazer amor.

Nenhum de vocês deve se sentir negligenciado nesse período. Continue amando e cuidando do seu companheiro durante o jejum para que ele não se sinta carente nem abandonado. Ajude-o também a fazer uma dieta de purificação, o que fortalecerá muito o relacionamento de vocês.

A abstinência sexual propicia o amadurecimento dessa união. Você e seu companheiro podem melhorar a comunicação aumentando a compreensão, paciência e cura. Desenvolva as qualidades que permitirão que seu relacionamento perdure e floresça.

COMIDA SAGRADA: TRABALHO TRANSFORMADOR DE SETE DIAS

- **Faça uma faxina em seu Laboratório Culinário de Cura.** Lave os armários, as gavetas, o piso e o tampo da mesa com sabão natural e amoníaco;
- **Pendure uma placa de madeira ou um pôster na entrada da cozinha com a inscrição**: "Laboratório culinário de cura da "[seu nome]" ou "Laboratório culinário de cura de Maat";
- **Purifique seu laboratório semanalmente defumando-o com sálvia** ou queime olíbano e mirra em um recipiente à prova de fogo contendo carvão;
- **Agora livre seu Laboratório Culinário de Cura de todas as *fast-foods*,** comidas processadas e à base de carne e produtos com açúcar e farinha branca. Faça um estoque suficiente para os sete dias seguintes de alimentos que curam e geram bem-estar. Prometa manter seu laboratório à altura de sua conscienciosidade;
- **Reabilite suas papilas gustativas.** Consuma diariamente alimentos especiais para melhorar sua saúde, conforme listados a seguir:
  - **Alimentos ácidos**: limões, limões-doces e toranjas desfazem o muco e a congestão. Consuma-os uma a duas vezes por dia;
  - **Alimentos amargos**: limpam e fortificam o sangue. Tome babosa (1 colher de sopa com água), hidraste (1/4 de colher de chá, sete dias sim, sete dias não), aspérula (1 colher de chá em infusão em 1 xícara de água) e dente-de-leão (1 colher de chá em infusão em 1 xícara de água);
  - **Alimentos com clorofila**: couve, brócolis, vagens e acelga também limpam e fortificam o sangue. Consuma 1 quarto de litro de clorofila duas ou três vezes por dia, misturado com 250 ml de água pura em temperatura ambiente;
  - **Alimentos vermelhos**: *cranberry*, framboesas, rabanetes e cerejas também limpam e fortificam o sangue. Consuma-os uma vez por dia;
- **Plante algumas das suas ervas favoritas no parapeito da janela ou no quintal.** Após colhê-las, pendure-as em sentido inverso para secar. Faça chá e use-as como tempero em sopas ou legumes;
- Familiarize-se com o "Jejum de Sete Dias da Mulher Sagrada".

Meu Compromisso no Fim da Semana com a Comida Sagrada

Eu me comprometo a estabelecer e manter a sabedoria de Ta-Urt e o poder da Comida Sagrada em todas as áreas da minha vida.

*Nome:*_____

*Data:*_____

Capítulo 8
PORTAL 3 – MOVIMENTO SAGRADO

Guardiã Espiritual:

Bes

Antepassadas:

Josephine Baker

Pearl Primus

Anciãs:

Katherine Dunham

Carmen DeLavallade

Contemporâneas:

Judith Jamison

Debbie Allen

Queen Esther

TRABALHO NO ALTAR DO MOVIMENTO SAGRADO
Seu Coração Deve Estar Voltado para o Leste — para o Sol Nascente
(Leiaute visto de cima)

Coloque Fotos ou Figuras na Parede Acima do Altar

| Imagem do guardião espiritual | Foto ou figura de antepassadas | Sua fotografia | Imagem de anciãs | Foto ou figura das contemporâneas |

Vasilha para o batismo
(ÁGUA)

Pena
(AR)

Ankh para a Vida Eterna ou outro símbolo sagrado
(ESPÍRITO)

Flores frescas ou planta florida
(TERRA)

Óleo de Unção:
Bergamota

Vela alaranjada
(FOGO)

Pedra Sagrada:
Cornalina

Comida para o NTR e seus antepassados (milho, arroz, frutas etc.)
(Após vinte quatro horas, tire a comida do altar.)

Toalha de mesa sagrada (laranja) e echarpe para usar durante a prece. Pano colorido sagrado para colocar diante do altar. Instrumentos sagrados para serem tocados enquanto você ora.

PORTAL 3 – MOVIMENTO SAGRADO:
PRÁTICAS ESPIRITUAIS DIÁRIAS

Elementos do Portal: Terra e Ar

O Movimento Sagrado revitaliza o corpo e nos ensina a espiritualizar a matéria. Por meio dele, nós aprendemos que o corpo, a mente e o espírito são sistemas energéticos interligados e, ao harmonizar esses sistemas sutis por meio dos movimentos físicos, ganhamos a chave para também acessar à vontade nosso lado espiritual.

Se você estiver ansiosa e estressada, o Movimento Sagrado pode lhe dar serenidade e paz, pois elimina os resíduos físicos, emocionais e psicológicos do corpo. Os movimentos sagrados fluidos geram harmonia e flexibilidade no corpo, mente e espírito, permitindo que você fique centrada e transcenda, e seu corpo se torne uma ponte entre o céu e a terra.

O Portal 3 – Evita o envelhecimento precoce, pois renova as células, ajuda a expandir os pulmões e alivia bloqueios respiratórios, como asma e enfisema. Se sua circulação não está normal, o Movimento Sagrado ajuda a restaurar o fluxo livre de prana por todo o seu templo corporal e a dissolver a celulite e a gordura nos tecidos. Para pessoas hiperativas, o Movimento Sagrado acalma e equilibra; para quem está sem energia, ele renova e anima.

Os exercícios espirituais de ascensão devem ser feitos por sete dias, o número do Espírito. Isso despertará os portais internos de divindade para que você floresça em seu cerne sagrado.

1. O Banho Espiritual

O óleo essencial de bergamota a eleva para um plano mais elevado, pois renova, estimula e aumenta a vivacidade mental. A bergamota ajuda a aliviar a carência emocional, a ansiedade, a depressão, o pesar e a tristeza. Na esfera física, ela fortalece o sistema imunológico, ajuda a curar feridas e cicatrizes, e tem efeito antisséptico. Basicamente, a bergamota lhe dá energia, inspiração e vontade de pular e dançar.

Adicione 4-6 gotas de óleo de bergamota na água do banho quando a banheira estiver quase cheia.

2. Seu Altar

Monte seu altar sagrado no primeiro dia de entrada em cada portal. Você pode montá-lo conforme suas crenças religiosas ou espirituais (ver páginas 42 e 44).

Sente-se calmamente diante do altar, sobre uma almofada no chão ou em uma cadeira. Adicione algumas gotas de bergamota na vasilha de batismo em seu altar e borrife algumas gotas no recinto para preces.

Unja com óleo de bergamota. Use apenas óleos essenciais puros. Use óleo de bergamota para ungir sua coroa, a testa (o portal corporal da espiritualidade suprema), o coração (o portal corporal da compaixão e amor divino), o ventre, as palmas das mãos para que tudo que você toque fique mais sagrado e as solas dos pés para alinhar-se espiritualmente e ganhar mais poder, esperança e fé.

3. Abrindo o Portal

Para invocar o guardião espiritual de cada portal, você pode usar palavras ditadas por seu coração. Abaixo segue uma prece que pode ser feita no portal 3:

> Sagrado Bes, desperte a antiga dançarina em mim para que o movimento sagrado liberte meu espírito. Que o movimento sagrado possa me deixar em um estado de pura alegria e me levar até a estrela Sirius em minha galáxia interna. Que minha dança possa desobstruir minhas artérias, levar oxigênio ao meu coração e ao meu cérebro, desintoxicar meu sangue, lubrificar minhas articulações e libertar meu espírito.
>
> Que meus movimentos sagrados possam dar vida nova à minha alma, fazer minha mente repousar, equilibrar meu coração e levar meu ser à luz. *Hetepu.'*

Enquanto oferece sua prece, toque um instrumento sagrado (sistro, tambor, xequerê ou sinos) para despertar o NTR interno.

4. Libação

Verta a libação para o "Portal do Movimento Sagrado" usando uma xícara especial ou borrife água de uma tigela sobre a terra ou uma planta, enquanto faz essa prece de louvor e adoração:

- Todo louvor e adoração pelo guardião espiritual Bes, o protetor do movimento sagrado;
- Todo louvor e adoração pelas mães antepassadas do movimento sagrado, Josephine Baker e Pearl Primus;
- Todo louvor e adoração pelas anciãs do movimento sagrado, Katherine Dunham e Carmen DeLavallade;
- Todo louvor e adoração pelo meu eu divino e por minhas divinas irmãs contemporâneas, Judith Jamison, Debbie Allen e Queen Esther, que honram o movimento sagrado.

5. Prece ao Espírito da Mulher Sagrada

Toque um sino ou outro instrumento sagrado no início e no fim dessa prece. Abra as palmas das mãos para o Espírito Sagrado ou coloque-as suavemente sobre seu coração e recite:

Prece ao Espírito da Mulher Sagrada

> Mulher Sagrada em evolução,
> Mulher Sagrada reativada.
> Espírito Sagrado, mantenha-me por perto.
> Proteja-me de todo o mal e o medo
> ocultos sob as pedras da vida.
> Dirija meus passos no rumo certo enquanto viajo
> nessa visão.
> Espírito Sagrado,
> envolva-me em sua luz absolutamente perfeita.
> Unja-me em sua pureza sagrada, paz
> e percepção divina.
> Abençoe-me totalmente, enquanto eu compartilho
> essa vida sagrada.
> Ensine-me, Espírito Sagrado, a ficar sintonizada
> com o universo.
> Ensine-me a curar
> com os elementos internos e externos
> do ar, fogo, água e terra.

6. Prece ao Movimento Sagrado

Balance sinos e toque um tambor ou outro instrumento no início e no fim dessa prece:

Inspirador e animador Bes, guardião do movimento sagrado, injete-me seu espírito alegre. Que eu possa sentir sua presença divina em todas as partes do meu templo corporal e correndo em minhas veias enquanto danço de gratidão por seu movimento sagrado que renova minha força vital.

7. Cantando Hesi

Cante esse *hesi* quatro vezes:

> *Nuk Pu Ntrt Hmt* — Eu sou uma mulher sagrada.

8. Respirações de Fogo

Prepare-se para as respirações de fogo inspirando e expirando lentamente quatro vezes. Quando estiver totalmente à vontade, comece a fazer quatrocentas respirações de fogo.

Inspire profundamente pelo nariz (com a boca fechada) expandindo a respiração até o abdômen, então até o peito. Expire totalmente pelas narinas enquanto o abdômen se contrai e os pulmões soltam todo o ar. Repita rapidamente as inspirações e expirações.

Cada respiração de fogo profunda — inspirando e expirando rapidamente pelas narinas — representa a abertura das mil pétalas de lótus de iluminação e radiância para alcançar Nefertum — a estação do lótus afrakano da Divindade.

9. Portal 3 — Meditação do Movimento Sagrado

A cada sete dias aumente a duração da meditação. Quanto mais tempo você medita, mais profunda será sua paz interior e mais sólido será seu *ka* (espírito). Quanto mais limpo estiver seu templo corporal, mais cedo você conseguirá atingir sempre um estado de paz e equilíbrio interno quando medita.

Uma Meditação em Movimento

Visualize-se como um hieróglifo entalhado na parede da grande pirâmide desde a antiguidade. Para despertar seu templo corporal sagrado, comece a respirar profunda e lentamente.

- Direcione o ar para o seu rosto, depois para o pescoço e comece a girá-lo trazendo vitalidade ao rosto e revigorando sua tireoide;

- Desperte os ombros erguendo-os em direção às orelhas e abaixando-os;
- Abra os braços como as asas de Hru voando em direção a Nut, a Mãe Celeste. Inspire enquanto você paira no sopro de Maat. Relaxe os braços e abaixe-os para os lados enquanto você expira suavemente;
- Inspire no seio de Ast enquanto você expande os pulmões, depois o coração e o ventre. Expire enquanto você solta e contrai o corpo;
- Agora direcione o ar para os quadris e comece a girá-los para se soltar da parede da pirâmide. Direcione o ar para os joelhos e pernas até os pés, inspirando e expirando;
- Alongue-se cada vez mais! Estenda-se na direção da luz do sol enquanto você direciona para a mente a visão de sua dança sagrada. Sinta a liberdade em sua alma leve enquanto seu corpo dança despregando-a da parede.

Visualização Cromática. Visualize a cor laranja do portal para obter energia, vitalidade e flexibilidade. Enquanto medita, use tons vibrantes de laranja e coloque um tecido correspondente no seu altar.

Meditação com pedra sagrada. Enquanto medita, mantenha a palma da mão sobre o meio do seu corpo com a pedra sagrada de cura do portal: cornalina ou ágata vermelha. Para a cura vibracional, enfeite-se com um colar ou um cinto com pedras ou contas para cintura. Coloque a pedra sagrada sob o travesseiro ou sob os quatro cantos da sua cama. Você também pode colocar a pedra na água do banho ou na água que bebe para curar seu organismo. Por fim, deixe a pedra de molho na argila, que será usada na compressa para ativar as energias de rejuvenescimento e purificação.

10. Tônicos de Ervas

Tome ginkgo biloba. Parte usada: a planta inteira. O ginkgo é antioxidante, oxigena o sangue e ajuda o corpo a se livrar dos radicais livres. Ele aumenta o fluxo de sangue para o cérebro e relaxa e tonifica os músculos nas paredes arteriais, ajudando a evitar ataques do coração, apoplexia e angina. Ele é útil em problemas oculares resultantes da má circulação sanguínea.

Tome o chá ou tônico de ervas por sete dias para colher todos os benefícios de estar no Portal 3. Desfrute seu chá de erva em sua caneca favorita durante ou após escrever no diário.

Preparação. Um sachê de chá para 1 xícara de água. Ferva água em um caneco de vidro, argila ou aço inoxidável, apague o fogo, verta água sobre o sachê e deixe em infusão. Tome antes ou depois do seu banho matinal ou ducha sagrada. Tome com alegria e paz enquanto respira entre um gole e outro e entra em um estado de contemplação e reflexão.

11. Essências Florais

Para aprofundar sua experiência no Portal 3 escolha alguma das essências florais abaixo transcritas (para instruções sobre a escolha de essências florais, ver na página 49). Coloque 4 gotas sob ou sobre a língua ou tome-as em um copinho com água purificada. Repita o procedimento quatro vezes por dia.

- *Dandelion (dente-de-leão):* desfaz a tensão emocional no corpo;
- *Star of Bethlehem* (estrela-de-belém): atenua traumas antigos acumulados em certas partes do corpo;
- *Self-heal* (autocura): desperta os poderes regenerativos do corpo, integrando corpo e mente no processo de cura;
- *Manzanita:* consideração do corpo como o templo do espírito;
- *Hibiscus* (hibisco): integração da libido e da sexualidade com ardor na alma.

12. Dieta

Siga as práticas de transição alimentar apresentadas nos Portais 1-3.

13. Escrita sobre o Movimento Sagrado no Diário

É melhor fazer isso após a limpeza interna (enema) e/ou meditação. Quando está desintoxicada e centrada, você pode ter a graça de receber mensagens espirituais. Quando está no espírito, mensagens vão passando pela sua mente, coração e mão até o papel.

Escreva com o máximo de inspiração espiritual, entre 4h e 6h da manhã. Mantenha seu diário e uma caneta perto ou sobre o altar para trabalhar com o poder, força e calma na chegada da aurora, o horário de Nebt-Het.

Afirme sua vida cotidiana anotando no diário pensamentos, atividades, experiências e interações que venham à sua mente. Você também pode anotar suas visões, desejos, sonhos e afirmações, para refrescar a memória quando precisar de apoio e ajuda.

Consulte Sesheta. Se não conseguir contatar sua voz interna durante o trabalho no diário, chame Sesheta, a guardiã interna que revela segredos, para ajudá-la e falar através de você.

14. *Xale ou Colcha da Liberdade de Senab*

Escolha um novo pedaço de tecido que corresponda à cor do portal (indicada no "exercício 9" das suas práticas espirituais diárias ou no trabalho no altar sagrado) para adicionar ao seu xale ou colcha da liberdade de Senab. Esse tecido será como uma tela que representa sua experiência no portal em que está trabalhando.

Arranje também símbolos significativos para aplicar no xale ou colcha como um *patchwork*. Você pode adicionar pedras, outros objetos naturais, itens de coleção, relíquias da família, fotografias estampadas em tecido e outros itens significativos que representem a essência de sua experiência. Dê asas à imaginação e deixe seu espírito habilidoso contar sua história. Para mais informações sobre o xale ou colcha da liberdade de Senab, ver páginas 147.

15. *Ferramenta Sagrada*

Um templo corporal disposto a se transformar.

16. *Lembrete Sagrado*

Ao longo da semana, observe atentamente a sabedoria apresentada no portal em que você está. Para obter o máximo de resultados, viva livremente e em sintonia com os vários sistemas de bem-estar apresentados e pratique o trabalho transformador de sete dias no final do portal.

Palavras Sagradas de Encerramento

Criador(a) Paterno/Materna, ajude-me a curar minha vida por meio do poder do Movimento Sagrado.

MOVIMENTO SAGRADO

O Movimento Sagrado é imbuído pelo Espírito Divino e sua manifestação em ação. Ele se apresenta quando um bebê no útero da mãe se alonga e se movimenta durante seu desenvolvimento. Quando esse antepassado renasce, observamos com fascínio sua dança graciosa com os braços, as pernas e o corpo inteiro. Essa é verdadeiramente a dança da vida.

Incluí-lo em nossas vidas depende de como pensamos, de nossas atitudes, tradições, expressões culturais, linguagem e estado de bem-estar ou doença. Os pensamentos que geram o Movimento Sagrado tornam a vida uma dança criativa. Há movimentos sagrados em muitas culturas, como o *tai chi* na China, a ioga na Índia, a capoeira no Brasil e danças cerimoniais dos povos nativos dos Estados Unidos.

O Movimento Sagrado nos instila o sopro do Divino de modo que cada passo que damos é uma prece. Assim, quando estamos em harmonia com o Divino, nosso caminhar se torna um movimento sagrado. Quando corremos ou malhamos na academia com uma atitude de prece, isso se torna movimento sagrado. Quando escalamos montanhas, caminhamos em vales, abraçamos uma árvore ou corremos atrás de uma criança ludicamente, estamos fazendo movimentos sagrados.

O Movimento Sagrado seguindo o ritmo e com espírito de entrega se torna dança sagrada. O povo afrakano expressava sua tradição em cerimônias de nascimento, purificação e no retorno à casa, na preparação para guerras, em ritos de passagem, casamentos e enterros. A dança sagrada servia para contar histórias e dar lições sobre as viagens do nosso povo ao longo do tempo e do espaço. A dança sagrada transmite energia e emoções quando as palavras não são suficientes.

O movimento e a dança sagrados elevam o espírito, a inspiram a dançar com a Divindade, curam o coração, nutrem o corpo, enriquecem a vida e transformam o destino.

Qualquer pessoa, seja qual for o estado do templo corporal, pode fazer movimentos sagrados. Se as pernas não funcionam, dançamos com os braços. Se eles não obedecem, dançamos com a cabeça. E se ela não se mexe, dançamos com os olhos. E se não enxergamos, dançamos com o sorriso. E se ele não irradia, basta dançar com o coração!

A Divinação dos Membros do Corpo

As palavras espirituais em nosso antigo livro sagrado, o *Pert M Hru M Gbr* ("O Livro da Saída para a Luz do Dia"), indicam a divindade dos nossos templos corporais. Todas as partes do corpo são sagradas. Somos divinos por natureza e devemos nos apreciar paras que nossos dias na Terra sejam vibrantes e animadores.

Aprenda a apreciar cada parte do seu corpo enquanto se alonga, respira e dança. Quando faladas em voz alta, essas antigas afirmações para cada parte do corpo a sintonizam espiritualmente com o movimento sagrado.

Enquanto viaja no Portal do Movimento Sagrado, tais afirmações a ajudarão a continuar trabalhando em prol do empoderamento corporal, da regeneração dos seus "ossos secos" e para se revigorar.

Enquanto repete essas antigas afirmações, deixe que cada uma seja um passo em seu movimento sagrado. Essa é a coreografia divina! Improvise e se delicie na sacralidade do seu templo corporal enquanto expressa a dança da vida em todos os órgãos.

Crie uma dança e partilhe esses movimentos sagrados com seu círculo sagrado.

Durante Toda a Minha Vida Foi a Dança que me Curou

Quando tinha 16 anos de idade, eu saía de bicicleta para estudar várias formas de dança, a qual se tornou uma medicina sagrada em minha vida.

Meus antepassados me enchem de serenidade enquanto dançam em mim. Todas as vezes que pratico ao som do tambor voando pelo espaço como um pássaro livre, eu chuto, pulo, rodopio, estendo-me e agarro a minha alma.

Dançar é meu remédio. A dança espiritual é, e sempre será, um néctar delicioso e satisfatório sem fim, ao qual recorro sempre que preciso. Nada me cura mais do que isso.

Falo muito sobre clorofila, spirulina, sucos verdes e suadouros em meu livro, mas a dança tem um efeito ainda maior. Todas as vezes em que estou dançando, sinto o Espírito Santo se movimentando em mim, e o universo e suas estrelas fluindo em meu interior.

Quando danço, mesmo que tropece e caia, nada me faz mal. Afinal, não se trata dos passos em si, mas do Espírito que me preenche por completo. Quando ergo os braços, o Divino se movimenta em mim. Quando minha perna dá um chute, o Divino está atuando brilhantemente através de mim. Quando me contraio e relaxo, meu mundo se renova.

Veja a seguir o antigo texto egípcio (camítico) da divinação dos membros do corpo inscrito no Papiro de Ani milhares de anos atrás.

Como um ser afrakano dotado de muita melanina, analise os sinais da nossa língua e aguarde as mensagens que irá receber.

Afirmações para os Membros do Corpo

Eu sou o nó interno da tamargueira, a cada dia mais belo e esplendoroso. Meu cabelo é de Nu [as águas primordiais]. Meu rosto é de Rá [energia solar]. Meus dois olhos são de Het-Hru [amor divino]. Meus dois ouvidos são de Ap-uat [que abre os caminhos da retidão interna]. Meu nariz é de Khent-sheps [antepassados que vivem em meu interior].

Meus dois lábios são de Anpu [os pronunciamentos que se reportam a Tehuti — a inteligência divina]. Meus dentes são de *Kéfera* [a transformação].

Meu pescoço é da divina Ast. Minhas duas mãos são de Khnemu [que modela a forma], senhor de Tattu [lugar de estabilidade]. Meus antebraços são de Net [antebraço forte/tecelão], senhora de Sau [lugar no Delta do Nilo onde foi construído o Santuário de Net]. Minha coluna vertebral é de Sut [estabilidade].

Meu falo/vagina é de Ausar/Ast [Divindade]. Meus rins são dos(as) senhores(as) de Kher-aba [região no Delta do Nilo; um lugar de defesa]. Meu peito inspira admiração. Minha barriga e minhas costas são de Sekhmet [poder vital]. Minhas nádegas são dos olhos de Heru [tome cuidado]. Meus quadris e pernas são de Nut [céu]. Meus pés são de Ptah [sólidos e firmes]. Meus dedos das mãos e dos pés são dos *Aritu* vivos [chacras, energia, forças; o símbolo é a cobra; princípio feminino, intuição].

Nenhuma parte do meu corpo é sem NTR [Divindade]. Tehuti protege totalmente minha carne. Eu sou Rá [força solar] todos os dias. Eu não serei arrastado pelos braços nem pela mão, e os NTRU [guardiões espirituais], os reluzentes, os mortos [antepassados], os antigos nem qualquer mortal poderão me fazer mal.

Eu surjo e continuo avançando. Eu sei meu nome. Eu sou luz, vidente de milhões de anos, e viajo pelo caminho de Hru, a Luz.

Todo o sangue novo pulsando em mim expulsa pensamentos e atitudes tóxicas. As artérias desobstruídas se abrem e meu sistema nervoso se livra com mais facilidade do estresse acumulado. Meus pulmões se expandem e absorvo bem as novas experiências. Enquanto me divirto, lavo meu oceano interno e me sinto nova, limpa e plena.

Recomendo a todos que usem a dança como uma terapia natural, como uma expressão cultural/espiritual da divindade. Vale a pena aprender danças afrakanas, brasileiras, haitianas ou qualquer tipo de dança, para manter as vibrações internas sintonizadas com o cosmo.

Certa vez, a dança literalmente salvou minha vida. Após dar uma aula em Bedford-Stuyvesant no Brooklyn, estava pedalando de volta para casa quando um carro grande e em alta velocidade bateu na minha bicicleta. O tempo ficou congelado. Então, uma voz vinda do fundo de mim disse: "Dance! Se dançar, você não vai morrer".

Larguei a bicicleta, estendi os braços e saltei como um cisne sobre o capô do carro. O motorista e eu nos olhamos através do para-brisa.

Após alguns minutos, eu desci do capô, peguei minha bicicleta amassada e fui para casa. Se eu tivesse tensionado o corpo, certamente teria me machucado muito e iria parar no hospital. Fiquei um pouco abalada, mas eu sabia que não tinha tido sequer um arranhão porque havia dançado! Senti uma gratidão profunda por essa dádiva que salvou minha vida.

Pratico desde a adolescência. No final dos anos 1970, dançava e me curava na *Sylvia Forte Dance Company*, repleta dos ritmos brasileiros e haitianos quando apresentávamos *Yon valu*. Nessa época, também dancei e atuei na Demi Gods Theatrical Company, dirigida por Joseph Walker. Eu dancei em um ritual iorubá com Baba Ishangi, um mestre espiritualista e de cultura africana.

Na transição dos anos 1980 para a década de 1990, os orixás dançaram através de nós para ajudar a curar almas que sofriam demais. Dancei para os espíritos dos avós na dança do Sol dos povos nativos americanos e participei de tendas de suor em Dakota do Sul. Dancei no Templo Hare Krishna com Hladini Devi Dasi, minha velha amiga espiritual, para ajudar a elevar a consciência sobre Krishna. Dançava com minha família na igreja dos meus avós em Louisiana enquanto louvávamos. Dancei com a Olatunji Dance

Company e seus tambores da paixão embalavam minha alma. Eu participei em uma dança espiritual em um enterro em Gana, África ocidental, com Joe Menza e sua família.

Dançava e me curava nas aulas de dança africana com a professora Doris Green no Brooklyn College, com Charles Moore em Park Slope, com Chuck Davis no Harlem e com Dini Zulu no Queens. E havia jazz dance com Alvin Ailey, a Dunham Dance com Joan Peters, dança do ventre com Aja e dança espiritual ju-ju com Bernadine no Smai Tawi Center. Eu apresentava a dança ventral em reuniões de irmãs, cerimônias de nascimento, batismo e rituais camíticos.

Danço para fazer a cura interna gerar um poder pessoal divino, resolver conflitos, criar novas condições ou purgar malefícios que essa sociedade me impõe. Danço pela minha casa como se estivesse conversando animadamente e giro duas vezes passando pelo vestíbulo até o banheiro enquanto encho a banheira de água, então, dou um pulo no laboratório culinário e ponho os braços em volta do bule de chá de erva. Danço nos quartos dos meus filhos infundindo boas vibrações na atmosfera.

Certo dia, minha mãe não estava se sentindo bem e me pediu: "Helen, você pode dançar para mim?". E a dança fez nós duas nos sentirmos felizes.

Enquanto escrevia essas páginas, eu me levantava do chão, que é onde escrevo na maior parte do tempo, e começava a dançar para ativar meus sumos criativos e escrever um pouco mais. Se você for uma artista ou uma mulher sagrada, venha fazer uma aula de dança comigo. Eu partilhei meu espírito dançante com Erykah Badu, Hazelle Goodman e Princess. E quase convenci meu amado cliente Ben Vereen a fazer uma aula de Dunham Dance comigo. Até hoje, eu e meu filho mais velho, SupaNova, dançamos na escola de dança de Alvin Ailey quando precisamos de mais energia de cura. Ao mesclar purificação e dança, você cria uma carga de bem-aventurança impossível de se explicar com palavras.

A dança sempre esteve ligada com meu trabalho de cura, porque não há separação entre mim e ela. Aliás, na cultura afrakana, o estilo de vida espiritual, os rituais e cerimônias se expressam pela dança desde o início dos tempos. Em sua época, meus pais purgavam seus desgostos e expressavam sua alegria dançando *jig* e *lindy hop*.

Estou apenas mantendo minha tradição e ela continua me alimentando. Descobri que, à medida que a pessoa continua dançando e mantendo o corpo fluindo, doenças do corpo, da mente e do espírito não se alojam, e perturbações mentais e emocionais não duram. As doenças se instalam em um corpo que não acompanha o fluxo, mas se você se purificar, jejuar, orar e praticar a dança espiritual regularmente, seu organismo consegue se livrar das dores, bloqueios de energia física, decepções afetivas e até de pressão arterial alta.

Portanto, dance como os antepassados dançavam. Dance e se livre da loucura e da tristeza da sociedade "artificial" na qual vivemos, pois a dança espiritual contém a cura da natureza que a medicina moderna não consegue dominar.

Jamais me esquecerei de uma certa edição do festival *Wep Renput*, que é no mês do meu aniversário. Nossa comunidade camítica afrakana celebrou o dia inteiro o Ano-Novo com tambores, pandeiros, sinos, *hesi* (cantos), palavra falada, moda, peças de teatro e preces.

E então dançamos! No comando da dança estava Abdel Salaam, sacerdote do Santuário de Bes no Harlem, grande dançarino, coreógrafo e diretor da companhia de dança Forces of Nature, que representa maravilhosamente nossa cultura e tem renome mundial.

Abdel envolveu nossa aldeia em um ritual dançante curativo. Ele disse para sete irmãos e sete irmãs ficarem frente a frente, os homens em um lado do recinto, e as mulheres no outro. Os dançarinos se postaram como ele pediu, mas ninguém sabia o que iria acontecer.

Ele então nos disse que o povo afrakano costumava dançar de várias maneiras e por diversas razões — inclusive para resolver conflitos, discussões e brigas entre casais. Foi assim que a dança se tornou o canal para resolver conflitos acalorados entre homens e mulheres.

Abdel deu um sinal para que o ritual de cura começasse, e os casais se prepararam para o duelo. Ele ergueu as mãos para o céu em direção à Mãe Nut e os tambores começaram a tocar. Aí ele apontou para a terra, para o Pai Geb, e a batalha dançante começou.

A primeira irmã na fila deu um passo à frente e balançou os quadris com muita atitude diante de seu parceiro. Ele respondeu saltando no ar e arremessando o cabelo como um leão selvagem. Ela rodou em volta dele como uma pantera. Ele girou em volta dela e ergueu a perna bem alto. Ela apertou as mãos nas costas e abruptamente colou as palmas no chão. Ela parou. Ele olhou. Ela o encarou. Os dois sorriram. E todos nós respiramos aliviados.

Os tambores estavam pegando fogo e todos nós estávamos nos curando. A aldeia estava imersa nessa atmosfera intensa — com as mãos voando, os seios se contraindo, os peitos se abrindo, as barrigas ondulando, as nádegas se retesando e os corpos suando.

Minha irmã, a doutora Jewel Pookrum, e eu gritávamos, ríamos e aplaudíamos. Nós beijamos nossas cruzes Ankhs com gratidão pela maneira primorosa com que Abdel Salaam invocou nossos antepassados e operou uma cura intensa e prazerosa através da dança.

Quando a batalha terminou, todos os casais se abraçaram. Abdel ergueu os braços bem alto cercado pelos casais e todos nós na aldeia aplaudimos, pois a vitória foi geral. O conflito se resolveu sem ninguém praguejar, dar um tapa nem derramar uma gota sequer de sangue. Palavras e emoções foram expressas por meio dos movimentos e da língua da alma. A tensão foi dissipada por meio da dança, e nós respiramos paz e alegria na atmosfera. Todos estavam intactos, e a aldeia, em êxtase.

Esse ritual dançante curativo me fez lembrar do *break* que jovens afrakanos e latinos criaram nos anos 1970. Eles faziam batalhas dançantes expressando agressividade, revolta e orgulho, mas todos ficavam intactos. Então, irmãs e mães, aprendam a lição — mexam-se e não fiquem engasgadas com os problemas. Ponham alguma música, marquem o ritmo com as mãos, façam um barulho gostoso e dancem!

Dançar é sentir liberdade interna. Dançar é se reconectar com a Grande Mãe e com o Grande Pai. Dançar é abraçar a vida com paixão, alegria e exuberância. Quando aprender a dançar bem todos os ritmos, você descobrirá que jamais perderá esse dom, independentemente do que mude no planeta ou em sua vida. E você dançará tão bem que jamais será engolida pelo caos ou pelo medo, pois saberá rodopiar e planar acima de todos os obstáculos. A dança ensina a tirar seu espírito da confusão.

Todos nós somos dançarinos espirituais, e sabemos deixar o espírito se movimentar em nós e dar fim à dor ou à tristeza. Sabemos usar a dança para melhorar nossas vidas. Portanto, expresse quem e o quê você é por meio da sua dança. Sempre que estiver tensa, dance e veja a magia acontecer! Sempre que estiver em busca de respostas para sua vida, dance movida pela visão da sua busca. Dance para comungar com seu eu interior. Dance para comungar com seus antepassados. Dance injetando alegria, paz e beleza superiores em sua vida. Dance para se curar. Dance para se libertar. Apenas dance! Mulheres sagradas em todos os lugares, dancem!

Dança Sagrada

A DANÇA VENTRAL: MOVIMENTO SAGRADO PARA PURIFICAÇÃO E REJUVENESCIMENTO FÍSICO E ESPIRITUAL

A dança ventral é um ciclo profundo do movimento sagrado. Eu a criei porque precisava curar meu útero e provar meu amor por ele. Quando comecei a fazer esses movimentos e vi os resultados em meu corpo, percebi que muitas outras mulheres também precisavam fazê-los para restaurar seus ventres e suas vidas. Os movimentos da dança ventral são uma dádiva do Divino.

Portanto, irmãs, vamos dançar!

A dança ventral envolve uma série de 25 movimentos rítmicos que fluem suavemente entre si. Cada movimento visa deixar o útero saudável e vibrante. A série completa dura de trinta minutos a uma hora.

Esses movimentos de cura devem ser feitos diariamente para rejuvenescer o útero. Para obter o máximo de resultados, além de incluir a dança ventral em seu cotidiano, abra mão das carnes, coma apenas alimentos saudáveis, incluindo muitas frutas e legumes frescos, e tome bastante água pura. Em breve, você estará no caminho para manter um útero sadio e vibrante, além de um corpo repleto de luz e amor.

Como mulheres sagradas, devemos purificar nossos ventres diariamente e admitir que temos o poder da cura para nos manter saudáveis e nossos corpos irradiarem pura energia. Então, quando o sol se levanta, nós também nos levantamos e voltamos para o leste a fim de nutrir, rejuvenescer, fortalecer e relaxar suavemente o corpo, a mente e o espírito por meio da dança ventral.

A cada expiração expulsamos todas as formas de morte dizendo: "Hoje eu expulso do meu ventre todos os tumores, cistos, dor e síndrome pré-menstrual. Atualmente injeto força em meu centro mais sagrado. Um útero íntegro e saudável é meu direito nato divino".

Obviamente, revitalizar o útero requer bem mais do que uma xícara de chá de erva e um ou dois exercícios. Alcançar o verdadeiro bem-estar ventral requer uma mudança no estilo de vida e cuidado diário, de acordo com os princípios de uma vida natural.

As danças da fertilidade de muitas culturas nativas na África, China, Japão, Índia, Europa, Brasil e Caribe envolvem rotação e movimentos estimulantes com as nádegas, quadris e pelve, os quais são excelentes para o rejuvenescimento do útero. Portanto, inclua-os em sua disciplina diária pelo bem-estar ventral, pois promovem flexibilidade, força, agilidade, lubrificação e alegria. Com suas vibrações, eles desalojam venenos acumulados dentro e ao redor do útero. Ao fazer esses movimentos ao som de tambores, xequerês, sinos e/ou pandeiros, você sente que está se curando profundamente.

Tocar instrumentos musicais a ajuda a manter a harmonia e o equilíbrio internos. Caso seu companheiro toque um instrumento enquanto você dança, ambos podem passar por uma transformação saudável. Não é preciso ser musicista ou dançarina profissional para atingir a meta desejada; basta procurar se curar e amar. Por meio da música e da dança, o casal cria uma sintonia e reverência amorosa em suas esferas terrestre e celestial.

Como Respirar na Dança Ventral

A fim de obter o máximo de resultados, cada movimento ventral deve ser feito com a respiração adequada. A técnica básica de respiração se aplica a todos os exercícios. Você inspira profundamente sempre que o corpo se erguer e faz expirações longas sempre que o corpo se abaixar. Entre um movimento e outro, continue respirando pelo nariz ou pelo nariz e também pela boca.

Aceite o desafio de melhorar sua respiração enquanto faz os exercícios da dança ventral. Quanto mais lentamente você fizer cada exercício, mais eficaz será a sessão de dança ventral para melhorar sua respiração e flexibilidade, equilibrar seus chacras e elevar seu nível espiritual.

A Respiração Refrescante

A respiração refrescante acalma o templo corporal, assim como a ingestão de pepino, lúpulo, valeriana, camomila ou capim-limão.

1. Enquanto inspira, expanda o estômago e o peito;
2. Quando expirar, contraia a barriga e relaxe o peito;
3. Mantenha os ombros e o rosto relaxados o tempo todo;
4. Solte toda a tensão e estresse em cada respiração.

Respiração de Fogo, uma Energização Espiritual

A respiração de fogo é como ingerir pimenta-caiena, gengibre, alho, beterraba ou azedinha, pois revigora e energiza o templo corporal. Faça essa respiração rápida de fogo de 25 a cem vezes entre os movimentos para melhorar a circulação e aumentar a purgação interna.

1. Enquanto inspira pelo nariz, expanda o abdômen e os pulmões;
2. Enquanto expira pela boca, relaxe o peito e contraia bem o abdômen;
3. Faça essas inspirações e expirações ritmicamente, com grande velocidade.

Recorrendo à Natureza para Libertação e Empoderamento

Tenha coragem e assuma a responsabilidade por seu ventre! O ato mais revolucionário de uma mulher é assumir totalmente a responsabilidade de cuidar do próprio ventre. Algumas mulheres têm muito medo disso e preferem deixar seus ventres à mercê de estranhos.

Para acreditar em seu poder, confie na natureza. A natureza nos oferece tudo o que precisamos para nos curar. Você ganhou as ferramentas e a permissão para curar o seu ventre naturalmente. Ganhou o ar, o fogo, a água, a terra e o espírito. Deixe o livro *Mulher Sagrada* ser um dos portais nos quais você se sintoniza com o poder e o espírito da mulher sábia, a antiga bosquímana. Essa auxiliar da Mãe Divina vive dentro de todas nós, à espera de ser chamada para nos guiar para o bem-estar ventral.

Se duvida da capacidade da natureza para curar seu ventre, sente-se no solo, na relva, na areia ou nas pedras, abra bem o seu coração e respire profundamente. Pergunte à natureza: "o que devo fazer para ter um bem-estar ventral?". Fique atenta pelo tempo que for preciso e a natureza lhe dará a coragem e a orientação necessárias para avançar em sua jornada de cura. Tenha fé!

Sentando-se sobre os Ísquios[31]

Ao fazer meditações, visualizações e o trabalho no diário, sente-se sobre os ísquios no chão, pois isso ajuda a fortalecer o cerne do seu ventre. Ficar muito tempo sentada em uma cadeira enfraquece o seu centro sagrado. Quanto mais se senta no chão, mais você abre e exalta o seu centro sagrado. As mulheres antigas sabiam disso, mas as mulheres modernas têm de aprender a se sentar no chão para realinhar as energias.

A Dança Ventral Também é uma Meditação em Movimento

Dialogue livremente com o seu ventre durante os exercícios. Preste atenção quando ele estiver sofrendo e respire profundamente várias vezes, pois deve estar querendo falar através de você. Ouça-o e relaxe os movimentos enquanto sua voz interna ressoa.

Durante a prática da meditação em movimento, seu ventre pode chorar, rir, cantar, se regozijar e libertar sua essência. Esse é um momento de intimidade com o seu "eu". À medida que se cura, você descobrirá a relação entre as engrenagens do seu ventre ou vida energética e todas as suas experiências.

No decorrer da dança ventral diária, instigue mentalmente o seu poder e canalize-o para a criatividade e a autocura. Desembarace as dolorosas emoções bloqueadas, perdoe a si mesma e abençoe seu ventre. Liberte as profundezas do útero com cada movimento e cada respiração. Ouça atentamente a voz do seu ventre durante a dança ventral, ele lhe contará seus segredos.

Na dança ventral, um movimento flui para o outro. Medite sobre a finalidade de cada um deles em relação ao seu ventre. O primeiro movimento é para libertar o ventre de tudo o que possa estar impedindo seu renascimento. Ao fazê-lo movimento, respire a partindo do cerne do ventre e liberte-se.

A visão-chave da dança ventral é "espiritualizar a matéria", com sua mente e coração vertendo amor, luz e serenidade em todo seu corpo e chegando até o ventre. Isso é viabilizado pelo poder da respiração, que é a força vital divina da renovação.

Para ter um relacionamento duradouro, recomendo que você pratique a dança ventral com seu companheiro. Isso gera respeito, honra, compaixão, doçura e harmonia em sua união. Além disso, a próstata dele será purificada, energizada e fortalecida, dando-lhe controle sobre a longevidade.

As páginas a seguir mostram como fazer os 25 movimentos da dança ventral, seus benefícios e as afirmações para recitar ou meditar enquanto você dança.

No final desta parte há uma tabela útil que resume os 25 movimentos e a visão-chave que empodera cada um.

OS 25 MOVIMENTOS SAGRADOS DA DANÇA VENTRAL

Da voz da Mãe Terra

vem a voz das plantas,

da voz das plantas

vem a dança ventral.

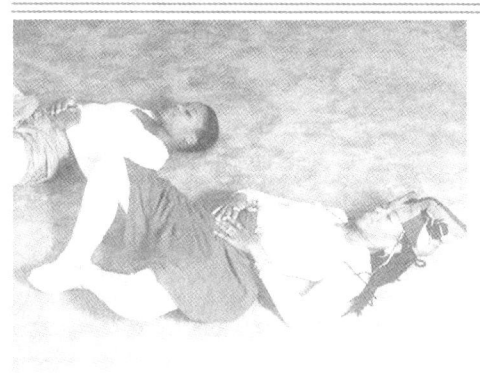

1. Pose para Renascer: Meditação para a Paz Ventral

Descrição do Movimento: deite-se de costas e erga os joelhos até os quadris. Junte os pés e abra as coxas. Relaxe as costas enquanto os joelhos vão descendo até o chão. Ponha as palmas das mãos suavemente sobre o seu ventre. Mantenha os cotovelos abaixados. Sintonize-se na sua respiração e comece a meditar. Relaxe. Mergulhe cada vez mais fundo na meditação.

Benefício: tira a rigidez e o estresse na área pélvica.

Afirmação: "Como uma flor de lótus, eu abro meu ventre para o Divino dentro de mim para que eu fique saudável e plena".

2. Renascimento Avançado: Alongamento das Pernas e do Ventre

Descrição do Movimento: continue deitada de costas até ficar mais à vontade. Então, dobre os joelhos e agarre as solas dos pés enquanto alonga as pernas abertas e, simultaneamente, pressiona as coxas em direção ao chão. Solte toda a tensão no pescoço, ombros, braços e coxas enquanto inspira e expira profundamente.

Benefício: tira a tensão nos quadris, nas coxas e na pelve, o que permite que o oxigênio flua por todo o templo corporal.

Afirmação: "Estou unificada com meu ventre".

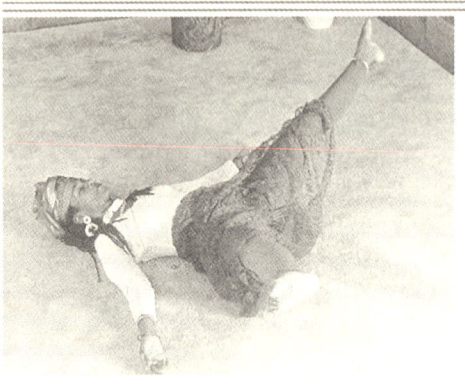

3. O Lótus: Estiramento das Pernas

Descrição do Movimento: deitada de costas com as palmas da mão viradas para cima, inspire enquanto ergue as pernas juntas e retas na direção do teto. Expire e abra bem as pernas. Resista ao impulso de juntá-las; apenas relaxe. Respire mais fundo e recite sua afirmação. Fique nessa posição por um a três minutos. Sendo assim, inspire lentamente e junte as pernas para se preparar para a próxima posição. (Se você sentir algum incômodo na parte inferior do corpo, coloque as mãos sob os quadris para dar mais apoio às costas e ao abdômen.)

Benefício: fortalece e tonifica a pelve e o útero. Destrava o cinturão pélvico.

Afirmação: "Eu elimino toda a tensão e estresse no meu ventre".

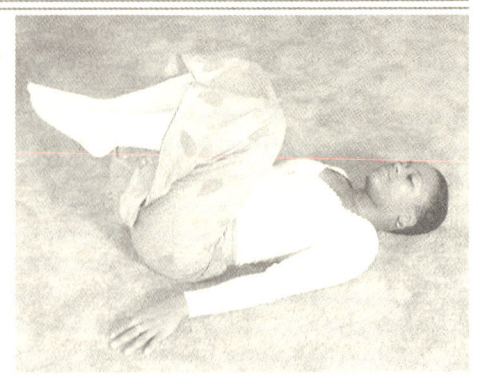

4. O Assento Ventral: Relaxamento dos Quadris

Descrição do Movimento: ainda deitada de costas, sinta-se em fusão com o espírito da Mãe Terra dentro de você e ao seu redor. Erga os joelhos e pressione-os no peito para bombear sangue fresco pelas coxas e o ventre. Os braços e ombros estão relaxados, e as palmas das mãos estão viradas para o chão.

Benefício: relaxa e alonga os quadris, as coxas e o abdômen. Faz o cólon despertar e expelir gases tóxicos.

Afirmação: "Meus quadris são montanhas sagradas e saudáveis que abrigam meu ventre sagrado".

5. Reflexão Interna: Alongamento da Espinha

Descrição do Movimento: ainda deitada de costas, erga os quadris do chão e traga os joelhos até a testa, mantendo os pés paralelos ao chão. Ponha as palmas das mãos sob as costas para dar apoio. Junte os cotovelos para manter seu corpo alinhado.

Benefício: expele as toxinas e alivia o útero do estresse e dos resíduos. Retira a tensão da coluna vertebral, dos quadris e do pescoço.

Afirmação: "Eu sou uma bola de luz solar e meu ventre irradia poder".

6. A Grande Purgação Ventral: Pose Apoiada nos Ombros

Descrição do Movimento: ainda deitada de costas, erga os quadris do chão e traga os joelhos até a testa, mantendo os pés paralelos ao chão. Ponha as palmas das mãos sob as costas para dar apoio. Junte os cotovelos para manter seu corpo alinhado.

Benefício: expele as toxinas e alivia o útero do estresse e dos resíduos. Retira a tensão da coluna vertebral, dos quadris e do pescoço.

Afirmação: "Eu sou uma bola de luz solar e meu ventre irradia poder".

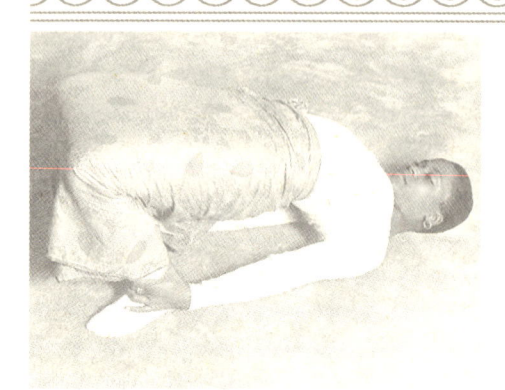

7. Ponte sobre Águas Revoltas: Erguimentos Pélvicos

Descrição do Movimento: para se livrar da tensão e do estresse, deite-se de costas, dobre os joelhos mantendo os pés no chão e pressione o queixo na garganta para alongar a espinha. Conte até quatro e erga lentamente a pelve; fique assim por alguns minutos e desça devagar. Repita de cinco a dez vezes.

Enquanto ergue a pelve, mantenha os braços nos lados e as palmas das mãos no chão. Erga primeiro a pelve e depois as costas. Agora alongue-se ao máximo, apoiando seu peso nos braços e nos ombros. Com os quadris erguidos, contraia ao máximo os músculos internos e externos dos quadris e da pelve, então solte. Repita de quatro a oito vezes. Inspire enquanto sobe e expire enquanto desce. Enquanto relaxa, inverta os movimentos descendo as costas e depois a pelve até o chão.

Benefício: elimina a tensão e o estresse nos quadris, nas coxas e na pelve.

Afirmação: "Eu expulso todas as mágoas e negatividade do meu ventre sagrado".

8. O Altar: Alongamento Pélvico

Descrição do Movimento: sente-se com as costas retas, os ombros para baixo, o pescoço reto, o peito erguido, as solas dos pés juntas, as coxas abertas e os cotovelos apoiados na parte interna das coxas. Agora inspire, erga um pouco os joelhos, então, expire e pressione suavemente as coxas abertas com os cotovelos. Faça isso até as pernas ficarem totalmente abertas e relaxadas. Troque lentamente de lado, de um ílio para o outro.

Benefício: abre a região pélvica e lubrifica o útero, pois mantém sua flexibilidade.

Afirmação: "Eu me abro e abro meu ventre para todo o bem no universo".

9. A Montanha: Pressão Ventral

Descrição do Movimento: sente-se sobre os joelhos, então impulsione os quadris para frente, curve as costas, incline-se para trás, apoie-se nos tornozelos e abra as coxas. A pelve, o peito e o pescoço agora estão totalmente abertos. A cabeça então volta à posição normal. Relaxe. Respire.

Benefício: propicia um alongamento corporal completo.

Afirmação: "Eu ergo minha luz para o Senhor, e o cerne da minha mente e do meu coração está restaurado".

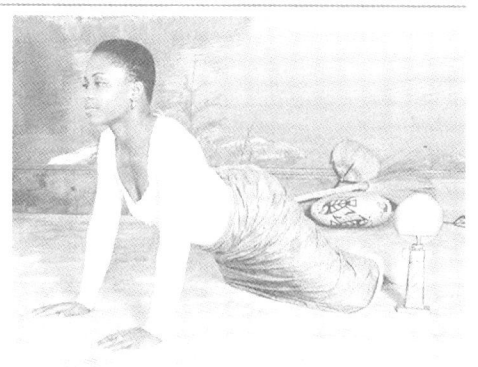

10. A Cachoeira: Pressões Pélvicas

Descrição do Movimento: com o rosto voltado para o chão, apoie-se nas mãos, firme os cotovelos retos e mantenha as costas retas. Pressione a pelve para frente, dobre os joelhos, abra as coxas e deixe os pés lado a lado. Agora faça flexões dobrando e erguendo os braços várias vezes. A seguir, endireite os cotovelos e impulsione os quadris para frente e para trás (contraia e solte os quadris). Por fim, gire lentamente os quadris em sentido horário e ao contrário.

Benefício: fortalece os braços e firma os quadris, as coxas e a pelve. Elimina a tensão e rigidez na área pélvica.

Afirmação: "Eu espremo toda a congestão e peso para fora do meu belo ventre".

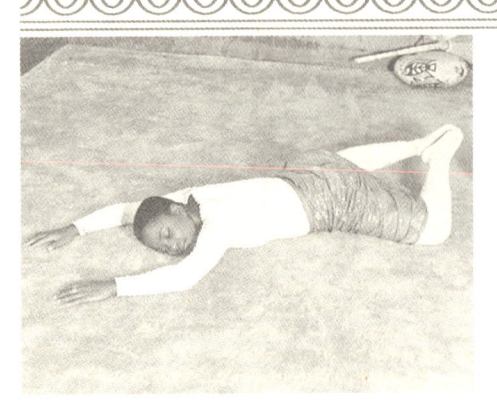

11. A Oferenda: Relaxamento Pélvico

Descrição do Movimento: deite-se sobre a barriga, alongue-se, curve-se para cima e vire a cabeça para o lado. Dobre os joelhos e junte as solas dos pés. Abra e relaxe a pelve no chão; respire lentamente. Em cada expiração, abaixe as pernas e os pés até o chão enquanto relaxa cada vez mais a pelve.

Benefício: abre o útero suavemente.

Afirmação: "Eu submeto meu ventre ao(a) Criador(a) e à Grande Mãe Terra, pois aceito a boa saúde como minha herança".

12. Rennenet, a Cobra: Relaxamento Pélvico e das Coxas

Descrição do Movimento: deite-se sobre a barriga e separe as pernas ao máximo. Apoie as palmas das mãos no chão diante dos ombros. Erga-se lentamente, apoiando a parte superior do corpo nas mãos. Agora curve as costas e a cabeça para trás enquanto inspira. Expire enquanto se abaixa lentamente até o chão, trazendo primeiro o abdômen, depois a caixa torácica, o peito, os ombros e, por fim, a cabeça. Repita quatro a sete vezes lentamente e com firmeza.

A dança da cobra do antigo Kemet é mais conhecida como a dança do ventre. A serpente representa as mulheres, a fertilidade, o parto e a mente espiritual superior. As coroas de reis e rainhas tinham uma serpente acima do terceiro olho representando a alta realização espiritual e união divina.

Benefício: alonga as costas e a pelve, fortalece os braços e expande os pulmões para o ar circular livremente por todo o corpo.

Afirmação: "Eu honro a dança ventral por meio de Rennenet, a deusa serpente núbia, a Senhora da Terra Fértil, protetora da colheita e da fertilidade, e nutriz das crianças".

Afirmação: "Eu liberto meu ventre de todas as energias enroscadas das preocupações, estresse e desgostos. Eu substituo a energia estagnada por liberdade, alegria e contentamento".

13. Nascimento: A Abertura

Descrição do Movimento: sente-se no chão e abra as pernas ao máximo. Sinta todo o seu interior se alongando. Incline-se para frente, com as palmas das mãos apoiadas no chão. Com as costas retas e o pescoço alongado, empurre os braços para baixo. Mantenha o alongamento enquanto dobra os braços e aproxima o peito cada vez mais do chão.

Benefício: desbloqueia os quadris, a pelve e as coxas. É uma preparação excelente para o parto natural.

Afirmação: "Eu saúdo a divindade do meu ventre sagrado".

14. Nut, o Corpo Celestial: Alongamento para Frente

Descrição do Movimento: lenta e suavemente, dobre o corpo a partir da cintura, alongando a parte superior do corpo até o chão. Alcance os dedos dos pés, encoste o queixo ali e deixe o corpo relaxando nessa posição e apoiado nos pés.

Benefício: alonga a espinha, evita dores nas costas e expulsa o estresse e os gases do útero, da bexiga e do cólon.

Afirmação: "Eu ofereço meu útero universal para que o ventre da terra seja renovado e revitalizado".

15. O Assento da Mãe Ast: Agachamento

Descrição do Movimento: fique em pé, separe os pés e agache-se lentamente em direção ao chão. Mantenha os quadris relaxados e os pés plantados no chão. Iniciantes: As palmas das mãos estão juntas e os cotovelos estão dobrados e apoiados na parte interna das coxas. Inspire e expire lentamente, pressionando as coxas abertas com os cotovelos. Inspire e relaxe as coxas; expire e abra as coxas. Repita de quatro a sete vezes. Avançadas: coloque as pontas dos dedos na nuca e o queixo no peito. Coloque os braços dentro das coxas e leve os cotovelos na direção do chão enquanto as costas se curvam totalmente.

Benefício: pode ajudar a realinhar a pelve, caso ela esteja deslocada. Basicamente, o agachamento alonga a coluna vertebral, o que desfaz a tensão na parte inferior das costas e na pelve. O agachamento é especialmente útil se você sente estresse no ventre por usar sapatos de salto alto. Ele também é excelente para aliviar dores de cabeça e facilitar o parto, além de fundamental para evacuar da maneira adequada. Acocore-se no assento da privada e coloque um banquinho sob os pés. Nessa posição, o volume da evacuação é dobrado.

Afirmação: "Eu me abro para o ventre universal restaurar meu ventre cósmico".

16 e 17. Bes, o Gato: Contrações dos Quadris e Coluna vertebral

Descrição do Movimento: apoie-se nas mãos e nos joelhos como um gato. Curve as costas para cima enquanto abaixa a cabeça e impulsiona os quadris para dentro. Agora curve as costas para baixo, erga a cabeça para trás e solte os quadris para cima. Expire ao fazer o arco e inspire ao soltar. Repita esse exercício de quatro a oito vezes.

Benefício: fortalece os quadris, o útero, o abdômen e as costas, e melhora a circulação na área dos seios.

Afirmação: "Eu me movimento livremente como as ondas do oceano e, enquanto giro, purifico meu ventre e fortaleço meus seios".

18. A Lua: Contorção da Coluna vertebral

Descrição do Movimento: sente-se no chão com as pernas cruzadas. Iniciantes: Coloque a mão direita sobre o joelho esquerdo e a mão esquerda para trás. Com a cabeça virada para a coxa direita, olhe acima do ombro direito e gire a parte superior do corpo para a esquerda. Fique nessa posição por um a dois minutos respirando profundamente. Repita o exercício trocando de lado. Avançadas: o mesmo movimento feito pelas iniciantes, mas dobre a perna esquerda e cruze a perna direita sobre a esquerda. Depois é só inverter a pose.

Benefício: abre a energia propícia para o relaxamento emocional e paz profundos. Relaxa o corpo e restaura a paz e a saúde do útero.

Afirmação: "Meu ventre, minha coluna vertebral e minha alma estão melhores, pois descartei toda dúvida e negatividade".

19. Sol Rá: Agachamento em Pé

Descrição do Movimento: fique em pé, separe os pés e agache-se ao máximo. Deixe as mãos na parte interna das coxas ou acima dos ombros, como na antiga pose afrakana de louvor por vários minutos. Com os pés plantados no chão, impulsione a pelve para frente, para a direita, para trás, para a esquerda e novamente para frente. Faça isso de quatro a sete vezes. A seguir, faça o mesmo exercício em ambos os lados erguendo e abaixando os calcanhares.

Benefício: alonga e fortalece as pernas, as coxas, os quadris e o útero.

Afirmação: "Eu afirmo que o poder e a radiância fluem facilmente do meu ventre por todo o meu templo corporal".

20. Louvor ao(a) Criador(a): Com o Ventre e os Seios

Descrição do Movimento: dobre os joelhos. Inspire e contraia os braços, as costelas e o abdômen, levando a cabeça e o queixo ao peito. Inverta soltando e arqueando as costas enquanto expira. Balance os braços para cima e para trás, em seguida para frente e para trás. Execute os movimentos sempre contraindo e soltando o corpo. Siga o ritmo dos tambores enquanto contrai e solta os seios, os quadris e o útero.

Benefício: a dança afrakana, assim como as danças nativas de diversas culturas, aumenta a circulação, o que purifica o sangue nos braços, seios, costas, estômago e útero. Portanto, mulheres sagradas, dancem!

Afirmação: "Eu me uno com o espírito do(a) Criador(a) para curar meu ventre e me libertar. Eu danço no ritmo da divindade".

21. Movimento Planetário: Rotações de 360 Graus com os Quadris

Descrição do Movimento: de pé, abra bem as pernas e dobre os joelhos. Coloque as mãos nos quadris e gire-os da esquerda para a direita, para frente e para trás. Então gire os quadris fazendo um círculo de 360 graus, primeiro para a direita e depois para a esquerda.

Benefício: fortalece o útero, os quadris e as coxas, pois aumenta a circulação.

Afirmação: "Enquanto danço, expulso toda a poluição do ventre, então ele viaja nas quatro direções e orbita o universo".

22. O Vulcão em Erupção: Vibrações Pélvicas

Descrição do Movimento: sacuda os quadris e balance o corpo para um lado e para o outro, ou incline-se para frente e erga os pés para a direita e para a esquerda, direita, enquanto os quadris relaxam e vibram no ritmo dos tambores ou de outra música que esteja tocando.

Benefício: dissolve e expulsa células mortas, aumenta a circulação, purifica seu corpo e alimenta seu espírito.

Afirmação: "Com júbilo, me livro de todos os problemas e circunstâncias negativas no meu ventre, que é meu ninho sagrado".

23. A Pose da Pirâmide: Ângulo de 45 Graus

Descrição do Movimento: coloque os pés na parede, com as pernas em um ângulo de 45 graus, para que seu oceano interno lave o ventre, ou deite-se em uma prancha inclinada com as pernas em um ângulo de 45 graus. Fique nessa posição por três a dez minutos. Com as pernas levantadas, retese todos os músculos na vagina, conte até 30, então, solte e descanse contando até 20. Retese novamente e conte até dez; solte e relaxe.

Benefício: relaxe o corpo e faz a água interna expelir as toxinas das pernas, dos quadris e, especialmente, do ventre.

Afirmação: "Eu busco a cura para o meu ventre na terra. A terra me reabastece".

24. Pose para Renascer: Meditação para Restaurar a Paz Ventral

Descrição do Movimento: esta é uma repetição do primeiro movimento. Deite-se de costas e erga os joelhos até os quadris. Junte as solas dos pés e abra as coxas. Relaxe as costas no chão enquanto os joelhos vão descendo até o chão. Coloque as palmas das mãos suavemente sobre o ventre e mantenha os cotovelos abaixados. Ao se sintonizar com sua respiração, comece a meditar. Relaxe ainda mais profundamente enquanto medita.

Benefício: elimina a rigidez e o estresse na área pélvica.

Afirmação: "Eu completei o círculo. Agora meu ventre está totalmente aberto e receptivo ao bem-estar absoluto".

25. O Altar: Alongamento Pélvico

Descrição do Movimento: para encerrar a sessão de dança ventral, volte à afirmação e meditação com a pose do altar do oitavo movimento. Sente-se com as costas retas, os ombros para baixo, o pescoço reto, o peito erguido, as solas dos pés juntas, as coxas abertas e os cotovelos apoiados na parte interna das coxas. Agora inspire, erga um pouco os joelhos, então expire e pressione suavemente as coxas abertas com os cotovelos. Faça isso até as pernas ficarem totalmente abertas e relaxadas. Balance lentamente de um lado para o outro, de um ílio para o outro.

Benefício: abre a região pélvica e lubrifica as articulações, pois mantém sua flexibilidade.

Afirmação: "Eu me sento em meu trono interno e afirmo que a paz e a harmonia do meu ventre são meu reino divino".

Um Espírito que Flui Livremente

Há pouco tempo, uma irmã me procurou e contou a seguinte história:

Certa época, meu ventre estava sofrendo com muitos incômodos e eu procurei ajuda em todos os lugares. Quando estava orando à noite, estendi minha alma e os braços até o(a) Criador(a) e acordei com outra disposição. Resolvi levar a minha vida a sério e cuidar do meu ventre da maneira mais carinhosa possível.

Tomei um banho de sol e pratiquei a dança ventral. Vibrei os quadris e expulsei todos os meus anos de loucura. Assumi o cuidado com meu ventre e o moldei à imagem do(a) Criador(a).

Comecei a comer holisticamente, a ter pensamentos elevados, a me exercitar diariamente, a orar constantemente, a meditar na alvorada e à noite, e me livrei da malícia em meu coração. Aprendi com as minhas lições e me perdoei.

Agora eu e meu ventre estamos íntegros e meu espírito está fluindo livremente. Eu movimento os quadris e o espírito na ordem rítmica divina, para fluir com o corpo celestial que mora dentro de mim.

Starla Lewis e suas filhas (esq. p/ dir.) Aisha La Star, Starla, Sherehe, Yamaisha Rozé e Khaleedah Ishe criaram a Celebração da Vida e Amor Eternos (CVAE).

CREDO DA DANÇA VENTRAL PARA REJUVENESCIMENTO E PURIFICAÇÃO ESPIRITUAL

1. Pose para Renascer:

"Eu renasço através do espírito, da respiração, do sol, da água e das raízes..."

Visão-chave: liberta o ventre

2. Renascimento Avançado:

"A Grande Mãe mora em mim."

Visão-chave: expande o ventre

3. O Lótus:

"Eu abro minhas pétalas de lótus de Nefertum, expressando minha beleza interna e harmonia."

Visão-chave: abre o ventre

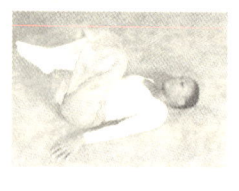

4. O Assento Ventral:

"Nascido do meu assento."

Visão-chave: equilibra o ventre

5. Reflexão Interna:

"Eu reflito sobre o destino do meu ventre."

Visão-chave: eleva o ventre

6. A Grande Purgação Ventral:

"Eu ascendo até a Mãe que cura e deixo meu oceano interno lavar e limpar meu ventre."

Visão-chave: elimina as toxinas do centre

7. Ponte sobre Águas Revoltas:

"Eu sou como uma ponte sobre águas revoltas. Estou eliminando a maré de calamidade ventral. Então, pressiono e subo..."

Visão-chave: fortalece o ventre

8. O Altar:

"Eu vou ao altar da paz e tranquilidade."

Visão-chave: harmoniza o ventre

9. A Montanha:

Eu subo essa montanha para recarregar e preencher meu ventre de poder.

Visão-chave: Alonga o ventre

10. A Cachoeira:

Meu ventre é ilimitado. Ele se transforma em uma cachoeira refrescante cujas águas me batizam e fica fresco como um jardim de lótus.

Visão-chave: Limpa o ventre

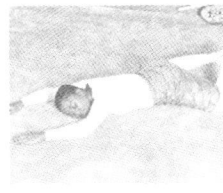

11. A Oferenda:

Eu me rendo e me ofereço à Grande Mãe Terra Ta-Urt para me salvar da catástrofe ventral. Mãe, acolhe-me e me proteja do mal nas encruzilhadas da vida.

Visão-chave: Repouso para o ventre

12. Rennenet, a Cobra:

Eu, a cobra, ergo a espinha a partir do ventre, o assento do poder reptilíneo do fogo da iluminação, para alcançar as alturas do olho onisciente; eu me abro para o Destino de Shai.

Visão-chave: Alonga o ventre

13. Nascimento:

"Por meio de Meshkenet, assumo o desafio de aprender com o sofrimento das minhas lições e renascer."

Visão-chave: alonga o ventre

14. Nut:

"Grande Mãe Nut do Céu Diurno e Noturno da Iluminação, mergulho em você."

Visão-chave: liberta o ventre

15. O Assento da Mãe Ast:

"Eu fico repleta de luz, pois só você pode me colocar no assento de Ast, a 'Mãe da Cura e da Nutrição.' Eu me sento nesse assento na rocha do qual nada e ninguém podem me tirar."

Visão-chave: realinha o ventre

16. Bes, o Gato:

"Eu sou Bes, o gato da arte e da criatividade, e vou criar para você um novo khat (útero) repleto de energia."

Visão-chave: energiza o ventre

17. Bes, o Gato:

"Venha respirar através de mim. Vou abri-la para a suavidade e graça internas que libertarão sua alma."

Visão-chave: energiza o ventre

18. A Lua:

"Eu sou a lua! Bem-vinda ao lar, sente-se comigo e brilhe. Eu moro na maré do seu ventre e rejo a lua da sua emoção. Funda-se comigo e eu lhe darei a doce harmonia."

Visão-chave: expulsa as toxinas do ventre

19. Sol Rá:

"Meu ventre é como Rá — expansivo, poderoso e radiante. E como o sol, meu ventre brilha sem parar e está blindado contra todas as doenças."

Visão-chave [movimentos 19-22]: todas as danças ventrais dão vitalidade e poder ao ventre físico e espiritual, desencadeando alegria e gratidão

20. Louvor ao Criador:

"Eu louvo o Divino porque minha alma tem brilho."

Visão-chave: alegria e gratidão

21. Movimento Planetário:

"Eu giro os quadris nas quatro direções — leste, oeste, norte e sul. Nut (céu), Geb (Terra), Shu (atmosfera) e Tefnut (umidade). Ventre, alcance todas as minhas partes boas e gloriosas, para criarmos um novo mundo mais elevado e uma humanidade pura."

Visão-chave: alegria e gratidão

22. O Vulcão em Erupção:

"A dança ventral faz as chamas de Sekhmet (fogo) ativarem uma cura global por meio da emancipação do meu ventre."

Visão-chave: alegria e gratidão

23. A Pirâmide:

"Minha dança ajuda na fusão com meu eu iluminado, enquanto eu repouso na pirâmide ancestral da sabedoria superior, e assim tenho domínio sobre os céus e a terra."

Visão-chave: purifica o ventre

24. Pose para Renascer:

"Após uma longa jornada de sabedoria por meio da dança ventral sagrada e após o sol do meu ventre se pôr, volto a nascer onde minha alma me leva a uma reflexão interna e às profundezas da transformação ventral."

Visão-chave: estabiliza o ventre

25. O Altar:

"Sentada sob a luz do altar do meu ventre, eu contemplo a dança ventral me elevando como *Hu* (a esfinge) e me fazendo voar como *Heru* (o falcão). Eu agradeço por ser salva da calamidade espiritual e agraciada com a paz e serenidade ventral."

Visão-chave: harmoniza o ventre

MOVIMENTO SAGRADO: TRABALHO TRANSFORMADOR DE SETE DIAS

- Pratique a dança ventral diariamente (veja a tabela) por vinte a quarenta e cinco minutos. É um prazer fazer isso com uma amiga ou com o seu parceiro;
- Ponha sua música favorita para tocar ou deixe o espírito conduzi-la na dança ao som de suas canções sagradas;
- Estude o Movimento Sagrado, como *Ari Ankh Ka* (ioga egípcia), danças afrakanas, brasileiras, haitianas, caribenhas, dança do ventre, jazz ou moderna. Essas são as minhas preferidas, mas fique à vontade para escolher;
- Dance! Dance diante do altar, na sala de estar, pela casa inteira ou junto à natureza;
- Amplie seu repertório de dança. Para tornar seu Movimento Sagrado mais elaborado, divertido e fluido, dance com sinos, um tambor, leques, echarpes ou penas. Se você tiver algum bloqueio amoroso, dançar com contas e sinos na cintura ajuda a liberar sua energia feminina. O som dos sinos quando seus quadris giram para frente, para trás e para os lados inspira seu ventre a girar em êxtase total;
- Dance com os olhos como no "Portal 4 – Beleza Sagrada". Essa prática é cativante e estimulante;
- Dance junto com a família pelo menos uma vez por semana ou com a maior frequência possível. Convide seu companheiro, as crianças, os amigos, as mães, os pais, as avós e os avôs para dançar. O Movimento Sagrado ajuda a manter a família feliz e energizada;
- Após dançar, tome um banho quente com sais e pétalas de rosa e agradeça por ter a dança em sua vida;
- Não dance com o estômago cheio para evitar cãibras;
- Dance como puder! Durante a menstruação, não é preciso dançar com o corpo inteiro. Você pode ficar em pé ou se sentar e dançar suavemente com os braços, o pescoço e a cabeça, alongando os ombros e girando os tornozelos.

Meu Compromisso no Fim da Semana com o Movimento Sagrado

Eu me comprometo a estabelecer e manter a sabedoria de Bes e o poder do Movimento Sagrado em todas as áreas da minha vida.

Nome:_____

Data:_____

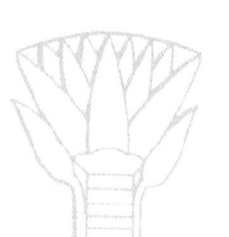

RITMOS DAS MULHERES
Gerianne Francis Scott
(Escrito para a minha mãe e apresentado pelo meu pai)

As mulheres de Dacar têm
batidas de tambor nos quadris,
da dum da dum.
Seus seios ecoam
ritmos suaves de tom-tom
e suas mãos
às vezes param, às vezes se agitam
a caminho do mercado.
As mulheres de Dacar
usam sempre muitas cores
abrangendo todo o poder mágico
de um arco-íris e das irmãs do sol
que lampejam em seus sorrisos
e se refugiam em seus olhos sábios de ébano.
As mulheres de Dacar usam ouro para ficar mais bonitas.
As mulheres de Dacar
fazem sauna em praias de areia branca
e deixam as águas do Atlântico acariciarem
seus pés e almas.
As mulheres de Dacar
ungem seus membros fluidos com óleos de coco e amendoim.
O orgulho há muito enraizado está
entalhado em suas bochechas
e entremeado em suas tranças.
As mulheres velhas e os macacos nas árvores acompanham atentamente
quando as mulheres de Dacar cantam sussurros de amor
que ondulam com a fumaça da aldeia
ao redor dos pés de milho, de amendoim e dos homens de Dacar.
Elas equilibram tigelas com peixes, frutas, tecidos e flores no alto da cabeça.
As mulheres de Dacar
lavam roupa muito bem sem usar sabão com fosfato.
E se as mulheres em Detroit, Brooklyn, Indianápolis,
Memphis, Philadelphia, Chicago, Watts, Rio de Janeiro,
Montreal, Atlanta, Portsmouth, San Juan, Baltimore,
Kingston, Georgetown ou em sua cidade
não andam mais com musicalidade,
então algo **terrível** aconteceu.
As mulheres de Dacar
são pura música quando caminham
para o mercado, para o píer,
para a universidade, para o aeroporto,
e as meninas as observam
e aprendem a ser **régias**.

Capítulo 9
PORTAL 4 - BELEZA SAGRADA

Guardiã Espiritual:

Het-Hru

Antepassadas:

Rainha Tiye

Anciãs:

Lena Horne

Kaitha Het-Heru

Nekhena Evans

Contemporâneas:

Erykah Badu

Lauryn Hill

TRABALHO NO ALTAR DA BELEZA SAGRADA
Seu Coração Deve Estar Voltado para o Leste — para o Sol Nascente
(Leiaute visto de cima)

Coloque Fotos ou Figuras na Parede Acima do Altar

| Imagem da guardiã espiritual | Foto ou figura de antepassada | Sua fotografia | Foto ou figura de anciãs | Foto ou figura de contemporâneas |

Vasilha para o batismo
(ÁGUA)

Pena
(AR)

Ankh para a Vida Eterna ou outro símbolo sagrado
(ESPÍRITO)

Belas flores frescas.
(TERRA)

Óleo de Unção:
Canela ou Rosa

Vela verde
(FOGO)

Pedra Sagrada:
Malaquita

Comida para o NTR e seus antepassados (milho, arroz, frutas etc.)
(Após vinte quatro horas, tire a comida do altar.)
Ponha um espelho sagrado em seu altar e olhe-se nele enquanto ora.

Toalha de mesa sagrada (verde) e echarpe para usar durante a prece.
Pano colorido sagrado para colocar diante do altar. Instrumentos sagrados para serem tocados enquanto você ora.

PORTAL 4 — BELEZA SAGRADA: PRÁTICAS ESPIRITUAIS DIÁRIAS

Elemento do Portal: Terra

Com a estética divina ligada à harmonia interna e externa, a Beleza Sagrada é uma alternativa saudável para realçar nossa graciosidade. Ela infunde harmonia em todos os aspectos da vida por meio da etiqueta camítica, uma forma antiga de graça e beleza expressada ao longo do caminho espiritual do povo camita. Ela a sintoniza cosmicamente com as vestes holísticas enquanto você aprende a manter uma bela atitude repleta das cores do arco-íris.

A Beleza Sagrada rege o cerne do coração. Sem ela, há apenas a artificialidade, obtida com o uso de substâncias tóxicas na pele, no cabelo, nos seios, nos lábios e nos olhos.

Desenvolver a beleza sagrada ajuda a criar devoção por uma vida divina. Entrar nesse portal da Beleza Sagrada nos encaminha à harmonia estética divina e nos livra de uma visão mundana. Ele transforma nosso mundo e tudo o que faz parte dele para o bem e a beleza da humanidade. Esse portal nos sintoniza com as ilimitadas possibilidades de beleza divina como um bálsamo curativo.

O Portal 4 ajudará na eliminação de furúnculos, erupções cutâneas, deformidades, eczema, queda de cabelo, problemas de circulação, do coração e em casos amorosos, instabilidade emocional e amor reprimido. Ao despertar para a beleza sagrada, podemos parar de usar substâncias químicas tóxicas na pele e no cabelo.

Os exercícios espirituais de ascensão devem ser feitos por sete dias, o número do Espírito. Isso despertará os portais internos da divindade para que você floresça.

1. O Banho Espiritual

O óleo de rosa ou de canela promove amor, perdão, compaixão e paz. O óleo de canela ajuda a eliminar problemas de circulação e do coração, instabilidade emocional e amor reprimido. (Caso sua pele seja sensível, não o aplique diretamente.) Adicione também de 4-6 gotas de óleo de canela à água do banho.

2. Seu Altar

Monte seu altar sagrado no primeiro dia de entrada nesse portal. Você pode montá-lo conforme suas crenças religiosas ou espirituais (ver páginas 42 e 44). Sente-se silenciosamente diante do altar, sobre uma almofada no chão ou em uma cadeira. Adicione algumas gotas de óleo de canela à vasilha de batismo no altar e borrife algumas gotas no recinto para preces.

Unja com óleo de canela ou de rosa. Use apenas óleos essenciais puros. Use óleo de canela ou de rosa para ungir sua coroa, testa (o portal corporal da espiritualidade suprema), coração (o portal corporal da compaixão e amor divino), ventre, palmas das mãos para que tudo que você toque fique mais sagrado e as solas dos pés para alinhar-se espiritualmente e ganhar mais poder, esperança e fé.

3. Abrindo o Portal

Para invocar o guardião espiritual de cada portal, você pode usar palavras ditas por seu coração. Por exemplo, aqui está uma prece que pode ser feita no Portal 4:

> Sagrada Het-Hru, guardiã divina do Portal da Beleza Sagrada, por favor, aceite minha gratidão mais profunda por sua presença curativa em meu altar e em minha vida. Obrigada por sua orientação, inspiração, amor e bênçãos e, por favor, aceite meu amor e bênçãos em retribuição. *Hetepu*.

Enquanto oferece sua prece, toque um instrumento sagrado (sistro, tambor, xequerê ou sinos) para despertar o NTR interno.

4. Libação

Verta a libação para o Portal da Beleza Sagrada usando uma xícara especial ou borrife água de uma tigela sobre a terra ou planta, enquanto faz a prece de louvor e adoração que segue abaixo:

- Todo louvor e adoração pela guardiã espiritual, Het-Hru, a protetora da beleza sagrada;

- Todo louvor e adoração pela antepassada da beleza sagrada, a rainha Tiye do Kush;
- Todo louvor e adoração pelas anciãs da beleza sagrada, Lena Horne, Kaitha Het-Heru e Nekhena Evans;
- Todo louvor e adoração pelo meu eu divino e minhas divinas irmãs contemporâneas, Erykah Badu e Lauryn Hill, que honram a beleza sagrada.

5. Prece ao Espírito da Mulher Sagrada

Toque um sino ou outro instrumento sagrado no início e no fim dessa prece. Abra as palmas das mãos para o Espírito Sagrado ou coloque-as suavemente sobre seu coração e recite:

Prece ao Espírito da Mulher Sagrada

Mulher sagrada em evolução,
Mulher sagrada reativada,
Espírito Sagrado, mantenha-me por perto.
Proteja-me de todo o mal e o medo
ocultos sob as pedras da vida.
Dirija meus passos no rumo certo
enquanto viajo nessa visão.
Espírito Sagrado, envolva-me em sua
luz absolutamente perfeita.
Unja-me em sua pureza sagrada, paz
e percepção divina.
Abençoe-me totalmente, enquanto compartilho
essa vida sagrada.
Ensine-me, Espírito Sagrado, a ficar em sintonia
com o universo.
Ensine-me a curar
com os elementos internos e externos
do ar, fogo, água e terra.

6. Prece à Beleza Sagrada

Chacoalhe sinos, bata um tambor ou toque outro instrumento no início e no fim dessa prece:

"Amado(a) Criador(a), que meu templo corporal possa ser um altar sagrado envolto pelas cores do arco-íris, refletindo a beleza e criatividade incomensurável de sua luz, para que ele possa honrar meu belo espírito.

Que a beleza divina possa se ancorar em meus pensamentos harmoniosos, e que minhas atitudes e consciência pacíficas possam se refletir na sacralidade da minha veste. Que eu possa ser uma personificação ambulante da beleza do(a) Criador(a), para que os outros se elevem com a beleza sagrada que emano de todas as maneiras."

7. Cantando Hesi

Cante esse *hesi* quatro vezes:

Nuk Pu Ntrt Hmt — Eu sou uma mulher sagrada.

8. Respirações de Fogo

Prepare-se para as respirações de fogo inspirando e expirando lentamente quatro vezes. Quando estiver totalmente à vontade, comece a fazer quinhentas respirações de fogo. Inspire profundamente pelo nariz (com a boca fechada) expandindo a respiração até o abdômen, então até o peito. Expire totalmente pelas narinas enquanto o abdômen se contrai e os pulmões soltam todo o ar. Repita rapidamente as inspirações e expirações.

Cada respiração de fogo profunda — inspirando e expirando rapidamente pelas narinas — representa a abertura das mil pétalas de lótus de iluminação e radiância para alcançar Nefertum — a estação do lótus afrakano da Divindade.

9. Portal 4 — Meditação da Beleza Sagrada

A cada sete dias aumente a duração da meditação. Quanto mais tempo você medita, mais profunda será sua paz interior e mais sólido será o seu *ka* (espírito). Quanto mais limpo estiver seu templo corporal, mais cedo você conseguirá sentir a paz e o equilíbrio interno do estado meditativo com frequência.

Como uma mulher sagrada, afirmo que a beleza é minha herança divina e um dos meus poderes sagrados. Irradio minha divindade interna, adornando meu ser exterior com roupas que condizem com meu porte régio.

Tudo o que você veste reflete sua consciência interna e tem um efeito sobre sua alma. Teste essa verdade fazendo a seguinte meditação.

- Sente-se confortavelmente, feche os olhos e eleve sua consciência para que o lótus de sua divindade desabroche;
- Inspire e expire sete vezes, então, visualize que você está em casa colocando um short vermelho, uma blusa preta e um par de tênis de solado grosso;
- Durante a visualização, vá para a rua e veja com o olho da mente como você se sente usando essas roupas. Então observe como os outros reagem à sua aparência. Inspire e expire. Deixe fluir;
- Volte para casa e coloque um jeans justo, uma jaqueta e botas militares. Vá para a rua e veja com o olho da mente como você se sente e como os outros a veem. Inspire e expire.
- Vá para casa e coloque uma saia justa e curta, uma blusa curta e sapatos vermelhos de salto alto. Como as pessoas reagem e como sua roupa a afeta?
- Agora imagine-se com um tailleur, composto por paletó, saia e blusa de seda. Seu cabelo está preso em um coque apertado. Você está usando meias de seda e sapatos de salto alto, e carregando uma pasta. Como você se sente? Como as outras pessoas reagem a você?
- Volte para casa e coloque um vestido largo médio ou longo e sandálias confortáveis ou sapatos de salto baixo. Vá para a rua. Como as pessoas reagem? Como você se sente?
- Volte para casa e coloque joias, acessórios e uma echarpe. Esse traje lhe transmite equilíbrio, harmonia, força, suavidade, alegria, muita autoestima e sensualidade? Como você imagina que os outros reagirão a você?

Assim que decidir o que quer projetar por meio dessa meditação ativa, você saberá intuitivamente o que vestir e que roupas deve dispensar. Você saberá que roupas refletem sua evolução espiritual e mental, demonstrando o que você pensa e sente em relação a si mesma.

O vestuário também é um código que informa quem você é ao mundo. Seja sensata ao escolher suas roupas, pois elas podem lhe abrir ou fechar portas. Sua maneira de se vestir pode até lhe proteger em algumas ocasiões. Por exemplo, quando você se veste de maneira étnica e anda por um bairro violento, veja se as pessoas a respeitam. O vestuário gera uma aura ao seu redor e pode atrair vibrações positivas ou negativas para o seu mundo. É impressionante como seu traje pode acalmar uma fera selvagem, revitalizar sua energia, infundir serenidade a uma alma atormentada ou apenas fazer você se sentir bonita!

Abra os olhos lentamente, inspire e expire mais uma vez e funda-se à beleza que reveste sua alma. Lembre-se sempre da sua meditação sobre a beleza sagrada e que a beleza está nos olhos de quem vê. Então veja sua beleza perto do seu coração, e ela irá curar você e os outros.

Visualização Cromática. Visualize a cor verde do portal para obter regeneração, fertilidade e crescimento. Enquanto medita, use verde e/ou coloque um tecido verde no seu altar.

Meditação com pedra sagrada. Enquanto medita, mantenha a palma da mão sobre o coração, com a pedra sagrada de cura do Portal 4: a malaquita verde que ajuda a equilibrar e acalmar quem tem contato com ela. Essa pedra energiza o quarto *arit* (chacra), que regula o cerne do coração, o assento do amor e da compaixão. A ferramenta do portal de Het-Hru é *kéfera* (transformação) e seu instrumento sagrado é o sistro (um antigo instrumento egípcio de percussão). Toque o sistro enquanto faz o trabalho transformador desse portal para elevar a vibração de Het-Hru dentro de você e para que ela brilhe através de você e ao seu redor.

10. Tônicos de Ervas

Tome suco ou chá de babosa. Lembre-se que o que é amargo para o paladar é doce para o espírito. A babosa dá uma adorável disposição às mulheres.

Encontrada em túmulos camíticos datados de milhares de anos, a babosa era muito usada por nossos antepassados afrakanos para aumentar a beleza e a saúde.

A babosa atua como desodorante nas axilas, é um purificador poderoso do sangue e do cólon e também pode ser usada na ducha vaginal — o que ajuda muito o embelezamento interno e externo.

O gel de babosa é excelente para tratar queimaduras, cicatrizes, manchas, machucados e feridas. Ele ajuda a remover pele morta e estimula o crescimento normal das células. Além de funcionar como hidratante para a pele, é um xampu natural maravilhoso para o cabelo.

Tome o chá ou tônico de ervas por sete dias para colher todos os benefícios de estar no Portal 4. Desfrute seu chá de erva em sua caneca favorita durante ou após escrever no diário.

Preparação. Use 1 colher de sopa de gel (raspado dentro das folhas frescas) para 1 xícara de água. Ferva água, apague o fogo, verta a água sobre o gel e deixe em infusão. Tome antes ou depois do seu banho matinal ou ducha sagrada. Tome com alegria e paz enquanto respira entre um gole e outro e entra em um estado de contemplação e reflexão.

11. Essências Florais

Para aprofundar sua experiência no Portal 4, escolha alguma das seguintes essências florais. Coloque 4 gotas quatro vezes por dia sobre ou sob a língua ou pingue em um copinho com água purificada e tome. Para instruções sobre a escolha de essências florais, ver página 49.

- *Pomegranate* (romã): acalma desejos conflitantes, especialmente na expressão do seu eu feminino;
- *Iris* (íris): infunde inspiração criativa e expressão artística provenientes das esferas superiores;
- *Indian paintbrush* (vira-lata): mobiliza forças terrestres que dão vitalidade à expressão criativa;
- *Pretty face* (estrela dourada): beleza que se irradia do interior; autoaceitação por meio do entendimento de que a verdadeira beleza é um atributo da alma;
- *Pink monkeyflower* (margarida amarela): indicada para quem tem medo de se expor e ser rejeitada e, por isso, esconde seu verdadeiro eu dos outros.

12. Dieta

Siga as práticas de transição alimentar apresentadas nos Portais 4-6.

13. Escrita sobre Beleza Sagrada no Diário

O melhor momento para a prática da escrita é após a limpeza interna (enema) e/ou purificação. Quando está purificada e centrada, você pode ter a graça de receber mensagens espirituais. Quando você está no Espírito, mensagens vão passando pela sua mente, coração e mão até o papel.

Escreva com o máximo de inspiração espiritual, entre 4h-6h da manhã. Mantenha seu diário e uma caneta perto ou sobre o altar para trabalhar com o poder, força e calma na chegada da aurora, o horário de Nebt-Het.

Afirme sua vida cotidiana anotando no diário os pensamentos, atividades, experiências e interações que venham à sua mente. Você também pode anotar suas visões, desejos, sonhos e afirmações, para refrescar a memória quando precisar de apoio e ajuda.

Consulte Sesheta. Se não conseguir contatar sua voz interna durante o trabalho em seu diário, chame Sesheta, a guardiã interna que revela segredos, para ajudá-la e falar através de você.

14. Xale ou Colcha da Liberdade de Senab

Escolha um novo pedaço de tecido que corresponda à cor do portal (indicada no "exercício 9" das suas práticas espirituais diárias ou no trabalho no altar sagrado) para adicionar ao seu Xale ou Colcha da liberdade de Senab. Esse tecido será como uma tela que representa sua experiência no portal em que está trabalhando.

Arranje também símbolos significativos para aplicar no xale ou colcha como um *pathwork*. Você pode adicionar pedras, outros objetos naturais, itens de coleção, relíquias da família, fotografias estampadas em tecido e outros itens significativos que representem a essência de sua experiência. Dê asas à imaginação e deixe seu espírito habilidoso contar sua história. Para mais informações sobre o xale ou colcha da liberdade de Senab, ver página 147.

15. Ferramenta Sagrada

Você precisará de 3,6 m de tecido para praticar dobras e drapeados em seu templo corporal com uma beleza simples.

16. Lembrete Sagrado

Ao longo da semana, observe atentamente a sabedoria apresentada no "Portal 4 — Beleza Sagrada". Para obter o máximo de resultados, viva livremente e em sintonia com os vários sistemas de bem-estar apresentados e pratique o trabalho transformador de sete dias no final do portal.

Palavras Sagradas de Encerramento

Mãe/Pai, ajude-me a manter um belo templo corporal sagrado por dentro e por fora, para que minha vida seja uma obra de beleza no mundo.

PRÁTICAS DE TRANSIÇÃO ALIMENTAR PARA OS PORTAIS 4-6

Mantenha a mesma prática alimentar apresentada nos portais 1-3. A diferença nos portais 4-6 é que você passará a comer 50% de alimentos cozidos no vapor e 50% de alimentos crus vivos, os quais têm enzimas vivas.

Antes do Desjejum

Limpeza dos rins e do fígado (ver página 98).

Desjejum Matinal

Tome suco de fruta e/ou coma frutas uma hora antes ou depois de outros alimentos, para facilitar a digestão.

Sucos de frutas feitos na hora (236 a 354 ml diluídos em 236 a 354 ml de água pura), com 1-2 colheres de sopa de *Heal Thyself Green Life Formula I*.

Frutas: Ácidas - toranja, limões, limões-doces, laranjas e tangerinas. Alcalinas - maçãs, peras, ameixas, cerejas, frutas silvestres, pêssegos. Exclua as bananas. Não misture frutas ácidas com as alcalinas.

Inclua alimentos vivos no desjejum matinal.

Você pode comer panquecas de trigo integral e sem leite, com xarope de bordo uma a três vezes por semana. Ou use leite de arroz, soja, gergelim ou amêndoa.

Almoço

Sucos vegetais feitos na hora (236 a 354 ml diluídos em 236 a 354 ml de água), com 1-2 colheres de sopa de *Heal Thyself Green Life Formula I*.

Salada crua grande. Não use tomate, mas inclua vários brotos, como de alfafa ou feijão, e alguma dessas opções: quiabo, couve, couve-flor, folhas de nabo, folhas de mostarda, brócolis e plantas marinhas (alga marinha, hijiki, wakame, nori), que também entram em sopas.

Proteínas: Escolha apenas uma dessas fontes:
- Brotos que ficaram de molho desde a véspera;
- Ervilhas;
- Lentilhas;
- Feijões;
- Tofu;
- Proteína vegetal texturizada (PVT).

Caso seja uma carnívora em transição, prepare peixe assado (nada de mariscos) e frango orgânico uma a três vezes por semana. Você também pode consumir oleaginosas cruas que ficaram de molho (amêndoas, avelãs, nozes, pecãs; evite castanha-de-caju e amendoim) e sementes (de girassol ou abóbora).

Amidos: escolha um dos grãos integrais para comer de quatro a sete vezes por semana. Grãos leves (tabule e cuscuz marroquino) ficam dez minutos de molho antes do consumo; grãos mais duros (triguilho, trigo, painço) ficam 1-2 horas de molho ou desde a véspera.

Durante esse período de transição, você pode também comer arroz integral cozido, batatas assadas ou pão de trigo integral e levedura natural (tostado) ou espigas de milho (crua ou levemente cozida no vapor).

Jantar

Repita o almoço. Aumente os sucos vegetais feitos na hora de 354 para 472 ml (diluídos com água pura), com 1 a 2 colheres de sopa de *Heal Thyself Green Life Formula I*. Após o poente, não coma proteínas nem amidos! Coma apenas alimentos vivos: saladas, frutas e legumes cozidos no vapor e sopa ou caldo de legumes.

SUPLEMENTOS ALIMENTARES

Nutrientes

Tome três vezes por dia com suco ou alguma das seguintes opções:

- Clorofila em pó (1 colher de chá a 1 colher de sopa) ou líquida (29,5-59 ml com água pura);
- Spirulina em pó (1 colher de chá a 1 colher de sopa) ou líquida (29,5 a 59 ml com água pura);
- Maná azul-esverdeado em pó (1 colher de chá a 1 colher de sopa) ou líquido (29,5-59 ml com água pura);
- Se estiver estressada, tome 25-50 mg de vitaminas do complexo B, para evitar erupções cutâneas;
- Para melhorar a memória e a circulação, tome 1 colher de sopa de lecitina granulada;
- Para fortalecer o sistema imunológico, tome também 50-100 mg de vitamina C por dia.

Purificação Interna

Faça enemas sete noites seguidas, depois três vezes por semana nas semanas seguintes aos portais 1-3. Tome também 3 comprimidos de cáscara sagrada com 236 ml de água antes de dormir em dias alternados. Para uma purificação profunda, faça uma ou duas irrigações no cólon durante os vinte e um dias de jejum.

Atividade Física

Faça diariamente os exercícios da dança ventral por quinze a trinta minutos (ver "Portal 3 – Movimento Sagrado"). Faça a meditação da respiração do fogo de cinco a quinze minutos diariamente.

Banhos Rejuvenescedores

Coloque de 1-2 xícaras de sal de Epsom ou 1 xícara de sal do mar morto na água do banho por sete noites seguidas. Fique imersa na água por quinze a trinta minutos, então, tome uma ducha para tirar o sal. (Não use sais de banho se você tiver pressão arterial alta.)

Heal Thyself Master Herbal Formula II

Diariamente antes de dormir, ferva de 5-6 xícaras de água filtrada ou purificada, apague o fogo e adicione 3 colheres desse chá de ervas. Deixe em infusão até o dia seguinte. Coe de manhã e tome antes das 14h. (Ver Capítulo 3 e a lista de produtos no *site* www-queenafua.com).

Queen Afua's Rejuvenating Clay Application

Opcional, conforme a necessidade. (Ver a lista de produtos no site www.queenafua.com).

Outras Curas Naturais

Tome no mínimo de 2-¾ de litro de água filtrada diariamente. Você pode adicionar o suco de 1 limão ou limão-doce e/ou uma pedra sagrada ou cristal à água. (Não engula o cristal ou a pedra.)

FEMINILIDADE

por Hazelle Goodman

Escute, eu não tenho tempo para homens que ficam piscando e sussurrando no meu ouvido.

Vou deixar bem claro como me sinto — você está me ouvindo?!

EU QUERO VOCÊ E PRONTO!

E não tenho tempo para jogo duro porque, de repente, posso mudar de ideia!

Não tenho tempo a perder com tons murmurados e passos emplumados porque talvez você não entenda quem eu sou.

E quando quero conferir, você pode agir como se houvesse esquecido, mas se você fizer isso, vou subir nas tamancas e aplicar minha mão pesada.

Escute, quando era novinha e tentava ser doce, tinha uma vida boa com alguns amigos e estava sossegada.

Mas quando meu ex-marido quebrou minha mandíbula — eu o enfrentei e disse: "Basta, nunca mais vou ser doce!".

Andando por aí toda moída e abusada — ai, ai, não gosto nem de lembrar!

Mas não ia ser notícia no *60 Minutes* nem no *Daily News*!

Então, me recompus e comecei a revidar.

Foi aí que comecei a berrar e falar em voz alta em seus escritórios e trens.

Eu ia deixar claro que você nunca esqueceria meu nome.

Por isso, peguei minha feminilidade e a coloquei em uma velha caixa de sapatos debaixo da cama, ao lado do meu dinheiro extra escondido.

Mas toda vez que preciso pegar algum dinheiro ali, vejo minha feminilidade toda empoeirada e triste me olhando, esperando que eu a retome logo.

Minha doce e antiga feminilidade quer voltar ao meu coração.

Então me acalmo e noto que meus passos estão mais leves como se eu estivesse correndo no ar, minhas lágrimas ficaram doces como mel e uma sensação de amor preencheu a atmosfera.

Minhas mãos calejadas ficaram macias e sedosas, e eu não conseguia mais fazer meu grito abafar um murmúrio represado.

Então, de repente, percebi que minha feminilidade havia voltado.

Não temo mais ser ignorada porque tenho toda a força de que preciso em uma palavra suave.

Mas vou lhe dizer algo importante: não banque o espertinho e tente pisar em mim e na minha feminilidade, porque vou dar um nó em sua cabeça!

Atriz e escritora Hazelle Goodman

RESGATANDO NOSSA ANTIGA BELEZA AFRAKANA

Milhares de anos atrás, as beldades afrakanas eram as mulheres mais valorizadas do mundo. Os estrangeiros ficavam loucos quando viam a pele núbia rica em melanina e bronzeada pelo sol e os quadris bem torneados das nossas antepassadas. As mulheres afrakanas se agachavam na posição para parir e produziam todas as cores do mundo. Elas eram surpreendentes!

Séculos depois, estamos usando as roupas de outras pessoas. Onde estão os símbolos da nossa beleza natural? Onde estão nossos adornos, tecidos de linho, drapeados, xales, colares de turquesa e ametista, braceletes de prata e bronze, adornos de cabeça e de tornozelo de lápis-lazúli, contas e búzios para cintura, anéis de ouro e prata nos dedos dos pés, os brincos de flor de lótus usados pela rainha Tiye do Kush e Nefertari? Quando paramos de usar cristais de quartzo, pedras roxas, azuis, brancas, verdes, bronze e topázio? O que aconteceu com nossos óleos perfumados de lavanda, sândalo e amêndoa?

Nós nos esquecemos que o kohl preto protege nossos olhos e os deixa misteriosos?

Ei, brancos, peguem de volta seus ternos cinzentos e casacos, as roupas que vocês vestem para ter "sucesso" e prosperar. Nós não queremos mais ficar hipnotizados por comerciais e truques de marketing que sufocam nosso verdadeiro eu afrakano.

RESGATANDO MINHA ANTIGA BELEZA AFRAKANA

Resgato agora meu legado de beleza sagrada afrakana que visa me empoderar!

Vou expressar minha beleza e graça natural recobrando a antiga flor de lótus afrakana que ficava na minha coroa e acima do meu primeiro olho para indicar meus pensamentos de perfeição e iluminação divinas; a coroa que usava para indicar alta consciência espiritual; a faixa em volta do meu primeiro olho para proteger minha mente superior e me manter sintonizada; os brincos de argola que me ligavam com a massa contínua e infinita do cosmo; os brincos de ouro, prata, faiança e pedras preciosas usados por minhas antepassadas conforme mostram os entalhes nas paredes de Abidos, Amarna e Filas; as cores florais que me banham em uma radiância de arco-íris, e os envoltórios e mantos fluidos que realçavam meu porte.

Unjo-me com óleos espirituais — de mandrágora, olíbano, mirra, sálvia e cedro — para me proteger de todos os males e perigos. Faço todas essas coisas e ainda mais para criar vibrações harmoniosas ao redor de mim e do meu companheiro. Farei minha parte empenhadamente para manter o amor e respeito que temos um pelo outro por natureza. Vou acalmar e arrumar minha alma tocando e ouvindo os sons do Divino NTRU emitidos por harpas, sinos, cordas, flautas e tambores — e cercados pelas vozes melódicas dos meus antepassados que continuam vivos em mim.

Você pergunta onde está minha antiga beleza afrakana? Ela está aqui comigo e aqui estou defendendo meu direito de ser!

Esse vestido que realça a beleza natural foi criado pelo toque de Ntr Tehuti.

Conclamação de Kaitha Het-Heru por uma Nova Era da Beleza Afrakana

> O mundo tem uma dívida conosco pelos benefícios da civilização, pois roubou as artes e ciências da Afraka. Então, por que deveríamos ter vergonha de nós mesmos?
>
> — Marcus Garvey, honrado antepassado

É importante contar nossa história por uma perspectiva afrakana, pois isso mostra a verdade sobre nós. Precisamos examinar nosso passado e lembrar, com a ajuda de imagens e inscrições descobertas em paredes de templos, túmulos e monumentos, como trabalhávamos, brincávamos, vestíamo-nos e vivíamos cotidianamente. Se não pesquisarmos e escrevermos nossa história, ficamos sem ligação com o passado e com nossos antepassados.

Sem nossa identidade, ficamos à deriva em um mar de imagens mutáveis controlado pela mídia da cultura vigente. Ficamos perdidos tentando acompanhar a moda atual. Em uma temporada o quente era usar *Jehri curls*, aquele penteado ondulado feito com permanente, então, caíamos no ridículo de usar toucas de banho de plástico nas ruas; na temporada seguinte, eram lentes de contato azuis ou verdes; na sequência, vieram as calças que deixam parte do bumbum aparecendo...

Antes da história passar a ser registrada, já havia lindas mulheres núbias afrakanas cuja beleza atemporal refletia seu estado mental. Há mais de cinco milênios, na época da civilização núbia afrakana em Tawi (o Egito pré-dinástico), os templos eram escolas que ensinavam as artes sagradas do embelezamento e enobrecimento do templo corporal.

No templo de Het-Hru, dedicado aos princípios sagrados do amor divino, beleza, nutrição, alegria, música e dança, as jovens eram iniciadas por sábias chamadas *abutu* (sacerdotisas). Elas aprendiam sobre a sacralidade da Grande Mãe Divina Universal, Mut Ast (rebatizada de Ísis pelos gregos). Elas aprendiam que o amor e a beleza têm essência divina e dependem da harmonia interna que um ser irradia para o mundo. A beleza não era só no sentido de realçar a aparência, mas também cosmológica. A verdadeira beleza envolvia conhecer as leis espirituais, mentais e físicas que regem o universo. As jovens iniciadas aprendiam que ser bela era estar em harmonia com a natureza.

Nós sempre nos consideramos bonitas. Afinal, para as mulheres núbias afrakanas, beleza significava reservar tempo para cultivar o eu, respeitar o corpo como um dom divino que deve ser cuidado e ter domínio sobre os próprios pensamentos e ações. Na antiga língua Mtu NTR, *nefer* significa "bela".

Nós somos descendentes de lindas mulheres de realezas afrakanas, como a poderosa rainha núbia Tiye (1415-1340 a.C.) da terra de Kush. Esposa de Amenhotep III, mãe do faraó Akhenaton, avó de Tutancâmon e sogra de Nefertiti, ela é uma das beldades mais famosas da história. Tiye reinou como consorte e rainha mãe de Kemet por meio século e exercia grande influência sobre as artes e a moda, incluindo o uso de joias e estilos de cabelo. Ao invés das perucas longas predominantes na época, ela adornava a cabeça com perucas curtas em estilo núbio.

Resgatando Nosso Legado

As consequências de mais de trezentos anos de escravidão transatlântica, a partir do início do século XVI e a opressão contínua do nosso povo até hoje, são devastadoras. Perdemos ou reprimimos grande parte do conhecimento sobre nossa história, nosso amor pela vida e o verdadeiro sentido de ser belos. Afinal, não sobrava muito tempo para a beleza, a cultura e o cuidado corporal quando era preciso trabalhar do alvorecer ao anoitecer nas plantações de algodão.

Nosso grito de mobilização "Preto é lindo!" surgiu nos revolucionários anos 1960. Nós começamos a deixar o cabelo natural ou "afro" como uma afirmação visível dessa nova conscientização, a ter amor-próprio e a resgatar nosso elo ancestral com a Afraka, nossa Pátria Mãe.

Lamentavelmente, o orgulho que sentíamos nos anos 1960 se tornou uma lembrança longínqua. Hoje, mesmo considerando o movimento ativista negro que ganhou força e combatividade nos últimos tempos, grande parte dos pretos foi seduzida pela mídia e está em um transe hipnótico. Chegou a hora de uma nova era da cultura afrakana da beleza e amor-próprio. A onda atual de beleza jovial externa imposta a nós vai passar. Precisamos despertar dessa letargia na alma, que é orquestrada pela mídia e pelos anunciantes que dizem o que devemos vestir, comer e pensar para ficar de acordo com seu padrão de beleza.

Essa confusão premeditada pelos poderes vigentes nos leva a imitar modelos afro-americanos louros e de olhos azuis que vemos na TV e nas revistas. Estamos passando por um embranquecimento forçado. Somos bombardeados por mensagens que dizem que não somos nem nunca seremos bons o suficiente, a menos que nos pasteurizemos segundo o padrão de branquitude europeu.

Devemos nos lembrar de que somos o modelo original, que era perfeito, e que excelência era o padrão. "Nós fomos criados e trazidos ao mundo por NTR, o Altíssimo", afirma nosso livro sagrado, o *Prt M Hru M Ghr*, ou "O Livro da Saída para a Luz do Dia" (erroneamente conhecido como *O Livro Egípcio dos Mortos*). Vamos parar de nos moldar pela mediocridade. Afinal, o mundo já tem um excesso de gente medíocre.

Os princípios sagrados de Het-Hru do amor divino e da beleza são a filosofia que devemos pôr em prática na vida cotidiana. Para gerar uma nova cultura da beleza baseada nesse antigo paradigma afrakano, precisamos pesquisar e estudar nossa antiga alta cultura do Vale do Hapi (Nilo), viver de acordo com as 42 Leis de Maat, orar, meditar, manter uma atitude de gratidão, manter uma alimentação natural equilibrada, nos exercitar regularmente, nos arrumar diariamente e cuidar do corpo de maneira natural.

É o conhecimento sobre beleza da antiga alta cultura núbia afrakana do Vale do Hapi, o amor e o respeito por nós mesmos, por todos os seres e por Ta-Urt, a Grande Mãe Terra, que ajudarão nosso povo a produzir a semente de um novo mundo no qual o amor, a beleza, a paz e a harmonia serão restaurados no círculo sagrado da vida.

Sankofa[32]! Vamos voltar e retomar o que nos pertence! A grandeza, a beleza e o amor estão em nossos genes. Assim que voltarmos a perceber nossa divindade e lançarmos a primeira semente dos ensinamentos que tornaram nossa civilização a mais exemplar de todos os tempos, começaremos a ter outra perspectiva sobre nós mesmos.

O Caldeirão de Raças e Culturas

Concordo totalmente com Het-Heru e acho que nosso legado perdido é ainda mais prejudicado pela "síndrome do caldeirão racial e cultural".

Ouço desde sempre que os Estados Unidos são um caldeirão de raças e culturas, mas questiono a quem pertence esse caldeirão em que todos nós somos misturados. Por que pulamos temerariamente nesse caldeirão e absorvemos todos os ingredientes da mistura na qual predominam culturas europeias? Então, o que acontece conosco como afrakanos? O que acontece com os dons específicos da nossa raça? O que já aconteceu!

Nós vamos à escola e recebemos educação e doutrinação. Elogiamos os rituais de religiões estrangeiras. Usamos as roupas de outras pessoas e seguimos seus costumes e tradições. Muitas vezes vendemos a alma para ter êxito profissional nas empresas. Ficamos de ânimo alquebrado tentando ultrapassar as barreiras para fazer parte do grande caldeirão de raças e culturas.

Nós nos fundimos para virar o quê? Certamente, nada semelhante ao que realmente somos. Nós abrimos mão do que nos torna singularmente afrakanos para virar um dos "caras" ou uma das "gatas"? Nesse caldeirão racial e cultural, a maioria das minhas amigas e parentes aprendeu a alisar o cabelo para se parecer com as mulheres de outra tribo. Nós somos as únicas mulheres na Terra que agridem consistentemente o próprio cabelo e tentam domá-lo a qualquer custo só para assumir o ideal de beleza de outra tribo.

Nos anos 1960, porém, nós resgatamos nossa aparência e nossas almas como mulheres afrakanas belas, fortes e sagradas. Ao usar nosso vestuário tradicional, recebemos a cura ritual de nossa autoimagem.

Infelizmente, regredimos nos anos 1990 tentando novamente forjar uma imagem de beleza alheia e nos misturar no caldeirão. Nos anos 1960, além do surgimento de escolas culturais africanas para salvar as mentes de nossos filhos, abrimos negócios independentes e contratamos nossa gente. Estávamos cada vez mais livres e independentes.

Então, no início da década de 1980, pessoas poderosas decidiram despejar drogas em nossas comunidades. Começamos a trabalhar no governo e em corporações, mas isso implicava abrir mão das nossas roupas e do nosso cabelo natural. Nossa maneira de ser afrakana não era aceitável para o famigerado caldeirão. Para conseguir um emprego, era vital ter uma aparência europeia. Muita gente preta fez cirurgia plástica para afilar e arrebitar o nariz. Alguns afinaram os lábios e outros clarearam o tom da sua pele escura. Assumimos uma aparência "mais aceitável" para a raça economicamente dominante, a qual ganhou seu "dinheiro antigo" graças às mãos laboriosas de nossos antepassados explorados pela escravidão.

Quando usamos lentes de contato verdes, azuis ou castanhas para esconder os olhos pretos afrakanos, nós perdemos nossa natureza intuitiva, uma vez que parte de nós funciona em um plano espiritual elevado? Nós sacrificamos o que é mais humano pelo que é mais eficiente? Nossas vidas passam a girar mais em torno do que pensamos do que como nos sentimos como pessoas. Nós dissolvemos nossas tradições e costumes afrakanos, nosso modo de ser e nossas expressões de espiritualidade?

Onde está o tempero nesse caldeirão de raças e culturas que ferve e mistura continuamente todos os ingredientes? Seu sabor é muito insosso para o meu gosto. No processo de transformação, pareço uma estranha para mim mesma. E o que dizer das culturas de outras pessoas de cor? Todos nós devemos usar ternos e gravatas para participar do modo de vida norte-americano? E esse grande caldeirão enaltece a excelência de quem? Certamente, não a excelência dos pretos.

Obrigada pelo convite, mas não vou entrar mais nesse caldeirão opressor. Prefiro fazer uma sopa cheia de sabor, frescor e variedade, como aquela que minha antiga mãe afrakana preparava no Vale do Nilo. Aliás, se você agir corretamente, seja bem-vinda para experimentar minhas receitas vegetarianas temperadas com sálvia e outras especiarias secretas. Não quero ser cozida, amassada e misturada na panela de outra pessoa. Cozinhar na minha própria panela e temperar as coisas ao meu gosto é o que me interessa. É minha diversidade cultural que dá riqueza cromática à família humana.

BELEZA É PODER

Amor e beleza são internos... e devem se manifestar. Quanto mais a pessoa estiver consciente da própria verdade, maior será seu poder.

— Kaitha Het-Heru

Quantas vezes você já ouviu o ditado: "não julgue um livro pela capa"? Mas a realidade é que você é julgada pela capa. Como você se apresenta para o mundo revela muito sua personalidade. O vestuário a identifica com um grupo, diz ao mundo de onde você é, quem você é e o que acha de si mesma. Isso sinaliza aos outros como você espera ser tratada.

Irmãs núbias-afrakanas, vocês devem impor um padrão de excelência em sua conduta e aparência.

Nosso vestuário clássico, simples e elegante mostrado nas paredes dos templos no Vale do Hapi pode dar inspiração e ser uma nova fonte de renda para quem busca autonomia financeira. Há muitos anos estilistas europeus se inspiram no vestuário étnico núbio para criar suas coleções.

Você É o Quê Veste

Aumente seu magnetismo energizando sua beleza natural.

Seja lá o que a motive para usar uma roupa, o ideal é que ela expresse sua beleza interna. É assim que ficamos sintonizadas com o céu, os prados verdes, as flores da primavera e o misterioso oceano — que são dádivas dos elementos naturais do(a) Criador(a).

Um belo vestuário é uma força que as afrakanas tradicionalmente montavam para continuar acompanhando o fluxo natural da beleza feminina. Todo envoltório, drapeado, cor, pedra, toucado ou flor vestido indicava o histórico ou o estilo de vida e condição atuais. As roupas afrakanas eram uma afirmação e tinham uma finalidade. Certos trajes eram espiritualmente direcionados para cerimônias e rituais tribais. Membros da mesma família usavam as mesmas cores ou roupas feitas com o mesmo tipo de pano. As mulheres usavam certos drapeados e joias para indicar se eram solteiras, casadas ou viúvas.

Os antigos entendiam a importância daquilo que é colocado no templo corporal. Devemos usar as roupas conscientemente, pois elas podem afugentar os demônios ou chamar os anjos. Observe e mantenha um registro mental de como a vestimenta afeta seu mundo e sua mente.

Traje Cultural Sagrado

Em uma das minhas viagens frequentes a Washington para ser facilitadora de seminários sobre bem-estar, notei que todos no avião usando roupas escuras — pretas, marrons, azuis-escuras e cinzas. Eu destoava, pois estava com roupas étnicas roxas e brancas e uma pena delicada no cabelo representando Maat (harmonia). Mas todos sorriam para mim como se desejassem ter a mesma liberdade de ser diferente e ter uma vida animada.

Talvez algum dia todos nós passemos a nos vestir de acordo com nossa cultura, parando de uma vez por todas de tentar nos enquadrar em um padrão limitado alheio. Reuben Amber, autor de *Cromoterapia, a cura através das cores*, diz o seguinte: "Vida é cor... e as cores devem vibrar (dentro de nós e ao nosso redor) para manter as harmonias equilibradas e funcionando ritmicamente".

Usar várias cores nos mantêm equilibrados, alegres e saudáveis emocional e mentalmente, tanto como indivíduos quanto como parte da coletividade. A cor nos lembra de que somos expressões singulares da vida, não meros clones. Quando alguém só usa preto, marrom e cinza, isso é um sinal de que a pessoa está morrendo. Devido à política europeia de se vestir para ter êxito, as pessoas parecem fadadas a viver perpetuamente no outono e no inverno, já que usam apenas cores escuras.

É hora de declarar a primavera do eu. Tome posse do sol do verão e deixe suas cores brilharem. Imagine como seria lindo se as afrakanas, as índias americanas, as asiáticas, as irlandesas, as indianas, as brasileiras, as norueguesas, as esquimós e as médio-orientais se vestissem com as roupas coloridas que expressam suas tradições tão diversas. Isso daria ao mundo uma dose enorme de energia positiva.

O que aconteceria se certo dia todas nós disséssemos: "basta! É assim que eu sou — colorida e singular. De agora em diante vou me expressar conforme meu legado cultural por meio das roupas coloridas que uso". Todas nós vibraríamos com a liberdade de ser um arco-íris de cores humanas. Acredito que este planeta vibraria em um nível superior se nós afirmássemos nossa base cultural de bem-estar, assim gerando harmonia e respeito.

Vestidos, Lappas, Envoltórios, Calças e Xales

Tecidos, texturas, estilo e cores traduzem como me sinto, o que penso, minha mensagem, minha paz, meu tempo sozinha e minha sacralidade.

Quando uso meus vestidos de veludo coloridos, sinto-me mística e chique (fui até apelidada de Espada de Veludo). Quando uso meu xale nos ombros, sinto-me espiritualmente protegida. Quando uso minha lappa (uma vestimenta tradicional afrakana), sinto-me conectada com as minhas raízes. Quando uso uma bubá (um manto/vestido tradicional afrakano), sinto-me régia. Com minha roupa de ioga, sinto-me flexível e poderosa. Com minhas botas rosas de alpinismo, sinto-me uma força da natureza. Quando uso roxo, sinto-me como Nebt-Het, a Senhora da Casa e a Esfera da Cura. Quando uso branco, sinto-me como se estivesse jejuando. Quando uso belas calças rendadas de algodão e uma blusa larga, sinto-me forte em minha graciosidade.

Ao longo dos últimos vinte anos, descobri que as roupas falam comigo, assim como os antepassados, e apontam como estou. Assim como a comida, a luz do sol, o ar e a água, as roupas se tornaram parte do meu arsenal de cura. À medida que visto meu corpo como um altar, uma janela ou uma mesa, o tecido, seja simples ou elegante, torna-se uma linda dança que me estimula, transforma e ilumina a mim mesma e todos com quem encontro em minha jornada. Minha roupa tem aberto portas, contado minha história e encerrado capítulos. Na próxima vez em que for se vestir, pense no que quer realizar.

Aquilo que você deseja pode ser atraído pela roupa que você escolha. Ao se vestir, siga o coração e a intuição. Seu vestido, *lappa*, envoltório, calças ou xale, aliados à cor, textura e estilo, podem melhorar muito a sua comunicação e proporcionar grandes oportunidades para você transmitir sua mensagem.

VESTUÁRIO CLÁSSICO AFRAKANO DO VALE DO NILO

Nossos xales, envoltórios e drapeados sagrados de Nebt-Het/Ast (de irmã para irmã) são benzidos para evocar o espírito das nossas antepassadas do Vale do Nilo e usados em um estado de meditação, proteção, paz interior e *smai tawi* (unidade).

A Lappa

Da mesma forma que a culinária, o vestuário representa fielmente um povo. Por exemplo, as pessoas entram na *hatha* ioga para condicionar o corpo e fazer meditação com atenção plena. Mas a prática da *hatha* ioga também reflete a cultura indiana, então, você pode mergulhar nessa esfera se vestindo, comendo e entoando preces e cantos em sânscrito.

O vestuário antigo da nossa base cultural afrakana é a *lappa*, também chamada de embrulho ou pagne. Os vários modelos de *lappa* refletem a ampla variedade de expressões culturais da Afraka. Então, se você quiser se expressar como uma mulher afrakana, é importante usar o traje cultural que representa nosso povo. Quanto mais você usá-lo, mais você se sentirá como uma mulher sagrada onde quer que esteja no mundo.

Lappa é Sinônimo de Elegância Simples

Sua *lappa* pode ser enrolada na altura dos tornozelos, das panturrilhas ou um pouco abaixo dos joelhos.

Passo 1. Separe um pouco as pernas enquanto enrola o tecido ao seu redor, a fim de manter espaço para andar confortavelmente. A seguir, junte as pernas e continue a enrolar o tecido em volta dos quadris.

Passo 2. Quando enrolar o tecido pela segunda ou terceira vez, suas pernas estarão juntas.

Passo 3. A seguir, dobre a ponta superior do pano para fazer uma faixa na cintura. Para reforçar, coloque um cinto ou echarpe na cintura ou, melhor ainda, prenda um cordão do mesmo tecido em cada ponta da *lappa* para passar em volta da cintura. Sinta-se segura e saia para encarar seu dia com beleza e prazer. Saiba que você está com um lindo visual afrakano!

Passo 4. Você pode dobrar 90 centímetros a 1,8 metros de tecido sobre os ombros. Ou monte uma pedessa, uma roupa protetora sagrada.

Vestuário Cósmico

Você pode se sintonizar com o universo por meio das cores. Coordene seu traje inteiro com a cor do dia, inclusive os acessórios, como uma echarpe ou um envoltório de cabeça. Iniciadas do Santuário de Ptah organizam seus guarda-roupas para refletir a influência planetária por meio da cor do dia. Com esse vestuário cósmico, sua vida é regida pela ordem divina.

Dia da Semana	Corpo Celestial Regente	Cor	NTRU (Princípio Divino)	Função dos Antigos Princípios
Domingo	Sol	Laranja	Hru	Vontade e determinação
Segunda-Feira	Lua	Azul	Ast	Mãe divina ou Mestre divino
Terça-Feira	Marte	Vermelho	Hru Khuti	Guerreiro
Quarta-Feira	Mercúrio	Amarelo	Tehuti	Sabedoria, poder das palavras
Quinta-Feira	Júpiter	Roxo	Ptah	Artífice, pilar, criatividade
Sexta-Feira	Vênus	Verde	Het-Hru	Nutriz, amor divino
Sábado	Saturno	Vermelho ou índigo puro e preto	Set	Base para se centrar

As famílias na Afraka se vestem para mostrar unidade. Todos os membros — marido, esposa, pais e crianças — usam roupas da mesma cor ou feitas com o mesmo tecido. Portanto, se você e sua irmã quiserem usar roupas no mesmo estilo ou da mesma cor ao mesmo tempo, isso é bem afrakano! Homens e mulheres do povo Massai no Quênia e na Tanzânia demonstram unidade usando o mesmo tecido laranja estilizado como envoltório corporal. E o povo Ashanti de Gana se destaca por seu lindo tecido kentê.

Beleza Sagrada em Casa

Muita gente fica em casa com as piores roupas que tem, peças esgarçadas, apertadas ou curtas demais e com elástico frouxo. No entanto, a roupa que você usa em casa deve ser agradável, pois você também se veste para os outros.

Observe como seu estado de espírito melhora quando se veste com capricho. Uma dica é achar algum tecido especial que realce sua beleza ou outros adequados, como algodão ou seda. Você precisa de 1,8 metros de tecido para fazer uma *lappa*. Seu companheiro vai adorar, seus filhos a verão com outros olhos e você se sentirá bem ao se olhar no espelho.

Vá para casa, tire a roupa, enrole uma *lappa* no corpo e coloque contas na cintura. Pronto, agora, você será uma verdadeira mulher afrakana como as bosquímanas e se sentirá maravilhosa. E, se quiser ficar divina para receber alguma visita, energize o ventre para criar uma bela disposição mental.

A seguir, pegue aqueles velhos chinelos cinza e jogue fora, por mais que sejam confortáveis. Minha mãe me criou usando seu manto esgarçado e só começou a honrar sua beleza quando já estava mais velha.

Há várias épocas em que despertamos na vida. Essa é uma delas. É hora de acordar para sua beleza, pois é isso que você e seu entorno merecem. O corpo é um altar sagrado e precisamos honrá-lo vestindo-nos dignamente.

Beleza para Seu Rei

Quando a mulher se embeleza por dentro e por fora, seu companheiro fica inspirado e animado. Ele reage à sua beleza da mesma forma que reagimos a uma linda flor. Aliás, as mulheres são flores e os homens são árvores da natureza. Quando é bela aos olhos de seu homem, a mulher consegue amansar o temperamento dele. Ao se deslumbrar com a beleza dela, ele se torna mais flexível e gentil em relação à vida e à sua rainha.

Guardem essas palavras sábias: a beleza interna e externa acaba com conflitos e discussões de todos os tipos. Quando vê nossa beleza, o homem se torna divino, ao passo que a raiva, a frustração e o sofrimento acabam com a beleza.

Itens que Expressam a Beleza Interna

Calçados

Sapatos de salto alto podem ser atraentes, mas geralmente fazem mal à saúde. Usar constantemente sapatos de salto alto pode causar dor na lombar e na coluna vertebral porque obrigam a mulher a retesar os músculos nessas regiões, além de deslocar a pelve. Por uma questão de saúde e também de conforto, use sapatos baixos, suficientemente largos e, se possível, bonitos; os pés das mulheres afrakanas são um pouco mais largos do que os de mulheres de outras etnias.

Não hesite em usar cores variadas, os últimos lançamentos da primavera e verão, sapatos que deixam os dedos dos pés à mostra e sandálias. Deixe seus pés respirarem e tomarem sol, para mantê-los saudáveis. Jamais use sapatos e sandálias de plástico. O plástico prende toxinas que precisam escoar livremente pelos pés para manter o resto do corpo saudável.

Adornos

Segundo Hru Ankh Ra Semahj, o nome sagrado para joias é *sas*. Algumas mulheres não usam joias, outras usam poucas peças e há outras que se cobrem com elas! Joias devem ser usadas para o embelezamento e com um propósito sagrado. Por exemplo, um belo colar de cristal também purifica seu campo energético. Um envoltório de cabeça roxo é charmoso e também protege sua coroa contra quaisquer vibrações negativas na atmosfera.

Use acessórios como contas na cintura; pulseiras de prata, ouro, latão ou cristal nos braços e nos tornozelos; e joias no pescoço feitas com pedras preciosas, outras pedras ou búzios, como as usadas pelas mulheres núbias e watusi.

Sas ou joias criadas por Nekhena Evans

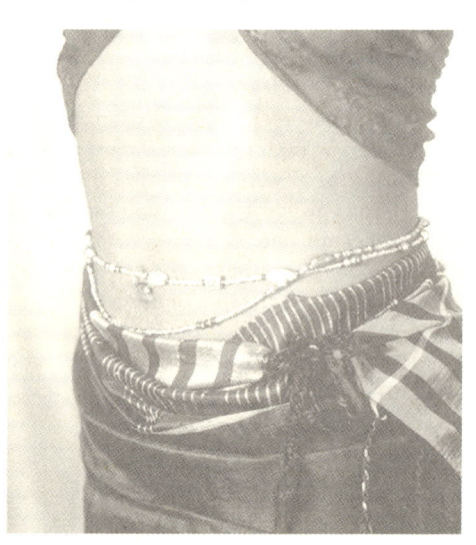

Contas para cintura são um adorno que simboliza beleza e fertilidade.

Contas para Cintura

Desde a antiguidade as mulheres afrakanas usam contas na cintura e em volta dos quadris para representar proteção, fertilidade do útero e beleza. Elas são um adorno de feminilidade.

Entre o povo Saramaka, mulheres mais velhas davam contas para cintura às jovens. As contas eram usadas para fazer amor e só o marido podia vê-las. Quando ele ia trabalhar por bastante tempo em um lugar distante, a mulher podia lhe entregar as contas como símbolo de que manteria a fidelidade. Quando a mulher morria, o costume era botar suas contas e certas roupas no caixão para que o enterro fosse adequado.

Eu considero as contas para cintura um símbolo de feminilidade e graça. Como afrakana, eu uso contas na cintura quando danço, conforme fazem até hoje muitas mulheres tribais. Uso sempre também contas de quartzo rosa que foram benzidas e dadas pela minha mãe.

Um adorno feminino afrakano recorrente era o cinturão de búzios "usado em volta dos quadris, aparentemente para proteger essa parte do corpo feminino e, talvez, porque essa concha se pareça com a parte interna da genitália."

Na época das Cruzadas, os homens europeus obrigavam suas mulheres a usar cintos de castidade de ferro que ficavam trancados. O cruzado levava a chave ao viajar para manter o controle sobre o útero da mulher e ter certeza de que ela não teria intimidade sexual com outros homens durante sua ausência.

Um número crescente de mulheres que vivem sob a influência eurocêntrica passou a ter uma consciência ventral mais aguçada e a usar contas na cintura, e apresenta históricos saudáveis em relação ao útero. Ao mesmo tempo, a maioria das mulheres vive até hoje como se usasse cintos de castidade, pois não tem controle sobre o próprio ventre. Isso inclui mulheres que tomam muitos medicamentos para aliviar a dor e evitar os corrimentos; mulheres que tiveram o clitóris mutilado; mulheres que são estupradas; e mulheres que foram submetidas a histerectomias involuntárias.

Eu digo a elas: "Tirem seus cintos de castidade. Nunca é tarde demais para curar o útero e usar as contas sagradas na cintura simbolizando a liberdade psicológica, física e espiritual reivindicada para o seu centro sagrado".

Faça as Contas para sua Cintura

Búzios representam fertilidade, criatividade e abundância, e as mulheres antigas os usavam como adorno na cintura. Então, para fazer seu adorno roxo ou branco, basta ter contas, búzios e linha. Tudo o que você toca com intenção consciente é divino.

Para meditar e orar, coloque o adorno de búzios e contas na cintura. Você pode usar quatro búzios como base, sete para o seu espírito e nove para completar. Contas de quartzo rosa são para o coração. Deixe sua criatividade fluir incluindo outros tipos de contas e pedras sagradas, como ametista para cura e um fecho para prender melhor o adorno na cintura.

Toucados para Beleza e Proteção Espiritual

O nome camítico-núbio para as coroas usadas por Kaitha Het-Heru é *senu-Nu-sa*, que significa "meu cabelo é protegido por Nu". Nu é o guardião das águas primordiais que dá origem a todas as formas de vida.

O toucado *senu-Nu-sa* é feito de tecido e pode ser enrolado de duas maneiras, visando deixar a coroa da cabeça aberta à orientação divina.

Como enrolar seu toucado

Peças Íntimas

Calcinhas e sutiãs bonitos são tão importantes quanto as roupas que ficam visíveis, pois são um lembrete de sua beleza interna. Escolha peças de lingerie com as cores adequadas para o que pretende. Por exemplo, use vermelho para fogo, energia e poder; azul para paz, suavidade e empoderamento espiritual ao longo do dia; e verde para intensificar o rejuvenescimento do útero.

Lembre-se de que seu companheiro também apreciará vê-la com lingeries bonitas. A cor e os tecidos que você escolhe podem aumentar o ardor ao fazer amor ou apoiar seu período de abstinência sexual.

Suas peças íntimas devem ser porosas e leves para que a vagina e os seios possam respirar. Algodão, seda e cetim são materiais que facilitam a circulação. E saiba que, além de desconfortáveis, sutiãs apertados podem causar cistos.

EMBELEZAMENTO NATURAL DA PELE

Cuidados Básicos com a Pele

- Tome diariamente ½ ou 750 ml de água pura;
- Aplique enemas semanalmente para manter o cólon limpo. Evacue duas ou três vezes por dia;
- Coma quiabo para sua pele ficar aveludada;
- Coma verduras e tome sucos de legumes vivos duas ou três vezes por dia;
- Tome 50 mg de vitamina C duas ou três vezes por dia;
- Para manter seu sangue limpo, jamais coma carnes.

Esfregue o Corpo para Ter uma Pele Linda

Assim que o ar secar sua pele após o banho, siga a sequência abaixo.

Passo 1: misture canjica, fubá e aveia orgânicos (¼-½ xícara de cada) com 1-2 xícaras de água filtrada e o suco de 1 limão. Esfregue no corpo com movimentos circulares suaves usando uma bucha vegetal.

Passo 2: enxague o corpo e tome uma sauna ou banho de vapor para abrir os poros e aumentar a circulação.

Passo 3: enxague o corpo novamente com água quente e depois com água fria.

Passo 4: massageie o corpo com óleo de mamona e/ou azeite de oliva, e/ou óleo com vitamina E para ter uma pele macia, radiante e saudável. Ou experimente o óleo de amêndoa da empresa *Home Health Products*.

Esse processo de rejuvenescimento cutâneo deve ser feito pelo menos três vezes na semana em que você iniciar esse tratamento de beleza. A partir daí, faça uma ou duas vezes por semana para manutenção.

Afirmação: O Sol Está Oculto em Meu Rosto

Todas as minhas ações, experiências, sofrimento, paz, êxitos e emoções estão registrados em meu rosto. Agora ilumino o caminho da minha vida com um rosto radiante e puro em pensamentos e ações. Agora e para sempre, meu rosto expressa uma vida de boas ações e bênçãos.

Lifting Natural em Sete Passos

Esse tratamento dará uma radiância saudável à sua pele.

Passo 1: exponha seu rosto ao vapor por cinco minutos. Incline-se sobre uma tigela com água fervida e cubra a cabeça e a tigela com uma toalha. Você pode adicionar flores e ervas desidratadas, como alecrim, camomila, flores secas, lavanda, pétalas de rosa, bálsamo de limão e mirra, à água. Se sentir muito calor, refresque-se por alguns segundos fora da toalha e depois volte à posição anterior.

Passo 2: misture 1 colher de sopa de fubá orgânico, 2 colheres de sopa de aveia orgânica e o suco de meio limão-doce. Adicione um pouco de água quente para formar uma pasta e deixe-a assentar por cinco minutos. Aplique a pasta no pescoço e no rosto e massageie para cima. Deixe a máscara por alguns minutos, então enxague.

Passo 3: aplique a *Queen Afua's Rejuvenating Clay* (que representa Asar, o Ressuscitado) ou use lama preta do mar morto ou argila vermelha à venda em lojas de produtos naturais, mas não aplique na pele delicada em volta dos olhos. Deixe secar por vinte a trinta minutos. Aproveite esse tempo para meditar e repetir a afirmação abaixo.

Passo 4: enxague suavemente com água quente e depois com água fria.

Passo 5: deite-se em uma prancha inclinada ou apoie as pernas na parede em um ângulo de 45 graus. Relaxe e deixe o ar secar seu rosto.

Passo 6: aplique gel fresco de babosa extraído da planta ou óleo de vitamina E no rosto.

Passo 7: tome banho de sol por quinze a trinta minutos no início da manhã ou no final da tarde — jamais entre 11h e 15h.

Afirmação da Mulher de Lama do Clã da Argila

Como uma mulher de lama da Terra e do Espírito Divino, devota do Movimento da Argila, agradeço e honro o lado materno do(a) Criador(a). Ofereço esta promessa à Grande Mãe Terra, Ta-Urt, que nos nutre, cuida e cura por meio do poder da terra.

Como uma mulher de lama e devota do Clã da Argila, prometo usar argila todos os dias holisticamente para embelezar meu templo corporal. Prometo usar a terra como uma terapia natural para me livrar de tudo o que me aflige e realçar minha verdadeira beleza radiante!

CABELO NATURAL É LIBERDADE

O cabelo é um assunto delicado para a maioria das mulheres pretas, mas discutir isso faz parte da nossa cura.

Uma integrante do Clã da Argila usufrui o poder curativo da *Queen Afua's Rejuvenating Clay*.

Eu estava ouvindo Donnie Hathaway cantando "*Someday we'll all be free...*", então comecei a me balançar seguindo o ritmo e a me lembrar dos dias prazerosos da minha juventude. Lembrei que aos 18 anos de idade erguia o punho e gritava: "Poder para o povo!" com muito vigor e liberdade. Nessa época, os jovens seguiam Bobby Seale, Huey P. Newton, Rap Brown e, obviamente, Angela Davis.

Em meio à explosão da cultura negra, revolucionei minha vida lavando o meu cabelo e deixando-o naturalmente crespo. Minha mãe achou que eu havia perdido o juízo, mas parei de ter vergonha de mim, de evitar tomar chuva com medo da "carapinha" se eriçar e de tentar imitar o padrão europeu de beleza. Agora tinha o visual clássico de uma jovem rainha afrakana e orgulho da minha coroa natural. Libertei-me de séculos de escravidão e ódio do meu cabelo e, finalmente, passei a ter amor-próprio.

Então, nos anos 1970, ocorreram os levantes pela nossa libertação em Nova York, Chicago e Washington. Essa revolução afro-americana explodiu em todos os lugares de Norte a Sul e em todas as faculdades. Nós estávamos despertando para os nossos direitos e até James Brown falava: "Digam bem alto sou negro e me orgulho disso".

Estudava no Brooklyn College e estava prestes a viajar à Pátria Mãe com Doris Green, minha professora de dança afrakana. A viagem foi cancelada, mas com fé e visão, consegui ir para lá.

Havia uma revolução dentro de mim — estava saindo da apatia para uma enorme vivacidade. Eu era uma mulher afrakana usando uma *lappa* longa e um toucado, e me sentia majestosa.

Sempre ia ver os percussionistas tocando no Bedford-Stuyvesant Park. Quando a batida de tambor começava, eu parava tudo, corria em direção àquele antigo som afrakano e meu coração começava a dançar. Minha alma ficava livre enquanto ficava cara a cara com a minha realidade: aquele tambor afrakano e eu.

O tambor me fazia lembrar que não era apenas uma "negra", mas uma mulher afrakana, uma rainha. Glória ao(a) Criador(a), pois estava orgulhosa por perceber isso. Eu tinha orgulho de todas as coisas em mim que essa sociedade considerava negativas. Com a revolução negra, descobri que amava minha pele preta e meu nariz redondo. Estava orgulhosa dos meus quadris grandes, pés largos e lábios grossos.

Nada superava o amor e a paz que senti ao assumir meu cabelo natural afrakano, minha glória coroada, meu cabelo poderoso, magnético e orgânico. Então, jurei que nunca mais deixaria meu cabelo ser desrespeitado.

Eu o defenderia com unhas e dentes e não seria mais enganada por ninguém, pois agora estava convencida a respeito da minha beleza natural afrakana.

Desde então, usei vários penteados e acessórios e adorei todos — desde trancinhas e afro, até a tranças grossas e envoltórios. Por mais que ame e respeite o modo de viver dos rastafáris, eu não sou rastafári, e sim uma mulher afrakana natural que mora na Ilha da Tartaruga, uma sacerdotisa da antiga medicina da Terra, uma mulher sagrada de origem núbia-camítica. Atualmente, minha coroa está repleta de lindas madeixas núbias que afirmam quem eu sou, uma radiante afrakana. Só eu posso determinar minha beleza e ninguém mais tem autoridade para isso.

No século XXI nós devemos ter uma sintonia fina e total. Nesta época convulsiva de transição e poder espiritual, minhas "antenas" — cada fio de cabelo na minha cabeça — estão ligadas para captar as direções e instruções do(a) Criador(a). São essas antenas que me mantêm sintonizada. Esse nível de comunicação com o(a) Criador(a) só existe quando você é uma mulher sagrada.

Mulheres afrakanas em todos os lugares, façam uma afirmação revolucionária de liberdade e poder. Abandonem esse pente alisador que agride seu espírito, sua coroa e sua mente. Abandonem a lixívia que representa a imagem de beleza europeia impingida pela cultura vigente, com a finalidade de nos manter inertes. Nós fomos enganadas e cegadas em relação à nossa beleza. Vocês estão entendendo? Nós devemos nos tornar rainhas naturais.

Assim que assumir seu adorável cabelo natural, você sentirá uma cura mental e espiritual e um amor-próprio profundo. Seja ousada e faça isso agora mesmo, antes que seja tarde demais. Recupere sua beleza natural, sua coroa, seu estado elevado. Chega dessas toxinas estrangeiras e vibrações negativas. Liberte seu cabelo de uma vez por todas!

Mulher natural, não se preocupe se um homem negro não a achar mais atraente e deixar de amá-la porque você libertou seu cabelo da camisa de força imposta pela hegemonia branca. Ame-se, lave o cabelo e o arrume com esmero mantendo a fé nessa nova visão. Um afrakano natural com amor-próprio e consciência elevada está vindo em sua direção, linda rainha afrakana.

Meu companheiro e eu estávamos em turnê em Jackson, Tennessee, onde orgulhosamente recebemos a chave da cidade por nosso trabalho em prol da elevação da nossa raça e fizemos uma oficina sobre os Ritos de Passagem para um grupo de irmãos e irmãs. A uma certa altura, levei as irmãs para outro recinto para conversarmos sobre assuntos femininos de uma forma curativa.

Estava falando sobre amor-próprio e a coragem de assumir o cabelo natural, quando uma moça linda começou a dar um depoimento.

Ela contou que, após ler meu primeiro livro, *Heal Thyself: For Health and Longevity*, sem tradução para o português, se tornou vegetariana e que há três meses estava fazendo jejuns e práticas naturais regularmente. Em consequência, estava mais forte e saudável do que nunca, tanto espiritualmente quanto fisicamente.

E arrematou dizendo: "À medida que fiquei mais natural, surgiu o desejo de resgatar meu cabelo natural, pois sei que isso estaria de acordo com a ordem divina, mas tenho medo que os homens afrakanos não me achem mais atraente".

Então, todas nós — tanto as que têm cabelo natural quanto aquelas com cabelo alisado — começamos a orar juntas, pois sabíamos que, às vezes, agir conscientemente é algo solitário, porém necessário para curar nossa autoimagem. Nós oramos para ter segurança suficiente para que os homens afrakanos que amamos nos aceitem e valorizem nossa beleza natural. Nós oramos pela cura da consciência dos nossos homens. Nós oramos para que pessoas de todas as raças, inclusive os afro-americanos e os afrakanos, que engoliram uma visão equivocada de beleza feminina aprendam a reconhecer e a apreciar a própria beleza natural.

Irmãs, parem de passar pente e produtos para alisar o cabelo. Joguem isso fora junto com as comidas de *fast-foods*, comidas à base de carne e sorvete à base de leite de vaca. É hora de se desapegar de tanto lixo e relaxar!

Conselhos sobre a Exposição da Cabeça

Mulheres muçulmanas, rastafáris e outras sagradas que cobrem regularmente suas coroas por motivos espirituais ou outros, por favor, escutem! É imperativo que vocês exponham a cabeça ao ar e aos raios do sol para nutrir seus folículos capilares e couros cabeludos. Caso contrário, o cabelo fica ressecado, quebradiço, fraco e danificado, a memória pode piorar e vocês podem ter depressão e dores de cabeça.

É preciso que os raios do sol banhem o couro cabeludo (sua coroa) porque o cabelo é um organismo vivo que precisa de sol, ar e água para sobreviver. Os raios do sol alimentam as células do cérebro e abrem os portais espirituais. Eles também nos ajudam a pensar com clareza e a tomar decisões melhores sobre a vida. Então, enquanto toma banhos de sol e ar, medite sobre o(a) Criador(a). Pelo menos uma hora por dia — de manhã cedo ou no final da tarde —, exponha sua coroa ao amado sol, nossa fonte de regeneração. Quando estiver em casa, tire o toucado ou use uma cobertura de algodão poroso na cabeça. Se precisar usar um envoltório de cabeça, coloque-o de modo que fique confortável. Nunca use um toucado apertado.

O mesmo conselho se aplica ao uso constante de chapéus, perucas e lenços. Deixe seu cabelo respirar.

Black Rose

Certo dia, Black Rose, uma rainha afrakana que conheço, estava massageando meu couro cabeludo com seus óleos e trançando meu cabelo, então, mostrou-me seu livro de penteados para cabelo natural dos anos 1970. Quando me mostrou um calendário anual com fotos de várias rainhas da beleza afrakana, as quais ela penteara e vestira, fiquei encantada!

Então eu disse: "Graças a você, a outras rainhas e à imperatriz Akwéké, eu e outras irmãs assumimos e amamos nossa verdadeira imagem. Nossa imagem como mulheres afrakanas nos Estados Unidos era linda por causa de rainhas como vocês!". Como manda a tradição afrakana, ajoelhei-me diante dessa anciã e lhe agradeci por empoderar mulheres, homens e crianças afrakanos há tantos anos para que celebrem nossa beleza em todas as suas brilhantes manifestações.

Ela recebeu o título de Black Rose, Deusa da Cultura Africana, do *Evening Times*, o principal jornal da Nigéria, na Afraka ocidental, e irá sempre valorizá-lo, pois, conforme a tradição afrakana, quem recebe uma honraria dessas não a guarda no armário. Você quer fazer jus a essa conquista e mostrá-la com orgulho e dignidade.

Black Rose, deusa da cultura africana há mais de vinte cinco anos, dedica esse poema às nossas irmãs africanas

Esse é o interlúdio para o despertar da beleza.

Vocês são a verdade inacreditável, o renascimento da nossa antiga beleza afrakana, radiantemente exibida com orgulho.

Encantadoras rainhas afrakanas e beldades da "nossa raça" invejadas por todos.

Mais uma vez, a história se repete nos ciclos do tempo e nos impele a nos considerarmos ascendentes da feminilidade africana — não descendentes, pois estamos ascendendo em nossa magnificência cultural. Nós estamos decididas a assumir nossa raça com devoção inquebrantável. Há muitos tipos de madeixas africanas, então seja criativa com seu cabelo natural.

Cuidados Naturais com Seu Cabelo Natural

1. Lave o cabelo com sabão de ervas, de argila ou preto;
2. Seque um pouco o cabelo, então aplique a *Queen Afua's Rejuvenation Clay* para cabelos e couro cabeludo. Enrole uma toalha branca limpa na cabeça e deixe por três a quatro horas ou até a argila secar. Então lave com água quente;
3. **Condicionador I**: após remover a argila, enxague o cabelo com essa fórmula caseira: 1 colher de chá de cada — alecrim, tomilho, cavalinha e sálvia, que ficaram de molho desde a véspera em 150 ml de água fervida. Deixe a mistura no cabelo por trinta minutos, então enxague com água quente;
4. **Condicionador II**: use gel fresco de babosa extraído da planta;
5. **Fórmula Capilar com Óleos**: combine partes iguais de óleo de amêndoa e azeite de oliva. Adicione algumas gotas (25.000 UI) de óleo de vitamina E. Após lavar e enxaguar, massageie o cabelo com essa mistura de óleos. Para dar um aroma agradável, adicione algumas gotas de óleo essencial de lavanda ou de rosa à fórmula;
6. Após esse banho de óleo no couro cabeludo, sente-se ao ar livre de manhã cedo ou no final da tarde por pelo menos 30 minutos e deixe os raios do sol energizarem sua coroa.
7. Enquanto toma sol, faça afirmações positivas sobre seu cabelo e então medite em silêncio. Essa atividade lhe dará visão e sabedoria internas.
8. Para nutrir e proteger o cabelo, tome 50 mg de vitaminas do complexo B duas ou três vezes por dia.

O Quê Comer e Beber para Ter um Cabelo Saudável

Tome diariamente um chá de cavalinha, palha de aveia, alfafa e dente-de-leão, que é um excelente tônico de ervas e clorofila para o cabelo. Use-o também para enxaguar o cabelo.

Outro tônico para o cabelo é um suco verde feito com 2 talos de aipo, ½ xícara de verduras (brócolis, couve, couve-de-bruxelas etc.) e ½-1 pepino.

BANHO DE AR

Em um lugar privado, tire as roupas e deixe o ar dançar em seu corpo.

Deixe os poros finalmente respirarem e se olhe atentamente. Sorria e admire como você é: grande, pequena, gorda, magra, escura ou pálida. Veja como o(a) Criador(a) lhe deu uma beleza singular.

Vá em frente, ame aquilo que vê e diga a si mesma: "É direito meu permitir que o ar dance em meu corpo".

Uma vez por semana ou todos os dias se for possível, tome um banho de ar sozinha ou com seu companheiro. Uma ou duas horas bastam. Como cobrimos o corpo na maior parte do tempo, a pele envelhece rapidamente e fica vulnerável a todos os tipos de doença.

Um banho de ar dará viço e brilho à sua pele. Ou seja, quanto mais seu corpo recebe ar fresco e raios de sol, mais saudável será sua pele. Então, deixe a timidez de lado e fique nua para que o ar seja seu amante divino e dance em seu corpo.

ANTIGO EMBELEZAMENTO DOS OLHOS

Antigamente, as mulheres egípcias tinham os olhos mais bonitos do mundo, pois os delineavam com kohl preto, um pó feito de malaquita misturada com carvão e cinzas. Além do embelezamento, essa prática também tinha finalidades preventivas e espirituais.

Ast (Ísis), a Grande Mãe da raça humana, foi a primeira mulher a exibir "olhos egípcios". O hieróglifo para olhos significa "o(a) Criador(a), o Autor". O exemplo de Ast foi seguido por todas as mulheres egípcias. Ast e seu marido Asar (Osíris) civilizaram o Egito (Kemet), ensinando agricultura, medicina e os princípios divinos para os habitantes do Vale do Nilo.

O kohl protegia os olhos contra os raios intensos de Rá, o sol, e afugentava as moscas que transmitiam doenças e infecções endêmicas na África e no Oriente Médio. O círculo preto de kohl em volta dos olhos representa Nut (os céus), Het-Hru (amor divino e beleza) e Rá (o poder, energia e luz do sol).

Cuidado Natural com os Olhos

Como são as janelas para a alma, os olhos precisam ser bem cuidados para não enfraquecer.

Exercícios para os Olhos

Os exercícios abaixo são muito importantes para manter os olhos bonitos e saudáveis.

1. Gire os olhos para a direita fazendo um círculo completo de quatro a doze vezes. Gire os olhos à esquerda fazendo um círculo completo quatro a doze vezes. Erga e abaixe os olhos doze vezes. Relaxe e respire profundamente;

2. Agora olhe na diagonal. Olhe à direita e depois à esquerda. Faça isso lentamente várias vezes, então rapidamente várias vezes;

3. Feche os olhos e cubra-os com rodelas de pepino fresco. Medite por cinco minutos e veja paz e beleza com o seu olho interno.

Compressas de Argila para os Olhos

Para rejuvenescer os olhos, uma vez por semana aplique uma compressa de gaze com argila sobre eles por alguns minutos. Você também pode aplicar essa compressa por uma a três horas enquanto tira uma soneca ou aplicar até a argila secar. Lave os olhos suavemente com água quente, pois a pele ao redor deles é muito delicada.

Enquanto a compressa de argila está nos olhos, medite calmamente e recite essa prece:

Prece pela Argila

Que tudo o que eu faço com argila seja abençoado neste dia divino. Que neste dia feito pelo Altíssimo essa argila possa restaurar meu templo corporal, me rejuvenescer, energizar, embelezar e purificar a mim como faz desde a antiguidade. E que os outros que também buscam a paz a encontrem nesta argila.

Outro tratamento fácil para os olhos é colocar uma compressa de água filtrada e morna sobre eles, usando um esfregão de algodão branco para o rosto ou uma flanela branca. Faça um enxaguante com 14,7 ml de clorofila fresca diluída em 59 ml de água.

Para fortalecer os olhos, tome diariamente 1-2 xícaras de chá de escrofulária ou só alguns dias por semana para manutenção. Coloque compressas de chá de escrofulária sobre os olhos cansados enquanto medita por dez a quinze minutos.

Faça esses procedimentos até o branco dos olhos ficar bem branco e os inchaços e olheiras sumirem.

A Dança dos Olhos

Suas beldades adornadas estão em meus olhos e são raios brilhando sobre o meu corpo.

Cubra a parte inferior do rosto com um véu deixando os olhos expostos. Bote alguma música bonita de flauta ou cordas para tocar enquanto seus olhos seguem o ritmo e "dançam" livremente para cima, para baixo e ao redor. Fale através dos olhos. Expresse alegria, tristeza, raiva, paz e êxtase.

Cuidados com as Mãos e as Unhas

Cubra as mãos e as unhas com argila uma a três vezes por semana e passe uma gaze em volta antes de dormir. Lave de manhã e massageie cada dedo com óleo de mamona ou azeite de oliva.

Exercite as mãos alongando-as e virando os dedos para dentro e para fora três vezes. Então abra e feche as mãos rapidamente três vezes. Depois sacuda várias vezes e relaxe para ter mãos bonitas.

Faça manicure e pedicure no mínimo uma vez por semana.

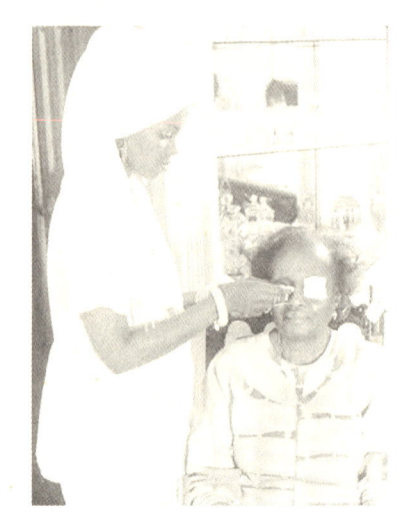

A compressa de argila é um tratamento natural para olhos cansados

Exercício para ter olhos radiantes

Antiga Cerimônia de Usar Anéis nos Dedos dos Pés

Reti-A M Ptah
Meus pés são de Ptah.

Ptah é o NTRU (Princípio Divino) que dá base e estabilidade. A sociedade ocidental tende a negligenciar os pés, mas os nossos antepassados cuidavam esmeradamente da beleza da cabeça aos pés. Se você estiver cuidando bem dos pés, isso indica que já está dando amor e atenção a todo o seu templo corporal.

A cerimônia abaixo pode ser feita no encerramento dos seus ritos de passagem. A mentora de cada iniciada benze e lava os pés dessa filha espiritual para empoderá-la pelo resto da vida. Ou faça essa cerimônia sempre que decidir honrar seus pés sagrados adornando-os.

- Lave os pés com sabonete de amêndoa, de argila ou preto;
- Massageie os pés suavemente com óleo de amêndoa ou azeite de oliva. Para autocura, aprenda reflexologia ou zonoterapia podal, que é uma forma de massagem nos pés para curar os órgãos internos. O pé é um "mapa" do corpo inteiro, então, massageie diariamente os pés para estimular, relaxar e energizar sua corrente sanguínea, nervos, pulmões, visão, seios paranasais, mente etc. Tudo está nos pés!
- Defume os pés com sálvia do deserto.
- Unja os pés com água de rosas, bálsamo de sândalo ou qualquer óleo doce que a inspire;
- Enquanto coloca um ou mais anéis no(s) dedo(s) do pé(s), abençoe seus pés:

Meus pés são de Ptah, sólidos e fortes. Eu posso atravessar qualquer desafio com confiança e êxito;

- Se você estiver usando um anel de Maat no pé, diga:

Meus pés são de Maat e, como Maat, vou andar com verdade, equilíbrio e retidão;

- Para o anel de lótus no pé, diga:

Meus pés são de Nefertum. Vou andar com beleza, graça e divindade;

- Para o anel de Ankh no pé, diga:

Meus pés são de Ankh. Vou andar com respeito total pela vida;

- Coloque pétalas de rosa frescas em volta dos pés e repouse meditando enquanto eles absorvem o espírito divino da beleza.

Nota: essa cerimônia pode ser feita com ou sem anéis nos dedos dos pés. O principal é benzer os pés para torná-los sagrados.

Etiqueta Corporal para Mulheres Régias

A conduta nobre das mulheres sábias atrai elogios. Portanto, não fale alto nem use palavras ferinas, pois isso faz tão mal para o corpo quanto uma doença.

- **Falar**: a voz é como música para a alma e deve ser clara como um sino. Ela canta a canção da vida, o amor, a paz, o poder, a energia e a honestidade. Dela é a expressão do seu espírito. Se seu espírito estiver sintonizado, o som da sua voz reflete o estado interno do templo corporal e você pode até fisgar o coração de alguém. Você pode encerrar uma guerra com a textura dela e iniciar uma cura com o seu poder;
- **Andar**: sem se dar conta, as escolas de etiqueta atuais se guiam pela antiga etiqueta afrakana relativa à maneira adequada de andar, se sentar e manter a postura. Fique ereta, com a cabeça reta e o pescoço retos, os ombros para baixo e ande com os pés paralelos. Andar com firmeza em linha reta é algo mostrado nas paredes dos templos do povo primordial. Perfeição na envergadura é uma marca do nosso povo;
- **Sentar-se**: a maneira antiga de se sentar era uma pose de poder: ombros para baixo, costas retas, pernas alongadas, pés para frente e mãos apoiadas nas coxas, pois isso alinha a pessoa física e espiritualmente.

Certa vez, Baba Ishangi disse: "A beleza é um espírito". Portanto, seu espírito deve estar revestido de bondade, compreensão, tolerância, paciência, nobreza e amor, para que você tenha a verdadeira beleza.

A MULHER AFRAKANA ATUAL

Tenho a honra de lhe apresentar uma sacerdotisa divina do nosso legado núbio-camítico. Ela inspira mulheres afrakanas em todos os lugares a recuperarem a magnificência de sua antiga beleza física e espiritual afrakana.

Como sacerdotisa do embelezamento, Snt-Urt Kaitha Het-Heru é guardiã do Santuário de Sekhmet/Ta-Urt/Het-Hru e autora de *I Love My Beautiful Body Temple* (sem tradução em português). Essas fotos dela demonstram como nossa aparência pode nos empoderar e ser profundamente espiritual, ajudando a inspirar quem está à nossa volta.

Adornos Faciais de Kaitha Het-Heru

- Seus olhos são delineados com kohl;
- O anel em seu nariz exibe o chifre bovino e o disco lunar, o antigo símbolo de Het-Hru (amor divino e beleza);
- A argola labial com o círculo sagrado representa a interconexão de toda a vida;
- A *uja* sobre seu primeiro olho ou glândula pineal é um Mtu NTR (hieróglifo) para força;
- Seus brincos com o falcão de Heru representam a luz interna do espírito.

Seu Vestuário

- *Pedes-sa* significa "manto protetor" e é o nome antigo da nossa veste núbia afrakana;
- As tranças de Het-Heru são encimadas por uma coroa *senu-Nu-sa*;
- Ela segura uma cruz de Ankh e usa um anel de Ankh. *He sa*, sua joia de proteção, foi criada por Hru Ankh Ra Semahj do Studio of Ptah.

Erykah Badu

A Beleza da Mulher Sagrada

Como uma mulher sagrada, personifico a beleza, a dignidade, a majestade e a graça.

Nós a honramos, Het-Hru, pois você personifica a beleza, sensualidade e graça absolutas, a exemplo de Makeda, a rainha de Sabá no Vale do Nilo; como a beleza cantada por Sarah Vaughan; como a beleza emanada por Judith Jamison quando dança e leva nossas almas para "andarem na água" com ela.

"Por natureza, a criação está sempre avançando em direção à beleza. Alá é belo e ama a beleza", diz o Corão. "A natureza do corpo é se embelezar; a natureza da mente é ter belos pensamentos; e o coração anseia por belos sentimentos."

A mulher sagrada é a mais bela e radiante. Ela é a manifestação feminina do Altíssimo, e dentro dela gera beleza incomensurável. Todos que olham essa mulher sagrada são cativados por sua beleza divina. Vocês podem admirá-la e usufruí-la, assim como a beleza natural das pétalas de rosa e das gotas de orvalho. Onde quer que vá, a mulher sagrada deixa um rastro com a essência da beleza.

BELEZA SAGRADA: TRABALHO TRANSFORMADOR DE SETE DIAS

Antes de iniciar o trabalho transformador de sete dias no Portal 4, é preciso ler todo o seu conteúdo e entender sua finalidade.

- **Tenha belos pensamentos diariamente.** Medite junto à natureza — em jardins, parques, matas, perto de um riacho, rio, lago ou oceano — uma a três vezes durante os sete dias para aumentar sua cura e beleza interna. Nesse passeio para meditar, anote em seu diário os pensamentos e afirmações que vêm à sua mente. Use esse portal para se livrar de todos os obstáculos e desarmonias que a separam de sua beleza. Após registrar seus pensamentos negativos, transforme-os em possibilidades e visões divinas;
- **Crie uma roupa sagrada para você.** Crie roupas especiais que realcem todos os aspectos da sua beleza sagrada. Inspire-se em estilistas, costureiras e rainhas que tenham o ideal de beleza sagrada que você busca. Use as cores do dia para se empoderar (veja a tabela na página 134);
- **Cuide e mime diariamente seu templo corporal**, não só em feriados e aniversários, pois todo dia que você vive é uma ocasião especial;
- **Aplique argila no rosto** em dias alternados para manter a pele radiante e depois semanalmente;
- **Faça um tratamento com ervas e argila** uma vez por semana para purificar e rejuvenescer o cabelo e o couro cabeludo;
- **Revitalize sua beleza original.** Seja ousada e assuma seu cabelo natural ou pelo menos evite usar substâncias químicas caso seu cabelo seja alisado. Há muitos penteados interessantes para cabelos naturais e adornos como fivelas, conchas, contas, cristais etc.;
- **Tome um banho de ar** após o banho com água sempre que for possível;
- **Use o xale sagrado de Ast/Nebt-Het** para se lembrar do seu belo eu sagrado durante a prece matinal ou como proteção espiritual quando sair de casa;
- **Crie uma bela canção** de cura e/ou dance ouvindo uma música inspiradora que espelhe sua beleza;
- **Faça uma colagem que mostre sua visão** sobre a beleza sagrada. Que cores, tecidos, aromas, sons e lugares chamam sua atenção pela beleza?
- **Faça uma colagem sagrada** com imagens da antiga beleza egípcia. Que adornos, penteados e hábitos de embelezamento as antepassadas lhe mostram nesse portal?
- **Faça um álbum com estilos de cabelo natural** que reflitam a beleza sagrada. Mostre seus estilos favoritos ao seu círculo sagrado e afirme sua visão sobre beleza.

Meu Compromisso no Fim da Semana com a Beleza Sagrado

Eu me comprometo a estabelecer e manter a sabedoria de Het-Hru e o poder da Beleza Sagrada em todas as áreas da minha vida.

Nome:_____

Data:_____

Capítulo 10
PORTAL 5 – ESPAÇO SAGRADO

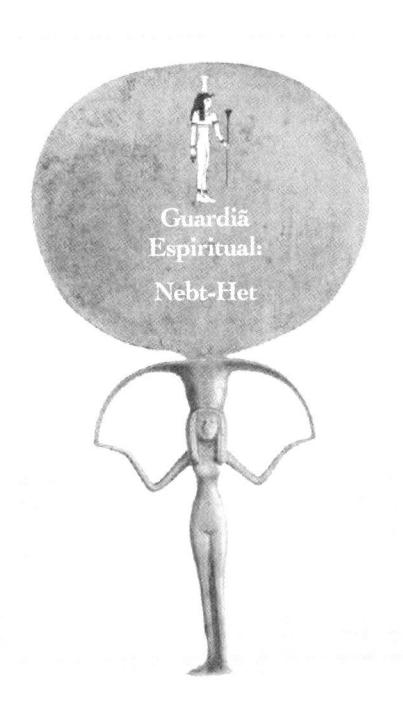

Guardiã Espiritual:

Nebt-Het

Antepassadas:

Rainha Nefertari

Aah-Mes

Anciãs:

Barbara Ann Teer

Contemporâneas:

Queen Afua

Mut Nebt-Het

TRABALHO NO ALTAR PARA O ESPAÇO SAGRADO
Seu Coração Deve Estar Voltado para o Leste — para o Sol Nascente
(Leiaute visto de cima)

Coloque Fotos ou Figuras na Parede Acima do Altar

| Imagem da guardiã espiritual | Foto ou figura de antepassada | Sua fotografia | Foto ou figura de anciãs | Foto ou figura de contemporâneas |

Vasilha para o batismo
(ÁGUA)

Pena
(AR)

Ankh para a Vida Eterna ou outro símbolo sagrado
(ESPÍRITO)

Cravos brancos
(TERRA)

Óleo de Unção:
Lavanda

Vela roxa
(FOGO)

Pedra Sagrada:
Safira azul

Comida para o NTR e seus antepassados (milho, arroz, frutas etc.)
(Após vinte quatro horas, tire a comida do altar.)

Ponha uma vassourinha (de preferência canela) perto do altar.
Toalha de mesa sagrada (roxa) e echarpe para usar durante a prece.
Pano colorido sagrado para colocar diante do altar. Instrumentos sagrados para serem tocados enquanto você ora.

PORTAL 5 — ESPAÇO SAGRADO: PRÁTICAS ESPIRITUAIS DIÁRIAS

Elemento do Portal: Ar

O Espaço Sagrado irá desobstruir o espaço atravancado, a confusão e a perda. E ajudará a implantar limpeza e ordem divina em sua casa e espaço de trabalho, assim criando equilíbrio e harmonia internos e em toda a sua vida. Nebt-Het, a guardiã espiritual do Espaço Sagrado, trará paz, estabilidade e purificará seu lugar sagrado interno e externo, para que o entorno físico reflita seu mundo interior.

O Portal 5 representa a atmosfera, o ambiente e o entorno. Ele eliminará bloqueios no templo corporal, como constipação, vermes, toxicidade e pólipos.

Os exercícios espirituais de ascensão devem ser feitos por sete dias — o número do Espírito. Eles ativarão seus portais internos de divindade para que você se instale plenamente em seu centro sagrado.

1. O Banho Espiritual

Um banho com óleo de lavanda realça a intuição, a vivacidade, a imaginação, a clarividência, a concentração, a paz mental, a sabedoria e a devoção (*atum ra*). O óleo de lavanda promove concentração e clareia a mente, criando espaço interno para a consciênciosidade pacífica. Ele ajuda a eliminar a desconcentração, o medo, dores de cabeça, problemas oculares e o distanciamento exagerado em relação ao mundo. Adicione 4-6 gotas de óleo de lavanda na água do banho.

2. Seu Altar

Monte seu altar sagrado no primeiro dia de entrada nesse portal. Você pode montá-lo conforme suas crenças religiosas ou espirituais (ver páginas 42 e 44). Sente-se calmamente diante do altar, sobre uma almofada no chão ou em uma cadeira. Ponha uma tigela com frutas no altar. Adicione algumas gotas de óleo de lavanda na vasilha de batismo no altar e borrife algumas gotas no recinto para preces.

Unja com óleo de lavanda. Use apenas óleos essenciais puros. Use óleo essencial de lavanda para ungir sua coroa, a testa (o portal corporal da espiritualidade suprema), seu coração (o portal corporal da compaixão e amor divino), o ventre, as palmas das mãos para que tudo que você toque fique mais sagrado, e as solas dos pés para alinhar-se espiritualmente e ganhar poder, esperança e fé.

3. Abrindo o Portal

Para invocar o guardião espiritual de cada portal, você pode usar palavras ditadas por seu coração. Aqui está, por exemplo, uma prece que pode ser feita no Portal 5:

> Nebt-Het, guardiã divina do Portal do Espaço Sagrado, por favor, aceite minha gratidão mais profunda por sua presença curativa em meu altar e em minha vida. Obrigada por sua orientação, inspiração, amor e bênçãos e, por favor, aceite meu amor e bênçãos em retribuição. *Hetepu*.

4. Libação

Verta a libação para o Portal do Espaço Sagrado usando uma xícara especial ou borrife água de uma tigela sobre a terra ou uma planta enquanto diz as seguintes palavras:

- Todo louvor e adoração pela guardiã espiritual Nebt-Het, protetora do espaço sagrado;
- Todo louvor e adoração pela antepassada do espaço sagrado, a rainha Nefertari Aah-Mes;
- Todo louvor e adoração pela anciã do espaço sagrado, Barbara Ann Teer;
- Todo louvor e adoração pelo meu eu divino e por minha divina irmã contemporânea, Queen Afua Mut Nebt-Het, que honra o espaço sagrado.

5. Prece ao Espírito da Mulher Sagrada

Toque um sino ou outro instrumento sagrado no início e no fim dessa prece. Abra as palmas das mãos para o Espírito Sagrado ou coloque-as suavemente sobre seu coração e recite:

Prece ao Espírito da Mulher Sagrada

> Mulher Sagrada em evolução,
> Mulher Sagrada reativada,

Espírito Sagrado, mantenha-me por perto.
Proteja-me de todo mal e medo ocultos sob as pedras da vida.
Dirija meus passos no rumo certo enquanto eu viajo nessa visão.
Espírito Sagrado, envolva-me em sua luz absolutamente perfeita.
Unja-me em sua pureza sagrada, paz, e percepção divina.
Abençoe-me totalmente, enquanto eu compartilho essa vida sagrada.
Ensine-me, Espírito Sagrado, a ficar sintonizada com o universo.
Ensine-me a curar com os elementos internos e externos do ar, fogo, água e terra.

6. Prece ao Espaço Sagrado

Chacoalhe sinos, toque um tambor ou outro instrumento no início e no fim dessa prece.

Divino(a) Criador(a), ajude-me a manter meu espaço interno e externo sagrado e limpo, incluindo meu corpo, minha casa, meu escritório e os espaços de lazer. Que todos os espaços em mim e ao meu redor possam ficar sem acúmulo, confusão e desânimo. Que meu ambiente seja puro, aberto e na ordem divina, assim como eram o céu, oceano, o sol e o planeta Terra no início dos tempos, quando o mundo era limpo e íntegro. Que nós possamos respeitar a natureza, nosso ambiente e nosso espaço, e retomemos a pureza original. Que meu espaço possa sempre emanar serenidade para que você, Criador(a), more nele. Hoje, eu afirmo que meu espaço é sagrado.

7. Cantando Hesi

Cante esse *hesi* quatro vezes:

Nuk Pu Ntrt Hmt — Eu sou uma mulher sagrada.

8. Respirações de Fogo

Comece inspirando e expirando lentamente quatro vezes. Quando estiver totalmente à vontade, comece a fazer as seiscentas respirações.

Inspire profundamente bombeando pelas narinas (com a boca fechada), expandindo a respiração até o abdômen, então até o peito, e solte todo o ar dos pulmões enquanto o abdômen se contrai. Repita tudo rapidamente.

Cada respiração de fogo profunda representa a abertura das mil pétalas de lótus de iluminação e radiância que levam a Nefertum — a estação do lótus afrakano da Divindade.

9. Portal 5 — *Meditação do Espaço Sagrado*

A cada sete dias aumente a duração da meditação. Quanto mais tempo você medita, mais profunda será sua paz interior e mais sólido será seu *ka* (espírito). Quanto mais limpo estiver seu templo corporal, mais cedo você conseguirá atingir sempre um estado de paz e equilíbrio interno quando medita.

- Sente-se no leito de lótus da divindade, o cerne do seu centro sagrado. Respire em Nebt-Het, a guardiã da Casa Divina na terra, que vem das esferas celestiais;
- Preencha sua casa interna com luz roxa para se fundir com a luz que mora ali;
- Inspire e expire a partir do seu espaço sagrado, enquanto visualiza a confusão, a desordem e a sujeira sendo expelidas por sua respiração. Repita sete vezes.

Visualização Cromática. Visualize a cor roxa para libertação espiritual. Enquanto medita, vista-se com um tecido roxo ou utilize um em seu altar.

Meditação com Pedra Sagrada. Enquanto medita, mantenha a palma da mão com uma safira azul sobre o ventre. Esta é a pedra sagrada de cura deste portal. Ela ajuda a transformar e elevar a alma para as esferas superiores, tornando seu espaço interno mais pacífico e meditativo.

10. Tônico de Erva

Tome chá de centella asiática. Partes usadas: sementes, nozes e raízes. A centella asiática é a erva da "memória". Usada junto com pimenta-caiena, ela estimula a circulação sanguínea no cérebro, ajudando a limpar e organizar o espaço interno, de modo que a clareza se manifeste externamente.

Tome o chá de centella asiática por sete dias para colher plenamente os benefícios de estar no Portal 5. Desfrute seu chá de erva em sua caneca favorita durante ou após escrever no diário.

Preparação. Use um sachê de chá para 1 xícara de água. Ferva a água em um caneco de vidro, argila ou aço inoxidável, apague o fogo, ponha o sachê de chá e deixe em infusão. Tome antes ou depois do seu banho matinal ou ducha sagrada. Tome com alegria e paz enquanto respira entre um gole e outro e entra em um estado de contemplação e reflexão.

11. Essências Florais

Para aprofundar sua experiência no Portal 5, escolha algumas das essências florais abaixo. Coloque 4 gotas sobre a língua ou adicione-as em um copinho com água purificada e tome. Repita o processo quatro vezes ao dia. Para instruções sobre a escolha de essências florais, ver página 49.

- *Indian paintbrush* (vira-lata): ajuda a eliminar a desordem no ambiente;
- *Mountain pennyroyal* (poejo): para purificar a casa ou outro ambiente, sobretudo quando estiver contaminado por energias negativas;
- *Iris* (íris): ajuda a organizar e embelezar o ambiente, e a dar mais atenção às cores e formas;
- *Canyon dudleya* (sempreviva do cânion): ajuda a sanar a incapacidade de lidar com as tarefas domésticas e com as responsabilidades cotidianas;
- *Star tulip* (tulipa estrela): permite que a casa se torne uma fonte de experiências para a alma;
- *Sagebrush* (artemísia): purifica e simplifica o estilo de vida da pessoa, sobretudo quando o entorno está atravancado;
- *Shasta daisy* (crisântemo branco): injeta mais coerência e harmonia em uma casa caótica ou bagunçada.

12. Dieta

Siga as práticas de transição alimentar para os Portais 4-6.

13. Escrita sobre o Espaço Sagrado no Diário

A prática é recomendada após a limpeza interna (enema) e/ou meditação. Quando está purificada e centrada, você pode ter a graça de receber mensagens espirituais. Quando você está no espírito, mensagens vão passando pela sua mente, coração e mão até o papel.

Escreva com o máximo de inspiração espiritual após o trabalho no altar, entre 4h-6h da manhã. Mantenha seu diário e uma caneta por perto ou sobre o altar para trabalhar com o poder, força e calma na chegada da aurora, o horário de Nebt-Het.

Afirme sua vida cotidiana nesse horário e escreva no diário os pensamentos, atividades, experiências e interações que venham à sua mente. Você também pode anotar suas esperanças, visões, desejos e afirmações, para refrescar a memória quando precisar de apoio.

Consulte Sesheta. Se não conseguir contactar sua voz interna durante o trabalho em seu diário, chame Sesheta, a guardiã interna que revela segredos, para ajudá-la e falar através de você.

14. Xale ou Colcha da Liberdade de Senab

Escolha um novo pedaço de pano que corresponda à cor do portal (indicada no "exercício 9" das suas práticas espirituais diárias ou no trabalho no altar sagrado) para adicionar ao seu xale ou colcha da liberdade de Senab. Esse tecido será como uma tela que representa sua experiência no portal em que está trabalhando.

Arranje também símbolos significativos para aplicar no xale ou colcha como um *patchwork*. Você pode adicionar pedras, outros objetos naturais, itens de coleção, relíquias da família, fotos estampadas em tecido e outros itens significativos que representem a essência de sua experiência. Dê asas à imaginação e deixe seu espírito habilidoso contar sua história. Para mais informações sobre o xale ou colcha da liberdade de Senab, ver páginas 147.

15. Ferramentas Sagradas

Vassouras de canela — uma pequena para ficar perto do seu altar e uma grande para ficar perto da porta da frente e um pote de ferro fundido, para que se queime óleos sagrados.

16. Lembrete Sagrado

Ao longo da semana, observe atentamente a sabedoria apresentada no portal em que você está. Para obter o máximo de resultados, viva livremente e em harmonia com os vários sistemas de bem-estar apresentados, e pratique o trabalho transformador de sete dias no final do portal.

Palavras Sagradas de Encerramento

Criador(a) Paterno/Materna, ajude-me a me purificar e a manter meu espaço sagrado em ordem divina.

CUIDAR DE CASA É UMA EXPERIÊNCIA SAGRADA

Ouço mulheres dizerem: "Não consigo manter a casa limpa" ou "ser dona de casa não é meu lance". Se você não considera sua casa um espaço sagrado, provavelmente sua vida está um caos. Manter sua casa limpa e arrumada não envolve apenas uma rotina física; trata-se de uma disciplina espiritual que a ensina a manter a ordem divina em sua vida. Sua casa é seu templo de vida e reflete diretamente seu estado espiritual e mundano. Portanto, livre-se do hábito de desprezar sua casa em prol de algo aparentemente mais importante, deixando a pia cheia de louça suja, roupas no chão sujo e papéis espalhados para todo lado. A harmonia de sua casa dá o tom do seu dia.

Ao deixar sua casa em desordem, certamente você irá se deparar com confusão nas ruas. Então, lave a louça; pendure as roupas; coloque os livros nas estantes; guarde os papéis importantes em um arquivo; e arrume a cama pacificamente. Saiba que todas essas tarefas domésticas são uma prece em movimento.

A avó de Snt Tehuti costumava dizer: "Separe sempre na véspera as roupas que irá usar no dia seguinte e mantenha o cabelo, as unhas e o corpo limpos e bem arrumados. Lave a louça na pia e lave e passe as roupas. Arrume a cama e sempre deixe sua casa em ordem antes de sair". Sua casa é sagrada, portanto deve ser tranquila, limpa e confortável.

Transforme Sua Casa em um Templo

Como uma mulher sagrada, estou empenhada em transformar minha atmosfera doméstica em um paraíso! Meu ambiente irradia minha tranquilidade interna. Até as paredes da minha casa transmitem a santidade e segurança de um ventre. Todos que entram nesse templo devem ser elevados às alturas.

Uma casa pura e sagrada pode:

- Curar e gerar unidade na família;
- Espantar doenças;
- Equilibrar as emoções;
- Gerar amor entre o casal;
- Tornar as crianças pacíficas e relaxadas;
- Ser um lugar de inspiração e motivação;
- Funcionar como uma pilha que a carrega e prepara para o mundo externo;
- Prover elevação espiritual e paz.

Cada recinto em seu templo tem uma finalidade específica e cria um determinado clima.

Laboratório Culinário de Cura: esse espaço tem fogo criativo e pode propiciar paz por meio da purificação.

Banheiro: é o espaço para a hidroterapia.

Sala de estar: é o centro espiritual para as preces e o ambiente comunitário. Esse recinto pode propiciar equilíbrio e harmonia para a família e as visitas.

Câmara de regeneração: trata-se do quarto, que deve gerar rejuvenescimento, energia e amor.

Embeleze seu Palácio

Comprometa-se com sua casa divina das seguintes maneiras:

Laboratório Culinário de Cura

- Use panelas e formas de aço inoxidável ou ferro fundido;
- Coloque uma planta de babosa na cozinha. Além de bonita, seu gel é excelente para tratar queimaduras e pele ressecada;
- Use toalhas de mesa e cortinas em tons de verde;

- Coloque ramos de eucalipto em vasos;
- Cultive ervas em vasos de cores escuras;
- Use belos copos longos e canecas de cerâmica.

As cores sugeridas são verde-limão para cura, laranja ou amarelo para vitalidade e/ou branco para purificação.

Sala de Estar

- Use móveis baixos e almofadões. Sentar-se no chão faz bem para o ventre e aumenta o fluxo de energia terrestre em seu interior;
- Decore os ambientes com plantas e árvores;
- Cubra a televisão com um pano de seda;
- Deixe seus livros de preces sempre à mão;
- Monte um altar (não use espelhos). Coloque as velas adequadas para o portal no qual você está trabalhando, assim como um ou dois copos de água fresca para absorverem todas as vibrações negativas na atmosfera. A água também representa a vida. Veja em cada portal outras sugestões para o altar.);
- Coloque figuras de guias espirituais e/ou antepassados;
- Coloque fotos suas, de seu companheiro e da família que transmitam alegria, elevação espiritual e inspiração.

As cores sugeridas são azul para paz, lavanda para fusão espiritual e mais consciência sobre os sonhos, e rosa-claro para amor puro e doçura.

Recinto de Hidroterapia

- Tenha um banquinho para os pés ou para se agachar;
- Tenha uma bucha para esfregar o corpo;
- Use sabonete de hortelã-pimenta, argila, aveia, pepino e/ou óleo de mamona;
- Use saquinhos de chá secos para absorver odores.
- Tenha sacos plásticos adequados para enemas e duchas vaginais;
- Coloque uma planta na janela;
- Tenha argila verde para aplicar no rosto de manhã;
- Tenha um irrigador oral para a higiene bucal;
- Tenha um massageador portátil para usar no banho;
- Mimo extra: instale uma banheira de hidromassagem.

As cores sugeridas são tons de azul para representar a água, o espírito e a paz. Use também branco e/ou lavanda.

A limpeza espiritual e física também deve ser feita em seu espaço de trabalho. Aplicar esses princípios na casa inteira colocará todos os aspectos da sua vida em ordem divina.

LIMPEZA ESPIRITUAL DA CASA

Areje bem sua casa o ano inteiro. Abra as janelas, mesmo que apenas por alguns minutos durante épocas muito frias.

1. **Queime incenso** de jasmim de manhã para atrair paz. Nossos antepassados usavam vários óleos aromáticos em todos os rituais, cerimônias, oferendas e comemorações, conforme se vê nas paredes dos templos de Dendera no Alto Egito, de Kham em Luxor e nos demais templos sagrados;

2. **Lave sua casa** com amônia, borrife água-de-colônia cítrica para perfumar e queime incenso de olíbano e mirra para purificação;

3. **Use um pêndulo** para detectar pontos em desequilíbrio. Há muitos livros sobre a leitura das vibrações com um pêndulo ou aprenda a leitura com pêndulos em *workshops* (ver página 289);

4. **Defume áreas negativas** com sálvia branca do deserto ou erva-doce. A defumação era praticada no antigo Kemet (Egito) e na Ilha da Tartaruga (Estados Unidos). Queime as folhas de sálvia em um potinho com alça ou incenso de sálvia e circule pela casa espalhando a fumaça. Deixe as janelas abertas para a negatividade sair;

5. **Limpe as gavetas e armários.** Baba Ishangi diz que demônios se escondem nos armários, então capriche na limpeza!
6. **Afirme:** "Minha casa é pura e sem negatividade". Sempre que limpar a casa, coloque sal marinho nos cantos para purificação adicional. Nossas antepassadas sacerdotisas purificacam com sal antes de rituais e cerimônias, conforme mostra a cena da concepção nas paredes do Templo de Edfu em Assuã.

Expulsando as Vibrações Ruins com a Vassoura de Canela

Quando eu estive em Gana, na África ocidental, vi mulheres varrendo o chão de terra batida com muito empenho. A limpeza de casa sempre começa pela varrição da sujeira, mas essa atividade também simboliza livrar-se das vibrações negativas. Por exemplo, se alguém negativo vier à sua casa, pegue uma vassoura e varra as vibrações ruins após a pessoa ir embora. Para uma purificação mais profunda após acontecimentos traumáticos, como morte, incêndio ou violência, "varra" seu templo corporal comendo verduras e frutas frescas.

Após varrer a casa, coloque uma trança de alho acima ou perto da porta para assegurar proteção. Mantenha uma vassoura perto da porta para emergências. Quando a pessoa ou experiência negativa partir, varra as vibrações ruins para fora de casa.

Se possível, use uma vassoura de canela ou perfumada para atrair vibrações boas e enviar doçura e bondade à pessoa que acabou de sair. Tenha compaixão ao se desembaraçar das vibrações negativas.

Para fazer uma vassoura de canela, ferva água em uma panela grande, apague o fogo e adicione 2 colheres de sopa de canela em pó. Coloque a panela em uma trempe no chão e deixe a vassoura na água por quatro a oito horas. Tire a vassoura e sacuda-a em uma banheira ou ao ar livre para tirar o excesso de água. Depois deixe-a secando ao sol.

REGRAS PARA A CASA DIVINA

A mestra da purificação Etta Dixon, que tem 65 anos de idade, escreveu algumas regras para sua família, para que houvesse paz entre todos e sua casa fosse um lugar de cura. Isso indica o quanto é importante injetar ordem divina em nossos lares.

Dixon é vegetariana, praticante de jejuns e uma mãe para todos que desejam cura e bem-estar. Sua meta é ensinar as pessoas a viverem de maneira pura e com determinação, a fim de cumprir seu verdadeiro propósito na vida.

ESPAÇO SAGRADO: TRABALHO TRANSFORMADOR DE SETE DIAS

- **Honre sua casa dando-lhe um nome.** Fortaleça-se ao máximo em sua casa antes de sair para o mundo a cada dia, a fim de cumprir bem o propósito em sua vida. Empodere-a dando-lhe um nome forte. 'R importante que ele seja escolhido atentamente, pois todo nome tem um certo poder. Batize sua casa com um nome significativo para você. Por exemplo, templo, palácio, centro de cura, base sagrada, espaço de rejuvenescimento ou algo nessa linha. e veja como a relação com sua morada irá mudar depois do batismo. Use esta técnica para elevar sua casa, sua vida e para ter paz.

- **Faça uma purificação e dê um novo espírito à sua casa.** Rejuvenesça e purifique sua casa de quaisquer vibrações negativas e espíritos malignos. Misture em um balde ½ xícara de amônia, 1 colher de sopa de sal marinho, algumas gotas de óleo de olíbano, mirra e água. Lave a casa inteira. Limpe as portas, armários e gavetas por dentro e por fora com essa mistura. Ore pedindo paz, amor e harmonia em seu santuário. Um espírito puro e sereno precisa se abrigar em uma casa harmoniosa. Faça a purificação uma vez por semana até equilibrar as vibrações em sua casa. Coloque cravos brancos em seu altar para expulsar a negatividade do ambiente. Uma casa limpa propicia uma vida mais equilibrada. Após o ritual de limpeza, rejuvenesça o ambiente com plantas como babosa ou cacto, que absorvem a negatividade; ou coloque cravos brancos em todos os cômodos da casa por sete dias. Unja a casa e o espaço de trabalho com óleos sagrados. Ponha a trança de alho acima da porta de entrada principal para proteger a casa.

- Após lavar, arrumar, defumar, orar e invocar o Divino para se instalar, passe sua pena de Maat em todos os cantos em sentido horário para selar a ordem divina da limpeza, paz e harmonia;
- Faça uma purificação no escritório. Lave, arrume e purifique seu espaço de trabalho para ter mais clareza em seus negócios;
- Passe várias horas purificando ao máximo a casa e o escritório. Todos os dias registre no diário seu estado mental, atitude e transformação à medida que põe tudo em ordem. Observe as recompensas resultantes. Ao tornar sua casa sagrada, sua vida se transformará. Registre sua evolução enquanto limpa, cura e energiza seu espaço;
- Defume com cedro, sálvia ou olíbano e mirra enquanto circula pela casa e pelo espaço de trabalho em sentido horário antes de começar o dia. Uma ou duas gotas de óleo sagrado sobre uma lâmpada quente perfumarão todo o escritório e ajudarão a diminuir o estresse nesse ambiente.

Requisitos para uma Casa da Cura por Etta Dixon (Mestra da Purificação)

Este é um lugar de cura.

Esta é uma casa da cura, e vocês estão aqui para se curar.

Só pessoas do mesmo sexo pernoitam na casa da cura.

O forno não é aceso na casa da cura durante o verão.

A casa da cura não pode ser profanada, pois isso impediria nossa cura.

Música alta e agressiva não toca na casa da cura.

Ninguém é obrigado a se estressar!

O objetivo é se curar!

Meu Compromisso no Fim da Semana com o Espaço Sagrado

Eu me comprometo a estabelecer e manter a sabedoria de Nebt-Het e o poder do Espaço Sagrado em todas as áreas da minha vida.

*Nome:*_____

*Data:*_____

Capítulo 11
PORTAL 6 - CURA SAGRADA

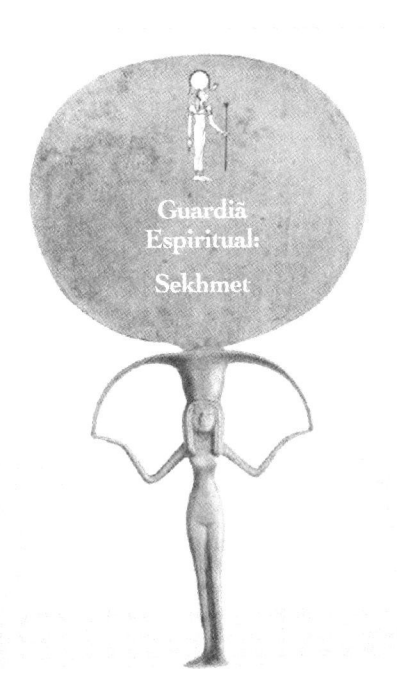

Guardiã Espiritual:

Sekhmet

Antepassadas:

Ankh Hesen Pa Aten Ra

Doutora Alvenia Fulton

Anciãs:

Berlina Baker

Contemporâneas:

Doutora Sharon Oliver

Earthlyn Marselean Manuel

TRABALHO NO ALTAR PARA A CURA SAGRADA
Seu Coração Deve Estar Voltado para o Leste — para o Sol Nascente
(Leiaute visto de cima)

Coloque Fotos ou Figuras na Parede Acima do Altar

| Imagem da guardiã espiritual | Foto ou figura de antepassada | Sua fotografia | Foto ou figura de anciã | Foto ou figura de contemporâneas |

Vasilha para o batismo
(ÁGUA)

Pena
(AR)

Ankh para a Vida Eterna ou
outro símbolo sagrado
(ESPÍRITO)

Flores ou babosa
(TERRA)

Óleo de Unção:
Olíbano e mirra

Vela lilás
(FOGO)

Pedra Sagrada:
Hematita

Comida para o NTR e seus
antepassados (milho, arroz,
frutas etc.)
(Após vinte quatro horas, tire
a comida do altar.)
Ponha uma tigela com alho e babosa no altar

Toalha de mesa sagrada (vermelho) e echarpe para usar durante a prece.
Pano colorido sagrado para colocar diante do altar. Instrumentos sagrados para serem tocados enquanto você ora.

PORTAL 6 — CURA SAGRADA: PRÁTICAS ESPIRITUAIS DIÁRIAS

Elemento do Portal: Fogo

A Cura Sagrada auxilia no entendimento de que sua recuperação não precisa ser delegada a outro. Ao entrar nesse portal, você ganhará confiança para curar física, mental e espiritualmente a si mesma e a sua família.

Sekhmet, a guardiã da Cura Sagrada, convoca-nos a entrar no fogo da transformação, ativando e desencadeando nossos poderes inatos de cura. Por meio da habilidade com as mãos, das forças elementares e da intuição, a Cura Sagrada nos ensina a purificar, elevar e transformar o corpo, a mente e o espírito.

O Portal 6 - eliminará bloqueios que causam anemia, inflamações, fadiga, problemas circulatórios, debilidade física, febres, pressão arterial alta, envelhecimento precoce e câncer.

Os exercícios espirituais de ascensão devem ser feitos por sete dias — o número do Espírito. Eles ativarão seus portais internos de divindade para que você se instale plenamente em seu centro sagrado.

1. O Banho Espiritual

Use óleos essenciais de olíbano e mirra para o Divino NTR lhe dar inspiração e sabedoria divina. Eles eliminam a confusão e a depressão, ajudam a equilibrar as emoções e a ter abertura em relação aos outros, pois acalmam e aliviam. Adicione 4-6 gotas desses óleos na água do banho.

2. Seu Altar

Monte seu altar sagrado no primeiro dia de entrada nesse portal. Você pode montá-lo conforme suas crenças religiosas ou espirituais (ver páginas 42 e 44). Sente-se calmamente diante do altar, sobre uma almofada no chão ou em uma cadeira. Adicione algumas gotas de óleo de olíbano ou mirra na vasilha de batismo no altar e borrife algumas gotas no recinto para preces.

Unja com óleo de olíbano ou mirra. Use apenas óleos essenciais puros. Utilize óleo essencial de olíbano ou mirra para ungir sua coroa, a testa (o portal corporal da espiritualidade suprema), seu coração (o portal corporal da compaixão e amor divino), o ventre, as palmas das mãos (para que tudo que você toque fique mais sagrado), e as solas dos pés (para alinhar-se espiritualmente e ganhar poder, esperança e fé).

3. Abrindo o Portal

Para invocar o guardião espiritual de cada portal, você pode usar palavras ditadas por seu coração. Por exemplo, aqui está uma prece que pode ser feita no Portal 6:

> Sekhmet, guardiã divina do Portal da Cura Sagrada, por favor, aceite minha gratidão mais profunda por sua presença curativa em meu altar e em minha vida. Obrigada por sua orientação, inspiração, amor e bênçãos e, por favor, aceite meu amor e bênçãos em retribuição. *Hetepu*.

Enquanto oferece sua prece, toque um instrumento sagrado (sistro, tambor, xequerê ou sinos) para despertar o NTR interno.

4. Libação

Verta a libação para o Portal da Cura Sagrada usando uma xícara especial ou borrife água de uma tigela sobre a terra ou uma planta enquanto diz as seguintes palavras.

- Todo louvor e adoração pela guardiã espiritual Sekhmet, protetora da cura sagrada;
- Todo louvor e adoração pelas antepassadas da cura sagrada, Ankh Hesen Pa Aten Ra e a doutora Alvenia Fulton;
- Todo louvor e adoração pela anciã da cura sagrada, Berlina Baker;
- Todo louvor e adoração pelo meu eu divino e por minhas divinas irmãs contemporâneas, a doutora Sharon Oliver e Earthlyn Marselean Manuel, que honram a cura sagrada.

5. Prece ao Espírito da Mulher Sagrada

Toque um sino ou outro instrumento sagrado no início e no fim dessa prece. Abra as palmas das mãos para o Espírito Sagrado ou coloque-as suavemente sobre seu coração e recite:

Prece ao Espírito da Mulher Sagrada

Mulher Sagrada em evolução,
Mulher sagrada reativada,
Espírito Sagrado, mantenha-me por perto.
Proteja-me de todo mal e medo ocultos sob as pedras da vida.
Dirija meus passos no rumo certo enquanto eu viajo nessa visão.
Espírito Sagrado, envolva-me em sua luz absolutamente perfeita.
Unja-me em sua pureza sagrada, paz, e percepção divina.
Abençoe-me totalmente, enquanto eu compartilho essa vida sagrada.
Ensine-me, Espírito Sagrado, a ficar sintonizada com o universo.
Ensine-me a curar com os elementos internos e externos do ar, fogo, água e terra.

6. Prece à Cura Sagrada

Chacoalhe sinos, toque um tambor ou outro instrumento no início e no fim dessa prece.

Benevolente Sekhmet, ajude-me a ficar alinhada com você, a fonte de toda a cura espiritual. Ajude-me a ter uma mente bela e capaz de se abrir para o Espírito de todas as maneiras. Fortaleça-me, renove-me, batize-me no Espírito para eu me libertar dos grilhões mundanos. Conceda-me a cura espiritual necessária.

À medida que harmonizo o meu espírito sagrado, peço que me permita ser um instrumento, uma ferramenta de cura às almas que estejam em busca da união espiritual com o Divino.

7. Cantando Hesi

Cante esse *hesi* quatro vezes:

Nuk Pu Ntrt Hmt — Eu sou uma mulher sagrada.

8. Respirações de Fogo

Comece inspirando e expirando lentamente quatro vezes. Quando estiver totalmente à vontade, comece a fazer as setecentas respirações.

Inspire profundamente bombeando pelas narinas (com a boca fechada), expandindo a respiração até o abdômen, então até o peito, e solte todo o ar dos pulmões enquanto o abdômen se contrai. Repita tudo rapidamente.

Cada respiração de fogo profunda representa a abertura das mil pétalas de lótus de iluminação e radiância que levam a Nefertum — a estação do lótus afrakano da divindade.

9. Portal 5: Meditação da Cura Sagrada

A cada sete dias aumente a duração da meditação. Quanto mais tempo você medita, mais profunda será sua paz interior e mais sólido será seu *ka* (espírito). Quanto mais limpo estiver seu templo corporal, mais cedo você conseguirá atingir sempre um estado de paz e equilíbrio interno quando medita.

- Sente-se em silêncio e relaxe profundamente;
- Segure a hematita e respire no fogo curativo da guardiã sagrada Sekhmet. Visualize a chama lilás enquanto respira pela entrada do seu corpo, os pés;
- Continue respirando até sua coroa contando até quatro e purgando as impurezas alojadas no templo corporal;
- Agora expire para aliviar seu templo corporal. Enquanto refresca o corpo, sopre o som de Shu, o guardião do Ar (a atmosfera), pela boca ou pelo nariz e conte até sete.
- Repita sete vezes.

Visualização Cromática. Visualize a cor vermelha para vitalidade, saúde e poder, mas evite ou limite o uso do vermelho se for sensível demais. Enquanto medita, use tons vibrantes de vermelho ou lilás e coloque um tecido correspondente em seu altar.

Meditação com Pedra Sagrada. Enquanto medita, mantenha a palma da mão com a pedra de cura, a hematita, sobre o ventre.

É possível fazer a cura vibracional se enfeitando com um colar de pedras e contas em um cinto ou na cintura. Você também pode colocá-las sob o travesseiro e nos quatro cantos da sua cama, assim como na água do banho ou na água potável para acelerar a cura do seu organismo. E deixar a pedra na argila para compressas ajuda a limpar suas energias, o que promove o rejuvenescimento.

10. Tônico de Ervas

Tome chá de gengibre. Parte usada: raiz fresca. O gengibre ajuda a acelerar o espírito da cura em uma mulher, de modo que ela consiga se purgar e curar os outros. Tome o chá de gengibre por sete dias para colher plenamente os benefícios de estar no Portal 6. Desfrute seu chá em sua caneca favorita durante ou após escrever no diário.

Preparação. Use 1 sachê de chá para 1 xícara de água. Ferva a água em um caneco de vidro, argila ou aço inoxidável, apague o fogo, coloque o sachê de chá e deixe em infusão. Tome antes ou depois do seu banho matinal ou ducha sagrada. Tome com alegria e paz enquanto respira entre um gole e outro e entra em um estado de contemplação e reflexão.

11. Essências Florais

Para aprofundar sua experiência no portal 6, escolha alguma das seguintes essências florais. Coloque 4 gotas sobre a língua ou adicione-as em um copinho com água purificada e tome. Repita o processo quatro vezes por dia. Para instruções sobre a escolha de essências florais, ver página 265.

- *Self-heal* (autocura): ajuda a acessar as verdadeiras capacidades de cura; dá coragem para assumir a responsabilidade durante esse processo, estimulando a crença de que a cura é possível;
- *Love lies bleeding* (crista-de-galo): permite entender sentimentos profundos de sofrimento;
- *Shasta daisy* (crisântemo branco): dá capacidade para pensar holisticamente e integrar diversas abordagens terapêuticas;
- *Pink yarrow* (malva rosa): ajuda a eliminar a sensibilidade excessiva ao processo de cura ou reações adversas ao processo terapêutico;
- *Black-eyed Susan* (margarida amarela): combate qualquer forma de negação durante o processo de cura.

12. Dieta

Siga as práticas de transição alimentar para os Portais 4-6.

13. Escrita sobre a Cura Sagrada no Diário

É melhor fazer isso após a limpeza interna (enema) e/ou meditação. Quando está desintoxicada e centrada, você pode ter a graça de receber mensagens espirituais do Altíssimo. Quando se está no Espírito, mensagens vão passando pela sua mente, coração e mão até o papel.

Escreva com o máximo de inspiração espiritual após o trabalho no altar, entre 4h-6h da manhã. Mantenha seu diário e uma caneta perto ou sobre o altar para trabalhar com o poder, força e calma na chegada da aurora, o horário de Nebt-Het.

Afirme sua vida cotidiana nesse horário e escreva no diário os pensamentos, atividades, experiências e interações que venham à sua mente. Você também pode anotar suas esperanças, visões, desejos e afirmações, para refrescar a memória quando precisar de apoio e ajuda.

Consulte Sesheta. Se não conseguir contactar sua voz interna durante o trabalho em seu diário, chame Sesheta, a guardiã interna que revela segredos, para ajudá-la e para falar através de você.

14. Xale ou Colcha da Liberdade de Senab

Escolha um novo pedaço de tecido que corresponda à cor do portal (indicada no "exercício 9" das suas práticas espirituais diárias ou no trabalho no altar sagrado) para adicionar ao seu xale ou colcha da liberdade de Senab. Esse tecido será como uma tela que representa sua experiência no portal em que está trabalhando.

Arranje também símbolos significativos para aplicar no xale ou colcha como um *patchwork*. Você pode adicionar pedras, outros objetos naturais, itens de coleção, relíquias da família, fotos estampadas em tecido e outros itens significativos que representem a essência de sua experiência. Dê asas à imaginação e deixe seu espírito habilidoso contar sua história. Para mais informações sobre o xale ou colcha da liberdade de Senab, ver páginas 147.

15. Ferramentas Sagradas

Pêndulo de cristal, tabelas sobre o uso de pêndulos e oráculos como o Oráculo Metu Neter, as Cartas de Preces da Mulher Sagrada, as Cartas do Anjo Negro e o Tarô da Mãe Paz, ou Tarô da deusa que cura.

16. Lembrete Sagrado

Ao longo da semana, observe atentamente a sabedoria apresentada no portal em que você está. Para obter o máximo de resultados, viva em liberdade e em harmonia com os vários sistemas de bem-estar apresentados, e pratique o trabalho transformador de sete dias no final do portal.

Palavras Sagradas de Encerramento

Mãe/Pai Divinos, ajudem-me a curar minha vida sagrada.

MULHER SAGRADA, CURE-SE

O Credo da Mulher Sagrada

Como mulher, não sou indefesa.
Sou muito poderosa
e posso determinar o destino
do meu corpo.
Eu posso me curar, pois esse
é meu direito inato.
Meu direito divino é curar a mim e a minha família.

Reative sua capacidade natural para se curar de toda a aflição, pois doença nenhuma é maior do que você e sua divindade. Trabalhando em sua autocura diariamente, use este capítulo para desenvolver o seu melhor "eu". Quanto mais você se empenha mais entende que precisa se reconstruir para sentir a verdadeira Divindade. Saiba que todos os tipos de desequilíbrio, desordem e tumulto podem ser erradicados à medida que nos purificamos e honramos nossos templos corporais, mentais e espirituais.

Mulheres Sagradas, Apresentem-se!

Essas mulheres de grande sabedoria eram respeitadas por seu povo, pois enxergavam além do óbvio, previam o futuro, resolviam conflitos, achavam pertences perdidos e curavam os doentes.

Desde os antigos tempos camíticos e até hoje, há mulheres sábias, herboristas e sacerdotisas em todo o continente afrakano.

Apesar de tudo o que vêm suportando há milhares de anos, as mulheres afrakanas ainda se erguem. Vocês, mulheres sábias e capazes de todas as coisas, ainda se erguem para ir em frente e curar a nação.

Canalização do Altíssimo para as Mulheres Sagradas

Todos os que estão sintonizados ouviram o sino tocar anunciando a mudança de poder. Chegou a hora dos justos liderarem. Os puros no coração e no templo corporal estão aflorando. Você é uma dessas pessoas. O Altíssimo me disse enquanto eu recebia seu espírito:

Eu estou reunindo os meus fiéis obedientes, treinando-os espiritualmente e enviando-os para curar os doentes e a Terra.

Apresentem-se, paladinas da liberdade e que têm a cura divina. Apresentem-se, Harriet Tubmans e Sojourner Truths. Apresentem-se, Asatawas, rainhas guerreiras. Apresentem-se também, rainha Nzinga e rainha Hatshepsut. Apresentem-se mulheres sábias, que curam, mulheres antigas, mulheres sagradas e mulheres santificadas. Mãe Ast e a Virgem Maria, apresentem-se com os modos originais, o poder e o conhecimento espiritual dos nossos primórdios gloriosos. Apresentem-se, fiquem firmes e curem nossa raça núbia preta.

Demônios e anjos caídos foram derrotados. O caminho está livre. Os portais agora estão abertos, pois seus *Aritus* se abriram devido à pureza em seus templos corporais.

O feitiço se quebrou. Você estão livres para curar a Terra varrendo todos os mares. Eu, o

Altíssimo, ponho o poder em suas mãos para que curem nosso povo e libertem a Terra. Não hesitem nem demorem. Eu estou guiando-as, então, mantenham a fé.

Os homens se sintonizam com vocês por meio do ventre. Lembrem-se também de que a Antiga Cura está vindo por meio de vocês. Sejam sábias, humildes, fortes e corajosas, como meus instrumentos de cura.

Mulheres antigas, mulheres sagradas que curam, mulheres santificadas, mulheres sábias, lembrem-se dos modos antigos do Grande Espírito Materno. Ouçam meu chamado apontando a ordem divina e os modos antigos da minha sagrada medicina da terra. Apresentem-se e despertem seu "eu" natural.

Lembrem-se das mulheres que curavam de milhares de anos atrás, as mulheres sagradas e divinas originais. Essas antepassadas estão voltando através de vocês, munidas da minha iniciativa e conhecimento para curar todos os males. Eu sou o Grande Espírito Materno e lhes digo que suas ferramentas são a lama, as águas, todos os alimentos naturais integrais e as ervas sagradas que crescem no meu rico solo.

Filhas da Luz, mulheres sagradas, puras e divinas, reúnam-se já. A hora está chegando, então fiquem ligadas. Vocês me encontrarão sempre. Façam o que eu digo, pois "eu sou a mente suprema". Com a minha orientação, vocês hão de curar todos na Terra.

Obrigada, doutora Alvenia Fulton e Dick Gregory, fontes originais de inspiração para o jejum e a vida natural. Obrigada, doutora Fulton, minha anciã e mentora, por me lembrar de preparar sopa quando desconhecidos aparecem.

Afirmação da Mulher Sagrada

Após me balançar da direita para a esquerda para afrouxar meu vestido, eu me agacho e giro os quadris nas quatro direções sagradas, a fim de trazer equilíbrio para esta Terra inacreditável. Eu unjo e abençoo minha feminilidade com olíbano e mirra, e louvo meu poder de ver o invisível e ouvir o não dito.

Ouçam-me agora! Estou naturalmente tomada pelo espírito, pois não vou a lugar algum sem minhas ervas. Acredito na transformação total enquanto avanço em minha meditação ativa. Onde quer que eu esteja em minha vida, eu entoo: "Ankh *kéfera*, pela vida, pela transformação". Por meio da coroa na minha cabeça, do meu coração e das palmas das minhas mãos, eu infundo a cura absoluta em todos com quem encontro.

Esposa que Cura / Mãe que Cura

Em uma reunião espiritual núbia conheci um homem chamado Kali. Ele relatou que teve uma doença que causava muitas dores e o deixou acamado. Sua esposa, Zebilah, o curou aplicando-lhe argila nas costas. Após três aplicações, a dor desapareceu e os movimentos de seu corpo voltaram ao normal.

Perguntei a ele: "Você está ciente de que sua esposa é uma antiga mulher que cura?". E ele respondeu: "Sei disso" - respondeu - "não fosse por Zebilah, meus antigos inimigos teriam me destruído". Foi como tomei conhecimento de que Zebilah havia passado muitos dias curando seu companheiro com paciência e carinho.

Historicamente, sabemos que os curadores de maior renome são homens — desde Imhotep ao cirurgião afro-americano Ben Carson —, por outro lado, a saúde da família sempre esteve incumbida à mulher. É em casa que ocorre a cura no dia a dia. Se estiver em seu estado natural, a mulher evita enfermidades pela graça do(a) Criador(a). A cura natural por meio de cada refeição saudável dispensa a busca por tratamentos externos, pois a família segue o fluxo das leis naturais divinas.

Afirmação: Harmonia Interna e Externa

Como uma mulher sagrada, sou a que originalmente cura. Eu invoco meus irmãos e irmãs — o ar, o fogo, a água e a terra — para curar fisicamente, mentalmente e espiritualmente, pois sou a própria descendente da Mãe Natureza!

Mulheres Sagradas Estão se Saindo Bem

Mulheres, mexam aquele caldeirão e deixem o espírito atuar por meio de vocês. Curem suas mães, pais, filhos, amigos, colegas de trabalho e até desconhecidos que o Divino colocar em seu caminho, pois esse poder está em suas mãos. Todas as mulheres podem curar, então façam seu trabalho.

Mulheres Sagradas têm um poder insuperável e, quando ele é despertado, pode ressuscitar até os mortos, curam com ervas, lama, alimentos, ar, água e espírito. O surgimento de leis regulatórias que proíbam as mulheres de se valerem de seu dom inato de cura é um crime que será julgado com o devido rigor no plano superior (após a morte).

Jamais tentem reprimir uma mulher que cura, caso contrário, estejam preparados para a desarmonia que se abaterá sobre vocês, podendo se transpor, inclusive, em forma de doenças.

O trabalho da cura é uma incumbência dada pelo(a) Criador(a), que rege os céus e a terra. Portanto, quem tenta impedir a salvação humana atrairá a fúria da Avó Terra, que poderá causar até erupções vulcânicas ou furacões. Portanto, não se meta no caminho de uma mulher que cura.

Mulher sagrada, quando você se assumir a cura e se curar, saiba que tem poder e autoridade para também energizar tudo em sua vida. Quando terminar esse processo de iniciação, comece a ativar seu verdadeiro eu da cura. Sim, você é um mulher que cura! Sua vida será glorificada e você saberá o quanto é divina!

Meditação de uma Mulher Sagrada Desconhecida

Eu lhe agradeço pela estação das chuvas, pelos ventos suaves e nuvens misericordiosas, pelo calor e o frio, que seu amor adaptou para dar conforto aos humanos e satisfazer as necessidades da natureza. E por apontar um tempo em que a beleza e produtividade de sua criação irão aumentar. Não deixe nada atrapalhar a harmonia do todo, mas deixe os humanos e a natureza trabalharem juntos para restaurar a perfeição do seu reinado na Terra.

Agora eu falo de paz e harmonia para os elementos, para que toda a natureza possa recebê-las diretamente de suas mãos e cumprir seu propósito de beleza e produtividade, em nome e pelo poder do Altíssimo que disse às ondas e ventos: "Paz. Fiquem tranquilos", e prontamente foi obedecido. Eu falo para todos os seus filhos: "Deixem a harmonia e a paz reinarem supremas em vocês, assim como nos elementos".

Há mais de treze anos eu guardo essa meditação cujas palavras estão ungidas em meu coração. Mulher Sagrada desconhecida, seja você quem for e onde quer que esteja, que a paz reine suprema em você, pois suas palavras inspiradas são uma bênção para mim e todos que as leem. Que sua vida seja doce e repleta de bênçãos.

ACESSANDO O ESPÍRITO DA CURA POR MEIO DA RESPIRAÇÃO

Agora iremos explorar várias abordagens para curar a si mesmo e ao próximo. Vamos começar pela respiração, a fonte do Espírito em nossos templos corporais. Depois passaremos para a cura com as mãos, com a água, com as pedras sagradas e com a respiração por meio da inspiração.

Anciões e pessoas sábias sabem que é necessário abrir uma brecha na agenda para se sentar, serenar, fechar os olhos e embarcar na meditação. Faça como os sábios: abra-se na prece e deixe a mente e o corpo relaxarem totalmente. Após dez a quinze minutos de tranquilidade e pacificação, faça as perguntas que deseja e ouça as respostas com seu ouvido interno.

Se não conseguir acessar as respostas imediatamente, tente essas técnicas:
- Tome ½ litro de água quente com o suco de 1 limão;
- Faça de uma a trezentas respirações de fogo e/ou 25 inspirações e expirações profundas para relaxar o corpo;
- Agora sintonize-se com o espírito novamente e se abra para receber orientação.

Nossos anciões sabiam da importância de fazer o trabalho interno. Enquanto estavam nas cadeiras de balanço, eles pensavam nas questões difíceis na vida e ouviam respostas saídas de suas profundezas. Você pode ter certeza de que eles recebiam facilmente as respostas enquanto se balançavam.

Nossos avós e avôs sabiam ouvir e receber o Espírito. Minha avó acreditava tanto no que ouvia que me dizia: "Não se preocupe nem tenha medo, menina. Basta ouvir. Você consegue?". Eles eram tão sintonizados com o Espírito que podiam nos guiar em todos os nossos passos e nos apoiar.

Obrigada, anciões amados, por nos mostrarem a maneira natural de ficar em sintonia com o Espírito Sagrado.

A Respiração e o Espírito são Unos

Para fazer seu trabalho interno e ganhar grande vitalidade, a respiração é essencial, pois o(a) Criador(a) e a respiração são unos. Caso tenha problemas e bloqueios respiratórios, isso indica problemas e bloqueios espirituais. Basta melhorar a respiração para curar o espírito. Ao aumentar sua capacidade respiratória, sua qualidade de vida melhora.

Respiração é vida; quando ela para, vem a morte. Em todas as suas atividades preste atenção na respiração. Seus alimentos devem respirar e ser de alta qualidade — grãos integrais orgânicos vivos, frutas e legumes crus, sucos frescos e ervas repletos de enzimas vivas. Alimentos cozidos, *fast-foods* e carnes não respiram e deixam o templo corporal inerte.

Em todos os relacionamentos também deve haver espaço para respirar, assim como luz, ar e espaço suficientes para a verdadeira comunicação. Afinal, ligações tóxicas podem levar à morte prematura dos envolvidos. Sua casa também deve ser limpa e pura, com o oxigênio fluindo por tudo para apoiar sua força vital.

Inspire e expire profundamente quando estiver fazendo suas coisas e em todas as circunstâncias, e você ficará cheia de vida. A respiração deve fluir facilmente entre a inspiração e a expiração. Sua respiração é crucial. Quanto mais consciente estiver da sua respiração, mais sente a presença do(a) Criador(a). Então, antes, durante e após a meditação e a prece, continue respirando profunda e calmamente.

Se notar que sua respiração fica rasa e irregular na presença de certas pessoas, isso pode denotar a falta de comunicação entre vocês ou a negatividade delas ou sua. É melhor cortar a ligação com elas até ficar com um estilo de vida que propicie o fluxo livre de oxigênio para seu espírito apesar da negatividade no entorno. Assim que sua respiração/vida se fortalecerem, você conseguirá equilibrar suas interações com todas as pessoas.

Um tônico de ervas para os pulmões: para limpar e fortalecer os pulmões, ferva 3 xícaras de água, apague o fogo, então adicione 1 colher de chá de folhas de verbasco, 1 colher de chá de folhas de eucalipto e 1 colher de chá de sumo de gengibre ou raiz de gengibre ralada. Tome esse chá puro ou adoce-o com a água de tâmaras ou passas que ficaram de molho.

Duas Meditações Diárias: Usando a Respiração para se Renovar

Quando sua vida está cheia de desafios, confusão e sofrimento, é hora de fazer uma meditação para se livrar das toxinas espirituais, mentais e emocionais. Para se esvaziar, faça essas meditações por sete a 21 alvoradas e poentes. Elas também funcionam como uma prevenção contra toxinas espirituais e oferecem paz, sobretudo quando você precisa muito se centrar.

Meditação para Esvaziamento

- Antes de começar, tome ½ litro de água pura e defume seu espaço sagrado com sálvia ou jasmim para limpar a atmosfera;
- Inspire lentamente em contagem regressiva indo de dez até chegar a zero. Enquanto mantém a respiração recobrando a contagem até dez, ore para que qualquer circunstância ou indivíduo do qual queira se afastar apareça no olho da sua mente. Expire e, em contagem regressiva, vá de dez a zero. Expulse do seu templo sagrado quaisquer pessoas, pensamentos ou ações prejudiciais. Ao chegar perto do zero, você estará expelindo as situações tóxicas que a impedem de receber suas bênçãos;
- Para intensificar essa meditação, segure um cristal de quartzo transparente para obter clareza ou deite-se e coloque um cristal sobre o sexto *arit* (chacra) na testa entre os olhos. Agora deixe a mente e o corpo flutuarem. Para ancorar seu esvaziamento, imagine-se sendo batizada no mar, ou respirando o ar rarefeito de uma montanha, ou sentada sobre a relva com o sol despejando energia e luz em seu corpo;
- Após finalizar, tome 236 ml ou mais de água pura e agradeça.

Essa meditação para esvaziamento a manterá atemporal. Para ficar mais energizada cosmicamente, repita-a meditação por três ou quatro dias após a entrada da lua nova. É também recomendável jejuar por duas a quatro horas na lua nova.

Meditação para Abastecimento

- Abasteça seu templo corporal com amor, luz e paz enquanto inspira e expira lenta e profundamente contando de zero a dez;
- Em cada inspiração e expiração, sinta a energia positiva aumentando em você. Veja-se ficando mais forte e potente. Cada sopro de vida a encherá de amor, paz, alegria e abundância;
- Em cada respiração, afirme que seu estado, circunstâncias, sentimentos e relacionamentos estão sendo curados.

Faça as meditações de esvaziamento e abastecimento diariamente e sempre que tiver vontade. Para intensificar seu efeito:

- Segure cristais de quartzo transparentes nas palmas das mãos durante essas meditações;
- Ao longo do dia, agradeça e louve sua purificação e rejuvenescimento;
- Tome 118 a 354 ml de clorofila — boas opções são a mistura de água ou suco com spirulina ou clorofila, ou chá de alfafa e dente-de-leão, ou *Heal Thyself Green Life Formula I*, ou um suco fresco de brócolis, couve e salsa;
- Unja seus sete centros energéticos (*aritu*) com óleos essenciais.

ESSAS SÃO MÃOS QUE CURAM

O(a) Criador(a) transmite amor através de nossas mãos para a cura espiritual, se estivermos dispostas a veicular sua glória e graça.

Quantas pessoas você já curou com as mãos sem sequer perceber? Toda vez que serviu uma xícara de chá de ervas a uma amiga angustiada ou afagou a cabeça da sua filha quando ela estava triste, ou abriu a porta e disse para a pessoa entrar, você ofereceu cura, encorajamento e paz com as mãos.

Honre todo o amor que tem dado por todos esses anos através das suas mãos. Agora dê um abraço forte em si mesma. Receba o amor e o carinho de que precisa através das suas mãos curativas. Em seguida, estenda esse amor aos outros, pois suas mãos são uma dádiva do Excelso.

Como uma mulher sagrada, tudo e todos que você toca ficam energizados. Quando você coloca um bebê no berço, ele sente bem-estar e dorme profundamente. Quando você esfrega os pés de um ancião, ele passa a andar sentindo menos dor. Quando você serve uma tigela de sopa para uma amiga, ela seca as lágrimas e recobra a força para enfrentar a vida. Quando você segura a vassoura de canela e varre a casa, bênçãos começam a fluir. Quando você serve comidas naturais repletas de amor à sua família, há uma cura profunda — porque suas mãos foram abençoadas e purificadas pelo(a) Criador(a).

A superposição de mãos a deixa aberta para infundir o Espírito Superior nas almas. Com a superposição do coração, da compaixão e das palavras curativas, o som e o tom da sua voz criam bem-estar para aqueles que precisam.

Prece para a Superposição de Mãos

Abra as palmas das mãos para cima e invoque o Senhor, NTR, Mãe/Pai, Jeová, Alá, Olodumarê, Krishna — o(a) Criador(a) é uno.

> Divino(a) Criador(a) que vive e respira em mim, eu me esvazio de toda a negatividade. Eu abro minha mente, minha alma, meu coração e minhas mãos para você. Por favor, preencha minhas mãos com seu poder e luz divinos. Guie minhas mãos para que eu possa seguir cumprindo sua vontade e sendo seu instrumento de cura e paz. Faça comigo o que quiser. Com as mãos abençoadas e puras, Criador(a), eu lhe agradeço e louvo.

A superposição de mãos, que foi a primeira forma de trabalho energético, está claramente representada nas paredes dos templos no Kemet. Ast e Nebt-Het são mostradas ressuscitando o rei Asar no que parece ser uma antiga mesa de massagem. Com as mãos em posição de prece (*kes*), Ast está enviando energia curativa através dos pés de Asar. Ao lado da cabeça (coroa) de Asar, Nebt-Het está lhe enviando a força curativa do sopro vital com a pena de Maat.

Essas mãos são mãos que curam

SUPERPOSIÇÃO DE MÃOS

Trabalho Energético com as Mãos

1. Defume sua área de trabalho;
2. Tome 236 ml de água pura;
3. Faça uma lavagem espiritual em você e na pessoa que receberá a superposição de mãos. Com água de hissopo em uma tigelinha, lave suavemente o rosto, a garganta, os braços, as mãos, as pernas e os pés;
4. Unja seus chacras e os da outra pessoa com óleo essencial de olíbano e mirra ou de lótus;

- Lave bem as mãos com sabão preto afrakano ou sabão de argila (disponível em lojas de produtos naturais) e com água pura ou com hissopo, que você prepara como um chá de erva;
- Invoque a presença do Divino interno, fonte de toda a cura, para o bem da pessoa que receberá a superposição de mãos. (Jamais faça esse trabalho energético sem a permissão das pessoas.);
- Para proteger seu campo energético antes de iniciar o trabalho, sempre visualize-se totalmente cercada por luz branca ou dourada;
- Agora respire profundamente sete vezes. Inspire luz e energia curativa, e expire todos os bloqueios, confusão ou dúvidas que interfiram no fluxo;
- Peça a Rá para iluminar seu trabalho. Invoque Ast e Nebt-Het para lhe passarem as habilidades na superposição de mãos que elas usaram para ressuscitar o rei Asar, assim garantindo a continuidade da raça núbia;
- Continue respirando, mas agora foque nos *arítu* (chacras) nas palmas das suas mãos. Esfregue as mãos vigorosamente, enquanto o sopro curativo de Nebt-Het injeta vida em suas mãos;
- Para testar a presença da energia curativa, vire as palmas das mãos de frente uma para outra a uma distância de 15 centímetros e tente juntá-las suave e

lentamente. Você deve sentir um pouco de resistência, como se estivesse segurando uma bola invisível. Caso não sinta a energia, centre-se novamente e repita a respiração;

- Antes de começar a trabalhar em si mesma ou em outra pessoa, ofereça uma prece ao Divino usando suas palavras ou talvez este exemplo:

> Divina Sekhmet, permita-me ser um instrumento de suas energias curativas. Eu estou aberta para que sua cura sagrada possa fluir através de mim para aliviar a dor e sofrimento de _____ [pessoa recebendo o trabalho curativo com as mãos]. Que esse trabalho possa ajudar a reativar as capacidades dele(a) para se curar. Tua NTR (Agradecimento à Divindade).

- O primeiro passo para trabalhar em alguém é fazer uma varredura corporal. Use os chacras nas palmas das mãos como os "olhos" para ler o campo energético da pessoa. Peça para ela se deitar e respirar calmamente enquanto você faz os preparativos para iniciar o trabalho.

Mantenha as palmas das mãos a cerca de 7,6 centímetros ou mais acima do corpo da pessoa e comece pelos pés ou a cabeça, ou outra área que achar mais adequada. Movimente lentamente as mãos ao longo do corpo da pessoa para sentir a energia dela.

Pare sempre que encontrar um ponto frio, quente ou vazio indicando um bloqueio energético intenso.

Memorize esses desequilíbrios e continue a varredura até examinar o corpo inteiro da pessoa.

- Quando acabar a varredura, fale com a pessoa sobre as áreas que estão com problemas ou volte a esses pontos e trabalhe neles por alguns minutos;
- Aplique o calor das suas mãos na área bloqueada. Algumas pessoas gostam de movimentar a energia em sentido horário com as mãos sobre aquele ponto, depois puxar para cima, empurrar ou retirar a dor e a energia negativa, devolvendo-as para Nut, a Mãe Celestial, ou para Ta-Urt, a terra, para serem purificadas. Toda vez que fizer isso, sacuda as mãos vigorosamente várias vezes para se livrar dessa energia pesada.

Quando sentir que a pessoa está aliviada e ouvi-la suspirar ou respirar fundo, é sinal de que seu trabalho naquele ponto terminou. Você sentirá que o equilíbrio energético foi restaurado ou que por ora o trabalho é suficiente;

Não ative demais qualquer ponto; retorne a ele posteriormente, se necessário. Lembre-se de que o trabalho energético é poderoso e não se deve exaurir a outra pessoa;

Repita esse processo nas áreas mais problemáticas que você encontrou na varredura. Trabalhe no máximo entre 45 minutos e uma hora. Não ultrapasse esse tempo.;

- Se imagens vierem à sua mente ou se a outra pessoa lhe disser que está visualizando alguma cena, conversem sobre isso. Talvez um trauma reprimido nesta vida ou em outra encarnação esteja aflorando para ser curado. O corpo se lembra de tudo o que sofreu em todas as encarnações. Mas quando a lembrança se torna consciente, o sofrimento pode ser curado junto com todas as dificuldades que causou;

Por exemplo, uma pessoa pode ter sofrido anos a fio com um ombro tenso e dolorido, mas se descobrir que em uma vida passada alguém atingiu seu ombro com uma espada e essa ferida a matou, essa lembrança pode acabar de uma vez por todas com a dor na vida atual;

- Quando a sessão estiver terminando, invoque o Divino para injetar nessa pessoa um senso de Maat, harmonia, *hotep* e Nefertum (iluminação). Diga isso em voz alta. E faça uma varredura final, envolvendo a pessoa na luz branca da proteção e informando-a sobre isso;

- Deixe a pessoa deitada tranquilamente por um ou dois minutos, então diga para ela se levantar lentamente e se sentar em uma cadeira para tomar água com o suco de meio limão que você já preparou ou então clorofila e/ou um suco de verduras frescas;

- Diga à pessoa que o trabalho energético basicamente acelera as capacidades corporais de autocura. É possível que ela se sinta mal nos próximos dois ou três dias, o que é semelhante à crise sentida quando alguém reeduca a alimentação, mas logo ela começará a se sentir altamente energizada e renovada;

- Sugira à pessoa para tomar banhos curativos e chás de ervas, comer coisas leves e se abster de carne nos próximos dias para intensificar o efeito do trabalho energético;

- Enquanto a pessoa está tomando a água com limão, sacuda novamente suas mãos e lave-as vigorosamente com água com sal, e/ou enxague-as com água de hissopo;

- Tome no mínimo 236 ml de água pura com o suco de ½ limão ou 1 copo de suco de verduras frescas. Isso restaura o equilíbrio dos eletrólitos em seu organismo, os quais podem se exaurir quando você faz qualquer trabalho energético;

- Verifique se seu campo energético está bem. Se tiver tempo, tome um banho com sal de Epsom e algumas gotas de óleo essencial de olíbano e mirra. E agradeça à fonte de toda cura pela ajuda e orientação que você recebeu.

CANALIZAÇÃO COM OS PORTAIS

Todos nós temos a capacidade de receber o Divino. Por meio da canalização consciente, nós nos tornamos receptáculos para os guardiões espirituais. Se tivermos purificado o corpo, a mente e o espírito adequadamente e nossas intenções forem boas, o pedido de orientação é atendido. E os guardiões espirituais nos passam informações, orientação e cura da esfera celestial para a esfera terrestre.

Se você estiver bloqueada e precisando de respostas, abra um canal para o portal apropriado e a luz chegará. Antes de começar, faça a prece a seguir:

Prece para Obter Orientação Divina, Proteção e Purificação

Mut (Mãe) e Atef (Pai) Divino internos, por favor, abram-me o caminho para o recebimento da cura. Eu oro para descobrir os segredos do meu coração. Oh, Mut Ammit, poupe-me do seu torno que esmaga os corações dos injustos. Oro para que guie todos os meus movimentos, para que me proteja e me purifique o coração e a respiração enquanto eu busco a sabedoria de Tehuti. Oro para que Maat me honre com suas asas da verdade e para que eu possa morar no coração de lótus de Nefertum por toda a eternidade.

Trabalho de Preparação e Proteção para Canalização

- Purifique o espaço defumando-os com olíbano e mirra ou sálvia;

- Defume os participantes na sessão de canalização;

- Purifique-se tomando líquidos amargos que eliminam pensamentos ruins gerados por espíritos malignos. Tome um copo de chá de alguma erva amarga (por exemplo, ¼ de colher de chá de hidraste para 236 a 472 ml de água; ou misture o suco de 1-2 limões-doces em 236 a 472 ml de água; ou ¼ de colher de chá de babosa em 236 a 472 ml de água quente). Evite hidraste durante a gravidez;

- Para tomar o banho do lótus de Nefertum, misture ¼ de litro de água filtrada ou de água da chuva, 3-4 gotas de óleo essencial de olíbano e mirra, 2 gotas de óleo essencial de lótus e 2 colheres de sopa de óleo essencial de hissopo;

- Tome um banho espiritual de Maat para limpeza, doçura e proteção. Enquanto ora, segure com as duas mãos uma cabaça ou tigela de vidro contendo a fórmula do banho do lótus de Nefertum. Você precisa de um banho forte para preocupações graves.

- Fique trinta minutos imersa em uma banheira com água e 1-2 xícaras de sal de Epsom ou sal do mar morto. Enxague-se e verta a fórmula do lótus de Nefertum sobre a cabeça e o corpo.

Para Canalizar

- Deite-se de costas ou sente-se em uma cadeira, feche os olhos e comece a chamar seu guardião. Todos os guardiões são aspectos divinos internos que você pode acessar sempre que precisar;
- Comece a respirar com o corpo todo, inspirando lentamente e contando até quatro e expirando contando até oito. Faça isso várias vezes até ficar totalmente relaxada e centrada;
- Agora entoe várias vezes o nome do guardião que rege sua questão até você se fundir com o espírito do portal;
- Visite o Sagrado Supremo em seu coração. Visualize-se diante do portal que simboliza a verdade que você busca;
- Abra o portal com sua mente e vá fundo. Agora você está diante do altar do seu *Ab* (coração), onde você busca orientação;
- Coloque seu pedido no altar. Respire, livre-se dos seus medos, preocupações e julgamentos, e ouça as respostas com seu ouvido interno. Basta relaxar para ouvir Maat (verdade). Se ainda não conseguir obter as respostas, repita a respiração até relaxar.

Caso ainda não consiga ouvir as respostas que busca, chame Sesheta, a guardiã dos segredos, para lhe revelar o que quer saber. Faça a conexão repetindo o nome dela ou falando mentalmente com ela. Diga: "Sesheta, orientação interna divina, por favor, me revele os segredos do meu coração para que eu possa me curar".

Instrução para Iniciadas Avançadas

Descubra qual é o portal apropriado para ajudá-la. Invoque o guardião do portal quando você estiver diante do altar do seu *Ab*. Por exemplo, chame Maat, caso precise descobrir a verdade. Ou chame Ast se tiver uma dúvida sobre relacionamento. Os guardiões do portal falarão através de sua mente ou sua boca e lhe darão as respostas.

Saindo do Canal

Após receber as respostas, está na hora de voltar dessa jornada interna pelo Sagrado Supremo.

- Comece a inspirar e expirar profundamente. Em cada respiração diga: "*Tua* NTR, *Tua* Maat", obrigada, Divino, pela verdade e equilíbrio. "*Tua* Tehuti", obrigada pela sabedoria divina;
- Agradeça ao guardião do portal que lhe deu orientação. Ou diga apenas: "*Tua* NTR", que abrange todos os aspectos internos do Divino;
- Agora que voltou ao mundo material, alongue o corpo com gratidão por ter concluído a jornada.

Mulher Sagrada, o nível e profundidade da sua canalização dependem de sua capacidade para entrar nesse estado de distanciamento divino sem medo de saber a verdade, pois a verdade a libertará. Somente por meio de Maat (verdade) você terá a *kéfera* (transformação) que gera Sekhmet (cura).

Para Desbloquear Seus Poderes de Cura

Quando você precisar acessar seu poder de cura, diga:

Oh, espírito afrakano de Iemanjá, traga minha *kéfera* [transformação].

Caso não consiga injetar a cura, purifique-se, medite e ore. Algo em você precisa de uma purgação profunda. Reflita se está com raiva ou depressão. Você está botando mau-olhado em alguém ou pensando em se vingar? Você anda abatida? Está bloqueando o bem para alguém? Está ingerindo comidas processadas ou mortas, tomando bebidas alcoólicas devido à depressão, tem o hábito de fumar e comer carne e se justifica dizendo, "foi assim que minha mãe me criou?". Você anda impaciente com as crianças, praguejando contra seu companheiro, comendo ou dormindo demais para compensar a sensação de vazio? Todas essas coisas bloqueiam a capacidade curativa.

Caso deseje mudar sua atitude, pensamentos e ações, repita a afirmação abaixo diariamente ou sempre que for necessário:

Eu destruí meus defeitos. Eu dei fim à minha iniquidade. Eu aniquilei minhas falhas. Eu sou pura. Eu sou poderosa.

Advertência! O mau-olhado é um inimigo vil e é uma questão de vida ou morte, pois sua força pode destruir e ameaçar sua vida ou a da sua família.

Quem Disse que Não Posso Me Curar Sozinha? Por Kwasausya Khepera

Eu fiquei atraída pela cura por causa de uma foto da minha mãe que ficou gravada em minha mente. Ela tinha 19 anos de idade, estava em um *playground* e parecia radiante. E eu não entendia por que ela, minhas tias e minha avó haviam perdido a saúde drasticamente. Em que ponto as doenças se instalaram? Quando a pressão arterial alta, a diabetes e a obesidade começaram? Eu tinha a saúde frágil quando era pequena e sabia que também poderia ficar doente, mas acreditava que levando uma vida natural poderia romper esse ciclo familiar.

Minha avó, Geraldine Burgess, morreu acometida de várias doenças. Embora tomasse laxantes regularmente, usasse sal vegetal e comesse saladas e cenouras cruas raladas, seus pés tinham feridas devido à diabetes — e talvez porque ela também gostava de bife, broa de milho e miúdos e estômago de porco. Às vezes, ela sentia tanta dor que precisava ficar internada no hospital.

Fiquei surpresa ao saber que minha bisavó Mackey era perita em ervas e curas naturais. Ela morreu pacificamente aos 90 anos de idade, sem nenhuma ruga no rosto. As pessoas diziam que ela havia morrido porque nunca procurara ajuda médica. Mas acho que ela foi tão longeva porque cuidava da própria saúde.

Assim como os médicos, as mulheres também têm suas sacolas de medicina e ferramentas de cura: ervas, clorofila, enemas, alimentos crus vivos e sucos de legumes e frutas feitos na hora.

Brotos vegetais contêm muitas proteínas facilmente assimiladas e, quando a pessoa ingere frutas e legumes crus, as enzimas, vitaminas e minerais ficam intactos e atuam como medicamentos em seu templo corporal. Além de consumir muitos alimentos crus, precisamos também garantir a provisão contínua de nutrientes, pois grande parte dos alimentos é cultivada em solos desvitalizados e fica sem nutrientes e minerais. Os fertilizantes químicos usados no solo são altamente tóxicos e prejudiciais à saúde humana.

Tomar banhos com ar, fogo, água e terra também é crucial, pois o corpo é composto por esses elementos. Exercícios físicos são importantes para queimar gordura e toxinas, muito embora tanta gente acredite no absurdo de que basta tomar comprimidos para queimar a gordura.

Com a crise no sistema de saúde e os custos médicos caríssimos, é essencial saber se curar. Alimentos vegetarianos crus ou cozidos por poucos minutos constituem a alimentação rápida mais segura e barata, pois são preparados em casa.

Assim como para um bom médico, é importante se manter bem informada e ciente de suas opções em termos de saúde. E é fundamental fazer nosso povo entender que envelhecer não significa necessariamente enfraquecer, adoecer e murchar. Na verdade, podemos aperfeiçoar continuamente a qualidade das nossas vidas.

CURANDO COM ÁGUA

Curar com água é um poderoso método de transformação, pois nos injeta o fluxo do espírito e a energia da terra, que tem dois terços de sua superfície cobertos de água. O hábito de fazer meditações e autocura no banho, piscinas, lagos, rios e no oceano restaura e purifica. Sessenta por cento do corpo humano é composto de água, e estar no fluxo renova uma pessoa por dentro e por fora.

O Banho Espiritual de Baba para Purificar, Libertar e Renovar o Templo Corporal

No verão de 1984, Baba Ishangi, que é sacerdote iorubá, historiador afrakano e vegetariano há mais de trinta anos, preparou uma fórmula de banho espiritual que me ajudou a abrir meu caminho, me livrar do medo e da negatividade, e trouxe muitas bênçãos para a minha vida.

Baba Ishangi e sua família têm renome mundial e foram até homenageados pela Organização das Nações Unidas por sua excelência no ensino e difusão da cultura e das danças afrakanas.

Seus ensinamentos no que toca ao banho espiritual foram os seguintes:

1. Prepare um quarto de litro de lavagem espiritual.
    – Use água da chuva ou água pura fria ou em temperatura ambiente;
    – Adoce a água com 1 colher de sopa de mel puro;
    – Canela é opcional;
    – Adicione um punhado de folhas de hissopo.
2. Cubra os espelhos no banheiro;
3. Queime olíbano e mirra para se purificar e adicione canela para adoçar sua situação;
4. Ajoelhe-se na banheira e esfregue uma esponja com sabão preto afrakano ou sabão de coco ou de argila. Lave-se com água quente ou em temperatura ambiente enquanto ora;
5. Cante canções espirituais adequadas para sua situação;
6. Agora verta uma tigela (ou cabaça) com a lavagem espiritual sobre a cabeça e deixe escorrer por todo o corpo;
7. Repita isso três a sete vezes até sua voz interna indicar que você terminou sua tarefa. Geralmente, eu faço três lavagens de cada vez e até sete se estiver com um bloqueio espiritual ou problema mais sério;
8. Baba disse que, após o banho, eu deveria aplicar argila branca pura ou em pó no corpo para representar o Espírito Sagrado dentro de mim e sobre mim. Então eu fui ao meu altar para orar e receber mais orientação espiritual.

Fui instruída a tomar o banho espiritual nas seguintes ocasiões:

- Na lua nova e no início de novos projetos, a fim de energizá-los;
- Na lua cheia, para estabilizar a energia e produzir uma ideia, um conceito ou uma situação;
- Antes de viajar, de casar; antes e durante o mês do aniversário (sobretudo na data comemorativa); antes, durante e após jejum de purificação; antes e após o nascimento de um bebê;
- Para se blindar contra as adversidades;
- Se houver qualquer bloqueio físico, espiritual, mental ou financeiro.

Sou abençoada por ter ajudado Baba Ishangi em inúmeros banhos espirituais dados no Heal Thyself Center nos meus anos iniciais como receptáculo de cura. Após conduzir os banhos, ele iniciava uma leitura espiritual objetiva sobre a pessoa. Baba ficava em jejum durante essas leituras que duravam de cinco a oito horas. Ele tomava apenas uma infusão de ervas com melado de cana. Baba se punha a orar e cantar canções espirituais, enquanto interpretava o passado, presente e futuro de alguém.

Eu jamais esquecerei meu primeiro banho espiritual. Foi uma purificação tão forte da alma que irá durar pelo resto da minha vida. Desde então, tomar banhos espirituais no mar ou em casa integra minha evolução no caminho da purificação, pois faz toda a diferença.

CURANDO COM PEDRAS SAGRADAS

Desde a antiguidade, as pessoas reverenciam as propriedades curativas dos ossos da Mãe Terra. Em seus lugares escuros e secretos, ela cria pedras com cores e beleza assombrosas, além de propriedades curativas. Basta segurá-las para sentir seu poder e energia internos. Basta escutar suas pulsações lentas para aprender com que partes do corpo e do espírito elas têm afinidade.

Nossos antepassados no Vale do Nilo usavam as seguintes pedras sagradas — preciosas e semipreciosas — para energizar, empoderar e purificar os sete *aritu* (centros energéticos). Além de lindas e atraentes para o olhar, elas também mantinham o bem-estar do templo corporal. Essas pedras usadas há milhares de anos ainda estão disponíveis como talismãs, colares, brincos e pingentes para nossa proteção espiritual; para rituais de cura; para o uso em massagens, limpeza da aura ou cura com água; e como ativadoras e calmantes.

O povo camítico trabalhava estreitamente com o sistema dos *aritu* — os centros energéticos sutis no corpo também conhecidos como chacras. Cada *arit* corresponde a uma pedra específica que nossos antepassados usavam como uma joia sagrada. Tais pedras ajudavam a abrir os sete centros energéticos.

Arit 1 — **Hematita** é um sesquióxido de ferro cujo tom varia de cinza a preto. Essa pedra estimula, desbloqueia e cura males relacionados ao primeiro *arit* — o centro energético que nos deixa centrados na terra e regula nossas energias básicas para a sobrevivência. A hematita é altamente eficaz quando colocada na base da espinha ou nas nádegas.

Arit 2 — **Âmbar** é uma resina de árvore que muitas vezes contém flores ou insetos fossilizados. Sua cor varia de laranja a marrom-escuro. O âmbar é ligado às energias eletromagnéticas do corpo etéreo. Essa pedra representa o segundo *arit*, o centro energético sacral que regula o sistema sexual e reprodutivo, e também estabiliza o baço, o coração e a base da espinha.

Arit 3 — **Cornalina** é uma pedra avermelhada opaca que ajuda a regular a ingestão, assimilação e filtragem de alimentos, e também a circulação. Ela dá capacidade de lidar e superar os desafios na vida. Essa pedra representa o terceiro *arit*, o plexo solar e centro energético que regula o sistema digestivo.

Arit 4 — **Jade** é uma pedra verde cujos tons podem ser claros ou escuros. Ela gera amor divino, pois ajuda a promover o altruísmo e o amor incondicional alinhando os planos sutis, além de equilibrar e acalmar a energia de quem a usa. Essa pedra representa o quarto *arit*, o centro energético que controla o coração, a sede do amor e da compaixão.

Arit 5 — **Turquesa** é uma pedra azul-esverdeada que dá sabedoria e boa sorte, absorve sentimentos e vibrações negativas e envia cura a quem a usa. Essa pedra representa o quinto *arit*, o centro energético que regula a garganta e promove a criatividade inteligente e a comunicação, de modo que as palavras sagradas do Altíssimo possam se expressar.

Arit 6 — **Lápis-lazúli** é uma pedra azul-escura que estimula o amor e a beleza, ajuda a iluminar a mente e dá senso de unidade a um casal. Essa pedra tem propriedades purificantes e curativas. Sua cor espiritual muito vibrante abre a capacidade para visualização interna, visões proféticas e clarividência. O lápis-lazúli representa o sexto *arit* que fica na testa entre os supercílios e funciona como o primeiro olho que ativa a mente espiritual superior.

***Arit 7* — Ametista** desfaz a raiva, a ira, o medo e a ansiedade, ajuda a eliminar o sofrimento e a harmonizar o templo corporal. A ametista purifica a natureza inferior para que a pessoa alcance a consciensiosidade superior de Asar. Essa pedra representa o sétimo *arit*, o centro energético que regula a coroa da cabeça e é o portal do conhecimento espiritual superior e a união com o Divino.

CURA INTUITIVA

Após a prática continuada dos procedimentos de cura em seu corpo e em sua vida — com dieta, exercícios, banhos, ervas, prece no altar, meditação e escrita no diário —, seus canais internos de comunicação com a fonte superior começaram a ser abertos e, provavelmente, sua intuição e um princípio premonitório afloraram. Isso significa que você está se abrindo para os dons da clarividência e profecia.

Isso só acontece após passar pelos portais anteriores, pois, caso contrário, você não teria clareza suficiente para receber respostas acuradas às suas perguntas. Ao fazer regularmente o trabalho de cura interna, você também desenvolveu um poderoso senso de responsabilidade e compaixão pelos outros.

É essencial usar esses dons para expressar respeito e gratidão pela fonte. O mundo é feito de luz e trevas, e o dever da mulher sagrada é manter em si mesma e em sua vida o equilíbrio entre essas forças opostas.

Nossos antepassados sabiam que os espíritos enfrentam desafios tremendos diariamente — desde a tentação e negatividade internas a ataques externos sutis dotados de sutileza e obviedade. É por isso que temos a presença e a proteção de Maat — a verdade, clareza e equilíbrio. O peso de nossos corações é comparado diariamente com o peso da pena de Maat, para ficarmos cientes de possíveis desequilíbrios e fazermos as mudanças internas necessárias.

Todos nós temos momentos de fraqueza e dúvida, mas podemos nos recuperar, pois temos o amor e a proteção de todos os guardiões espirituais que encontramos ao longo dos portais. Nós temos o amor e a proteção de Maat. E, acima de tudo, temos a proteção de NTR, a Fonte Superior de Amor, a qual podemos pedir ajuda e proteção.

É simples e difícil ao mesmo tempo. Mas a lei universal diz: "Para obter ajuda, é preciso solicitá-la". Nós devemos ser responsáveis por nós mesmas e saber a hora de pedir ajuda. Não há espaço para o ego na mulher sagrada. Nós devemos reconhecer e satisfazer nossas verdadeiras necessidades, como fazer uma purificação interna jejuando, meditando, orando, tomando um banho sagrado, escrevendo no diário ou ficando em meio à natureza. É preciso pedir ajuda e saber, no fundo do coração, que ela virá prontamente.

Consultando Oráculos de Eficácia Comprovada

Eu leio os símbolos da vida observando como a pena cai aos meus pés para avisar que preciso me equilibrar. Se uma pessoa asmática é minha cliente, isso é um lembrete para eu cuidar melhor dos meus pulmões. Por quase dez anos eu vivi como uma eremita, a fim de canalizar os trabalhos da Mulher Sagrada.

Eu lia cartas para criar meus filhos e para aprender a ver com meu primeiro olho. Agora é hora de mostrar as Cartas de Preces da Mulher Sagrada que desenvolvi, a fim de ajudá-la a trabalhar com os guardiões sagrados de cada portal. Essas cartas visam dar apoio espiritual às iniciadas e devotas da "Mulher Sagrada à luz da Verdade" (ver a lista de produtos no *site* www.queenafua.com)

Inspirada em nosso antigo legado camítico, Sen-Urt Kaitha Het-Heru, a sacerdotisa do Portal de Het-Hru, criou um baralho divino com cartas de oráculo para fazer a leitura espiritual e as divinações com clientes. Ela ressalta que, na antiguidade, as sacerdotisas nos templos eram minuciosamente treinadas para prestar esse serviço.

Antes de usar as Cartas de Divinação da Mulher Sagrada, purifique o baralho defumando-o com sálvia. E, para manter o alto nível vibratório dele, guarde-o embrulhado em um pano de seda.

Nem sempre é preciso fazer uma leitura complexa. Você pode escolher uma carta diariamente para meditação, orientação e trabalho no diário. Faça o seguinte:

- Embaralhe as cartas cinco vezes, então espalhe-as com a face para baixo em uma superfície lisa;
- Feche os olhos e deixe a mão direita sobre o baralho até sentir a energia que vem de uma carta;
- Abra os olhos, escolha essa carta e vire-a para ver que princípio sagrado aparece para guiá-la ao longo do dia. Você pode dialogar com ele em seu diário ou fazer perguntas.

A Sequência da Mulher Sagrada

Para fazer uma leitura para si mesma ou para outra pessoa, tente essa sequência:

- Embaralhe as cartas cinco vezes e segure-as sobre o coração enquanto faz mentalmente a pergunta mais premente no momento. Se estiver lendo para outra pessoa, diga a ela para segurar as cartas e fazer a pergunta;
- Corte o baralho em três montes em uma fila horizontal e com a face para baixo. Se estiver lendo para outra pessoa, diga a ela para fazer isso;
- Agora vire a carta no topo de cada monte. Você pode consultar o livro para entender a mensagem nas Cartas da Mulher Sagrada e ouvir as mensagens intuitivas que elas estão enviando. Se a leitura for para si mesma, seja compassiva como seria com outra pessoa;
- Se precisar entender melhor a resposta, vire outra carta em cada monte e coloque-a abaixo do monte. Se quiser mais informações sobre seu rumo ou sobre o que está acontecendo, vire outra carta em cada monte e coloque-as sobre eles.

Se fizer a leitura completa, você irá sacar nove cartas, uma para cada portal sagrado. Mas se as informações ficarem claras nas três cartas iniciais, não é preciso ir adiante.

Lembre-se de que as Cartas de Preces da Mulher Sagrada responderão à pergunta mais profunda do seu coração. Então, se a leitura não responder à pergunta que você fez originalmente, vá mais fundo em si mesma e nas imagens e veja se a resposta que recebeu era adequada para ajudá-la a evoluir.

Você também pode testar outros baralhos de divinação.

- Cartas Shoké: os Anjos Negros, de Earthlyn Marselean Manuel, lhe dão orientação celestial e rica em melanina diariamente. Puxe uma carta por dia para meditação, proteção e companhia agradável;
- Tarô da Mãe Paz, de Vicki Nobel e Jonathan Tenney;
- Cartas da Medicina, de Jamie Sams e David Carson. Os oráculos animais desse baralho são lindos e trazem cura diretamente da Mãe Terra, evocando a natureza através da ótica ancestral indígena.

Numerologia

Outro canal para acessar as esferas intuitivas dos sinais e presságios é a ciência dos números. A numerologia é uma antiga modalidade comumente atribuída ao matemático grego Pitágoras. Registros históricos confirmam que Pitágoras passou muitos anos estudando no antigo Egito antes de fundar sua escola e lançar a filosofia dos números.

A ciência da numerologia é explicada com brilhantismo em *Numbers and You*, de Lloyd Strayhorn. Esse livro desvenda o sentido dos números-chave em sua vida — seu nome, sua data de nascimento e as dos seus entes queridos, seu endereço e o número do seu telefone —, assim semeando harmonia e prosperidade.

Esse livro de Strayhorn, que é um campeão de vendas nos Estados Unidos, é repleto de informações úteis e instruções simples sobre o poder dos números.

O Pêndulo

Quanto mais purifica seu templo corporal, mais sensível às energias sutis você fica. Trabalhar com um pêndulo nos ensina a sentir e se sintonizar com os campos energéticos sutis ao nosso redor. Ele é uma ponte poderosa entre a mente consciente e inconsciente.

TABELA DOS GUARDIÕES ESPIRITUAIS PARA O PÊNDULO

- 0 — Nefertum (iluminação espiritual e visão de mundo)
- 1 — Nut (ventre)
- 2 — Tehuti (palavras)
- 3 — Ta-Urt (comida)
- 4 — Nebt-Het (espaço)
- 5 — Bes (movimento)
- 6 — Het-Hru (beleza)
- 7 — Sekhmet (cura)
- 8 — Maat (relacionamentos)
- 9 — Ast (união)

Antes de usar essa tabela, faça três respirações profundas e entre em um estado meditativo. Então pegue o pêndulo com a mão direita, mantenha-o sobre o meio da tabela e pergunte para qual guardião você deve pedir orientação e conselhos nesse momento. Com a mente vazia, aguarde calmamente até o pêndulo achar o caminho para o guardião apropriado. Faça então o trabalho no diário ou dialogue com o NTRU que veio encontrá-la.

O pêndulo converte sinais energéticos invisíveis em movimentos visíveis que indicam respostas, e assim nos ensina a acessar e confiar em nossa intuição, sem os julgamentos e distorções da mente consciente.

A maioria das mulheres sagradas trabalha com pêndulos e essa técnica antiga é baseada em imersão. Mediante o uso de uma forquilha, pessoas sensitivas achavam as linhas de Ley, ou alinhamentos de energia terrestre, para indicar os locais apropriados à construção de edifícios e cidades, ou onde havia fontes de água subterrâneas. Hoje em dia, o pêndulo é mais usado do que a forquilha, pois na correria do mundo moderno, temos de tomar decisões com rapidez e consultar nossa direção constantemente.

Basta ter um pequeno peso em uma corrente, cordão ou fita que tenha mobilidade para balançar. Muitas pessoas usam um pingente de cristal em uma corrente, um brinco longo ou, em último caso, até as chaves de casa. Basicamente, qualquer objeto pesado pendurado em um fio ou corrente de 7,6 a 15 centímetros serve. Caso use o peso em uma corrente muito longa, passe a corrente em volta do dedo indicador deixando apenas 5 a 7,6 centímetros soltos — não é preciso fazer um movimento amplo para obter uma resposta acurada.

- Segure a corrente ou o cordão levemente entre o polegar e o dedo indicador da mão direita para receber informações e energia. Mantenha a mão parada e deixe o pêndulo se movimentar sozinho;
- Agora faça três respirações profundas, relaxe e entre em um estado meditativo;
- Invoque a Luz Divina interna para dar respostas claras e verdadeiras às suas perguntas.

Afinando Seu Pêndulo

Antes de usar seu pêndulo pela primeira vez, segure-o e peça à luz de Sekhmet para abençoá-lo. Comece perguntando qual direção indica sim e qual indica não. Se o pêndulo se movimentar em sentido horário, isso significa sim. Se o pêndulo se movimentar em sentido anti-horário, isso significa não. Outro indicador de respostas com sim e não é quando o pêndulo se movimenta em sentido vertical (sim) ou horizontal (não). Entre uma e outra pergunta, deixe o pêndulo voltar ao ponto imóvel inicial, segurando-o firmemente. Se ele ficar parado quando você fizer a pergunta, significa que a pergunta não tem sentido, pois não há energia cercando esse assunto. Se você não for clara, o pêndulo saltará da direita para a esquerda, para frente e para trás, quase ao mesmo tempo.

Não há problema se inicialmente ele não se movimentar muito. À medida que você ganha prática e fica relaxada para usá-lo, o pêndulo se movimentará com mais precisão. Como todas as coisas boas, isso requer algum tempo.

Assim como em relação aos oráculos, não fique perguntando o tempo todo nem todos os dias. Deixe a vida fluir.

Quanto mais relaxada você estiver em relação à resposta, mais acurada será sua leitura. Não use o pêndulo quando estiver em pânico ou perturbada emocionalmente. Se a situação for crítica, sente-se calmamente e medite até se centrar. Então, peça orientação ao(a) Criador(a) e use o pêndulo.

Consulte o Pêndulo sobre os Guardiões Espirituais

Pergunte ao pêndulo qual guardião espiritual ou fonte de orientação você deve consultar a cada dia.

LEITURA COM PÊNDULO NOS PORTAIS

Em cada portal, faça uma leitura com o pêndulo uma vez por semana para receber uma avaliação geral de seu estado. Segure-o sobre cada portal na Tabela de Leitura e pergunte: "Qual é a situação de...?".

Faça uma leitura, por exemplo, no portal 8 - Ast. Se o pêndulo balançar em sentido anti-horário (adverso), isso significa desafios em sua união sagrada. Se o pêndulo não se movimentar, a leitura é inútil, pois sua união sagrada está cronicamente bloqueada. Se o balanço for neutro, a união sagrada continua por um fio, mas pode melhorar. Se o pêndulo balançar vigorosamente em sentido horário, isso significa que sua união sagrada é muito forte e positiva.

Avalie as leituras do seu pêndulo conforme indicado nas "Interpretações das Leituras" (a seguir). Enquanto evolui e mantém um estilo de vida em prol do seu bem-estar, observe seu progresso e suas áreas ainda bloqueadas. Suas leituras irão variar de inúteis e adversas a neutras e positivas. Caso falhe em seguir os princípios da Mulher Sagrada, sua situação irá piorar e seu bem-estar diminuirá. Sua cura está em suas mãos.

Leitura Corporal com o Pêndulo

Use o pêndulo para fazer uma varredura no corpo inteiro. Comece pela cabeça e pergunte se sua mente e espírito estão claros. Siga para

INTERPRETAÇÕES DAS LEITURAS DO PÊNDULO NOS PORTAIS

LEITURA DO PÊNDULO	CÓDIGO	CAMINHO PARA O EQUILÍBRIO DO TEMPLO (CORPO)
Inútil (imóvel)	I	Entrada do templo (ainda distante dos seus portais). Bem-estar bloqueado.
Adversa (balanço em sentido anti-horário)	A	No portal do templo (isso também se aplica se o órgão ligado ao elemento estiver danificado ou ausente). Parcialmente bloqueado.
Neutra (balanço na horizontal / para frente e para trás)	N	Nos corredores (círculo interno). A meio caminho do nível de bem-estar.
Positiva (balanço em sentido horário)	P	Por todo o templo (sala superior). Nível de bem-estar.
Positiva +	P+	Chegada à tigela de purificação de Nebt-Het (teto) na sala superior. Bem-estar avançado.

os olhos, ouvidos, nariz, garganta, seios, pulmões, órgãos internos, ventre, pernas, braços e costas. Se o balanço do pêndulo não for tão positivo, a parte do corpo que você está lendo está saudável, a circulação é boa e há bem-estar. Se o balanço for menos positivo, essa parte do corpo precisa de cuidados e atenção para se reequilibrar.

Você também pode segurar seu pêndulo sobre um quadro de anatomia para que ele indique o grau de energia e luz em seu corpo e a localização dos bloqueios.

Lembre-se sempre de que aquilo que uma leitura indica não é definitivo. A leitura pode mudar de acordo com sua maneira de viver.

Outras Utilidades do Pêndulo

O pêndulo é uma ferramenta muito útil para descobrir os alimentos que lhe fazem bem ou não. Segure seu pêndulo sobre algum alimento e pergunte se ele é benéfico para o seu templo corporal. Se a resposta for sim, você está liberada para comê-lo. Se a resposta for não, elimine esse item da sua lista de compras.

Se a resposta for neutra, pesquise sobre o alimento em questão e veja os prós e contras. Talvez seja algo que você deva comer só de vez em quando ou por um motivo específico. Por exemplo, alho-poró é recomendado se você tiver um pico de pressão arterial alta, mas comê-lo regularmente pode abaixar demais sua pressão.

Você também pode usar o pêndulo para saber quais chás de ervas, óleos essenciais, essências florais e suplementos deve usar em um certo período, assim como a dosagem adequada. Seu diálogo com o pêndulo pode ser assim: "Devo tomar uma colher de sopa dessa fórmula?" Não. "Devo tomar menos?" Não. "Devo tomar mais?" Sim. "Devo tomar duas colheres de sopa?" Não. "Três colheres de sopa?" Sim. "Devo tomá-las à noite?" Não. "De manhã?" Sim.

Seja criativa e descubra novos usos para seu pêndulo.

Mas, quanto menos ficar dependente do pêndulo, mais fortes e acuradas serão as leituras que ele faz. Na verdade, você mesma é um pêndulo. Se estiver limpa, aberta e sintonizada, você pode ler diretamente em seu espírito. Sua voz interna dirá a verdade. Ouça-a!

Outra parte importante do seu treinamento espiritual como sacerdotisa é criar as próprias preces. Preces vindas da sua alma e com as palavras do seu coração quase sempre são mais eficazes do que as mais belas, presentes em um livro sagrado ou nesta obra. Suas preces estão repletas da "inspiração" soprada pelo espírito.

Ao invés de sempre pedir algo, inclua em suas preces louvor e gratidão pelas coisas que vão bem em sua vida, e na dos entes queridos, e no mundo. Até nos momentos mais sombrios, injete luz, amor e bênçãos nas preces, pois outra lei universal é que tudo que você envia volta no mínimo dobrado.

Seja corajosa. Confie em si mesma e no Espírito que se movimenta através de você

TABELA DE LEITURA DO PÊNDULO SOBRE OS 11 PORTAIS

PORTAL	1ª SEMANA	2ª SEMANA	3ª SEMANA	4ª SEMANA	5ª SEMANA	6ª SEMANA	7ª SEMANA	8ª SEMANA	9ª SEMANA
0. Nut (ventre)									
1. Tehuti (palavra)									
2. Ta-Urt comida									
3. Bes (movimento)									
4. Het-Hru (beleza)									
5. Nebt-Het (espaço)									
6. Sekhmet (cura)									
7. Maat (relacionamento)									
8. Ast (união sagrada)									
9. Nefertum (iniciação no lótus sagrado)									
10. Sesheta (tempo)									
11. Meshkenet (trabalho)									

— sussurre suas preces, fale-as em voz alta, cante-as e dance-as. E confie, que elas serão ouvidas.

Trabalho com Sonhos

Meus antepassados afrakanos usavam sonhos e jejum para descobrir verdades sobre si mesmos e os outros. Os sonhos são repletos de informações, iluminações, cura e inspiração. Basta aprender a recuperá-los, registrá-los, trabalhar com eles e até programá-los como você faria com um computador — nossas mentes são o software e os sonhos são as planilhas das nossas vidas.

Nenhuma dessas coisas é difícil de fazer:
- Registre seus sonhos no diário, ou mantenha um diário especial para sonhos e uma caneta perto da cama para usá-los assim que acordar;
- A Dieta de Bem-Estar da Mulher Sagrada é ideal para se lembrar dos sonhos, já que consumir drogas, álcool e comidas pesadas ou com muito açúcar antes de dormir perturba o sono e dificulta lembrar dos sonhos;
- É possível programar os sonhos, o que se chama "incubar", para descobrir a solução para uma dúvida ou problema, ou receber uma cura e inspiração criativa. Afirme resumidamente sua intenção; por exemplo, "sonhos, por favor, me mostrem como resolver meus problemas com o chefe" ou "sonhos, por favor, me tragam uma cura hoje à noite". Repita isso para si mesma como um mantra pelo menos três vezes antes de cair no sono. Seja paciente e espere pelo menos três noites para o sonho dar uma resposta, pois ele reage à repetição.
- Quando acordar, não se mexa por alguns minutos e tente se lembrar do sonho. Pegue o diário dos sonhos e a caneta que deixou perto da cama e anote tudo o que se lembrar, mesmo que seja apenas um fragmento ou uma imagem vaga. Quanto mais escrever, mais você conseguirá se lembrar.
- Anote a data do seu sonho, dê um título a ele e faça uma descrição curta, como se fosse a resenha de um filme. Ao rever seu diário dos sonhos alguns meses depois, consulte essas descrições para achar as informações desejadas, pois geralmente os sonhos fazem mais sentido no decorrer do tempo.
- Há muitas maneiras de trabalhar com sonhos, mas a mais fácil é dialogar com a pessoa, situação ou coisa que você achou mais misteriosa, assustadora ou intrigante. Peça a esse elemento para lhe dizer por que ele apareceu em seu sonho e o que isso significa agora para sua vida;
- Dialogar com imagens, pessoas ou situações assustadoras é excelente para se livrar de pesadelos, pois permite que você avance em direção à sua cura;
- Trabalhe apenas com os sonhos mais importantes e, sobretudo, com aqueles que você incubou. Não é preciso fazer esse trabalho assim que você acorda. Deixe o sonho assentar e comece o trabalho quando tiver tempo e um espaço para meditar;
- Peça uma dádiva ao seu sonho e prepare-se para oferecer outra em retribuição;
- Aproveite a sabedoria do sonho ao longo do dia.

Doces sonhos!

SACOLAS DE MEDICINA DA MULHER SAGRADA

Mulheres sagradas e sábias com poder e graça, espalhem a notícia — nós vamos curar nossa raça. Chegou a hora de dar um passo à frente e fazer o trabalho do(a) Criador(a). Você e sua sacola de medicina sagrada evoluirão e se transformarão. Como a maleta preta dos médicos de antigamente, as sacolas contêm os remédios terrestres e espirituais necessários para curar as próprias aflições e a de seus entes queridos. A boa medicina é sempre guiada pelo Espírito.

Crie uma sacola especial ou compre uma bem bonita que a inspire. Use-a apenas para colocar suas ferramentas juju e para manter sua energia e a daqueles que precisam de ajuda equilibrada. Com sua sacola de medicina, você estará preparada para qualquer imprevisto.

Em minha sacola de medicina eu também carrego a *watcher doll* do Espírito Sagrado, que foi um presente da Queen Sirus, uma artista de Los Angeles, Califórnia, que é uma adorável flor de lótus. Eu levo essa imagem nas viagens para colocar no altar para o Treinamento de Iniciação na Mulher Sagrada.

Certa tarde, durante um treinamento com mulheres sagradas, eu pedi a todas as participantes que falassem sobre suas sacolas de medicina, sendo que 90% delas tinham uma. Cada mulher falou sobre o que havia em sua sacola e por quê. A sacola de medicina de uma delas se destacou por sua simplicidade, continha apenas um pêndulo e uma pedra sagrada — um cristal de quartzo transparente.

A diversidade das sacolas de tantas mulheres despertou a ideia de que elas diferem de acordo com as situações. Resolvi compartilhar os conteúdos de quatro sacolas de medicina. A regra geral é sempre usar a intuição para escolher a sacola e os conteúdos certos. Confie, portanto, em seu eu divino, monte-a e empodere-a conforme suas necessidades.

Sacola de Cura da Mulher Sagrada

Inclua todos os itens abaixo, a fim de estar preparada para a maioria das situações.

1. Hidraste — extrato ou cápsulas. Purificador do sangue — 20-40 gotas para 236 ml de água e suco de 1 limão duas vezes por dia, ou 2-4 cápsulas três vezes por dia;

2. Cáscara sagrada — comprimidos ou cápsulas. Laxante — 2-3 comprimidos ou 2-3 cápsulas à noite com água;

3. Gel de babosa. Purificador do sangue e laxante — 2 colheres de sopa de gel puro raspado da folha (ou de uma marca confiável disponível em lojas de produtos naturais) misturadas com suco de 1 limão ou limão-doce e 236 ml de água;

4. Pimenta-caiena. ¼ de colher de chá de pimenta-caiena em pó aumenta a circulação;

5. Vinagre de sidra orgânica — dissolve o muco. 2-3 colheres de sopa em 236 ml água ou adicione 4 colheres de sopa no saco plástico para expelir a congestão e o muco através de enema;

6. *Heal Thyself Green Life Formula I* — rejuvenescedora. 1-2 colheres de sopa em 236 ml de suco de legumes ou fruta feito na hora;

7. Cristal de quartzo transparente — para clareza mental ou espiritual. Carregue na mão ou no bolso, ou use como um colar ou talismã em um saquinho bonito. Lembre-se de purificar seu cristal diariamente;

8. *Heal Thyself Colon Ease* — 3 colheres de sopa em 236 ml água quente e suco de 1 limão-doce ou 2 colheres de chá de azeite de oliva ou óleo de mamona;

9. Extrato de alho líquido — para o sistema respiratório e pressão arterial alta. 12 gotas por dia com água filtrada ou com *Kidney-Liver Flush*;

10. Bolsa-de-pastor — extrato. Detém sangramentos — 10 gotas em 236 ml de água;

11. Canela. Melhora a disposição e ajuda a deter o sangramento menstrual — 1

colher de chá de canela em pó ou 1-2 sachês de chá para 1-2 xícaras de água quente. Deixe em infusão por trinta minutos e tome;

12. Folhas de sálvia branca ou do deserto. Para purificação espiritual de si mesma, da casa, do altar e das roupas. Queime a sálvia em uma concha marinha ou em um pratinho de cerâmica para defumação. Se possível, abra a janela ao fazer esse tipo de purificação. Use o desodorante de sálvia da Weleda em *spray* para defumar lugares onde não é possível fazer uma defumação tradicional;
13. Olíbano e mirra. Para purificação espiritual. Unja-se com o óleo ou adicione algumas gotas dele em uma panela com água fervente para purificar a si mesma e o ambiente;
14. Valeriana — extrato. 10 gotas para 1-2 xícaras de água. Calmante. Recomendada para nervosismo e insônia;
15. *Kava kava* — extrato ou cápsulas. Alivia o estresse e tem efeito calmante. Essa erva famosa do Pacífico Sul é usada há séculos — 20-40 gotas em um copinho de água duas a quatro vezes por dia ou 1 cápsula de 100 mg três vezes por dia;
16. *Queen Afua's Rejuvenating Clay*. Alivia dores. Faça uma compressa de argila envolta em gaze para intensificar o efeito. Para um rejuvenescimento profundo, deixe a compressa atuando por algumas horas ou até a manhã seguinte;
17. Casca de salgueiro branco — extrato. Alivia dores em geral e dores de cabeça —10-15 gotas uma a três vezes por dia;
18. *Heal Thyself Breath of Spring* (ou partes iguais de óleo de eucalipto e de hortelã-pimenta). Recomendado para o sistema respiratório e o combate à rinite alérgica — 1-3 gotas sob a língua ou tome com água com algumas gotas de suco de limão. Outra opção é ferver algumas gotas em uma panela com água para facilitar sua respiração;
19. Creme Rescue dos Florais de Bach. Para arranhões, queimaduras, equimoses e pele ressecada;
20. Sal e mel. Para extrair venenos e adoçar. (Recomendado por Iyanla Vanzant, professora honorária do *Heal Thyself*, amiga querida e autora campeã de vendas.);
21. Vela para iluminar o caminho;
22. Limão para eliminar a congestão;
23. Pêndulo de cristal. Um instrumento para fazer leituras energéticas;
24. Cristais, como quartzo transparente, ametista ou quartzo rosa;
25. Búzios para promover o bem-estar ventral e convocar a voz do ventre;
26. Oráculos ou cartas para leitura espiritual (ver "Cura Intuitiva", página 287);
27. Rescue dos Florais de Bach — remédio que contém cinco essências florais. Indicado para emergências e muito estresse;
28. Pena para equilibrar qualquer situação.
29. Prece favorita laminada;
30. Várias fitas com as músicas espirituais favoritas;
31. Pequena imagem sagrada ou escultura.
32. Echarpe de seda para fazer um altar improvisado.

Nota: extratos de ervas não devem conter álcool e devem ser tomados como chá. Siga as instruções nas embalagens.

Exemplo de Sacola de Medicina Sagrada

1. Sálvia (folhas ou óleo essencial);
2. Pedras para os sete *aritu* (chacras);
3. Olíbano e mirra (pedras ou óleo essencial) para equilíbrio emocional e espiritual (ver a lista de óleos apropriados em cada portal);
4. Carvão e pequeno suporte de cerâmica ou metal para queimar incenso;
5. Pena pequena (opcional) para meditação de Maat;
6. Prece de purificação para aliviar e equilibrar o coração, as emoções e os traumas, e infundir harmonia;
7. Sininho ou diapasão para harmonizar desequilíbrios energéticos;
8. Preces pela cura sagrada (escritas em uma caderneta ou impressas e laminadas).

Itens em Outra Sacola de Medicina

1. Cristal pequeno (ver a tabela dos portais);
2. Sete cristais e fita adesiva para fixar as pedras no chacra apropriado para as necessidades do dia;
3. 3. Extratos de ervas para rejuvenescimento — dente-de-leão, alfafa, centella asiática (que dá poder ao cérebro e atrai vibrações positivas), kava-kava e ginseng siberiano; 10-20 gotas em um copo com água;
4. Prece de Sekhmet para cura;
5. Prece para proteção;
6. Óleo essencial de olíbano e mirra para proteção;
7. Rescue dos Florais de Bach, 2-4 gotas na língua ou misturadas com um pouco de água, e creme Rescue;
8. *Yarrow Root Essence da FES* (*Flower Essence Society*) para proteger a aura contra a radiação de computadores, televisões, fornos de micro-ondas etc. Use 2-4 gotas sob a língua ou misture com um pouco de água.

Sacola de Medicina Itinerante

1. Laxante de cáscara sagrada. 2-3 comprimidos ou 2-3 cápsulas à noite com água;
2. Saco plástico para enema;
3. Extrato de alho líquido. Tome 12 gotas por dia com água filtrada;
4. Vitaminas do complexo B em comprimidos ou cápsulas — fortificante para os nervos e alivia o estresse. Tome 25 a 50 mg duas vezes por dia;
5. Clorofila ou spirulina em pó. Tome 1 colher de chá a 1 colher de sopa uma a três vezes por dia com suco ou água. Para ter mais energia, melhorar a memória e rejuvenescer;
6. Vitamina C ester, 500 mg, em cápsulas ou em pó. Fortalece o sistema imunológico. Tome duas vezes por dia com refeições;
7. Flor-de-cone e/ou extrato de flor-de-cone e hidraste para infecções, febres e sistema imunológico debilitado. Tome ¼ de colher de sopa ou 10-20 gotas em 236 ml de água quente;
8. Suco de 1-2 limões. Tome com água quente para manter o corpo elevado;
9. Gel de babosa. Livra dos vícios e é um bom laxante e purificador do sangue. Use 2 colheres de sopa de gel com o suco de 1 limão em um copo com água;
10. Pêndulo para ler a energia de uma pessoa, lugar ou situação (ver "Cura Intuitiva" na página 287);
11. Folhas de sálvia branca e concha pequena para queimá-las ou desodorante de sálvia da Weleda em spray. Óleo de lavanda para o banho ou unção.
12. Cartas de divinação para leituras espirituais.
13. Preces favoritas.
14. Fitas com as músicas espirituais favoritas.

DUAS CERIMÔNIAS DE CURA

Livre-se da Bagagem que Causa Doenças

Para fazer o trabalho de libertação com um grupo ou círculo de cura, defume o espaço, a si mesma e a todas as participantes com sálvia ou olíbano e mirra. Orem juntas com as palmas das mãos abertas e digam em uníssono:

Divino(a) Criador(a), ajude-nos a nos livrarmos de tudo que não seja divino nem verdadeiro. Deixe vossa luz de amor fluir em todas nós neste dia sagrado. Tua, axé.

- Alguma integrante do círculo deve, sozinha ou acompanhada de outra irmã, adornar o altar com flores, velas e cristais para proporcionar a libertação de todas as mágoas passadas;
- Deverá por as mãos em uma tigela de madeira com água pura, cristais e óleos, ou então folhas de hissopo e sálvia. É

possível usar a tigela de purificação de Nebt-Het no altar;

- Deverá orar com devoção enquanto toca a água sagrada e se desembaraça de todos os problemas, atitudes e doenças que as impede de receber suas bênçãos. Dever deixar o Espírito guiá-la e revelar seu novo "eu" quando estiver pronta;
- Para selar cada libertação no trabalho com água, é preciso dizer: *"Tua, axé"*. *Tua* significa "sim" na língua camítica e *axé* é a palavra iorubá para "sim", "poder", "energia" e "força";
- Alguém no círculo deve tocar um sino ou carrilhão para cada pessoa ou problema do qual a irmã quer se livrar, até ela se desembaraçar de todos os fardos;
- Quando o ritual acabar, todas dizem: *"Tua NTR"*, que significa "gratidão pelo(a) Criador(a)" ou "agradeço e louvo";
- Então, a sacerdotisa no comando ungirá a coroa de todas as participantes no chacra da alta sabedoria, no chacra do amor no coração, ou no chacra da expressão situado na garganta. Também poderá benzer todos os sete chacras ou *aritu* (centros espirituais) com óleo essencial perfumado, como de rosa ou jasmim, para que todas possam ir embora em paz;

Lembre-se de que quanto mais sadio for seu estilo de vida, mais fácil será se libertar de toda a negatividade, bloqueios e experiências que encerram um ciclo.

Curando Seu Passado

- Benza e purifique seu espaço sagrado e todas as mulheres reunidas no círculo;
- Cada mulher escreve com um lápis em um pedaço de papel tudo e todos que devem sair de sua vida, pois causam ressentimento, ciúme ou raiva. Assim, ela finalmente se livra da negatividade que cerca a experiência, pessoa ou coisa;
- No meio do círculo, comece a queimar carvão, olíbano e mirra ou folhas de sálvia branca em um pote de ferro fundido, para purificar as situações ou indivíduos que serão libertados. Quando o fogo ficar mais forte, cada mulher deverá colocar seu papel no pote. Se o grupo for grande, é bom que se opte pela conclusão da tarefa em pares ou quartetos;
- Na sequência, todas comemoram a libertação tocando instrumentos ou cantando;
- Uma por uma, as irmãs que se sentirem aliviadas deverão dançar em volta do círculo inteiro para comemorar;
- Ao retornarem ao círculo e se sentarem, a música cessará. A sacerdotisa, líder ou anciã deverá colocar a pena que simboliza Maat em seu coração como um lembrete da harmonia interna.
- A anciã diz: "Que seu coração continue eternamente leve como uma pena";
- O círculo deve continuar até que todas façam o ritual. Após, é necessário que levantem de seus lugares, toquem seus instrumentos e dancem com alegria, a fim de celebrarem o abandono das mágoas e feridas;
- Assim que a comemoração serenar, encerrem o círculo com uma prece de gratidão ao(a) Criador(a) e às mulheres sagradas no círculo de cura.

VIOLÊNCIA CONTRA UMA RAÇA: CURANDO O COLETIVO

Mulheres e homens afrakanos foram sequestrados e vendidos como escravos na Europa, no Caribe e nas Américas. Alvo das piores violências cometidas na Terra, eles foram escravizados, controlados, explorados e estuprados.

Nosso povo ainda carrega as cicatrizes da escravidão, martírios que fazem com que nossos relacionamentos e atividades sejam prejudicados de várias formas. Essa mágoa profunda na alma é transmitida por gerações sucessivas, de mãe para filha, de pai para filho, de marido para esposa.

Minha dor é imensa. Minha família afrakana foi arrancada de mim. Meu companheiro foi linchado diante dos meus olhos. Meu bebê foi arrancado da minha barriga. Quando cresceram um pouco, meus filhos foram enviados para outra fazenda e nunca mais nos vimos. Não consigo expressar o quão profundas são minhas feridas e o quanto sangram.

Mulheres de pele escura e outras com pele mais clara entraram em desacordo — uma se acha superior; a outra se sente desvalorizada e menos graciosa, por não se enquadrar no biotipo socialmente padronizado de beleza. Assim os quadris largos e estreitos rivalizam; narizes achatados e arrebitados se desentendem; nádegas carnudas e magras competem. Estamos envenenadas até hoje devido às violências cometidas por seres desumanos contra nossa raça. Minha terra, língua, danças, canções, tradições e sonhos foram tirados de mim. Meu povo e os sábios modos antigos me foram extirpados.

Hoje, nós, afrakanos, precisamos invocar nossos antepassados para nos purificar e nos libertar da violência e do pesar. Devemos invocar o Altíssimo para revitalizar o corpo, a mente e o espírito. Precisamos nos livrar da dor, da mágoa, da raiva e da ira porque elas continuam atraindo mais violência, o que se reflete em nossos relacionamentos mais próximos.

Nós devemos fazer a Iniciação na Mulher Sagrada, aconchegando-nos nos peitos das anciãs para nutrir e lavar nossas almas. Nós devemos celebrar que somos da raça afrakana, começar a lembrar que somos um povo formidável, inquebrantável, forte, resistente e criativo como nenhum outro. Devemos curar nosso pesar e fúria, e superar o passado para que tenhamos um futuro à altura do que somos.

Violência e a Mulher Sagrada

> Como uma mulher sagrada, eu jamais posso aceitar qualquer abuso cometido por homens, mulheres, crianças ou nações, pois represento a presença e o poder ativos do(a) todo-poderoso(a) Criador(a).

Você tem o poder de deter a violência e as injúrias. Estenda a mão com pureza e paz e diga em voz alta: "Eu tenho o poder porque sou uma mulher sagrada!".

Quando você é alvo de violência, muitas vezes isso indica que elementos tóxicos em seu interior estão atraindo-a. Portanto, acalme sua violência interna e harmonize seus elementos se amando e se cuidando.

Eu consegui acabar com a minha violência graças ao poder que me foi concedido pelo(a) Criador(a). Ao longo dos anos tenho trabalhado na própria cura mudando meus relacionamentos e substituindo a violência pela pacificação. Os relacionamentos com meu companheiro, meu ex-marido, minha mãe, meus filhos e meus amigos melhoraram. Também tenho atendido a muitas mulheres que buscam orientação para erradicar a violência em suas vidas.

A paz que temos hoje é um reflexo direto da nossa cura e purificação internas. O nível e intensidade com que nos purificamos e rejuvenescemos indica que a agressividade nunca mais fará parte das nossas vidas.

Ao tomar banhos curativos, você lava a pele e os poros e também remove as manchas em sua alma. Deixe a paz fluir como a água e aquecer seu coração, sua mente, seu corpo e seu espírito. Afirme:

Eu me livro da raiva interna e atraio a paz para morar em mim — a paz que está soterrada pela raiva.

Violência Gera Violência: Deixe a Paz Fluir

A ingestão de comidas que induzem à violência, como carne, *fast-foods*, comidas mortas ou processadas e doces, assim como álcool, drogas e cigarros, acaba adoecendo nosso templo corporal, levando-nos a consumir medicamentos e substâncias químicas venenosas para combater as doenças causadas pelas comidas violentas. Elas também nos obrigam a extirpar um órgão deteriorado, seja o útero ou um seio; a receber irradiações nos pulmões, nos ossos ou na garganta afetados pelo câncer; e a receber transfusões de sangue. E assim acabamos perdendo o juízo.

O consumo de comidas violentas nos deixa como zumbis e negligenciando a vida como gigantes adormecidos. Estes alimentos geram um estado interno e externo desarmônico que atrai circunstâncias e/ou pessoas nocivas que desejam nos fazer mal.

No entanto, quando ingerimos alimentos puros, frutas e legumes orgânicos e água pura, toda a hostilidade foge de nós. Quando jejuamos e oramos, atraímos bênçãos e começamos a viver em um estado mais celestial, pois o céu e muito poder se alojam em um templo corporal puro.

Seja lá o que tenha acontecido até agora em sua vida, aceite a paz. Medite sobre a prece a seguir.

Prece pela Paz

> Eu sou um ser sagrado e a personificação da paz. Há paz em minha alma. Minha vida é de paz. Meus pensamentos são de paz. Eu como alimentos de paz. Eu oro uma prece repleta de paz. Há poder na paz e paz no poder. Não há um só momento em que eu não medite sobre a paz. Sou supremamente pacífica, então atraio toda a paz para mim. Sou repleta de paz. Ela é meu refúgio e força, pois é minha amiga divina, luz, amor e proteção.

Enquanto medita sobre essas palavras, defume-se da cabeça aos pés com fumaça de sálvia do deserto para aprofundar sua pacificidade. Para atrair paz, estenda o processo para o ambiente de sua casa. A sálvia cresce na Mãe Áfraka e já era usada há milhares de anos no antigo Kemet. Os povos nativos da Ilha da Tartaruga também a usavam em muitas cerimônias sagradas.

Chegue antes que todos ao seu local de trabalho e repita o procedimento para a limpeza do ambiente usando ervas como sálvia, cedro e erva-doce. Meditando em silêncio, coloque um punhado de sálvia em uma panelinha com água e deixe ferver, depois pingue uma gota de óleo de sálvia ou de canela. Ponha um pouquinho de óleo sagrado sobre um anteparo na lâmpada.

Esse ritual de aromaterapia melhora muito a disposição física, mental e espiritual. Embora desconheçam o que foi feito, seus colegas de trabalho ficarão mais sensatos, pacientes e pacíficos após você elevar as vibrações positivas no escritório.

Da Violência à Pacificação Por Meio da Alimentação

A comida é nosso combustível e o que e o quanto comemos determinam nossa saúde e efetividade. Como há alternativas naturais, não é preciso passar vontade. Basta fazer escolhas melhores.

Consequências de uma Dieta Tóxica que Induz à Violência

- Mulheres verbalmente abusivas com homens;
- Homens fisicamente abusivos com mulheres;
- Pais que batem nas crianças porque vivem estressados e são incapazes de um diálogo;
- Fazer fofocas;
- Incapacidade de se livrar do ressentimento, da depressão e das preocupações;
- Sexualidade abusiva, agressiva ou incontrolável.

As fórmulas e atividades a ajudarão a eliminar a violência cometida por seu companheiro, chefe, por seus pais, filhos e até amigos. Na maioria das vezes, ao falar em violência, só lembramos da violência dos homens contra as mulheres, mas outras pessoas próximas também podem cometer abusos, explorações e humilhações.

Dieta, Jejum e Prece para Dar Fim à Violência

Vamos trabalhar por três meses com esses princípios:

- **Dieta.** Coma feijões, ervilhas, tofu, carnes de soja, legumes e frutas orgânicos frescos com enzimas vivas. A dieta deve consistir em 60 a 75% de alimentos crus e 25 a 40% de alimentos cozidos no vapor para promover o equilíbrio interno e rejuvenescer os

E redimirá o verdadeiro amor.
Espírito sagrado para a paz na terra
Receptáculo virtuoso de inspiração
Essência terrena da feminilidade
Cure uma mulher. Cure uma nação.
Ela dança no próprio ritmo
Canta com todos em harmonia
Compartilha com todos o que pode lhes dar
E nos liberta através do seu amor
Nos glorifica com sua graça interna
Nos livra com purificação
Nutriz da humanidade.
Cure uma mulher. Cure uma nação.
Envolvida com seu companheiro eterno
Ela serve por meio da caridade
Concedendo dádivas a todos.
Deixe-a viver, amar e ser
Mãe da civilização.
Cure uma mulher. Cure uma nação.

- pensamentos, atitudes, sentimentos e o bem-estar geral. Alimentos como clorofila, spirulina, nabo, folhas de mostarda, couve e aipo devem ser ingeridos em forma de sucos vivos ou levemente cozidos no vapor. Consuma essas opções duas a três vezes por dia;
- **Banho.** Adicione à água do banho 1-2 xícaras de sal de Epsom, algumas gotas de óleo essencial de lavanda e uma infusão de camomila (3 colheres de sopa de ervas que ficaram de molho desde a véspera em ¼ de litro de água fervida). Fique na banheira por uma a duas horas, massageie-se da cabeça aos pés e acenda uma vela rosa. Tome esse banho de imersão sete noites seguidas e depois três vezes por semana. Durante o banho, abrace seu corpo e diga:

Eu tenho o poder de me curar. Tenho o poder de deter minha violência. Eu dependo de mim mesma, apoio-me e só me submeto às práticas benéficas. Eu como apenas os melhores e mais pacíficos alimentos.

Mulher, divulgue que você é uma Mulher Sagrada e que tudo e todos que cruzarem seu caminho têm direito a uma cura. Ao tratar todos que se aproximam, você neutraliza a violência deles. Nada supera a pureza e paz interior para deter a agressividade —armas, socos e cintos não têm esse poder.

Como a alegria é uma escolha, agarre-se a ela aconteça o que acontecer. Se alguém estiver com raiva ou for hostil, analise o que essa pessoa está exprimindo e aprenda com isso. Mas nesse ínterim, mantenha calmamente sua alegria, sanidade e paz.

A paz interior acaba atraindo a paz externa, pois o amor-próprio atrai amor externo. A felicidade interna se manifesta como bem-aventurança externa. Agarre-se à sua paz, pois ela é um dom precioso do Altíssimo para quem segue as leis naturais.

CURE UMA MULHER, CURE UMA NAÇÃO

Agora vou partilhar com você um trabalho poderoso de Lady Prema, autora de *My Soul Speaks*. Ela estimula e anima uma quantidade imensa de mulheres, e tenho certeza de que também fará o mesmo por você, à medida que se torna uma fonte do bem na construção de nossa nação.

Cure uma Mulher, Cure uma Nação por Lady Prema

Canal celestial do nascimento humano
Ventre saudável da criação
Filha devota da divindade.
Cure uma mulher. Cure uma nação.
Contemplada em sua forma radiante
Exaltada, ela se erguerá suprema
Renascida em sua inocência

CURA SAGRADA: TRABALHO TRANSFORMADOR DE SETE DIAS

- Continue escrevendo em seu diário. Consulte Sesheta e Sekhmet para saber que aspecto em sua vida está precisando de cura;
- Converse com o Divino ao longo da sua jornada, abra seu coração e fale com a alma. Funda sua mente, sua voz e suas ações com o Divino. Chegou a hora de deixar uma clareza cristalina fluir por todo o seu corpo e mente e em seu diário, para que você reflita sobre o que sua alma diz por meio da harmonia de Maat;
- Renove seu compromisso com as práticas alimentares de transição;
- Estimule um a quatro amigos, membros da família ou colegas de trabalho para seguirem com você o plano de autocura em prol do bem-estar;
- Registre os resultados do seu Círculo da Cura Sagrada;
- Empodere seus parceiros de cura apoiando suas conquistas por menor que sejam, até que eles consigam se equilibrar por completo. Lembre-se de que todos em seu entorno refletem seu ponto atual no próprio ciclo de bem-estar;
- Consulte um profissional gabaritado, como um médico naturopata, um médico holístico ou um especialista em medicina chinesa, para fazer um exame completo e estabelecer uma rotina para sua saúde física;
- Considere a busca por curas como um modo de vida. Aplique curas naturais e as técnicas naturalistas e de jejum oferecidas neste livro;
- Continue mantendo à risca seu programa de bem-estar. Medite e viva diariamente em um estado de bem-estar absoluto enquanto permite que sua cura interna aflore;
- Faça uma irrigação no cólon a cada quatorze ou vinte e oito dias; faça enemas uma a três vezes por semana; receba uma massagem uma vez por semana (troque massagens com amigos ou família, ou convoque uma massoterapeuta profissional) para cuidar dos sistemas linfático e circulatório. Relaxe e se energize com o poder do toque sagrado;
- Sue (no vapor ou na sauna) diariamente ou com a maior frequência possível, para expelir toxinas acumuladas há anos;
- Crie e costure sua sacola de medicina da Mulher Sagrada, de modo que ela reflita seu espírito voltado à cura;
- Ponha uma tigela com alho e uma babosa em seu altar, pois ambos são antigas fontes camíticas de cura;
- Cultive plantas medicinais no quintal ou no parapeito de uma janela;
- Arranje um pêndulo a aprenda a ler os níveis de energia em você, nos alimentos, ervas e outras coisas, para acompanhar seu nível de bem-estar (ver "Cura Intuitiva" na página 287);
- Leia as cartas e preces da Mulher Sagrada;
- Pratique "Dieta, Jejum e Prece para Dar Fim à Violência" por uma temporada inteira;
- Pratique a superposição de mãos em quem precisa de energia curativa;
- Ore pelo fim de racismo e seus efeitos tóxicos sobre o povo afrakano e todas as pessoas no planeta.

Meu Compromisso no Fim da Semana com a Cura Sagrado

Eu me comprometo a estabelecer e manter a sabedoria de Sekhmet e o poder da Cura Sagrada em todas as áreas da minha vida.

Nome:_____

Data:_____

Capítulo 12
PORTAL 7 - RELACIONAMENTOS SAGRADOS

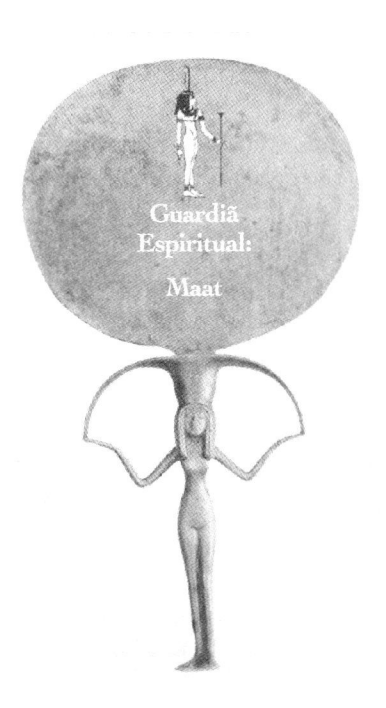

Guardiã Espiritual:

Maat

Antepassadas:

Sojourner Truth

Sarah e Elizabeth Delaney

Anciãs:

Rainha Nzinga

Ratabisha Heru

Contemporâneas:

Oprah Winfrey

Iyanla Vanzant

Lady Prema

TRABALHO NO ALTAR PARA OS RELACIONAMENTOS SAGRADOS
Seu Coração Deve Estar Voltado para o Leste — para o Sol Nascente
(Leiaute visto de cima)

Coloque Fotos ou Figuras na Parede Acima do Altar

| Imagem da guardiã espiritual | Foto ou figura de antepassada | Sua fotografia | Foto ou figura de anciã | Foto ou figura de contemporâneas |

Vasilha para o batismo
(ÁGUA)

Pena
(AR)

Ankh para a Vida Eterna ou outro símbolo sagrado
(ESPÍRITO)

Flores frescas ou planta florida
(TERRA)

Óleo de Unção:
Lavanda e ylang-ylang

Vela branca ou rosa
(FOGO)

Pedra Sagrada:
Quartzo rosa e turmalina rosa

Comida para o NTR e seus antepassados (milho, arroz, frutas etc.)
(Após vinte quatro horas, tire a comida do altar.)
Ponha uma árvore genealógica da sua família nuclear e estendida no altar.

Toalha de mesa sagrada (rosa) e echarpe para usar durante a prece.
Pano colorido sagrado para colocar diante do altar. Instrumentos sagrados para serem tocados enquanto você ora.

PORTAL 7 — RELACIONAMENTOS SAGRADOS: PRÁTICAS ESPIRITUAIS DIÁRIAS

Elemento do Portal: Ar

Este portal visa eliminar relacionamentos tóxicos, disfuncionais e desconjuntados que destroem a vida das pessoas, e fomentar relacionamentos harmoniosos, sinceros e puros que energizem os envolvidos. Relacionamentos saudáveis e satisfatórios são o resultado de estabelecer princípios sagrados.

O Portal 7 - Relacionamentos Sagrados eliminará bloqueios no templo corporal, como úlceras, problemas cardíacos e o consumo excessivo de drogas e álcool.

Os exercícios espirituais de ascensão devem ser feitos por sete dias — o número do Espírito. Eles ativarão seus portais internos de divindade para que você se instale plenamente em seu centro sagrado.

1. O Banho Espiritual

Adicione 4-6 gotas de óleo de lavanda ou ylang-ylang na água do banho. O óleo de lavanda é um sedativo para o sistema nervoso, um anti-inflamatório e um tônico para o coração. É também muito eficaz no tratamento de queimaduras e feridas, e promove concentração, paz mental, sabedoria e devoção (Atum Rá). Além disso, elimina oscilações de humor, desassossego, medo, dores de cabeça e problemas oculares. O ylang-ylang trata raiva, ira e depressão. Como seu aroma é muito forte, o ylang-ylang deve ser usado com moderação.

Borrife algumas gotas em um tecido ou lenço e coloque perto do travesseiro para atrair inspiração durante o sono; para quem sofre com estresse, preocupações, impaciência ou um choque recente, isso ajuda a obter equilíbrio emocional.

2. Seu Altar

Monte seu altar sagrado no primeiro dia de entrada neste portal. Você pode montá-lo conforme suas crenças religiosas ou espirituais. Sente-se calmamente diante do altar, sobre uma almofada no chão ou em uma cadeira. Adicione algumas gotas de óleo de lavanda ou ylang-ylang na vasilha de batismo no altar e borrife algumas gotas no recinto para preces.

Unja com óleo de lavanda ou de ylang-ylang. Use apenas óleos essenciais puros. Use óleo essencial de lavanda ou de ylang-ylang que são ótimos para ungir sua coroa, a testa (o portal corporal da espiritualidade suprema), o coração (o portal corporal da compaixão e amor divino), o ventre, as palmas das mãos (para que tudo que você toque fique mais sagrado), e as solas dos pés para alinhar-se espiritualmente e ganhar poder, esperança e fé.

3. Abrindo o Portal

Para invocar o guardião espiritual de cada portal, você pode usar palavras ditadas por seu coração. Por exemplo, aqui está uma prece que pode ser feita no Portal 7:

> Divina Maat, guardiã espiritual do Portal dos Relacionamentos Sagrados, peço que, aceite minha gratidão mais profunda por sua presença curativa em meu altar e em minha vida. Obrigada por sua orientação, inspiração, amor e bênçãos. Por favor, aceite meu amor e bênçãos em retribuição. *Hetepu.*

Enquanto oferece sua prece, toque um instrumento sagrado (sistro, tambor, xequerê ou sinos) para despertar o NTR interno.

4. Libação

Verta a libação para o Portal dos Relacionamentos Sagrados usando uma xícara ou borrife água de uma tigela sobre a terra ou uma planta enquanto diz as seguintes palavras:

- Todo louvor e adoração pela guardiã espiritual Maat, protetora dos relacionamentos sagrados;
- Todo louvor e adoração pelas antepassadas dos relacionamentos sagrados, Sojourner Truth e as irmãs Delaney — Sarah e Elizabeth;
- Todo louvor e adoração pela anciã dos relacionamentos sagrados, rainha Nzinga Ratabisha Heru;

PRÁTICAS DE TRANSIÇÃO ALIMENTAR PARA OS PORTAIS 7 E 8

- Todo louvor e adoração pelo meu eu divino e por minhas divinas irmãs contemporâneas, Oprah Winfrey, Iyanla Vanzant e Lady Prema, que honram os relacionamentos sagrados.

5. Prece ao Espírito da Mulher Sagrada

Toque um sino ou outro instrumento sagrado no início e no fim dessa prece. Abra as palmas das mãos para o Espírito Sagrado ou coloque-as suavemente sobre seu coração e recite:

Prece ao Espírito da Mulher Sagrada

Mulher sagrada em evolução,
Mulher sagrada reativada,
Espírito Sagrado, mantenha-me por perto.
Proteja-me de todo mal e medo ocultos sob as pedras da vida.
Dirija meus passos no rumo certo enquanto eu viajo nessa visão.
Espírito Sagrado, envolva-me em sua luz absolutamente perfeita.
Unja-me em sua pureza sagrada, paz, e percepção divina.
Abençoe-me totalmente, enquanto compartilho essa vida sagrada.
Ensine-me, Espírito Sagrado, a ficar sintonizada com o universo.
Ensine-me a curar com os elementos internos e externos do ar, fogo, água e terra.

6. Prece aos Relacionamentos Sagrados

Chacoalhe sinos, toque um tambor ou outro instrumento no início e no fim dessa prece.

Divino(a) Criador(a), eu preciso de relacionamentos sagrados e oro para tê-los em minha vida. Primeiramente, que eu possa criar um relacionamento sagrado com você, Criador(a), com meus pais, filhos, irmãs, irmãos, amigos, colegas de trabalho, mestres e alunas, com a natureza e com todos que entrarem em meu caminho.

Divino(a) Criador(a), ajude-me a atrair e manter relacionamentos saudáveis e harmoniosos. Ajude-me a me livrar de velhas mágoas, ressentimentos e hostilidade que estão bloqueando meu templo corporal. Ajude-me a ter visão e força para aprender com todos os meus relacionamentos, pois eles são meu reflexo. Se por acaso meus relacionamentos não mudarem, que eu possa continuar calma e firme. Que eu possa ser a pessoa que crie novos elos de mudança e transformação para meus antepassados, meus descendentes e para mim mesma, pois toda a cura começa dentro de mim. Eu afirmo que cada um dos meus relacionamentos tem valor e de alguma maneira me forçou ou ajudou a ter mais conexão comigo mesma. Enquanto reflito sobre o verdadeiro propósito e sacralidade dos relacionamentos, agradeço ao Divino em mim e ao Divino em todas as outras pessoas.

7. Cantando Hesi

Cante esse *hesi* quatro vezes:

Nuk Pu Ntrt Hmt — Eu sou uma mulher sagrada.

8. Respirações de Fogo

Comece inspirando lentamente quatro vezes e expirando quatro vezes. Quando estiver totalmente à vontade, comece a fazer as oitocentas respirações.

Inspire profundamente bombeando pelas narinas (com a boca fechada), expandindo a respiração até o abdômen, então até o peito, e solte todo o ar dos pulmões enquanto o abdômen se contrai. Repita tudo rapidamente.

Cada respiração de fogo profunda representa a abertura das mil pétalas de lótus de iluminação e radiância que levam a Nefertum — a estação do lótus afrakano da divindade.

9. Portal 7 — Meditação sobre os Relacionamentos Sagrados

A cada sete dias aumente a duração da meditação. Quanto mais tempo você medita, mais profunda será sua paz interior e mais sólido será seu *ka* (espírito). Quanto mais limpo estiver seu templo corporal, mais cedo você conseguirá atingir um estado de paz e equilíbrio interno quando medita.

- Segure seu quartzo rosa na palma da mão. Visualize-se sentada no coração azul e verde da flor de lótus, calma diante das adversidades do mundo, vivendo e respirando centrada, com graça;

- Inspire em seu coração, visualizando Mãe Ast protegendo-a, nutrindo-a e amando-a a cada respiração. Respire a partir do coração do lótus, dos braços de Het-Hru e do peito de Ast, e purgue-se de toda a aflição, desconfiança, mágoa, dor, medo e ressentimento que envenenam seus relacionamentos. Após eliminar tudo isso, encha seu coração com compaixão e amor. Faça então quinhentas respirações de fogo em seu coração até ele ficar leve como uma pena;

- Quando se acalmar após esse trabalho respiratório, ponha as palmas das mãos sobre o coração curado e repita essas palavras de alívio que nossos antepassados diziam:

Meu coração, minha mãe
Ab-a en mut-a
Meu coração, minha mãe
Ab-a en mut-a

A maioria de nós adota o aspecto paterno do Altíssimo para o equilíbrio interno e harmonia da feminilidade. Agora sente-se no coração do lótus, aninhe-se nos braços da Mãe e revitalize seu relacionamento primordial. Repouse, respire plenamente e prometa que nunca mais irá desistir da sua mãe sagrada.

Visualização Cromática. Visualize a cor azul do portal para comunicação e paz interior. Enquanto medita, use branco ou azul e/ ou ponha um pano azul em seu altar.

Meditação com Pedra Sagrada. Enquanto medita, mantenha a palma da mão com um quartzo rosa ou uma turmalina rosa sobre o coração. Estas são as pedras sagradas de cura deste portal. Elas ajudam a iluminar o coração. A luz opaca destas pedras estimula o amor e a beleza, pois elas têm propriedades purificantes e curativas. Elas desbloqueiam a área do coração, gerando compaixão e compreensão para que a cura sagrada possa acontecer. Elas representam o quarto *arit* (chacra), ou centro energético no coração, que ativa o amor divino.

10. Tônico de Ervas

Tome chá de camomila. Partes usadas: flores e folhas. O chá de camomila ajuda a curar todos os relacionamentos engendrados pela mãe/mulher sagrada. Tome o chá de camomila por sete dias para colher plenamente os benefícios de estar no Portal 7. Desfrute seu chá de erva em sua caneca favorita durante ou após escrever no diário.

Preparação. Use um sachê de chá para 1 xícara de água. Ferva a água em um caneco de vidro, argila ou aço inoxidável, apague o fogo, ponha o sachê de chá e deixe em infusão. Tome antes ou depois do seu banho matinal ou ducha sagrada. Tome com alegria e paz enquanto respira entre um gole e outro e entra em um estado de contemplação e reflexão.

11. Essências Florais

Para aprofundar sua experiência no Portal 7, escolha alguma das essências florais abaixo. Coloque 4 gotas sobre ou sob a língua ou tome-as em um copinho misturadas à água. Repita o processo quatro vezes por dia. Para instruções sobre a escolha de essências florais, ver página 49.

- *Calendula* (calêndula): melhora a comunicação, receptividade e disposição para escutar os outros; cura a tendência para discutir;

- *Fawn lily* (Erythronium citrinum): para desenvolver contatos afetuosos com os outros;

- *Mallow* (malva): facilita criar amizades e confiança; aumenta a cordialidade social e a capacidade de manter relacionamentos emocionantes, sobretudo as amizades;

- *Violet* (violeta): ajuda quem tem incapacidade de partilhar seu eu essencial em situações coletivas, por medo de perder a própria identidade se ficar próxima demais dos outros;

- *Pink yarrow* (milefólio): ajuda a atenuar a sensibilidade exagerada em relação aos outros e a ter limites emocionais;
- *Forget-me-not* (miosótis): ajuda a pessoa a perceber os elos kármicos mais profundos nos relacionamentos; aumenta a capacidade para reconhecer a intenção e o destino espirituais do relacionamento;
- *Poison oak* (hera venenosa): ajuda quem tem dificuldade para demonstrar seu lado suave, teme a vulnerabilidade, cria barreiras e demonstra hostilidade;

12. Dieta

Siga as práticas de transição alimentar para os Portais 7 e 8.

13. Escrita sobre Relacionamentos Sagrados no Diário

É melhor fazer isso após a purificação interna (enema) e/ou meditação. Quando está purificada e centrada, você pode ter a graça de receber mensagens espirituais. Quando se está no espírito, mensagens vão passando pela sua mente, coração e mão até o papel.

Escreva com o máximo de inspiração espiritual após o trabalho no altar, entre 4h-6h da manhã. Mantenha seu diário e uma caneta perto ou sobre o altar para trabalhar com o poder, força e calma na chegada da aurora, o horário de Nebt-Het.

Afirme sua vida cotidiana nesse horário e escreva no diário os pensamentos, atividades, experiências e interações que venham à sua mente. Você também pode anotar suas esperanças, visões, desejos e afirmações, para refrescar a memória quando precisar de apoio e ajuda.

Consulte Sesheta. Se não conseguir contactar sua voz interna durante o trabalho em seu diário, chame Sesheta, a guardiã interna que revela segredos, para ajudá-la e falar através de você.

14. Xale ou Colcha da Liberdade de Senab

Escolha um novo pedaço de tecido que corresponda à cor do portal (indicada no "exercício 9" das suas práticas espirituais diárias ou no trabalho no altar sagrado) para adicionar ao seu xale ou colcha da liberdade de Senab. Esse pano será como uma tela que representa sua experiência no portal em que está trabalhando.

Arranje também símbolos significativos para aplicar no xale ou colcha como um *patchwork*. Você pode adicionar pedras, outros objetos naturais, itens de coleção, relíquias da família, fotos estampadas em tecido e outros itens significativos que representem a essência de sua experiência. Dê asas à imaginação e deixe seu espírito habilidoso contar sua história. Para mais informações sobre o xale ou colcha da liberdade de Senab, ver página 147.

15. Ferramentas Sagradas

Uma bela pena branca de avestruz para ser sua pena de Maat. Uma balança sagrada para pesar seu coração e sua pena de Maat. Penas bonitas para fazer um leque e purificar a atmosfera quando você quiser harmonizar seus relacionamentos.

16. Lembrete Sagrado

Ao longo da semana, observe atentamente a sabedoria apresentada no Portal 7 – Relacionamentos Sagrados. Para obter o máximo de resultados, viva em liberdade e harmonia com os vários sistemas de bem-estar apresentados, e pratique o trabalho transformador de sete dias no final do portal.

Palavras Sagradas de Encerramento

Mãe/Pai Divino, ajude-me a curar e honrar meus relacionamentos importantes e a torná-los sagrados.

Mantenha as mesmas práticas apresentadas nos portais 4-6. A única diferença nos portais 7 e 8 é que você passará a comer 60 a 75% de alimentos crus vivos e 25 a 40% de alimentos cozidos no vapor.

Antes do Desjejum

Limpeza dos rins e do fígado (ver página 98).

Desjejum Matinal

Coma frutas ou tome sucos uma hora antes ou depois das refeições, para facilitar a digestão.

Sucos de frutas feitos na hora (236 a 354 ml diluídos em 236 a 354 ml de água pura), com 1-2 colheres de sopa da *Heal Thyself Green Life Formula I*.

Frutas: ácidas – toranja, limões, limões-doces, laranjas e tangerinas. Alcalinas - maçãs, peras, ameixas, cerejas, frutas silvestres e pêssegos. Exclua as bananas. **Não misture frutas ácidas com outras alcalinas.**

Almoço

Sucos vegetais feitos na hora (236 a 354 ml diluídos em 236 a 354 ml de água), com 1-2 colheres de sopa da *Heal Thyself Green Life Formula I*.

Salada crua grande. Tendo repolho verde e/ou vermelho como base, adicione quiabo, couve, couve-flor, folhas de nabo, folhas de mostarda, brócolis ou plantas marinhas (por exemplo, alga marinha, alga das rodimeniáceas, *hijiki*, *wakame* e nori). Não use tomate, mas inclua vários brotos, como de alfafa e feijão.

Proteínas: Escolha apenas uma dessas fontes:

- Brotos de alfafa, feijão ou girassol deixados de molho na véspera;
- Caso seja uma carnívora em transição, prepare peixe assado e frango orgânico ou de soja uma a três vezes por semana
- Nozes cruas - 57 a113 g (amêndoas, avelãs, nozes e pecãs) que ficaram previamente de molho; evite castanha-de-caju e amendoim;
- Sementes (de girassol e abóbora).

Amidos: escolha um dos grãos integrais ou de amidos listados abaixo. Deixe-os de molho na água com temperos de ervas e legumes por dez minutos. Não é preciso cozinhá-los.

- Tabule;
- Bulgur;
- Cuscuz marroquino.

Jantar

Repita o almoço. Aumente os sucos de legumes feitos na hora para 354 a 472 ml diluídos em água pura e com 1-2 colheres de sopa de *Heal Thyself Green Life Formula I*. Após o anoitecer, não coma proteínas nem amidos! Coma apenas alimentos vivos, como saladas, frutas e legumes.

SUPLEMENTOS ALIMENTARES

- *A Heal Thyself Green Life Formula I — Heal Thy-self Super Nutritional Formula* (ver a lista de produtos no site www.queenafua.com.br) contém todas as vitaminas e minerais necessários para o templo corporal. Tome três vezes por dia com algum suco ou com clorofila em pó (1 colher de chá a 1 colher de sopa) ou líquida (29,5 a 59 ml) diluída em água pura; spirulina em pó (1 colher de chá a 1 colher de sopa) ou líquida (29,5 a 59 ml) com água pura; ou maná azul-esverdeado em pó (1 colher de chá a 1 colher de sopa) ou líquido (29,5 a 59 ml) com água pura;

- Caso esteja estressada, tome 25 a 50 mg de vitaminas do complexo B para evitar erupções cutâneas. Vitaminas do complexo B também fortalecem o sistema nervoso e rejuvenescem a pele e o cabelo;

- Para melhorar a memória e a circulação, tome 1 colher de sopa de lecitina granulada. Ela ajuda a desobstruir as artérias e a melhorar a circulação;

- Tome 50 a 100 mg de vitamina C diariamente para fortalecer o sistema imunológico e combater resfriados e infecções. A Ester-C é mais branda para o sistema digestivo;

- Tome 3 gotas de *Heal Thyself Breath of Spring* (opcional) duas vezes por dia com água quente, sobretudo se tiver rinite alérgica (ver a lista de produtos no site www.queenafua.com).

Purificação Interna

Faça enemas três vezes por semana. Comece fazendo-os por sete noites consecutivas, então faça três vezes por semana ao longo das semanas seguintes. Em dias alternados, tome também 3 comprimidos de cáscara sagrada com 236 ml de água antes de dormir. Para purificação profunda, faça uma a três irrigações no cólon durante os vinte e um dias de jejum.

Atividade Física

Faça uma versão abreviada da dança ventral por quinze a trinta minutos ou a sessão completa de duas horas diariamente (ver "Portal 3 — Movimento Sagrado"), além de quatrocentas respirações de fogo."

Meditação

Medite por cinco a quinze minutos diariamente.

Banhos Rejuvenescedores

Coloque 1 a 2 xícaras de sal de Epsom ou 1 xícara de sal do mar morto na água do banho durante sete noites seguidas.

Fique imersa na água por quinze a trinta minutos, então tome uma ducha para tirar os sais. (Não use sais de banho se você tiver pressão arterial alta.)

Heal Thyself Master Herbal Formula II

Todos os dias antes de dormir, ferva 5-6 xícaras de água filtrada, apague o fogo e adicione 3 colheres de sopa desse chá de ervas. Coe de manhã e tome antes das 14h (ver capítulo 3 e a lista de produtos no site www.queenafua.com).

Queen Afua's Rejuvenating Clay Application

Opcional, conforme a necessidade. Siga as instruções de produtos no site www.queenafua.com.

Outras Curas Naturais

Tome pelo menos meio a 1 litro de água filtrada diariamente.

RELACIONAMENTOS SAGRADOS

Os relacionamentos equivalem aos braços e pernas do ventre, pois são as extensões do "espaço interno" de uma mulher.

Para ter o ventre em paz, a mulher precisa estar em paz com as pessoas, a alimentação, com a natureza e, obviamente, consigo mesma.

Analise cada um dos seus relacionamentos importantes e considere todos como fontes de lições. Esvazie seu coração dos ressentimentos e fique receptiva às lições dadas por cada relacionamento. Renda-se ao amor oferecido por cada lição para não se apegar ao sofrimento. Dores, pesares e raivas não digeridas acabam gerando doenças.

Os relacionamentos geram alegria, mas também podem ser fontes de muitos sofrimentos. Talvez os mais trágicos sejam a mágoa e a decepção nos relacionamentos íntimos com membros da família ou amigos nos quais a pessoa confia. O dano emocional ou energético infligido por uma pessoa que você achava digna de amor e respeito cria ressentimento, raiva ou ira profundos que requerem um grande trabalho de cura.

A fim de aliviar nossas feridas, é comum recuarmos de relacionamentos disfuncionais ou negarmos a verdadeira profundidade dos problemas, mas devemos assumir a responsabilidade por nós mesmas e tentar entender as lições dadas nessas relações. Essas feridas precisam ser curadas, caso contrário, as energias nocivas represadas se consolidam nos níveis espiritual, emocional e físico.

Afirme que daqui em diante:

Meu ventre é o ninho sagrado onde mantenho todos os meus relacionamentos. Ninguém entrará no cerne da minha mente, coração ou ventre, a menos que esteja puro e limpo. Junte-se a mim em meu estilo de vida natural. Junte-se em minha paz mental e em meu estado de bem-aventurança divina. Meu ventre infunde paz em todas as minhas relações, de forma que elas infundem esse sentimento em meu ventre. Eu abençoo todos os meus relacionamentos.

Minha Mãe, Meu Coração...

O relacionamento das filhas com as mães é primal, pois é o mais potente que temos com alguém. Após passar nove meses dentro do corpo da mãe, emergimos no mundo. E ela é nossa primeira nutriz e cuidadora.

Mesmo que desde o início o relacionamento com a mãe seja difícil, o elo que temos com ela é insubstituível. Mães e filhas compartilham a energia vital do(a) Criador(a) e coisas entre si que não contam a mais ninguém.

E, independentemente de suas falhas humanas, a mãe nos ama verdadeiramente — à sua maneira. E nós a amamos à nossa maneira. E quando ela morre, fica um vazio em nossos corações e em nossas vidas que ninguém pode preencher.

Os antigos sacerdotes e sacerdotisas afrakanos do Kemet oravam para a Grande Mãe:

Ab-a en mut-a. Ab-a en mut-a. Ab-a en mut-a.
Meu coração, minha mãe. Meu coração, minha mãe. Meu coração, minha mãe.

Ao ler essas palavras, abri o primeiro olho acima das sobrancelhas, de onde verte meu néctar cheio de melanina, para que eu possa receber o Espírito. Então perguntei o sentido da expressão "minha mãe, meu coração" e recebi a explicação durante uma prece:

Sua mãe sagrada está em seu coração. É daí que ela lhe envia conselhos ternamente e lida com todos os seus sentimentos. Recorra à mãe sagrada para curar os sentimentos feridos e a desarmonia emocional em todos os seus relacionamentos. Recorra à mãe sagrada para que ela lhe console, alivie e cure suas feridas e cicatrizes.

Meditação para Curar o Coração

- Deite-se de costas e concentre-se no Grande Espírito Materno de Ast (Ísis);
- Escolha um dos seguintes símbolos de cura do coração para usar durante a meditação:
  – **Um cristal de quartzo rosa** ou turmalina rosa. Use na meditação para curar seu coração;
  – **Um escaravelho**. Representa a transformação do coração. Nossos antepassados o utilizavam para renovar o coração, e consequentemente, a vida;
  – **A pena**. Representa equilibrar o coração e restituir sua leveza diante dos infortúnios do mundo. Enquanto invoca a Grande Mãe e respira, ponha a pena ou o escaravelho sobre o coração para apaziguá-lo.

Meditação com Quartzo Rosa

- Coloque um cristal de quartzo rosa sobre o coração para retirar os bloqueios nele. Mantenha-o ali e relaxe. Respire lenta e profundamente e repita, "minha mãe, meu coração";

- Quando sua intuição avisar que o desbloqueio ocorreu, tire o quartzo rosa. Coloque então um cristal de quartzo transparente sobre o coração para energizar e intensificar o amor que está em você por natureza;

- Quando um senso profundo de amor inundar seu templo corporal, levante-se lentamente respirando ainda mais fundo e encare seu dia. Leve o amor que foi ativado para todas as suas relações, pois elas são meros reflexos do nível de amor que você dá e recebe da sua mãe sagrada.

Meditação com Escaravelho ou Pena Branca

- Coloque o escaravelho ou a pena branca sobre o coração e respire lenta e profundamente enquanto repete várias vezes: "minha mãe, meu coração";

- À medida que sua harmonia e sensibilidade se aprofundam, continue inspirando no cerne do Grande Espírito Materno até entrar em transe. Talvez você chore, mas deixe fluir, pois essas lágrimas doces ou amargas trarão alívio. E isso indica que o Grande Espírito Materno tocou as profundezas do seu coração e libertou sua alma;

- Faça essa meditação simples para curar o coração, particularmente durante o período de sete dias no Portal dos Relacionamentos Sagrados ou sempre que precisar;
- Se seu coração estiver pesado, invoque sua mãe espiritual e ela a aninhará em seu peito, a iluminará e encherá seu coração de amor, alegria e compaixão. Dessa forma, ela a ajuda a circular por essa esfera terrestre com mais facilidade e segurança sublime.

Uma Mensagem de Amor para nossas Mães Biológicas

Se tiver ressentimento em relação à sua mãe biológica, livre-se desse fardo limpando seu coração na meditação. Abra-se e, independentemente do que tenha acontecido, apenas agradeça à sua mãe. Abrace-a e beije-lhe as mãos ou, se ela já tiver ido ao encontro dos antepassados, abrace seu espírito ternamente e ofereça uma dádiva espiritual —, pois sua mãe fez o melhor que podia diante das circunstâncias. Perdoe-a e você receberá bênçãos fluindo como uma cachoeira.

MATERNIDADE SAGRADA

Desde cedo, eu sentia em minha alma que a maternidade era um trabalho da maior importância e queria muito ser mãe. Felizmente isso acabou acontecendo. Pari e criei três filhos, além de cuidar de alguns maridos, muitos amigos e clientes, e filhos de outras pessoas.

Mas em comparação a tudo que já fiz pelos outros na minha vida, parir e criar meus filhos certamente foi a experiência mais suprema. Moldar um ser dentro do seu ventre, compartilhar o corpo com a alma que se alimenta da sua pessoa até que chegue à Terra é um milagre indescritível.

Como mãe biológica, você tem a oportunidade de ser uma parte ativa da criação, de sentir uma espécie de erupção vulcânica enquanto se abre com todo o poder. Quando está prestes a dar à luz, você surfa em uma onda sagrada a cada contração. Com que bravura você transcende a dor, usando-a para conduzir uma nova vida.

Enquanto nasce, através do seu bebê, você materializa uma prece de amor feita por você e seu companheiro.

Se você permitir, a maternidade a fortalecerá espiritual, mental, emocional e até fisicamente. E a manterá em contato constante com o(a) Criador(a), que a guiará sabiamente. Se você não relutar ou rebelar-se, a maternidade lhe ensinará a dominar sua vida, o caminho para o amor incondicional e a ter confiança total no(a) Criador(a). Exercer a maternidade é um trabalho realmente nobre que a ajuda a evoluir ao máximo.

No entanto, se não contar com o apoio de um companheiro amoroso ou da família nuclear e da estendida, essa tarefa fica extremamente difícil. Mesmo tendo apoio total, você pode achar que a maternidade é a função mais transformadora que já assumiu, pois ela testa constantemente sua fé, amor e força. Ela obriga algumas mulheres e ajuda outras a despertarem para sua feminilidade absoluta.

Mas o nascimento de um bebê não é um requisito para desenvolver a arte e a ciência da maternidade. Cuidar de qualquer pessoa fomenta o domínio das artes da paciência, ordem, autocontrole e resiliência quanto às próprias fraquezas e ressentimentos. Você precisa falar e agir a partir do seu cerne espiritual, ele pode dar as respostas para suas perguntas e preocupações relativas à maternidade que, em última instância, é um grandioso trabalho de cura.

Por meio do(a) Criador(a), a Mãe Terra nos ensina a ser boas mães. Afinal, ela ama todos nós, seus filhos, alimenta-nos com sua terra e águas, e nos concede ar puro. A Mãe Terra nos transmite paz quando estamos em seus campos, relvas e árvores para que possamos nos sentir seguros. Da mesma maneira que ela cuida de nós, continuamos cuidando dos nossos filhos onde quer que estejam.

Há momentos no exercício da maternidade em que nossos filhos e as condições no entorno ficam muito desafiadores. Às vezes, você sente que não é valorizada e que não há reciprocidade. Lágrimas caem e o sofrimento aguilhoa seu coração. Às vezes, é a criança que dá lições à mãe e, quando isso acontece, você precisa recorrer à Mãe Suprema que está eternamente disponível para consolá-la, curá-la e aliviar seu coração.

Ser mãe é uma posição suprema de poder, paz e força. Às vezes, a maternidade é tão gostosa e reconfortante quanto comer broa de milho, frango de soja grelhado e couve com um jarro de limonada com mel, junto de toda a família reunida no quintal da avó, em um dia quente de verão. Maternidade — que delícia! Você me deixa plenamente satisfeita.

De Mãe para Filha

Mães, reservem tempo para ensinar a suas filhas cujos ventres ainda não foram tocados pelo mundo. Mediante seu exemplo, mostrem a elas o certo e o errado. Sigam sua intuição e conhecimento. Orientem-nas a respeitarem seus ventres sagrados. Unjam e abençoem seus ventres, corações e mentes na lua nova ou quando menstruarem. Ensinem-nas a cuidarem de seus ventres sagrados seguindo os ensinamentos das leis naturais. Assim como as mulheres antigas faziam, sussurrem no ouvido delas à noite, "seu ventre é sagrado porque você é sagrada".

Mãe, diga à sua filha que ela é linda como um cristal, uma pérola ou outra pedra preciosa. Diga que ela é tão adorável quanto as rosas e as orquídeas. Sua filha amada deve ser apreciada como uma das flores da Mãe Terra.

Deixe claro para sua filha que ela é digna de todo o amor e bênçãos do(a) Criador(a). Abrace-a com frequência, beije sua cabeça e embale-a sempre que possível, para que ela saiba que você é seu porto seguro.

Converse com ela e conte o que está se passando em seu coração. Escute-a atentamente e mostre-se aberta a qualquer revelação por maior ou menor que seja.

Acalente o seu coração mostrando-lhe as belezas do mundo. Mas deixe-a ciente também das adversidades mundanas, para que desenvolva ao máximo a compaixão e o intelecto.

Faça entender que o ventre é uma extensão dela mesma. Abasteça-a com muito amor, para que a vida de sua menina seja sublime.

Uma Aldeia de Sororidade Materna

Em um *workshop* no qual eu estava falando sobre o relacionamento entre mães e filhas, Sharon me abordou e disse que sua filha de 12 anos de idade, Lajuana, chegara à conclusão de que havia falhas em suas capacidades maternais. Isso não é incomum nessa idade sensível, mas, ao invés de atacar ou brigar o tempo todo com a mãe, Lajuana tentou o que depois chamaria de abordagem da "aldeia de sororidade materna".

Lajuana procurou quatro amigas íntimas da sua mãe que tinham dons especiais — pelo menos aos seus olhos —, que representavam um aspecto de sua educação que a própria mãe não poderia suprir. Ela escolheu uma mãe que tinha uma loja para receber conselhos práticos; pediu a uma *designer*, que era a mais elegante e atraente do grupo, conselhos sobre roupas, cabelo, maquiagem — e meninos. Escolheu uma mulher sagrada para aconselhamento espiritual e também uma professora do colegial para aconselhá-la sobre como lidar com os estresses na escola, entrar na faculdade e enfrentar os novos desafios por lá. A menina também imaginou que poderia recorrer a essas mulheres para lhe aconselharem sobre a melhor forma de lidar com sua mãe, pois todas conheciam Sharon profundamente.

Lajuana então falou com cada uma delas separadamente e perguntou se estariam dispostas a participar de sua aldeia de sororidade materna. As quatro mulheres ficaram lisonjeadas e felizes em apoiar Lajuana. Ser madrinha porque os pais da criança a convidaram é bem diferente de receber esse convite por parte de uma pré-adolescente com discernimento. Trata-se de uma dádiva muito especial, sobretudo para mulheres que talvez não tenham filhos biológicos. Mães honorárias são valorizadas por ser quem são e pelas dádivas que têm para oferecer.

As quatro madrinhas em potencial então relataram essa proposta de Lajuana a Sharon, que ficou surpresa, mas adorou a ideia. Ela achou a filha brilhante e que esse plano aliviaria muito a pressão que ambas sentiam. E foi assim que surgiu o círculo de sororidade materna. Lajuana se sentia à vontade para consultar qualquer uma das mães postiças quando tinha um problema ligado às especialidades delas. Em pouco tempo, Sharon e Lajuana se deram conta de que seu relacionamento também havia melhorado.

O círculo de sororidade materna existe até hoje e, a essa altura, Lajuana está com quase 30 anos de idade, casa e com um um bebê. Basicamente, ela recriou para si mesma a antiga tradição afrakana da família estendida. Montou uma aldeia para ajudar em sua criação e agora está usando essa sabedoria para criar a própria filha.

Seja qual for nossa idade e tendo nossas mães vivas ou não, podemos criar nosso círculo de sororidade materna. Afinal, todas nós precisamos continuar nos aperfeiçoando ao máximo no quesito da maternidade. Reflita sobre quem você pode escolher para madrinha do círculo e a convide. E também considere a possibilidade de sugerir à sua filha, na próxima vez que ela criticá-la por suas falhas, que também crie um círculo de sororidade materna. Quem sabe vocês não acabam entrando no círculo de outra pessoa? E assim os círculos de amor, solidariedade e maternidade continuarão se expandindo como as ondulações em um lago após uma pedra ser atirada.

De Mãe para Filho

Meu filho SupaNova S.L.O.M. "Daoud" me ajudou a organizar o conteúdo deste livro. Quando estávamos acabando essa tarefa, ele disse: "mami, você fala sobre todos os tipos de relacionamento em seu livro, mas nada sobre mim, que sou seu filho, e nosso relacionamento excelente. Por que você não escreve algo sob a perspectiva de mães para filhos?". Após pensar por algum tempo, aqui está o que tenho a dizer.

Uma aldeia de mães e filhas

Ser mãe de dois rapazes e uma moça é altamente gratificante e, às vezes, muito cansativo e acabrunhante. Mas o fato é que a maternidade traz muitas lições divinas e eu as aceito de bom grado. Por exemplo, um filho às vezes quer fazer o papel de pai e dizer o que a mãe tem de fazer. Quando isso acontece, eu me levanto da mesa na cozinha e berro: "Alto lá! Eu sou a mãe e a comandante deste navio".

A maternidade dinâmica e espontânea traz surpresas maravilhosas. Fique atenta para o que o(a) Criador(a) irá executar através de você.

O pai dos meus filhos e eu nos separamos há muito tempo. Então, além de dar a dose normal de amor e compaixão, eu também tive de assumir o papel paterno e ser firme e forte. Muitas vezes eu achava que não daria conta. Mas com o passar dos anos e de muitas lágrimas, eu não esmoreci, continuei me elevando e encontrei o caminho.

O(a) Criador(a) me guia e me ensina a criar meus filhos para que sejam pessoas íntegras neste mundo desconjuntado. Para facilitar um pouco a minha vida e equilibrar mais a vida dos meninos, fiz questão de que eles tivessem contato com muitos homens maravilhosos, como tios de sangue e espirituais, um padrasto atencioso e carinhoso, mentores e amigos, que os ajudaram em seu processo de crescimento.

Da primeira à oitava série, os meninos estudaram em escolas com cultura afrakana e refeições vegetarianas que destacavam a importância de uma vida pura e natural. Essas escolas também os ajudaram a se fortalecer, a manter uma autoimagem positiva e orgulho de suas origens. Ao invés de ser condicionados ao legado da escravidão, eles foram instruídos a respeito do legado de Maat, que prega a retidão, a dignidade, a inteligência, a força e a prosperidade.

Quando eles eram crianças e adolescentes, eu me empenhei para lhes infundir autoconhecimento, amor, apoio e raciocínio elevado. Matriculei meu caçula na Endosha Martial Arts and Cultural School para aprender a ter disciplina e formar o caráter sob a influência de homens fortes e virtuosos.

Meus dois filhos fizeram seus ritos de passagem no contato com os exemplos masculinos positivos na comunidade. Além disso, fizeram o treinamento para os ritos de passagem do Santuário de Ptah Wat-Heru, no Vale do Nilo, assim ganhando uma base sólida de espiritualidade afrakana e autoconhecimento. Seu pai biológico lhes deu um banho espiritual e palavras de sabedoria quando ambos deram o passo final para adentrar para a maturidade.

Agora meus filhos estão prestes a se tornar líderes e mentores para outros rapazes. Eles são sensíveis, carinhosos, fortes, inteligentes, vegetarianos e visionários. Nós conversamos muito sobre nossas aspirações individuais e coletivas, sentimentos, esperanças e sonhos. Nosso relacionamento realmente é abençoado.

Todo o poder às mulheres que conseguem manter um casamento saudável — o que facilita muito criar crianças saudáveis! Para aquelas como eu que se divorciaram e criam os filhos sozinhas, meu conselho é que batalhem para ficar mais sábias e carinhosas. Abracem mais, conversem mais, brinquem com mais vigor, amem profundamente e soltem toda a sua criatividade. Foi isso que fiz para ser mãe e pai dos meus filhos.

Por amor aos meus meninos, eu até ando sobre brasas. E praticamente fiz isso muitas vezes diante dos desafios para educar filhos adolescentes. Quando SupaNova tinha 17 anos de idade, eu tive de enviá-lo para ficar um ano com a família do pai na Carolina do Sul, a fim de tirá-lo das ruas de Nova York e salvar sua vida. Eu e meu filho menor, Ali, fomos para St. Thomas, Ilhas Virgens, por seis meses, para que ele recobrasse sua alma. Nessas andanças pelas estradas da vida, eu me amparava na voz curativa do(a) Criador(a). Sim, a verdade é que tive que lutar muito e me elevar espiritualmente para que meus filhos se tornassem homens íntegros.

Na mentalidade afrakana tradicional, nossos filhos herdam o que e quem somos como parte de seu legado. E sei que isso é verdade, pois certo dia meu filho caçula estava ajudando sua avó a preparar alguns produtos Heal Thyself em nosso Laboratório Culinário de Cura, então me olhou e disse: "Mami, quando eu crescer vou ser médico para ajudar os bebês a nascerem, mas também vou ajudar o negócio da nossa família, o *Heal Thyself Center*, a crescer". E então se concentrou de novo no trabalho.

Certa feita, eu estava desmoronando e desnorteada com meu trabalho, aí meu filho mais velho, que na época tinha 19 anos de idade, me disse: "Não se preocupe, mami, eu vou difundir seus ensinamentos. Afinal, sou um guerreiro do(a) Criador(a) e vou erguer o "estandarte da Libertação" através da purificação. Eu vou representá-la bem porque sou clorófilo [alguém que se alimenta principalmente com verduras]". Então, ele se inclinou e beijou minha testa, e isso aqueceu meu coração.

Quando os filhos, que são reflexos seus, estendem-lhe as mãos e os corações para apoiá-la, curá-la e animá-la... Faltam palavras para exprimir a gratidão de uma mãe pela Divindade que se expressa através de seus filhos.

Minha mãe sempre dizia que não era fácil criar meninos, e ela tinha razão. Mas, Senhor, isso faz tão bem à minha alma que eu só posso agradecer para sempre por ser mãe desses dois filhos preciosos!

Obrigada, Mami, por Me Amar

Mami é muito rica à sua maneira e adora viver sem esforço. Ela é como uma linda meditação. Mami me cultiva com tanto carinho quanto alguém que cultiva um belo roseiral.

Eu agradeço à minha mãe, Ida Robinson, que é um maravilhoso exemplo e a personificação da paz. Não importa o quão intensa a vida possa ser ou quão turbulenta fique essa montanha-russa, você sempre ficou imperturbável como uma pomba sentada pacificamente diante da confusão, dos desafios e dos altos e baixos na vida.

Obrigada, por me mostrar como é a paz. Obrigada, por seu modo gracioso de andar, seu modo régio de se sentar, seu modo suave de rir e o tom brando de sua voz. Você me transmitiu uma imagem refinada sobre a beleza de ser mulher.

Obrigada, mami, por me apoiar a vida inteira com meus filhos, meu trabalho, minhas amizades, meu companheiro e com todo o meu ser. O trabalho para o qual eu estava destinada não teria acontecido sem você.

Obrigada, por me manter na linha e segura quando eu era pequena. Isso compensou mais tarde, como você e outras pessoas experientes sabiam de antemão.

Agradeço à minha antepassada "Big Mama Ford", por ter tido minha mamãe Ida e por imprimir em minha mente a beleza a necessidade de uma mulher afrakana em ser forte. Obrigada, Big Mama, por criar tão bem minhas nove tias e quatro tios junto com o vovô Ford. Mas lhe agradeço sobretudo por ter me dado minha mãe, cuja beleza interior e exterior supera a beleza do lótus. Minha mãe é suprema. Ela é uma linda meditação.

Minha preciosa e bela filha, Sherease, você me aproxima cada vez mais do Altíssimo. Obrigada, filha, por me ensinar o que eu sou no âmago do meu ser. Obrigada, por andar comigo para que eu possa cultivá-la adequadamente. Sou sinceramente grata ao(a) Criador(a) por ter me escolhido para ser sua mãe. Apesar de todos os nossos altos e baixos e de épocas bem difíceis, temos também tantos momentos calmos e doces, e é maravilhoso estar com você.

Nossa união plena de ensinamentos como mãe e filha merece uma reflexão muito especial, pois vejo claramente minhas provações, vitórias, loucura, medos, beleza e esperança de ser como um lótus fluindo para você.

Queen Afua e sua filha, a princesa Sherease

Eu prometo estar com você em todos os dias da sua vida, mesmo quando me tornar uma antepassada. Não se preocupe, pois estarei sempre a seu lado. Meu amor por você é firme e sem oscilações.

Mães, pais e sobretudo a família estendida, amem, mimem e zelem por suas filhas, para que elas se acostumem a ser bem tratadas. Ensinem às mulheres da família a esperarem e receberem o melhor tratamento por parte dos homens em suas vidas. O bom tratamento deve ser a norma, não a exceção. Estimulem a família a amar suas mulheres. Desse modo sua autoestima ficará elevada e elas não atrairão homens abusivos, e sim homens que amam, respeitam e apoiam as mulheres.

Aviso das mães para as filhas: há uma corda de prata que nos liga. Se você não souber o que fazer ou para onde ir, basta puxar a corda que eu lhe enviarei ajuda. Você pode ter certeza de que sempre estarei à sua disposição e, mesmo que não esteja fisicamente presente o tempo todo, enviarei uma extensão de mim — como sua avó ou sua tia.

Que todas nós possamos continuar sendo exemplos positivos para nossas filhas e irmãs onde quer que estejam.

Nós Temos Muitas Mães

Uma irmã novata no caminho da purificação estava me contando sobre os problemas que tem com a mãe: "Nunca tive um bom relacionamento com minha mãe e, especialmente por continuar tentando, isso me magoa. Estou sempre dando informações de cura, mas ela não aceita. Tivemos uma briga séria esta semana e julgo ter sido o motivo pelo qual me fez comer compulsivamente".

Nosso primeiro relacionamento importante é com nossas mães. E não importa nossa idade ou se elas ainda estão vivas ou não, esse relacionamento continua nos afetando profundamente.

O que muda com o passar dos anos é a visão que temos sobre elas. Com trabalho interno e purificação profunda é possível passar da ira e incomunicabilidade para a compaixão e a aceitação.

Mas nesse ínterim e seja qual for a nossa idade, continuamos precisando do apoio materno, então todos nós temos diversas mães na vida. Em suas meditações, acesse a todas elas. Temos gratidão pela mãe e guardiã que nos trouxe ao mundo, mas talvez ela não possa dar tudo o que precisamos. Afinal, é preciso uma aldeia para criar uma criança e, enquanto crescemos, muitas pessoas ajudam nesse processo. Portanto, temos algumas mães e devemos louvá-las. o(a) Criador(a) é sua mãe e preenche esse vácuo suprindo constantemente nossas necessidades. Basta abrir os olhos para enxergar isso.

Talvez uma mulher em seu trabalho sempre a apoie, ajude e dê bons conselhos. Por exemplo, minha contadora tem sido como uma mãe para mim nas últimas duas semanas e está me ajudando a comprar o imóvel onde trabalhamos. Ela diz: "Eu não sei por que me empenho tanto por você, tenho toda essa trabalheira e faço todas essas portas se abrirem". Mas eu sei que ela faz isso porque sente que sou como sua filha. E, como ela tem mais sabedoria, eu aceito isso com gratidão. Eventualmente, uma amiga pode servir de mãe para você.

Portanto, não se sinta vazia e fique grata à sua mãe biológica. Aliás, às vezes você pode ser uma mãe para sua mãe e lhe dar o que ela não consegue, nem que seja apenas um bom pensamento. Você sabia que pessoas no mesmo recinto podem enviar pensamentos umas para as outras e abalá-las? Uma delas pode pensar: "Por que será que de repente estou me sentindo tão mal?". Isso acontece quando o ambiente está cheio de pensamentos que deprimem seu espírito. Então, tente se sentar com sua mãe e pensar: "Eu a amo, mami. Obrigada por me mostrar tanta força". Assim, vocês se conectam no plano espiritual. E entenda de uma vez por todas que ela sempre tentou ser a melhor mãe possível. Se você demonstrar sua gratidão a ela, suas filhas e netas lhe recompensarão com a mesma energia.

Curando Nossas Mães e Nós Mesmas

"Minha mãe sofre até hoje", relatou uma cliente minha. "Há vinte anos ela foi com os filhos buscar ajuda, mas a mãe dela lhe negou dizendo: 'Não quero você e as crianças por aqui; volte para o seu marido'. Mas, como o seu marido era abusivo, ela teve de ir para um abrigo."

É por isso que eu digo que se alguma vez sua mãe abriu a porta e deixou você entrar, beije os pés dela com gratidão, pois a gratidão sempre é construtiva. Se você continuar dizendo "obrigada, mamãe", isso gera luz e ela pode se curar. Seja a energia de cura para ela.

A Cura Final

Em um dos meus *workshops*, uma irmã disse:

— "Escrevi uma carta para minha mãe dizendo que me recusava a continuar sendo a Cinderela e ela disse que não se opunha. Uma amiga dela me telefonou e disse: 'Ouça, eu sei como é o relacionamento entre vocês duas. Então, toque sua vida e eu lhe aviso se sua mãe precisar de alguma coisa'. Então, fiquei livre durante dois anos".

Certo dia recebi um telefonema dela dizendo que precisava de mim. Fui ao seu encontro e ela ficou surpresa por eu me dispor a cuidar dela. Eu disse que faria isso por qualquer pessoa e nosso relacionamento azedou de novo. Mas foi ela que me ensinou a me dispor a ajudar as pessoas. Quando ela estava morrendo, percebi que ela se deu conta de que havia me levado a ser como sou. Ela teve uma morte tranquila, não posso negar que a sua partida me deu uma sensação de liberdade."

Agora entendo que nossas mães chegam a um acordo em relação a isso ao ver como tocamos a vida, como nos transformamos e ficamos em paz com nós mesmas. É nesse ponto que a mãe entra em nosso campo energético. Atualmente ela pode estar até lhe rejeitando e dizendo: 'Você não existe e não é minha filha'. E você continua tentando alcançar a imagem de filha ideal construída por ela. Mas você precisa entender que se transformar, ficar em paz consigo mesma e ser paciente é necessário. Com o tempo, sua mãe aprenderá quem você é e que teve participação nisso.

VIVENCIANDO A SORORIDADE

Certa vez, uma irmã me contou o seguinte: "Minha avó sempre me dizia para não aceitar desaforo das mulheres".

Nós tememos umas às outras por causa da competição pelos homens e a escassez de recursos para sobreviver. Em consequência, magoamos e causamos males umas para as outras.

Mas agora vamos começar a nos olhar, nos abrir e a nos abraçar sem medo. E quando fazemos nosso trabalho interno, a vida reflete quem somos agora. Quando estamos por aí no mundo, aquilo que vemos é nosso próprio reflexo.

Quando tomamos o banho espiritual e fazemos as afirmações no caminho de casa para o trabalho, estamos incorporando bem-estar em nossa vida. Então, tenha sempre água com limão na mesa de trabalho. Mantenha a pena de Maat em sua sacola de medicina e use-a no meio da tarde quando estiver estressada. Tudo ficará mais fácil quando você estiver com alguma irmã, pois ela refletirá o que você faz para si mesma. Confie também no ventre dela.

Irmãs Virando Mulheres Juntas

Como irmãs, Queen Esther e eu falamos a mesma língua, temos as mesmas visões e criamos nossos filhos juntas. Nós nos sentávamos ao redor da mesa e conversávamos às vezes durante dias, e nos tornamos verdadeiras irmãs espirituais. Embora muito jovem, ela era muito sábia. Sua alegria de viver me inspirou a encarar a vida de uma maneira mais bela e enlevada. Ela atiçou meu fogo.

Queen Esther é ativista cultural, mãe extraordinária de dois filhos, empreendedora, mulher de negócios e uma graciosa dançarina. Acima de tudo, ela tem um amor profundo por seu povo. Nós exploramos juntas os questionamentos do coração, da mente e do espírito. E, magicamente, as respostas fluem entre nós. Até fizemos um pacto de que quando tivermos cem anos ou mais e ainda estivermos vibrantes, vamos nos reunir e relembrar nossas histórias de vida.

Eu e Queen Sther desenvolvemos juntas nossa espiritualidade. Passamos um tempo em uma cabana para suadouro dos povos indígenas e recebemos nossas penas sagradas. Fui seu apoio na reserva indígena nas montanhas Black Hills em Dakota do Sul. O pai dela, o senhor Hunter (que descanse em paz), era do povo indígena Blackfoot (pés-pretos). Graças a isso, Queen Esther foi uma das primeiras mulheres afrakanas a participarem da Dança do Sol — uma tradição sagrada que existe há milhares de anos.

Anualmente em agosto, as tribos se reúnem para orar pela libertação, pela terra, por nossos espíritos materno e paterno, pelas pessoas das rochas, pelos seres de duas e quatro pernas, e pelos seres alados. Eles dançam, jejuam e suam pela libertação, e oram pelos prisioneiros políticos nas cadeias dos Estados Unidos.

Durante a escravidão, muitos escravos afrakanos fugitivos buscaram refúgio junto aos povos indígenas americanos, e eles conseguiram conviver bem devido às suas tradições, visões, rituais e valores morais em comum. Ambos os grupos respeitam a natureza e acreditam na Pena Sagrada. A águia dos povos nativos da Ilha da Tartaruga e o falcão sagrado dos núbios são aves que representam nossa ascensão espiritual. Foi devido a essa convivência que há pessoas mestiças de Black-foot e afrakano, como o senhor Hunter.

O chefe Crow Dog era um cara "irado", o que é sinônimo de poderoso no Harlem, e um dos líderes da Nação Sioux. Foi ele que deu permissão para Queen Esther participar da Dança do Sol nas Black Hills de Dakota do Sul. E Marenzo — líder de uma cabana para suadouro, artista e nosso amigo de Chicago — também deu seu aval.

Mais de cento e cinquenta pessoas foram para a reserva indígena para ser dançarinos do sol e apoiadores. Nós duas montamos uma barraca por lá, nos lavamos em um lago por perto quando nos levantamos na alvorada e jejuamos (ou comemos "sanduíches de ar", conforme dizia Queen Esther). Tambores nos acordavam às cinco horas da manhã para começar o ritual de purificação, que se estendeu por quatro dias. Esther se vestia com penas, xales e envoltórios como as mulheres nativas tradicionais. Ela fazia um suadouro matinal e dançava durante oito horas sob sol e chuva. Eu e Marenzo a apoiamos durante esse tempo sagrado.

Maat Kheru: as Vozes Sagradas

Toda noite ao longo dos quatro dias da dança, minha irmã e eu nos sentávamos para suar na Grande Mãe (Mut), a cabana aquecida por vinte a quarenta pedras incandescentes. Um dos suadouros mais surpreendentes foi quando ficamos na cabana com algumas mulheres indígenas do Alasca. Elas eram muito sólidas espiritualmente e nós suamos durante horas expelindo mágoas antigas, raivas represadas, sonhos frustrados e decepções. Ficamos então fortalecidas pelo poder do nosso povo, até que um chamado por liberdade ecoou das nossas profundezas: "A liberdade está à mão. A ressurreição de uma nação está próxima".

À medida que amadurecíamos no convívio com outras mulheres, expelimos a negatividade acumulada no decorrer da vida. Quando esquecemos de estudar, as lições não aprendidas se acumulam, mas é preciso se desfazer do excesso de bagagem. Quando começamos a murchar como passas ao sol, nós conversamos, oramos e meditamos juntas e nos desfazemos da dor, invocando liberdade, força, amor, poder, perdão e paz para nós mesmas, nossas famílias de sangue e as estendidas.

Você sempre estará comigo, irmã Esther, mesmo que estejamos geograficamente muito distantes. Graças ao Criador/Criadora, eu sei acessá-la sem precisar de um telefone.

Minha amizade profunda com Queen Esther é um exemplo perfeito de sororidade. É maravilhoso ter uma ligação de alma com uma mulher generosa que está sempre se aperfeiçoando. Mas é melhor ainda ter um relacionamento com uma mulher com quem você trabalha! Um relacionamento fica estagnado quando a outra pessoa só é capaz de lhe oferecer negatividade.

Por que algumas mulheres conseguem o manto da Mulher Sagrada e outras vestem orgulhosamente o manto da "Vadia"? Elas podem nos controlar e aterrorizar por muito tempo, mas, quando começamos a fazer o trabalho interno, nós descobrimos que na verdade as "vadias" são mulheres feridas que precisam de uma cura profunda.

SUPERANDO A RIVALIDADE

Eu tenho observado os *millennials* e, em especial, aqueles ligados ao *hip-hop*. (Millen-nials são as pessoas que entraram na vida adulta na virada para o século XXI). Lamentavelmente, nas letras de muitas canções e em conversas os homens se referem a amigas, companheiras e esposas como "minha vadia". E estas confirmam, "sou a vadia dele". Homens e mulheres que falam isso demonstram mal seu carinho e parecem aceitar que uma pessoa tem a posse da outra. Usar a palavra 'vadia' nas letras e conversas é uma evidência gritante de uma sociedade que perdeu o bom senso. Nesse caso, o "V" poderia ser substituído por "vilanizada".

Para desfazer o sentido pejorativo e a negatividade resultante, eu sugiro um exame da acepção atual da palavra 'vadia' e um trabalho para curar seus efeitos deletérios.

Campanhas para transformar a conotação maligna de "vilanizada" em uma vibração sadia seriam adequadas para uma mulher sagrada e todas as suas relações.

Boas notícias! As mulheres estão começando a se rebelar contra a palavra 'vadia', que é uma forma de abuso verbal. Em nome do amor e da ordem para curar, é hora de mulheres e homens superarem a rivalidade e a dor e pararem de ser considerados e chamados de maneira pejorativa.

Como mulheres que curam, nós nos elevamos rumo à nossa verdadeira natureza holística, para que as mulheres e os homens se elevem. Nossos homens começarão a nos ver e a nos chamar adequadamente: rainha, amada, preciosa, linda, adorável, sagrada e por aí em diante. Quando todos nós usarmos nomes abençoados, seremos abençoados.

Como Curar "a Vadia"

O que acontece com um povo que é arrancado de sua terra e perenemente usado e abusado por outro grupo que só visa ganhos pessoais diabólicos? O que acontece com gerações de mulheres dessa tribo que há centenas de anos são estupradas por seus opressores por prazer e lucro? O que acontece com uma mulher afrakana linda e íntegra que foi obrigada a parir bebês concebidos sob circunstâncias tão degradantes?

Uma das coisas negativas que podem acontecer com mulheres que passam por esses sofrimentos terríveis é a possessão pela "Vadia". A "vadia" é uma mulher frustrada, que tem muita dor e medo, e se sente desperdiçada e presa em uma armadilha. A "Vadia" é uma entidade ou espírito maligno que toma posse do templo corporal de uma mulher que já está tomada pela ira, ódio, inveja e desespero. A "Vadia" pode possuir mulheres de qualquer raça e *status*. Ela é o oposto da Mulher Sagrada e, em última instância, destrói sua presa.

Este texto é uma resposta ao que essa sociedade tem feito contra o meu povo e, portanto, contra mim. Só me resta compartilhar essa mensagem, pois sofro há anos por causa de mulheres possuídas pela "Vadia". Isso me deixa triste, me sentindo usada e mal comigo mesma. As irmãs possuídas pela "Vadia" me fazem chorar, pois me sinto atacada, desamparada e desesperada. Diante delas fico tão assustada e intimidada, que me fecho totalmente. Até meus filhos já falaram, "mami, as pessoas confundem sua bondade com fraqueza". SupaNova dizia: "mami, você precisa ser mais forte, se posicionar e se defender".

No decorrer dos anos, minha própria cura me ajudou a entender que a "vadia" é um estado doentio em uma mulher, a qual precisa de purgação e cura psicológica, espiritual e física. Esse entendimento fez meus medos em relação a ela se transformarem em compaixão pelo ponto de vista de uma mulher que cura, recorrendo aos meus antepassados para ter força e clareza.

Certa manhã, eu estava na minha banheira imersa na água com duas xícaras de sal, tentando me curar de um embate com uma "vadia". Eu estava olhando para a parede, quando as lágrimas começaram a banhar meu rosto. E fiquei pensando, "isso é maldade! Por que ela é tão má?". Então voltei aos meus 7 anos de idade, quando estava muito magoada com minhas irmãs. Após ponderar por alguns minutos, eu disse em voz alta, "que vadia!".

Meu marido ficou chocado, pois nunca praguejo. Houve um silêncio no banheiro, então ele disse: "você precisa escrever sobre esses sentimentos antes que seu espírito definhe".

Eu estava em transe e as lágrimas continuavam escorrendo pelo meu rosto, seios e na água. Então, notei que estava cercada por um banho de lágrimas. Eu estava enfeitiçada, presa no espaço e sem esperança.

Esse dia doloroso parecia não ter fim e chorei sem parar. Perguntei chorando à minha mãe por que tantas mulheres agem dessa maneira agressiva: "O que há de errado conosco?". Chorei falando com minha amiga Prema. Chorei enquanto andava nas ruas.

No final do dia, comecei a escrever. Eu transformei minhas lágrimas nessas páginas para que alguma cura abençoe meu povo. Mesmo após a escravidão, meu povo continua sofrendo tanto que isso ficou gravado em nosso DNA — e faz as mulheres magoarem constantemente umas às outras.

O *Random House College Dictionary* define 'vadia' [*bitch* em inglês] como "(1) uma cadela; (2) uma mulher obscena, indecente, baixa e vulgar. Gíria: uma mulher malévola (motivada pelo vício); uma mulher desagradável, egoísta, difícil ou rancorosa. Ela deseja o pior para os outros, inclusive doenças, é vingativa, má, perigosa e aviltante".

Por que estou mencionando a maldade e a vingatividade da "vadia" neste livro? Porque a "vadia" sempre fez parte da minha evolução e certamente da sua também sob a forma de amigas, parentes e colegas de trabalho. Eu fui criada para ser a "Princesa de Arenito", e algumas pessoas me chamavam "Senhorita Certinha". Como não fui criada para ser "vadia", eu não tinha as ferramentas nem as habilidades para identificar, lidar ou curar as feridas causadas por uma. Tive que me virar e aprender tudo isso sozinha, pois ninguém conseguia me explicar como conviver com uma "vadia" na família ou na sociedade em geral.

A esta altura na minha vida eu reconheço que há mulheres de camomila — as calmas e gentis; mulheres de babosa, que são francas, porém solícitas; mulheres de pimenta-caiena e gengibre, que são rápidas, certeiras e intensas; e mulheres de argila, que são realistas, despojadas e muito ligadas à natureza. E, obviamente, há as "vadias". Mas todas têm potencial para ser mulheres de lótus — espiritualmente iluminadas, graciosas, belas, compassivas e íntegras.

Às vezes, a "Vadia" encarna em uma mulher que teme não ser boa, forte, poderosa ou feminina o suficiente. Uma mulher sob mais pressão do que pode aguentar, às vezes fica possuída pela "Vadia". Uma mulher se torna uma "vadia" de primeiro grau quando é forçada a viver na penúria, com pouco ou nenhum apoio — abuso sexual, estupro e mutilação. A "vadia" é uma sobrevivente de um ambiente altamente negativo e pisa em qualquer um em sua luta pela própria sobrevivência e a de seus filhos ou do seu companheiro. Mas ela precisa tomar cuidado, pois pode atrair a própria derrocada enquanto espalha o mal à sua volta.

O fato é que, ao se ajustar sistematicamente aos Princípios da Mulher Sagrada, a "vadia" pode se curar. Todas as mulheres têm potencial para ser más umas com as outras, inclusive com as amigas, e com os homens que têm medo de confrontar uma mulher com essa possessão. Portanto, eles acabam procurando mulheres de outras culturas, que não têm o pesado fardo psicológico que o histórico de escravidão neste país gravou em nossos genes afrakanos. O homem negro busca refúgio em outras mulheres e despreza as negras, com a justificativa de que elas estão sempre agindo como "vadias". É isso que ouvimos dos lábios de muitos dos nossos homens e essa é a fama que estamos ganhando. Eles reclamam do nosso comportamento por vezes áspero e mandão — como se estivéssemos sempre lutando pela sobrevivência. Irmã, se você se identificou com essa descrição e está cansada de ficar triste devido a um relacionamento desgastado, tente se animar.

1. Possessão Ocasional pela "Vadia"

Há "vadias" que emergem ocasionalmente quando a necessidade se apresenta. Na maior parte do tempo, elas parecem normais e até demonstram uma bondade genuína. Mas se alguém irritá-las na hora errada, elas pegam a espada e fazem picadinho da pessoa. E quando acabam de arrasar a pessoa, agem como se nada tivesse acontecido.

2. Possessão em Tempo Integral pela "Vadia"

Algumas mulheres são "vadias" em tempo integral — más o tempo todo, mesmo quando estão sorrindo calmamente para você. As engrenagens da artimanha giram constantemente para fazer maldades. Ela mexe seu caldeirão com palavras astuciosas, pensamentos venenosos e o proverbial "mau-olhado", que tem efeito devastador. Ela solta regularmente veneno na atmosfera, deixando uma catinga que infecta os transeuntes, pois sua missão é destruir o próprio cerne da vida. Tome cuidado se você for uma de suas vítimas, pois quando ela ataca, a única saída é se fortalecer elevando seu nível vibratório por meio de jejum e prece.

3. Possessão pela "Vadia" Dissimulada

Há também a "vadia" dissimulada que manipula as pessoas aparentando ser bondosa. Ela a abraça, parece lhe dar apoio e fala com tons suaves enquanto desliza com facilidade. Após estar com ela, provavelmente você ficará empolgada com um projeto ou uma promessa. Mas logo ou muito tempo depois, você cairá em si e perceberá que ela a enganou e roubou algo precioso. Com um sorriso, a vadia se apossou de sua mente, confiança, dinheiro, tempo, dádiva ou segredo sem dó nem piedade. Às vezes, ela é habilmente sutil, e outras vezes, impiedosa, ferina e fatal.

Todos os tipos de "vadias" são muito fortes e seus efeitos tóxicos ficam mais venenosos durante a lua cheia e a menstruação. Nesses períodos, o mal que as rege fica mais poderoso.

Alguns confundem Sekhmet, a guardiã espiritual camítica com cabeça de leoa, com a "Vadia". Mas Sekhmet luta para destruir o mal e só faz bem às pessoas, à sociedade e às instituições. Ela é guiada por Maat, ou seja, pela justiça, ao passo que a "Vadia" é sempre movida pela cobiça, luxúria, medo, aflição, egoísmo, controle, inveja, amargura, confusão e artimanha.

A "vadia" foi muito cultivada durante a escravidão e é um subproduto do estupro em massa perpetrado contra nosso povo. A mulher negra aquecia a cama do seu dono branco. Ao mesmo tempo, era criada da mulher dele, que usava as táticas mais baixas para controlar essa escrava. Outrora bela e altamente espiritual, a sacerdotisa, anciã, mãe, rainha, princesa e herborista afrakana foi levada com violência para outros países, inclusive os Estados Unidos. Então, por meio de chibatadas e correntes, ela foi submetida a estupros constantes cometidos pelos proprietários de escravos, por seu companheiro e por qualquer capataz nas fazendas, que resultavam em filhos visando o lucro dos mandantes do esquema escravagista. Então, como uma vaca em um rebanho, ela paria o máximo de bebês que conseguia devido à ganância insaciável desse sistema desumano.

O chefe de família de uma mulher escrava era o capataz, que mandava em todos e ditava a lei. Era ele que providenciava um barraco para morar, restos de comida e trapos para a mulher e seus bebês. O homem ou marido da mulher roubada podia ser linchado, vendido ou obrigado a engravidar outras mulheres para fornecer mais mão de obra. Esse sistema agrário se ampliou e sua pujança econômica dependia do número de cabeças (escravos) posta para trabalhar.

Era impossível manter os laços familiares. Uma menininha crescer sem pai era a norma nestas paragens e isso gerou um condicionamento após a escravidão que levou a famílias disfuncionais e a famílias chefiadas por mulheres. Essas menininhas sem pai se tornaram mulheres raivosas que ficaram possuídas pela "Vadia" (o que é mesmo uma "vadia"?).

O comportamento de uma "vadia" muitas vezes se deve a um trauma por incesto, outro estratagema da vida nas fazendas para aumentar a qualquer custo o número de escravos. Os criminosos proprietários de escravos os forçavam a ter relações sexuais até entre mãe e filho, pai e filha, e tio e sobrinha. Esse mal se espalhou por gerações e até hoje há um índice alto de incesto em nossa raça.

Mulheres negras ficam na defensiva e têm vidas disfuncionais devido aos crimes cometidos constantemente contra seus ventres durante séculos — uma situação ideal para a "Vadia" vicejar. Como essas mulheres não seriam raivosas, más e loucas? O veneno é transmitido ao longo das gerações mediante o consumo de carne de porco, vaca e frango e açúcar, além de drogas e álcool. Tudo isso assegura a continuidade dos comportamentos desequilibrados.

A maioria de nós mulheres tem de lutar para viver e essa batalha eterna destrói algumas. Mas certas mulheres suplantam o sofrimento e se tornam guerreiras pela liberdade e ativistas culturais. Mesmo após a escravidão, todas essas mulheres são prisioneiras de um crime hediondo perpetrado contra sua raça. Esse legado terrível causa algumas reações evidentes e inumeráveis reações reprimidas.

Algumas mulheres ficaram dóceis e debilitadas. Algumas se tornaram empregadas domésticas submissas e obedientes. Algumas são tão destituídas de amor-próprio que acabam mutilando sua beleza afrakana na tentativa de embranquecer. Outras fazem cirurgias plásticas para afilar o nariz e os lábios ou usam lentes de contato azuis, verdes e castanhas.

Nos anos 1960 fizemos um grande movimento em prol do Orgulho Negro e do cabelo natural, mas depois começamos a lutar por igualdade de oportunidades e empregos em corporações. Isso levou a maioria das mulheres negras a treinar novamente para serem escravas. Nós voltamos a alisar o cabelo — "'pois, garota, se você quiser ter a aparência ideal, o jeito é se livrar dessa carapinha". Outras mulheres assumiram certas características debilitantes do condicionamento após a escravidão, cultivando raiva, ira, amargura e ódio, e agindo como "vadias". Esse resíduo do sofrimento é transmitido de mães para filhas, causando um genocídio espiritual de gerações sucessivas. Nós mulheres negras continuamos feridas e perpetuando atitudes nefastas.

Por sua vez, tais atitudes resultam em injustiças sistemáticas contra o povo afrakano. Isso parece não ter fim. Drogas foram despejadas em nossas comunidades, para nos manter fracos. O vírus da HIV surgiu nossa comunidade, de modo que as mulheres negras formam a maior porcentagem de portadores de HIV no mundo.

Portanto, as mulheres negras se sentem ultrajadas. Nós somos as mulheres mais submetidas a histerectomias nos Estados Unidos. Mais de 50% das negras neste país são mães solteiras, pois nossos companheiros vão embora e deixam os filhos para trás. Nossos filhos lotam as cadeias. Nossos companheiros estão nos trocando por mulheres de outras raças.

...

Por isso, precisamos dizer: "Homens negros, não nos abandonem. Ajudem-nos a melhorar. Mas, ao mesmo tempo, não sejam tóxicos, mentirosos e traidores, pois isso nos deixa furiosas e aí perdemos a cabeça".

Ao que parece, não há homens suficientes para todas as mulheres. Então, nós brigamos umas com as outras e disputamos o tempo, o amor, os braços e a segurança de ter um companheiro. E tudo isso faz com que sejamos más umas com as outras. Alguns sinais de que as coisas estão piorando muito são que Queen B ("rainha vadia") manda na Nação *Hip-Hop*, nossas filhas se intitulam "vadias" e nossos homens dizem com orgulho, "essa é minha "vadia"".

A "vadia" ganha grande destaque na mídia, que promove apenas a degradação das mulheres afrakanas e de todas em geral. Novelas se baseiam nos princípios da "vadia". Hollywood glorifica a "vadia". Só uma sociedade doente promove e lucra com o sofrimento e a ignorância das mulheres. Uma sociedade só é evoluída se dá alto status às mulheres, mas se elas são degradadas e condenadas, o mesmo acontece com os homens.

Como somos irmãs negras, deixem-me ajudá-las a sair desse estado rebaixado, dessa distorção intolerável, antes que nos causemos a própria destruição.

Quatorze Passos para Purgar a "Vadia" e Voltar ao Clã de Lótus da Feminilidade Sagrada

Há quatorze passos para romper o ciclo da "vadia", libertar-se e evitar que essa maneira de ser seja transmitida para suas filhas. Siga esses passos fielmente por pelo menos uma temporada, mas é melhor segui-los o ano todo para se purgar. Caso tenha tendência para ser mandona, áspera, crítica e ferina, ter sempre muita atitude, e agir sempre ou de vez em quando como uma "vadia", esse novo estilo de vida a ajudará a se tornar melhor e eventualmente se transformar em um lótus de Nefertum.

1. Confesse em voz alta sozinha ou para outra pessoa próxima que tem se comportado como uma "vadia", mas que está disposta a parar com isso;

2. Jejue com sucos de frutas e legumes frescos, água, ervas que purificam o sangue e calmantes à base de extratos de ervas, como raiz de valeriana, raiz de *kava kava*, lúpulo ou passiflora, durante a menstruação e em cada lua cheia. Tome 10-20 gotas em um copinho de água. É principalmente nessas ocasiões que a "vadia" fica exacerbada e pode causa mais estragos;

3. Para se curar, adote um estilo de vida vegetariano. Como fontes de proteína, consuma feijões, ervilhas, carnes de soja (PVT) e nozes e sementes que ficaram previamente de molho. Reduza a ingestão de amidos comendo porções pequenas de grãos integrais. Consuma bastante legumes crus frescos ou levemente cozidos no vapor. Tome 354 a 472 ml de sucos de legumes diariamente, pois isso ajuda a manter o equilíbrio e a harmonia;

4. Tome diariamente um tônico de 2 dentes de alho amassados com o suco de 1 limão em 236 a 354 ml de água. Também tome no mínimo ¼ de litro de água pura diariamente;

5. Pare de usar tanto as cores preta, cinza, azul-escuro e, sobretudo, vermelho até que fique bem. Use branco e cores pastéis para animar seu espírito e abrir seus portais espirituais elevados (chacras ou *arítu*);

6. Purifique seu karma (*Shai*). Faça uma lista de todas as pessoas que você tem maltratado e, enquanto se purifica, escreva ou encontre cada uma delas para pedir perdão; ofereça algum gesto de compensação pelo mal que causou e/ou ajude outra pessoa que esteja precisando;

7. Agradeça com mais frequência por qualquer coisa boa que alguém faça para você;

8. Pratique sorrir e enviar curas regularmente do fundo do seu coração;

9. Por sete dias consecutivos tome banhos com 2 xícaras de sal marinho para expulsar o demônio. Acenda uma vela branca durante a hidroterapia e medite sobre sua chama para desobstruir seu espírito. Ou use uma vela verde para curar seu coração do sofrimento e das condições que a levaram a ser possuída pela "Vadia";

10. Pratique a Meditação da Pena de Maat para obter perdão e aliviar seu coração.

11. Elimine resíduos tóxicos em seu cólon com três enemas por semana durante três meses;

12. Viaje pelos vários Portais da Mulher Sagrada e comece a incorporar a sabedoria contida neles em sua vida;
13. Fique em silêncio por 1-8 horas por dia. Antes de começar esse jejum de fala diário, unja-se com óleo de olíbano e mirra ou de eucalipto e ponha a pena de Maat nos lábios para suavizar suas palavras e atitudes. Dessa maneira, você começa a treinar sua boca para falar movida por Maat;
14. Aceite e afirme o chamado do sagrado, a fim de recuperar seu estado original. Deixe seu eu superior emergir e salvá-la da possessão pela "Vadia". Permita que seu lindo lótus interior se abra e floresça ao sol!

Nós podemos romper o ciclo e parar de agir como "vadias", nos livrando da possessão mediante um esforço consciente para largar a espada e pegar a pena da verdade, da retidão, equilíbrio e pureza de Maat. Ao aceitar os antigos aspectos espirituais afrakanos da Divindade presentes em todos os portais da Mulher Sagrada, progressivamente nos livramos da possessão pela "Vadia". A Criadora não fez suas filhas para serem vadias. Nós nascemos à imagem "Dela" como belos seres divinos.

Se Você foi Atacada por uma Mulher Possuída pela "Vadia"

Se você for uma mulher de lótus, camomila ou babosa e for atacada por uma mulher possuída pela "Vadia", é preciso elevar sua vibração seguindo os quatorze passos, para que possa atrair relacionamentos mais elevados com outras mulheres.

Tenha em mente que a "vadia" pode até ser um reflexo de sua própria fraqueza. Ou talvez ela tenha sido enviada para que você desenvolva assertividade e força. Até uma mulher que age como uma "vadia" pode lhe ensinar algumas lições valiosas.

Caso seja uma mulher de lótus e for atacada por uma "vadia", não fuja nem tenha medo. Deixe a situação às claras dizendo que sabe o que ela está fazendo e lhe ofereça a alternativa de abraçar a retidão para que vocês duas possam ser vencedoras.

Crie um grupo de apoio à sororidade ou um círculo de cura ventral. Purifiquem-se e jejuem juntas.

Na realidade, ninguém quer ser "vadia". Quem age dessa maneira está tendo um sofrimento mental, emocional e espiritual insuportável, e suplicando por ajuda. Você negaria ajuda a uma irmã? Afinal, embora aparentemente opostas, quando duas mulheres se unem e tentam ser irmãs, pode haver um intercâmbio no grau mais elevado de cura.

Portanto, vamos parar de nos tratar como "vadias" e assumir que somos mulheres feridas que precisam de cura.

Trabalho no Diário: Diálogo entre Irmãs I — Você é Minha Irmã e Eu a Perdoo

Uma das melhores maneiras de obter a cura pela sororidade é criar no diário um diálogo entre você e sua irmã. Você pode começar perguntando se ela está disposta a conversar de maneira elevada.

Então escreva sua opinião sobre o relacionamento de vocês. Tente não acusar, embaraçar ou culpar a irmã; afinal, aqui não há vítimas, apenas um relacionamento que precisa de purificação. Escreva sinceramente sobre como se sente diante dos desafios nessa relação e deixe-a falar. Você pode se surpreender muito com o que irá acontecer entre vocês até o fim desse diálogo.

Talvez o relacionamento de vocês não mude por conta desse diálogo, já que ela não está a par dele. A transformação e a cura ocorrerão através de seu novo entendimento sobre a irmã e o relacionamento de vocês — seu comportamento em relação a ela irá mudar. E na hora certa, já que tudo muda quando nós mudamos, o comportamento dela em relação a você irá melhorar lentamente.

Irmã I (a abusada, mas disposta a perdoar): suas palavras me magoam. Por que você é tão áspera e crítica?

Irmã II (a que está cheia de medo e raiva, mas a fim de purificar a alma pedindo perdão): eu só estava tentando protegê-la e evitando que você se magoasse novamente. Sinto muito. Talvez eu devesse ter feito isso de maneira mais gentil.

Irmã I: está bem. Eu a perdoo, pois você é minha irmã.

Irmã II: eu sempre a admirei e a coloquei em um pedestal. Então senti ciúme e passei a agir mal. Você me perdoa, por favor?

Irmã I: claro! Eu a perdoo, pois você é minha irmã.

Irmã II: a mamãe só dava atenção a você e eu a odiava por isso.

Irmã I: mas a mamãe percebia que você era sempre muito segura, e eu tão frágil. Por isso, parecia que ela se importava mais comigo do que com você.

Irmã II: perdoe-me por minha atitude equivocada, pois na verdade eu sempre a amei. Ao longo dos anos, você sempre cuidou de mim. Você pode me ajudar a ser uma irmã melhor por meio de minhas palavras, pensamentos e ações?

Irmã I: é claro, irmã. Estarei sempre ao seu lado, conforme a mamãe desejava.

Trabalho no Diário: Diálogo entre Irmãs II — Irmã, Não se Atormente, pois Você Também se Deu Bem

Às vezes, as irmãs e as amigas têm inveja uma da outra e ficam desnorteadas. Mas quando cada uma reflete sobre o baú de tesouros que sua união representa, ambas recebem bênçãos em seu caminho de vida. Portanto, irmãs, não se atormentem, pois as duas conquistaram coisas importantes.

Vanessa vive deprimida, pois sente várias frustrações e acha que sua grande amiga Ruby é mais abençoada do que ela. Então, ela cria um diálogo com Ruby em seu diário para processar esses sentimentos.

Vanessa: você é mais bonita do que eu, Ruby.

Ruby: por qual critério de beleza?

Vanessa: você teve uma educação melhor do que a minha.

Ruby: mas, Vanessa, você é muito mais esperta em termos de sobrevivência.

Vanessa: Você tem mais bens materiais do que eu.

Ruby: mas, amiga, você tem uma riqueza espiritual muito maior.

Vanessa: mocê sempre teve um bom homem.

Ruby: mas, amiga, você sempre foi mais autossuficiente. Não se preocupe com a maneira com que fui abençoada, pois, se refletir bem, verá que você também conquistou muitas coisas sendo como é.

A MEDITAÇÃO DA PENA DE MAAT: EQUILIBRANDO O CORAÇÃO

Maat é a ordem cósmica que permeia toda a criação. Ela representa a verdade, a retidão, o equilíbrio, a ordem, a lei, a reciprocidade, a propriedade e a sobriedade. Os antigos camitas baseavam sua espiritualidade, governo, relacionamentos, profissões — enfim, tudo em suas vidas — nos princípios de Maat, que é representada por uma pena.

No sistema camítico, o coração é o cerne da inteligência. Ele e a pena de Maat eram pesados em uma balança e comparados, conforme mostram cenas do juízo final nas paredes de muitos templos egípcios.

Os camitas acreditavam que se o coração fica sobrecarregado devido às agruras da vida, a balança se desequilibra abrindo espaço para doenças e pestes. Mas se o coração tivesse a mesma leveza que o Altíssimo NTR, a pessoa estava em harmonia com a vida e livre de doenças no corpo, na mente e no espírito. Como acreditavam que o coração é o portal para nosso eu superior, nossos antepassados recomendavam checá-lo diariamente para manter esse estado espiritual superior de Maat, pois é através dela que sentimos o céu na terra e que toda a opressão tem fim.

Segure na mão esquerda um cristal de quartzo transparente e visualize a luz branca. Segure na mão direita a pena de Maat e pode começar. Se seu coração estiver pesado devido ao acúmulo de desafios na vida, isso irá gerar depressão, ataques cardíacos, apoplexia, morte prematura, além de muita ansiedade, estresse e pressão. Para manter o cerne do coração limpo e repleto de beleza, luz e vitalidade, nenhum indivíduo ou comunidade pode continuar abrigando experiências dolorosas do passado. É preciso aceitar que toda lição é uma bênção, e que toda experiência vivida gera uma percepção mais profunda.

A fim de manter o coração leve como uma pena e equilibrado, nós devemos estar sempre em um estado de meditação ativa para que o Espírito continue nos revelando o plano divino em todas as circunstâncias. Um coração leve se reflete em um estado pacífico no corpo, na mente e no espírito. Aqueles que estão no estado de Maat têm contentamento, compaixão, sabedoria e liberdade interna constante para cumprir seu propósito na vida. Nesse estado divino, a pessoa não se abala diante das oscilações de humor alheias e condições adversas. Uma pessoa em Maat fica espiritualmente empoderada com o antigo espírito afrakano de verdade, justiça, retidão e harmonia absoluta.

- Sente-se calmamente por alguns minutos e conecte-se com seu coração;

- Inspire e expire no coração lenta e calmamente. Faça isso sete vezes, pois sete é o número do Espírito. Toda vez que inspirar, veja a imagem do seu coração leve como uma pena;

- Em cada expiração, expulse gradativamente ou de uma vez só as emoções ligadas a raiva, depressão e decepção;

- Em cada inspiração, injete paz, alegria, compaixão, equilíbrio e serenidade no coração.

- Essa Meditação de Maat deve ser feita diariamente para espantar as doenças. Quando o cerne do coração — Het-Hru do amor divino — está leve e equilibrado, você pode sentir Hru, o falcão, e a conscienciosidade de Cristo, ou seja, a liberdade interna que voa acima do espírito mais denso de Seth — dor, desafio e desarmonia.

Afirmação de Maat

Eu vivo em Maat e me satisfaço com a retidão do meu coração. Nas paredes das pirâmides o coração e a pena são pesados e comparados para indicar que o coração jamais deve estar sobrecarregado. Ele deve estar sempre em equilíbrio e ser leve como uma pena. Conforme minha maneira de viver, meu coração será pesado e julgado diariamente. Tudo o que carrego em meu coração se refletirá em minha vida. Portanto, vou proteger meu coração (minha vida) com muito amor e cuidado, para não sobrecarregá-lo com fardos.

RELACIONAMENTOS SAGRADOS: TRABALHO TRANSFORMADOR DE SETE DIAS

O relacionamento mais importante em sua vida é consigo mesma, e seu grau de autocura equivale à sua capacidade para curar todos os seus relacionamentos.

Tenho certeza de que você já está melhor — então continue nesse caminho, pois tudo ficará cada vez melhor! Concentre-se menos no mundo exterior; à medida que seu interior se cura, seu entorno melhora. Comunicação, amor, unidade e compaixão por seu eu sagrado a ajudam a estabelecer um relacionamento sagrado com os outros. Esta semana desfrute todos os seus relacionamentos!

- Faça uma lista de todos os seus relacionamentos. Analise o estado atual deles e o que você precisa fazer para injetar a ordem divina neles. Continue orando e purificando esses relacionamentos para entender a lição que cada um trouxe para sua vida;

- Pratique o autoperdão e com os outros enquanto faz diariamente o trabalho no altar, a fim de purificar espiritualmente seu coração e todos os seus problemas;

- Processe velhas mágoas ligadas a relacionamentos mal resolvidos, pondo fotografias daqueles que precisam de perdão em seu altar e cantando, "o amor não guarda ressentimentos. O que passou ficou para trás";

- Ore sete dias por relacionamentos sagrados. Ponha uma fotografia emoldurada da sua mãe e do seu pai no altar. Escreva uma carta de amor aos seus pais, expressando toda a sua gratidão por eles terem lhe concebido.

   – Mesmo que não sinta de fato essas emoções, escrever essa carta começará a curar seu coração, pois assim que acertar as contas com seus pais, os demais relacionamentos irão prosperar;

- Livre-se conscientemente de velhos padrões de relacionamento por meio de ritos de purificação, do trabalho no diário, das preces e afirmações. Não seja errático pulando de cabeça em novos relacionamentos. Primeiramente, você tem se livrar dos maus hábitos que a arrastaram para uniões doentias;

- Nos próximos sete dias, escreva uma carta de agradecimento a todos em sua vida com quem você tem ou teve relacionamentos sagrados. Agradeça a cada pessoa pelas riquezas especiais que trouxe para sua vida e ponha essas cartas em seu altar. Infunda-as com mais amor e gratidão a cada dia e, após completar o tempo nesse portal, ponha essas oferendas de amor no correio. Caso a pessoa tenha morrido ou esteja em local desconhecido, queime a carta com um pouco de sálvia para começar a se livrar das vibrações do seu passado.

- Envie amor, luz e perdão aos destinatários das cartas ou para quem está na lista dos seus relacionamentos durante sua meditação e preces matinais.

- Ast ensina a cuidar primeiramente de si mesma. A autovalorização e o amor-próprio devem estar intactos quando se quer estabelecer qualquer relacionamento divino. Mais do que seu relacionamento com essa ou aquela pessoa, o principal é seu relacionamento consigo mesma! Se cuidar bem dele, os demais relacionamentos refletirão seu bem-estar e integridade pessoal. Enquanto trabalha no diário, indague o que é preciso para estabelecer um relacionamento saudável consigo mesma.

Meu Compromisso no Fim da Semana com os Relacionamentos Sagrados

Eu me comprometo a estabelecer e manter a sabedoria de Maat e o poder dos Relacionamentos Sagrados em todas as áreas da minha vida.

*Nome:*_____

*Data:*_____

Capítulo 13
PORTAL 8 - UNIÃO SAGRADA

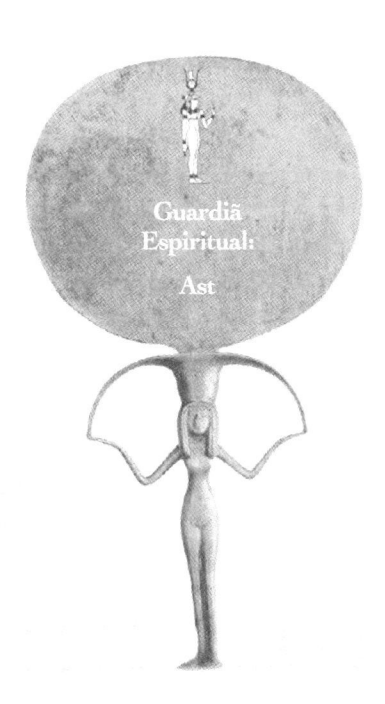

Guardiã
Espiritual:

Ast

Antepassadas:

Betty Shabazz

Anciãs:

Ruby Dee

Coretta Scott King

Contemporâneas:

Susan Taylor

TRABALHO NO ALTAR PARA A UNIÃO SAGRADA
Seu Coração Deve Estar Voltado para o Leste — para o Sol Nascente
(Leiaute visto de cima)

Coloque Fotos ou Figuras na Parede Acima do Altar

| Imagem da guardiã espiritual | Foto ou figura de antepassada | Sua fotografia | Foto ou figura de anciã | Foto ou figura de contemporâneas |

Vasilha para o batismo
(ÁGUA)

Pena
(AR)

Ankh para a Vida Eterna ou outro símbolo sagrado
(ESPÍRITO)

Flores ou planta florida
(TERRA)

Óleo de Unção:
Rosa branca

Vela azul
(FOGO)

Pedra Sagrada:
Lápis-lazúli

Comida para o NTR e seus antepassados (milho, arroz, frutas etc.)
(Após vinte quatro horas, tire a comida do altar.)
Ponha uma colagem de casais harmoniosos e realizados no altar.

Toalha de mesa sagrada (azul) e echarpe para usar durante a prece.
Pano colorido sagrado para colocar diante do altar. Instrumentos sagrados para serem tocados enquanto você ora.

PORTAL 8 – UNIÃO SAGRADA: PRÁTICAS ESPIRITUAIS DIÁRIAS

Elementos do Portal: Água/Lua/Feminino e Fogo/Sol/Masculino

A União Sagrada elimina relacionamentos doentios e disfuncionais que destroem a vida dos envolvidos e gera e apoia relações sinceras e harmoniosas que energizam as pessoas. Relacionamentos saudáveis e satisfatórios são o resultado de ter como base uma união sagrada.

O Portal 8 a ajudará a eliminar todos os bloqueios que impedem que uma união seja sagrada: problemas cardíacos, consumo excessivo de drogas e/ou álcool, úlceras, medo e raiva.

Os exercícios espirituais de ascensão devem ser feitos por sete dias — o número do Espírito. Eles ativarão seus portais internos de divindade para que você se instale plenamente em seu centro sagrado.

1. O Banho Espiritual

Use óleo de rosa branca. Aplicar óleo de rosa branca na coroa traz abertura para o Divino e a inspiração e sabedoria de NTR, além de eliminar a separação, a confusão e a depressão.

Adicione 4-6 gotas de óleo de rosa branca na água do banho. Isso promove o equilíbrio emocional e alivia o estresse, a ansiedade, a preocupação, a impaciência e o estado de choque. Borrife algumas gotas em um tecido ou lenço e deixe perto do travesseiro para inspirá-la durante o sono

2. Seu Altar

Monte seu altar sagrado no primeiro dia de entrada nesse portal. Você pode montá-lo conforme suas crenças religiosas ou espirituais (ver páginas 42-44). Sente-se calmamente diante do altar, sobre uma almofada no chão ou em uma cadeira. Ponha uma tigela com frutas no altar. Adicione algumas gotas de óleo de tomilho na vasilha de batismo e borrife algumas gotas no recinto para preces.

Unja com óleo de rosa branca. Use apenas óleos essenciais puros. Use óleo essencial de rosa branca para ungir sua coroa, a testa (o portal corporal da espiritualidade suprema), seu coração (o portal corporal da compaixão e amor divino), o ventre, as palmas das mãos (para que tudo que você toque fique mais sagrado), e as solas dos pés (para alinhar-se espiritualmente e ganhar poder, esperança e fé).

3. Abrindo o Portal

Para invocar o guardião espiritual de cada portal, você pode usar palavras ditadas por seu coração. Aqui está uma prece que pode ser feita no Portal 8:

> Sagrada Ast, guardiã espiritual do Portal da União Sagrada, por favor, aceite minha gratidão mais profunda por sua presença curativa em meu altar e em minha vida. Obrigada por sua orientação, inspiração, amor e bênçãos e peço que aceite meu amor e bênçãos em retribuição. *Hetepu.*

Enquanto oferece sua prece, toque um instrumento sagrado (sistro, tambor, xequerê ou sinos) para despertar o NTR interno.

4. Libação

Verta a libação para o Portal da Comida Sagrada usando uma xícara ou borrife água de uma tigela sobre a terra ou planta. Verta as seguintes palavras:

- Todo louvor e adoração pela guardiã espiritual Ast, protetora da união sagrada;
- Todo louvor e adoração pela antepassada da união sagrada, Betty Shabazz;
- Todo louvor e adoração pelas anciãs da união sagrada, Ruby Dee e Coretta Scott King;
- Todo louvor e adoração pelo meu "eu" divino e por minha divina irmã contemporânea, Susan Taylor, que honra a união sagrada.

5. Prece ao Espírito da Mulher Sagrada

Toque um sino ou outro instrumento sagrado no início e no fim dessa prece. Abra as palmas das mãos para o Espírito Sagrado ou coloque-as suavemente sobre seu coração e recite:

Prece ao Espírito da Mulher Sagrada

Mulher Sagrada em evolução,
Mulher sagrada reativada,
Espírito Sagrado, mantenha-me por perto.
Proteja-me de todo mal e medo ocultos sob as pedras da vida.
Dirija meus passos no rumo certo enquanto eu viajo nessa visão.
Espírito Sagrado, envolva-me em sua luz absolutamente perfeita.
Unja-me em sua pureza sagrada, paz, e percepção divina.
Abençoe-me totalmente, enquanto eu compartilho essa vida sagrada.
Ensine-me, Espírito Sagrado, a ficar sintonizada com o universo.
Ensine-me a curar com os elementos internos e externos do ar, fogo, água e terra.

6. Prece pela União Sagrada

Chacoalhe sinos, toque um tambor ou outro instrumento no início e no fim da prece a seguir:

Divino(a) Criador(a), continuo precisando da união sagrada. Eu oro pela união sagrada com meu "eu", com você e com meu companheiro. Divino(a) Criador(a), ajude-me a atrair e manter um relacionamento saudável, harmonioso e alegre com meu parceiro de vida. Ajude-me a identificar e a me livrar de velhos sentimentos feridos, ressentimentos e hostilidades que estão retidos em meu templo corporal. Ajude-me a ter visão, força e coragem para aprender com todos os meus relacionamentos passados e atuais, pois eles são reflexos da minha conscienciosidade.

Se por acaso meus relacionamentos íntimos não mudarem, que eu possa permanecer firme e destemida. Que eu possa ser o primeiro elo de mudança e transformação em minha vida, pois toda cura começa dentro de mim. Eu afirmo que cada um dos meus relacionamentos íntimos passados e atuais tem valor e de alguma forma me prepararam para desenvolver uma união sagrada mais consciente com meu "eu".
À medida que reflito sobre o verdadeiro propósito da união sagrada, agradeço ao Divino masculino e feminino em mim que se unem para criar a força vital que faz toda a criação fluir em nós.

7. Cantando Hesi

Cante esse *hesi* quatro vezes:

Nuk Pu Ntrt Hmt — Eu sou uma mulher sagrada.

8. Respirações de Fogo

Comece inspirando lentamente e expirando quatro vezes. Quando estiver totalmente à vontade, comece a fazer as novecentas respirações.

Inspire profundamente bombeando pelas narinas (com a boca fechada), expandindo a respiração até o abdômen, então até o peito, e solte todo o ar dos pulmões enquanto o abdômen se contrai. Repita tudo rapidamente.

Cada respiração de fogo profunda representa a abertura das mil pétalas de lótus de iluminação e radiância que levam a Nefertum — a estação do lótus afrakano da Divindade.

9. Portal 8: Meditação da União Sagrada

A cada sete dias, aumente a duração da meditação. Quanto mais tempo você medita, mais profunda será sua paz interior e mais sólido será seu *ka* (espírito). Quanto mais limpo estiver seu templo corporal, mais cedo você conseguirá atingir um estado de paz e equilíbrio interno quando medita.

- Segure a pedra sagrada do Portal 8 na palma da mão. Visualize-se sentada no coração azul e branco da flor de lótus, calma diante das adversidades do mundo, vivendo e respirando centrada e com facilidade e graça;

- Inspire no seu coração. Em cada respiração, visualize como a Mãe Ast a protege, nutre e ama;

- Respire a partir do coração do lótus, dos braços de Het-Hru e do peito de Mãe Ast e expulse toda a aflição, desconfiança, mágoa, dor, medo e ressentimento. Livre-se desses fardos e preencha seu coração com compaixão e amor;

- Visualize você e seu companheiro juntos em um círculo de luz branca, com os corações livres da dor, pesar e raiva, e sentindo uma onda profunda de amor, alegria e compaixão mútuos;

- Agora, ponha as palmas das mãos sobre seu coração curado e diga:

  Sagrada Mãe Ast, abençoe-nos e abençoe nossa união.

  Visualização Cromática. Visualize azul para paz interior. Enquanto medita, use branco ou azul e/ou ponha um tecido azul em seu altar.

  Meditação com Pedra Sagrada. Enquanto medita, mantenha a palma da mão com um lápis-lazúli sobre seu coração. Essa é a pedra de cura sagrada do portal e ajuda a iluminar a mente. A luz azul royal dessa pedra estimula o amor e a beleza. O lápis-lazúli promove o senso de unidade no casal, e tem propriedades purificantes e curativas. Ele desbloqueia a área da garganta, permitindo a livre expressão mediante as palavras sagradas do Altíssimo. Essa pedra representa o sexto *arit*, ou centro energético, que fica entre os supercílios e ativa a mente espiritual superior.

10. Tônico de Ervas

Tome chá de bálsamo de limão. Partes usadas: flores e folhas. O bálsamo de limão alivia a mente e o coração perturbados, abrindo um canal para comunicação e desfazendo o mau humor. Tome esse chá por sete dias para colher plenamente os benefícios de estar no Portal 8. Desfrute o chá em sua caneca favorita durante ou após escrever no diário.

Preparação. Use um sachê de chá para 1 xícara de água. Ferva a água em um caneco de vidro, argila ou aço inoxidável, apague o fogo, ponha o sachê de chá e deixe em infusão antes ou após o banho matinal. Coe e tome com alegria e paz enquanto respira entre um gole e outro e entra em um estado de contemplação e reflexão.

11. Essências Florais

Para aprofundar sua experiência no Portal 8, escolha alguma das essências florais listadas a seguir. Coloque 4 gotas sobre ou sob a língua ou pingue as gotas em um copinho com água purificada e tome. Faça isso quatro vezes por dia Para instruções sobre a escolha de essências florais, ver página 49.

- *Evening primrose* (estrela-da-tarde): trata a incapacidade e a aflição de ter relacionamentos sérios devido a sentimentos de abandono e rejeição na infância;
- *Chamomile* (camomila): acalma traumas emocionais e a sensibilidade excessiva nos relacionamentos;
- *Forget-me-not* (miosótis): faz a pessoa perceber os elos kármicos mais profundos nos relacionamentos; capacidade para reconhecer a intenção e o destino espiritual do relacionamento;
- *Sticky monkeyflower* (mímulo viscoso): trata de problemas como a intimidade e a sexualidade; ajuda a superar o medo de intimidade;
- *Snapdragon* (flor-crânio-do-dragão): trata a expressão inadequada das emoções por meio de agressão verbal e hostilidade;
- *Penstemon* (galane): dá força e perseverança diante das dificuldades nos relacionamentos.

12. Dieta

Siga as práticas alimentares apresentadas para os Portais 7 e 8.

13. Escrita sobre União Sagrada no Diário

É melhor fazer isso após a purificação interna (enema) e/ou meditação. Quando está purificada e centrada, você pode ter a graça de receber mensagens espirituais. Quando você está no Espírito, mensagens vão passando pela sua mente, pelo coração e pela mão até o papel.

Escreva com o máximo de inspiração espiritual após o trabalho no altar, entre 4h-6h da manhã. Mantenha seu diário e uma caneta perto ou sobre o altar para trabalhar com o poder, força e calma na chegada da aurora, o horário de Nebt-Het.

Afirme sua vida cotidiana nesse horário e escreva no diário os pensamentos, atividades, experiências e interações que venham à sua mente. Você também pode anotar suas esperanças, visões, desejos e afirmações, para relembrar quando precisar de apoio e ajuda.

Consulte Sesheta. Se não conseguir contactar sua voz interna durante o trabalho em seu diário, chame Sesheta, a guardiã interna que revela segredos, para ajudá-la e falar através de você.

14. Xale ou Colcha da Liberdade de Senab

Escolha um novo pedaço de tecido que corresponda à cor do portal (indicada no "exercício 9" das suas práticas espirituais diárias ou no trabalho no altar sagrado) para adicionar ao seu xale ou colcha da liberdade de Senab. Esse tecido será como uma tela que representa sua experiência no portal em que está trabalhando.

Arranje também símbolos significativos para aplicar no xale ou colcha como um *patchwork*. Você pode adicionar pedras, outros objetos naturais, itens de coleção, relíquias da família, fotos estampadas em tecido e outros itens significativos que representem a essência de sua experiência. Dê asas à imaginação e deixe seu espírito habilidoso contar sua história. Para mais informações sobre o xale ou colcha da liberdade de Senab, ver página 147.

15. Ferramentas Sagradas

- Uma Ankh especial da União Sagrada no altar, para simbolizar a união de masculino e feminino;
- Seu diálogo especial sobre a União Sagrada no diário para registrar e moldar os desejos do seu coração e dialogar com seu companheiro (ver trabalho transformador de sete dias);
- Achar ou descobrir os "prazeres dele" — objetos ou experiências que expandam a conscienciosidade do seu companheiro, pois lhe dão muita satisfação ou alegria. Então explore seus próprios prazeres e partilhe-os com seu companheiro.

Ao longo da semana, observe atentamente a sabedoria apresentada no portal em que você está. Para obter o máximo de resultados, viva livremente e em harmonia com os vários sistemas de bem-estar apresentados, e pratique o trabalho transformador de sete dias no final do portal.

16. Lembrete Sagrado

Ao longo da semana, observe atentamente a sabedoria apresentada no portal em que você está. Para obter o máximo de resultados, viva livremente e em harmonia com os vários sistemas de bem-estar apresentados, e pratique o trabalho transformador de sete dias no final do portal.

Palavras Sagradas de Encerramento

Mãe/Pai, ajudem-me a sanar toda a desunião dentro de mim. Ajudem-me a sanar toda a discórdia em minhas uniões íntimas passadas e atuais, e a torná-las sagradas.

UNIÕES SAGRADAS

Com o(a) Criador(a)

Nossa união com o(a) Criador(a) é a mais crucial, pois tudo o que somos deriva "Dele". A fim de acolher sua presença dentro de nós e ser guiadas por "Ele", primeiramente devemos amar a nós mesmos. Quando realmente nos amamos, fundimo-nos com o Divino e "Ele" entra em nossa casa e abençoa todas as nossas uniões.

Consigo Mesma

Todas as pessoas têm, no mínimo, três personalidades ativas. Cada uma delas se desenvolve na hora certa para ajudar nosso crescimento e desenvolvimento. Para ser eficazes, essas partes distintas em nós precisam estar em harmonia e atuar juntas em prol do bem maior. Por exemplo, uma nos protege, outra nos inspira, a terceira é brilhante e pode haver outra que é sensual. Com o amor, nossas partes masculinas e femininas se unem. Esses aspectos complementares devem funcionar como uma entidade com a força necessária para nos dar tudo o que é necessário em nossa jornada de vida. A meditação e o jejum nos ensinam a honrar nossa união interna sagrada.

Com o Companheiro

Quando as forças masculina e feminina se unem em total harmonia, Céu e Terra se fundem. O bem-estar da Terra depende da união dessas forças opostas. Quando há terremotos, maremotos e furacões, isso sinaliza a falta de harmonia entre as energias masculina e feminina no planeta.

Nós devemos nos comprometer com o(a) Criador(a) pelo bem do planeta, e começar o processo de autocura. Primeiramente, devemos harmonizar nossas forças internas masculinas e femininas, empenhando-nos para sermos companheiros divinos de nós mesmos e dos outros, aprendendo a conviver em perfeita união.

Dois Seres que se Tornam Unos

Nem o homem nem a mulher são inerentemente o(a) chefe da família. Quem guia ou lidera a união até as paragens de Maat (equilíbrio) é a pessoa com mais conhecimento, sabedoria e entendimento sobre diversos assuntos. Desse modo, usamos a sabedoria da união de dois que se tornam unos, representando bem o(a) Criador(a).

Relacionamentos íntimos ou uniões divinas são as extensões do "espaço interno" de uma mulher.

Para o ventre feminino ficar em harmonia, a mulher precisa de paz em todos os seus relacionamentos íntimos e com tudo que consome em termos físicos e energéticos, pois isso se torna parte dela. e estão enraizados no relacionamento consigo mesma.

Portanto, reflita dessa maneira sobre suas uniões, livre-se do ressentimento e fique receptiva às lições que elas trazem. Renda-se à sabedoria oferecida por cada união ao seu espírito, ao invés de se apegar ao sofrimento. Mágoas não digeridas se alojam no ventre e se transformam em doenças.

Além de alegrias, os relacionamentos íntimos podem causar muitos sofrimentos, como mágoa e decepção causadas por uma energia masculina negativa ou desequilibrada de um pai, irmão, tio, amante, marido ou amigo, ou seja, de alguém que conhecemos e em quem confiamos em nossas vidas. Se uma dessas pessoas comete uma violação física, energética ou emocional contra você, isso gera mágoa e ressentimento profundos que requerem um longo trabalho de cura.

Frequentemente, fugimos para um novo relacionamento a fim de aliviar as feridas, sem sequer admitir que elas existem e sem curá-las. Isso é um fardo injusto para o novo relacionamento e gera estresse. O sofrimento tem de ser purgado, caso contrário, se transforma em bloqueios espirituais, emocionais e físicos permanentes.

CHEGA DE AMANTES DE UMA VEZ POR TODAS

Há muitas mulheres que ficam presas a um canalha porque o orgasmo é bom.

A mulher sagrada deve ter um companheiro, marido ou futuro marido que seja um amante dedicado. Para salvar sua alma, ela deve evitar a todo custo homens que são apenas amantes efêmeros que secarão seu ventre. Ela não pode se dar ao luxo de se envolver com alguém que não a leva a sério. Ela não precisa de um amante ardente e fugidio e depois passar horas, dias e até anos se sentindo insegura, ressentida, arrependida, deprimida, solitária, vazia e abusada.

Relacionamentos frívolos podem gerar esses sentimentos tanto nas mulheres quanto nos homens. Uma mulher que permite e estimula um homem a se relacionar com ela apenas sexualmente se coloca em perigo emocional e espiritual, e entra em rota de colisão com o sofrimento. Ela pode se tornar carente, desesperada ou hostil. Para que um amor saudável flua e cure, é preciso haver um compromisso.

Para realmente se abrir e amar para valer, a mulher deve estar totalmente em paz com sua alma e confiar o bastante em seu companheiro. O amor de uma mulher é como um cofre profundo. Quando confia no amor de seu par e se esse amor vem das alturas, ela o acolherá e lhe revelará os tesouros de sua feminilidade sagrada. Em uma união para valer há muitos portais de bem-aventurança, êxtase, alegria e paz. Sim, paz. Quando realmente tem uma união amorosa com um homem, a mulher não se retrai por medo de ser ferida e se doa totalmente. Para se fundir com seu companheiro, a mulher precisa ter certeza de que ele a apoiará infalivelmente e sem mentiras.

Mulheres, em primeiro lugar vocês devem se dar conta do próprio valor, riqueza, beleza e poder para que o homem se apaixone por seu corpo, mente e espírito. Você me dirá: "Ah, mas ele parece tão bom!". E eu responderei: "Chega de amantes de uma vez por todas!". Para aquelas que não estão se empenhando nem pretendem se tornar uma companheira divina, eu só posso dizer que tomem cuidado, pois compartilhar amor em sua cama é igual a por comida em sua boca.

Em relação a homens atualmente em sua vida, não aceite um amante movido a hambúrguer e pão branco ou a comidas congeladas. Mantenha seu templo corporal limpo e puro para atrair um homem movido a musgo-do-mar e brotos, um companheiro movido a agrião e dente-de-leão, ou um marido movido a clorofila, folhas de mostarda e couve, ou seja, forte e puro como você. Cuide bem de sua ingestão alimentar, pensamentos, atitudes e sentimentos, pois o que você atrai externamente reflete seu ambiente interno.

Portanto, mulher, assuma a responsabilidade de personificar o nível de união que deseja. E enquanto aguarda isso acontecer, fique longe de alimentos e ervas que estimulem a libido.

Seja paciente, se purifique e seu rei virá. Ele se sentirá tão completo com você, que ficará compelido a atirar pétalas de rosas e a ungir e beijar seus pés. Ele sabe que estar com você, essa companheira divina, é a dádiva do Altíssimo, pela qual havia esperado a vida inteira. Ele também ansiava muito por uma união divina e agora vocês podem evoluir juntos em absoluta divindade. Purifiquem-se, mulheres, elevem-se em sua sacralidade, e atraiam o que há de melhor.

Rainha, mulher sagrada, irmã, quando estiver carente, não leve qualquer homem para a cama. A alma de uma mulher chora toda vez que ela é penetrada sem amor. O emprego, o carro bonito e as boas maneiras de um homem não justificam você topar uma ficada rápida. Seja paciente e confie, pois o homem certo está a caminho. Tenha fé no futuro e fique sintonizada com seu "eu" divino. Mantenha-se nas mãos de Maat, a sede da retidão. Canalize sua energia sexual para algo criativo — faça aulas de dança, aprenda a tocar um instrumento ou a cantar, escreva poesia, jejue e ore. Prepare-se para seu companheiro divino.

Para a continuidade e salvação da nossa raça e o enriquecimento da nossa nação, nós, mulheres, devemos parar de ter amantes que não tenham intenção de ser maridos. Nós devemos nos amar, respeitar nossos ventres e proteger nossas almas de todos os danos, perigos e enfermidades para finalmente ter integridade e ser amadas com a devida ternura. Reflitam sobre como nossos antepassados e anciões faziam o amor dar certo. Aprendam as lições da união sagrada. Observem a paciência, o empenho e a qualidade do amor das pessoas sábias. Adote a visão delas para buscar graus superiores de amor em sintonia com seu verdadeiro "eu".

Quando estiver se sentindo fraca, faça a seguinte afirmação, pois você merece muito mais. Feche os olhos, se concentre e decrete:

> Chega de amantes de uma vez por todas.
> Chega de amantes de uma vez por todas.
> Estou me preparando para a união sagrada,
> E não aceito menos que isso.

UMA ADVERTÊNCIA DO VENTRE

Uma irmã me telefonou de Atlanta, Geórgia, e me disse chorando: "Acabei de fazer meu décimo primeiro aborto!". Eu fiquei tão consternada que levei alguns minutos para retomar o fôlego. Começamos a conversar enquanto ela relatava seu sofrimento profundo, dizendo-me: "Sempre engravidei do mesmo homem", comentou ela.

Você acha que essa irmã tinha amor-próprio e sabia cuidar do seu ventre? Você acha que o "amante" ou "namorado" dela a amava ou sequer amava a si mesmo?

Essa irmã precisava se recompor e avaliar o próprio valor divino e das muitas vidas que gerou e enviou de volta à fonte divina de todas as coisas. Escrava de sua baixa autoestima, ela precisava desesperadamente fazer um longo jejum de relacionamentos íntimos, se elevar, se amar, se purificar e se curar para ter uma união íntima consigo mesma.

Irmãs sob estresse, reflitam sobre quem entra em seu ventre sagrado e em sua vida, e prometam: "Chega de amantes de uma vez por todas!".

Essa é uma advertência carinhosa, porém séria, para as mulheres que querem parar de sofrer e enxugar as lágrimas de arrependimento. Fiquem sozinhas e aguardem um pretendente sério para ser seu verdadeiro rei, ao invés de ir à uma clínica de aborto em outro estado ou resolver ter um bebê sem a devida estrutura, acabar criando filhos e filhas sem pais e sofrendo as agruras de ser mãe solteira.

Por favor, acordem antes que seja tarde demais. Como mulheres de luz, parem imediatamente com essa loucura e assumam sua verdadeira identidade sagrada. Para atrair um relacionamento divino e ter paz e serenidade na vida, vocês precisam de um tempo para aprender a se amar profundamente e se curar antes de se jogar em um novo relacionamento.

Eu digo às mulheres viciadas em um homem ou homens em geral e que aguentam todos os tipos de abuso físico, emocional e espiritual: "Parem de procurar desesperadamente o amor masculino, pois vocês precisam de ajuda e de desintoxicação". Comprometam-se com os diversos princípios de autocura da Mulher Sagrada. Conectem-se com anciãs altamente positivas que possam ser suas mentoras espirituais por, no mínimo, um ano ou mais. Aprendam a ter amor-próprio. Então, com a graça do(a) Divino Criador(a), vocês ficarão mais centradas, o que possibilitará atrair um reflexo masculino sagrado para o seu espaço. Quando chegar a hora de se unir a outra pessoa, o(a) Criador(a) irá avisá-las em um sonho ou uma visão, ou através de uma anciã ou amiga sua.

Não cometam o erro de aceitar outro canalha de passagem só porque estão precisando fazer sexo para relaxar. Acalmem-se tomando um suco de pepino e salsa. Para se curar totalmente e atrair um homem decente, não se precipitem nem façam besteira até estar realmente renovadas.

Se você estiver se preparando para ser uma mulher sagrada e se identificar com a situação descrita acima, saiba que não está sozinha, pois muitas mulheres se deparam com os mesmos desafios. Então, querida irmã, ofereço-lhe humildemente esse conselho para ajudá-la a se livrar de todo esse drama.

Um Período de Abstinência para se Recuperar

Não entre em pânico e fique em paz. Um período de abstinência pode ser maravilhoso para sua vida, pois pode rejuvenescê-la após ter exaurido suas reservas de energia mental, emocional e espiritual. Por exemplo, se você fica tentando começar um relacionamento com algum homem, mas nada dá certo, talvez seja a hora de dar uma pausa no sexo e recarregar conscientemente sua energia mental, física e espiritual.

Quando voltar a ter vida sexual, você fará amor com um homem que seja seu marido, seu companheiro sagrado. Ao seguir o estilo de vida da Mulher Sagrada, isso acontecerá com certeza. Você não se contentará com um homem qualquer. Enquanto estamos tendo esta conversa, sua alma gêmea está se preparando para você. Faça seu trabalho para receber aquilo que procura.

Desta vez faça as coisas de outro jeito. Se um homem estiver interessado em você e o interesse for recíproco, peça à sua mentora ou a uma anciã da sua família e a um ou dois parentes dele para se reunirem com vocês dois, a fim de avaliar suas intenções. Os dois mentores falarão por você e o rapaz. Somente duas a quatro pessoas, além de você e seu pretendente, podem participar desse encontro.

Após essa conversa, se os anciões confirmarem que esse namoro pode ser bom, você e o rapaz trocam presentes. O namoro é um período de observação para ambos refletirem se vale a pena se casar.

Como mulheres sagradas são régias, suas vidas devem ser levadas de maneira divina. O homem que a buscava e conquistou seu coração deve tratá-la como alguém muito especial, pois você investiu muito tempo para se embelezar, se harmonizar e se curar elevando muito sua vibração. Mas, antes de estar nessa posição, você precisa de tempo para se recuperar, pois é seu direito e seu destino ter um companheiro adequado.

Minha Carta de Amor Próprio

Essa carta reforçará seu amor-próprio e, ao lê-la diariamente, semanalmente ou mensalmente, conforme for necessário, você se fortalecerá. À medida que seu amor-próprio aumenta, você pode até se inspirar para escrever outras cartas de amor. Entre no fluxo.

> Querido Espírito Altíssimo, tudo o que aconteceu até agora foi para o meu bem.
>
> Eu sei que você pode transformar o que parecia ruim em algo bom. Mostre-me que o que aconteceu foi uma lição e que não preciso me menosprezar por isso.
>
> Neste dia estou escrevendo uma carta de amor para mim mesma e estarei atenta às bênçãos infinitas que receberei.
>
> Data:_____
>
> Amor: _____
>
> (seu nome)

Diálogo no Diário: "Eu me vi nele"

Querido diário:

Estou tão infeliz... Estou contente... Estou tão confusa... Minha mente está clara e estou realizada... Tenho tudo de que preciso. Para frente e para trás, para cima e para baixo, meu humor oscila como um pêndulo... Eu me encontro aonde quer que vá. Estive com meu amante e o que vi? Eu me vi nele. Que visão! Estou sofrendo. Ah, não, estou me sentindo bem.

Eu me vi nele, então o maltratei... mas eu o amo ou achava isso. Eu me vi nele. Eu estava entediada... cansada... desinteressada... solitária... e achava que ele me amava... mas...

Eu me vi nele. Eu arranhei os olhos dele. Nós brigamos noite e dia verbalmente... e fisicamente.

Perdida em meu sofrimento e insatisfação, eu invoco o(a) Criador(a) e clamo pela cura divina.

O tempo passa... As estações se sucedem. Eu estou sarando. Nós estamos nos purificando... Eu me vejo nele... Eu amo, adoro e venero esse homem. Finalmente, eu me amo... Posso ser eu mesma porque me encontrei nele... e estou em paz comigo mesma...

Visualização para Libertar o Coração

A seguinte visualização faz um alinhamento perfeito entre o ventre e o coração e ensina a ficarmos enraizadas em nossa sede sagrada.

Sente-se no chão, feche os olhos e inspire profundamente para se sintonizar. Expire. Agora inspire e entre em seu ventre. Então, direcione a respiração para o cerne do seu coração e da sua mente.

Livrando-se da Mágoa e da Dor

Quando expira, você purga o ventre de todos os pensamentos adversos que a bloqueiam e dos medos que rondam em sua mente sobre o que aconteceu a ele. Foque no que está acontecendo agora com ele.

Livrando-se de Relacionamentos Prejudiciais

Inspire e expulse da mente e do coração quaisquer sentimentos feridos e resíduos de relacionamentos tóxicos. Expire.

Inspire e abra seu ventre. Expire e purgue todo o peso e toxicidade. Agora faça uma inspiração profunda partindo do coração até a coroa da sua mente sagrada e expire.

Inspire profundamente com os olhos fechados e continue respirando em seu próprio ritmo. Inspire no seu ventre enquanto se cura. À medida que o cura, você cura sua atmosfera e os relacionamentos com suas filhas, filhos, companheiros, mães e antepassados. Afinal, nós carregamos o mundo inteiro dos nossos antepassados.

Recebendo a Ajuda Divina

Todos os anjos afrakanos divinos moram em nós e se manifestam em nossos ventres quando nos conectamos com Mãe Nut. Ela nos energiza e liberta, pois é o corpo celestial das estrelas que moram em nós.

Os Homens Também Buscam uma Companheira Divina por *Ellis Liddell*

Os homens estão procurando alguém que seja sua alma gêmea. Assim como as crianças, curiosamente, dos 65 anos de idade em diante tudo o que queremos é companheirismo e afeto. Mas dos 12 aos 64 anos de idade ficamos na montanha-russa dos relacionamentos. Mas por que temos de passar por tanto sofrimento e transtornos? Porque ninguém nos ensina a ser mulheres ou homens adultos e somos obrigados a aprender isso por meio de tentativas e erros.

Por conta desse processo, alguns desenvolvem melhor as habilidades para se relacionar e se comunicar. Essas pessoas conseguem se dar bem com qualquer um, fazendo os outros se sentirem valorizados e terem mais autoestima. Mas o ponto mais importante é que tais pessoas elevam o senso de valor espiritual dos outros, pois reconhecem a presença de Deus em todos os seres.

Por natureza, os homens demoram para formar novas amizades ou relacionamentos e, à medida que envelhecem, têm menos amigos e mais amigas. Eu também observei esse padrão em algumas das minhas amigas íntimas. Após acharem um companheiro, elas consolidam as amizades com outras mulheres.

Basicamente, os homens procuram quatro coisas em uma companheira divina: afeto, amizade, comunicação e, principalmente, uma conexão espiritual profunda.

Afeto: os homens querem ser amados por suas companheiras, mas sem ciúmes e barganhas.

Amizade: os homens querem conversar com suas companheiras sobre tudo e saber que sempre podem contar com elas.

Comunicação: os homens querem comunicação verbal e não verbal de maneira que eles e suas companheiras intuam as necessidades e pensamentos mútuos, ou seja, afinem seus pensamentos.

Conexão espiritual: os homens querem companheiras com quem possam jejuar, andar de mãos dadas e se conectar mesmo no meio de uma multidão ou quando estejam separados por milhares de quilômetros.

Ritual de Amor no Dia de Het-Hru (Vênus): Visualize Seu Futuro Companheiro

Faça rituais espirituais de amor na sexta-feira, que é o dia de Vênus.

Uma união divina: Hru Ankh Ra Semahj e Queen Afua

Para estimular a doçura espiritual, jejue por vinte e quatro horas ingerindo apenas sucos de frutas feitos na hora e frutas vermelhas, como oxicoco, uvas, ameixas, amoras, maçãs, cerejas e frutas silvestres.

- Tome chá de noz-moscada ou canela;
- Use roupas ou uma echarpe rosa ou branca;
- Use um colar e brincos de quartzo rosa e, naturalmente, suas contas na cintura;
- Banho de amor: misture 3,7 litros água da chuva ou água filtrada com 354 ml de água de rosas, 1 frasco de água-de-colônia cítrica, 1 colher de chá de canela e 1 colher de chá de mel puro. Deixe em infusão até o dia seguinte e despeje na banheira de manhã cedo;
- Levante-se entre 4h-6h da manhã para meditar e visualizar o companheiro prestes a entrar em sua vida. Repita essa afirmação: "Neste dia sagrado somente doçura sai dos meus lábios";
- Coloque um tecido rosa e um vaso com rosas frescas em seu altar. Queime incenso de jasmim, rosa ou canela pela manhã ou à noite;
- Faça uma visualização ativa do seu companheiro ideal nesse dia. Tenha fé em si mesma e no poder do Espírito Divino para conseguir o companheiro sagrado que você merece;
- Por fim, dedicar esse ritual de amor a si mesma atrairá amor em todos os sentidos para sua vida — de mãe para filha, de pai para filha, de irmã para irmã, de homem para mulher e pelo trabalho. Se você fizer o trabalho interno, o amor permeará todos e tudo ao seu redor.

A CORTE DEVE SER LENTA E FIRME

É uma tradição afrakana manter a santidade e a proteção de uniões saudáveis, o que evita os resultados adversos de mulheres que escolhem os parceiros sem o apoio total da família.

Eu acho que deveríamos resgatar essa antiga tradição adaptando-a aos nossos tempos. Meu marido recorda sempre a seguinte história:

"Durante cinco anos, meu pai viajava semanalmente mais de 80 km de San Pedro de Macoris até La Romana em São Domingo para cortejar a minha mãe. E nessas visitas, meus futuros pais ficavam na sala de estar sob a observação de dez parentes dela — anciões, irmãs e irmãos.

"Então, após cinco anos, meu pai teve permissão para se casar com a bela Amancia Georges De Guerrero, a mulher de seu coração. Ele teve de provar seu amor e compromisso com sua amada por muito tempo e passou no teste da paciência. O teste foi intenso, mas estabeleceu um precedente:

"Desde o tempo em que fez a corte, passando pelo casamento e até sua morte, papai Georges teve um respeito, amor e apreço profundos por sua esposa sagrada."

O Conselho das Anciãs: Verifique os Antecedentes Dele

Nós ficamos sentadas em volta da mesa da cozinha tomando tônico de ervas e sucos frescos e, uma hora depois, eu servi um jantar vegetariano caprichado para as anciãs. "Verifique os antecedentes dele", disseram elas do alto de seus cento e vinte e um anos de sabedoria coletiva e experiência de vida. Elas falaram com minha irmã espiritual a noite toda, aconselhando-a de uma maneira saudável e profunda — tudo o que ela precisava ouvir para evitar aquela melancolia comum após o casamento.

Não se apresse para dizer: "Aceito seu pedido de casamento", disseram elas à noiva. Verifique os antecedentes e o histórico familiar dele antes de dizer "o sim". Observe como ele trata as mulheres em geral. Observe como ele se relaciona com a mãe, as irmãs e até com as amigas.

"Ele pode ser seu cliente, não necessariamente seu marido", disse uma das anciãs. "Não confunda as duas coisas."

As anciãs então fizeram algumas perguntas importantes e deram conselhos claros. Considere as seguintes questões:

- Ele é ressentido com as mulheres ou as ama e respeita?
- Verifique os registros. Ele já foi abusivo fisicamente ou verbalmente com mulheres?
- Há incesto em seu histórico familiar ou em seus genes?
- Descubra sobre os relacionamentos anteriores dele com mulheres, sobretudo com a própria mãe. Ele tem um relacionamento bom e constante com a mãe? Isso indicará como você será tratada após se casar e as portas se fecharem.

Verifique atentamente tudo o que puder sobre o homem antes de assumir o relacionamento e faça isso também em relação a você mesma. Você ainda tem mágoas mal resolvidas? Se tiver, é preciso curá-las imediatamente, caso contrário essas feridas ocultas irão afetar seu casamento. Peça ajuda se for preciso e purifique-se internamente. Acima de tudo, não se precipite para se casar por medo de ficar sozinha ou devido à crença equivocada de que essa é sua última chance. Entre na união com seu "eu" intacto e sabendo que deve receber de volta aquilo que dá, pois reciprocidade faz parte da ordem divina.

Quando seus padrões ficam mais altos, você não tolera certas coisas.

Não siga apenas seu ego e convide seu espírito para participar também do período de observação. Peça também às suas mentoras e/ou anciãs, aos seus amigos de confiança e à família estendida para ajudá-la nesse processo.

Tenha sempre em mente que, em última instância, você só atrai um reflexo de alguma parte sua. Portanto, livre-se de seus pensamentos, atitudes, hábitos e padrões negativos. Suas observações e reflexões precisam ser claras e brilhantes como um cristal ou um diamante. Sua alegria futura depende disso.

É uma boa ideia mostrar o Guia para Cortejar uma Mulher Sagrada ao seu pretendente, pois a reação dele revelará muito se tem potencial para uma união sagrada.

Guia para Cortejar uma Mulher Sagrada

"Como sou uma mulher sagrada, não tente quebrar a tradição simplesmente me afastando da minha família. Eu fui especialmente treinada para o papel de esposa. Presenteie-me com flores, óleos preciosos, joias e tecidos sagrados. Fale com doçura e ponha sons celestiais para eu ouvir. Lide comigo com cuidado e carinho, como se eu fosse uma pomba."

",Eu me sento em meu trono de lótus cercada por minha família nuclear e a estendida, minhas mestras e mentoras espirituais e anciãs. Passe primeiro por elas e pergunte por mim. Com sua sabedoria e preocupação, eles irão analisá-lo e me observar para verificar se devemos ficar juntos."

RELATÓRIO DO PROGRESSO AMOROSO

A seguir há dois Relatórios do Progresso Amoroso — um para você e o outro para seu potencial companheiro. Preencha o seu durante a meditação ativa e utilize-o para registrar seu crescimento interno que se reflete em suas escolhas passadas e atuais em relação a um companheiro. Lembre-se de que não há erros — tudo acontece por um motivo. É assim que aprendemos e crescemos nesse plano mundano.

Analise seu crescimento com o coração leve e aberto e sem temer suas reflexões e observações. Você pode descobrir que progressivamente atingiu níveis mais altos de autoconsciência ou que continua nas profundezas do inferno. Ambos os estados lhe dão lições e percepções sobre quem você é, de onde veio e para onde está indo. Não fique paralisada pela dor. Seja aberta e objetiva enquanto registra os poucos ou muitos homens que entraram em sua vida. Use os vários ensinamentos resultantes de suas escolhas de parceiros como um impulso para mudar, se transformar, crescer e se desenvolver.

Antes de começar a fazer esse balanço, tome um banho quente com sal ou ervas e um copo com 236 ml de água quente e o suco de 1 limão. Isso ajuda a entrar no clima certo para a autorreflexão e o trabalho de cura que deve ser feito entre 4h-6h da manhã para você contar com orientação espiritual enquanto escava um lugar sagrado profundo.

Após terminar seu relatório, pense sobre o que descobriu a respeito dos seus padrões na vida. Veja como suas experiências passadas e atitudes atuais criaram suas condições para amar.

Após essa autoanálise, comece a se purificar adotando o estilo de vida de uma mulher sagrada. O primeiro passo é se desfazer dos padrões doentios e estados venenosos. Encare tudo aquilo em você que a impede de ter alegria, amor e felicidade.

Lute por sua sacralidade. Descubra quem você é, para se livrar de quaisquer desequilíbrios internos atuais ou remanescentes de outras encarnações. Liberte-se de uma vez por todas do câncer espiritual e das toxinas emocionais, pois na realidade você não é assim. Quando a cura ocorrer, você estará inteira, saudável e preparada para sua união sagrada.

Verifique seu Relatório do Progresso Amoroso e busque uma união total consigo mesma para que, quando olhar ao redor, veja bem-aventurança e unidade emanando de seu companheiro divino. Até uma união estagnada pode reviver quando você começar a se purificar.

Um recado sábio: jejue constantemente até ele chegar. Fique tranquila, pois ele vai chegar. Saiba também que ele refletirá quem você é de verdade — divina e pura todos os dias —, pois esse homem se fundirá com seu verdadeiro "eu".

Relatório do Progresso Amoroso para Mulheres

Peça à sua pretendente para preencher esse Relatório do Progresso Amoroso, a fim de avaliar a situação anterior dela, a qual pode ter levado a seu estado atual. Essa tabela, quando preenchida sinceramente, trará clareza a vocês dois, pois mostra o que está acontecendo individualmente e coletivamente em seu relacionamento e revela como construir uma união mais saudável.

Essas perguntas a ajudarão a identificar e combater as ideias, conceitos e condições venenosos que têm influenciado seus pensamentos e atitudes nos relacionamentos.

HISTÓRICO ANTERIOR E ATUAL

Tipo de relacionamento	Datas da união	Estado na época	Dieta na época	Sentimentos	Reflexão	Propósito	Lições
Indique o tipo de relacionamento (companheiro, marido, amigo íntimo); escreva o título adequado ao lado do nome de nascimento	Datas da união (início e fim).	Indique seu estado emocional, mental e físico durante essa união.	O que você comia e bebia durante esse período?	O que você sentia por ele? O que ele sentia por você? Como vocês se tratavam?	Se pudesse, você voltaria atrás e agiria de outro jeito? Sim? Não? Por que?	Qual era o propósito divino dessa união?	Que lições, desafios e bênçãos essa união lhe deu? Você se libertou desse relacionamento? Por que ou por que não?

Reflexões

- Como você está atualmente?
- Como você se sente em relação aos homens — seu pai, irmão(s), filho(s), tio(s), amigos e colegas de trabalho?
- Como você se sente em relação às mulheres — sua mãe, irmã(s), filha(s), tia(s), amigas e colegas de trabalho?

Após um jejum por sete a vinte e um dias, escreva detalhadamente sobre seu companheiro. Você projeta suas necessidades e expectativas nele? Em caso positivo, tudo está no devido lugar. Caso contrário, mexa-se! Eleve suas vibrações até o nível do companheiro pelo qual está chamando.

Nossos antepassados do Vale do Nilo denominavam a união perfeita com o "eu", com o companheiro ou com o(a) Criador(a) de *smai tawi* (união das duas regiões) — ou seja, o masculino com o feminino, os lados direito e esquerdo do cérebro, o Céu (Nut) e a Terra (Geb).

Relatório do Progresso Amoroso para Homens

Peça ao seu pretendente para preencher esse Relatório do Progresso Amoroso, a fim de avaliar a situação anterior dele, a qual pode ter levado a seu estado atual. Essa tabela, quando preenchida sinceramente, trará clareza a vocês dois, pois mostra o que está acontecendo individualmente e coletivamente em seu relacionamento e revela como construir uma união mais saudável.

Essas perguntas o ajudarão a identificar e combater as ideias, conceitos e condições venenosos que têm influenciado seus pensamentos e atitudes nos relacionamentos.

HISTÓRICO ANTERIOR E ATUAL

Tipo de relacionamento	Datas da união	Estado na época	Dieta na época	Sentimentos	Reflexão	Propósito	Lições
Indique o tipo de relacionamento (companheira, esposa, amiga íntima); escreva o título adequado ao lado do nome de nascimento	Datas da união (início e fim).	Indique seu estado emocional, mental e físico durante essa união.	O que você comia e bebia durante esse período?	O que você sentia por ela? O que ele sentia por você? Como vocês se tratavam?	Se pudesse, você voltaria atrás e agiria de outro jeito? Sim? Não? Por que?	Qual era o propósito divino dessa união?	Que lições, desafios e bênçãos essa união lhe deu? Você se libertou desse relacionamento? Por que ou por que não?

Reflexões

- Como você está atualmente?
- Como você se sente em relação às mulheres — sua mãe, irmã(s), filha(s), tia(s), amigas e colegas de trabalho?
- Como você se sente em relação aos homens — seu pai, irmão(s), filho(s), tio(s), amigos e colegas de trabalho?

Após um jejum por sete a vinte e um dias, escreva detalhadamente sobre sua companheira. Você projeta suas necessidades e expectativas nela? Em caso positivo, tudo está no devido lugar. Caso contrário, mexa-se! Eleve suas vibrações até o nível da companheira pela qual está chamando.

Nossos antepassados do Vale do Nilo denominavam a união perfeita com o "eu", com a companheira ou com o(a) Criador(a) de *smai tawi* (união das duas regiões) — ou seja, o masculino com o feminino, os lados direito e esquerdo do cérebro, o Céu (Nut) e a Terra (Geb).

QUATRO ENSINAMENTOS BÁSICOS DA AVÓ

Certo dia, quando estava passando o inverno em St. Thomas, Ilhas Virgens, no alto da Old Mountain Road em Scott Free, eu estava olhando o oceano pela janela e chorando pelo fato de tantas mulheres reclamarem de seus relacionamentos. Então, o espírito da minha avó baixou em mim e transmitiu quatro ensinamentos básicos para fazer os homens sempre voltarem para casa:

"Querida, pare de chorar. Venha cá, sente-se e enxugue as lágrimas. Ouça, sou uma mulher idosa que foi casada por quarenta e tantos anos, aprendi algumas lições básicas para manter o homem sempre voltando para casa. Eu vou lhe explicar tudo. Após conseguir seu companheiro — seja graças à sua beleza, inteligência, força, pureza ou tudo isso junto — e se casar, use minha sabedoria para manter seu marido longe das tentações e sempre voltando ao lar.

"Primeiro: alimente seu marido com refeições saudáveis que você prepara em suas panelas.

"Segundo: mantenha-se atraente e bem arrumada. Cuide sobretudo dos pés, pois, quando uma mulher está perdendo seu companheiro, geralmente é negligente com os pés.

"Terceiro: mantenha a casa limpa e em ordem — seja por você ou com a ajuda de uma boa funcionária.

"Quarto: seja carinhosa com seu companheiro na cama e fora dela. Cerque-o do bom e velho amor sulista, ilhéu ou afrakano. Além disso, nunca vá para a cama nem durma sem resolver antes alguma rusga com ele. É crucial vocês fazerem as pazes antes de dormir."

"Mas, vovó", eu perguntei, "e quanto a mim?".

"Para que vocês dois continuem se amando, você tem de amar a si mesma! É isso que eu tinha a dizer e agora preciso descansar. Eu a abençoo, querida, e vai ficar tudo bem. Basta que você nunca se esqueça dos quatro ensinamentos básicos de sua avó."

QUANDO A MULHER SAGRADA SE CASA

Em um *workshop* sobre ritos de passagem para mulheres há alguns anos atrás, eu falei sobre as curas tradicionais afrakanas aplicadas ao casamento, como problemas entre marido e mulher eram resolvidos e como os casamentos eram decididos na Áfraka. A aldeia ou a família arranjava o casamento, com a ajuda de anciões e membros da família, e depois todos ajudavam a manter o casal unido.

Uma jovem então me abordou e disse que estava surpresa por constatar que instintivamente usava esses modos tradicionais em sua vida. E relatou o seguinte: "Quando meu marido e eu resolvemos nos casar, tivemos muitos problemas. Eu e ele então falamos separadamente com minha prima a respeito das nossas preocupações individuais. Então, ela conseguiu transmitir para nós os pensamentos, sentimentos, preocupações e o ponto de vista de cada um e fazer com que compreendêssemos tudo sem arranjar mais problemas. E assim conseguimos chegar a um acordo em relação às nossas desavenças.

"Posteriormente, meu marido e eu chegamos a outra encruzilhada e os caminhos que havíamos escolhido seguir poderiam ter destruído nosso casamento. Então, pedimos ajuda à uma querida anciã. Eu me abri sobre minhas preocupações e sentimentos, e ela explicou tudo ao meu marido de maneira pacífica. Ele também se abriu a respeito de seus pensamentos e sentimentos. Quando tudo foi dito e esclarecido entre nós, me senti mais próxima dele do que nunca e descobri como amá-lo por seu "eu" divino."

Antes do Casamento: Instaure Equilíbrio Espiritual

À medida que nos equilibramos, curamos nossas reflexões. Afinal, a maioria das pessoas não é má, apenas desequilibrada e, por mais que tente e experimente, seus relacionamentos geralmente terminam devido ao medo, frustração e sofrimento. O equilíbrio em um relacionamento depende do equilíbrio pessoal de cada parceiro.

Ore diariamente para que você e seu companheiro tenham as mesmas metas e aspirações, e andem na mesma direção. Aprendam continuamente um sobre o outro, sejam pacientes e deixem o espírito guiá-los. À medida que as mulheres ficam mais sintonizadas, suas almas se libertam das interações negativas, velhas mágoas, experiências e condições adversas, abrindo caminho para novas possibilidades.

Faça alguma cura com água. Por exemplo, tome diariamente um banho com sal ou ervas, ou se possível, um banho de mar semanalmente. Tome também diariamente o máximo de água pura. Usar água interna e externamente todos os dias gera equilíbrio, harmonia, paz e sabedoria. Jejue também por sete a vinte e um dias. Após se purificar, você ficará em harmonia com seu companheiro ou futuro companheiro.

É preciso evitar certas comidas que fomentam a discórdia entre o casal. O consumo de carnes faz as mulheres e os homens ficarem agressivos, explosivos, difíceis de lidar, em suma, desequilibrados.

Medite sobre essa afirmação:

Eu sou um ser equilibrado. Meus lados masculino e feminino funcionam harmoniosamente. Eu amo e acesso minhas qualidades masculinas, como força, firmeza e expressividade. Eu amo e acesso minhas qualidades femininas, como gentileza, paciência, criatividade e carinho. Eu direi isso diariamente até fundir esses meus dois aspectos harmoniosamente.

Ao fundir e harmonizar esses dois aspectos internos, você terá uma comunicação excelente, amor e paz com seu amado e com todos os homens em sua vida.

Como mulher, você representa o Céu, a Grande Mãe Nut. Seu homem representa a Terra, Geb. Quando estão em harmonia, vocês atingem o equilíbrio divino entre o Céu e a Terra. Mas para o casal chegar a esse estado supremo, primeiro é preciso curar-se profundamente.

Sete Passos para um Relacionamento Saudável

Após sua união ser santificada, siga esses sete passos para manter o equilíbrio, a clareza, o amor e a compreensão sempre fluindo. Confie na orientação do Altíssimo em todos os seus relacionamentos. Desse modo, quando chegar a hora, você conseguirá dar plenamente seu lótus interior, perdoar e ser perdoada, amar e ser amada, ter e receber compaixão.

1. Purifique a mente, o corpo e o espírito. Seja um exemplo de luz para inspirar seu companheiro e os outros a crescerem;
2. Respeite e apoie as diferenças naturais entre você, seu companheiro e suas famílias nuclear e estendida. É a variedade que dá beleza à vida;
3. Pense antes de falar, pois suas palavras podem construir ou destruir;
4. Desintoxique e blinde seu coração contra a malícia, a raiva e os impulsos vingativos, para que o amor flua como um bálsamo curativo entre você e seu companheiro, e os outros;
5. Lembre-se e guie-se pelas lições que aprendeu para manter a união saudável;
6. Empenhe-se para ser uma fonte de amor divino, carinho e compaixão;
7. Ore pedindo força e orientação divina quando vocês dois tomarem decisões visando tornar seu relacionamento duradouro.

Antes do Casamento: Faça um Bom Plano de Manutenção

Nas sociedades tradicionais, o homem era agricultor, caçador ou pastor, o provedor da família e muito respeitado pela mulher e os filhos. O homem construía uma casa para sua mulher, lhe dava joias, roupas, utensílios de costura, vacas e animais domésticos, óleo vegetal ou gorduras animais e uma canoa ou outro meio de transporte.

Por sua vez, a mulher procurava alimentos, ervas e combustíveis silvestres para cozinhar e aquecer o lar. Ela preparava as refeições que servia ao marido e, em alguns casos, trabalhava na terra preparada por ele, a fim de manter um bom suprimento de legumes, grãos e frutas. Algumas mulheres também aravam a terra e ajudavam na construção da casa. Todas mantinham a casa limpa, além de tecer e costurar as roupas da família. O casal vivia cercado pelo apoio de suas famílias e todos na comunidade se ajudavam para garantir a sobrevivência. A família vivia de acordo com suas posses. Hoje em dia, porém, vivemos apelando para os cartões de crédito, nos endividando e sentindo ansiedade, o que gera muito estresse no casamento. Pense sobre isso!

O fato é que atualmente duas pessoas que pretendem se casar devem planejar de antemão como lidarão com suas finanças e responsabilidades familiares. É preciso que os dois conversem com muita franqueza e tenham confiança de que sua união resistirá à essas questões tão importantes. Esclarecer bem tais questões ajuda a assegurar o futuro do casamento.

A seguir, sugiro várias abordagens em relação às questões práticas da administração conjunta de uma casa. Seja criativa, mas assegure-se de que vocês dois tenham uma ideia clara sobre o que farão e que concordem plenamente. Vocês podem até registrar tudo o que combinaram por escrito, assinar e colocar a data nesse documento. Os planos podem mudar conforme as circunstâncias, mas sempre conversem claramente e cheguem a um acordo satisfatório para ambas as partes.

Para Manter o Equilíbrio e a Unidade em Casa

Uma Abordagem

Os homens se encarregam de parte dos cuidados com as crianças e da parte financeira do lar, incluindo o aluguel ou a hipoteca (arrendamentos e ações deve estar no nome do marido e da mulher) e as seguintes despesas:

- Conta de energia elétrica;
- Conta de gás;
- Conta de telefone;
- Despesas com alimentação;
- Vestuário da família;
- Despesas médicas;
- Seguros em geral;
- Despesas com transporte;
- Mensalidades e despesas escolares.

O marido e a mulher podem dividir ou não os custos de férias e saídas noturnas.

As mulheres ficam a cargo de:

- Manter a casa limpa e arrumada;
- Lavar as roupas;
- Preparar comida fresca e natural;
- Ajudar na cura pessoal do marido, preparando banhos, fazendo massagens, compressas de argila, sucos vivos e tônicos de ervas;
- Cuidar das crianças.

O Conceito Afrakano do Pote

O homem e a mulher colocam dinheiro em uma conta bancária conjunta ou em um pote e elaboram um orçamento que cubra todas as despesas, incluindo férias, saídas noturnas, presentes, roupas etc. Eles se cuidam na mesma medida na cozinha, na hidroterapia e no quarto, além de cuidar dos filhos.

Outra Abordagem

Sentem-se juntos para fazer seu plano de manutenção. Sejam claros, abertos e sinceros, pois mais cedo ou mais tarde a verdade vem à tona. Caso demorem para fazer isso, preparem-se para alguns desentendimentos e sentimentos feridos. Pronuncie-se a seu favor, mas também pela união. Tudo pode ser resolvido se sua união tiver que dar certo.

O plano de manutenção deve ser elaborado de maneira equilibrada e realista antes do casamento. Ponham as cartas na mesa, respirem fundo, tomem bastante água pura e orem. E lembrem-se de que é preciso esclarecer e resolver tudo antes de se casar.

ALIANÇAS

Quando chega o momento de consagrar sua união, até as alianças escolhidas devem refletir nossa antiga alta cultura. Caso estejam em dúvida sobre os sinais e símbolos a serem escolhidos, recorram à fonte afrakana mais antiga possível — o Vale do Nilo.

O Studio of Ptah em Nova York fornece essas alianças (ver *Jumping the Broom*, o livro sobre casamentos afro-americanos de Harriette Cole). O mestre artesão Sen-Ur Hru Ankh Ra Semahj, que cria as alianças, também é um alto sacerdote camítico que oficia cerimônias de casamento invocando as tradições mais sagradas do legado camita. E Sen-Ur Semahj diz: "Antes de concordar em oficiar uma cerimônia de casamento, eu aconselho o casal a jejuar e a purificar seus templos corporais, a fim de formar a união perfeita — *Smai Tawi*".

AMANDO E SERVINDO SEU COMPANHEIRO

Purificar o Esperma é Essencial para o Amor Sagrado

Mulheres, sejam sábias quando selarem a união sagrada, pois, ao fazer amor com o homem, nós nos tornamos tudo o que ele é. Nós absorvemos a essência dele no ventre, que é a entrada do nosso mundo interior. Se ele estiver preocupado e sofrendo ou alterado pela ingestão de bebidas alcoólicas, carne ou drogas psicoativas, seus fluidos nos contaminam. Portanto, cure seu companheiro para o bem dele e principalmente o seu. Ou seja, você receberá em seu ventre o resultado do seu trabalho para curá-lo — com amor, alegria, frutas, legumes e paz. Inspire, estimule e cuide dele. Ajude-o a se livrar das doenças em seu esperma, para que ele se torne uma fonte de saúde e bem-estar. Seja paciente, persistente e não desista do relacionamento, pois ele retribuirá o bem que você lhe faz.

Aliança sagrada

Se seu companheiro estiver desequilibrado, quando vocês fizerem amor, seu ventre ficará cheio de gases, toxinas e fluidos resultantes da ingestão de carne, gordura, amidos desvitalizados e outros venenos. Caso ele ainda não esteja no caminho para o bem-estar, oriente-o carinhosamente nesse sentido dando as informações necessárias para essa transição à sacralidade.

Segundo o doutor Yosef Ben Johannan, um renomado historiador afrakano, "o céu reside entre as coxas da mulher negra". Portanto, antes de entrar no céu, nossos homens precisam se purificar, pois carne, álcool, drogas e pensamentos nocivos estão proibidos de entrar em nossos ventres sagrados.

Nota: nesta época extremamente tóxica, para fazer sexo seguro, os homens devem usar preservativo. Mas quando um casal resolver ter um filho, o homem tem que estar limpo, pois não poderá usá-lo por muito tempo.

Mulher Sagrada, Regenere seu Companheiro em Vinte e Um Dias

Após se purificar, você fica apta a dar orientações para o seu companheiro. Quanto mais você se sentir bem, maior será seu desejo de compartilhar. O próximo passo é fazer seu companheiro seguir um tratamento de purificação e rejuvenescimento de vinte e um dias para recuperar o bem-estar físico, mental e espiritual.

Para ficar saudável e com a próstata limpa, o homem deve limpar a área estomacal. Um bom início é o *Heal Thyself 7-Day/7-Step Colon Wellness Kit* (produtos no *site* www.queenafua.com), que fará ele se sentir mais vibrante, mais jovem e cheio de energia.

Após esses vinte e um dias de tratamento, ele estará em ponto de fogo. O amor e respeito dele por você aumentarão muito, pois você agiu como sua herborista, amante e apoiadora. À medida que você o eleva no espírito do amor, ele fará o mesmo e até mais por você.

Durante esse período, mantenham abstinência sexual para acumular potência. Mas é possível fazer amor se abraçando, se tocando, se beijando e se acariciando, pois o contato físico é fundamental para fortalecer o relacionamento. Nesses vinte e um dias de preparação, a energia amorosa é canalizada para a cura e o empoderamento.

Ative esse intercâmbio amoroso na lua nova, que é propícia para reinícios e a renovação da união. Se vocês fizerem amor na lua cheia, o orgasmo de amor e beleza pode deixá-los esgotados por uma semana devido a seu nível altíssimo de sensibilidade!

Meditação: Meu Rei, Por Favor, Me Ame Direito

Seu esperma para mim tem de ser orgânico, feito de alimentos e pensamentos puros.

Eu confio no Altíssimo que mora em você para que me alimente com pura luz.

Quando seu néctar sagrado é injetado em mim, ele entra em meu coração, no meu sangue, no meu cérebro e nas minhas veias.

Como sou a Mãe Terra, e Nut, a rainha cósmica, preciso de néctar supremo energizado com a vitalidade da couve, dos brotos, da beterraba e do nabo.

Carne e gordura não entram em mim.

Leite e queijo não se alojam em mim,

Nem venenos mentais, ganância e sofrimento.

Apenas o amor, meu querido, deve permanecer.

Lave meu palácio de beleza e meus corredores de bem-aventurança com suas águas de poder e pureza, pois eu assimilo o que você me dá e retribuo sem esforço.

Quando o esperma é puro e cheio de luz, ele acende cada célula e nervo.

Os ciclos vêm e vão, mas eu o alimento com meu doce néctar de melões, frutas silvestres, peras e ameixas.

O néctar masculino puro me protege contra tumores — se eu também cuidar bem de mim.

Meu amado rei, ame-me da maneira certa, para que eu possa ser como sou, a divina Mãe Terra, e Nut, a rainha cósmica.

Cure um Homem / Cure uma Mulher

Uma irmã bem-humorada e criativa estava com um tumor do tamanho de um grapefruit, o que era muito estranho, pois ela era vegetariana há vinte anos e não comia derivados de leite. Quando ela veio se consultar comigo, indaguei: "Qual é o estado do seu companheiro?".

Ela disse: "Ele é maravilhoso, mas come de tudo".

"Vocês usam proteção ao fazer amor?", perguntei.

"Não, estamos juntos há anos. Embora não converse sobre isso, sei que ele come carne, frango frito e de vez em quando toma cerveja", comentou ela.

O fato é que esse homem está injetando a essência do que come no útero da companheira e fazendo o tumor dela crescer. Tumores se desenvolvem com nossa participação. Então, essa irmã precisa transmitir seus conhecimentos ao seu homem e mimá-lo na direção da cura. Pode lhe dar sucos frescos de maçã e pera, pois sua doçura faz os homens quererem se curar, preparar banhos curativos para ele e lhe indicar alternativas alimentares.

Ela pode fazer tudo isso por ele; caso contrário, ele terá de usar preservativos. Mas se continuar consumindo o que não deve, ele continuará impondo sua aura a ela, mesmo que use preservativos. E ela pode exalar um cheiro ruim por causa da aura dele.

Caso seja muito sensível, você fica vulnerável às vibrações das pessoas mais próximas. Quando elas a abraçam, você pode sentir o sofrimento de todos aqueles frangos e vacas abatidos para alimentá-las. Esqueça as imagens idílicas de vacas pastando na relva. Hoje em dia, elas recebem hormônios e antibióticos até ficarem muito doentes. E muitas pessoas ingerem essa carne contaminada.

Mesmo que nos purifiquemos, podemos ser envenenadas por companheiros que não se purificam. E mesmo se ocorrer o contrário, ao entrar nos ventres femininos, eles causarão tumores, cistos e corrimentos, além de ira e raiva. Portanto, somos todos responsáveis uns pelos outros.

Ritual "Carregue-me nas Asas do Ar"

Mulher, quando você e seu companheiro estiverem na cama, particularmente durante a lua cheia, suba de vez em quando nas costas dele, afunde seu corpo no dele, afunde sua confiança na dele, afunde sua beleza na dele e afunde suas necessidades nas dele. Você ficará mais equilibrada, sintonizada e poderosa. Após esse ritual, ele saberá que o elo de amor puro entre vocês resgatará toda a sua força.

O tamanho do pênis não importa; o que vale é se seu homem aguenta o peso do seu amor por ele e consegue carregá-la nas asas do ar. Enquanto você inspira, ele expira em harmonia e vocês produzem o sopro vital.

As costas dele derreterão e você se encaixará nele. Esse processo harmoniza o céu e a terra internos e externos. Respirem até haver uma fusão e tranquilidade absolutas. Esse ritual de amor ajuda a evitar brigas e intensifica o amor e a confiança mútuos. Sempre que houver alguma turbulência em sua união, suba nas costas dele. Então, com uma postura de humildade, voem nas asas do ar e clamem por uma paz profunda para ambos.

Para intensificar o ritual amoroso, façam o seguinte:

1. Tomem 236 a 472 ml de suco fresco de maçã ou pera para se desintoxicar e gerar doçura;
2. Tomem um banho juntos em silêncio. Massageie as costas dele e depois ele massageia suas costas com azeite de oliva ou óleo de amêndoa. Massageiem as laterais da espinha e o pescoço um do outro para aumentar a paz interior e acalmar os nervos.

O HOMEM SAGRADO: A REAÇÃO MASCULINA – A "CHEGA DE AMANTES"
por Hru Ankh Ra Semahj

Amados irmãos, preparem-se para lidar com uma nova ordem. O mantra "chega de amantes de uma vez por todas" está ressoando em toda a nação núbia. As mulheres estão cansadas de ser receptáculos para homens que só querem se masturbar em carne quente.

Nossas mulheres estão atendendo ao chamado da autocura: "Libertação através da purificação". Elas se recusam a continuar cativas de portadores de esperma tóxico. Vocês não podem querer ser amantes de suas companheiras se não tiverem a intenção de se purificar também.

Irmãos, temos de analisar seriamente nossas ideias sobre relacionamentos amorosos. É possível ser amantes sem compromisso, sem assumir a responsabilidade pelas consequências?

Onde aprendemos a ser amantes? Nós nos tornamos meros imitadores de cenas de filmes de Hollywood? Tudo indica que sim e, para corrigir isso, devemos *sankofa* (retomar) o antigo paradigma de nossos antepassados núbios.

O arado, um símbolo masculino, é uma ferramenta usada no solo para plantar. Lavrar o solo faz parte da rotina de um agricultor. Arar e semear o solo e depois colher perfazem o ciclo de um cultivo. A antiga existência núbia se baseava em *amer/mr*. O canal, um símbolo feminino, canalizava o fluxo da água preciosa para irrigar os campos áridos.

Um relacionamento se baseia em plantar sementes positivas para assegurar uma colheita farta. E, para dar certo, requer a canalização adequada das emoções.

Plano de Ação para Homens que Têm Mulheres Sagradas

Meu irmão, como você reage quando sua parceira embarca no caminho da Mulher Sagrada? E de repente você descobre que a mulher da sua vida está emanando essa luz tão brilhante, alegria, força, bem-estar, segurança e serenidade? Ela mudou para melhor. E, através dela, a vida ao seu redor está mudando — isso é bom, mas pode assustar um pouco. O que você faz para lidar com esse seu reflexo belo, porém desafiador?

A única saída é se empoderar para se tornar um homem sagrado. Para ajudá-lo nesse processo, eu sugiro 12 providências para ficar à altura da sua mulher sagrada.

1. Purifique seu templo corporal. Medite, jejue, ore e coma alimentos sagrados — frutas e legumes frescos, ervas e água pura. Tome banhos com sal ou ervas. Use o livro *Heal Thyself*, de Queen *Afua*, como seu guia definitivo para resgatar e manter seu novo "eu" curado, seu ser núbio;
2. Resgate seu legado ancestral. Estude sua história — especialmente o legado núbio de Asar e Hru. Identifique seu propósito na vida;
3. Comece a conversar para valer com sua companheira. Não há mais espaço para o "cara forte e silencioso". O ouvido humano é um instrumento feminino que não suporta sons ásperos e palavras grosseiras. Nunca mais cogite bater em

sua mulher. Se necessário, afaste-se um pouco dela;

4. Vista-se e enfeite-se com o charme e dignidade de criações baseadas na cultura afrakana. Pare de imitar os homens europeus. Lembre-se de que terno e gravata podem ser perfeitos para se infiltrar no mundo dos tubarões corporativos, mas no restante do tempo use as roupas elegantes e régias da sua cultura. Deixe sua comunidade mais colorida. Nossos filhos precisam de cores variadas — basta daqueles jeans desleixados!

5. Cuide ao máximo da higiene sexual, pois o mau cheiro nessa área desanima qualquer mulher. Lembre-se de que um homem sagrado não come carnes, pois elas produzem odores desagradáveis nos órgãos sexuais dos homens e das mulheres. A vagina da sua mulher é a entrada para o "céu". Entre nesse portal do paraíso com a mente, o coração e o pênis limpos;

6. Exercite-se. Faça agachamentos. Uma barriga saliente é imperdoável em um homem sagrado, pois é um armazém de poluição e putrefação que arruinará sua próstata e contribuirá para o esperma tóxico;

7. Monte um altar para sua sacralidade e acima dele ponha uma foto de sua mulher sagrada e dos seus filhos. Fale com eles do fundo do seu coração. Confie nos ouvidos do invisível e invoque o aspecto feminino do Divino. A cultura afrakana nos ensina sobre o(a) Criador(a) Paterno/Materna;

8. Trate todos os seus filhos com o mesmo respeito e *mr* (amor). Muitos relacionamentos terminam tragicamente por causa de homens que molestam suas filhas e enteadas. Isso arruína uma mulher para sempre, pois ela entrará traumatizada na vida adulta e certamente terá problemas no casamento. Não contribua para esse ciclo vicioso que só causa tragédias;

9. Escolha seus mentores. Sente-se com os anciões e aprenda com a sabedoria e os erros deles. De maneira respeitosa, transmita a eles as lições que aprendeu com a sacralidade. Cure o relacionamento com sua mãe. Lembre-se dos aniversários da sua mãe e da sua avó;

10. Descubra, apoie e se relacione com seu lado feminino. Caso contrário, você não conseguirá ter uma relação plena com sua companheira. Mantenha um diário e tente dialogar com sua energia feminina interna. Sinta essa energia em ação quando der presentes e flores à ela, quando tocar seu cabelo e tocar suas nádegas. Pequenos gestos significam muito;

11. Acima de tudo, confie em sua mulher sagrada. Ela é altamente digna e confiável porque é muito exigente em relação aos homens. Somente alguém muito puro pode tocá-la. Portanto, não tema nem tenha ciúme se ela for cordial com outros homens, pois ela jamais mistura essências;

Como tem um estilo de vida natural e recuperou seu equilíbrio natural, ela não é fogosa o tempo todo e o ajudará a não desperdiçar sua seiva. Siga o exemplo dela e vocês dois se tornarão um casal saudável de pura luz;

12. Quando sua companheira resolver assumir o cabelo natural e parar de maltratar seus cachos, não se aborreça. Afinal, está mais do que na hora de dar fim a esse comportamento doentio. Então, louve e agradeça o fato de ela retomar sua coroa natural.

Conselho dos Anciões do Kemet para os Maridos

"Se você for sábio e quiser manter sua família estável, ame sua esposa plena e corretamente. Dê comida, roupas e óleo para ela passar no corpo, e faça-a feliz enquanto você viver. Ela é de grande valia para você, marido, portanto, não seja bruto. Bondade e consideração a influenciarão mais do que a força bruta. Preste atenção ao que ela quer e pretende, e respeite-a totalmente. Então, ela continuará com você. Abra os braços para ela e demonstre que a ama."

Afirmação de uma Mulher Sagrada para seu Rei

Como uma mulher sagrada, estou sempre empenhada em ressuscitar e exaltar a divindade do meu companheiro, que é meu complemento. Eu reconheço que meu equilíbrio interno deve se manifestar externamente no relacionamento com meu homem se o verdadeiro potencial do "eu" superior for revelado para mim.

O amor é como água e você é como uma planta. Você está com sede? Então, vou deixar meu amor fluir em você como um rio.

Venha e receba esse amor. Deixe-me derramá-lo em você enquanto observo nós dois crescendo.

Eu não sinto sede, pois só posso amá-lo quando minha fonte está cheia.

À medida que irradio e contenho amor, atraio seu amor. Com você, rei, eu partilho amor impetuosamente, sabendo que você retribuirá.

Só posso perdoá-lo quando eu me perdoar. Só posso acalentá-lo após me acalentar.

Ao me amar incondicionalmente, tenho a capacidade de amá-lo da mesma maneira. Desde que me curei naturalmente e me tornei uma mulher sagrada, fiquei tão ampla e potente, tão impetuosa e poderosa, que me elevo até você e o recomponho. Posso fazer por você o que Ast (a Grande Mãe) e Nebt-Het (a Senhora da Casa) fizeram por Asar (a Ressurreição) na antiguidade no Kemet, para que a nação sobrevivesse.

Sim, eu, a Mulher Sagrada, tenho a capacidade de amá-lo, curá-lo e apoiá-lo de mais de mil maneiras, rei, e faço isso naturalmente.

DESPERTE O *DJED*, O ÓRGÃO DE REGENERAÇÃO DO SEU HOMEM

> Quando o membro de um homem falha, sua mulher deve colher folhas das videiras nos campos e fazer um chá para ele. Seu membro se fortalecerá e ficará ardente em um par de dias.
>
> — Doutor John E. Moore,
> ancião e mestre herborista

O pênis ou *djed* — o termo camítico para "pênis" e também para "estabilidade" — é uma extensão do homem. Assim que você convence seu homem a adotar uma alimentação natural, o corpo inteiro dele se revigora. Consumir carne, álcool e drogas e fumar cigarros aceleram a destruição da vitalidade do pênis.

O sangue tóxico, devido à alimentação errada, flui pelo coração, pulmões e pênis, deixando o homem fraco e incapaz de ter ereções, ou seja, ele fica impotente sexualmente. Ajude diligentemente seu homem a se desintoxicar, purificar e rejuvenescer todo o seu organismo. O estado do *djed* do seu homem é um reflexo direto de seu estilo de vida. O homem só pode reverter esse processo mortal adotando um estilo de vida natural.

As mulheres têm mais facilidade para adotar um estilo de vida natural para o bem-estar do corpo, mente e espírito, pois são ávidas para se curar. A maioria dos homens não quer mudar os hábitos arraigados para melhorar sua saúde. O irmão Bey, um conhecido naturalista e dono do *Health and Happiness Institute em Washington*, DC, diz o seguinte: "A maioria dos homens só muda sua dieta e melhora sua saúde em prol da sua virilidade e desempenho sexual".

Infelizmente, é assim. E é por isso que estou ressaltando que é preciso desintoxicar nossos companheiros por meio do órgão mais importante para eles — o *djed*. Assim que se convencer que pode melhorar seu desempenho sexual adotando um estilo de vida saudável e recebendo as muitas bênçãos resultantes, o homem ficará estimulado a fazer essa mudança radical.

Conscientize seu rei sobre os benefícios da vida natural e a autocura deve ocorrer por quaisquer meios necessários para evitar o câncer de próstata. Segundo a Sociedade Americana do Câncer:

> Os negros americanos apresentam o índice mais alto no mundo de câncer de próstata. Nos últimos vinte e cinco anos, a incidência desse tipo de câncer nos homens negros dobrou. O índice de câncer de próstata é 37% mais alto em homens afro-americanos do que nos brancos, e eles têm maior probabilidade de desenvolver a doença mais cedo. Mais de 6 mil homens negros morrem a cada ano devido ao câncer de próstata e esse índice continua subindo — o que é um lembrete chocante de que: "homens negros" estão sob

alto risco de ter tumores nessa glândula sobre a qual têm pouco conhecimento. Em alguns casos, o tratamento do câncer de próstata causa incontinência urinária e impotência (a incapacidade de ter ereções). A boa nova é que a maioria dos homens recupera o controle total da bexiga em questão de semanas ou meses após a cirurgia. Cirurgias feitas em hospitais de alto nível geralmente são bem-sucedidas, possibilitando que os homens recuperem sua potência. Hoje em dia, os homens também podem ter ereções tomando injeções ou optando pelo uso de prótese ou implante peniano inflável.

Portanto, é altamente recomendável que os homens aprendam a viver de maneira natural. Basta seguir os conselhos abaixo para se tornar um homem robusto, saudável e sem propensão ao câncer:

Para uma Próstata Saudável

- Dê um tônico de ervas para o seu homem tomar. Misture sabal, dente-de-leão, alfafa e bardana. Use 3 colheres de chá de

---

A FALA DA SEIVA
por Hru Ankh Ra Semahj

Para Aqueles que Estão Confusos.

"B. Boys" rimando no rap urbano não praguejem contra nossas mulheres, seus ventres não atacam.

Elas são nossas irmãs, nossas mães, NÃO "vadias", NÃO "putas".

Nossa nação cresce em seus corpos preciosos.

Elas são as rainhas da ressurreição núbia.

Então, fiquem ligados na nova direção e respeitem sua primeira casa — o ventre da sua mãe: as mulheres não merecem insultos, imprecações, traumas, esperma ácido, nem envenenado com crack e outras drogas, comidas mortas, violência, raiva e sofrimento.

Os ANTIGOS estão vigilantes para que resgatemos nossas vidas.

Para as Mulheres Negras.

Ah, como você dança, VENTRE!

Você dança e eu o saúdo.

Vamos comemorar a alegria da liberdade resgatada.

Você, VENTRE, ninho original do óvulo da criação Fonte negra camítica de toda vida humana.

Você, VENTRE, incite minha seiva para dançar com seu óvulo em suas águas primordiais de Nut.

Ah, como você dança, VENTRE, Com a SEIVA viva.

Para os Homens Negros.

Caras, suas vidas estagnaram!

Vamos purificar nossa seiva — basta de pensamentos negativos.

Basta de comidas tóxicas.

Basta de atitudes inconsequentes!

Dance, SEIVA, dance no VENTRE vivo.

Os tipos de seiva que irrigamos podem fortalecer ou destruir nossa nação emergente.

Nenhuma seiva deve ser produzida, a menos que eleve nosso estado e traga glória e cura para TODAS as nossas relações.

Fale, SEIVA, fale!

Produza os salvadores da nossa raça.

Seivas vivas precisam de comida viva.

Ervas para o esperma entrar forte e certeiro no ventre do céu onde nós dançamos, SEIVA viva em um VENTRE vivo.

Essa é a Nova Ordem.

Esse é o Novo Dia.

Limpem-se. Purifiquem-se.

Essa é a única maneira.

Vamos dançar! Vamos comemorar!

cada erva para 3 xícaras de água fervida e deixe em infusão até o dia seguinte;
- Dê sucos verdes para ele duas vezes por dia;
- Elimine comidas mortas da dieta;
- Seu homem precisa fazer agachamentos diariamente para abrir seu centro, assim como drenar e rejuvenescer o corpo inteiro apoiando as pernas na parede em um ângulo de 45 graus. É recomendável também fazer exercícios nos quais os ombros e a cabeça servem de apoio;
- Façam abstinência sexual no mínimo por três semanas, mas sejam carinhosos um com o outro para acumular força e poder interno profundos;
- Durante a abstinência, canalizem as energias sexuais para atividades como pedalar, caminhar rapidamente, nadar ou praticar dança afrakana;
- Quando chegar a hora de voltar a fazer amor, você e seu companheiro devem se ungir com essência de madressilva ou sândalo, ou usar *patchouli* para ativar o *djed* mental dele;
- A meta ideal para o homem sagrado é sentir uma ejaculação interna à beira do clímax. Isso significa reter o esperma e redirecionar seus fluidos sagrados para o *arit* (chacra) da coroa por meio da respiração e meditação, o que requer muita prática e disciplina. Além de servir como um método contraceptivo natural, isso também fortalece e aumenta a longevidade do homem, e evita o embranquecimento prematuro do cabelo;
- Para o máximo bem-estar do *djed*: prepare seu homem para se purificar com práticas naturais por sete a vinte e um dias. A seguir, ele deve fazer um jejum por vinte e um dias, que consiste em dois sucos de legumes frescos, um suco de fruta fresco, chás de ervas e pelo menos 2/4-3/4 de litro de água pura diariamente. Nesse período, antes de ir para a cama, ele deve fazer um enema ou tomar um laxante à base de ervas, conforme necessário. Investigue outras curas naturais para impotência, câncer de próstata e infertilidade;
- Ele não deve comer carne. Alimente-o com feijões, ervilhas, lentilhas, nozes e sementes. Se ele ainda sentir necessidade de comer carne, prepare peixe cozido no vapor (nada de mariscos) no máximo duas vezes por semana;
- Ele deve tomar 1-2 colheres de sopa de suplementos verdes três vezes por dia, a exemplo de spirulina, clorofila ou *Heal Thyself Green Life Formula I* com sucos frescos;
- Deve também deve tomar suco de oxicoco sem adoçante. Misture 236 ml de suco com 236 ml de água;
- Misture suco de beterraba com todos os outros sucos verdes que você está dando a ele (não faça isso se ele tiver pressão arterial alta);
- Bebida de babosa: raspe 3 colheres de sopa de gel de babosa na planta e misture com 236 ml de água pura; você também pode adicionar o suco de 1 limão-doce;
- Massageie suavemente o *djed* do seu companheiro por cinco a dez minutos na direção do coração para melhorar a circulação;
- Um a dois dias por semana, façam um jejum à base de dois sucos de legumes e um suco de fruta fresco diariamente, além do tônico de ervas que melhora a saúde masculina (ver a receita no início dessa lista), e ¼ de litro de água pura;
- Faça ele tomar 3 colheres de sopa de vinagre de sidra orgânica em 236 ml de água quente, uma ou duas vezes por dia. Para eliminar a congestão, é importante tomar essa mistura antes de dormir. Avise-o que muito muco será expelido na manhã seguinte, pois esse purificante realmente é excelente;
- Expor o pênis ao sol de manhã cedo ou por volta das 16h é excelente para regenerá-lo.

Nota: Para ter resultados satisfatórios, esses passos devem ser seguidos por no mínimo três semanas.

Montando um Altar para o Despertar Espiritual do *Djed*

Mulher sagrada, monte um altar no quarto em prol da regeneração sexual e espiritual do seu companheiro. Você pode colocar um *tekhen* do tamanho de uma mão no meio do altar. O *tekhen* é o símbolo do pênis afrakano e representa regeneração e poder.

Criados no Vale do Nilo no antigo Kemet, os *tekhens* eram roubados por estrangeiros que vinham à região.

Para revigorar o *djed* do seu homem, ponha flores ao redor do *tekhen* no altar e esfregue-o com óleos de rosa, jasmim e, principalmente, de almíscar (um óleo masculino). Acenda uma vela branca no altar para vocês dois obterem equilíbrio espiritual e acenda uma vela vermelha para unidade física e poder. Coloque uma tigela com água no altar e uma tigela com frutos de sabal — uma erva para a cura e rejuvenescimento do *djed*. Coloque uma foto do seu companheiro no altar. Escreva a lápis sua prece por ele em um pedaço de papel e coloque-a sob a vela branca ou sob o *tekhen*.

Estimule seu companheiro a comer, beber e pensar de maneira pura enquanto ele se desfaz de toda a hostilidade e ira nos banhos sagrados com sal e ervas. Desse modo ele voltará a ser poderoso, viril e capaz de gerar filhos fortes, carinhosos e espiritualizados.

O Mito de Ast (Ísis) e Asar (Osíris)

Segundo esse mito, o invejoso Seth matou seu irmão Asar, cortou o corpo em 14 pedaços e os atirou no rio Nilo. Ao descobrir esse crime traiçoeiro, Ast ficou devastada. Mas, determinada a ressuscitar seu amado marido e a ter um filho sagrado, Ast e sua irmã, Nebt-Het (Néftis), vasculharam o rio até encontrar os pedaços do corpo de Asar, menos seu *djed*, que fora engolido por um peixe enorme.

Ast então criou um pênis de ouro e cedro para seu amado e começou a dançar em volta do corpo dele. Ela dançava, cantava e entoava preces e sortilégios cada vez mais rápido e ardorosamente, até que seus braços se transformaram em asas muito vastas. Ast planou acima de Asar e insuflou a vida de volta em seu corpo. Quando o *djed* dele se ergueu, Ast fez amor sagrado com seu amado pela última vez e ambos geraram Heru (Horus), o belo deus da luz com cabeça de gavião.

Após o nascimento de Heru, Ast e Nebt-Het viajaram durante anos pelas estradas poeirentas do Egito, ensinando as artes da tecelagem, agricultura e cura, e fundando templos para o culto a Asar. No precinto de cada templo, Ast fazia um *tekhen* representando o *djed* de Asar e o colocava no altar como um símbolo de regeneração e renascimento. Essa é a origem lendária do culto ao *djed* sagrado e a razão de colocarmos o *tekhen* no altar de um homem sagrado.

RELAÇÕES SEXUAIS HOLÍSTICAS GIRAM EM TORNO DA CRIAÇÃO

As relações sexuais holísticas tiveram origem no antigo Kemet, quando Ast concebeu o menino sagrado Heru (Horus) após regenerar o *djed* do seu amado Asar.

A mulher sagrada de hoje em dia usa seu Laboratório Culinário de Cura para restaurar a si mesma e seu companheiro, recriando o ouro espiritual inerente ao pênis dele. Essa conscienciosidade cria e realça o dinamismo das relações sexuais holísticas.

As relações sexuais holísticas criam um futuro saudável, pois a criança que é fruto dessa união vem ao mundo em um estado de paz, harmonia e equilíbrio. Porém, atualmente, muitos filhos são raivosos e violentos. Antes e durante a concepção, precisamos estar bem saudáveis para não trazer mais crianças doentes e desequilibradas ao mundo.

Meu trabalho e pesquisa sobre relações sexuais holísticas foram inspirados por três questões importantes:

1. É importante estarmos completamente equilibrados para viver ao máximo;
2. As futuras gerações estão em jogo;
3. Frequentemente, a TV e os filmes apresentam relações sexuais violentas, que são o oposto de fazer amor. As relações sexuais holísticas promovem a realização total e a paz entre um casal, e representam a restauração do Novo Homem e da Nova Mulher;

- As relações sexuais holísticas podem gerar um bebê divino e fomentar amor, paz, ideias e até um novo mundo;
- As relações sexuais holísticas promovem a unidade harmoniosa dos corpos, mentes, espíritos e beleza do casal;
- Esse nível de amor e confiança só é sentido em uma união estável, quando as duas pessoas se abrem, se expressam e fazem intercâmbios livremente;
- Uma união doentia produz ideias e reflexões distorcidas. Uma união saudável gera unidade espiritual, paz interior, alegria e rejuvenescimento;
- Há também certas posições sexuais e técnicas de respiração que podem curar doenças físicas, conforme mostrado no livro *Sexual Secrets: the Alchemy of Ecstasy*, de Nik Douglas e Penny Slinger;
- Amantes holísticos liberam a energia bloqueada pela tensão e o estresse. Antes de fazer amor, o casal deve tomar um banho com sal e ervas, massagear um ao outro e tomar tônicos rejuvenescedores de ervas e sucos de legumes vivos ou de frutas, a fim de entrar em um estado meditativo. Ao se preparar dessa maneira, o casal não troca fluidos desvitalizados nem tenta descarregar as tensões, estresse e ansiedade no(a) parceiro(a);
- No amor holístico, o orgasmo é intenso em todo o corpo. Caso o casal se purifique com uma dieta saudável, exercícios e preces, o orgasmo total será sentido até nas costas, no pescoço, na cabeça e no rosto. Todas as partes dos dois corpos receberão essa carga positiva de cura amorosa.

A PRÓXIMA GERAÇÃO – O FIM DA VIOLÊNCIA NA TERRA

As relações sexuais holísticas promovem uma parentalidade e um futuro saudáveis. Em geral, bebês nascidos dessa maneira têm mais saúde física, mental e espiritual.

Exercícios da Mulher Sagrada para Estimular o Amor Divino com seu Companheiro Sagrado

- Agachamentos;
- Rotações com os ombros;
- Apoiar as pernas na parede ou em uma prancha inclinada em um ângulo de 45 graus;
- Cem a quinhentas respirações de fogo (respiração rápida);
- A asana do gato da Hatha Yoga;
- Dança afrakana;
- Dança do ventre;
- Retesar e relaxar os músculos vaginais com um ovo tântrico por dez a quinze minutos por dia.

Orgasmo Sexual Intensificado para Regeneração com sua Alma Gêmea

Uma dieta pura é o caminho para ter um orgasmo pleno de bem-aventurança. Substâncias psicoativas só geram êxtase passageiro.

Afrodisíacos

Ervas e/ou frutas que devem ser ingeridos por sete dias antes de ter relações sexuais:

- **Damiana e frutos de sabal**: são muito eficazes para fortalecer os órgãos reprodutores masculinos e os nervos, mas devem ser ingeridos com moderação;
- **Maracujá**: é uma velha favorita nas ilhas;
- **Hortelã ou hortelã-pimenta**: cura a frigidez em ambos os sexos;
- **Flor-de-cone**: estimula a atividade sexual e o sistema imunológico, e tem efeito analgésico;
- **Extrato de baunilha**: fique longe da baunilha se estiver tentando manter a abstinência sexual, pois ela é famosa por suas propriedades afrodisíacas.

Alimentos para Estimular a Paixão em Sua Alma Gêmea

- Pimenta-caiena;
- Gengibre;
- Maçãs vermelhas;
- Cerejas;
- Beterraba;
- Morangos;
- Framboesas;
- Uvas vermelhas ou roxas;
- Melancia;
- Alho.

Itens para a Câmara de Rejuvenescimento (Quarto)

- Contas na cintura (como as mulheres afrakanas tradicionais);
- Pulseiras nos tornozelos;
- Enfeites no pescoço;
- Manicure e pedicure, com esmalte transparente ou colorido;
- Roupa confortável de seda;
- Penumbra (ponha um lenço de seda sobre o abajur);
- Água de rosas ou óleo essencial sobre um anteparo na lâmpada;
- Incenso.

RELAÇÕES SEXUAIS HOLÍSTICAS QUE CURAM

Relações sexuais holísticas requerem um estilo de vida holístico.

Os Resultados para Ela	Ferramentas Holísticas	Os Resultados para Ele
Reativação da "*shetet* adormecida" ou vagina	1. Dieta à base de alimentos vivos — frutas, legumes, grãos integrais e proteínas	Revigoramento do "*hennenum* cansado" ou pênis
	2. Ervas que promovem a higiene corporal	
Longevidade/juventude eterna	3. Sucos vivos de frutas e legumes	Criam um amor e equilíbrio espiritual profundos na união
Os fluidos corporais se purificam e rejuvenescem (evitando doenças transmissíveis para o casal)	4. Aplicações de argila	Aumentam a criatividade e o nível de energia durante as relações
	5. Curas com água — purificação interna e banhos sagrados	
Maior sensibilidade e orgasmos mais intensos	6. Exercícios, movimentação física e massagens	Geram respeito e reverência pela companheira
	7. Trabalho espiritual/preces, meditações e afirmações	
Fim da violência no relacionamento	8. Missão de vida clara e em harmonia (Maat)	Reduzem ou eliminam a baixa autoestima
	9. Manter o amor-próprio	
	10. Respirar corretamente (ar)	O corpo passa a ser considerado um templo divino de amor e beleza
Eliminação ou prevenção da impotência e outros desequilíbrios sexuais no casal	11. Cura cultural e equilíbrio (autoconhecimento)	Abrem o sexto e o sétimo chacras (*aritu*), que são os portais espirituais para o templo corporal.

MAIS MANEIRAS DE MANTER SUA UNIÃO AMOROSA

Mulher sagrada, ensine e demonstre quais são suas necessidades e preferências, pois geralmente o homem precisa desse tipo de orientação. A união de vocês ficará mais leve se ele não for pressionado a ler a sua mente e a adivinhar seus sentimentos.

- Mime, sirva e massageie seu companheiro;
- Dê-lhe de presente flores, frutas, velas e livros que elevam a consciensiosidade e estimule-o a fazer o mesmo;
- Mesmo que seja desnecessário, deixe seu companheiro lhe dar conselhos, pois isso estimula sua masculinidade e senso de liderança;
- Mantenha-se sempre bela física e espiritualmente;
- Continue desenvolvendo seus dons individuais para assegurar o crescimento e a empolgação na união;
- Procurem fazer as refeições juntos e comam apenas comidas naturais saudáveis;
- Passeiem juntos, mesmo que seja uma simples caminhada no parque uma vez por semana;
- Uma a quatro vezes por mês, é recomendável que vocês tenham um encontro romântico em um lugar muito especial para ambos;
- Façam caminhadas e sentem-se na varanda à noite. Deitem-se juntos na relva durante o dia;
- Mantenham-se em forma e exercitem-se juntos vigorosamente sempre que possível;
- Vistam-se bem para causar boa impressão ao outro, inclusive em casa e na cama;
- Nunca deixem a rotina se instalar só porque se sentem seguros a respeito do amor mútuo;
- Falem palavras de amor e apreço com frequência para manter a chama ardendo na sua união sagrada;
- Use tons melífluos para falar com ele;
- Desgrudem da televisão! Ver TV o tempo todo é a maneira mais rápida de acabar com a beleza e a criatividade de sua união;
- Não discutam acaloradamente. Conversem sempre sobre os problemas de maneira pacífica para que ambos mantenham a clareza necessária para superar os desafios;
- Mulheres, tirem os bobes da cabeça, a mão do quadril, abaixem o dedo em riste e desempenem as costas. Ao invés de se comportar dessa maneira desagradável e desnecessária, respire profundamente várias vezes. Seja devota e confie em seu poder de resolver tudo calmamente!
- A maneira mais rápida de dar fim a um conflito e começar a dança do amor é fazer o Ritual de Pacificação a seguir.

Homem sagrado, agora que você se sente empoderado, mostre à sua companheira o quanto se importa com ela:

- Aplique uma compressa de argila no rosto dela;
- Dê um banho nela com ervas e algas marinhas;
- Massageie-a da cabeça aos pés;
- Leve um suco fresco e frutas para ela na cama de manhã aos sábados e domingos;
- Leia poesia e dance para ela. Divirtam-se;
- Leve-a a lugares interessantes algumas vezes por mês para manter o interesse e a paixão acesos;
- Homens equilibrados e sagrados jamais botam as mãos em suas mulheres de maneira negativa ou agressiva! Um

toque amoroso é mais eficaz para resolver conflitos.

Este livro não é apenas para mulheres. Caso um homem se interesse por esses conhecimentos, isso denota sua vontade de cuidar bem e amar corretamente sua mulher. Todas as mulheres desejam um homem carinhoso, sensível e amoroso. Quando compartilha tudo e apoia sua companheira, um homem equilibra sua energia feminina de uma maneira poderosa.

Se, após muito tempo e cuidados, o homem continuar incapaz de apoiá-la na mesma medida em que você o apoia, desista. Repense sua vida, purifique-se e tente novamente. A cada rodada de purificação, você se eleva mais no caminho da sacralidade. Caso vocês tenham filhos, tentem não se separar; façam um jejum por vinte e um dias e vejam que milagres acontecem.

RITUAL DE PACIFICAÇÃO

Se você e seu companheiro precisarem conversar sobre problemas, tomem antes um banho de banheira juntos em silêncio. Adicione 1 a 2 xícaras de sal de Epsom ou de sal do mar Morto, algumas gotas de água de rosas ou pétalas de rosas cor de rosa e espuma na água quente. Fiquem em imersão por vinte minutos, então despejem mais água quente na banheira e sobre suas cabeças, rosto e costas antes de falar.

Ao final do banho, vocês dois estarão relaxados. Então tomem uma ducha quente e saiam lentamente da banheira. Enxuguem um ao outro suavemente com toalhas.

O próximo passo é massagear os pés um do outro. Quem for receber a massagem se senta em uma cadeira ou se deita na cama. A outra pessoa se senta em um banquinho, põe uma toalha no colo e massageie um pé de cada vez do(a) companheiro(a), com azeite de oliva ou óleo de amêndoa.

Todo esse ritual é feito em silêncio. Deixe seus olhos, mãos e coração falarem por você. Essa dança sagrada entre homem e mulher aumenta o nível de sanidade, amor e bem-aventurança do casal.

Caso seu(a) companheiro(a) ainda esteja apegado(a) à raiva, ressentimento ou medo, cabe a você libertá-lo(la) e dar amor espontaneamente. Aguarde e veja que, mais cedo ou mais tarde, haverá reciprocidade.

Para casais avançados no caminho divino, aqui está um ritual feito ocasionalmente, quando vocês precisarem de ajuda do Mediador Celestial:

> Vista seu rei. Vista sua rainha. Cuidem um do outro da cabeça aos pés, escovando o cabelo, passando óleo na pele, pondo as roupas íntimas, ajeitando a saia dela, abotoando a camisa dele e pondo as meias, tudo com amor total.

Esse ritual completo elimina os conflitos internos.

Mas, se precisarem falar, suas palavras deverão ser ditas visando a harmonia.

UNIÃO SAGRADA: TRABALHO TRANSFORMADOR DE SETE DIAS

O relacionamento mais importante na vida é consigo mesma e entre suas energias masculinas e femininas. Seu grau de autocura e de união interna determina sua capacidade para curar todos os seus relacionamentos com os outros.

À medida que se concentrar menos no mundo exterior e mergulhar em seu interior, seu entorno irá melhorar. Estabelecer uma base forte de amor, honra e compaixão por todos os aspectos do seu "eu" sagrado também a ajudará a estabelecer um forte relacionamento íntimo com seu parceiro de vida.

- Use o Relatório do Progresso Amoroso no Portal da União Sagrada para avaliar todos os seus relacionamentos que precisam ser fortalecidos, mudados ou dispensados;
- Escreva as dez qualidades principais que você quer manifestar nos

relacionamentos íntimos a fim de criar união e uma vida com a ordem correta divina. Examine quatro uniões íntimas anteriores e reflita sobre a presença ou ausência dessas qualidades;

- Identifique quatro uniões sagradas do seu passado que precisam de purificação espiritual. Em seu trabalho no altar, ponha símbolos dessas uniões e pratique a arte de se perdoar e aos outros para que você se desembarace de todas essas vibrações desarmoniosas. Mesmo que não esteja preparada para perdoar, ponha os símbolos desses relacionamentos íntimos no altar e deixe Asar e Ast suavizarem seu ressentimento, julgamento e raiva;

- Não se jogue em novos relacionamentos enquanto não se livrar dos velhos hábitos nocivos que envenenaram suas uniões anteriores. Faça ritos de purificação e ative-os regularmente por meio de jejuns, alimentos naturais, enemas, irrigações no cólon, banhos espirituais, trabalho no diário, preces, afirmações e purificação de sua casa e ambiente de trabalho;

- Durante sete dias ore e trabalhe no altar pela união sagrada. Ponha uma imagem da(o) Mãe/Pai ou de um casal inspirador em uma moldura bonita no altar.

Escreva uma carta de amor para o(a) Criador(a) e para seus pais falando que entende e é grata pela união deles que lhe deu a vida. Leia isso em voz alta toda lua nova. Explore, de maneira sincera, a natureza da união dos seus pais. O que era positivo no relacionamento deles? E o que era negativo? O que precisa ser purificado? O que precisa ser curado? Que legado energético eles deixaram para seus relacionamentos íntimos? Mesmo que ainda não sinta realmente o que dizem suas palavras, assim que chegar a um acordo no relacionamento fundamental com seus pais, a carta irá curar seu coração. Ao curar as raízes desse relacionamento, todas as outras uniões em sua vida serão curadas e irão prosperar e lhe dar paz.

- Faça uma lista de todos os seus envolvimentos desde a primeira infância até o presente e identifique os temas principais de cada um. Por exemplo: "Foi isso que levei para o relacionamento... Foi isso que meu parceiro levou... Foi isso que criamos juntos...". Esse relatório sobre a união começará a revelar seus padrões mais profundos de envolvimento. Enquanto identifica os temas principais, reflita sobre as energias que você e seu parceiro geraram por meio de sua união;

- Nos próximos sete dias, escreva uma carta de amor, uma carta de agradecimento ou uma carta de perdão a todos àqueles que fazem parte de sua vida e com os quais você precisa se relacionar, para que os encontros sejam mais saudáveis. Se a pessoa tiver morrido ou sumido da sua vida, queime a carta com um pouco de sálvia para começar a se livrar das vibrações e energias estagnadas do seu passado;

- Durante a meditação e as preces matinais, envie amor, luz e perdão aos destinatários das cartas ou àqueles que estão em sua lista de relacionamentos íntimos;

- É preciso se autovalorizar e ter amor-próprio para estabelecer qualquer relacionamento divino. Mais importante do que seu relacionamento com alguém é o relacionamento consigo mesma! Ast, a guardião da União Sagrada, nos ensina que a união amorosa consigo mesma é a base para as demais uniões ao longo da vida. Enquanto escreve no diário, reflita sobre o que é preciso para ter uma união saudável consigo mesma;
- Ponha uma árvore genealógica em seu altar mostrando as uniões sagradas, os casamentos de corpo, mente e espírito de seus parentes. Medite sobre essas uniões e solicite orientação e luz interna;
- Diariamente, na alvorada, você e seu companheiro devem fazer juntos o trabalho no diário para se apoiar e fortalecer sua união sagrada;
- Daí em diante, façam esse trabalho espiritual semanalmente para manter a união em um nível alto. Prometam que, apesar da correria cotidiana, vocês jamais esquecerão a importância de fomentar a união sagrada regularmente para se sentirem realizados.

Meu Compromisso no Fim da Semana com a União Sagrada

Eu me comprometo a estabelecer e manter a sabedoria de Ast e o poder da União Sagrada em todas as áreas da minha vida.

*Nome:*_____

*Data:*_____

Capítulo 14
PORTAL 9 – NEFERTUM, INICIAÇÃO NO LÓTUS SAGRADO

Guardiã Espiritual:
Ast e Nefertum

Antepassadas:
Rainha Hatshepsut
Mary McLeod Bethune

Anciãs:
Nana Ansaa Atei
Imperatriz Akwéké

Contemporâneas:
Anukua Ast Atum

TRABALHO NO ALTAR PARA NEFERTUM, INICIAÇÃO NO LÓTUS SAGRADO
Seu Coração Deve Estar Voltado para o Leste — para o Sol Nascente
(Leiaute visto de cima)

Coloque Fotos ou Figuras na Parede Acima do Altar

| Imagem dos guardiões espirituais | Foto ou figura de antepassada | Sua fotografia | Foto ou figura de anciã | Foto de contemporâneas |

Vasilha para o batismo
(ÁGUA)

Pena
(AR)

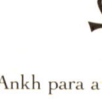

Ankh para a Vida Eterna ou outro símbolo sagrado
(ESPÍRITO)

Flor de lótus, orquídeas brancas, lírios brancos ou planta branca florida
(TERRA)

Óleo de Unção:
Lótus

Vela dourada
(FOGO)

Pedra Sagrada:
Ametista

Comida para o NTR e seus antepassados (milho, arroz, frutas etc.)
(Após vinte quatro horas, tire a comida do altar.)

Ponha uma flor branca em um vaso de cristal com água e uma gota de óleo de lótus no altar.

Toalha de mesa sagrada (dourada) e echarpe para usar durante a prece.
Pano colorido sagrado para colocar diante do altar. Instrumentos sagrados para serem tocados enquanto você ora.

PORTAL 9 – NEFERTUM, INICIAÇÃO NO LÓTUS SAGRADO: PRÁTICAS ESPIRITUAIS DIÁRIAS

Elemento do Portal: Espaço Celeste

As antigas mulheres afrakanas espiritualizadas cobriam com uma flor de lótus o terceiro olho entre as sobrancelhas, que na verdade é o primeiro olho. O lótus representa iluminação espiritual e beleza e colocá-lo acima das sobrancelhas significa que a pessoa tem uma conscienciosidade aperfeiçoada, ou seja, uma mente iluminada que é um jardim de paz.

Da lama surge o Lótus Sagrado, Nefertum, símbolo de beleza, graça, pureza e perfeição. Segundo sua sabedoria, os desafios, batalhas, altos e baixos, confusão, dor e tristeza na verdade são oportunidades para nos erguermos da lama. Ao passar por essas provações, nós geramos o lótus interno que reflete nossa beleza interior.

Para a ascensão da sua alma, medite diariamente sobre a flor de lótus. Visualize o que o lótus representa para que seu interior manifeste a beleza da natureza.

Por meio da Iniciação no Portal do Lótus Sagrado, você sentirá unidade com o(a) Criador(a), inspiração divina, sabedoria divina e empoderamento físico, mental e espiritual. Isso a colocará no assento de Ast, a Grande Mãe, que é um reflexo do seu "eu" superior renascido como uma mulher sagrada.

O Portal 9 eliminará bloqueios no templo corporal, como a incapacidade de ir em frente e a sensação de estar empacado em uma valeta ou em uma armadilha.

Os exercícios espirituais de ascensão devem ser feitos por sete dias — o número do Espírito. Eles ativarão seus portais internos de divindade para que você se instale plenamente em seu centro sagrado.

1. O Banho Espiritual

Use óleo de lótus para ter unidade, inspiração e sabedoria divinas. Adicione 4-6 gotas de óleo de lótus na água do banho, pois ele produz a sacralidade ventral e ativa a conscienciosidade espiritual superior.

2. Seu Altar

Monte seu altar sagrado no primeiro dia de entrada nesse portal. Você pode montá-lo conforme suas crenças religiosas ou espirituais (ver página 42-44). Sente-se calmamente diante do altar, sobre uma almofada no chão ou em uma cadeira. Coloque uma tigela com frutas no altar, adicione algumas gotas de óleo de lótus na vasilha de batismo e borrife algumas gotas no recinto para preces.

Unja com óleo de lótus. Use apenas óleos essenciais puros. Use óleo de lótus para ungir sua coroa, a testa (o portal corporal da espiritualidade suprema), seu coração (o portal corporal da compaixão e amor divino), o ventre, as palmas das mãos (para que tudo que você toque fique mais sagrado), e as solas dos pés (para alinhar-se espiritualmente e ganhar poder, esperança e fé).

3. Abrindo o Portal

Para invocar o guardião espiritual de cada portal, você pode usar palavras ditadas por seu coração. Aqui está uma prece que pode ser feita no Portal 9:

> Sagrado e divino Nefertum, guardião espiritual do Portal de Iniciação no Lótus Sagrado, por favor, aceite minha gratidão mais profunda por sua presença curativa em meu altar e em minha vida. Obrigada por sua orientação, inspiração, amor e bênçãos e peço que aceite meu amor e bênçãos em retribuição. *Hetepu*.

Enquanto oferece sua prece, toque um instrumento sagrado (sistro, tambor, xequerê ou sinos) para despertar o NTR interno.

4. Libação

Verta a libação para o Portal de Iniciação no Lótus Sagrado usando uma xícara ou borrife água de uma tigela sobre a terra ou planta. Verta as seguintes palavras.

- Todo louvor e adoração pelos guardiões espirituais Ast e Nefertum, protetores da iniciação no lótus sagrado;
- Todo louvor e adoração pela antepassada da iniciação no lótus sagrado, a rainha Hatshepsut;
- Todo louvor e adoração pelas anciãs da iniciação no lótus sagrado, Nana Ansaa Atei e a imperatriz Akwéké;
- Todo louvor e adoração pelo meu "eu" divino e por minha divina irmã contemporânea, Anukua Atum, que honra a iniciação no lótus sagrado.

5. Prece ao Espírito da Mulher Sagrada

Toque um sino ou outro instrumento sagrado no início e no fim dessa prece. Abra as palmas das mãos para o Espírito Sagrado ou coloque-as suavemente sobre seu coração e recite a prece a seguir:

Prece ao Espírito da Mulher Sagrada

Mulher Sagrada em evolução,
Mulher sagrada reativada,
Espírito Sagrado, mantenha-me por perto.
Proteja-me de todo mal e medo ocultos sob as pedras da vida.
Dirija meus passos no rumo certo enquanto eu viajo nessa visão.
Espírito Sagrado, envolva-me em sua luz absolutamente perfeita.
Unja-me em sua pureza sagrada, paz, e percepção divina.
Abençoe-me totalmente, enquanto eu compartilho essa vida sagrada.
Ensine-me, Espírito Sagrado, a ficar sintonizada com o universo.
Ensine-me a curar com os elementos internos e externos do ar, fogo, água e terra.

6. Prece à Iniciação no Lótus Sagrado

Chacoalhe sinos, toque um tambor ou outro instrumento no início e no fim dessa prece:

Suprema Mãe Divina, obrigada por me mostrar como me tornar uma mulher sagrada realizada. Eu lhe agradeço por me despertar para a minha verdadeira natureza, abrindo os portais de iluminação da Mulher Sagrada. Eu lhe agradeço por lavar minha alma na beira do Grande Oceano de Nut; por me energizar com a luz dos raios solares; por me dar um sopro refrescante de vida; por me ajudar a manter uma base sólida, enquanto retorno ao meu assento de estabilidade, força, porte altaneiro e empoderamento.

Obrigada, Suprema Mãe Divina, por reanimar e curar meu ventre; por devolver o poder às minhas palavras e a serenidade ao meu silêncio. Eu lhe agradeço por me dar os alimentos que proporcionam boa saúde e longevidade; por purificar meu espaço e me presentear com a casa sagrada; por me embelezar e ativar minha criatividade de maneiras ilimitadas. Eu lhe agradeço por curar minha vida e me dar o desejo de ajudar os outros a se curarem; e lhe agradeço por restaurar todas as minhas relações, por me dar coragem para vivenciar a união sagrada e por preencher meu espírito com alegria e gratidão.

7. Cantando Hesi

Cante esse *hesi* quatro vezes:

Nuk Pu Ntrt Hmt — Eu sou uma mulher sagrada.

8. Respirações de Fogo

Comece inspirando e expirando lentamente quatro vezes. Quando estiver totalmente à vontade, comece a fazer as mil respirações.

Inspire profundamente bombeando pelas narinas (com a boca fechada), expandindo a respiração até o abdômen, então até o peito, e solte todo o ar dos pulmões enquanto o abdômen se contrai. Repita tudo rapidamente.

Cada respiração de fogo profunda representa a abertura das mil pétalas de lótus de iluminação e radiância que levam a Nefertum — a estação do lótus afrakano da Divindade.

9. Portal 9: Meditação da Iniciação no Lótus Sagrado

A cada sete dias aumente a duração da meditação. Quanto mais tempo você medita, mais profunda será sua paz interior e mais sólido será seu *ka* (espírito). Quanto mais limpo estiver seu templo corporal, mais cedo você conseguirá atingir um estado de paz e equilíbrio interno quando medita.

Bem-vinda ao lar, grande rainha. Respire fundo, pois finalmente você chegou. Após pairar acima de tantos desafios e encruzilhadas, agora você pode tomar posse do seu assento de Ast.

Segure a ametista na mão direita, feche os olhos e respire profundamente. Acomodada em seu assento de poder divino, mergulhe no fluxo dinâmico e perene de luz e energia ilimitadas em seu interior.

Nunca mais você será apartada do seu assento do bem supremo, onde o lótus cresce por baixo e ao redor, onde a força está assegurada, boas ações fluem, a sabedoria se eleva, a saúde excelente se manifesta e onde moram a compaixão e o carinho. Mulher Sagrada iluminada, você merece estar nesse assento. A luz a aguardava há milhares de anos, há muitas encarnações. Bem-vinda a esse grande assento dos nossos primórdios.

Visualização Cromática. Enquanto medita, visualize branco e azul claro para purificação, iluminação e devoção, e use e/ou ponha um tecido branco em seu altar.

Meditação com Pedra Sagrada. Enquanto medita, mantenha a palma da mão com uma ametista sobre sua coroa. A ametista é a pedra da cura sagrada no Portal de Nefertum.

10. Tônico

Durante a prece espiritual e ao longo da semana, tome água solar (água pura energizada pelo sol por uma a quatro horas).

11. Essências Florais

Para aprofundar sua experiência no Portal 9, escolha alguma das essências florais listadas a seguir. Coloque 4 gotas sobre ou sob a língua ou pingue as gotas em um copinho com água purificada e tome quatro vezes ao dia. Para instruções sobre a escolha de essências florais, ver página 49.

- *Star tulip* (tulipa estrela): dá receptividade espiritual, abrindo o aspecto feminino do "eu" para as esferas mais elevadas;
- *Pomegranate* (romã): permite a expressão criativa do aspecto feminino do "eu;.
- *Mugwort* (artemísia): equilibra a receptividade da psique;
- *Iris* (íris): cria um cálice ou receptáculo interno para a inspiração superior; sintonia com as forças femininas;
- *Angelica* (angélica): promove a sintonia com seres espirituais; proteção e orientação das esferas angelicais;
- *Alpine lily* (pequeno lírio): aumenta o espaço interno para o "eu" feminino;
- *Lotus* (lótus): elixir espiritual que harmoniza a consciensiosidade superior, expande a espiritualidade e dá percepção meditativa e poder de síntese.

12. Dieta

Siga as práticas alimentares de transição apresentadas para os Portais 7 e 8. Porém, antes de entrar no Portal 9, consuma 100% de alimentos crus vivos ou faça o jejum de sete dias (página 196).

13. Escrita No Diário sobre a Iniciação no Lótus Sagrado

É melhor fazer isso após a purificação interna (enema) e/ou meditação. Quando está purificada e centrada, você pode ter a graça de receber mensagens espirituais. Quando você está no Espírito, mensagens vão passando pela sua mente, coração e mão até o papel.

Escreva com o máximo de inspiração espiritual após o trabalho no altar, entre 4h-6h da manhã. Mantenha seu diário e uma caneta perto ou sobre o altar para trabalhar com o poder, força e calma na chegada da aurora, o horário de Nebt-Het.

Afirme sua vida cotidiana nesse horário e escreva no diário os pensamentos, atividades, experiências e interações que venham à sua mente. Você também pode anotar suas esperanças, visões, desejos e afirmações, para refrescar a memória quando precisar de apoio e ajuda.

Consulte Sesheta. Se não conseguir contactar sua voz interna durante o trabalho em seu diário, chame Sesheta, a guardiã interna que revela segredos, para ajudá-la e falar através de você.

14. Xale ou Colcha da Liberdade de Senab

Escolha um novo pedaço de tecido que corresponda à cor do portal (indicada no "exercício 9" das suas práticas espirituais diárias ou no trabalho no altar sagrado) para adicionar ao seu xale ou colcha da liberdade de Senab. Esse tecido será como uma tela que representa sua experiência no portal em que está trabalhando.

Arranje também símbolos significativos para aplicar no xale ou colcha como um *patchwork*. Você pode adicionar pedras, outros objetos naturais, itens de coleção, relíquias da família, fotos estampadas em tecido e outros itens significativos que representem a essência de sua experiência. Dê asas à imaginação e deixe seu espírito habilidoso contar sua história. Para mais informações sobre o xale ou colcha da liberdade de Senab, ver página 147.

15. Ferramentas Sagradas

Coloque uma pena sagrada representando Maat e conchas representando Nu, o oceano, em seu altar. Crie uma balança para pesar a pena e seu coração e comparar os resultados.

16. Lembrete Sagrado

Ao longo da semana, observe atentamente a sabedoria apresentada no portal em que você está. Para obter o máximo de resultados, viva livremente e em harmonia com os vários sistemas de bem-estar apresentados, e pratique o trabalho transformador de sete dias no final do portal.

Palavras Sagradas de Encerramento

> Divina(o) Mãe/Pai, ajude-me a tocar a vida como uma jornada sagrada de lições aprendidas e visões realizadas. Ajude-me a renascer como uma mulher sagrada.

NOSSO ANTIGO LEGADO CAMÍTICO COMO MULHERES

No antigo Kemet (Egito), as mulheres eram sagradas, exaltadas e tratadas com muito respeito e reverência. Livres e bem-sucedidas por mérito próprio, elas tinham propriedades, se equiparavam com seus homens nos negócios e na vida pessoal, e eram sacerdotisas que transmitiam a sabedoria espiritual. Era a mãe que passava a linhagem familiar aos filhos. A configuração da Ankh deixa isso bem evidente: a mulher posicionada no alto é apoiada por seu rei abaixo. Desse modo, ambos criavam juntos os filhos, uma nação poderosa e o futuro. A Ankh era usada diariamente pelo rei, a rainha, os sacerdotes e as sacerdotisas para representar a elevada ordem camítica.

Ankh, Um Símbolo de Iniciação

Milhares de anos atrás, rainhas, sacerdotisas, reis e sacerdotes afrakanos usavam a Ankh, o símbolo sagrado do povo camítico que representa a continuidade da vida eterna.

Água	Mulher	Ast
Ar	Ventre	
Fogo	Crianças	Heru
Terra	Homem (*djed*)	Asar

A Ankh é o símbolo da unidade perene de todos os elementos e uma ferramenta de cura. A Ankh Sagrada, Chave da Vida, evoca a primeira família afrakana — a Divina Mãe Ast, o Divino Pai Asar e o filho Heru, nosso herói cultural.

Na antiguidade, o(a) Criador(a) era representado em seus aspectos masculinos e femininos para dar o exemplo de equilíbrio divino para toda a sociedade. Maltratar uma mulher era um crime em termos da lei, mas, acima de tudo, um crime espiritual contra o aspecto feminino do Altíssimo que mora no interior de todos os homens e mulheres.

As 42 Leis de Maat fazem referência a uma NTRU feminina, Maat, que representava a paz, a harmonia, a justiça e a retidão. Essas leis, que visavam estabelecer uma ordem espiritual divina para que as pessoas vivessem da maneira correta, podem ser vistas até hoje nas paredes do antigo Kemet para que jamais esqueçamos sua importância suprema.

A INICIAÇÃO SUPREMA: RETORNO AOS TEMPLOS DOS MEUS ANTEPASSADOS

Embora intuísse há muito tempo que isso aconteceria, só pude voltar ao Kemet enquanto escrevia este livro. Milhares de anos se passaram desde que eu vivia por lá e tive de passar por muitas encarnações para voltar às minhas origens. Foi maravilhoso estar em casa novamente e me familiarizar com minha terra primordial.

Eu estive novamente em dez ou mais templos em um estado de assombro e admiração profundas por nosso antigo modo de viver. O brilhantismo arquitetônico me fascinou. A perícia espiritual me despertou uma gratidão profunda. A riqueza cultural, a inteligência absoluta e a beleza eletrizante me deixaram sem fôlego.

Tudo isso me apontou para possibilidades mais amplas em minha vida e me deu muita esperança em relação à cura do meu povo. Fiquei pensando que nem todos os negros sequestrados da Áfraka poderão voltar fisicamente para lá, mas que ela está espiritualmente disponível para quem quiser resgatá-la. Nós podemos recuperar a liberdade total por meio do verdadeiro autoconhecimento propiciado por essa jornada. Enquanto percorria os templos, fui ficando cada vez mais estimulada e inspirada a viver de acordo com meu legado afrakano.

Todo mundo falava que eu não deveria ir ao Kemet no verão, mas logo descobri que o calor por lá fazia parte da minha iniciação. Ele me obrigou a ir fundo em meu interior e assim absorver a cura transformadora que o Sol Rá me impôs. Quando o Sol Rá estava mais elevado, consegui me abrir para tudo de inesquecível que recebi. Ele iluminou o caminho espiritual, cultural e de cura seguido por nossos amados antepassados. O calor foi uma ferramenta necessária para eu sentir nosso poder e grandeza como o povo original da luz.

Para mim, essa viagem de volta ao lar foi como tomar água pura com diamantes, quartzo rosa e lápis-lazúli líquidos em um cálice sagrado, para entrar em meus *aritu* (chacras). A cada gole, eu sentia mais clareza e iluminação. Mais do que nunca em minha vida, comecei a ter uma visão clara do meu rumo, pois agora sabia de onde eu tinha vindo.

Há anos eu ouvia muitos historiadores, eruditos e líderes espirituais falarem da grandeza do antigo Kemet (Egito). Mas para mim essa grandeza existe até hoje, à espera de que nós a acessemos à medida que purificamos nosso templo corporal onde o Altíssimo mora. Quando começamos a orar da maneira antiga para o Altíssimo, nós voamos como Hru, o falcão.

Tudo na vida me conduziu para esse retorno à minha divina casa ancestral: os estudos, as leituras, os *workshops*, a autocura, a canalização, a dança, as cabanas de suadouro, meu casamento com meu mestre e mentor. Todo louvor o(a) Criador(a).

Como Ocorreu Minha Transformação?

Os templos da nossa terra sagrada tocaram minha alma, e a interação foi gloriosa. Antes da minha viagem, Everay, o filho que ganhei por meio do casamento, disse que eu nunca mais seria a mesma após ir ao Kemet. E ele tinha razão. Devido à essa peregrinação, fui tocada pela luz e glória do NTR, meu(minha) Criador(a) .

Volta e meia eu matutava por que essa viagem estava tendo um efeito tão profundo sobre mim. Seria por conta das almas divinas com quem viajei? Baba Heru, mestre, sacerdote e meu marido foi nosso guia nos templos sagrados. Também estavam conosco Ingani Choice, embaixatriz da Purificação; Taen-Ran Anx Cheta, sacerdotisa camítica; e Snt Tehuti, embaixatriz da Autopurificação e minha iniciada.

Eu as apelidei de irmãs Mesu-Heru por causa das quatro guardiãs homônimas que protegiam os órgãos dos que partiam do mundo físico para o mundo espiritual. Essas guardiãs em minha vida juraram ter uma vida pura e sintonizada em termos culturais e espirituais. Será que foi devido à companhia delas que minha jornada foi tão esclarecedora?

Ou foi porque nós nos purificamos, jejuamos, nos banhamos, oramos e estudamos nosso legado do Vale do Nilo preparando a alma para essa vigem? Ou porque o calor escaldante constante nos purgou e purificou? Ou porque, por mais que os acontecimentos fossem desafiadores, havíamos prometido ficar em *hotep* (paz)? Ou porque usávamos diariamente roupas brancas com um xale ou um envoltório de cabeça para indicar a cor cósmica do dia? Ou apenas porque fomos para lá no momento certo? Eu acho que foi a junção de todas essas coisas que tornou nossa viagem tão *Nefertum* (doce e iluminadora).

Diariamente, nós éramos desafiados ao máximo e a *kéfera* (transformação) se operava em nós; exercitando a paciência, a tolerância e a resiliência, nós terminamos Heru (vitoriosamente), como falcões

Queen Afua saudando Rá no platô de Gizé

pairando acima de Set (desafios). Nós passamos por nossas iniciações, cada um em um determinado plano, mas todos em NTRT *Maat* (ordem correta divina).

Ao longo de gerações, nós ouvimos inverdades, meias-verdades ou mentiras deslavadas sobre nosso legado como seres afrakanos divinos que originalmente regiam a Terra. Na verdade, essa campanha visava destruir nossa relação com nosso poderoso "eu" sagrado. O fato é que toda a raça humana teve origem em nós, e em breve essa verdade nos libertará. Nós, o povo afrakano do Vale do Nilo, amamentamos todos, desde o amado Moisés, os persas e os gregos até Buda, Maomé, Jesus e a Virgem Maria. As paredes dos templos de nossos antepassados afrakanos contam a história do nosso nobre legado.

Há séculos, estrangeiros tentam nos despojar da nossa fonte de espiritualidade, mas a verdade não pode ser negada e nosso povo resiste poderosamente desde os primórdios. Nós canalizamos, ouvimos e vimos. Ast, a Grande Mãe, e Asar, o Grande Pai, atuaram através do nosso mestre, Baba Heru, enquanto ele fazia trabalhos espirituais, psicológicos, culturais e cirúrgicos para juntar nossas partes desconectadas. Há milhares de anos nossas linhagens familiares são desmanteladas. Nossa autovalorização, autoestima, amor-próprio, orgulho e métodos de cura foram todos reabastecidos em nossa jornada gloriosa ao passado e na atualidade. Todos nós concordamos que o legado da escravidão não pode mais subjugar nossas almas. Nossas células e nosso DNA foram restaurados, e renascemos como núbios livres.

A Mulher Sagrada Disse: "Vá Imediatamente para Casa!"

Quando eu estava chegando ao fim da jornada de três anos e meio escrevendo Mulher Sagrada, o espírito da Mulher Sagrada e deste livro me disse claramente: "Vá para casa no Kemet. Chega de adiar, vá agora mesmo. Após essa viagem de volta à nossa casa, falarei através de você e sua missão estará cumprida".

Escrever *Mulher Sagrada* foi consequência de seguir um caminho de vida específico por vinte cinco anos. Esse livro registra meus passos no modo antigo que adotei, aceitei e refiz para me curar. E essa é minha maneira de apoiar a cura de outras mulheres, especialmente das afrakanas. Quando estava terminando de escrever o livro, a Mulher Sagrada exigiu carinhosamente que eu passasse por uma iniciação que começaria e terminaria com minha jornada ao lar no Kemet.

"Vá imediatamente para casa", ela disse.

Sete semanas depois, sob o calor escaldante no nono dia da viagem, eu estava diante da minha verdadeira família espiritual estampada nas paredes dos templos. Eu não tinha mais certeza de quando havia entrado em que templo, pois os nove dias foram uma sequência intensa de dias e noites mergulhando no passado. Tudo estava me levando a "um grande despertar" — um novo período de bem-aventurança divina. Essa viagem marcou o início de uma nova era para mim em todos os sentidos — uma oportunidade para ter uma vida espiritual mais rica.

Minhas Iniciações nos Templos

Em Luxor (antiga Tebas), no vasto complexo templário de Karnak construído no início da décima segunda dinastia (c. 1785 a.C.), eu entrei no Templo da Família Sagrada de Ptah, Sekhmet e Nefertum e tive uma experiência que me entristeceu e empoderou ao mesmo tempo. Um oráculo vivo baixou em mim.

Após andar muito por vastas câmaras com colunas, nós entramos no primeiro salão do templo, onde a estátua sagrada de Nefertum deveria estar. Mas ela havia desaparecido há muito tempo e, possivelmente, foi vendida para algum museu. O símbolo da essência espiritual do nosso povo sumira e o salão estava vazio. Essa é uma das causas da Terra estar repleta de confusão, tumultos e doenças. Para o planeta se elevar e haver paz entre os humanos, Nefertum tem de ser devolvido ao seu lugar sagrado e ficar ao lado de seu pai Ptah e de sua mãe Sekhmet. A Família Real Celestial precisa renascer em nós e em Nut (Céu).

No segundo salão do templo ficamos em um estado de reverência silenciosa ao ver o NTRU Ptah na posição *kes* (orando ajoelhado). Ptah simboliza alicerce e construção, mas sua cabeça foi arrancada e perdida. Para um ser afrakano é impossível evoluir sem a cabeça no lugar; sem ela, a pessoa perde o rumo. Por meio de estudo, prece, jejum e o resgate dos nossos modos antigos, nossa cabeça se refaz e ficamos íntegros. É por isso que voltar ao lar original faz parte do desafio para nossa ascensão.

No terceiro salão do templo encontramos Sekhmet, a guardiã com cabeça de leoa de toda a cura. Ela estava intacta, com uma Ankh na mão esquerda e era no mínimo 60 centímetros mais alta do que eu e as irmãs Mesu-Heru. Então, começamos a chorar e louvar. Por meio do poder dos meus antepassados, ajoelhei-me em transe e comecei a falar essas palavras sagradas:

"Divina Sekhmet, felizmente você não está em um museu em algum país distante, e sim em casa, onde nossos antepassados a colocaram desde o início e é nesse espaço sagrado que eu digo.

"deusa da cura Sekhmet, aspecto feminino sagrado do(a) Criador(a), nós somos unas. Quando eu a vejo, vejo a mim mesma. Tudo o que você é eu sou, pois nasci de seus membros sagrados. Sou o disco solar de Rá em sua cabeça, representando a luz, energia e regeneração divinas. O cetro de lótus em sua mão, representando puro esplendor, é meu por natureza. E você, mulher leoa destemida que continua aqui inabalável, concedeu tempo para que eu e minhas irmãs espirituais viéssemos despertar lembrando-nos da nossa verdadeira natureza.

"Você, Sekhmet, um aspecto do Divino, continua aqui para proteger e apoiar a retidão em todas as terras. Você, a mãe que ensinou Imhotep, o grande arquiteto, abriu o caminho para todos os templos e santuários de cura em nossa terra preciosa. Você foi deixada para trás, mas sabia que seus bisnetos voltariam em busca de cura e bem-estar. Nossa civilização pode ter decaído por algum tempo, mas nós voltamos a tempo de reerguê-la. A maioria dos nossos templos sagrados foi soterrada ou saqueada por ladrões antigos e atuais, desfigurada por várias seitas religiosas ou totalmente destruída por incêndios, ou inundada pelo Nilo. Mas miraculosamente você está aqui, Sekhmet, forte e impávida há milhares de anos, ao mesmo tempo que mora dentro de mim. *Tua NTR.*"

"Eu louvo o doce NTR, pois reconheço, vivo e ensino a tradição mais antiga de cura, que você, nosso reflexo espiritual divino, simboliza. Nós, suas filhas, estamos aqui para dar continuidade à antiga tradição afrakana de cura e bem-estar. Estamos aqui para pegar o cetro de lótus e manter o legado de cura e divindade para o nosso povo e toda a população de um mundo à deriva. O mundo precisa que nossos mestres retornem para semear esperança e luz.

"Como filhas de Sekhmet, quando partirmos desta terra sagrada e voltarmos à Amenta

[Estados Unidos], juramos levar sua luz de cura a todos que encontrarmos. Juramos reconstruir a terra sagrada dentro de nossos templos vivos. Juramos manter, partilhar e disseminar a memória dos nossos modos."

Em Karnak, no imenso e imponente Templo de Amon-Rá, deparei-me com o Lago Sagrado, que mede oitenta metros por quarenta. Para mim, é onde a purificação começou — era nesse lago que nossos antepassados se purificavam e se batizavam várias vezes por dia. O que mais me impressionou foi o grande escaravelho de granito, um símbolo de transformação, voltado para o lago. Isso comprovou que nossos antepassados acreditavam que primeiramente é preciso se purificar na água sagrada para passar por uma verdadeira transformação e fazer sua vida entrar em uma ressonância mais elevada. O escaravelho foi dedicado pelo faraó Amen-hotep II ao sol NTRU (Rá) Atum Kéfera, que era representado pelo escaravelho.

Em Assuã, no complexo templário de Com Ombo, o Templo de Het-Hru teve um impacto muito profundo em minha alma. Perto do muro da cura havia a Casa do Nascimento, onde as mulheres faziam parto natural. Foi lá que reconhecemos o espírito das antigas mães Ast (Ísis) e Het-Hru (Hator) e a unção por uma perspectiva feminina vendo entalhes na parede mostrando Ast sentada no banquinho para partos.

Nos anos 1970, eu ouvia mães da Nova Era falarem sobre os banquinhos para parto como se tivessem inventado o conceito de deixar a força da gravidade facilitar o nascimento dos bebês de uma maneira mais sagrada. Agora eu constatava que, desde o início dos tempos, Ast havia mostrado às suas filhas o que fazer para parir bebês harmoniosamente. Mas por ignorância e conveniência dos médicos e hospitais, nós parimos deitadas de costas, com os pés erguidos em estribos e indo contra a força da gravidade. Por isso, temos partos longos, dolorosos e, às vezes, perigosos.

Mulheres, façam como nossas antepassadas e se agachem para parir bebês com muito mais facilidade.

Ao lado de Mãe Ast havia instrumentos cirúrgicos datados de milhares de anos, embora registros históricos afirmem que o grego Hipócrates foi o pai da medicina. Na realidade, a medicina começou com a raça afrakana, por meio de Mãe Ast e Imhotep.

Na diagonal do Muro da Cura fica o Muro das Lamentações, no qual foi entalhada uma caixa contendo dois olhos que veem tudo e duas orelhas que escutam tudo. Mohammed, nosso guia, contou que os antigos vinham a esse muro para chorar, se lastimar, se aliviar da dor e renovar a *ba* (alma). Enquanto meu marido e Mohammed continuavam conversando sobre o Muro das Lamentações, eu comecei a andar em sua direção com as mãos para o alto como se estivesse me rendendo.

Hru Ankh Ra Semahj perguntou: "O que você está fazendo?".

Estendendo o corpo por esse muro sagrado, respondi: "Vou me lamentar por mim mesma, por nós, nossos filhos e nosso povo, por tudo o que nossa raça passou — a devastação, a escravidão e o desrespeito perpetrados por estrangeiros. Vou me lamentar por nosso povo no cativeiro, pelos estupros, aflições, maus tratos, linchamentos e o roubo de nossa cultura. Vou me lamentar pela terra que geograficamente não é mais nossa, mas que sempre será nossa espiritualmente. Vou apenas me lamentar".

A sacerdotisa Taen-Ra Anx Cheta, Snt Tehuti e Ingani juntaram-se a mim e lamentamos os sofrimentos passados e atuais das nossas mães, tias, irmãs, pais, homens, de nós mesmas e de toda a nossa família estendida. Nós fizemos o que tínhamos de fazer no Muro das Lamentações. Deixamos lágrimas comovidas rolarem e nos reabastecerem com os modos originais de Maat. Nós oramos para voltar àquele tempo em que o povo original era sintonizado com o(a) Criador(a); quando vivíamos em harmonia conosco e com a natureza; quando a paz na terra era suprema e divina; quando a inteligência espiritual era a norma. Naquele tempo sagrado, a arte e o espírito eram unos, e o mundo se sentava aos nossos pés negros e em nossos templos sagrados para estudar o caminho da luz. Naquele tempo as mulheres eram reverenciadas, respeitadas e tinham alta posição na sociedade partilhando com os homens o poder e a liderança nas arenas governamentais e espirituais.

Em Dendera, no Templo de Het-Hru (Hator) às margens do Nilo, eu descobri uma realidade maravilhosa. Desde que trabalho com cura, sempre pensei e meditei sobre a possibilidade de fundar grandes centros de cura — lugares de bem-estar que contribuiriam positivamente para a mudança planetária. Mas não tinha ideia de que nossos antepassados já tinham instituições e templos de cura em grande escala milhares de anos atrás. Enquanto andava pelos lugares onde as curas eram realizadas, parei no meio de uma das salinhas, fechei os olhos e, enquanto respirava, minhas lembranças remotas voltaram. Eu estava em um espaço atemporal trabalhando em um templo de cura sagrada, pois na vida passada eu era uma herborista. Então, me vi conduzindo outras pessoas por salinhas de cura no mesmo templo só que em outro lugar, mais precisamente em Nova York, no Heal Thyself/Know Thyself em Bedford-Stuyvesant no Brooklyn, em *Smai Tawi*. De repente, meu passado e minha encarnação atual se fundiram.

A sacerdotisa Taen-Ra no templo de seus antepassados

Enquanto me familiarizava mais com o Templo de Het-Hru, percebi que estar ali era como estar cercada por um enorme hospital de cura holística e bem-estar supremo. Há muito tempo o lago sagrado de purificação havia secado, mas internamente eu via nosso povo se banhando alegremente em um enlevo de pureza. Havia as ruínas da Casa de Nascimento e as Salas de Jejum para as quais afluíam pessoas de todas as partes para se curar sob os guias espirituais de Ast e Het-Hru.

Então ouve o Batismo da Feminilidade na ilha de Filas em Assuã. O Templo de Ast (Ísis) por lá "estava submerso no lago Nasser, mas, graças a especialistas da Itália e da Alemanha, foi possível salvar alguns monumentos e reerguê-los por perto, na ilha de Agilka que tem altitude maior".

O Templo de Ast agora fica em um lugar cercado por rochas que metafisicamente formam um ventre. A Grande Mãe Ast está empoderada novamente nesse espaço bem protegido, que também é cercado pelo rio Nilo, representando seus fluidos sagrados. Felucas, os barcos típicos do Nilo, trazem pessoas do mundo inteiro para prestarem homenagem e se sentarem aos pés da Grande Mãe e rainha afrakana. Esses estrangeiros ficam admirados com sua magnificência e tentando compreender a magnitude de tudo isso.

Lamentavelmente, o rosto da Mãe foi desfigurado devido à ignorância de pessoas de outras linhagens espirituais, mas ela continua cuidando de todos que fitam seus olhos em busca de luz, amor e orientação.

Esse desrespeito pelas mães em geral neste mundo e esse desprezo histórico total pela mulher precisam acabar de uma vez por todas ou estamos todos condenados. Deixem a mãe em vocês aflorar e exigir apenas o devido respeito e reverência. Haverá salvação quando a Mãe original voltar a se sentar em seu trono sagrado dentro de vocês e vocês aceitarem suas dádivas de espiritualidade, compaixão, paz e cura. Somente quando a Mãe Negra e rainha núbia receber o que lhe é de direito em todos os lugares haverá paz na Terra.

Foi essa a mensagem que eu recebi no Templo de Ast.

Todos os templos que visitei me despertaram para a verdade de nossos "eus" afrakanos espirituais e para o conceito original de que nosso corpo é um templo do Deus vivo. Isso estava entalhado nas paredes. E nós, que temos filhos atualmente na Terra, precisamos manter a crença de que tudo na vida gira em torno da verdade que nossos antepassados sabiam e ainda partilham com quem deseja receber seus ensinamentos sagrados. Algo muito importante ficou claro para mim. Ninguém precisava nos ensinar sobre espiritualidade e o poder do(a) Criador(a), pois na nossa terra, a vida, o governo, a educação, a ciência e a medicina se baseavam totalmente em Seu poder. Como reflexos e expressões do(a) Criador(a), as sacerdotisas, sacerdotes, rainhas, reis, mestres e eruditos exemplificavam o espírito da sociedade de *smai tawi* no Alto e no Baixo Kemet (Egito).

Essa viagem significou tanto para mim, que não consigo descrever com palavras o que sinto no coração, pois a reparação da minha alma e a cura de minha mente afrakana foram muito profundas. Nas grandiosas *merkut*, as pirâmides em Gizé nas imediações do Cairo, descemos nas galerias subterrâneas que levam à câmara usada por nossos antepassados para iniciação. Lá nós cantamos *hesi* (canções espirituais) e louvamos o Divino por nos dar a oportunidade de voltar a esse lugar sagrado que é nosso lar.

Outra experiência empoderadora foi conhecer o magnífico templo mortuário em Deir el-Bahri, onde a rainha Hatshepsut deixou sua vibração. Lá me dei conta de que nada é impossível para as mulheres e homens afrakanos porque o poder e a força de Maat correm em nossas veias. Nós podemos acessar seu espírito eterno a qualquer hora para liderar, reconstruir e reforçar nosso povo e restituir sua integridade. Em quase todos os templos que visitamos, parecia que Nut, a Mãe Celestial, se espalhava nos tetos para indicar a sacralidade desses lugares. Nut nos encontrou no mesmo lugar em que Nebt-Het ficou ao lado da cabeça de Asar e Ast aos pés dele para fazerem o primeiro ritual de ressurreição de um rei afrakano. Isso era mais do que glorioso. A visão de Nut entalhada nos tetos de vários templos me mostrou o quanto nossa sociedade antiga tinha alta consideração pelas mulheres. Aprendi também que as mulheres antigas encarnavam a sacralidade e que, através do nosso espírito e do nosso ventre, podemos "manifestar" todas as coisas.

Nossos antepassados deixaram um legado de sacralidade pelo qual eu ansiava muito. Eles se comunicaram a partir das paredes e disseram para nos fundirmos com a natureza,

O Muro das Lamentações no Templo de Cura de Com Ombo

pois o ar (*Shu*), a água (*Nu*), a terra (*Geb*) e o fogo (*Rá*) podem curar nosso templo corporal quando tomamos, nos banhamos e consumimos o Altíssimo em todas as suas gloriosas manifestações. Vamos nos recriar enquanto meditamos sobre o realismo celestial de Nut, a casa do Altíssimo. Um despertar positivo pela perspectiva da mulher afrakana sempre fez parte da saudável realidade afrakana no Vale do Nilo. Se buscarmos incansavelmente a fonte de nossos primórdios, poderemos decifrar o mistério e acessar nossos poderes como a mulher sagrada original.

Iniciação Sagrada: Trabalho Transformador de Sete Dias

- Escreva no diário seu discurso de Iniciação na Mulher Sagrada, o testamento do que aprendeu nessa jornada por nove portais e como isso a transformou. Em que ponto você está agora e para onde pretende ir? Declare seu compromisso sentando-se com a Grande Mãe Divina Mut Ast, sede sagrada do poder espiritual e do bem-estar sagrado;

- Reflita sobre cada portal e o maior desafio apresentado. Agora abra seu xale da liberdade e conte a história de cada portal e seu desafio, e como transformou sua lição em uma bênção. Enquanto se regozija com seu crescimento, aprecie seus progressos. Lembre-se de que a cada portal que atravessou, você ganhou mais energia, conhecimento, sabedoria e iluminação. Chegou a hora de comemorar sua experiência nos portais. Agradeça ao NTRU pela jornada segura e assuma orgulhosamente seu assento como uma mulher sagrada prestes a se revelar;

- Comece a pensar em um novo nome que simbolize seu renascimento como uma mulher sagrada. Esse nome também deve indicar suas metas e aspirações. Por exemplo, se você busca uma vida equilibrada e harmoniosa, você pode assumir o nome de Maat. Caso queira beleza divina interna e externa, você pode escolher o nome de Het-Hru e ficar espiritualmente empoderada pelas palavras sagradas que expressam esse aspecto do(a) Criador(a).

Ao assumir um nome espiritual afrakano, é aconselhável passar por uma cerimônia como a apresentada no Portal 9, pois esse nome irá lhe dar um nível maior de consciência e compreensão. O nome que você escolher irá guiá-la, inspirá-la e transformá-la, então se aconselhe antes com uma anciã de sua linhagem espiritual. A seguir, jejue e ore para que o nome apropriado lhe ocorra por meio de orientação divina.

Assumir um nome desses é como colocar uma coroa na cabeça, então faça jus à ela e represente sua família e sua comunidade com dignidade e respeito. Comporte-se no espírito da verdade, pois o(a) Criador(a) a abençoa por meio do seu nome. Nomes são sagrados, pois apontam sua história, seu passado, presente e futuro. Fique inteiramente consciente e com pureza no coração, na mente e no corpo ao receber seu nome sagrado.

Adquirir outro nome é como despertar, renascer ou ficar plena de vitalidade. Uma cerimônia e rituais de boas-vindas a ajudam a assumir essa vida e responsabilidade novas consigo mesma, com a comunidade e, acima de tudo, com o Altíssimo.

- Verta uma libação de água pura ou água da chuva sobre a terra ao ar livre ou em uma planta dentro de casa, orando e agradecendo ao(a) Criador(a), a seus antepassados (e guias espirituais) e à sua comunidade;

- Registre suas visões. A cada dia de sua preparação para a iniciação, especialmente na alvorada enquanto medita, você receberá visões do Altíssimo. Registre-as em seu diário e se prepare para compartilhá-las no sétimo dia de sua cerimônia de iniciação;

- Vista roupas e acessórios brancos. Durante sete dias use branco da cabeça aos pés para obter pureza e elevação espiritual. Cubra sua coroa para ter proteção espiritual.

Meu Compromisso no Fim da Semana com Nefertum, o Lótus Sagrado

Eu me comprometo a estabelecer e manter o espírito de Nefertum da minha iniciação no lótus sagrado em todas as áreas da minha vida.

PREPARAÇÃO PARA A CERIMÔNIA DE RENASCIMENTO DO LÓTUS SAGRADO

Nós nos fortalecemos e crescemos com as lições e estágios de desenvolvimento ao longo dos portais. E celebramos a grande virada em nossas vidas com uma cerimônia que nos energiza e ilumina o caminho. Tome as seguintes providências:

- Cerque-se de anciãs experientes que possam lhe apoiar e orientar a respeito de seu novo caminho de vida e como fazê-lo florescer;
- Faça uma consulta espiritual com uma sacerdotisa Smai Tawi da Mulher Sagrada, astróloga, numerologista, e/ou médium para entender melhor sua vocação sagrada — ou seja, para descobrir o verdadeiro propósito de sua encarnação no sentido de contribuir para a coletividade.

Meu Compromisso no Fim da Semana com Nefertum o Lótus Sagrado

Eu me comprometo a estabelecer e manter o espírito de Nefertum da minha iniciação no Lótus Sagrado em todas as áreas da minha vida.

Nome:_____

Data:_____

Durante os sete dias de preparação para sua iniciação, você receberá visões que estão à espera de se materializar. Observe essas visões, respire focada nelas, levante-se e insira-as no mundo.

Preparando-se para a Iniciação no Lótus Sagrado

Preparação

- Preparação de comida viva — com a ajuda de duas a quatro irmãs;
- Tecido branco cerimonial para quem conduzirá o renascimento;
- Envoltório branco cerimonial para a iniciada;
- Tecido branco para cobrir o banquinho para parto;
- Cabaça ou tigela branca para as iniciadas tomarem chá e fazerem a lavagem espiritual;
- Banquinho de madeira para parto ou outro tipo de banquinho.
- Argila branca em pó ou giz para passar em volta do banquinho para parto;
- Duas tigelas azuis que ficarão dentro do círculo do parto;
- Itens para o Altar do Renascimento cerimonial;
- Roupas brancas para todas as participantes e convidadas.

E Tenha em Mente que...

- As organizadoras marcarão um ou dois ensaios com todas as envolvidas;
- É recomendável gravar um vídeo da cerimônia para que a iniciada possa partilhar a experiência com seu companheiro e parentes e guardá-la nos arquivos da família;
- Caso queira empoderar seus relacionamentos sagrados, convide para a cerimônia membros de sua família estendida que a apoiam em sua jornada. Esse tipo de cerimônia faz um bem enorme a todos os participantes.

É fundamental que você esteja pura e saudável ao entrar no último portal de iniciação, a fim de receber e apreciar o espírito de sua *kéfera* (transformação).

Aspirantes se preparam para a iniciação

O término da jornada pelos nove portais de transformação é um momento para comemorar a adoção do novo estilo de vida que é mais saudável e mais centrado espiritualmente.

As primeiras cerimônias de renascimento foram realizadas há milhares de anos no Vale do Nilo durante partos. Somente mulheres participavam desses ritos sagrados, que constituíram a primeira aparição registrada de sacerdotisas que também eram parteiras. Tradicionalmente, o Ritual de Renascimento envolvia duas a cinco parteiras espirituais, que conseguiam invocar a Divindade da esfera celestial para ajudá-las nesse trabalho arriscado de trazer uma nova vida ao mundo, garantindo a segurança e proteção da mãe e do bebê.

Por meio de rituais envolvendo respiração, meditação, *hesi* (cantos sagrados) e preces, uma criança divina chegava à aldeia em forma de recém-nascido e a vida de todos era alegrada por sua presença. A continuidade da família era considerada divina no antigo Kemet e apoiada pela esfera espiritual. A mãe era considerada um reflexo de Ast, a Grande Mãe Terrena na antiga família sagrada camítica. O marido era considerado como Asar, o Grande Pai Terreno, e a criança como Heru, um ser vitorioso de luz.

Hoje em dia, fazemos cerimônias de renascimento para celebrar nossa entrada na sacralidade feminina. Essa cerimônia é voltada a todas que se transformaram em mulheres sagradas, escrevendo no diário, praticando a dança ventral, seguindo a alimentação recomendada, fazendo meditação e preces regularmente em prol da ressurreição de seus ventres. Cada uma dessas mulheres foi se curando ao longo dos nove portais de transformação, adotou o estilo de vida que gera a autocura e renasceu tornando-se Heru — uma nova luz renascida em um plano sagrado elevado.

A Cerimônia de Renascimento representa a formatura de uma ou mais mulheres que terminaram o Treinamento da Mulher Sagrada, o qual as renovou e as deixou empenhadas para continuar vivendo e disseminando a Sabedoria da Mulher Sagrada. A cerimônia é presidida por uma mestra(s), mentora(s) ou anciã(s) experiente em guiar as participantes do Treinamento da Mulher Sagrada.

Esse ritual também se destina à mulheres que aplicam independentemente os ensinamentos e técnicas da Mulher Sagrada e desejam comemorar seu renascimento sozinhas ou em um círculo de apoio feminino.

Além disso, também é adequado tanto para mulheres com ventres intactos quanto para àquelas que fizeram histerectomia, pois todas nós fazemos parte da ressurreição do espírito do ventre sagrado.

ALTAR PARA A CERIMÔNIA DE RENASCIMENTO

Toalha de mesa branca

Vaso com flores brancas como o lótus (lírios, orquídeas, cravos)

Boneca da fertilidade ou estátua da parteira espiritual Ast, ou outro símbolo feminino inspirador para animar o dia

Coloque uma vela no altar para simbolizar cada portal e guardião

| Ventre Sagrado | Palavras Sagradas | Comida Sagrada | Movimento Sagrado | Beleza Sagrada | Espaço Sagrado | Cura Sagrada | Relacionamentos Sagrados | União Sagrada | Iniciação no Lótus Sagrado |

Guardiões dos Portais

| Nut | Tehuti | Ta-Urt | Bes | Het-Hru | Nebt-Het | Sekhmet | Maat | Ast | Nefertum into Ast |

Ponha no meio do altar

coloque no meio do altar

Tigela com água pura representando Nebt-Het, a guardiã do templo corporal e parteira espiritual

Caixa bonita contendo a Ankh da iniciação

Pena(s) de Maat

Coloque no lado esquerdo do altar para representar a gestação material

Coloque no lado direito do altar para representar trabalhos espirituais

Tigela com frutas

Tigela com frutas

Frasco com óleo de lótus

Pote com incenso

Coloque espigas de milho no altar para as parteiras divinas e sacerdotisas oferecerem às iniciadas.
Coloque os milhos em uma cabaça grande para as iniciadas oferecerem às parteiras divinas.
Os presentes para as iniciadas podem ser colocados perto do altar do renascimento na Aldeia da Mulher Sagrada.

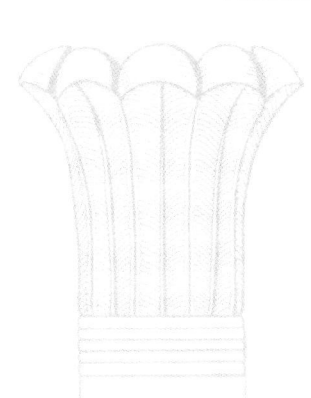

A INICIAÇÃO NO LÓTUS SAGRADO

A Cerimônia de Renascimento

Irmãs parteiras, anciãs, parentes de sangue, a família estendida e amigas que apoiam as iniciadas que estão renascendo são convidadas a participar.

Todas as pessoas presentes na cerimônia devem se vestir de branco para representar proteção, purificação e renovação espiritual.

1. Canto de Abertura e Entrada da Sacerdotisa

A cerimônia é conduzida pela sacerdotisa camítica e espiritual Mut (Rainha Mãe), com a ajuda de outra sacerdotisa de qualquer grupo de irmãs presente na cerimônia. Ao entrar, a sacerdotisa sinaliza o início dos toques de tambor a cargo de uma percussionista que a acompanha, e as "mulheres da aldeia" cantam doce e alegremente *"Ankh"* (Vida Eterna). Amigas e pessoas da família estendida também podem cantar junto. A sacerdotisa então dá o sinal para as iniciadas entrarem.

2. Prece de Boas-Vindas

Assim que as aspirantes entram, as mulheres da aldeia fazem vocalizações festivas à moda afrakana. A sacerdotisa dá boas-vindas à cada aspirante no meio do círculo, a qual então é saudada por cantos espontâneos, canções de louvor e danças das parteiras divinas.

A sacerdotisa no comando saúda as aspirantes diante daquelas que representam as divinas parteiras espirituais e diz: "Conforme a tradição camítica afrakana, celebramos hoje seu renascimento como uma mulher sagrada. Que o(a) Criador(a) NTR a abençoe durante esta cerimônia neste dia memorável, para que você tenha uma jornada segura e uma bela entrada em sua nova vida".

3. A Libação

A libação é vertida diante do Altar do Renascimento (ver a tabela sobre esse altar).

4. Ritual de Purificação e Paramentação das Aspirantes

Esse ritual de purificação conduzido pela sacerdotisa e as parteiras divinas inclui:

- Lavar os pés de cada aspirante;
- Defumar o corpo dela com sálvia ou olíbano e mirra;
- Vesti-la com a roupa branca da iniciação;
- Oferecer a ela uma tigela com chá de erva purificante.

A aldeia agora chama as divinas parteiras espirituais pelo nome para empoderar o ritual de renascimento:

- Nut, Mãe de Todos os Ventres;
- Ast, Grande Mãe Terra;
- Nebt-Het, Senhora da Casa Sagrada;
- Meshkenet, Guardiã do Ventre;
- Ta-Urt, Mãe da Terra;
- Bes, Guardião da Música, da Dança e das Crianças;
- Het-Hru, Guardiã da Beleza, do Amor e das Artes.

No início do ritual de purificação, cada parteira espiritual circula em volta das aspirantes falando em voz alta qual é seu papel nessa cerimônia e os dons sagrados que trouxe, afirmando que transmite a energia e as bênçãos do Divino.

5. *Defumação*

As divinas parteiras espirituais então defumam as aspirantes e a aldeia inteira com olíbano e mirra.

6. *Bênção*

A sacerdotisa agora abençoa as aspirantes com a pena de Maat, tocando sua coroa, coração e ventre sagrado.

Convidadas de outros credos espirituais também podem abençoar as aspirantes — por exemplo, com uma bênção indígena ou tibetana e técnicas de purificação.

7. *Prece com Pedido das Aspirantes*

Individualmente ou em conjunto, todas as aspirantes agora recitam:

Conceda-me a graça de alcançar o céu da eternidade e a montanha dos favorecidos, e de me juntar aos seres brilhantes, sagrados e perfeitos para ver com eles suas belezas mais magníficas ao anoitecer a caminho de Mãe Nut.

8. *Agradecimento*

Agora a aspirante agradece a todas as parteiras divinas e reflete sobre as lições aprendidas em cada portal e como sua conscienciosidade se transformou. Ela pode usar seu xale da liberdade e um tecido bordado com as lições para mostrar os símbolos da sua história.

A sacerdotisa reconhece as provações e triunfos vivenciados pela iniciada.

9. *Formação do Canal do Parto*

As parteiras espirituais se dividem em duas filas cara a cara e erguem os braços formando um arco para cada aspirante que se dirige para o banquinho de parto. As antigas egípcias se sentavam em banquinhos ou se acocoravam apoiadas em tijolos para que a força da gravidade facilitasse o parto.

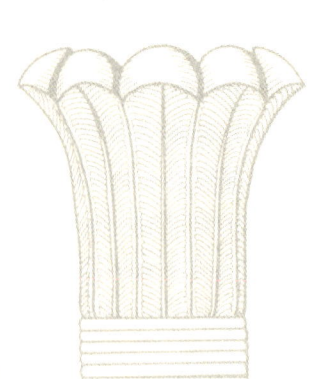

10. O Círculo de Proteção

A sacerdotisa faz um círculo com argila branca em pó ou giz em volta da aspirante sentada no banquinho para parto e depois coloca duas tigelas azuis com flores que evocam o lótus no meio do círculo sagrado para proteger a parturiente.

11. Oferendas espirituais

A sacerdotisa coloca espigas de milho diante dos pés da aspirante, a qual dará essas oferendas espirituais às irmãs. Isso simboliza que ela está preparada para ser uma filha renascida do Divino.

12. Adoração das Guardiãs Espirituais Internas e Externas

As parteiras divinas representando Ast e Nebt-Het agora se sentam à direita e à esquerda da parturiente no banquinho para protegê-la.

13. Coroando as aspirantes

Uma por uma das divinas parteiras espirituais vem até a aspirante para lhe oferecer a coroa espiritual de cada portal da Divindade.

Portal 0

Parteira espiritual: "Eu, Nut, sua Mãe Espiritual Cósmica do Ventre Sagrado, peço que, antes de se sentar em seu assento de Ast, você repita o juramento de se comprometer com a minha Divindade".

Aspirante: "Eu me comprometo e juro que daqui em diante vou ter um relacionamento sagrado com meu ventre sagrado em palavras, ações e atitudes por toda a eternidade".

Parteira espiritual: "Que assim seja. Agora você está coroada com o espírito de Nut".

Portal 1

Parteira espiritual: "Eu, Tehuti, seu guardião espiritual das Palavras Sagradas, peço que, antes de se sentar em seu assento de Ast, você repita o juramento de se comprometer com a minha Divindade".

Aspirante: "Eu me comprometo e juro que daqui em diante vou ter um relacionamento sagrado com minhas palavras, ações e atitudes sagradas por toda a eternidade".

Parteira espiritual: "Que assim seja. Agora você está coroada com o espírito de Tehuti".

Portal 2

Parteira espiritual: "Eu, Ta-Urt, sua guardiã espiritual da Comida Sagrada, peço que, antes de se sentar em seu assento de Ast, você repita o juramento de se comprometer com a minha Divindade".

Aspirante: "Eu me comprometo e juro que daqui em diante vou ter um relacionamento sagrado com a alimentação saudável que possa nutrir minha mente, corpo e espírito em palavras, ações e atitudes por toda a eternidade".

Parteira espiritual: "Que assim seja. Agora você está coroada com o espírito de Ta-Urt".

Portal 3

Parteira espiritual: "Eu, Bes, seu guardião espiritual do Movimento e da Dança Sagrados, peço que, antes de se sentar em seu assento de Ast, você repita o juramento de se comprometer com a minha Divindade".

Aspirante: "Eu me comprometo e juro que daqui em diante vou ter um relacionamento sagrado com meu corpo por meio do movimento e da dança sagrados em palavras, ações e atitudes por toda a eternidade".

Parteira espiritual: "Que assim seja. Agora você está coroada com o espírito de Bes".

Portal 4

Parteira espiritual: "Eu, Het-Hru, sua Mãe Espiritual Cósmica da Beleza Sagrada, peço que, antes de se sentar em seu assento de Ast, você repita o juramento de se comprometer com a minha Divindade".

Aspirante: "Eu me comprometo e juro que daqui em diante vou ter um relacionamento sagrado com minha beleza sagrada em palavras, ações e atitudes por toda a eternidade".

Parteira espiritual: "Que assim seja. Agora você está coroada com o espírito de Het-Hru".

Portal 5

Parteira espiritual: "Eu, Nebt-Het, sua guardiã espiritual do Espaço Sagrado, peço que, antes de se sentar em seu assento de Ast, você repita o juramento de se comprometer com a minha Divindade".

Aspirante: "Eu me comprometo e juro que daqui em diante vou ter um relacionamento sagrado para criar e viver em meu espaço sagrado em palavras, ações e atitudes por toda a eternidade".

Parteira espiritual: "Que assim seja. Agora você está coroada com o espírito de Nebt-Het".

Portal 6

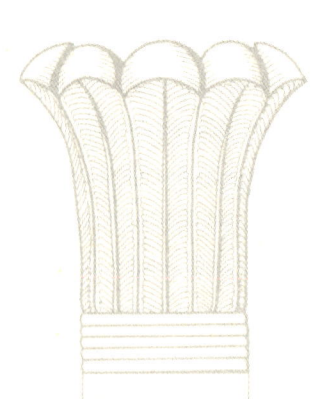

Parteira espiritual: "Eu, Sekhmet, sua guardiã espiritual da Cura Sagrada, peço que, antes de se sentar em seu assento de Ast, você repita o juramento de se comprometer com a minha Divindade".

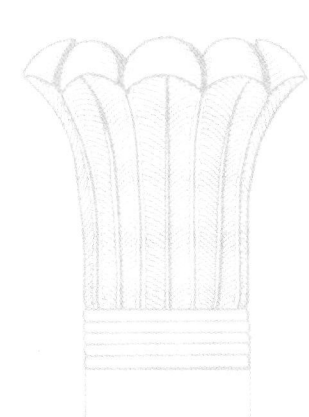

Aspirante: "Eu me comprometo e juro que daqui em diante vou ter um relacionamento sagrado com minha cura sagrada em todas as áreas da minha vida em palavras, ações e atitudes por toda a eternidade".

Parteira espiritual: "Que assim seja. Agora você está coroada com o espírito de Sekhmet".

Portal 7

Parteira espiritual: "Eu, Ast, sua guardiã espiritual dos Relacionamentos Sagrados, peço que, antes de se sentar em seu assento de Ast, você repita o juramento de se comprometer com a minha Divindade".

Aspirante: "Eu me comprometo e juro que daqui em diante vou manter todos os meus relacionamentos sagrados em palavras, ações e atitudes por toda a eternidade".

Parteira espiritual: "Que assim seja. Agora você está coroada com o espírito de Ast".

Portal 8

Parteira espiritual: "Eu, Maat, sua guardiã espiritual da União Sagrada, peço que, antes de se sentar em seu assento de Ast, você repita o juramento de se comprometer com a minha Divindade".

Aspirante: "Eu me comprometo e juro que daqui em diante vou manter uma união sagrada com meu companheiro em palavras, ações e atitudes por toda a eternidade".

Parteira espiritual: "Que assim seja. Agora você está coroada com o espírito de Maat".

Portal 9

Parteira espiritual: "Eu, Nefertum, seu guardião espiritual da Iniciação Sagrada, guia para a iluminação interna, a cura e unificação do mundo (Smai Tawi), e protetor dos aromas sagrados, peço que, antes de se sentar em seu assento de Ast, você repita o juramento de se comprometer com a minha Divindade".

Aspirante: "Eu me comprometo e juro que daqui em diante vou firmar minha visão de mundo de acordo com o Divino Sagrado interno e externo. Juro continuar renascendo por meio da Sagrada Parteira Meshkenet para que eu possa me sentar no assento do Poder Sagrado da Divina Mãe Ast interna e usar a Coroa Iluminada de Nefertum em palavras, ações e atitudes por toda a eternidade".

Parteira espiritual: "Que assim seja. Agora você está coroada com o espírito de Meshkenet, a Parteira dos Renascimentos, de Ast, a Grande Mãe, e de Nefertum, o Iluminado".

14. Dança Ventral Representando o Parto e o Renascimento

A dança ventral é ao som de tambores e sinos tocados pela parteira espiritual representando a guardiã *Mut* (Mãe) Renenet, que supervisiona a colheita e a fertilidade. Cada movimento da dança simboliza as contrações do parto. A música e a dança fluem de Mut Renenet para a aspirante.

15. O Ritual de Respiração e Unção do Lótus

Graças à energia transmitida por Mut Renenet, a aspirante agora está em pleno trabalho de parto e em um ritual respiratório comandado pela parteira divina que representa Nebt-Het, a guardiã da respiração. Foi Nebt-Het que ficou junto à cabeça de Asar instilando nele o sopro da vida, junto com sua irmã Ast, para ressuscitá-lo após seu irmão Seth matá-lo e esquartejá-lo. Ela faz o mesmo com as aspirantes.

A sacerdotisa no comando agora lidera a aldeia no ritual respiratório. As parteiras divinas representando Ast e Nebt-Het ficam dos dois lados da parturiente para reencenar o nascimento com mil respirações de fogo de Nefertum.

Ast se agacha diante da aspirante que representa as demais e todas fazem as respirações de fogo representando o processo de nascimento. Com penas em cada mão, Nebt-Het fica atrás da aspirante e abre suas asas. Em cada inspiração ela ergue os braços e em cada expiração os abaixa enquanto a aldeia inteira respira junto como uma força. Esse ritual coletivo faz a aspirante e a aldeia vivenciarem o próprio renascimento em um clima de sororidade, pois todas são reflexos umas das outras. Minha cura e renascimento são seus e os seus são meus.

Nota: A aldeia pode se juntar às aspirantes nas cem respirações finais.

16. O Renascimento

A sacerdotisa então se dirige às representantes das aspirantes e pergunta:

"Irmãs parteiras, alguma de vocês sabe de algum fato que impeça o renascimento de sua aspirante?"
(Se não houve objeções, a sacerdotisa diz:)
"Parteiras, por favor, se posicionem em seus lugares."
(Em uníssono, as parteiras perguntam às suas aspirantes:)
"Você está preparada para parir?"
(As aspirantes respondem juntas do fundo de seus:)
Sim!
"Você é forte o suficiente?"

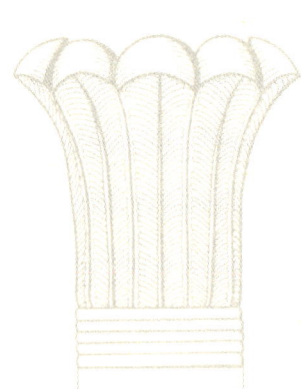

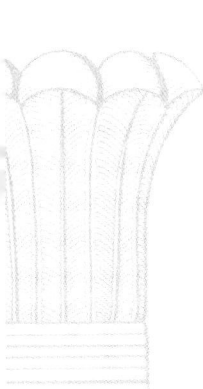

Sim!
"Você realmente atravessou cada portal?"
Sim!
"Você está preparada para ver quem realmente é?"
Sim!
"Você está disposta a reivindicar agora e para sempre a integridade do seu ser?"
Sim!
(A sacerdotisa diz:)
"Irmãs parteiras, por favor, ergam o espelho sagrado."
(As parteiras seguram o espelho diante dos rostos das aspirantes e dizem:)
"Aspirante, veja o rosto do seu verdadeiro eu!"
(As aspirantes se olham no espelho sagrado e a sacerdotisa diz:)
"Quando você se sentir preparada, diga essas hekau, palavras de poder:
"Meu rosto é de Nefertum. Nuk Pu Ntrt Hmt."
(Os tambores e xequerês tocam vibrantemente alegrando a comemoração. Então, a sacerdotisa diz às aspirantes:)
"Vocês agora estão renascidas como divinas mulheres sagradas com Nefertum".

17. O Batismo

As parteiras espirituais então oferecem às iniciadas uma carga ancestral das mulheres da aldeia e perguntam:

"Como devo chamá-la a partir de agora?". As iniciadas dizem:
Eu estou pura em um lugar de passagem que é maravilhoso. Eu destruí meus defeitos. Eu dei fim à minha iniquidade. Eu aniquilei minhas falhas. Eu sou pura. Eu sou poderosa. Oh, guardiões, eu consegui atravessar o dia e chegar a vocês.

"Meu nome é [nome sagrado]. Eu sou uma mulher sagrada. *Nuk Pu Ntrt Hmt*." (A iniciada explica o significado do seu novo nome.)

As iniciadas então dizem juntas:

"Eu apareço brilhando, entro e ganho a vida. Meu assento é em meu trono. Eu me sento na pupila do meu primeiro olho. Eu domino meu assento pela minha boca, seja falando ou ficando em silêncio. Eu mantenho um equilíbrio exato. Ao longo das estações, o(a) Criador(a) e eu somos unos. Eu venho da unidade."

(A sacerdotisa então chama cada iniciada por seu novo nome e coloca nela a Coroa do Lótus Sagrado.)

18. Parabenizando e Presentando as Novas Iniciadas

As parentes agora parabenizam as novas iniciadas, sendo que a parente mais velha forra o assento da Mulher Sagrada com um tecido novo. A iniciada então se senta para simbolizar seu retorno ao trono. As parentes agora deixam presentes especiais aos pés da iniciada. Nesse momento, a família louva e agradece pela realização profunda de sua mulher sagrada que ousou alcançar as alturas.

19. Pronunciamento da Sacerdotisa: As Responsabilidades

Nosso planeta está morrendo porque as vozes coletivas das mulheres saudáveis e íntegras não se manifestaram no devido volume. Mulheres sagradas agora renascidas podem canalizar uma cura poderosa que fará o planeta vibrar na frequência mais elevada e restaurar a vida de todos para que possamos nos salvar.

Mulheres sagradas, vocês assumiram seu assento sagrado de Ast. Agora, para seu bem e para o bem-estar planetário, eu lhes passo as seguintes incumbências:

- Sempre cuidem bem de si mesmas para poder ajudar os outros;
- Criem um Círculo de Cura do Ventre Sagrado ou um Grupo de Apoio entre Irmãs;
- Mães, fiquem mais próximas da(s) filha(s) e da(s) sobrinha(s). Mantenham as linhas de comunicação abertas;
- Ajudem as irmãs! Salvem úteros e seios partilhando informações sobre o estilo de vida natural da Mulher Sagrada;
- Ajudem as mulheres que estão precisando. Deixem o Espírito guiá-las;
- Ensinem irmãos, amigos, filhos e maridos a lidarem com a mulher sagrada conectando-se com seus "eus" sagrados;
- Sejam mentoras ou amigas espirituais de outras mulheres que precisam se conectar com seus "eus" sagrados;
- Doem tempo partilhando ensinamentos sobre o bem-estar holístico em centros de recuperação de viciados em drogas e alcoólatras;
- Doem tempo ensinando técnicas de sobrevivência da Mulher Sagrada em abrigos;
- Levantem fundos para mulheres em abrigos para ajudá-las a recomeçar e a ativar sua visão;
- Estimulem mulheres a fundarem e dirigirem os próprios negócios;
- Difundam a sabedoria da mulher tornando-se sacerdotisas, guias, conselheiras ou consultoras certificadas da Mulher Sagrada;

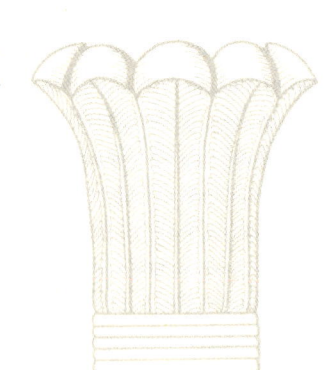

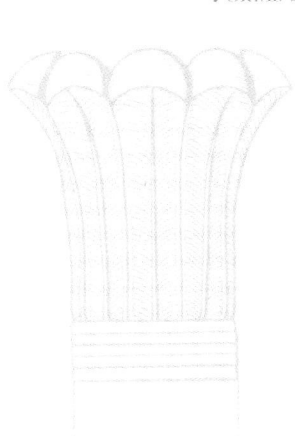

- Sejam um exemplo permanente de Mulheres Sagradas para estimular e animar os outros;
- Agora que vocês estão em seu assento de Ast e têm as ferramentas de bem-estar e sacralidade, sigam em frente corajosamente. Coloquem o Lótus de Nefertum sobre a coroa de sua conscienciosidade e espalhem as boas novas e o espírito doce do Lótus Supremo pelo planeta.

20. Preces de Encerramento

A sacerdotisa e as parteiras divinas, representando a Grande Mãe Ast (Ísis) e guiadas pelo Espírito, fazem juntas as preces de encerramento.

21. Prece da Iniciada Sagrada

Divino Sagrado, bendita seja minha chegada à Divindade Absoluta para que o mundo receba através de mim a luz pura e amorosa da cura. Que todos nós possamos ser íntegros como no início, quando o mundo era puro e só tinha terras verdes, oceanos limpos, ar puro, solos ricos e seres humanos magníficos com muita melanina e poder espiritual. O mundo atual está à beira da destruição, então nós, mulheres sagradas, assumimos a tarefa de fazer tudo recomeçar!

22. Proclamação da Mulher Sagrada Global

As iniciadas proclamam juntas a verdade de sua nova conscienciosidade por meio do poder das Palavras Sagradas.

Iniciadas na Mulher Sagrada

PROCLAMAÇÃO DA MULHER SAGRADA GLOBAL

Nós, as mulheres sagradas do globo, declaramos e proclamamos a cura planetária a partir de nossos assentos de poder e pureza. Ganhando rapidamente controle de nossas vidas e assim dirigindo nosso destino, analisamos o que criamos e, com reflexão profunda e contemplação intensa, consideramos nossos desafios como oportunidades sagradas, predestinadas e necessárias para impulsionar nossa ascensão.

Por meio da autocura, do autoconhecimento e com as ferramentas da graça divina, nos quatro cantos do globo nós montamos uma ilustre tapeçaria dos modos da Mulher Sagrada prefigurados em nossos portais internos.

Nós, as mulheres sagradas do mundo, não pedimos permissão, consentimento ou aprovação para ser o que somos.

Com as mãos erguidas em louvor à celestial Nut e os pés firmemente plantados como as raízes em Ta-Urt, assumimos nosso assento sagrado enquanto absorvemos o poder, estabilidade, fortitude e consistência da Terra. Mesmo que enfrentemos maremotos, tempestades, furacões, chuvas de monção ou leis impiedosas criadas pelos homens, não desviaremos de nossa posição virtuosa, pois é aqui na nossa conscienciosidade que começa a ressurreição planetária.

Capítulo 15
PORTAL 10 - TEMPO SAGRADO

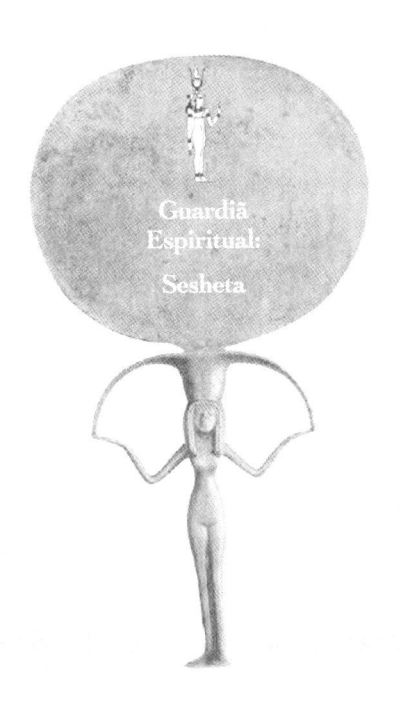

Guardiã
Espiritual:

Sesheta

Antepassadas:

Harriet Tubman

Anciãs:

Michelle Obama

Contemporâneas:

Kateria Knows

TRABALHO NO ALTAR PARA O TEMPO SAGRADO
Seu Coração Deve Estar Voltado para o Leste — para o Sol Nascente
(Leiaute visto de cima)

Coloque Fotos ou Figuras na Parede Acima do Altar

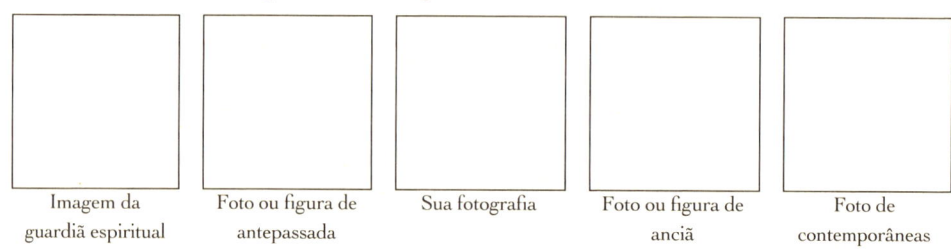

| Imagem da guardiã espiritual | Foto ou figura de antepassada | Sua fotografia | Foto ou figura de anciã | Foto de contemporâneas |

Vasilha para o batismo
(ÁGUA)

Pena
(AR)

Ankh para a Vida Eterna ou outro símbolo sagrado
(ESPÍRITO)

Planta florida
(TERRA)

Óleo de Unção: Alecrim

Vela amarela-escura
(FOGO)

Pedra Sagrada: Topázio

Comida para o NTR e seus antepassados (milho, arroz, frutas etc.)
(Após vinte quatro horas, tire a comida do altar.)

Ponha uma corda com nós no altar para mensurar uma hora.

Toalha de mesa sagrada (amarela-escura) e echarpe para usar durante a prece.
Pano colorido sagrado para colocar diante do altar. Instrumentos sagrados para serem tocados enquanto você ora.

PORTAL 10 - TEMPO SAGRADO: PRÁTICAS ESPIRITUAIS DIÁRIAS

Elemento do Portal: Ar

Tempo Sagrado é vida. Sua maneira de usar o tempo determina a qualidade da sua vida. O tempo se movimenta constantemente junto com o círculo da vida corporal e espiritual e não para jamais. Portanto, devemos preencher os dias e as noites com paz, alegria e abundância.

Faça exercícios espirituais de ascensão por sete dias para despertar seu propósito de vida. Então, por doze semanas e daí em diante, desenvolva e materialize seu trabalho com os ensinamentos presentes neste portal.

1. O Banho Espiritual

Use óleo de alecrim para se sintonizar com o ritmo divino da vida e abrir seu *arit* (chacra) na coroa. Adicione 7 gotas de óleo de alecrim na água do banho e também em uma tigela com água purificada para por no altar, e borrife algumas gotas no lugar onde você ora.

2. Seu Altar

Monte seu altar sagrado no primeiro dia de entrada nesse portal. Você pode montá-lo conforme suas crenças religiosas ou espirituais (ver página 42-44). Sente-se calmamente diante do altar, sobre uma almofada no chão ou em uma cadeira. Adicione algumas gotas de óleo de alecrim na vasilha de batismo e borrife algumas gotas no recinto para preces.

Unja com óleo de alecrim. Use apenas óleos essenciais puros. Use óleo essencial de alecrim para ungir sua coroa e o terceiro olho (no meio da testa entre as sobrancelhas), que é o portal corporal da espiritualidade suprema. Depois unja seu coração (o portal corporal da compaixão e amor divino), o ventre, as palmas das mãos (para que tudo que você toque fique mais sagrado), e as solas dos pés (para alinhar-se espiritualmente e ganhar poder, esperança e fé).

3. Abrindo o Portal

Para invocar o guardião espiritual de cada portal, você pode usar palavras ditadas por seu coração. Segue uma prece que pode ser feita no Portal 10:

> Sagrada e Divina Sesheta, guardiã divina do Portal do Tempo Sagrado, por favor, aceite minha gratidão mais profunda por sua presença curativa em meu altar e em minha vida. Obrigada por sua orientação, inspiração, amor e bênçãos e peço que aceite meu amor e bênçãos em retribuição. *Hetepu*.

4. Libação

Verta a libação para o Portal do Tempo Sagrado usando uma xícara ou borrife água de uma tigela sobre a terra ou planta. Verta as seguintes palavras.

- Eu verto essa libação em louvor e adoração pela guardiã do Portal 10, a *Grande Mãe Cósmica do Tempo Sagrado*;
- Eu verto essa libação em louvor e adoração pela antepassada do Portal 10, *Harriet Tubman*;
- Eu verto essa libação em louvor e adoração pela anciã do Portal 10, *Michelle Obama*;
- Eu verto essa libação em louvor e adoração pelo meu "eu" divino e por minha divina contemporânea, *Kateria Knows*.

5. Prece ao Espírito da Mulher Sagrada

Toque suavemente um sino ou outro instrumento sagrado no início e no fim da prece a seguir:

> Espírito Sagrado, NTR, mantenha-me junto ao seu peito. Proteja-me de todo mal, medo e dos golpes da vida. Dirija meus passos no rumo certo enquanto eu viajo nessa visão. Espírito Sagrado, envolva-me em sua luz absolutamente perfeita. Unja-me em sua pureza sagrada, paz e percepção divina. Abençoe-me totalmente, enquanto eu compartilho essa vida sagrada. Ensine-me, Espírito Sagrado, a ficar sintonizada com o universo. Ensine-me a curar com os elementos internos e externos do ar, fogo, água e terra.

6. Prece ao Tempo Sagrado

Chacoalhe sinos, toque um tambor ou outro instrumento no início e no fim dessa prece.

Tenho gratidão total por cada momento e pulsação do tempo em minha vida. Espírito Sagrado, que eu possa honrar minha vida ficando em harmonia e sintonia com a lua, o sol e as estrelas que me preenchem, com meu tempo, minhas relações, minha família e a humanidade.

7. Cantando Hesi

Cante esse *hesi* quatro vezes:

> *Nuk Pu Ntrt Hmt* — Eu sou uma mulher sagrada.

8. Respirações de Fogo

Comece inspirando e expirando lentamente por quatro vezes. Quando estiver totalmente à vontade, comece a fazer mil e cem respirações de fogo. Inspire profundamente bombeando pelas narinas (com a boca fechada), expandindo a respiração até o abdômen, o peito, e solte todo o ar dos pulmões enquanto o abdômen se contrai. Repita tudo rapidamente.

Cada respiração de fogo profunda representa a abertura das mil pétalas de lótus de iluminação e radiância que levam a Nefertum — a estação do lótus afrakano da Divindade.

9. Portal 10: Meditação de Seheta

Ao longo dos vinte e um dias no Portal 10, aumente diariamente a duração da meditação. Quanto mais tempo você medita, mais profunda será sua paz interior e mais vibrante será seu *ka* (Espírito). Quanto mais limpo estiver seu templo corporal, mais cedo você conseguirá atingir sempre um estado de paz e equilíbrio interno quando medita.

Visualize-se em harmonia com o tempo. Se conseguir enxergar com sua visão interna, você poderá criar sua realidade. Visualizar os guardiões agindo em sua vida lhe dará excelência.

- Comece a inspirar no espírito de Nebt-Het que desperta internamente às 4h da manhã, para acessar e receber seu tesouro interno ao expirar;
- Inspire Ast ao meio-dia enquanto ativa e recebe seu tesouro;
- Inspire o espírito de Het-Hru às 16h. Expire se amando enquanto colhe os resultados de cuidar bem do seu corpo, mente e espírito por meio da alimentação saudável, automassagens, banhos curativos etc;
- Por fim, inspire no espírito de Nut e tenha uma noite de paz e repouso antecedendo outro dia de bem-estar divino.

Visualização Cromática. No Portal 10, cujo elemento é o ar, visualize amarelo-escuro. Essa cor da sabedoria divina e do intelecto privilegiado tem correntes magnéticas positivas que fortalecem os nervos e o cérebro. Enquanto medita, use uma echarpe ou envoltório de cabeça e coloque um tecido em seu altar, ambos na cor amarelo-escuro.

Meditação com Pedra Sagrada. Enquanto medita, mantenha um topázio sobre o ventre. Essa é a pedra sagrada de cura do Portal 10.

10. Tônicos de Erva

No Portal 10, tome chá de ervas quando trabalhar no altar, orar e escrever no diário. Use a *Heal Thyself Woman's Herbal Formula* (ver a lista de produtos no *site* www.queenafua.com) para o bem-estar ventral.

O chá de raízes e folhas de alfafa é outro tônico recomendado no Portal 10, pois fortalece a visão superior e purifica o organismo.

Tome seu chá por vinte e um dias para colher plenamente os benefícios de estar no Portal 10. Desfrute o chá em sua caneca favorita durante ou após escrever no diário, mas termine de tomá-lo antes das 13h.

Preparação. Ferva água em um caneco de vidro, argila ou aço inoxidável e coloque um sachê ou 226 g de chá a granel. Apague o fogo e deixe o chá em infusão. Tome antes ou depois do seu banho matinal ou ducha sagrada. Tome com alegria e paz enquanto respira entre um gole e outro e entre em um estado de contemplação.

11. Essências Florais

Para aprofundar sua experiência no Portal 10, coloque 4 gotas de essência de alecrim sobre ou sob a língua quatro vezes por dia ou pingue as gotas em um copinho com água purificada e tome. O alecrim combate a estagnação e a procrastinação. Para instruções sobre a escolha de essências florais, ver página 49.

12. Dieta e Movimento

Siga diariamente as Leis de Alimentação Natural da Mulher Sagrada preconizadas no Plano Alimentar Purificador e faça os movimentos da dança ventral apresentados no Portal 3. Não coma soja e diminua o consumo de grãos integrais e amido. Coma verduras para fortalecer seu propósito.

13. Escrita sobre o Tempo Sagrado no Diário

É melhor fazer isso após a limpeza interna (enema) e/ou meditação. Quando está purificada e centrada, você pode ter a graça de receber mensagens espirituais. Quando você está no Espírito, mensagens vão passando pela sua mente, coração e mão até o papel.

Escreva com o máximo de inspiração espiritual após o trabalho no altar, entre 4h-6h da manhã. Mantenha seu diário e uma caneta perto ou sobre o altar para trabalhar com o poder, força e calma na chegada da aurora.

Nesse horário, escreva no diário os pensamentos, atividades, experiências e interações que ocorreram antes em seu cotidiano. Você também pode anotar suas esperanças, visões, desejos e afirmações, para refrescar a memória quando precisar de apoio e ajuda. Você se surpreenderá com o quanto seu diário pode ser sábio e lhe dar apoio.

14. Xale ou Colcha da Liberdade de Senab

Quando você chegar ao Portal 10, seu xale ou colcha da liberdade de Senab já estará pronto.

15. Ferramenta Sagrada

Uma corda no altar, com nós, para medir uma hora.

16. Lembrete Sagrado

Ao longo da semana, observe atentamente a sabedoria apresentada no portal em que você está. Para obter o máximo de resultados, viva livremente e em harmonia com os vários sistemas de bem-estar físico, mental e espiritual apresentados, e pratique o trabalho transformador de sete dias no final do portal.

Palavras Sagradas de Encerramento

Divino(a) Criador(a), ajude-me a honrar a sacralidade do tempo. Obrigada por todas as bênçãos que me concede.

SESHETA E AS LEIS DO TEMPO SAGRADO

Queen Esther Sarr

Queen Esther Sarr é decana da Aldeia Global e guia de cura por meio do luar.

Ao pensar em formas de vida, como os planetas, o sistema solar, o Universo e a dinâmica cósmica, parece um milagre que esses sistemas funcionem em harmonia e sem colidir! Embora cada um funcione de uma maneira específica, todos são interconectados, pois provêm da mesma fonte. É como em uma orquestra na qual cada naipe de instrumentos desempenha sua parte, mas o maestro sincroniza e harmoniza todas as partes para criar belas músicas. Quando examinamos mais atentamente a orquestra do Universo, vemos que ela também envolve a percepção do momento certo, ritmo e sincronização. Sessenta minutos formam uma hora, vinte quatro horas formam um dia, sete dias formam uma semana e vinte e oito dias formam um mês lunar pelas leis da natureza. A lua passa por oito fases em um arco temporal de vinte e oito dias. As fases ascendentes são a lua nova, a lua crescente, quarto crescente, a lua gibosa e a lua cheia. As fases descendentes são a lua em dispersão, o quarto minguante e a lua balsâmica.

Júlio César, nascido em julho, deu trinta e um dias ao seu mês de aniversário no calendário. Seu filho Augusto César, nascido em agosto, também acrescentou mais dias ao seu mês de aniversário, fazendo agosto ter trinta e um dias. Devido a esses e outros acréscimos, no calendário atual somente fevereiro tem vinte e oito dias respeitando os ciclos lunares naturais.

Aqui no portal de Sesheta, eu dou uma aula intitulada "Curando com o luar", na qual ensino as mulheres sagradas a se identificarem com as diferentes fases da lua, o que elas representam e como organizar e harmonizar a vida com as leis naturais. Ao trabalhar com os ciclos lunares, elaboramos regimes consistentes para o bem-estar. Todas as mulheres se unificam sob a lua por meio dos ciclos lunares e daqueles relacionados ao parto. Embora não seja vista simultaneamente no mundo, a lua irradia uma energia perene que é uma força constante e poderosa em prol da unidade. O despertar da ventralidade sábia faz parte da jornada da mulher sagrada rumo à iluminação e ao culto do tempo sagrado.

"Duas Mil Estações"

> Só há beleza nos relacionamentos. Nada que se isole é bonito... Toda a beleza está no propósito criativo dos nossos relacionamentos. Os destruidores montarão armadilhas para o corpo e o coração e para destruir a mente. Mas nenhuma das armadilhas deles pode prender os grupos ligados ao mundo da criação e da beleza.
>
> —Ayi Kwei Armah

Mulher Sagrada é um desses grupos e, ao despertar e nos libertar com os portais, conseguimos desativar as armadilhas montadas. Há mais de duas décadas, essa citação me faz ponderar sobre nossos relacionamentos, os destruidores, a beleza e as armadilhas. No espírito de Sesheta — Tempo Sagrado, Mulher Sagrada está pronta para nos ajudar a curar nossas relações. Ao longo de todas as estações, da lua nova até a lua cheia, nossos dias fluem do horário de Mãe Nebt-Het (entre 4-6h da manhã, quando temos mais acesso à intuição), passando pelo horário de Mãe Ast (meio-dia) para manifestar o que você recebeu do baú do tesouro de sua intuição, pelo horário de Het-Hru (tarde — quando você se eleva com atos de amor) até o horário de Nut (à noite — quando você descansa e se cura, a fim de se levantar com disposição na alvorada seguinte de Nebt-Het). A cada dia, ao seguir o fluxo do Sol que nasce e se põe e ao integrar os portais em uma poderosa tapeçaria de cura interna dos relacionamentos, nós evoluímos como seres íntegros e belos. Curando o relacionamento consigo mesmas e recuperando a integridade, nós também curamos nossos relacionamentos com as outras pessoas.

Mulher Sagrada é centrada no relacionamento consigo mesma, o qual se reflete nos relacionamentos com os outros, incluindo com a mãe, o pai, os avós, os companheiros, os filhos, os amigos, os colegas de trabalho, a comunidade e por aí afora. Eu descobri que todos os nossos relacionamentos são uma extensão do passado, presente e futuro da mente consciente e do inconsciente, assim como de nossos sentimentos, emoções, corações e estados em cada momento. Os Portais da *Mulher Sagrada* seguram os espelhos internos e externos para que vejamos nosso próprio reflexo e o das nossas relações. Se nos analisarmos profundamente em cada portal, aprenderemos as lições dadas por nossos relacionamentos e teremos a oportunidade de nos curar superando, transformando e desfazendo as armadilhas em que estamos presas.

Quando ouço a palavra "armadilha", penso em um urso sem saída. O animal não consegue abrir a armadilha fatal e sangra até morrer. Então, concluo que os seres humanos podem ficar presos de várias maneiras. Quando temos apenas pensamentos debilitantes, criamos e atraímos padrões tóxicos como violência, abuso, carência e limitação. Em geral, pensamentos e padrões tóxicos são transmitidos de geração em geração e acabam ficando gravados no DNA. Portanto, devemos combater pensamentos e problemas como carência e limitação, parar de consumir comidas tóxicas e de viver de modo inconsequente. Cada mordida em uma comida viciante e cada pensamento tóxico são como a armadilha para ursos e nos deixam entorpecidas, sangrando muito e mais perto da morte a cada dia.

Mas garanto que, à medida que atravessamos os portais, as armadilhas começam a afrouxar e a se desfazer. Essa jornada é o passaporte que nos livra delas e nos direciona para o belo caminho da liberdade holística. Enquanto passamos de um portal ao outro, essas horríveis armadilhas, com sua carga de infortúnio, tirania, mágoa, ira e retaliação, começam a derreter de forma mística e mágica, tornando-nos mais belas. De portal em portal, nós começamos a escapar das armadilhas mentais, físicas, espirituais e financeiras armadas pelos resíduos da escravidão, colonialismo e racismo. A libertação está de fato ao nosso alcance.

Mulher sagrada, é hora de seguir os passos de Harriet Tubman e olhar para as estrelas e a Mãe Celestial Nut; de confiar em sua intuição (Mãe Nebt-Het, a Senhora da Esfera Celestial); e de andar como as herboristas internas (Sekhmet). Fuja do cultivo de doenças, dor e sofrimento. Como Harriet Tubman, nós devemos fugir da senzala, das plantações de algodão, da chibata e dos grilhões e correr em busca da liberdade. Após se libertar, essa mãe heroína olhou para trás e ajudou incansavelmente os outros a escaparem da armadilha. Com destemor, ela voltou para os seus, mesmo estando com a cabeça a prêmio. Apesar dos cães sedentos de sangue em seu encalço, essa mulher corajosa amou os seus e libertou centenas deles. Mãe Harriet até disse: "Eu teria libertado mais pessoas se elas pelo menos soubessem que eram escravas".

A jornada da mulher sagrada é como a de Harriet Tubman, como a da rainha/faraó Hatshepsut, como a da rainha mãe Moore, como a da rainha Nzinga. Cada uma a seu modo, essas paladinas da liberdade lutaram por nossa integridade para nos livrar das armadilhas.

No Portal 0 de Nut, graças aos ensinamentos sobre bem-estar do ventre sagrado, podemos nos livrar de vez das doenças e dores uterinas tão disseminadas. Pergunte à sua mãe, avó, tia e/ou amigas e perceba como você repete tudo o que elas passaram. A maioria das mulheres aprende a não se queixar e a sofrer em silêncio. Elas tentam entorpecer a dor com analgésicos que só contribuem para enfraquecer o ventre. Com os ventres doentes, atraímos homens doentes e parimos crianças doentes, e assim, o ciclo global de infortúnio continua se reproduzindo. Nut disse: "Venham a mim e eu as ajudarei". É hora de se libertar de doenças sexualmente transmissíveis, miomas, síndrome pré-menstrual crônica, sangramento caudaloso e infertilidade. É hora de se libertar das armadilhas. "Eu vou curá-la e tirá-la da armadilha ventral, minha filha."

Portal 1 – *Tehuti* - Palavras Sagradas. Livre-se da armadilha de palavras que destroem e são abusivas com você e os outros. Opte por palavras que curem, transformem e rejuvenesçam.

Portal 2 – *Ta-Urt* - Comida Sagrada. Livre-se da armadilha de ingerir comidas tóxicas (carnes, açúcar e comidas fritas, congeladas, aquecidas no micro-ondas e processadas). Cure-se com alimentos da horta que a rejuvenesçam e desintoxiquem.

Portal 3 – *Bes* - Movimento Sagrado. Livre-se da armadilha da estagnação e constipação. Desbloqueie sua vida, recupere a mobilidade e vá em frente.

Portal 4 – *Het-Hru* - Beleza Sagrada. Livre-se da armadilha da baixa autoestima, das mágoas e dos conflitos remanescentes da infância. Recupere sua beleza, amor-próprio e liberte-se.

Portal 5 – *Nebt-Het* - Espaço Sagrado. Livre-se da armadilha da confusão mental causada pela falta de confiança espiritual e pela desordem e acúmulo em casa. Aprenda a confiar em sua intuição à medida que purga e limpa seu espaço interno e externo.

Portal 6 – *Sekhmet* - Cura Sagrada. Livre-se da armadilha das doenças, como pressão arterial alta, hipertensão, diabetes e artrite. Acesse sua cura interna e cure seu corpo, mente e espírito.

Portal 7 – *Maat* - Relacionamentos Sagrados. Livre-se da armadilha de se embriagar e se drogar para entorpecer o sofrimento. Liberte-se! Livre-se da armadilha dos relacionamentos familiares traumáticos ou rompidos e das mágoas antigas em relação à sua mãe ou ao seu pai. Acione sua capacidade de perdoar e passe a atrair relacionamentos vibrantes.

Portal 8 – *Ast* - União Sagrada. Livre-se da armadilha do divórcio e do ressentimento nos relacionamentos. Invista em sua transformação interna e cure todos os seus relacionamentos. Livre-se da armadilha de pobreza. Atraia riqueza emocional harmonizando os lados direito e esquerdo do cérebro.

Portal 9 – *Nefertum* - Lótus Sagrado. Livre-se da armadilha de chafurdar na lama da toxicidade. Purifique-se e deixe sua luz brilhar.

Portal 10 – *Sesheta* - Tempo Cósmico Sagrado. Livre-se da armadilha de procrastinação. Acione as rodas de libertação espiritual do seu *arit* (chacra) para se elevar cada vez mais.

Portal 11 – *Meshkenet* - Trabalho Sagrado. Livre-se da armadilha de não viver conforme seu propósito. Invista em seu trabalho sagrado.

Ao invés de continuar em uma prisão física ou espiritual, mantenha-se em seu caminho sagrado. Ao invés de morar nas ruas devido à especulação imobiliária e outras formas de deslocamento forçado, lute para vencer e recuperar os seus belos "eus" holísticos, erguendo-se e brilhando, porque esta é a hora das mulheres sagradas!

CHEGOU A HORA DE SE LIVRAR DAS ARMADILHAS

A Máscara Mantém a Armadilha e Vice-Versa

Prendemos bem as armadilhas, mas usamos uma máscara para esconder o quanto nos sentimos perdidas. À medida que nos purificamos purgando os 7 *aritu* e meditando a cada dia, tiramos a máscara porque nos tornamos íntegras.

A armadilha é um disfarce para as fraquezas, inseguranças, mágoas e sofrimento. Ela representa logro, desonestidade, distorção e divisão. Encobre seus verdadeiros sentimentos e pensamentos. A máscara pode indicar o medo de perder relacionamentos, amor e dinheiro. Nos dá uma falsa sensação de proteção podendo aparentar beleza, feiura, força, fraqueza, amor, ódio, apoio, controle e por aí afora. Uma pessoa pode ser mascarada para alcançar um objetivo, seja para obter vantagens, amor, um emprego, sexo, riqueza material, oportunidades, amizades, casamento ou controle.

Desconfie de todas as máscaras. A máscara pode sorrir enquanto corta sua garganta. Pode lhe oferecer o mundo enquanto a trai. Pode ser usada por sua mãe, pai, mentor, filho, amiga, amante, marido, esposa, confidente, patrão, colega de trabalho ou vizinho.

Para obter o que quer, a pessoa mascarada lhe dará o que você precisar e você sentirá que não consegue viver sem ela. Nesse meio tempo, ela pode conquistar seu coração, se intrometer em seu negócio, ir para sua cama, dominar sua mente e roubar sua confiança e identidade. Além disso, ela pode se apossar de sua casa, destruir sua reputação, deixá-la sem fôlego e partir seu coração. Quanto mais purificada você estiver, menos atrairá pessoas mascaradas e saberá identificá-las com mais rapidez.

Doenças crônicas mascaram danos e dores espirituais e/ou emocionais. Quanto mais protelamos a cura espiritual e emocional, mais enraizada a máscara fica manifestando-se como uma doença (que consome a força vital das pessoas), pressão arterial alta (dor emocional), miomas (raiva profunda), ataques cardíacos (coração partido) ou artrite (estagnação).

Para sair das armadilhas e recuperar a liberdade, seja diligente nos portais e no trato com cada *arit*.

O SISTEMA DOS *ARITU* DA ANTIGUIDADE ATÉ HOJE

Após sua travessia do Portal 0 até o Portal 9, você está em plena floração como uma semente de luz saindo da lama. Sua entrada no Portal 10 do Tempo Sagrado visa assegurar, proteger, manter e ampliar sua libertação.

Por meio das Rodas de Poder do Portal 10 — que são um sistema carmítico de cura energética —, é possível desativar todas as armadilhas. Vamos nos livrar de uma vez por todas da violência doméstica, do divórcio, da música de zumbis que enfeitiça a juventude, das arapucas sociais, da pobreza, das comidas tóxicas, da depressão, da ansiedade, da disfunção erétil que aflige os homens e dos miomas, histerectomia e cólicas menstruais que afligem as mulheres. Vamos nos libertar das armadilhas familiares, das agruras de criar filhos sozinhas e do pesadelo de morar em abrigos. Vamos nos livrar do encarceramento em prisões e da servidão imposta à criança interna. Vamos dizer adeus à pressão arterial alta, diabetes e demais doenças. Por meio da Mulher Sagrada e dos 7 *aritu*, e ao assumir nosso propósito de Meshkenet, voltaremos a ser um povo holístico e radiante. Nossos irmãos, pais, avôs e filhos podem se juntar a nós nos vinte e um a oitenta e quatro dias (a estação) da Alimentação Verde da Horta partilhada no Portal de Ta-Urt. A família pode fazer junta a meditação diária dos 7 *aritu* para fortalecer a cura coletiva.

Os anos 1960 imprimiram mudanças profundas nos Estados Unidos e no mundo. Foi nessa década que surgiram o Movimento pelos Direitos Civis, o Movimento contra a Guerra e o Movimento Cultural Africano. Os movimentos da Yoga, meditação e cura por meio dos chacras, que consistem em um sistema avançado de libertação espiritual de origem indiana, também floresceram. Enquanto eu estudava os ensinamentos do Kemet, descobri que na verdade o sistema de chacras, a alopatia e a medicina holística tiveram origem no povo antigo das terras negras no Vale do Nilo. Na língua camítica chacra, ou centro energético, era "*arit*" ou "*aritu*" (no plural). Foi espantoso constatar que tantas práticas espirituais avançadas e ritos de purificação começaram com meus antepassados.

Enquanto buscava descobrir meu poder interno, cheguei à conclusão de que grande parte da chamada Nova Era na verdade é Velha Era — os ensinamentos da antiguidade sobre estilo de vida. No entanto, tive um breve momento de descrença, então perguntei a Sen Ur Ankh Ra Senahj Su Ptah, profundo conhecedor dos ensinamentos do Kemet, se nossos antepassados tinham um sistema de chacras. Ele confirmou que sim e me aconselhou a ler o *Pert M Hru N Gbr*, que significa *O Livro da Saída para a Luz do Dia*, mas que é equivocadamente chamado no Ocidente de *O Livro Egípcio dos Mortos*. Eu comecei a ler o livro, a refletir e então fiquei eufórica. Para mim, praticante de Yoga desde os anos 1960, essas informações foram descobertas preciosas! Nós, os afrakanos, não só inventamos a aromaterapia, a reflexologia, a hidroterapia e a cromoterapia — que hoje são conhecidas como saúde holística —, mas também os *aritu*, que depois passaram a ser conhecidos como chacras.

Por volta de 1995, comecei a desenvolver ou reconstruir o sistema camítico de cura energética com os 7 *aritu* tendo como base o Porteiro (*ari-aa-s*), que abre o caminho a partir de dentro; o Observador interno (*sati*); e o Arauto (*sema*), o chamado interno. Então, fiz a conexão entre aromaterapia, as pedras sagradas correspondentes e alguns alimentos usados por nossos antepassados do Vale do Nilo para elaborar a Tabela de Cura com os 7 *Aritu* que você está prestes a ver. Quando estava escrevendo *Mulher Sagrada*, tentei em vão enquadrar o conteúdo todo no sistema dos *aritu*. Mas, quando foquei nesta versão atualizada do livro, os guardiões sagrados começaram a se manifestar colocando-se nos centros energéticos ligados aos seus atributos.

Passei vinte cinco anos fazendo uma escavação espiritual para descobrir, conectar, alinhar e canalizar a origem do sistema de chacras, os *aritu*. Nessa apresentação da pesquisa há 7 *aritu*. A Guardiã Materna Sesheta invocou o sistema dos 7 *aritu* com sua estrela de sete pontas. Sesheta, o "Portal da Estrela", nos guia por ele com muito *merr* (amor), cuidado e inteligência. Mut Sesheta passou a fórmula e a mensuração das práticas para alcançar a libertação de todas as armadilhas. Com esse método e esses tons, podemos ser o povo mais belo salvo da servidão. Conforme cita o livro clássico *Duas Mil Estações* (cujo título em inglês é *Two Thousand Seasons*), de Ayi Kwei Armah, a humanidade poderia sair das armadilhas e ascender por meio das mulheres que praticam os 7 *aritu* e os partilham com suas famílias.

Sesheta é a guardiã da lua, da geometria, da matemática, da mensuração, da Casa dos Livros e mãe da arquitetura, pois rege a fundação de templos de acordo com as estrelas. Ela é acompanhada por Nefertum, o Lótus, que também é um princípio de ascensão espiritual e transformação a partir da lama do Vale do Nilo. Por meio de um processo de purificação, jejuns, preces, alimentação correta, unções e envoltórios sagrados, nós saímos da lama e ascendemos a um estado de pura iluminação. A fim de manter esse estado mais belo e livre em termos espirituais, é preciso aprender e aplicar diariamente os 7 *arítu* oferecidos pela Guardiã Materna Sesheta dede a antiguidade. Por meio das práticas diárias, podemos dar fim a todo o sofrimento no planeta Terra e desfrutar um bem-estar global.

Saber sair das armadilhas foi um legado roubado da terra negra do Kemet e de nossos antepassados mais remotos. O povo original levou a culpa pelos atos dos gregos e romanos, que se tornaram "faraós" em dinastias posteriores. Você se lembra da passagem em Êxodo 5:1 na qual Moisés e Arão foram falar com o faraó e disseram: "Deixe meu povo ir para celebrar-me uma festa no deserto?". O povo original acolheu Jesuwa (Jesus) no Kemet durante dezesseis anos e foi lá que ele fez sua iniciação espiritual. Os gregos e romanos incendiaram a biblioteca que estava a cargo da Guardiã Materna Sesheta. Eles roubaram as bibliotecas a fim de desvirtuar nossa história e alijar a Mãe e o Pai afrakanos da ascensão e cura espiritual. Nós ficamos sem acesso aos nossos "eus" Altíssimos. As armadilhas tiveram sequência no tribalismo. **Minha tribo contra a sua tribo** se transformou no comércio escravagista transatlântico. Por oito gerações milhões de curadores da terra foram sequestrados, amontoados em navios negreiros e enviados para as Américas, as Ilhas Virgens e a Europa.

Meus antepassados sequestrados foram forçados a trabalhar sem remuneração do amanhecer ao anoitecer, tendo suas vidas, famílias e saúde arruinadas. Então, Willie Lynch entrou em cena selando o caixão da escravidão, aconselhando os "cavalheiros e homens de negócios" a seguirem suas instruções, a fim de manter escravos por no mínimo três séculos. Os bancos americanos foram construídos com o sangue, carne e lágrimas dos meus antepassados. A riqueza dos Estados Unidos foi formada a partir das plantações rurais tocadas pelos escravos, mas, com o fim da escravidão, eles foram enxotados levando apenas um saco nas costas com uma Bíblia e as roupas aos farrapos. A partir daí, meu povo teve de construir casas, cuidar de plantações, criar gado, achar trabalho e fundar escolas. A Constituição americana inclusive considerava que um negro ou negra era equivalente a três quintos de uma pessoa. A escravidão acabou oficialmente nos Estados Unidos em 1863, mas até hoje meu povo continua lutando para recuperar tudo o que lhe roubaram – a língua, a cultura, as famílias, a medicina, a mente, o corpo e o espírito. Nas décadas de 1950 e 1960, Marcus Garvey, Martin Luther King e Malcolm X lutaram e morreram para libertar nosso povo.

Nos anos 1980 a AIDS e o *crack* se propagaram em nossa comunidade. Meus amigos estavam morrendo de AIDS e o *crack* deu cabo do pai dos meus filhos. Ser mãe solteira virou algo comum entre as moças no meu bairro. Enquanto isso acontecia na minha comunidade, eu e Queen Esther estávamos ensinando Círculos da Deusa e fazendo retiros de cura para mulheres, o que me permitiu alcançar a conscienciosidade da Mulher Sagrada. Centenas de mulheres absorveram meus ensinamentos da Mulher Sagrada antes de eu escrever o livro *Mulher Sagrada*. Agradeço a elas por terem me acompanhado no início da jornada. Quando tive a ideia de escrever o livro, Sen-Ur Semahj me perguntou sobre que mulheres eu pretendia escrever. Como elas viviam? Essa pergunta me desafiou, então me empenhei em estudar, jejuar e orar muito a fim de restabelecer meu povo, começando pelas mães, pois "se você cura uma mulher, cura também uma nação". Em 2020, *Mulher Sagrada* está comemorando seu aniversário de vinte anos, com milhares de mulheres mundo afora despertando suas curas internas por meio dos ritos de passagem nos portais da Mulher Sagrada.

Ao longo do tempo, tenho visto que muitas mulheres conseguem manter os ensinamentos e continuam ascendendo diariamente, mas algumas tropeçam e caem novamente nas armadilhas, mesmo após a ascensão.

Está mais do que na hora de quebrar o feitiço de uma vez por todas e implantar o antigo Sistema de Transformação dos 7 *Aritu* na atualidade e daí em diante.

A Sagrada Mãe e Guardiã Sesheta cuidava dos alicerces na construção dos templos espirituais nos primórdios da humanidade. Agora ela está sendo chamada para construir nossos templos espirituais internos usando os 7 *aritu*, para que nosso povo nunca mais perca a integridade, o bem-estar e a unidade; para que nos unifiquemos espiritualmente de portal em portal rumo aos 7 *aritu*, assim vibrando na frequência mais elevada de proteção, amor, paz e prosperidade. As mulheres unidas podem criar o céu na Terra.

Sesheta, a guardiã da escrita, matemática e astrologia, é coroada com a estrela de sete pontas, que representa a fonte de toda a consciências criativa.

A JORNADA PARA O GRANDE DESPERTAR

É possível sair das armadilhas da destruição, doença e sofrimento e ter o grande despertar para o bem-estar, saúde e vitalidade graças ao primeiro sistema energético dos *aritu*, que equivale ao sistema indiano dos chacras. Inventado pelos curadores originais do planeta Terra no Vale do Nilo no Kemet, o sistema dos *aritu* abrange os sete centros energéticos. Após milhares de anos, os *aritu* são reapresentados em um novo formato para que toda a humanidade entre em Maat (equilíbrio e harmonia).

Tenho apreço profundo por Sen-Ur Ankh Ra Semahj Se Ptah do Studio e Santuário de Ptah por me ajudar a elaborar essa tabela. Trinta anos atrás, quando eu era uma jovem praticante de Yoga, perguntei a ele se nossa cultura camítica tinha um sistema de chacras. Ele confirmou a existência desse sistema e me aconselhou a ler *O Livro da Saída para a Luz do Dia*. E o resto é — nossa história.

A RESPONSABILIDADE É MINHA

Está mais do que na hora de fazermos o treinamento mais avançado para recuperar nosso poder. Repita comigo quatro vezes: "A responsabilidade é minha!". Todos os relacionamentos são uma extensão de onde você esteve e para onde vai, ou seja, de como você se relaciona consigo mesma e se cuida. Desde a comida que comemos ao ar que respiramos — tudo é interconectado na dança da vida. Todos os relacionamentos são um reflexo de nosso modo de ser no passado, no presente e no futuro. Na verdade, seu relacionamento com outra pessoa tem tudo a ver com o relacionamento que tem consigo mesma. Relacione-se consigo mesma com o equilíbrio de Maat e todos os demais relacionamentos entrarão em sua frequência superior ou inferior.

Com a ajuda dos portais e dos *aritu*, insira as práticas diárias de purificação e rejuvenescimento interno em sua vida para libertar-se das armadilhas. Alinhe-se com a frequência libertadora do bem-estar.

Acesse suas raízes internas e cante as antigas cantigas sagradas. Medite. Coma alimentos da horta. Harmonize-se com as pedras e aromas sagrados dos nossos antepassados do Vale do Nilo. Visualize e entre em sua frequência mais elevada e algumas ou todas as suas relações irão se curar. À medida que você muda, isso influencia todos os seus relacionamentos.

Para seu desenvolvimento espiritual avançado no Portal do Tempo Sagrado, você precisa acionar os 7 *aritu* por meio de meditação, visualização e cantando os *hesi*.

1. Sente-se confortavelmente em uma cadeira ou em uma esteira de Yoga no chão. Queime o óleo de aromaterapia do portal em que você está ou use o óleo de aromaterapia de um dos 7 *aritu*;

2. Concentre-se na respiração do lótus de mil pétalas. Faça duzentos e cinquenta respirações de fogo em sua meditação matinal sobre o *arit*. Então faça mais respirações na prece ao meio-dia, à tarde e no poente, totalizando mil respirações por dia. Após a primeira rodada de duzentos e cinquenta respirações, visualize a cor do centro energético e a glândula

que você está curando. Visualize também a cor do guardião do portal energizando seu corpo, mente e espírito;
3. Cante ou fale em voz alta o nome do Porteiro (que abre o caminho), do Observador (a visão interna do "eu") e do Arauto (o porta-voz interno);
4. Sente-se e acalme seu coração. Então ouça a mensagem interna, a lição que o *arit* está lhe trazendo;
5. Anote tudo no diário e agradeça. À medida que ascende, você vai se livrando gradualmente das armadilhas.

YOGA ARI ANKH RA DO KEMET

Faça diariamente Ari Ankh Ra — quinhentas respirações rápidas de fogo — na alvorada, ao meio-dia, à tarde e à noite.

Eu sou a Senhora (Ast)/Senhor (Asar) da coroa dupla (lados direito e esquerdo do cérebro). Eu estou no *Utchat* (Assento da Ascensão). Eu existo graças à sua força. Eu saio para o dia. Eu brilho. Eu entro em meditação. Eu ganho vida.

Meu assento é em meu trono. Eu me sento na pupila do meu olho (sexto *arit*). Eu sou Heru (o falcão de visão aguçada que é filho de Asar) e domino meu assento (minha conscienciosidade na coroa).

PRÁTICA DIÁRIA PARA DESFAZER TODAS AS ARMADILHAS

Faça diariamente a Meditação dos *aritu* preconizada no estilo de vida holístico (ver a tabela dos 7 *aritu* na página 394), assim como quinhentas a mil respirações de fogo, e você ganhará o máximo de bem-estar.

GUARDIÕES

Abtu	O assento de adoração de Asar
Anpu	Aquele que preside a cerimônia de embalsamento
Anu	A cidade do Sol
Apep	A cristalização do mal e o inimigo de *Rá* (Vida)
Aritu	Rodas de poder (chacras)
Asar	Pai da humanidade, representado pelo hemisfério esquerdo do cérebro
Ast	Mãe da humanidade, representada pelo hemisfério direito do cérebro
Rá	Guardião representado como o Sol
Re-Stau	Território de iniciação, uma passagem do mundo físico para a esfera espiritual

TABELA DE CURA ENERGÉTICA COM OS 7 *ARITU* PARA O DESPERTAR FÍSICO, MENTAL E ESPIRITUAL

Cura com Cores	A Jornada de Libertação pelo Despertar dos 7 *Aritu*	A Armadilha A Escuridão	O Despertar A Luz	Guardiões que Correspondem à Mulher Sagrada e ao Homem Sagrado	Centros Energéticos	Cura Glandular
LILÁS	Libera a cura da coroa, a sede da suprema iluminação	Doença de Alzheimer, névoa mental, depressão, problemas com apego, desconexão com a fonte, confusão	Rendição à divindade, visão despertada	Nefertum Sesheta Ast, Asar e Rá	Coroa Glândula pituitária	Sistema nervoso central

TABELA DE CURA ENERGÉTICA COM OS 7 *ARITU* PARA O DESPERTAR FÍSICO, MENTAL E ESPIRITUAL

ÍNDIGO	Libera a cura da glândula pineal, a sede da ascensão	Confusão, dores de cabeça	Conexão com o Altíssimo, intuição afiada	Nebt-Het	Primeiro olho (Utchat) Glândula pineal	Sistema límbico
AZUL	Libera a cura da garganta, a sede da comunicação divina	Comunicação ruim, mexericos, abuso verbal, tireoide aumentada, laringite	Verdade, comunicação vibrante	Tehuti	Garganta	Sistema endócrino
VERDE	Libera a cura do coração, a sede do amor, compaixão e perdão	Desconsolo; ataque cardíaco, pressão arterial alta, asma	Amor, confiança, compaixão, perdão	Maat Het-Hru	Coração	Ssistema cardiovascular e sistema respiratório
AMARELO	Libera a cura do plexo solar, a sede da proteção	Ansiedade, constipação, estagnação, medo, doenças no cólon	Brilho solar interno, força de vontade e coragem para lidar com suas relações	Ta-Urt	Plexo solar	Sistema digestivo, fígado, vesícula biliar
LARANJA	Libera a cura sacral, a sede da criatividade	Vergonha, doenças no útero, síndrome pré-menstrual, miomas, doenças na próstata	Criatividade, prazer, bem-estar ventral e na próstata	Nut Meshkenet Sekhmet Bes Min	Osso sacro	Sistema reprodutor
VERMELHO	Libera a cura do osso coccígeo, a sede da estabilidade	Medo, estagnação, isolamento, constipação	Destemor, concentração e estabilidade	Ta-Urt Ptah	Coccígeo (Raiz)	Sistema adrenal

Meditação dos *Aritu* no Estilo de Vida Holístico para o Máximo de Bem-Estar.
Cante os *hesi* e estude a partir do primeiro *arit* (o coccígeo)
até o *arit* da coroa para sua ascensão diária.

Porteiro que Abre o Caminho A oração e os *Hesi* do Porteiro, do Observador e do Arauto	Observador Interno	Arauto Interno	Alimentos e Ervas Medicinais	Aromaterapia e Unção	Pedras Sagradas para Cura e Meditação
Sekhem-Matenu-Sen [u] Afirmação do *arit*: "Eu venho até vocês, Ast e Asar. Estou purificada de doenças. Vocês circulam no céu. Somente vocês veem Rá e os sábios. Vocês estão em seu corpo glorificado e ele se torna forte. Que meus modos possam prosperar diante de vocês".	Aa-Maa Kheru	Khesef-Khemi [u]	Amoras pretas Centella asiática	Óleo de lótus	Ametista

Meditação dos *Aritu* no Estilo de Vida Holístico para o Máximo de Bem-Estar.
Cante os *hesi* e estude a partir do primeiro *arit* (o coccígeo) até o *arit* da coroa para sua ascensão diária.

Porteiro que Abre o Caminho — A oração e os *Hesi* do Porteiro, do Observador e do Arauto	Observador Interno	Arauto Interno	Alimentos e Ervas Medicinais	Aromaterapia e Unção	Pedras Sagradas para Cura e Meditação
Atek-Tau-Kehaq-Kheru — Afirmação do *arit*: "Eu venho diariamente. Eu fiz o caminho. Eu passei no teste de Anpu. Eu sou a(o) Senhora(or) da coroa dupla. Sem palavras de poder, eu — vingadora do direito — vinguei o olho (Utchat). Eu curei o olho de Ast e Asar. Eu fiz o caminho".	An-Hra	Ates-Hra-Sh	Repolho roxo Gingko biloba	Óleo de olíbano	Quartzo transparente
Ankh-F-Em-Fent [u] — Afirmação do *arit*: "Eu inseri suas maxilas em Re-Stau. Eu inseri sua espinha dorsal em Annu, juntando todos os pedaços. Eu fiz Apep voltar para trás. Eu lavei as feridas. Eu fiz um caminho em meio a vocês. Eu sou o mais antigo dos NTRU. Graças a mim, Ast e Asar são vitoriosos, pois juntei seus ossos e seus membros".	Shabu	Teb-Hra-Keha	Frutas silvestres Eucalipto	Óleo de eucalipto	Turquesa, água-marinha
Khesef-Hra-Ast-Kheru — Afirmação do *arit*: "Eu sou uma filha forte dos antepassados de Ast e Asar. Que Ast e Asar apresentem provas em meu favor. Eu dei vida às narinas para sempre. Sou filha de Ast e Asar. Eu fiz o caminho. Eu passei pelo lugar dos julgamentos divinos".	Se-Res-Tepu	Khesef At	Legumes verdes Frutos de pilriteiro	Ylang Ylang	Esmeralda Malaquita
Qeq-Hauatu-Ent-Pehui — Afirmação do *arit*: "Eu me escondi nas profundezas, oh, juiz da fala. Eu vim sem defeitos para Ast e Asar. Eu pego seu estandarte, que vem da coroa. Eu abri o caminho em Re-Stau. Eu aliviei a dor de Ast e Asar. Eu fiz o caminho para que Ast e Asar brilhem em Re-Stau".	Se-Res-Hra	Aaa	Quiabo Melões Cáscara sagrada	Óleo de funcho	Topázio amarelo olho-de-tigre
Un-hat — Afirmação do *arit*: "Eu me sento para realizar o primeiro desejo do meu coração. Eu peso minhas palavras como Tehuti. Eu faço oferendas ao longo do caminho. Que eu possa ver Rá como aqueles que fazem oferendas".	Seqet-Hra	Uset	Damascos, mangas Mulheres Herbal e Homens Herbal Fórmulas	Óleo de sândalo	Âmbar Opala vermelha

Meditação dos *Aritu* no Estilo de Vida Holístico para o Máximo de Bem-Estar.
Cante os *hesi* e estude a partir do primeiro *arit* (o coccígeo) até o *arit* da coroa para sua ascensão diária.

Porteiro que Abre o Caminho — A oração e os *Hesi* do Porteiro, do Observador e do Arauto	Observador Interno	Arauto Interno	Alimentos e Ervas Medicinais	Aromaterapia e Unção	Pedras Sagradas para Cura e Meditação
Sekhet-Hra-Asht-Aru Afirmação do *arit*: "Eu tenho o poder de fazer luz. Eu vim até vocês, Ast e Asar Eu os adoro e homenageio, Ast e Asar, em seu poder e domínio em Re-Stau. Vocês se erguem e conquistam. Oh, Ast e Asar em Abtu, vocês navegam no céu na presença de Rá. Vocês veem os sábios. Eu sou uma regente divina e oxalá escape da parede dos carvões em brasa. Eu abri o caminho em Re-Stau. Eu aliviei a dor de Ast e Asar para que eles brilhem".	Metti Heh	Ha-Kheru	Pimenta-caiena gengibre Sene e hortelã	Óleo de almíscar	Rubi Hematita

RESPIRAÇÃO SHU

Faça a prática espiritual de respiração Shu ao longo do dia. Para alunas iniciantes, intermediárias e avançadas, a meta é fazer mil respirações de poder de Nefertum.

- **Na alvorada**: no horário de Nebt-Het, entre 4h-6h horas da manhã, faça duzentos e cinquenta respirações de fogo Rá/Shu. Encerre com cinco minutos de meditação de coração aberto;

- **Ao meio-dia**: no horário de Ast, faça duzentos e cinquenta respirações de fogo Rá/Shu. Encerre com cinco minutos de meditação de coração aberto;

- **No poente**: no horário de Het-Hru, entre 16h-18h, faça duzentos e cinquenta respirações de fogo Rá/Shu. Encerre com cinco minutos de meditação de coração aberto;

- **À noite**: mo horário de Nut, entre 20h-22h, faça duzentos e cinquenta respirações de fogo Rá/Shu. Encerre com cinco minutos de meditação de coração aberto.

TEMPO SAGRADO: TRABALHO TRANSFORMADOR DE SETE DIAS

Diariamente, enquanto continua a purificar sua vida por meio das palavras, pensamentos e ações sagrados nos planos físico, mental, emocional e espiritual, as palavras que saem de sua boca ou são dirigidas a você serão de poder, luz e cura. Você falará palavras sagradas para almas sagradas a seguir:

- **Jejum de fala**. Faça um jejum de fala nos sete dias seguintes. Fale apenas o estritamente necessário; cada palavra proferida deve ser pura e orgânica. Ao longo da semana, fique sete a doze horas em silêncio sozinha ou com outras pessoas que estejam fazendo a mesma prática;
- **Afirmações com palavras sagradas**. Por fim, após uma afirmação diária, faça a prece matinal e a noturna. Agora comece a recuperar seu "eu" natural por meio das suas palavras:

Minha vida está em harmonia com o Tempo Divino.

Hoje, estou transformada em Sesheta, a Guardiã do Tempo Sagrado.

Meu Compromisso no Fim da Semana com o Tempo Sagrada

Eu me comprometo a estabelecer e manter a sabedoria de Sesheta e o poder do Tempo Sagrada em todas as áreas da minha vida.

*Nome:*_____

*Data:*_____

Capítulo 16
PORTAL II - TRABALHO SAGRADO

Guardiã
Espiritual:

Meshkenet

Antepassadas:

Madame C. J. Walker

Anciãs:

Maxine Waters

Angela Bassett

Contemporâneas:

Queen Latifah

Jada

TRABALHO NO ALTAR PARA O TRABALHO SAGRADO
Seu Coração Deve Estar Voltado para o Leste — para o Sol Nascente
(Leiaute visto de cima)

Coloque Fotos ou Figuras na Parede Acima do Altar

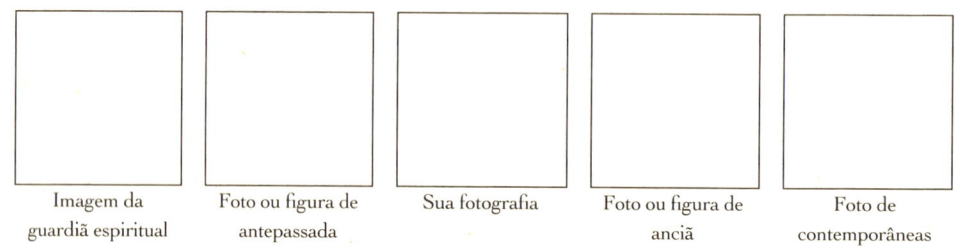

| Imagem da guardiã espiritual | Foto ou figura de antepassada | Sua fotografia | Foto ou figura de anciã | Foto de contemporâneas |

Vasilha para o batismo
(ÁGUA)

Pena
(AR)

Ankh para a Vida Eterna ou outro símbolo sagrado
(ESPÍRITO)

Planta florida
(TERRA)

Óleo de Unção:
Funcho

Vela dourada
(FOGO)

Pedra Sagrada:
Quartzo Transparentes

Alimentos verdes para seus antepassados e para ter prosperidade

Ponha no altar a busca pela visão do seu plano de negócio.

Toalha de mesa sagrada (dourada) e echarpe para usar durante a prece.
Pano colorido sagrado para colocar diante do altar. Instrumentos sagrados para serem tocados enquanto você ora.

PORTAL 11 — TRABALHO SAGRADO: PRÁTICAS DIÁRIAS

Elemento do Portal: Terra

O Portal do Trabalho Sagrado a ajuda a superar a tristeza do nascimento que é acompanhada por estagnação, medo, carência e limitação. Ao longo deste portal, você começará a ter propósito em seu trabalho sagrado.

Faça diariamente exercícios espirituais de ascensão por sete dias para despertar seu possível propósito. Então, por doze semanas e daí em diante desenvolva e materialize seu trabalho com os ensinamentos presentes neste portal.

1. O Banho Espiritual

Use o óleo essencial de funcho para abrir o *arit* (chacra) em sua coroa e o baú do tesouro de seu propósito divino. Adicione 4-6 gotas de óleo de funcho na água do banho e receba as mensagens que a ajudarão a se alinhar com seu propósito. Adicione também 4-6 gotas em uma tigela com água purificada no seu altar e borrife algumas gotas no recinto onde você faz as preces.

2. Seu Altar

Monte seu altar sagrado no primeiro dia de entrada nesse portal. Você pode montá-lo conforme suas crenças religiosas ou espirituais (ver página 42-44). Sente-se calmamente em uma almofada no chão ou em uma cadeira confortável diante do altar.

Unja com óleo de funcho. Use apenas óleos essenciais puros. Use óleo essencial de funcho para ungir sua coroa, o terceiro olho (no meio da testa entre as sobrancelhas), que é o portal corporal da espiritualidade suprema. A seguir, unja o coração (o portal corporal da compaixão e amor divino), o ventre, as palmas das mãos (para que tudo que você toque fique mais sagrado), e as solas dos pés (para alinhar-se espiritualmente e ganhar poder, esperança e fé).

3. Abrindo o Portal

Em suas preces para o guardião espiritual de cada portal, você pode usar palavras ditadas por seu coração. Segue uma prece para abrir o caminho para o trabalho sagrado no Portal 11:

> Sagrada Meshkenet, guardiã divina do Portal do Trabalho Sagrado, eu lhe agradeço de antemão por revelar meu propósito divino. Por favor, aceite minha gratidão mais profunda por sua presença curativa em meu altar e em minha vida. Obrigada por sua orientação, inspiração, amor e bênçãos e peço que aceite meu amor e bênçãos em retribuição. *Hetepu*.

4. Libação

- Verta a libação para o Portal do Trabalho Sagrado usando uma xícara ou borrife água de uma tigela sobre a terra ou planta enquanto faz essa prece de louvor e adoração:
- Eu verto essa libação em louvor e adoração pela Sagrada Guardiã Materna do Portal 11, Meshkenet;
- Eu verto essa libação em louvor e adoração pela antepassada do Portal 11, Madame C. J. Walker;
- Eu verto essa libação em louvor e adoração pelas anciãs do Portal 11, Angela Bassett e Maxine Waters;
- Eu verto essa libação em louvor e adoração pelo meu "eu" divino e por minhas divinas contemporâneas, Queen Latifah e Jada Pinkett Smith.

5. Prece ao Espírito da Mulher Sagrada

Toque um sino suavemente ou outro instrumento sagrado no início e no fim dessa prece.

> Espírito Sagrado, NTR, mantenha-me junto ao seu peito. Proteja-me de todo mal, medo e dos golpes da vida. Dirija meus passos no rumo certo enquanto eu viajo nessa visão. Espírito Sagrado, envolva-me em sua luz absolutamente perfeita. Unja-me em sua pureza sagrada, paz e percepção divina. Abençoe-me totalmente, enquanto eu compartilho essa vida sagrada. Ensine-me, Espírito Sagrado, a ficar sintonizada com o Universo. Ensine-me a curar com os elementos internos e externos do ar, fogo, água e terra.

6. Prece ao Trabalho Sagrado

Nuk Pu Nuk Meshkenet

(Eu sou como Meshkenet)

"Bênçãos reinam desde o nascimento. Recebi um trabalho sagrado que foi especialmente designado para mim e transmitido por meus antepassados que já partiram. Um trabalho que reflete quem eu sou, minha missão na Terra, minha gratidão por viver, minha paixão e meu propósito. Oh, Criador(a), se por acaso eu estiver inconsciente do meu trabalho sagrado, eu me comprometo a jejuar e orar até que ele seja revelado em um sonho ou uma visão de noite ou de dia. Vou me purificar até Você me mostrar o caminho para esse trabalho. Quando souber qual é o meu trabalho sagrado, eu juro ter coragem de assumi-lo com todo brio. Eu juro valorizar as dádivas que me concedam por meio desse trabalho. Oro para que os trabalhos designados possam ser não só uma bênção para mim, mas também uma bênção recebida, usada e partilhada por toda a coletividade."

7. Cantando Hesi

Cante esse *hesi* quatro vezes:

Nuk Pu Ntrt Hmt — Eu sou uma mulher sagrada.

8. Respirações de Fogo

Comece inspirando e expirando lentamente por quatro vezes. Quando estiver totalmente à vontade, comece a fazer as mil e duzentas respirações.

Inspire profundamente bombeando pelas narinas (com a boca fechada), expandindo a respiração até o abdômen, o peito, e solte todo o ar dos pulmões enquanto o abdômen se contrai. Repita tudo rapidamente.

Cada respiração de fogo profunda representa a abertura das mil pétalas de lótus de iluminação e radiância que levam a Nefertum — a estação do lótus afrakano da Divindade.

9. Portal 11: Meditação de Meshkenet

Em cada um dos vinte e um dias no Portal 11, aumente o tempo que passa meditando. Quanto mais tempo você medita, mais profunda será sua paz interior e mais vibrante será seu *ka* (Espírito). Quanto mais limpo estiver seu templo corporal, mais cedo você conseguirá viver sempre com a paz e equilíbrio interno do estado meditativo.

Meditação do Ventre Sagrado

Agache-se e apoie-se nos tijolos de parto à direita e à esquerda enquanto inspira e expira. Em cada respiração, visualize sua visão no ventre e imagine-se coroando a luz dourada dela — o propósito do seu trabalho emergido do seu ventre. Então inspire e expire e veja seu bebê, seu propósito, nascer. Apanhe sua visão e aconchegue-a no seio junto ao coração. Jure amorosamente que cuidará de sua visão para que ela cresça bem. Agradeça à Divindade interna por parir seu propósito divino.

Visualização Cromática. No Portal 11, cujo elemento é a terra, visualize dourado para prosperidade e riqueza. Enquanto medita, use uma echarpe ou envoltório de cabeça dourado e coloque um tecido dourado em seu altar.

Meditação com Pedra Sagrada. Enquanto medita, mantenha um quartzo transparente sobre o ventre. Essa pedra sagrada de cura do Portal 11 aguça sua visão interna em relação ao seu propósito.

10. Tônicos de Erva

Tome chá de ervas quando estiver montando seu altar neste portal, orando e escrevendo no diário. Use a *Heal Thyself Woman's Herbal Formula* (ver a lista de produtos *site* www.queenafua.com) para o bem-estar ventral.

O chá de raízes e folhas de alfafa é outro tônico útil no Portal 11, pois fortalece a visão superior e purifica o organismo.

Tome seu chá por vinte e um dias para colher plenamente os benefícios de estar no Portal 11. Tome o chá de erva em sua caneca favorita durante ou após escrever no diário, mas termine de tomá-lo antes das 13h.

Preparação. Use um sachê de chá ou 1 colher de chá a granel para 236 ml de água. Ferva a água em um caneco de vidro, argila ou aço inoxidável, apague o fogo, ponha o sachê de chá e deixe em infusão. Coe as ervas. Tome antes ou depois do seu banho matinal ou ducha sagrada. Tome com alegria e paz enquanto respira entre um gole e outro e entra em um estado de contemplação e reflexão.

11. Essências Florais

Para aprofundar sua experiência no Portal 11, pingue 4 gotas de essência de clorofila sobre ou sob a língua, ou adicione 4 gotas em um copinho com água purificada e beba. Faça isso quatro vezes por dia. Para instruções sobre a escolha de essências florais, ver página 49.

12. Dieta e Movimento

Siga diariamente as Leis de Alimentação Natural inclusas no Plano Alimentar Purificador e pratique a dança ventral apresentada no Portal 3. Não coma soja e diminua o consumo de grãos integrais e amido. Coma verduras para fortalecer seu propósito.

13. Escrita sobre o Trabalho Sagrado no Diário

É melhor fazer isso após o banho sagrado e/ou meditação. Quando está purificada e centrada, você pode ter a graça de receber mensagens espirituais. Quando você está no Espírito, mensagens vão passando pela sua mente, coração e mão até o papel.

Escreva com o máximo de inspiração espiritual após o trabalho no altar, entre 4h-6h da manhã. Mantenha seu diário e uma caneta perto ou sobre o altar para trabalhar com o poder, força e calma na chegada da aurora.

Nesse horário, escreva no diário os pensamentos, atividades, experiências e interações que ocorreram antes em seu cotidiano. Você também pode anotar suas esperanças, visões, desejos e afirmações, para refrescar a memória quando precisar de apoio e ajuda. Você se surpreenderá com o quanto seu diário pode ser sábio e pode lhe dar apoio.

É melhor fazer isso após o banho e/ou meditação. Quando está purificada e centrada, você pode ter a graça de receber mensagens espirituais. Quando você está no Espírito, mensagens vão passando pela sua mente, coração e mão até o papel.

A melhor hora para escrever com inspiração é após o trabalho no altar, entre 4h-6h da manhã. Mantenha seu diário e uma caneta perto ou sobre o altar para trabalhar com o poder, força e calma na chegada da aurora.

Afirme sua vida cotidiana nesse horário e escreva no diário os pensamentos, atividades, experiências e interações que venham à sua mente. Você também pode anotar suas esperanças, visões, desejos e afirmações, para refrescar a memória quando precisar de apoio e ajuda. Você ficará surpresa ao encontrar tanto apoio e sabedoria em seu diário.

14. Xale ou Colcha da Liberdade de Senab

Quando você chegar ao Portal 11, seu xale ou colcha da liberdade de Senab já deve estar pronto.

15. Ferramentas Sagradas

São sua equipe de apoio e a Roda do Nascimento de sua visão para o plano de negócio. Conte com elas para desenvolver seu propósito.

16. Lembrete Sagrado

Ao longo dos próximos vinte e um dias ou de uma temporada, observe atentamente a sabedoria apresentada no Portal 11. Para obter o máximo de resultados, viva livremente em sintonia com os vários sistemas de bem-estar corporal, mental e espiritual apresentados.

Palavras Sagradas de Encerramento

Divino(a) Criador(a), ajude-me a honrar e tratar meu propósito da maneira sagrada. Obrigada por todas as bênçãos que me concedeu nessa jornada sagrada para realizar meu propósito.

PARINDO NOSSAS VIDAS

Você ouviu?!
Estamos prestes a parir um novo mundo!
Fique em paz consigo mesma, com seu trabalho e sua visão, e alinhe-se com o Divino.
Sua força criativa terá a ajuda do Grande Espírito de Meshkenet — a guardiã espiritual e protetora do Ventre Sagrado que abriga a vida da mulher e do homem.
O Grande Espírito a guiará até sua visão sagrada se você ousar seguir seu ritmo natural.

Família: A Raiz do Seu Trabalho Sagrado

A tradição antiga ditava que o trabalho era um negócio familiar. No caso do empreendedorismo, esperava-se que os mais velhos ensinassem suas habilidades para parentes próximos ou para a família estendida. À medida que progride em seu trabalho sagrado, ensine seus filhos para que eles tenham orientação e inspiração em primeira mão sobre como é trabalhar em uma família divina. Seja um exemplo para seus filhos e sua comunidade ao criar o trabalho da sua vida. Pare de adiar e deixe o Espírito guiá-la. Tenha coragem e comece agora a conceber seu propósito e aplicá-lo ao seu trabalho sagrado.

Crie mecanismos internos de apoio a si mesma e à sua família, e trabalhos que promovam sua saúde, tragam prosperidade financeira e restaurem sua harmonia.

Smai tawi (unidade) é essencial para uma vida saudável, de modo que você saia de um emprego que a escravize. Ao assumir seu trabalho sagrado, você afasta as doenças, se livra de doenças, da pressão arterial alta e de outros males. Ao ganhar liberdade e cumprir seu destino, estimule os outros a fazerem o mesmo e sentirem tanta gratidão e alegria quanto você.

Se você passou anos empenhada em se formar em uma certa área, mas não gosta do seu emprego atual, invoque o antigo espírito de *kéfera* (transformação) e parta para o trabalho que lhe dará realização e beneficiará sua comunidade. Pense bem! Você não é obrigada a ficar presa nesse emprego. Guie-se pelo Espírito, vá em frente e molde o mundo conforme seu desejo. A visão sobre o trabalho da sua vida é como uma argila. Mude tudo o que for preciso para recobrar seu "eu" divino. Tenha pensamentos puros, coma alimentos orgânicos e aja corretamente enquanto desenvolve internamente seu trabalho sagrado.

Não tema a amplidão da sua visão. O(a) Criador(a) tem um lugar divino para você. Supere seu medo, tenha fé, seja criativa e aceite seu plano divino. Tudo o que você precisa está ao seu redor. Comece modestamente e cresça ou comece um negócio grande e o expanda. Peça ajuda e ela virá. Ouse. Salte para o êxito com a força que acumulou e o trabalho da sua vida crescerá formidavelmente.

Sua visão: tornar-se chefe. Cerque-se de pessoas que partilhem seu propósito e sua visão.

Seu trabalho sagrado deve ser um processo constante de desenvolvimento, agradecimento, aceitação, empoderamento, projeção e compartilhamento. Vivencie-o plenamente. Seu talento ou dom natural é um direito divino. Ativar seu trabalho sagrado requer bastante esforço, mas você se sentirá íntegra e serena e terá êxito, harmonia e prosperidade. Ativar seu trabalho sagrado é viver sua verdade. Desistir dele ou varrê-lo para debaixo do tapete é uma negação de si mesma. Negar sua vocação causa um vazio, frustração e impotência. Anime-se, ouse e se ilumine enquanto mergulha em seu interior para descobrir o poder e a alegria de ter um propósito na vida.

Desencadeie a Visão Divina

O nascimento de sua visão divina é a meta do Altíssimo para você. Por meio do uso adequado do princípio do nascimento de Meshkenet, é possível desencadear o dom do trabalho sagrado sobre a Terra: trabalho que enaltece, empodera, fortalece, restaura, energiza e transforma a humanidade para melhor. No entanto, se você usar a Roda do Nascimento e as visões para manipular, escravizar, dominar e desvalorizar a humanidade de alguma maneira, seu *karma* será pesado. O mal sempre retorna a quem o cometeu. Esse uso maligno e a destruição resultante envenenam até seus futuros descendentes. O que você cria e transmite para os outros deve ser sempre voltado para o bem gerando saúde, luz e bem-aventurança em seu caminho em direção ao seu "eu" sagrado.

> A Realização
> O trabalho da sua vida é uma missão sagrada
> Liberte-se e assuma seu trabalho sagrado.
> Aviso! Não há sossego para quem não assume o próprio trabalho sagrado.
> Você deve cumprir seu trabalho sagrado para se sentir plenamente viva!
> Caso ignore, evite, reprima ou negue seus dons e o trabalho concedidos pelo(a) Criador(a), você ficará bloqueada ou constipada e terá doenças físicas, mentais e espirituais.

TRABALHO SAGRADO

> O trabalho é amor em forma visível. Se você não consegue trabalhar com amor, mas somente com dissabor, é melhor abandonar seu trabalho e sentar-se na porta do templo à espera de esmolas daqueles que trabalham com alegria.
>
> — Khalil Gibran, "O Profeta"

Desde 1977, levo essa citação poderosa onde quer que eu vá, pois ela me ajuda e inspira a desenvolver meu trabalho sagrado, que é ensinar as pessoas a se curarem. Quando percebi que muitas clientes devotas e alunas no caminho da purificação para a autocura continuavam tendo bloqueios físicos, emocionais e espirituais embora houvessem adotado um estilo de vida natural e jejuassem, analisei como suas ocupações influenciavam esse quadro. Em muitos casos, a raiz do problema era que elas não estavam cumprindo seu trabalho sagrado.

Não é apenas a dieta — seja vegetariana, vegana ou flexível — que determina a boa ou má saúde. Você pode até se alimentar corretamente e ter se livrado dos relacionamentos negativos, mas se passa quarenta horas por semana, cento e sessenta horas por mês e mil novecentos e vinte horas por ano em um emprego onde o racismo a deixa deprimida, frustrada, decepcionada e/ou ressentida, os bloqueios persistem. Você pode acabar engordando muito devido às emoções e toxinas que envenenam seus pensamentos, sentimentos e espírito, além de ficar propensa a ter pressão arterial alta, envelhecimento prematuro, derrames, doenças cardíacas, tumores no cérebro, erupções cutâneas, estresse e depressão.

Conscientize-se de que deve fazer o trabalho que o(a) Criador(a) determinou. Se marchar ao som do tambor alheio, você perderá o ritmo. À medida que purifica seu templo sagrado, seu trabalho se revelará. Se já estiver ciente do seu dom, mas não souber como e onde utilizá-lo plenamente, isso também será revelado. Sua luz interna brotará da Roda do Nascimento do seu trabalho sagrado. Seus pensamentos e visões ficarão puros à medida que tudo em sua vida entrar na alta frequência de Maat.

MINHA JORNADA PESSOAL COM O TRABALHO SAGRADO

Artista, espiritualista, mulher de negócios e mulher sagrada, eu sou ar, fogo, água e terra; transformo-me ao longo das estações; sou do Sol e da Lua. Tenho dimensões e possibilidades ilimitadas e materializo o que está dentro de mim. Os anos 1960 foram marcados pelo surgimento de guerreiros da liberdade, revolucionários, espiritualistas e ativistas da saúde tentando trazer equilíbrio ao conturbado mundo ocidental. Foi nessa época gloriosa de verdade, liberdade e autoconhecimento que despertei para o que havia dentro de mim.

Na adolescência, eu me tornei artista e foi a dança que acendeu minha centelha interna ao me fundir com o ritmo do tambor. Quatro séculos atrás durante o período da escravidão na autointitulada "América livre", afrakanos eram proibidos de fazer e tocar tambores. Nos anos 1960, fiz parte da Revolução Espiritual e Cultural Africana que estava nos libertando. Nós começamos a ter amor-próprio e a valorizar nossos cabelos, as tonalidades da nossa pele, nossa música e dança, enfim, nosso legado. As danças e os tambores da minha cultura afrakana inspiraram meu renascimento e o resgate das raízes. Minha negação da Áfraka acabou. Eu era negra com muito orgulho!

Ise Oluwa Kolabajo.
O trabalho do Criador é indestrutível.

— Canto tradicional iorubá

Eu me livrei da insegurança, do desamor por mim mesma e da ira. Então, certo dia, enquanto estava dançando "Yanvalou" (um ritmo e dança do Benin associados à súplica no vodu haitiano), uma bela melodia de paz começou a me invadir. Eu recordei minha mente afrakana, me tornei "nós" e dancei para a nossa libertação. Eu queria que meu povo tão sofrido recuperasse sua integridade. Formei uma companhia de dança, criava coreografias para ela e nós dançávamos pela libertação ao som dos tambores.

Eu era negra com muito orgulho!

Escalada para integrar uma companhia consolidada de dança, participei de uma montagem de *Aída* na Metropolitan Opera House na cidade de Nova York. Aos 20 e poucos anos de idade, entrei na Syvilla Fort Dance Company e me apresentei junto com minha querida Queen Esther. Um tempo depois, fui dançarina na Olatunji Dance & Drumming Company. Minha arte, porém, não se limitava à dança. Antes de me casar e ter filhos, fui cantora em um grupo musical masculino, com o qual viajei e me apresentei em vários lugares em Nova York. Com o passar do tempo, todos os meus trabalhos se interligaram. Nosso líder era Joseph Walker, ator e roteirista da Broadway. Eu fiz um teste e entrei em um grupo profissional de teatro chamado The Demi Gods. Os integrantes do grupo estudavam canto, dança, representação e dramaturgia para se tornar artistas completos e foi nele que aprendi a disciplina requerida para as artes. Eu só queria ser artista e viver de acordo com meu propósito. Então, como me tornei mulher sagrada?

Eu era muito doente na juventude, mas, graças ao meu envolvimento com as artes, aprendi que a saúde holística podia me curar. Eu passei a me purificar, jejuar, desintoxicar e me curar. Troquei o estilo de vida tóxico por uma vida natural enquanto continuava me desenvolvendo nas artes. Comecei a estudar Yoga para autocura e acabei me tornando professora de Hatha Yoga. Atendia casais para ajudá-los a ter harmonia em casa. Comecei a estudar saúde holística formalmente e, após alguns anos, me tornei consultora de saúde holística, instrutora de jejum, profissional de colonterapia e polaridade, e parteira leiga.

Tudo isso me preparou para fundar o *Heal Thyself Natural Living Center*, que é um centro de cura holística. Nesse período inicial de cura natural, consegui eliminar tudo o que afligia meu corpo, mente e espírito, assim como enfermidades de membros da minha comunidade. Eu estava ganhando o conhecimento de que os seres humanos têm um potencial ilimitado.

Continuei crescendo e explorando novas possibilidades de cura natural. A cura assumiu um papel central e meu lado artístico se tornou coadjuvante em meu bem-estar cada vez maior. Na faixa dos trinta anos de idade, comecei a fazer experimentos holísticos em um laboratório e no prazo de um ano criei nove fórmulas naturais para autocura. Enquanto amadurecia em meu caminho de vida, conheci um sacerdote camítico que viria a ser meu terceiro marido. Eu senti que ele poderia me guiar para ficar mais sintonizada espiritualmente com a cultura afrakana. Após estudar algum tempo com ele, fui ordenada como sacerdotisa camítica afrakana. Descobrir meu caminho espiritual mudou totalmente a minha alma.

Em 1990, lancei o livro *Heal Thyself for Health and Longevity* e comecei a fazer viagens internacionais para dar palestras sobre saúde holística. E, quando achei que já tinha cumprido meu destino em relação ao trabalho sagrado, fui estimulada a escrever o livro *Mulher Sagrada*, o qual foi um parto exaustivo durante sete anos. Na primavera de 2000, o conjunto dessa obra me levou a fundar e dirigir a Aldeia Global da Mulher Sagrada. Por meio de retiros, seminários e *workshops*, milhares de mulheres no mundo inteiro têm sido iniciadas como mulheres sagradas no caminho holístico da libertação.

Ao longo dos anos, continuo purificando e curando minha vida, indo cada vez mais fundo dentro de mim em busca da minha verdade e do propósito do meu trabalho.

Em 2002, a arte voltou a aflorar e ousei compor músicas para cura produzindo o CD *Sacred Woman Medicine Song*, que conta com a participação do grupo The Sacred Voices. Agora resgato meus primórdios como artista e isso se entrelaça com a cura natural e a professora espiritual, todas dirigidas pela mulher de negócios. A artista, a espiritualista e a mulher de negócios se unificaram em torno das artes da cura.

Essa tapeçaria do meu trabalho sagrado se entremeia com o que "SOU!". Na jornada para descobrir meu trabalho sagrado, aprendi a deixar o Espírito guiar meus passos.

Quando reflito sobre a magnificência de tudo isso, vejo claramente que cada parte da minha vida foi necessária na jornada que me levou a tantos trabalhos sagrados. Nas expansões da minha carreira em saúde holística, descobri que a vida está sempre em transição e transformação. Devido ao nosso crescimento interno, nosso trabalho sagrado se expande e muda tomando novas direções e várias formas. Quando permanecemos fortes em nossa grandeza e singularidade, uma vida nova e empolgante acaba se concretizando. Assim como a natureza, a cada respiração nos expandimos, crescemos e assumimos novas formas que se revelam por meio dos trabalhos sagrados. Certamente, nós mudamos da mesma forma que as estações determinadas pela natureza.

Caso bloqueie a mudança e o crescimento que estão fervilhando em seu interior, você ficará cada vez mais "murcha". Cada vez que a luz da mudança volta, eu crio coragem e peço para ser guiada sobre como ir em frente e me expandir internamente. Quando a luz se acende em lados meus inéditos e obscuros, eu peço coragem para encarar outro trabalho sagrado. Eu me sinto tão próxima do Divino que confio totalmente em Sua orientação. Eu abro a porta e entro em meu território até então desconhecido e obscuro, mas que agora está iluminado. Graças à lanterna da purificação do meu corpo, mente e espírito, eu me preparo para exercer mais meu trabalho sagrado. Cada concepção e nascimento são empolgantes, pois me aproximam mais do meu "eu "divino. Eu uso todos os trabalhos e lições anteriores como uma ponte para o próximo trabalho sagrado, o amor da minha vida.

O objetivo deste capítulo não se limita a ensinar as práticas mundanas para iniciar, manter e expandir seu trabalho, pois muitos pensadores e empreendedores bem-sucedidos já fazem isso. Meu propósito é estimulá-la, inspirá-la e motivá-la para pegar sua lanterna, buscar o autoconhecimento e chegar ao seu "eu" superior, sua verdade, seu trabalho, sua Sacralidade. Eu a estimulo a sentir a luz do seu nascimento e renascimento deixando que seu espírito a guie até o trabalho da sua vida. Esse trabalho lhe dará coragem para ser livremente quem é, apesar de seus temores e apreensões.

Assim que descobrir seu propósito e assumir o trabalho predestinado desde seu nascimento, você começará a viver plenamente. Que os antepassados continuem a acompanhando enquanto você assume seu trabalho sagrado e sente o Céu na Terra. Que você possa encontrar o espírito da parteira divina Meshkenet dentro de você, assim como eu encontrei. Que ela abençoe seu encontro com o trabalho sagrado que está à sua espera e com facetas suas surpreendentes!

BÊNÇÃOS DE FAZER SEU TRABALHO SAGRADO

Na tradição camítica afrakana, a artista e a sacerdotisa eram unas. Afinal, o trabalho da cura se manifestava por meio de danças, canções e representações. Preces eram ditas, canções eram entoadas, ervas eram usadas e banhos espirituais eram dados.

Levei trinta anos para descobrir a verdade absoluta e a amplidão do meu trabalho, no qual alcancei *smai tawi* (unidade). Entendi que não há necessidade de priorizar um trabalho em detrimento do outro, pois meu trabalho é uma fusão da minha visão. Sou espiritualista, artista e herborista. Devido à minha raiz afrakana, eu curo por meio da arte. Todas as minhas expressões provêm de Maat e sinto bem-aventurança no trabalho. Eu oro para que você não passe a vida inteira sem saber qual é seu trabalho divino, que você logo o reconheça e comece a exercê-lo para saber o que é bem-aventurança.

Não se acomode. Procure até achar seu verdadeiro trabalho para ter a imensa alegria de cumprir sua missão de vida. Se todos desempenhassem sua missão sagrada, esse mundo seria repleto de luz, alegria, bem-estar e abundância, ao invés de ser marcado pelo medo, dor, frustração e doenças.

Una-se. Funda-se com o que você ama. Quando descobrir o que ama fazer, você irá querer fazer isso o tempo todo, mesmo sem remuneração, pois esse é o "trabalho da sua vida". Ele alimenta e nutre sua alma com integridade, paz, poder e até prosperidade. Seja leal à sua vocação mesmo que leve anos para descobri-la. O Altíssimo fala através do seu trabalho sagrado. Aceite-o e a abundância e a prosperidade virão. Aceite sua vocação com coragem e resolução.

Atualmente, é comum as pessoas precisarem de orientação profissional para descobrirem o trabalho ideal. Muita gente passa anos sem saber quem é, qual é sua missão ou o que deveria estar fazendo. Na tradição afrakana, porém, as pessoas nasciam com um trabalho predestinado e um destino estabelecido por suas famílias. Os pais ensinavam aos filhos que eles haviam nascido com o propósito primordial de fortalecer o clã, a tribo, a comunidade e a nação. Os nomes eram escolhidos para a pessoa jamais se esquecer do seu propósito de ser. Os anciões mostravam o caminho para que ela fizesse seu trabalho predestinado e necessário.

Alguns sinais de que você descobriu o trabalho da sua vida são:

- Você é apaixonada por seu trabalho, o que atrai abundância no cumprimento da sua missão;
- Seu trabalho parece uma dádiva especial que o Altíssimo de fato lhe concedeu;
- Você investe tempo no seu trabalho e sente que poderia fazê-lo o tempo todo.

Seu trabalho sagrado deve ser um processo constante de desenvolvimento, agradecimento, aceitação, empoderamento, projeção, exposição e partilhamento. Você precisa vivenciar seu trabalho sagrado, seu talento natural, seu dom por direito divino, para ter integridade, serenidade, sucesso, harmonia e prosperidade. Ativá-lo é viver de acordo com sua verdade.

Como Identificar Pessoas que Vivem de Acordo com Sua Visão do Trabalho Sagrado

- Elas são empolgadas com a vida;
- Elas usam a criatividade;
- Elas são saudáveis e vibrantes;
- Elas são alegres;
- Elas se sentem realizadas;
- Elas têm visão ilimitada;
- Elas são livres;
- Elas são radiantes;
- Elas são carinhosas;
- Elas têm o peso adequado (em geral, quando se sentem espiritualmente, mentalmente e emocionalmente plenas por materializar sua visão do trabalho sagrado, as pessoas têm peso adequado para sua idade e altura).

DESCOBRINDO SEU TRABALHO SAGRADO

Caso ainda não saiba qual é o trabalho da sua vida, comece a jejuar e a se levantar entre 4h-6h da manhã, o horário da intuição de Nebt-Het, e ouça atentamente seu trabalho se revelando. À medida que você se torna cada vez mais limpa, as respostas sobre seu propósito serão reveladas detalhadamente quando você estiver pronta para recebê-las. Se ainda estiver com dúvidas sobre seu trabalho, peça orientação a alguém de confiança, como um pastor, sacerdote, sacerdotisa, espiritualista, astróloga, numerologista ou herborista local.

Assim que receber a mensagem sobre sua vocação, obedeça prontamente essa instrução espiritual. Tenha confiança, aja com fé e saiba que receberá tudo o que é necessário para realizar seu trabalho divino à medida que seu verdadeiro eu aflora.

A TRISTEZA DO NASCIMENTO: A SEGUNDA PARTE DO SEU TRABALHO SAGRADO

A Tristeza do Nascimento é metafísica e não tem ligação com histerectomia ou aborto no sentido físico. Ela se refere àquilo que fazemos no sentido de impedir que nosso propósito se realize espiritualmente ou emocionalmente.

A Tristeza do Nascimento não deve causar culpa, mas requer assumir a responsabilidade por nosso estado. A cada onda de tristeza que cause enjoo matinal e até aborto, reserve tempo para meditar e refletir sobre o significado dessas ocorrências. Ouça seu interior usando a intuição de Nebt-Het para descobrir a razão dessa tristeza e se concentre em achar uma solução.

O Portal 11 a ajuda a superar a Tristeza do Nascimento e entrar em Meshkenet, onde você terá a chance de vivenciar seu propósito. Em outras palavras, o Portal 11 a tira do atoleiro para alcançar seu destino divino. Após identificar seu bloqueio, este portal irá empoderá-la para tomar sua vida nas próprias mãos.

O poder para viver seu propósito interno implica transformar a Tristeza do Nascimento na Roda do Nascimento de Meshkenet.

Fique Alerta

Fique alerta com a Tristeza do Nascimento. Seus medos podem paralisá-la e atrair uma negatividade que faz tudo parecer "impossível".

Fique alerta com os traços derrotistas em seu DNA que lhe dizem que nada dará certo e que você não conseguirá o que pretende. Observe, estude e reflita sobre essa tristeza para desarraigá-la de uma vez por todas.

Afirmação

Eu afirmo que estou superando todos os traumas do nascimento.

Eu afirmo que estou aprendendo as lições de todas as minhas criações.

Eu afirmo que vou me abrir para a cura e acabar com a Tristeza do Nascimento.

A crise da Tristeza do Nascimento indica falta de preparo e prontidão para conceber, manter e entregar seu trabalho sagrado. O que você está fazendo para bloqueá-lo? Como é sua tristeza e como você vai se curar e se recuperar dela? Todas as respostas estão dentro de você.

Descubra a raiz dessa tristeza e explore o nascimento do trabalho sagrado escrevendo no diário. Você verá que tem tudo o que é preciso para superar os desafios e ficará sintonizada com a maneira de realizar seu sonho e manter seu trabalho sagrado com êxito até consolidá-lo.

Deixe esse processo de liberação ocorrer por sete dias. Prece

Oh, Divino que mora em mim, ajude-me a superar a Tristeza do Nascimento,

Que eu possa desbloquear minhas bênçãos e vivenciar meu destino sagrado.

Oh, Divino que mora em mim, eu oro para me libertar do que está me atormentando.

Ajude-me a confiar que minha visão de fato é viável.

QUESTIONÁRIO SOBRE O TRABALHO SAGRADO/MESHKENET

Preencha esse questionário para analisar o nível do seu bloqueio e refletir sobre o que precisa fazer para atingir Meshkenet e materializar seu propósito.

Marque todas as frases que se aplicam a você. Anote a hora e a data de suas respostas. Você pode mudá-las quando for adequado.

- ☐ Meu trabalho me deixa doente, deprimida e com raiva.
- ☐ Quando estou no trabalho, minha vontade é estar em outro lugar.
- ☐ Não estou vivenciando o trabalho da minha vida/missão.
- ☐ Fico dando desculpas por não cumprir bem minha missão.
- ☐ Sinto-me incapaz de arcar com meu sustento material.
- ☐ Estou em um emprego sem futuro.
- ☐ Estou insatisfeita com meu trabalho.
- ☐ Não gosto das pessoas com quem trabalho.
- ☐ Estou sempre sobrecarregada com meu trabalho.
- ☐ Meu trabalho atual sufoca minha criatividade.
- ☐ Sinto-me sufocada.
- ☐ No domingo à noite sempre fico deprimida porque tenho de me preparar para trabalhar na segunda-feira.
- ☐ Fico ressentida vendo outras pessoas realizarem seus sonhos enquanto minha vida é tão previsível;
- ☐ Fico com inveja do trabalho de outras pessoas ao invés de focar na minha missão;
- ☐ Ao impedir que o trabalho da minha vida aflore, sei que faço mal a mim mesma;
- ☐ Aceitar as opiniões limitadas dos outros me dá aflição mental e espiritual;
- ☐ Estou confusa com tantas mensagens contraditórias sobre o trabalho da minha vida;

Se marcou duas dessas frases ou mais, você não está em Meshkenet, seu trabalho sagrado. Portanto, vá em frente até superar a Tristeza do Nascimento.

Bloqueios Físicos

Como não viva de acordo com seu propósito — ou seja, não faz seu trabalho sagrado —, você pode ter as seguintes doenças e inquietações:

- Uso de drogas ou álcool;
- Úlceras;
- Impotência;
- Infertilidade;
- Enxaquecas;
- Infelicidade com o ambiente de trabalho;
- Ter em um emprego sem futuro;
- Ter um trabalho mal remunerado;
- Ser explorada e ganhar mal;
- Sentir-se sobrecarregada;
- Obesidade;
- Trocar constantemente de emprego;
- Constipação;
- Algum tipo de câncer.

Continue em sua jornada para se curar e assumir Meshkenet (seu trabalho sagrado).

O trabalho no diário a ajudará a refletir sobre a Tristeza do Nascimento e a superar os desafios em seu trabalho sagrado. Responda às perguntas a seguir para entender claramente seus bloqueios, o que deve fazer para se livrar deles e concretizar seus sonhos e visões no trabalho sagrado.

Bloqueios no Trabalho Sagrado

Se você tiver bloqueios para assumir seu trabalho sagrado, analise as seguintes justificativas que só nos enredam na teia da Tristeza do Nascimento.

O que a impede de fazer seu trabalho ideal? Escreva a respeito disso no diário.

- Eu não tenho dinheiro suficiente;
- Fico sem energia após o trabalho;
- Minha família não me apoia;
- Tenho medo de agir porque provavelmente vou fracassar;
- Tenho um emprego seguro com benefícios; por que correr riscos?
- Eu não acredito que possa fazer o que realmente quero;
- Acho que não mereço fazer o que realmente quero;
- Eu não sou formada na área profissional que quero seguir.

Síndrome de Necessidade de Aprovação desde a Infância

Fique alerta com as limitações criadas durante a sua infância. Provavelmente, os outros lhe diziam: "Não coloque sua segurança em risco"; "você não pode..."; "nós não temos...". Nossos pais queriam que tivéssemos a mesma visão que eles, mas talvez não concordássemos totalmente com isso. Independentemente de eles terem razão ou não, ficamos condicionados pela visão deles. Estude a Tristeza do Nascimento e a Roda do Nascimento, e sua verdade será revelada. Evolua neste portal extirpando o obstáculo que a impediu de viver seu poderoso destino divino.

PESSOAS QUE BLOQUEIAM SEU CRESCIMENTO

Tenha cautela ao partilhar sua visão, pois certas pessoas talvez não a entendam e lhe desanimem. Caso tenham outros ideais, elas podem bloquear a realização do seu propósito.

Responda às perguntas a seguir:

1. Em minha juventude, alguém me estimulou ou desanimou para assumir o trabalho da minha vida? Quem fez isso e como?
2. Em minha vida adulta, alguém me estimulou ou desanimou para assumir meu trabalho sagrado? Quem fez isso e como?
3. Quais são os obstáculos que preciso superar para assumir meu trabalho sagrado?
4. Quais são meus medos de assumir meu trabalho sagrado?
5. Há quanto tempo tenho medo de assumir meu trabalho sagrado?

Acredite em si mesma. Responder a essas perguntas é o início do nascimento do seu trabalho sagrado!

TABELA DA TRISTEZA DO NASCIMENTO

A Tabela da Tristeza do Nascimento é configurada de acordo com os perigos em sua fase atual de desenvolvimento. Tenha em mente que nós podemos estar desencaminhados por conta própria ou por causa dos outros. É a falta de fé em nosso propósito divino que gera tristeza.

Histerectomia

A histerectomia indica que seu trabalho sagrado corre perigo de nunca nascer. Sua visão do trabalho sagrado está totalmente desarraigada e você está convencida de que nunca a manifestará, pois perdeu a esperança de conceber, manter e parir seu trabalho. Quando você estava formando sua visão, alguém pode ter dito: "Você nunca será bem-sucedido", "para quê perder tempo se você nunca conseguirá se sustentar com isso?", "você está sonhando à toa" e feito outros comentários desanimadores. Então, você pensa: "Minha visão do trabalho é grandiosa demais e não vou conseguir concretizá-la..." São essas reflexões internas e externas que criam ou destroem seu potencial de assumir de vez seu trabalho.

Afirmação do Trabalho Sagrado (Antídoto)

Minha visão do trabalho sagrado está firmemente enraizada em mim. Nada e ninguém, nem mesmo eu, impedirão a concepção e o nascimento do meu divino trabalho sagrado.

Embora tenha útero, você pode ter fechado a porta para as possibilidades de infundir um propósito em sua vida.

Trabalho no Diário

Identifique a visão do trabalho que passou por uma histerectomia.

- Quando eu criei esse bloqueio com o trabalho?
- Por que eu criei esse bloqueio com o trabalho?
- Estou mesmo disposta a superar esse bloqueio com o trabalho?

Infertilidade

A infertilidade indica que você não está agindo em prol de sua visão e que ela está estagnada. Nesse caso, você fica bloqueada nos planos mental, físico e emocional, incapaz de ter ideias e sem saber qual é seu trabalho sagrado. E por mais que faça a pergunta, continua se sentindo vazia.

A infertilidade ligada à Tristeza do Nascimento denota que a pessoa acha que não é, não tem ou não sabe o suficiente.

Afirmação do Trabalho Sagrado (Antídoto)

> Luz divina que mora em mim, hoje eu afirmo que sou suficiente, tenho o suficiente e sei o suficiente. Estou suficientemente aberta para me desbloquear e concretizar minha visão do trabalho sagrado.

Você pode ser fértil e conceber um bebê, mas ser incapaz de conceber uma visão do seu propósito.

Trabalho no Diário

Identifique a visão do trabalho que era infértil.

- Quando eu criei esse bloqueio com o trabalho?
- Por que eu criei esse bloqueio?
- Estou mesmo disposta a superar esse bloqueio?

Aborto

O aborto indica que o sêmen e o óvulo da sua visão do trabalho sagrado germinaram; você concebeu a visão, mas depois ficou desanimada e com medo de não ter preparo para fazer o que é preciso. Então, erradicou a visão do trabalho sagrado do cerne de sua mente, do cerne do seu coração e, portanto, do cerne de seu assento sagrado, embora tenha sido muito doloroso fazer isso.

Afirmação do Trabalho Sagrado (Antídoto)

> Parei de ter medo do nascimento do meu trabalho sagrado e me aceito totalmente; portanto, vou me preparar para concretizar inteiramente a minha visão a respeito dele.

A questão aqui é: vou ou não concretizar minha visão? Certa vez, no meio de um círculo de cura da Mulher Sagrada, uma mãe disse: "Sou estilista e minha casa é cheia de peças que não terminei. Eu começo a criar um modelo de roupa e antes de terminá-lo, coloco na prateleira e começo a costurar outro modelo. Começar e parar é meu conflito interno". Esse padrão recorrente representava seu "trabalho sempre incompleto", então ela percebeu que vivia abortando seu dom e sua visão.

Quantas de nós concebemos nossos trabalhos sagrados com entusiasmo, então começamos a duvidar da nossa concepção e interrompemos a gestação por medo e insegurança? Quantas de nós falamos sobre nossa visão com alguém que não nos deu crédito? Então, passamos a duvidar de nós mesmas e a sentir que a visão é uma responsabilidade enorme, de modo que a única saída parece ser abortá-la.

Após conceber seu propósito, você decide se livrar dele antes que ele cresça.

Trabalho no Diário

Sente-se em silêncio, respire, relaxe, acesse seu centro sagrado e encare sua verdade. Identifique a visão do trabalho que foi abortada.

- Quando eu criei esse bloqueio com o trabalho?
- Por que eu criei esse bloqueio?
- Estou mesmo disposta a superar esse bloqueio?

Aborto Espontâneo

O aborto espontâneo indica que sua visão era demasiado pesada para você carregar. Desenvolva a musculatura mental, a conscienciosidade e as habilidades para manter seu trabalho sagrado até o fim. Para isso, você deve passar muito mais tempo no Ciclo 1 — Preparação para Purificação (os ciclos são descritos posteriormente neste capítulo).

Afirmação do Trabalho Sagrado (Antídoto)

> Como me nutri adequadamente no Ciclo 1 — Preparação para Purificação, eu tenho o poder e a força

para carregar o peso da minha visão do trabalho sagrado.

Assim como pode conceber um bebê e perdê-lo no terceiro ou quarto mês da gestação, você também pode conceber seu propósito e perdê-lo ao longo do caminho.

Trabalho no Diário

Identifique a visão do trabalho que foi perdida.

- Quando eu criei esse bloqueio com o trabalho?
- Por que eu criei esse bloqueio?
- Estou mesmo disposta a superar esse bloqueio?

Enjoo Matinal

O enjoo matinal indica a falta de preparo para o seu trabalho sagrado. A visão é esmagadora, então você se sente incapaz de carregá-la e adoece devido à falta de purificação mental, física e espiritual antes da concepção.

Para superar o enjoo matinal, continue ativa no Ciclo 1 — Preparação para Purificação durante toda a gravidez.

Afirmação do Trabalho Sagrado (Antídoto)

> Meu templo corporal é puro, saudável e unido com a mente e o espírito, portanto, capaz de evitar o enjoo matinal.

Você pode passar a gravidez inteira sem ter enjoo matinal, mas muitas engravidam da visão e do propósito, então ficam fracas e não conseguem carregar o peso desse fardo.

Trabalho no Diário

Identifique a visão do trabalho que causou enjoo matinal.

- Quando eu criei esse bloqueio com o trabalho?
- Por que eu criei esse bloqueio?
- Estou mesmo disposta a superar esse bloqueio?

Edema ou Pré-Eclâmpsia

Ter edema ou pré-eclâmpsia indica que você está extremamente sobrecarregada com a visão do seu trabalho sagrado. Você o concebeu, mas o medo e a dúvida durante a gravidez resultaram em uma doença terminal que acabou com sua capacidade criativa.

Afirmação do Trabalho Sagrado (Antídoto)

> Meu trabalho sagrado e eu estamos em NTR Maat (ordem divina). Eu expulsei os medos e dúvidas e vou manter e parir meu trabalho sagrado.

Trabalho no Diário

Identifique a visão do trabalho que teve edema ou pré-eclâmpsia.

- Quando eu criei esse bloqueio com o trabalho?
- Por que eu criei esse bloqueio?
- Estou mesmo disposta a superar esse bloqueio?

Nascimento Prematuro

O nascimento prematuro indica que seu trabalho sagrado brotou cedo demais e sem o devido desenvolvimento, mas felizmente resiste. Para que seu trabalho sagrado sobreviva, esmere-se para cuidar muito bem dele ao longo do seu crescimento.

Afirmação do Trabalho Sagrado (Antídoto)

> Minha visão do trabalho sagrado é bem desenvolvida, forte e poderosa. Eu cuido dela com amor, devoção e dedicação absolutos.

Trabalho no Diário

Identifique a visão do trabalho que teve um nascimento prematuro.

- Quando eu criei esse bloqueio com o trabalho?
- Por que eu criei esse bloqueio?
- Estou mesmo disposta a superar esse bloqueio?

Parto de Natimorto

O parto de natimorto indica falta de nutrição, fé, conhecimento (treinamento) e entusiasmo. Você teme não conseguir carregar a visão até seu zênite. Você levou a gestação do seu trabalho sagrado até o fim, mas ele morreu ao nascer devido à Síndrome da Insuficiência (ver Infertilidade acima).

Afirmação do Trabalho Sagrado (Antídoto)

> Minha visão do trabalho sagrado está viva e passando bem. Eu tenho fé, conhecimento, entusiasmo e apoio para mantê-la e desenvolvê-la.

Um recém-nascido pode ter uma vida vibrante, mas seu propósito pode morrer logo após nascer.

Trabalho no Diário

Identifique a visão do trabalho que nasceu morta.

- Quando eu criei esse bloqueio com o trabalho?
- Por que eu criei esse bloqueio?
- Estou mesmo disposta a superar esse bloqueio?

Morte no Berço

A morte no berço indica que sua visão morreu logo após nascer. Quando a visão nasceu, você ainda não tinha o conhecimento adequado para cuidar do seu trabalho sagrado assegurando seu crescimento, então ela morreu inesperadamente. Você não percebeu os sinais de que a visão estava em perigo. Devido à falta de apoio adequado — promoção, marketing, anúncios publicitários, lastro financeiro, amor e cuidados —, seu trabalho sagrado logo perdeu o ímpeto e foi enterrado.

Afirmação do Trabalho Sagrado (Antídoto)

> Eu afirmo que minha visão do trabalho sagrado está bem viva. Diariamente eu a fortaleço à medida que cresço, me expando e instilo apreço, alegria e vitalidade no meu trabalho sagrado.

Trabalho no Diário

Identifique a visão do trabalho que morreu no berço.

- Quando eu criei esse bloqueio com o trabalho?
- Por que eu criei esse bloqueio?
- Estou mesmo disposta a superar esse bloqueio?

DÊ À LUZ SEU TRABALHO SAGRADO

Seu dom é sua vida.
Seu trabalho é sua missão de vida à espera de nascer. Todas nós fomos designadas para fazer um trabalho divino.
Se você fizer o trabalho que o Espírito determinou, isso irá curar, animar e inspirar você e os outros a viverem de acordo com sua sacralidade.

Seu trabalho divino tem a capacidade de moldá-la e transformá-la. Cuide bem de sua saúde para poder cumprir seu verdadeiro destino. Viver seu trabalho sagrado é um ato de adoração, prece e união sagrada com a alma que está à espera para nascer.

A Sexualidade, a Concepção e a Realização do Meu Trabalho Sagrado

Estou realizada! Hoje fiz amor com a luz e concebemos meu sonho. Eu me purifiquei, orei, confiei e me abri para a minha Divindade, pois não tenho medo. Se o medo tentar interferir em qualquer ponto da minha concepção, vou respirar, me ungir, relaxar e me entregar, para poder conceber meu propósito com integralidade.
Estou pronta. Fecho os olhos para sentir a semente do meu sonho entrar em NTR (a luz do Altíssimo interna). Eu choro, me liberto e abro as pétalas do recomeço. Obrigada, Divino dentro de mim. Enquanto abro o olho (*Udjat*) para a luz, a visão está sendo plantada. Eu começo a dilatar internamente devido à luz da minha visão. À medida que ela fica mais clara, eu respiro mais fundo. A luz da minha visão está ficando mais forte. Estou empolgada e em chamas enquanto a visão se forma no cerne da minha mente, se expande no cerne do meu coração e explode no cerne do meu assento sagrado. Ela está me impregnando. Ponho a mão sobre o abdômen, agarro meu ventre, me contraio e libero minha alma para ter o orgasmo (a luz) com bem-aventurança. Pronto! A visão foi plantada. Eu a vejo e ela é adorável. Consigo até sentir o aroma do meu trabalho sagrado. Estou submersa na bem-aventurança, ouvindo os sons cósmicos e conectada com a criação do Divino. Estou empenhada em manter minha nova visão por todos os ciclos, protegê-la em meu templo sagrado e cultivá-la diariamente. Ela será uma visão sagrada límpida, radiante, bela e profunda, e todos virão de longe e de perto para partilhá-la. Agora que concebi, começa o trabalho mais profundo.
É hora de fazer a jornada completa do Ciclo 1 até o Ciclo 9.

RODA DO NASCIMENTO DA ILUMINAÇÃO DE MESHKENET: CICLO DE AÇÕES PARA PARIR MEU TRABALHO SAGRADO

Finalmente, você chegou. Você conseguiu superar e aprender com a dor e as dificuldades da Tristeza do Nascimento. Agora você está pronta para se alinhar com o parto do seu trabalho sagrado, seu propósito. Do Ciclo 1 até o Ciclo 9, você será guiada para se reencontrar com seu verdadeiro "eu".

Deixe esse processo se estender por uma estação inteira no Portal 11 - Trabalho Sagrado.

A qualidade do nascimento de sua Mulher Sagrada e como você passou pelo ciclo do nascimento determinam como será seu trabalho sagrado. Você pode empacar em algum momento no ciclo e sentir a Tristeza do Nascimento se não estiver pronta para ascender à liberdade de seu "eu" sagrado. Percorrer a Roda do Nascimento não será fácil, mas supere os desafios acreditando na bênção de assumir seu trabalho sagrado. No final, valerá a pena o esforço requerido para conceber, dar à luz e desenvolvê-lo. Tenho tido o privilégio de concretizar muitos trabalhos ao longo dos anos. Às vezes, tenho uma grande decepção e sofro com os desafios financeiros, a falta de confiança, o medo do desconhecido, a procrastinação e a estagnação. Mas, pela graça do Divino, eu não deixo a visão morrer dentro de mim. É por meio das minhas visões que consigo ser plenamente bela e autêntica.

Mergulhar nos seguintes ciclos de nascimento irá ajudá-la a realizar seu trabalho sagrado. O Ciclo 9 representa o término do ciclo inteiro, indicando que sua visão amadureceu de acordo com seu estado atual. Cada etapa de nascimento (ciclo) deve ser concluída e internalizada antes de você partir para a próxima. Faça um plano e mantenha a disciplina para avançar e ascender. Reserve cerca de nove dias para cada ciclo. Você irá precisar de pelo menos nove semanas ou até nove meses para abrir os portais e dar à luz a seu trabalho sagrado. Tenha à mão uma escala temporal, ou seja, uma espécie de relógio espiritual, para alcançar sua meta.

Diário de Meshkenet e Exploração do Trabalho Sagrado

Antes de entrar nos nove ciclos na Roda do Nascimento, trabalhe no Diário de Meshkenet fazendo uma autoavaliação que a ajudará a ouvir sua voz interna, a qual tem todas as respostas sobre como assumir seu trabalho sagrado. Em paralelo, faça meditações, rituais de purificação e visualizações para acelerar a revelação do propósito divino do seu trabalho sagrado. Vamos nos acocorar apoiadas nos tijolos de parto de nossos antepassados do Vale do Nilo e expelir das nossas entranhas a resposta que desvenda a visão secreta do trabalho sagrado.

Ao responder às perguntas a seguir, você terá um quadro claro e conciso do processo de nascimento do trabalho sagrado. Escreva as respostas ao ar livre junto à natureza ou em um recinto limpo, arrumado e com boa iluminação natural para que sua mente e coração possam fluir. Respire profundamente várias vezes e abra seu coração e responda sinceramente a essas perguntas:

- Há quanto tempo desejo assumir meu trabalho ideal?
- O que posso fazer para melhorar e fortalecer meu trabalho sagrado?
- Quais são os benefícios de fazer meu trabalho sagrado?
- Como posso superar meus medos e apreensões?
- Estou disposta a viver sem realizar o trabalho da minha vida?
- Eu tenho um guia em meu trabalho sagrado?
- Eu tenho contratos que ajudem a manter meu trabalho sagrado?
- Eu imagino que meu trabalho sagrado irá se manifestar em:
  – Uma semana?
  – Um mês?
  – Seis meses?
  – Um ano?
  – Dois anos?
  – Cinco anos ou mais?

- Eu tenho a formação adequada (informações) para assumi-lo?
- Eu tenho treinamento suficiente para me comprometer e fortalecê-lo?
- O que farei para dominá-lo?
- Eu tenho dinheiro suficiente para mantê-lo?
- O que é necessário financeiramente para fazer isso acontecer? Anote os detalhes.

Como Usar a Roda do Nascimento

Explore uma roda e uma visão de cada vez. Coloque na roda o nome de sua visão e uma data aproximada para ter a visão do seu trabalho sagrado. Você pode conceber e dar à luz dois a quatro projetos simultaneamente, o que é muito desafiador. Mas se você estiver realmente focada, seus trabalhos sagrados podem nascer efetivamente. Preencha os círculos de acordo com sua visão interna (enxergar sua visão no papel é de grande ajuda).

Quanto menos rodas você girar de cada vez, maior será a possibilidade de parir trabalhos significativos de maneira oportuna. Eu tinha muitas visões ao mesmo tempo, então levava mais tempo para materializá-las. Por isso, tive que desenvolver uma paciência profunda e ficar mais concentrada para não deixar nenhuma das minhas visões escapar.

Torne-se uma Parteira para Si e os Outros

Crie um círculo de apoio coletivo ao trabalho sagrado. Vocês podem se reunir uma vez por semana, em cada lua nova ou em cada lua cheia. Interajam por meio de meditação, visualização, troca de ideias e *networking*, esclarecendo e revendo pontos, e evoluindo. Discutam a lista de verificação diária do trabalho sagrado enquanto buscam suas visões. Invistam tempo para desenvolver e reformatar seu trabalho sagrado. As participantes desse coletivo de parteiras do trabalho sagrado podem estar em diferentes estágios do processo de nascimento. Enquanto algumas estão mais avançadas na concepção, outras podem estar no segundo trimestre de gestação de seu trabalho sagrado. Certas participantes talvez passem por um parto mais demorado ou mais rápido. Mas é fundamental ter em mente que na hora certa seu trabalho irá nascer e florescer de acordo com seu grau de devoção, dedicação,

entusiasmo e tenacidade. Como Lady Prema, minha querida companheira na jornada da purificação, diz: "Mantenha sua visão interna e ela acabará sendo elucidada. Não desista de si mesma, pois a verdade e a luz estão dentro de você."

CICLO 1: O MANIFESTO VENTRAL DE PREPARAÇÃO PARA A PURIFICAÇÃO

Para dar à luz seu trabalho sagrado, você precisa ficar focada, centrada e se abrir ao longo dos nove ciclos. Reserve vinte e um dias para se preparar para a concepção do seu propósito, assim evitando que ele fique distorcido.

Durante esse tempo, você irá se desintoxicar e purificar a fim de conceber, manter, e produzir uma semente divina para a visão do trabalho sagrado. Assim você cria um bom ambiente interno para sua visão do trabalho sagrado florescer.

Elimine os pensamentos, emoções, reações e relações negativos em seu campo energético, para que seu medo ou rejeição não interfiram na concepção do seu trabalho sagrado. Lembre-se que essas negatividades causam aborto espontâneo involuntário, enjoo matinal e outros contratempos ligados à Tristeza do Nascimento.

Alimente Seu Propósito

Alimentos naturais nutrem seu propósito. No desjejum, coma frutas frescas e tome a *Juiced Greens Live Formula*.

No almoço e no jantar, coma salada, legumes cozidos no vapor, avocado, lentilha, ervilha e brotos, acompanhados de 236 ml a 354 ml de suco verde.

Evite carnes, *fast-food*, comida processada, alimentos transgênicos, amido e açúcar.

Cirurgia Espiritual Por Meio de Afirmações Diárias

O seguinte processo de respiração, relaxamento e afirmações ajuda a desfazer danos psicológicos e emocionais que interferem no desenvolvimento de Meshkenet.

Comece fazendo a afirmação adequada do trabalho sagrado.

Afirmações sobre o Trabalho Sagrado

- Meu trabalho é minha visão sagrada;
- Realizar meu trabalho sagrado é o que mais quero em minha vida;
- Eu assumo meu trabalho sagrado com coragem;
- Eu e meu trabalho sagrado somos indissociáveis;
- Meu trabalho sagrado, seja humilde ou grandioso, é meu serviço para o Divino;
- Meu trabalho sagrado é meu serviço para o enaltecimento da humanidade;
- Meu trabalho sagrado é minha paixão;
- Tenho fé inabalável de que começarei meu trabalho sagrado e irei até o fim;
- Sou qualificada e mereço viver meu trabalho sagrado.

Então continue: "O campo energético no cerne da minha mente está repleto de luz". Inspire e expire no meio de cada afirmação. Entregue-se às vibrações do trabalho que está emergindo do cerne do seu ventre.

Prossiga para a Fase de Libertação.

Afirmações para Desintoxicação e Libertação Espiritual

- Eu expulso a hostilidade (expire) do cerne da minha mente, coração e sede da criação;
- Eu expulso a ira (expire) do cerne da minha mente;
- Eu expulso a insegurança (expire) do cerne da minha mente;
- Eu expulso a mágoa (expire) do cerne da minha mente;
- Eu expulso o ressentimento (expire) do cerne da minha mente;
- Eu expulso o medo (expire) do cerne da minha mente;
- Eu expulso a dúvida (expire) do cerne da minha mente.

Siga para a Fase de Recarga. Repita as duas fases — Libertação e Recarga — enquanto cria energia espiritual nos cernes de seu coração, mente e assento sagrado.

Afirmações para Desintoxicação e Recarga Espiritual

- Eu injeto o sopro da luz no cerne da minha mente;
- Eu injeto o sopro vital no cerne do meu coração;
- Eu injeto o sopro vital no cerne do meu assento sagrado;
- Eu injeto o sopro da luz no cerne da minha mente, coração e na sede da criação;
- Eu injeto o sopro do amor no cerne da minha mente, coração e na sede da criação;
- Eu injeto o sopro da serenidade no cerne da minha mente, coração e na sede da criação;
- Eu injeto o sopro da paz no cerne da minha mente, coração e na sede da criação;
- Eu injeto o sopro da força no cerne da minha mente, coração e na sede da criação;
- Eu injeto o sopro da alegria no cerne da minha mente, coração e na sede da criação;
- Eu injeto o sopro da energia pura no cerne da minha mente, coração e na sede da criação.

CICLO 2: O MANIFESTO VENTRAL DA CONCEPÇÃO

Em busca da luz, abra o cerne do coração, onde está seu trabalho sagrado. Canalizando com a meditação, veja e receba seu propósito. Respire profundamente no cerne do seu coração sete vezes ou mais, então faça cem respirações de fogo. Volte a respirar lenta e profundamente. Repouse em seu coração.

Abra a porta e entre. Diante de você há um altar habitado pelo Divino. Respire. Faça a pergunta: "Qual é meu trabalho sagrado?". Ouça atentamente. Continue respirando. "Procure e você achará." Se ainda não enxergar ou ouvir seu trabalho sagrado, continue fazendo o Ciclo 1 — Preparação para Purificação para enxergar e conceber seu trabalho sagrado. A busca e a concepção são dois lados da mesma moeda. Após enxergar a visão, você a aceitará? Caso a aceite, você pode conceber a vida de seu trabalho sagrado. Localize-o nos Portais de Iluminação da Mulher Sagrada. Se você pediu e teve a visão, a iluminação ocorreu.

Impregne os cernes da sua mente, coração e assento sagrado com sua visão de acordo com os portais.

- **Portal 0** – *Nut* - Ventre Sagrado: obstetra, ginecologista, enfermeira obstetra, astróloga, astrônoma, renascedora, doula, dançarina de dança ventral, professora de Yoga;
- **Portal 1** – *Tehuti* - Palavras Sagradas: estudiosa, palestrante motivacional, escritora, publicitária, editora, especialista em computação, professora;
- **Portal 2** - *Ta-Urt* - Comida Sagrada: cozinheira, *chef*, agricultora, dietista, fazendeira;
- **Portal 3** – *Bes* - Movimento Sagrado: dançarina, artista, fisioterapeuta, educadora física, professora de Yoga ou de dança ventral, *coach* de *fitness*;
- **Portal 4** - *Het-Hru* - Beleza Sagrada e Criança Interna: estilista de moda, maquiadora, musicista, esteticista, cuidadora de crianças, costureira;
- **Portal 5** - *Nebt-Het* - Espaço Sagrado: decoradora, arquiteta;
- **Portal 6** – *Sekhmet* - Cura Sagrada: herborista, enfermeira, médica, reflexologista, terapeuta energética;
- **Portal 7** – *Maat* - Relacionamentos Sagrados: psicoterapeuta, juíza, agente no sistema jurídico;
- **Portal 8** – *Ast* - União Sagrada: terapeuta/consultora de relacionamentos, guia de sexo tântrico, guia espiritual, instrutora de meditação;
- **Portal 9** – *Nefertum*: profissional de mídia, relações públicas, especialista em *marketing* publicitário, instrutora de meditação, espiritualista, renascedora;
- **Portal 10** – *Sesheta* - Tempo Sagrado: profissional do tempo sagrado, astróloga, numerologista;
- **Portal 11** – *Meshkenet* – Trabalho Sagrado: *coach* de carreira, *coach* de Meshkenet de Queen Afua.

Se souber fazer leituras com pêndulo, use essa habilidade para selecionar acuradamente seu trabalho (ver 289, 290-292 para sugestões sobre o uso do pêndulo).

CICLO 3: O MANIFESTO VENTRAL DO PLANO DIVINO PARA SEU PROPÓSITO

Conceber é aceitar sua conexão divina. Esse ciclo visa fortalecer a concepção mediante a elaboração por escrito de seu plano de negócio. Para receber iluminação, é preciso ter tempo para abrir os cernes de sua mente, coração e assento sagrado. E você deve abrir seu ventre para receber a luz da visão do seu trabalho sagrado.

Após ver ou ouvir a iluminação da visão do seu trabalho sagrado, conecte seu coração e o ventre com o jorro da luz. O que está abaixo deve ser igual ao que está acima. Comece a respirar profundamente a partir do coração e indo até o ventre várias vezes para o plano divino assentar. À medida que continua respirando, deixe o cerne do seu coração se expandir e seu ventre ficar mais receptivo. Respire profundamente para que seu trabalho sagrado comece a tomar forma. Siga a intuição quando sentir que o plano divino está se manifestando. Ponha as mãos suavemente sobre o coração e o ventre por alguns minutos enquanto instila ar através das palmas das mãos na sua concepção para selar o plano divino que já está finalizado.

Após receber sua mensagem e conceber o plano do seu trabalho sagrado, que é sua vocação, não hesite em obedecer. Você receberá mais instruções espirituais sobre a materialização do seu trabalho à medida que prossegue na Roda do Nascimento de Meshkenet.

Preencha a declaração de compromisso com seu trabalho sagrado para que ele aflore. Leia sua declaração para focar e lembrar de ir em frente quando surgirem desafios para o crescimento. Rever seu compromisso de tempos em tempos também lhe dará inspiração para continuar perseguindo sua meta e superar todos os obstáculos.

<h3>Meu Compromisso
com o Trabalho Sagrado</h3>

A partir de agora eu me comprometo a adotar a sabedoria de Meshkenet e assim despertar a parteira em mim, para realizar meu trabalho sagrado.

Trabalho Transformador no Diário

Uma parte do plano divino de concepção é elaborar a declaração da missão do seu trabalho sagrado. Comece a fazer isso agora escrevendo em seu diário.

- Durante sete dias, escreva o que sente em relação ao seu trabalho atual e sobre o que seria preciso para se alinhar totalmente com sua visão;
- Nos sete dias seguintes, escreva a declaração da missão do trabalho da sua vida com o máximo de detalhes possível. Durante esses dias, modere ou corte o consumo de amido e carnes para poder receber visões claras. Escreva sempre no diário após a meditação matinal;
- Após escrever a declaração de sua missão, coloque-a no seu altar para permanecer conectada espiritualmente com sua visão;
- Caso ache necessário, busque orientação espiritual em relação à sua nova carreira. Marque uma consulta com uma astróloga, numerologista, sacerdote, sacerdotisa, pastor ou imame para clarear melhor as ideias ou faça leituras com pêndulo se você tiver essa habilidade (ver página 289 para sugestões sobre o uso do pêndulo).

Desenvolvimento Espiritual Diário do Seu Trabalho

Durante os ciclos 3 a 7 do Nascimento de Meshkenet, todas as manhãs, após se levantar, faça esses rituais espirituais em prol do seu trabalho sagrado.

1. O Banho Espiritual

Tome um banho espiritual com olíbano e mirra ou com óleo de lótus para ter clareza física e mental, ânimo e motivação. Pingue algumas gotas do óleo na água do banho. Adicione também algumas gotas em uma tigela com água e borrife-a no lugar onde faz suas preces (use apenas óleos essenciais).

2. Seu Altar

Monte seu altar sagrado conforme suas crenças religiosas ou espirituais (ver páginas 42-44). Sente-se calmamente diante dele, sobre uma almofada no chão ou em uma cadeira confortável.

Unja com óleo de lótus. Unja sua coroa, a testa (o portal corporal da espiritualidade suprema), o coração (o portal corporal da compaixão e amor divino), o ventre, as palmas das mãos e as solas dos pés para que tudo que você toque fique mais sagrado.

Toque seu instrumento sagrado (por exemplo, tambor, sistro ou xequerê) para despertar sua legião angelical interna.

3. Libação

Verta a libação para o Portal do Trabalho Sagrado usando uma xícara ou borrife água de uma tigela na terra ou planta enquanto faz a invocação e manifesta sua adoração. Verta a libação dizendo:

- Adoração pela Sagrada Guardiã Meshkenet, que ajuda a humanidade a nascer e renascer, e a fazer nosso trabalho sagrado renascer, e por Heru, por nos proteger na jornada espiritual da vida;
- Adoração pelas antepassadas (diga os nomes das antepassadas que a inspiram para desenvolver seu trabalho sagrado);
- Adoração pelos anciãs (diga os nomes daquelas que são seus exemplos vivos);
- Adoração por meu "eu" divino e por minhas contemporâneas que realizam

seu trabalho sagrado (diga os nomes daquelas que você deseja emular).

4. Prece ao Espírito da Mulher Sagrada

Toque um sino suavemente ou outro instrumento sagrado no início e no fim dessa prece.

> Espírito Sagrado, NTR, mantenha-me junto ao seu peito. Proteja-me de todo mal, medo e dos golpes da vida. Dirija meus passos no rumo certo enquanto eu viajo nessa visão. Espírito Sagrado, envolva-me em sua luz absolutamente perfeita. Unja-me em sua pureza sagrada, paz e percepção divina. Abençoe-me totalmente, enquanto eu compartilho essa vida sagrada. Ensine-me, Espírito Sagrado, a ficar sintonizada com o universo. Ensine-me a curar com os elementos internos e externos do ar, fogo, água e terra.

5. Respirações de Fogo

Prepare-se para as respirações de fogo inspirando e expirando lentamente quatro vezes. Quando estiver totalmente à vontade, comece a fazer mil respirações de fogo. Inspire profundamente bombeando pelas narinas (com a boca fechada), expandindo a respiração até o abdômen, o peito, e solte todo o ar dos pulmões enquanto o abdômen se contrai. Repita tudo rapidamente.

Cada respiração de fogo profunda representa a abertura das mil pétalas de lótus de iluminação e radiância que levam a Nefertum — a estação do lótus afrakano da Divindade.

6. Meditação de Meshkenet sobre o Trabalho Sagrado

Feche os olhos e sente-se em silêncio mantendo uma turmalina rosa sobre o ventre. Visualize a cor rosa, a parteira espiritual Meshkenet e o trabalho da sua vida dentro do seu ventre à espera de nascer. Faça essa meditação diariamente antes de trabalhar no diário.

Quanto mais tempo você meditar, mais profunda será sua paz interna e mais sólido será seu espírito (*ka*). Quanto mais limpo estiver seu templo sagrado, será mais fácil entrar e viver em estado de meditação.

Cada vez que fizer essa meditação, você terá mais autoconhecimento. Registre as novas informações recebidas durante a meditação, pois isso será útil para desenvolver seu trabalho sagrado.

Nascimento da Visão Sagrada

Se você ainda não sabe qual é o trabalho da sua vida, é preciso fazer a visão sagrada nascer. Com os olhos fechados, respire no cerne do seu coração, que é o portal de sua paixão por seu trabalho sagrado. Relaxe e entre no portal do coração; se seu espírito estiver preparado, seu trabalho será revelado. Respire profundamente sete ou mais vezes no cerne do coração, então faça com respirações de fogo. Agora que você ouviu o sopro vindo do seu ventre, está na hora da sua visão sagrada nascer.

Comece a inspirar e expirar a partir do ventre por quatro rodadas. Respire lenta, profundamente e cada vez mais forte para representar as contrações e o parto do seu trabalho (ou da sua visão).

Mãe, abra as pernas e veja a visão do seu trabalho sagrado coroando em sua vagina. As contrações estão cada vez mais fortes. Você pode estar nervosa e apreensiva, mas não se preocupe e mantenha sua mente centrada. Meshkenet está abrindo as mãos e o coração para que você tenha um parto seguro e satisfatório. Abra a boca, respire e fale em voz alta: "Ankh... ankh!". Continue respirando mais forte a cada contração.

Agora acocore-se e dê o empurrão final. Ah... aí está ela — a linda visão de um trabalho genial e extraordinário. Pegue seu trabalho sagrado no colo e aninhe-o em seu coração. Saiba que o mundo irá abraçá-la e receber seus trabalhos. O espírito de Meshkenet supervisionará o crescimento do seu trabalho sagrado. Você não está sozinha.

Visualização Cromática. Visualize rosa-claro para sentir o amor divino. Enquanto medita, use uma peça rosa e/ou ponha um tecido rosa no altar para despertar o amor verdadeiro por seu trabalho sagrado. Então visualize uma luz branca para limpar as águas lamacentas internas ou roxo para ter uma visão espiritual elevada.

Meditação com Pedra Sagrada. Enquanto medita, mantenha um rubi ou turmalina rosa sobre o coração. Quando ideias nascem em seu ventre, essa pedra abre seu coração e a guia em sua verdadeira missão. Outras opções são usar quartzo transparente para ter clareza interna ou ametista para iluminação e visão clara.

Meditação do Nascimento para Homens

Homens, façam a meditação completa, porém visualizando seu sêmen ficando puro, potente e enriquecido. Agora soltem a semente (sua visão, seu trabalho divino) das entranhas, cultivando cuidadosamente a conscienciosidade saudável da Roda do Nascimento de Meshkenet.

7. Tônicos de Ervas

Tome diariamente um chá de erva (alternando entre trevo vermelho, chaparral e bardana) em sua caneca favorita durante ou após escrever no diário. Isso ajuda a desintoxicar seu estado negativo e a rejuvenescer seu templo sagrado para abrigar e manter sua visão poderosa.

Preparação. Ferva 1 xícara de água em um caneco de vidro, argila ou aço inoxidável e coloque um sachê de chá. Apague o fogo e deixe o chá em infusão antes ou depois do seu banho matinal ou ducha sagrada. Coe as ervas, então tome o chá com alegria e paz enquanto respira entre um gole e outro e faz seu trabalho sagrado no diário.

8. Escrita sobre o Trabalho Sagrado no Diário

Registre as novas informações que você colheu nas meditações para aperfeiçoar seu trabalho sagrado.

É melhor trabalhar no diário após a purificação interna: faça um enema ou tome um laxante à base de ervas. Enemas sempre são recomendados antes de as mulheres darem à luz, pois facilitam o parto. Outra opção é tomar 3 comprimidos de cáscara sagrada com 236 ml a 354 ml de água destilada duas ou três vezes por semana até o nascimento de seu trabalho, para se manter aberta e com clareza. Planeje também fazer um enema uma a três vezes até o nascimento de seu trabalho.

Quando está purificada e centrada, você pode ter a graça de receber mensagens espirituais. Quando você está no Espírito, mensagens vão passando pela sua mente, coração e mão até o papel.

Escreva com o máximo de inspiração espiritual após o trabalho no altar, entre 4h-6h da manhã. Mantenha seu diário e uma caneta perto ou sobre o altar para trabalhar com o poder, força e calma na chegada da aurora.

Afirme sua vida diariamente. Escreva no diário os pensamentos, atividades, experiências e interações ou sobre suas esperanças, visões, desejos e afirmações, para refrescar a memória quando precisar de apoio e ajuda.

LISTA DE VERIFICAÇÃO DIÁRIA DO TRABALHO SAGRADO
Siga essa estrutura por uma estação e observe os milagres.

	Seg	Ter	Qua	Qui	Sex	Sab	Dom
1. Banhar-se alternadamente com água quente e fria ou tomar banho de imersão em uma banheira com 1 a 2 xícaras de sal de Epsom ou sal do mar morto.							
2. Ungir-se com limão ou óleo de funcho.							
3. Fazer libação para a Sagrada Guardiã, antepassadas, anciãs e contemporâneas.							
4. Fazer as preces e afirmações do trabalho sagrado.							
5. Fazer mil a mil e duzentas respirações de fogo ao longo do dia dividindo-as entre a alvorada, o meio-dia, o poente e a noite.							
6. Fazer a Meditação Respiratória de Meshkenet.							
7. Tomar tônico de dente-de-leão e centella asiática.							
8. Escrever no diário sobre o plano e/ou *website* do seu negócio.							
9. Encerrar o trabalho sagrado conversando com sua equipe diária ou semanalmente.							

LISTA DE VERIFICAÇÃO DIÁRIA DO TRABALHO SAGRADO

Siga essa estrutura por uma estação e observe os milagres.

10. Seguir as Leis de Alimentação Natural para apoiar o nascimento e a saúde radiante do seu trabalho sagrado. Para ter uma nutrição adequada, alimente-se principalmente com legumes, verduras e frutas orgânicos.

11. Estudar/pesquisar sobre o trabalho sagrado.

12. Fazer *network* e divulgar o trabalho sagrado.

13. Fazer *marketing* para o trabalho sagrado.

14. Montar um ambiente propício ao desenvolvimento do trabalho (Espaço Sagrado para o Trabalho sagrado).

15. Tomar ½ litro de Suco Verde da Prosperidade de Asar.

16. Tomar 1 quarto de litro de água destilada com 2 limões-doces para manter a clareza da visão.

17. Manter a saúde financeira do trabalho sagrado enviando propostas, fazendo poupança e investimentos e amealhando fundos.

18. Recorrer ao Círculo de Apoio de Meshkenet.

Faça doze cópias dessa lista de verificação para cobrir uma estação. Cheque a lista diariamente durante e após a concepção e implantação do trabalho sagrado para continuar focada no crescimento de sua visão.

Lista de Verificação Diária do Trabalho Sagrado

Chegou a hora de se preparar para sair do seu emprego ou carreira atual.

- Abra uma conta de poupança e faça depósitos regulares;
- Elabore seu próprio negócio no horário noturno e nos finais de semana;
- Antes de pedir demissão, faça a tarefa de casa informando-se ao máximo sobre o novo trabalho. Vá à biblioteca. Leia livros sobre negócios para se informar e se inspirar. Cerque-se de pessoas que são bem-sucedidas em suas carreiras. Faça treinamentos e cursos sobre a área que lhe interessa;
- Ganhe experiência: faça trabalhos voluntários na área desejada para treinar;
- Afirme que conquistará prosperidade e abundância alinhando-se com sua verdadeira vocação.

Lembre-se de que o trabalho da sua vida envolve aquilo que você mais ama e pode ser lucrativo. Se fazer o que você gosta for de fato o seu destino (*shai*), alguém ou muitas pessoas vão adorar seu trabalho.

CICLO 4: O MANIFESTO VENTRAL DA GESTAÇÃO

Desenvolva seu Plano de Negócio

Você está crescendo. Fique confiante, pois sua visão está ficando mais forte. Continue agindo com fé e saiba que receberá tudo o que for necessário para realizar seu trabalho divino à medida que você assume seu verdadeiro "eu" mediante uma vida pura e natural.

Continue fazendo suas práticas espirituais matinais. Continue também reescrevendo e aperfeiçoando a declaração da missão do seu trabalho sagrado. Talvez seja preciso fazer vários rascunhos até chegar ao documento definitivo. Quanto mais clara e precisa for sua declaração da missão, seu trabalho sagrado se manifestará com mais vigor.

Evoluindo em seu Destino Divino

- Conecte-se com pessoas que você admira;

- Faça *network* com profissionais gabaritados que possam apoiar sua visão;
- Leia, explore e estude a carreira que pretende seguir;
- Afirme diariamente seu direito inato de fazer seu trabalho sagrado;
- Adquira as habilidades necessárias para o seu trabalho;
- Fale sobre sua visão sagrada com pessoas com quem sente afinidade, para receber estímulo, inspiração e conhecimento;
- Escolha bem com quem você irá partilhar sua visão;
- Invista tempo, energia e recursos em sua visão;
- Vá à biblioteca para estudar e aperfeiçoar sua visão;
- Elabore um plano de negócio como se fosse um mapa rodoviário, a fim de saber para onde você está indo e como chegar lá;
- Fique sempre alerta com a Tristeza do Nascimento (descrita anteriormente neste capítulo), pois ela pode deixá-la em dúvida ou com medo e contaminar sua visão, fazendo seu negócio gorar;
- Estude as estratégias, dificuldades e êxitos de outras mulheres e homens de negócios e use-os como diretrizes para o sucesso.

Um dos Meus Triunfos Financeiros

O desejo de montar um negócio baseado em meu trabalho sagrado foi cercado de conselhos financeiros de várias pessoas. Minha mãe disse: "Mantenha seu nome limpo". Meu pai disse: "Pague seus impostos e compre o edifício onde seu negócio está instalado". A dona de um negócio aconselhou: "Pegue um empréstimo". Uma pessoa sábia recomendou: "Funde uma organização sem fins lucrativos que se mantenha com fundos da sua comunidade e de grandes corporações". Eu fiz tudo à moda antiga. Para conseguir capital, eu vendia meus produtos e serviços e reinvestia os lucros no fortalecimento do meu negócio sagrado. Tive de mudar o endereço comercial 11 vezes devido a um incêndio no local, a uma inundação, a um cadeado posto na minha porta por um oficial de justiça e a outras situações causadas pela falta de capital. Mas continuei focada na minha visão. Devido à falta de crédito ou de capital, durante anos eu só conseguia alugar imóveis. Finalmente, em 1993, minha mãe comprou o edifício onde estou até hoje e o registrou em meu nome. Graças à generosidade da minha mãe e ao apoio do meu marido para montar a infraestrutura, meu trabalho se estabilizou de uma vez por todas. Apesar dos inúmeros desafios que enfrentei para chegar até aqui, minha jornada no trabalho sagrado tem sido maravilhosa, empolgante, assustadora e transformadora a ponto de eu querer fazer uma *holla* publicamente.

No início do meu negócio, eu tinha uma equipe de oito pessoas. Havia quatro profissionais de colonterapia, duas massagistas, a secretária e a gerente. Como estávamos em um bairro afluente, eu tinha muita demanda e mais clientes do que podia atender. Estávamos no auge, mas como o negócio estava mal administrado, tive de fechá-lo abruptamente. Um oficial de justiça surgiu com cadeados e me deu apenas meia hora para me mudar com meus filhos. Fui então para a casa da minha mãe. Uma semana depois voltei ao local para retirar minhas coisas. Após pagar as despesas da mudança, fiquei com 30 dólares, três filhos e sem trabalho, mas não esmoreci e compensei a falta de dinheiro com a criatividade e fé habituais. Sempre tive esses quesitos em abundância e, graças a eles, consegui ter estabilidade financeira.

Com os 30 dólares que me restaram, comprei um saco de argila e extratos de ervas e preparei doze jarros de argila, os quais vendi em um seminário que dei, um mês após ser despejada da minha casa. Eu não tinha dinheiro para alugar um espaço para apresentar o seminário, então procurei a Bedford

Stuyvesant Restoration Corporation, que atua desde 1996 em prol do desenvolvimento econômico da comunidade residente nessa parte do Brooklyn. Expliquei minha história e falei do meu desejo de continuar servindo à comunidade, então eles resolveram me conceder um empréstimo que ressarci após a minha apresentação, que foi um sucesso. As pessoas que comparecerem estavam sedentas por cura e, com a venda de argila e dos ingressos, ganhei o suficiente também para comprar comida para as crianças e triplicar meu estoque de argila. Após um ano trabalhando incansavelmente, consegui reconstruir meu negócio.

Quando me lembro de que fui despejada do lugar onde morava e trabalhava, tive de me despedir da minha equipe fiel que ficou temporariamente desempregada e me mudar com meus filhos para a casa da minha mãe. Só posso agradecer, pois isso impulsionou o meu trabalho para um novo patamar. Foi nessa época sombria que eu tive tempo para escrever meu primeiro livro e criar minha linha de produtos. Escrever *Heal Thyself for Health and Longevity* mudou minha vida para sempre, pois esse livro foi o catalisador para eu conseguir o que queria e inspirou milhares de pessoas no mundo inteiro a trilharem o caminho do bem-estar holístico. Ele também faz parte do legado de cura que deixarei para meus netos e para o planeta Terra quando eu partir.

Tenho muitas histórias de vida e meu quinhão de tempos difíceis e épocas de bonança. No entanto, sempre me empenhei muito para viver de acordo com a minha visão, pois temos uma união sagrada repleta de amor e devoção. Isso nos dá asas para voarmos rumo às alturas.

CRIE O PRÓPRIO TRIUNFO FINANCEIRO

Busque Apoio Financeiro

- O fluxo de caixa do seu negócio depende do seu dinheiro, de dinheiro alheio ou de investidores? Seu plano de negócio precisa ter um orçamento;
- Crie um ambiente propício ao seu trabalho sagrad;.
- Forme uma equipe (círculo) que a ajude a montar progressivamente seu negócio. A equipe deve contar com:
    – Uma guia de Meshkenet que tenha conhecimento, *know-how* e experiência para desenvolver e concretizar sua visão;
    – Uma guia de Het-Hru que ame tanto sua visão quanto você e a proteja com palavras e ações de apoio;
    – Um guia de Ptah que proteja o crescimento do seu negócio. Esse guia pode ser um advogado, contador, guarda-livros ou investidor;
- Defina como será o seu negócio para que sua equipe de trabalho possa apoiar melhor sua visão:
    – Com fins lucrativos;
    – Sem fins lucrativos;
    – Você é a única proprietária;
    – Há um ou mais sócios.

CICLO 5: O MANIFESTO VENTRAL DOS TRIMESTRES

Desenvolvimento Concreto Diário do seu Trabalho Sagrado

- Continue aperfeiçoando seu plano de negócio;
- A experiência é a melhor professora: continue atuando como voluntária na área de sua vocação para treinar e adquirir experiência. Dessa forma, você adquire a prática necessária para cultivar corretamente sua visão;
- Continue se conectando com pessoas que possam ajudar seu negócio a crescer;
- Faça treinamentos intensivos, cursos e certificações adequados para apoiar

sua visão do trabalho sagrado. Quanto mais conhecimento e habilidades você adquirir em sua área, mais seguro será o início do seu negócio;

- Atualize suas habilidades e aprenda a usar o computador;
- Participe de *workshops* sobre administração de negócios, contabilidade, procedimentos de escritório, *marketing* e promoção;
- Entre em uma associação ligada à sua carreira;
- Mantenha seu corpo bem nutrido e asseado. Sature seu sangue, tecidos, ossos, cérebro e coração com luz solar (comidas e sucos verdes vivos) ao longo do dia;
- Fique alerta: para evitar danos ao trabalho sagrado, mantenha sua visão em *sesheta* (segredo), principalmente em referência aos derrotistas, a fim de evitar a Tristeza do Nascimento. O mundo só deve conhecer sua visão quando ela se materializar;
- Seja paciente com seu crescimento. Saiba que embora seus olhos não possam enxergar sua visão do trabalho sagrado, ela de fato existe. A vida começa no Espírito; se for devidamente nutrido, seu trabalho irá se materializar.

Libertação Final para o Nascimento Bem-Sucedido do Trabalho

Você merece viver de acordo com sua visão!

Afirme: Eu me livro de todos os meus medos, apreensões e outras emoções que bloqueiam o nascimento de meu trabalho sagrado. Eu me libero e deixo o Espírito dirigir minha vida.

- Cerque-se sempre de pessoas que você admira e que a estimulem e a inspirem para crescer;
- Escreva de antemão uma carta falando de seu apreço por assumir seu trabalho sagrado;

- Use olíbano e mirra para defumar sua coroa e o coração para purgar os medos e dúvidas atuais e futuros;
- Sue em uma sauna ou banho a vapor por uma hora alternando com duchas, a fim de dissipar suas dúvidas. Faça isso uma ou duas vezes por semana ou sempre que necessário para manter-se receptiva ao nascimento da sua visão;
- Quando estiver em dúvida, expulse da mente e do coração a negatividade e o medo de assumir seu verdadeiro "eu";
- Faça sua prece do Ventre sagrado e, se sentir vontade, chore. As lágrimas lavarão seu coração e você verá tudo claramente;
- Quando estiver em dúvida, jejue à base de nutrientes, ervas e sucos verdes de legumes;
- Vigie seus pensamentos e palavras. Mantenha seu interior limpo e sua mente elevada;
- Hidrate sua visão:
  – Tome 236 ml a 354 ml de suco verde feito na hora e, a seguir, 236 ml a 354 ml de água destilada ou alcalina;
  – Tome 236 ml a 354 ml de sucos de frutas feitos na hora com 236 ml a 354 ml de água destilada ou alcalina;
  – Tome ¼ de litro de água quente com o suco de 2 limões-doces.

Fique confiante. Lembre-se de que você pode criar qualquer coisa que deseje com sua visão.

CICLO 6: O MANIFESTO VENTRAL DAS DORES DO PARTO

Afirme: Não estou com medo, pois tenho confiança absoluta no nascimento de meu trabalho sagrado.

Prepare sua alma para o parto; relaxe e deixe fluir. Você chegou ao prazo final ou, melhor dizendo, à "linha da vida". Basta de arranjar justificativas para adiar seu trabalho e achar que está despreparada, pois a natureza está seguindo seu curso e você está parindo seu trabalho. Não tenha medo: chegou a hora de trazer seu trabalho sagrado ao mundo.

Seus temores podem aumentar durante o parto. Chame o Divino e confie em si mesma. Respire profundamente e faça força para o "bebê" sair. Você fez o trabalho necessário para ter um belo parto, então continue orando. Concentre-se apenas nas reflexões mais fortes e positivas e abra-se para sua grandeza. Confie que você e seu trabalho sagrado ficarão bem. Continue respirando e siga o legado de Nut parindo a luz do sol que se intensifica no cerne de sua conscienciosidade. Surfe nas contrações do parto, por mais intensas que elas sejam. Quando você se lembrar, depois desse momento, você verá que valeu a pena passar por tudo isso para alcançar a iluminação de sua visão.

Ah, sua visão coroou. Acocore-se e faça força sem parar, pois você está prestes a se tornar mãe (*mut*).

CICLO 7: O MANIFESTO VENTRAL DO NASCIMENTO

Prepare Sua alma para o Nascimento

Parabéns pela vitória! O parto acabou e sua visão está aí. Veja se ela está intacta. Conte os dedos dos pés e das mãos e cheque o espírito dela. Seu trabalho sagrado sobreviveu à sua jornada interna. Agora você deve se preparar para a próxima jornada enquanto sua visão começa a crescer.

CICLO 8: O PÓS-PARTO DE AST E HERU

Tudo está bem agora.

Segundo o legado do Vale do Nilo no Kemet, Ast, a Grande Mãe do poder interno, e Asar, o Grande Pai do poder externo, são os pais de Heru. Heru é a luz e o falcão que paira em grandes altitudes. Heru é a verdadeira visão nascida de uma alma evoluída. Ao nascer, Heru suga o seio de Mãe Ast para se nutrir e se fortalecer. Heru e Ast se refletem em nós quando parimos e cuidamos da nossa visão do trabalho que é nosso "bebê", para que ele amadureça com força e poder. Sua equipe de apoio ainda está ativa após o nascimento do seu trabalho sagrado? Sua aldeia e as parteiras devem continuar ajudando-a na criação de Heru, seu trabalho sagrado recém-nascido que é repleto de luz e verdade.

O Abraço em Heru

Cuidado para não ter depressão pós-parto. Heru, a luz de sua visão, nasceu de seu ser. Portanto, ao agir como Ast (a nutriz dentro de você), você cuida de Heru. Você lhe deu a vida (seu trabalho sagrado); agora descanse, reflita e se reequilibre (por exemplo, tome banhos quentes, acenda uma vela e medite com gratidão pelo parto). Para evitar a depressão pós-parto, abrace sua cria comovidamente e agradeça por tê-la em sua vida.

A Comemoração

Organize as boas-vindas da comunidade ao seu negócio, uma apresentação ou uma *open house*. Faça uma festa de lançamento e convide a imprensa, a fim de ganhar projeção.

Envie anúncios a todos sobre seu novo trabalho sagrado. Promova-o na *internet*, rádios, TVs a cabo, jornais, revistas, e-*mails*, *mailings*, distribuindo cartões-postais informativos e assim por diante. Todas essas abordagens de comunicação ajudarão seu negócio a crescer.

CICLO 9: AMADURECENDO SEU TRABALHO SAGRADO

Agora que o mundo sabe que seu negócio nasceu, a tarefa principal é continuar cuidando dele até a maturidade — quando ele deverá estar consolidado e lhe dar apoio espiritual, físico e financeiro.

Se você ficar esgotada de tanto cuidar da sua visão ou estiver com pouco dinheiro ou fé, descanse e se energize. Então volte revigorada para o caminho rumo ao sucesso. Invista ao máximo no seu trabalho sagrado e todos os seus esforços serão recompensados. Lute contra as adversidades, pois você realmente é uma vencedora e tudo dará certo. Quem consegue manter o próprio negócio por pelo menos dois anos está no caminho certo. Seu trabalho sagrado passou no teste do tempo e tem potencial para atingir a maturidade.

Cuidando de Heru

Segundo os ensinamentos afrakanos da antiguidade, Heru é o vitorioso interno, a luz interna, o falcão de visão aguçada que paira em grandes altitudes.

Para que seu trabalho sagrado amadureça, você deve nutri-lo diariamente fazendo promoções, publicidade, reavaliações e remodelações, a fim de atender às necessidades do seu público-alvo. Ficar ligada na voz do povo a ajudará a moldar seu trabalho sagrado de acordo com o que é relevante na atualidade e a mantê-lo em evidência junto à sua comunidade e ao mundo. Continue estudando e se expandindo em sua área e veja seu trabalho sagrado crescer enquanto você se desenvolve de dentro para fora.

Funda-se com o vitorioso Heru e não retroceda. "Sempre avante, jamais para trás."

VIVENCIE SEU TRABALHO SAGRADO

Sou descrita como herborista, autora, espiritualista e parteira. Mas na verdade sou e todos nós somos ilimitados. Expanda-se como eu me expando há quarenta e cinco anos, partindo da dança sagrada, que é o que mais amo fazer. Em 23 de janeiro de 2003, eu estava no centro do palco na Universidade Howard em Washington, quando as cortinas subiram e as luzes brilharam sobre minha companhia de dança, a Abut Em Anksamble. Que experiência maravilhosa! Meu trabalho abriu a Conferência Nacional de Dança, e nós dançamos nossa coreografia sagrada movidas por nossas almas. Diante da plateia curiosa, apresentamos a Dança do Vale do Rio Nilo, uma versão contemporânea de uma antiga arte da cura de nossos antepassados afrakanos. Alguns derrotistas tentaram me dissuadir devido a seus próprios medos e dúvidas. Alguns disseram: "Você não deve fazer algo tão ousado". "Atenha-se ao previsível", sussurrou meu inconsciente.

Mas o Espírito me estimulou dizendo: "Eu sou seu propósito, seu trabalho sagrado, vitorioso". Meu trabalho sagrado insistiu: "Liberte-me para que eu crie e recrie uma vida de prosperidade física, mental e espiritual". E é exatamente isso que faço. Continuo criando, recriando e descobrindo mais níveis do meu propósito neste mundo e mais liberdade.

E estou aqui para estimulá-la a ficar firme em sua visão. Onde quer que sua visão do trabalho sagrado esteja, isso faz parte da sua Roda do Nascimento. Saiba que todos nós temos direito de vivenciar nosso trabalho sagrado. Afinal, ele é nosso destino e, por isso, oramos para descobrir nosso verdadeiro propósito divino. Saiba que você irá se deparar com rochas, lombadas e colinas íngremes, mas enfrente os obstáculos e continue ascendendo. Vá em frente corajosamente, pois os obstáculos são as lições necessárias para que você cultive seu trabalho sagrado. Abra-se comovidamente e permita que o Divino interno se infunda em seu glorioso trabalho sagrado. Para que isso aconteça, confie e deixe-se guiar espiritualmente até seu trabalho sagrado, seu amigo mais querido e íntimo, brilhe vivenciando seu trabalho sagrado!

TRABALHO SAGRADO: TRABALHO TRANSFORMADOR DE SETE DIAS

À medida que você continuar purificando sua vida diariamente por meio de palavras, pensamentos e ações sagrados nos planos físico, mental, emocional e espiritual, as palavras que saem de sua boca e as que lhe são dirigidas terão poder, luz e cura. Você falará palavras sagradas para almas sagradas.

- Jejum de fala: faça um jejum de fala nos sete dias seguintes. Fale apenas o estritamente necessário; cada palavra proferida deve ser pura e orgânica. Ao longo da semana, fique sete a doze horas em silêncio sozinha ou com pessoas que estejam fazendo a mesma prática;
- Escolha as essências florais adequadas para apoiar seu trabalho transformador;
- Afirmações com palavras sagradas: por fim, após as afirmações diárias, faça a prece matinal e a noturna. Agora comece a recuperar seu "eu" natural por meio das palavras:

Minha vida reflete os níveis das palavras.
Hoje estou transformando minha vida para melhor por meio de palavras que energizam e curam.

Meu Compromisso no Fim da Semana com o Trabalho Sagrada

Eu me comprometo a estabelecer e manter a sabedoria de Meshkenet e o poder do Trabalho Sagrada em todas as áreas da minha vida.

*Nome:*_____

*Data:*_____

Posfácio
ATÉ O PRÓXIMO ENCONTRO

Tua (obrigada) ao Excelso, aos NTRU, aos nossos antepassados, anciões e mentores por andarem conosco, suas filhas. *Tua Het-Hru* (amor) por verterem bênçãos em nossa jornada pelas páginas deste livro. Saudamos nossos modos afrakanos antigos e o caminho de Nefertum (o lótus da Divindade que brota na lama). Saudamos Imhotep e sua mãe que é a cura interna e a luz do Excelso que continua nos guiando. Sou grata por todas as numerosas visitas espirituais que recebi na canalização de *Mulher Sagrada*.

Nós fomos fundo em nossos ventres sagrados e ouvimos sua voz plena de sabedoria, que nos acompanhou pelos portais de iniciação até nos tornarmos mulheres afrakanas sagradas. Todas as mulheres podem aprender conosco as bases para o crescimento. Com fé, alegria e deleite totais, elevamos nossas vidas e recuperamos nossas tradições, legado, cultura, sacralidade e cura. Nós nos protegemos e nos salvamos de todas as adversidades e finalmente completamos o círculo para nos empoderar com a orientação de Maat. Espero que os rituais, conceitos, afirmações, técnicas, receitas, fórmulas e ferramentas apresentados neste livro sejam úteis em sua jornada de volta para si mesma.

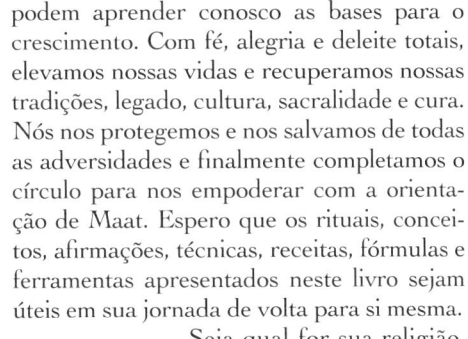

Seja qual for sua religião, linha espiritual ou formação cultural, espero que você renasça renovada. Deixe sua Iniciação no Lótus Sagrado agir em seu interior e sinta a grandeza para a qual foi destinada. Como diziam nossos amados antepassados, até o próximo encontro, *hetepu*, Flor de Lótus de Nefertum.

UMA PARTE SAGRADA EM MIM

Queen Afua

Tenho uma parte sagrada que é uma dádiva dos nossos antepassados do Vale do Nilo (Hapi)
Tenho uma parte sagrada que nada pode abalar
E ninguém perturba a minha paz.
Essa parte sagrada em mim
é Nut, a mãe celestial interna,
é Tehuti, que guia minhas palavras divinamente inspiradas.

Há uma parte perfeita em mim que nada pode abalar
E ninguém perturba a minha paz.
Essa parte perfeita em mim
é Ta-Urt, a Mãe-Terra que nutre meu templo sagrado,
é Nebt-Het, a guardiã que purifica meu espaço.

Onde ela está?
Onde ela está?
Olhe aí dentro.
Olhe aí dentro.
É aí que ela está.
É aí que ela está.

Tenho uma parte sagrada no fundo do meu coração
e nada pode perturbar minha paz.
Essa parte sagrada em mim
é Het-Hru, a mais bela,
é Sekhmet, a deusa da cura,
é Ast, a Grande Mãe que cura meus relacionamentos.

Tenho uma parte sagrada que ninguém pode enganar
E ninguém pode destruir a minha paz.
Essa parte sagrada em mim
é Meshkenet, guardiã do nascimento,
é Maat, que mantém meu coração sereno.

Onde ela está?
Onde ela está?
Olhe aí dentro.
Olhe aí dentro.
É aí que ela está.
É aí que ela está.

Tenho uma parte sagrada que ninguém pode abalar
E ninguém perturba a minha paz.
Essa parte sagrada em mim
é Sesheta, que cura e revela tudo,
é Nefertum, o Lótus da Divindade interna.

Tenho uma parte sagrada na minha coroa que
nenhuma maldade, veneno, raiva, desconfiança e atos maléficos podem tocar.
Tenho uma parte sagrada agraciada com harmonia.
Tenho uma parte sagrada repleta de serenidade.

Onde ela está?
Onde ela está?
Olhe aí dentro.
Olhe aí dentro.
É aí que ela está.
É aí que ela está.
Feche os olhos.
Ela está aqui.

Obrigada, Divina(o) Mãe/Pai.
Obrigada, antepassada.
Obrigada, minhas guias e irmãs sagradas.

Tua-Ntr
Tua antepassados, *Tua*.

Apêndice
BIOGRAFIAS DE ANTEPASSADAS, ANCIÃS E CONTEMPORÂNEAS DA MULHER SAGRADA

PORTAL 0: O VENTRE SAGRADO

Antepassadas do Ventre Sagrado

BIDDY MASON. Enfermeira obstetra cujas habilidades lendárias foram aprendidas em diversas fazendas sulistas com escravos mais velhos que dominavam o uso de ervas medicinais, exercícios e alimentação visando a cura. Em 1848, o dono de Biddy se mudou com a família e os escravos do Mississippi para Utah e, em 1851, para a Califórnia. Biddy ganhou sua liberdade na Califórnia e se fixou em Los Angeles, onde seus altos padrões como parteira rapidamente lhe granjearam clientes de todas as classes sociais. Sua propriedade rural se tornou um dispensário e a base para seu generoso trabalho caritativo, muitas vezes dando abrigo a pessoas carentes de todas as raças.

QUEEN MOTHER MOORE. Nascida em New Iberia, Louisiana, em 1898, foi enfermeira voluntária na epidemia de influenza em 1918. Quando morava em Nova Orleans, tornou-se membro ativo da Universal Negro Improvement Association (UNIA) de Marcus Garvey e foi uma das fundadoras das Enfermeiras da Cruz Negra da UNIA. Extremamente inteligente e corajosa, em sua longa carreira de ativismo político fundiu o nacionalismo negro com o pan-afrakanismo. Mudou-se para o Harlem na década de 1920 e continuou batalhando por autodeterminação, moradia, encarceramento injusto, nutrição e questões femininas na diáspora até sua morte no Brooklyn em 1997.

Anciãs do Ventre Sagrado

AUNT IRIS O'NEAL. Parteira extraordinária, enfermeira registrada, herborista e guardiã do ventre. Décima filha de uma família grande, nasceu em 1920 em Tortola, Ilhas Virgens, e atuava como parteira em Virgin Gorda e Annie Gorda. Após terminar seus estudos em 1939, começou a trabalhar no Peebles Hospital em Tortola. Durante sua longa carreira, trouxe mais de setecentos bebês ao mundo. "Acho que Deus quer que nós trabalhemos juntos", dizia ela, "mas devemos fazer isso com amor".

JOSEPHINE ENGLISH. Médica humanitarista especializada em obstetrícia e ginecologia, em atividade há quarenta anos. Nascida em 1920, passou a primeira infância em Englewood, Nova Jersey, onde terminou o ensino médio em 1937. Formou-se na Faculdade de Medicina Meharry em Nashville. Com consultório no Brooklyn, Nova York, ela já trouxe milhares de crianças ao mundo, inclusive as filhas de Malcolm X, e continua fazendo partos e cuidando das mães. Fundou um centro de saúde abrangente em 1975 e ao longo dos anos criou e atua nas seguintes organizações comunitárias: Adelphi Medical Center, Bushwick Medical Office e no programa Health Is Right for Everyone.

Contemporâneas do Ventre Sagrado

JEWEL POOKRUM. Médica e líder de saúde natural, seu propósito declarado é "buscar a perfeição no estado de saúde atual de todas as pessoas". Quando começou a praticar medicina ocidental em 1981, ela observou que as cirurgias nem sempre curam dores agudas e também descobriu que examinar certas partes do corpo — como as íris dos olhos e os pés — dava uma visão acurada do estado de saúde da pessoa. Então, entendeu prontamente que o corpo, a mente e o espírito são interdependentes. Em outras palavras, as pessoas ficam bem quando são iniciadas nos princípios holísticos e criam a própria cura. Em 1986, ela fundou o Perfect Health Institute of Nutritional Medicine.

NONKULULEKO TYEHEMBA. Enfermeira obstetra certificada há dezoito anos e uma das guardiãs do Santuário de Meshkenet, mora e trabalha no Harlem. É diretora do Harlem Birth Action Committee (HBAC), que patrocina partos e se dedica ao empoderamento feminino. Ela também trabalhou no Senegal, nas reservas indígenas dos navajos e dos hopi no Arizona, em St. Croix, no norte do Estado de Nova York e no Sul dos Estados Unidos. Sua meta é revolucionar os direitos reprodutivos das mulheres.

PORTAL 1: PALAVRAS SAGRADAS

Antepassadas das Palavras Sagradas

ZORA NEALE HURSTON. Antropóloga, folclorista, romancista e autobiógrafa. Nascida em 1891 na cidade de Eatonville, Flórida, cuja população era predominantemente negra, foi uma das personalidades mais complexas e pitorescas do Renascimento do Harlem. Após estudar na Morgan Academy em Baltimore, na Universidade Howard em Washington, DC, e no Barnard College na cidade de Nova York, tornou-se pesquisadora de folclore e escritora talentosa. O conjunto notável de sua obra — incluindo a obra-prima *Seus Olhos Viam Deus* (1937) e os dois livros sobre folclore, *Mules and Men* (1935) e *Tell*

My Horse (1938) — lhe granjeou um lugar de destaque no panteão dos escritores excepcionais. Ela morreu na Flórida em 1960.

MARGARET WALKER. Poeta, romancista, ensaísta e educadora. Nascida em 1915 em Birmingham, Alabama, cresceu em uma família que valorizava a educação e a vida intelectual. Para sua tese de mestrado na Universidade de Iowa, ela apresentou a coletânea de poesia *For My People*, a qual foi publicada em 1942 e causou enorme impacto. Sua dissertação na mesma universidade foi o romance *Jubilee* sobre a Guerra Civil e a época posterior de reconstrução do país. Essa obra levou mais de trinta anos para ser finalizada e foi publicada em 1965. Após uma carreira longa e notável também como educadora, aposentou-se da Universidade Estadual de Jackson, Mississipi, em 1990 e morreu em 1998.

Anciãs das Palavras Sagradas

MAYA ANGELOU. Autobiógrafa, poeta, dramaturga, diretora de cinema e teatro, produtora, atriz, cantora, oradora pública e educadora. Nascida em St. Louis em 1928, tornou-se uma das poetas mais famosas dos Estados Unidos quando, a pedido de Bill Clinton, escreveu e apresentou o poema *On the Pulse of the Morning* na posse dele como presidente em 1993. Sua reputação literária se firmou desde o primeiro volume de sua série autobiográfica, *Eu Sei Por Que o Pássaro Canta na Gaiola* (1970). Outras obras autobiográficas incluem *Gather Together in My Name* (1974), *Singin' and Swingin' and Getting' Merry Like Christmas* (1976), *The Heart of a Woman* (1981) e *All God's Children Need Traveling Shoes* (1986).

TONI MORRISON. Romancista, ensaísta, editora, palestrante e educadora. Toni Morrison é o pseudônimo de Chloe Anthony Wofford, nascida em 1931 em Loraine, Ohio. Ela ganhou destaque na literatura afro-americana desde a publicação de seu primeiro romance, *O Olho Mais Azul*. Publicou também *Sula* (1975), que ganhou o *National Book Award*; *Canção de Salomão* (1977), que ganhou o *National Book Critics Circle Award*; *Tar Baby* (1981); e *Amada* (que ganhou o prêmio Pulitzer em 1988 e uma década depois foi adaptado para o cinema por Oprah Winfrey, com direção de Jonathan Demme); *Paraíso*; e após *Jazz* ganhou o Prêmio Nobel de Literatura em 1993. Morreu em 2019 aos 88 anos.

CAMILLE YARBROUGH. Ativista comunitária, escritora, compositora e apresentadora de um *talk show* radiofônico. Inicialmente, ganhou destaque pelos livros que escreve para crianças, como *Cornrows* (1979) e *The Shimmershine Queens* (1988). Sabendo que as crianças se provocam e se ridicularizam, às vezes com humor e às vezes causando mágoa, ela usa o poder das palavras sagradas para explorar essas rixas e os sentimentos resultantes. Em todas as suas obras, as crianças afro-americanas são estimuladas por adultos a processarem bem suas histórias, a fim de proteger sua psique e seu espírito. Essa anciã multitalentosa trabalha com crianças em vários programas e peças infantis e compõe músicas voltadas a esse nicho etário.

NIKKI GIOVANNI. Poeta, ensaísta, palestrante e educadora. Seu nome verdadeiro é Yolande Cornelia Giovanni e ela nasceu em Knoxville, Tennessee, em 1943. Sua reputação se estabeleceu a partir dos poemas militantes pela raça negra inclusos em obras como *Black Feeling, Black Talk* (1968), *Black Judgement* (1969) e *Re-Creation* (1970), e no premiado disco de poesia e gospel *Truth Is on Its Way* (1971). Lançou também os livros de poesia *Love Poems* (1997), que ganhou o prêmio NAACP Image, e *The Selected Poems of Nikki Giovanni*. Ela registrou suas conversas memoráveis com dois anciões das palavras sagradas nos livros *A Dialogue: James Baldwin and Nikki Giovanni* (1972) e *A Poetic Equation: Conversations Between Nikki Giovanni and Margaret Walker* (1974).

Contemporâneas das Palavras Sagradas

EDWIDGE DANTICAT. Premiada romancista. Desde a publicação de sua obra de estreia, *Breath, Eyes, Memory*, em 1994, é considerada uma das escritoras mais brilhantes dos Estados Unidos. Nascida no Haiti em 1969, aos 12 anos mudou-se para Nova York para viver com seus pais que já viviam por lá. Formou-se em literatura francesa no Barnard College, que lhe outorgou em 1995 o prêmio Woman of Achievement, e posteriormente fez mestrado em belas artes na Universidade Brown. Sua coletânea de histórias *Krik? Krak?* de 1995 foi indicado para o National Book Award. *Breath, Eyes, Memory* foi escolhido por Oprah Winfrey para o seu Clube do Livro. Seu segundo romance, *The Farming of Bones* (1997), baseado no massacre de haitianos em 1937 na fronteira com a República Dominicana, teve grande repercussão positiva.

JESSICA CARE MOORE. Artista de récita e editora. Nascida em Detroit em 1972, começou a carreira poética na cena de microfone aberto ao público por lá, então foi para a cidade de Nova York em 1995 e mergulhou no crescente circuito de récitas. Sua carreira decolou de vez após ela ganhar o primeiro lugar por cinco semanas consecutivas no concurso de calouros que fazia parte do Showtime at the Apollo. Desde então ela participa de diversos eventos de poesia, como o National Black Arts Festival em Atlanta e a Conferência Yari Yari de Escritoras Negras na cidade de Nova York. Apresentou também sua poesia no musical gospel Born to Sing Mama 3 no Madison Square Garden, com Shirley Ceasar e CeCe Winans. Em 1997 fundou a editora Moore Black Press e lançou *The Words Don't Fit My Mouth*.

PORTAL 2: COMIDA SAGRADA

Antepassada da Comida Sagrada

AST (ÍSIS). Seu nome significa "assento" ou "trono", pois ela personifica o trono. Irmã e mulher de Asar (Osíris) e mãe de Heru (Horus), ela simboliza o criativo feminino que concebe e materializa todos os seres vivos e as coisas. É também o exemplo mais nobre de uma esposa e mãe amorosa, e por isso era altamente reverenciada pelos camitas. Como a poderosa NTRU da Terra, seu nome era Usert; como a NTRU da terra e campos cultivados, era Kekhet; como a NTRU da colheita, era Renenet; e como a NTRU da comida oferecida aos deuses, era Tcheft. Em geral, Ast é representada com um seio exposto para indicar que é a Nutriz Divina. Os reis a consideravam sua mãe simbólica.

Anciã da Comida Sagrada

AMON d RE A. *Chef* especializada na preparação de "comidas vivas" e dona do bufê Hapi Sun Food Caterers em Chicago. Suas deliciosas criações e sua abordagem culinária inovadora a tornaram uma palestrante muito requisitada e líder de *workshops*. As comidas sagradas que ela serve são feitas com ingredientes de altíssima qualidade: frutas e legumes frescos (sempre que possível, orgânicos), e nozes e especiarias do mundo inteiro.

Contemporâneas da Comida Sagrada

CHER CARDEN. Consultora de bem-estar e professora de alimentação viva em Nova York. Por meio da educação e de terapias de bem-estar, ela estimula seus alunos a descobrirem e a desenvolverem sua expressão singular da essência divina, e a se curarem. Ela se dedica a ajudar pessoas no mundo inteiro a melhorarem sua qualidade de vida fazendo escolhas mais saudáveis.

DIANE CICCONE. Mãe, herborista, advogada e cozinheira gourmet. Um excelente exemplo do estilo de vida natural, ela está no caminho da purificação há mais de vinte anos, tendo estudado com o doutor John E. Moore, o reverendo Philip Valentine e Queen Afua. Formada na Universidade Colgate e na Faculdade de Direito da Universidade de Hofstra, Ciccone tem um consultório na cidade de Nova York. Nas horas vagas, fica em casa cozinhando pratos novos e saudáveis para o marido e a filha.

PORTAL 3: MOVIMENTO SAGRADO

Antepassadas do Movimento Sagrado

JOSEPHINE BAKER. Dançarina, cantora e atriz, essa artista multitalentosa e extremamente carismática foi precursora das grandes estrelas atuais. Seu nome verdadeiro era Freda Josephine McDonald e ela nasceu em St. Louis, Missouri, em 1906, onde cresceu nas favelas. Aos 15 anos, foi para a cidade de Nova York e entrou no corpo de coristas e dançarinos do musical Shuffle Along, de Sissle e Blake, cujo elenco era todo negro. Após participar de outra produção de Sissle e Blake, Chocolate Dandies, Baker foi para Paris em 1925 com La Revue Negre e da noite para o dia virou uma estrela — em geral, usava apenas uma saia de penas ou de bananas, representando o espírito exótico da Era do Jazz. Gradualmente tornou-se uma sofisticada cantora de jazz e voltou aos Estados Unidos em 1936 para atuar à frente do Ziegfield Follies. Heroína durante a II Guerra Mundial e incansável humanitarista, ela foi uma figura central no Movimento pelos Direitos Civis. Enquanto estava em turnê no Extremo Oriente em 1953, adotou dois órfãos de guerra asiáticos e, nos anos seguintes, adotou mais dez crianças de várias origens étnicas. Sua família era conhecida como a "Tribo do Arco-Íris".

PEARL PRIMUS. Dançarina, coreógrafa e antropóloga. Nascida em Trinidad em 1919, cresceu nos Estados Unidos. Quando estava na New School for Social Research, começou a estudar as então chamadas "danças primitivas". A partir de 1948, estudou dança na África por dezoito meses e depois ficou viajando pelo Hemisfério Sul observando como as pessoas comuns viviam, morando com meeiros e visitando igrejas de negros. Inspirada por essas experiências, suas coreografias mostravam a vida dos negros nos Estados Unidos e as danças tradicionais da África e do Caribe. Em 1959, em sua segunda viagem longa à África, foi nomeada diretora do Centro de Artes Cênicas da Libéria, cargo que ocupou por dois anos. Nessa temporada na Libéria, casou-se com o dançarino e coreógrafo Percival Borde e depois o casal se fixou nos Estados Unidos, tendo fundado a Earth Dance Company na década de 1970. Pearl Primus morreu em 1994.

Anciãs do Movimento Sagrado

KATHERINE DUNHAM. Antropóloga, dançarina, coreógrafa e professora, além de líder influente da dança teatral negra. Nascida em Chicago em 1909, estudou antropologia na Universidade de Chicago e fez pesquisas de campo de danças no Haiti, Jamaica, Martinica e Trinidad. Mudou-se para a cidade de Nova York no final dos anos 1930 e formou um grupo com dançarinos negros altamente aclamado na década de 1940. Ela e seu grupo trabalharam em filmes e em musicais da Broadway, além de fazerem turnês pelo mundo apresentando danças africanas e caribenhas ao longo dos anos 1950. De 1965 até 1967, ela representou os Estados Unidos no Festival de Artes Negras do Senegal e deu aulas para o Balé do Senegal. Na década de 1970, foi convidada para fazer uma residência na Universidade do Sul de Illinois e depois para ser professora nessa instituição. Por fim, foi diretora executiva de um centro de formação em artes nomeado em sua homenagem. Morreu em 2006.

CARMEN DeLAVALLADE. Dançarina, atriz e cantora, nasceu em Los Angeles em 1931. Foi protegida do pioneiro da dança moderna Lester Horton e se tornou conhecida como uma dançarina "total" e artista completa, pois dominava igualmente o balé, a dança moderna e a dança teatral, além de cantar e representar muito bem. Ela se apresenta com o Metropolitan Opera Ballet, o Boston Ballet, o Alvin Ailey Dance Theater e sua própria companhia, e dançou em quatro filmes, incluindo *Carmen Jones* (1954). É casada com o aclamado dançarino, coreógrafo e artista Geoffrey Holder.

Contemporâneas do Movimento Sagrado

JUDITH JAMISON. Dançarina, coreógrafa e diretora artística do Alvin Ailey Dance Theater. Nascida em Philadelphia em 1944, começou a fazer aulas de dança aos 6 anos de idade com a pioneira do balé negro Marion Cuyjet. Após se formar no ensino médio, frequentou por algum tempo a Universidade Fisk, mas logo voltou para sua cidade para dançar em tempo integral na Philadelphia Dance Academy. Quando estava fazendo um teste para um especial televisivo de Harry Belafonte em Nova York, foi notada por Alvin Ailey, que a convidou para entrar em sua companhia. Em 1971 Ailey fez a coreografia solo Cry para ela. Após uma carreira notável na companhia de Ailey, fundou a companhia Jamison Project em 1987. Em 1988, um pouco antes de Ailey morrer, ela assumiu o cargo de diretora artística do Alvin Ailey Dance Theater, tornando-se a primeira afro-americana à frente de uma grande companhia de dança moderna.

DEBBIE ALLEN. Premiada coreógrafa, atriz, diretora e produtora, tinha apenas 3 anos de idade quando começou a ter aulas de dança em sua cidade natal, Houston no Texas. Após estudar em caráter privado com uma ex-bailarina do Ballet Russes e no Ballet Nacional de México na Cidade do México, aos 14 anos de idade foi a primeira aluna negra aceita pela Houston Ballet Foundation. Estudou oratória e teatro na Universidade Howard, enquanto estava no grupo de dança do coreógrafo Mike Malone. Graduando-se com louvor na Howard em 1971, ela mudou-se imediatamente para Nova York. Ao longo das décadas, provou ser uma mulher do Renascimento, dançando com a Universal Dance Experience de George Faison; apresentando-se muitas vezes na Broadway; ganhando dois prêmios Emmy pela série Fame; dirigindo e produzindo a série A Different World da NBC; e sendo uma das produtoras executivas do filme Amistad, dirigido por Steven Spielberg.

QUEEN ESTHER. É uma extraordinária artista do movimento, cuja formação em dança se estende há décadas. Passou vários anos estudando e treinando sob a tutela de Queen Afua do Heal Thyself e, graças ao seu conhecimento como uma mulher sagrada a respeito de dieta, nutrição, ervas medicinais, purgação e purificação, fez jus ao título de "a doutora da beleza". Capaz de ver a beleza oculta nos outros, ela inspira homens e mulheres a deixarem sua magnificência interna brilhar como reflexo do amor-próprio e autoconfiança.

PORTAL 4: BELEZA SAGRADA

Antepassada da Beleza Sagrada

RAINHA TIYE (antigo Egito, 1415-1340 a.C.). Princesa núbia, casou-se com o faraó Amenófis III da XVIII dinastia que ficou no poder até cerca de 1391 a.C. Descrita por seus contemporâneos como uma negra de beleza estontante, ela foi uma das rainhas mais influentes de todos os tempos no Kemet e tinha o título de "Grande Esposa Real". Mesmo após o reinado de seu marido acabar, ela continuou poderosa no Kemet durante o reinado de três de seus filhos, Amenófis IV, Smenkhare e Aquenáton, pai do famoso faraó Tutancâmon. Por quase meio século, Tiye governou o Kemet, tendo regulamentado o comércio e protegido suas fronteiras, além de ser considerada o padrão de beleza em sua época.

Anciãs da Beleza Sagrada

KAITHA HET-HERU. Especialista em beleza holística, é fundadora, diretora e sacerdotisa-chefe do Pa Nefer Het Em Het Heru, o Templo da Beleza de Het-Heru. É também guardiã dos santuários de Het-Heru, Sekhmet, Ta-Urt e Ast, portando o símbolo sagrado da Casa Real do Kemet (*Smai Tawi*), a "ankh" que recebeu do Kera Ptah (Santuário de Ptah). Pastora ordenada da Antiga Ordem do Vale do Nilo (*Hapi*), Het Ptah Ka, dedica-se a manter o culto a Het-Hru, a Sagrada NTRT Feminina. Escreveu o livro *I Love My Beautiful Body Temple*, para que as pessoas respeitem o próprio "eu" divino interno e o templo corporal. Como consultora de beleza holística, motiva, educa e empodera mulheres por meio do programa "Beauty from the Inside Out", que é baseado no Wat Nefer/Caminho da Beleza, uma interpretação contemporânea das antigas tradições de beleza afrakana.

LENA HORNE. Atriz, cantora e concertista, nasceu no Brooklyn, Nova York, em 1917. Obrigada a parar de estudar aos 16 anos de idade para colaborar financeiramente com sua família, conseguiu um emprego de corista no Cotton Club graças à sua beleza e fazia aulas de canto. Aos 18 anos de idade, entrou na Society Orchestra de Noble Sissle como cantora. Em 1940 iniciou sua carreira fonográfica cantando com a banda de Charlie Barnett. Ao aceitar um convite para se apresentar num boate em Los Angeles, acabou encontrando trabalho em Hollywood, tendo estrelado os clássicos Cabin in the Sky e Stormy Weather de 1943, com elencos exclusivamente negros. Do final dos anos 1940 e ao longo dos anos 1950, teve seu auge artístico e financeiro. Em 1981, aos 64 anos, estreou Lena Horne: The Lady and Her Music, o show solo de uma cantora que teve a temporada mais longa na história da Broadway.

NEKHENA EVANS. Consultora de beleza, palestrante, autora e empreendedora, é considerada uma das pioneiras do setor de mega *hair*, desvendando novos conhecimentos e oferecendo serviços de alta qualidade. Ela usa sua ampla experiência para ajudar jovens e idosas a assumirem sua verdadeira grandeza por meio da beleza natural do mega *hair*. Seu livro *Everything You Need to Know About Hairlocking* é um tesouro de informações sobre essa técnica capilar, sua história e seu impacto para fomentar o autoconhecimento e o orgulho.

Contemporâneas da Beleza Sagrada

ERYKAH BADU. Premiada cantora, atriz e estilista. Nascida em Dallas, Texas, seu nome verdadeiro é Erica Wright. Badu chamou a atenção mundial em 1997 ao lançar seu disco *Baduizm*, que rapidamente chegou ao primeiro lugar nas paradas de sucesso e obteve o prêmio de disco de platina em menos de um mês. Com singles de sucesso, os videoclipes "*On and On*" e "*Next Lifetime*" frequentemente exibidos, e tema de capa em muitas revistas, ela se tornou uma das personalidades mais famosas da música popular. Usando sempre envoltórios de cabeça e joias elaboradas em estilo afrakano, ela abocanhou três prêmios na categoria feminina na cerimônia do Soul Train Music Awards de 1997. Em novembro de 1997, lançou seu segundo disco, *Live*, composto por faixas ao vivo de Baduizm e duas novas canções, "I'll Be The Moon" e "Tyrone". Ela teve seu primeiro bebê, Seven, em 1997.

LAURYN HILL. Premiada cantora, compositora, produtora e estilista. Nascida em South Orange, Nova Jersey, apresentou-se aos 13 anos de idade no Apollo Theater cantando "Who's Loving You", de Smokey Robinson, durante um concurso para calouros. Na adolescência, ela e seus amigos de infância Wyclef Jean e Pras Michael formaram o grupo The Fugees. Seu primeiro disco, *Blunted on Reality*, não decolou nas paradas de sucesso, mas causou sensação na cena dos clubes *underground*, em grande parte devido ao carisma de Hill no palco. O segundo lançamento do grupo em 1996, *The Score*, vendeu mais de 17 milhões de discos e deu a Hill a chance de brilhar como cantora. Após o nascimento de seu primeiro filho, Zion, ela ficou mais dedicada à maternidade mantendo uma presença discreta na cena musical até 1998, quando lançou o disco solo *The Miseducation of Lauryn Hill*, que foi instantaneamente saudado como uma obra-prima e figurou em todas as premiações musicais em 1998 e 1999, conquistando inclusive os prêmios Grammy de Disco do Ano e de Melhor Nova Artista.

PORTAL 5: ESPAÇO SAGRADO

Antepassada do Espaço Sagrado

RAINHA NEFERTARI AAH-MES. Seu casamento com o grande Ramsés II do antigo Baixo Egito foi uma das maiores histórias de amor da realeza de todos os tempos e também pôs fim à guerra de cem anos entre o Alto e o Baixo Kemet (Egito) unificando-os em uma só nação. Monumentos evocando essa história de amor ainda restam em templos imensos construídos por Ramsés para sua mulher em Abu Simbel, os quais estão entre os mais magníficos no mundo. Na montanha em que estão localizados há uma dedicatória entalhada do faraó Ramsés para Nefertari. Tais estruturas arquitetônicas continuam sendo as maiores já construídas para homenagear uma esposa.

Anciã do Espaço Sagrado

BARBARA ANN TEER. Atriz, diretora e escritora. Além de trabalhos na Broadway e na televisão, ela atuou nos filmes Slaves e O Anjo Levine, porém é mais conhecida por seu trabalho no National Black Theater (NBT), também conhecido como Sun People's Theater, que fundou no Harlem e do qual foi diretora executiva. No NBT, Teer criou um teatro ritualístico intitulado "The Teer Technology of Soul", que visa ensinar "arte consciente divina". Ela também promoveu o desenvolvimento econômico do Harlem, com a expansão do NBT e espaços de varejo e outros comércios ligados ao teatro. Morreu em 2008 e desde então é sua filha Sade Lythcott que dirige o NBT.

Contemporânea do Espaço Sagrado

QUEEN AFUA MUT NEBT-HET. Para Queen Afua, o espaço sagrado é o templo corporal. No caminho da purificação há décadas, ela é herborista holística e fundadora e diretora do *Heal Thyself Natural Living Center* no Brooklyn, Nova York. Ela acredita em nossa capacidade de nos curarmos de todas as doenças por meio da educação, orientação e apoio apropriados, e o uso de ervas, tratamentos com água, técnicas de jejum, nutrição equilibrada, prece e meditação. Queen Afua é especialista no bem-estar total do corpo, da mente e do espírito.

PORTAL 6: CURA SAGRADA

Antepassadas da Cura Sagrada

ANKH HESEN PA ATEN RA. Terceira filha do faraó Akenáton e da rainha Nefertiti, essa princesa acreditava em um só Deus. Seu pai fundou uma nova capital no Egito e a primeira religião monólatra, a qual cultuava o disco solar Aton e se tornou conhecida como a heresia de Amarna.

DOUTORA ALVENIA FULTON. Nutricionista e uma das primeiras naturopatas afro-americanas nos Estados Unidos. Foi pioneira em todos os aspectos no movimento pela qualidade de vida e nutricionista de várias estrelas como Josephine Baker, Ossie Davis e Ruby Dee, além de uma das primeiras agraciadas com o prêmio Roots pela cidade de Berkeley, Califórnia, devido às contribuições das culturas de origem afrakana para o bem-estar e a qualidade de vida na Área da Baía.

Anciã da Cura Sagrada

BERLINA BAKER. Profissional de colonterapia, reflexologista e educadora. Baker e sua sócia Alva Saafir são proprietárias e diretoras do Stream of Life Colonic Center. Ela oferece programas e retiros de cura para grupos, forma profissionais de colonterapia e dá aulas de autocura à base de ervas nas faculdades de Chicago.

Contemporâneas da Cura Sagrada

DOUTORA SHARON OLIVER. Médica holística, ela desistiu de seu consultório florescente para passar mais tempo com sua filha pequena. Sua experiência atendendo emergências acabou despertando-a para a prática de um nível superior de cura. Ela acredita que toda cura ocorre por meio da aplicação de verdades e desejos universais para guiar e apoiar os outros com o uso de ervas, nutrição e uma abordagem holística. É diretora do Whole Life and Health Center, que aplica os melhores princípios da medicina holística para melhorar a saúde de suas pacientes.

EARTHLYN MARSELEAN MANUEL. Herborista, educadora, escritora e criadora das Cartas dos Anjos Negros, uma ferramenta de cura para mulheres afro-americanas. Nascida em Los Angeles, foi criada conforme a tradição creole/haitiana e tem uma forte crença no Espírito. É muito respeitada por isso e por seu trabalho generoso em prol das meninas e mulheres afro-americanas.

Os espíritos de antigas mulheres negras lhe concederam a dádiva das Cartas dos Anjos Negros durante um sonho. Baseado em um tipo de sabedoria indígena chamado *Shoke*, o baralho contém oráculos, mensagens e ilustrações extraordinárias. A respeito dessa dádiva, ela diz: "As Cartas dos Anjos Negros nos ajudam a cultivar nosso lado intuitivo e a confiar no que sabemos. Vamos começar a cura".

PORTAL 7: RELACIONAMENTOS SAGRADOS

Antepassadas dos Relacionamentos Sagrados

SOJOURNER TRUTH. Abolicionista cujo verdadeiro nome era Isabella Baumfree. Nasceu por volta de 1797 no Condado de Ulster County, no Estado de Nova York, mas a data exata é desconhecida porque aquele era um tempo de escravidão. Ela teve muitos donos, sendo que o último foi Isaac Van Wagener. Quando foi libertada, um de seus filhos foi vendido ilegalmente no Alabama. Com muita determinação, ela abriu um processo contra o homem que vendeu seu filho e conseguiu libertá-lo. Em 1843 mudou seu nome para Sojourner Truth e, atendendo ao que considerou um chamado de Deus, converteu-se à Igreja Metodista e se tornou uma missionária itinerante. A partir daí, "viajou para cima e para baixo no país" fazendo palestras em muitas cidades no Nordeste e no Meio-Oeste sobre os direitos das mulheres e contra a escravidão. Ela custeava as viagens com a venda de exemplares de seu livro *The Narrative of Sojourner Truth*.

SARAH E ELIZABETH DELANEY. As irmãs Delaney personificaram a sororidade de Ast e Neb-Het. Sarah (Sadie) e sua irmãzinha Elizabeth (Bessie) cresceram com mais oito irmãos na virada do século XIX para o XX na Carolina do Norte; o pai delas fora escravo, mas se tornou o primeiro bispo episcopal negro do país. Na juventude, as duas irmãs se mudaram para a cidade de Nova York, conquistando destaque profissional – Bessie como dentista e Sadie como professora – durante o auge do Harlem nas décadas de 1920 e 1930. Priorizando as carreiras, elas jamais se casaram nem tiveram filhos. Quando o livro *Having Our Say: the delaney sisters' first 100 years* foi publicado, o mundo foi apresentado a essas irmãs irrepreensíveis que, embora já estivessem fragilizadas pela idade avançada, continuavam independentes e cuidando uma da outra. Elizabeth morreu com 104 anos de idade em 1995, e Sarah com 109 anos de idade em 1999.

Anciã dos Relacionamentos Sagrados

QUEEN NZINGA RATABISHA HERU. Egiptóloga, organizou a Primeira Conferência Anual sobre Estudos a Respeito do Antigo Egito e acredita na importância de juntar pessoas para aumentar sua conscientização. Foi presidente internacional da Associação para o Estudo das Civilizações Africanas Clássicas (ASCAC na sigla em inglês) e cofundadora do Instituto Rivers Run Deep, que provê desenvolvimento profissional para professores e equipes de escolas urbanas, enfocando as necessidades acadêmicas dos alunos afro-americanos. Ela adotou o nome de Nzinga (uma rainha guerreira que uniu seu povo e lutou quarenta anos para expulsar os portugueses de Angola), combinado com Ratabisha, que significa "aquela que corrige as coisas e deixa tudo em ordem". Ela dizia que, "é melhor ter um breve momento de verdade do que passar a vida inteira em meio a mentiras", e que essa é a receita para relacionamentos duradouros. Ela morreu em 2011.

Contemporâneas dos Relacionamentos Sagrados

OPRAH WINFREY. Apresentadora televisiva, atriz e produtora, começou a carreira aos 19 anos de idade, quando se tornou a primeira e mais jovem âncora afro-americana no noticiário da WTVF-TV de Nashville. Em 1984, mudou-se para Chicago para apresentar o *talk show* matinal *AM Chicago* na WLS-TV, que se tornou o mais assistido um mês após ela assumir o comando. Ganhador do Emmy, seu programa de televisão The Oprah Winfrey Show, no qual ela esclarecia, divertia e empoderava seus telespectadores, a consolidou como uma das principais personalidades da cultura popular. Mas ela também trabalha nas áreas editorial, musical, cinematográfica, de filantropia, educação, saúde e boa forma, e conscientização social. Em 1985 foi indicada ao Oscar por sua atuação em *A Cor Púrpura* e em 1999 estrelou *Bem-Amada*. Em 1998 lançou o Oprah Book Club.

IYANLA VANZANT. Escritora e oradora de renome nacional. Fundadora e diretora executiva da Inner Visions Spiritual Life Maintenance Network, ela inspira os outros a transformarem suas vidas por meio de *workshops*, palestras e seus livros *One Day My Soul Just Opened Up*, *The Value in the Valley* e *In the Meantime*. Suas experiências pessoais lhe deram uma percepção profunda sobre a vida. Após deixar seu marido abusivo, ela estudou no Medgar Evers College e na Faculdade de Direito da Universidade da Cidade de Nova York.

Mudou-se então com os filhos para Philadelphia, onde foi defensora pública por três anos. Posteriormente, foi ordenada como pastora e transmite mensagens baseadas nos princípios do poder divino e na autodeterminação.

LADY PREMA. Produtora, cantora, compositora, atriz e líder de *workshops* transformadores. Autora de *Jewel from Within* e *My Soul Speaks*, ela apoia a filosofia de autocura há anos. Usa cristais e pedras em suas terapias, é praticante de Yoga, Tai Chi e aromaterapia, domina a culinária macrobiótica e toca vários instrumentos africanos.

PORTAL 8: UNIÃO SAGRADA

Antepassada da União Sagrada

BETTY SHABAZZ. PhD, professora universitária, esposa e mãe. Shabazz não era nacionalista nem envolvida na luta pelos direitos civis quando conheceu Malcolm X em 1956 em uma mesquita no Harlem. Nessa época, ela era apenas uma devota muçulmana estudando para ser enfermeira, mas largou os estudos em 1958 para se casar com Malcolm X. Colocando a união sagrada acima de tudo, ela cuidava sozinha das quatro filhas enquanto o marido viajava pelos Estados Unidos e África difundindo o direito dos negros de se defenderem contra a opressão racista. Após a morte de Malcolm X, ela se empenhou para manter o legado dele vivo, defendendo seus ensinamentos junto àqueles que buscavam distorcê-los. Profundamente respeitada por seus esforços para curar a comunidade negra após a perda de seu marido e do doutor Martin Luther King Jr., ela morreu em 1997.

Anciãs da União Sagrada

RUBY DEE. Atriz, poeta, escritora, apresentadora televisiva, mãe e esposa. Seu nome verdadeiro era Ruby Ann Wallace. Nascida em 1924, quando ainda estava na primeira infância, sua família se mudou de Cleveland, Ohio, para o Harlem. Já adolescente e com o pseudônimo artístico Ruby Dee, ela apresentava poesia no Amsterdam News e se envolveu em atividades políticas. Após o ensino médio, entrou no *Hunter College* na cidade de Nova York para estudar francês e espanhol e também começou a estudar atuação. Trabalhou em muitas produções do American Negro Theater (ANT) de 1941 até 1943 e estreou na Broadway com *South Pacific* em 1943. Em todos os papéis que representava, ela imprimia uma marca de dignidade, determinação e inteligência. Casou-se com o ator Ossie Davis em 1949, e o casal frequentemente trabalhava junto em peças e filmes. O livro de memórias do casal, *With Ossie & Rubie* (1997), mostra como suas carreiras florescentes e vida em família se fundiam nesse casamento duradouro e dicas valiosas sobre o que fazer para ter uma união sagrada.

CORETTA SCOTT KING. Ativista dos direitos civis, esposa e mãe. Mulher do líder pelos direitos civis Martin Luther King Jr., que foi assassinado em 1968, ela estava preparada para dar continuidade ao seu trabalho e perpetuar seus ideais. Nos anos iniciais do casamento, ela tinha o papel básico de criar os quatro filhos. Mas ao longo do tempo, sua devoção à união sagrada levou a um envolvimento crescente no trabalho do marido, de modo que apresentava as palestras dele em forma de canções e começou a substituí-lo em muitos compromissos. Após a morte dele, ela se tornou uma dinâmica ativista e paladina da paz, fundando o Martin Luther King Center for Social Justice, sendo frequentemente homenageada por manter vivo o sonho de seu marido. Morreu em 2006.

Contemporânea da União Sagrada

SUSAN TAYLOR. Editora, escritora e oradora pública. Como editora-chefe da *Essence* de 1981 até 2000, ajudou a tornar essa revista a mais influente junto às mulheres negras, especialmente nas áreas de realização pessoal, estilo, beleza e relacionamentos. Por meio de sua coluna *"In the Spirit"*, viagens e aparições públicas constantes, ela inspira e orienta milhões de leitoras e outras mulheres. É autora de *In the Spirit: the inspirational writings of Susan L. Taylor* e *lessons in living*. O livro *Confirmation: the spiritual wisdom that has shaped our Lives* foi escrito junto com seu marido, Khephra Burn, e consiste em uma coletânea da sabedoria de diversas culturas que está no cerne do crescimento espiritual desse casal admirável.

A capacidade de Susan de equilibrar suas responsabilidades profissionais com sua união amorosa com Khephra é uma inspiração para todos nós.

PORTAL 9: NEFERTUM, INICIAÇÃO NO LÓTUS SAGRADO

Antepassadas da Iniciação no Lótus Sagrado

RAINHA HATSHEPSUT. Uma das mulheres sagradas mais realizadas de sua época, a rainha Hatshepsut se tornou uma governante extraordinária que regeu sozinha o Kemet por vinte e dois anos promovendo a paz, a inovação administrativa e a expansão comercial. Filha de Tutmés I, ela se autoproclamou faraó do Kemet após a morte do marido, enquanto seu enteado Tutmés III não atingia a maioridade. Ela usava barba postiça e calças para afirmar seu poder na realeza, e construiu o magnífico complexo templário em Deir-el-Bahari, onde mandou inscrever nas paredes a lenda de que não era filha de Tutmés I, e sim do Deus Amon e da rainha Aah-Mes.

MARY McLEOD BETHUNE. Educadora, organizadora de grupos femininos e filantropa. Essa mulher do lótus sagrado colhia algodão durante oito a dez horas por dia desde que tinha 10 anos de idade. Sua vida, porém, teve uma reviravolta miraculosa quando a professora Emma Wilson da Igreja Presbiteriana de Mayesville, Carolina do Sul, ofereceu à mãe de Mary a possibilidade de educar um de seus filhos. Três anos depois, após ensinar seus irmãos e irmãs a lerem, Mary foi para a escola Scotia em Concord, Carolina do Norte, formando-se em julho de 1894. Então, resolveu abrir uma escola para meninas negras e, em 1904, inaugurou a Escola Literária e Industrial em Daytona Beach, Flórida. Seu marido, Albertus Bethune, a apoiava e ajudou-a a montar o que depois seria o Bethune-Cookman College. O trabalho de Mary ganhou patamar nacional em 1936 quando ela foi nomeada diretora da Divisão de Questões Negras pelo presidente Franklin Roosevelt. Sua filosofia de vida de enobrecer o trabalho e a independência econômica era enraizada em sua crença inabalável na doutrina do amor universal.

Anciãs da Iniciação no Lótus Sagrado

NANA ANSAA ATEI. Sacerdotisa akan e enfermeira registrada. Em 1954, ela recebeu seu certificado de enfermagem prática no Montefiore Hospital. Em 1959, entrou na Escola de Enfermagem Fordham para aperfeiçoar seus conhecimentos e se tornar enfermeira registrada. Entre 1970 e 1972, passou por um treinamento árduo com Nana Okomfopayin Akua Oparebeah, sacerdotisa akan do Santuário de Akonedi, para também se tornar uma sacerdotisa akan, sendo a primeira afro-americana a se formar em cura psíquica e tradicional nesse santuário. Ela continua investindo em seu desenvolvimento espiritual por meio de outros sistemas, inclusive o camítico. E oficia cerimônias de batismo, promove círculos de cura, dá consultas espirituais, receita ervas medicinais e suplementos, e anima todos os que se aproximam dela.

EMPRESS AKWÉKÉ. Ativista cultural que há décadas ajuda as pessoas a se curarem e se transformarem. Ela utiliza modalidades de cura holística nas áreas de educação, saúde, família, alimentação, moradia, artes culturais/criativas e apoio espiritual, para melhorar as vidas das pessoas e famílias em seu entorno. Seu trabalho comunitário inclui dar aulas no Instituto Correcional para Mulheres em Bedford Hills, no Instituto Correcional Lincoln e em numerosas organizações sociais, igrejas e centros de saúde comunitários.

Contemporânea da Iniciação no Lótus Sagrado

ANUKUA AST ATUM. Especialista em vida natural e sacerdotisa. Anukua, cujo verdadeiro nome é Inliss Weh Anukua Kyte, passou décadas desvendando os mistérios do "eu" e da terra, e ajuda todos que buscam o caminho da vida natural. Vegetariana há décadas, desenvolve habilidades transformadoras por meio da arte, do estudo do corpo e das modalidade de cura da vida natural e da prática da espiritualidade. Sacerdotisa *tepi-arit* e guardiã do Kra Nt Htp em Los Angeles, Califórnia, foi presenteada com uma Ankh em 1989 pelo Santuário de Ptah. Fundadora do "Heal Your Hair" que trança cabelos e faz mega *hair* desde 1979, foi uma das responsáveis pela popularidade desses estilos capilares. Sua Life Lover Healing Company oferece *workshops* de culinária, cura, cultura e transformação, e aconselhamento para as pessoas mudarem de vida.

PORTAL 10: TEMPO SAGRADO

Guardiã do Tempo Sagrado

SESHAT é a Escriba e Senhora da Matemática que preside a Casa da Vida. Sua tarefa principal era ajudar o faraó a esticar a corda para as medições e projetos de todos os templos e outros edifícios reais. Ela é uma mágica portando uma varinha de condão com uma estrela de sete pontas, que representa o curso de todas as ideias criativas e da consciência. Seus poderes sobre causa e efeito eram lendários antes mesmo da fundação do Egito. Ela é o aspecto feminino de Thoth e a essência da intuição cósmica, e criou com ele a geometria dos céus. Tornou-se então a deusa da escrita, da astronomia, da astrologia, da arquitetura e da matemática. Seu título de "Soberana da Casa dos Livros" indica que ela também cuidava da biblioteca de papiros de Thoth. Portanto, é a padroeira das bibliotecas e de todas as formas de escrita, incluindo censos, contabilidade e registros.

Antepassada do Tempo Sagrado

HARRIET TUBMAN. A Poderosa Mãe da Liberdade era filha de um casal de escravos e nasceu entre 1820 e 1825 em Dorchester, Maryland, durante a Guerra Civil. Guerreira dedicada à libertação dos afrakanos, sua vida atendeu ao chamado do Altíssimo! Através da Ferrovia Subterrânea, ela libertou mais de setecentos escravos só na Carolina do Sul. Apesar dos sofrimentos e lutas, ela venceu e até hoje nos apoiamos em seus ombros.

Anciã do Tempo Sagrado

MICHELLE LaVAUGHN ROBINSON OBAMA. O mundo a conheceu como a primeira-dama casada com Barack Obama, o quadragésimo sexto presidente americano e o primeiro negro na história dos Estados Unidos. Michelle estudou na Universidade Princeton, formou-se em Direito em Harvard e posteriormente foi reitora dos serviços estudantis na Universidade de Chicago. Ela trabalha diligentemente em prol do empoderamento e bem-estar das mulheres, crianças e famílias. Em 2018, lançou sua autobiografia *Minha História*.

Contemporânea do Tempo Sagrado

KATERIA KNOWS. Saudações reais! Meu nome é Kateria Knows e sou astróloga, intérprete espiritual, conselheira intuitiva e metra de *Reiki*. Há mais de vinte anos estudo astrologia. Quando nos alinhamos com as estrelas, passamos a ter uma vida celestial. A hora é agora.

PORTAL 11 – TRABALHO SAGRADO

Guardiã do Trabalho Sagrado

MESHKENET é a parteira divina e a protetora da casa do parto. É também a deusa que determina o destino das pessoas e tem o poder de proteger os recém-nascidos e suas mães. Seu nome significa "lugar do nascimento" e geralmente ela é representada como um tijolo de parto com cabeça humana ou como uma mulher usando um útero simbólico de vaca na cabeça. É ela que instila *ka* (Espírito) na criança assim que ela vem ao mundo.

Antepassada do Trabalho Sagrado

MADAME C. J. WALKER. A primeira negra milionária nos Estados Unidos foi uma inventora extraordinária. Nascida em 1867, ela elaborou uma linha de cosméticos e produtos para o cabelo das mulatas e negras do mundo inteiro, inclusive para as que tinham enfermidades no couro cabeludo. Viajando pelo país, ela montou laboratórios e fábricas bem-sucedidos durante os anos do Renascimento do Harlem.

Anciãs do Trabalho Sagrado

MAXINE WATERS. Nascida em St. Louis, Missouri, em 15 de agosto de 1938, foi a quinta das 13 crianças de uma mãe solteira. Terminou o ensino médio no Missouri em 1961, então sua família se mudou para Los Angeles, Califórnia. Dez anos depois, ela se formou em sociologia no Los Angeles State College (atual Universidade Estadual da Califórnia). Teve vários empregos nas áreas de serviços e educação. Desde 1991 é deputada democrata federal pela Califórnia, sendo cofundadora do Black Women's Forum e do Community Build. Ela recebeu o prêmio Bruce F. Vento do Centro Nacional de Direito para os sem-teto e a pobreza por seu trabalho em prol dos moradores de rua.

ANGELA EVELYN BASSETT. Renomada produtora, escritora, atriz e ativista. Começou sua carreira em 1980 após concluir o bacharelado em artes na Universidade Yale e o mestrado em belas-artes na Escola de Teatro de Yale.

Contemporâneas do Trabalho Sagrado

QUEEN LATIFAH. Musicista, compositora, atriz, cantora, *rapper* e ativista, essa rainha multitalentosa sempre esteve na linha de frente pela libertação das mulheres negras.

JADA PINKETT SMITH. Nascida em Baltimore, Maryland, onde estudou na Escola de Artes, essa atriz talentosa é mundialmente conhecida por representar grandes papéis em séries de TV, como *A Different World*, e filmes, a exemplo de *Até as Últimas Consequências*. Ela continua evoluindo em sua profissão e também atua como dubladora, cantora e empresária.

NOTAS

1. O termo Afraka, de acordo com a Universidade Doghon do Pensamento, acredita-se que existe uma civilização da África Ocidental no Mali identificada como os Do(h)gons. Os Do(h)gons "definiram a nossa identidade como Afrakan e embora o termo possa parecer semelhante, é diferente da palavra Africana, pois tem um significado que é definido pelos povos originários e não por um explorador europeu. Afraka significa "First-Sun-Soul" (Primeira alma solar).

2. Nuit é a deusa do céu na mitologia egípcia, filha de Tefnut e Shu, esposa de Geb e mãe de Osíris, Isis, Seth, Néftis e Hathor. É ela quem acolhe os mortos de seu império. Uma parte do hieróglifo que forma o seu nome é um vaso com água, que simboliza o útero. Seu nome pode ser escrito como: Neuth, Nuit e Nwt.

3. Passagem do Meio é relacionada a viagem forçada de escravos Africanos e Africanas para o Novo Mundo. Foi uma parte da rota comercial triangular que levou mercadorias da Europa para África, africanos para serem escravizados nas Américas e nas Índias Ocidentais e matérias primas.

4. *A Porta do Não Retorno*, situada em Goréee na ilha de Dakal no Senegal, significou para muitos um último vislumbre da África. *A Porta do Não Retorno* fica na *Casa dos Escravos*, locam que mantinha os africanos escravizados presos para envia-los para diversos continentes. Atualmente, a *Casa dos Escravos* é um memorial e museu que ressalta o sofrimento de milhares de vidas que passaram por ali.

5. Cruz Egípcia dos tempos antigos que simboliza a vida eterna. Ver.: Cruz AnKh.

6. Sororidade é a união entre as mulheres com objetivo de alcançar objetivos comuns. O conceito da sororidade está fortemente presente no feminismo, é definido como um aspecto de dimensão ética, política e prática desse movimento de igualdade entre os gêneros.

7. Ast – Ísis Deusa da maternidade e da magia, e Nebt-Het é a senhora da casa. Ast e Nebt-Het (Isís e Néftis) são irmãs, ambas são chamadas de Deusas-mãe.

8. BGR é um movimento global de empoderamento da mulher e de mídia multifacetada, entretenimento, marca filantrópica e de estilo de vida, dedicado a inspirar, e a celebrar mulheres e meninas negras.

9. Tehuti foi um grande mestre espiritual e intelectual. Foi responsável por criar os hieróglifos.

10. Deusa egípcia protetora da fertilidade e do parto

11. Era um Deus menor egípcio. Foi associado à música e ao parto e foi representado nas "casas de nascimento" dedicadas ao culto do deus criança.

12. Divindade egípcia que exemplificava a concepção dos antigos de feminilidade.

13. Deusa-mãe, senhora da casa.

14. Na mitologia egípcia, é a deusa da vingança, da guerra e medicina do Antigo Egito.

15. Mãe de Rá. Assegura o equilíbrio cósmico e é graças a ela que o mundo funciona perfeitamente.

16. A Deusa Ast (Ísis) é a divindade egípcia da fertilidade, da maternidade, da cura, da magia e da família.

17. Nefertiti foi uma rainha egípcia que junto com seu marido foi responsável por mudar a religião no Egito e adorar apenas um Deus.

18. Era a deusa das bibliotecas e dos escritos, protetora dos livros e do conhecimento.

19. Deusa do parto. Era conhecida como criadora de parte do *Ka* (alma) da criança, que ela lhes soprava no momento do nascimento.

20. No Brasil, o número é de cerca de 150 mil mulheres que recebem a indicação de histerectomia anualmente e acabam na sala de cirurgia.

21. K. J. Carlson, D. H. Nichols e I. Schiff, "Indications for Hysterectomy", *New England Journal of Medicine 328*, nº12 (1993): 856-60.

22. K. Kjeruklff, G. Guzinski, P. Langenberg et al., "Hysterectomy and Race", *Journal of Obstetrics and Gynecology 82*, nº 5 (1993): 757-64.

23. NTR – Aspectos sagrados, o Criador/a Criadora.

24. NTRU – Aspectos do ser supremo. Fonte de todo amor, o Criador/ a Criadora.

25. A. E. Wallace Budge, *The Egyptian Book of the Dead* (Nova York: Dover Publications, 1967 [1895]), 215-18.

26. A. E. Wallis Budge, Books on Egypt and Chaldea: *The Book of the Dead*, vol. 3 (Londres: Keagan, Paul, Trench, Trubner and Co., 1909), 594.

27. Xequerê é um instrumento de percussão criado na África. É formado por uma cabaça seca cortada em uma das extremidades e envolta por uma rede de contas.

28. Spirulina é um suplemento dietético obtido a partir de cianobactérias, uma classe de organismos unicelulares anteriormente conhecida como "algas azuis".

29. Essas ilustrações são de uma tabela sobre a saúde do cólon criada pelo doutor Robert Wood, meu professor nesse assunto.

30. Prana é um conceito central na Ayurveda e Yoga, no qual acredita-se fluir através de uma rede de finos canais sutis chamados nadis.

31. Ísquios é um osso que constitui a zona inferior da pélvis, serve de apoio ao corpo quando estamos sentados.

32. Sankofa é um ideograma presente no adinkra (conjunto de símbolos ideográficos dos povos acã, grupo linguístico da África Ocidental).

AGRADECIMENTOS
Para aqueles que me apoiaram diretamente na concretização do livro *Mulher Sagrada*.

Tua NTR, cujo corpo contém a luz dos guardiões e antepassados sagrados. Obrigada por guiar carinhosamente meu coração, mãos e pés nessa jornada sagrada.

Às divinas anciãs e irmãs contemporâneas que são exemplos vivos da Divindade. Profunda gratidão a você, irmão Gift, por sua visão e insistência para que eu transformasse o Manual de Treinamento da Mulher Sagrada em um livro.

Sen-Ur Ankh Ra Semahj Se Ptah, meu amado, brilhante, régio e divino marido e mentor, por sua ajuda carinhosa e incansável apoiando-me a cada fase do parto de Mulher Sagrada. Eu digo a você, *Tua NTR*. *Tua NTR*, eu me casei com o meu herói.

Ida e Ephraim Robinson. Bênçãos eternas para minha mãe, Ida Robinson, por ser tão amorosa e perfeita em todos os aspectos do meu desenvolvimento. Agradeço ao meu pai, Ephraim Robinson, que agora é um antepassado, por continuar me orientando a partir do mundo espiritual.

Para meus amados filhos SupaNova, Shere¬ase e Ali, cujo amor me amparou quando eu estava cansada e achava que nada restava. Vocês me deram a centelha para ir até o fim. Eu amo vocês.

Cheryl Woodruff, publisher adjunta na *One World/Ballantine* e minha editora, que personifica Sekhmet e se conduz na vida como uma rainha e guerreira em prol da cura. Obrigada por ser minha parteira e coreógrafa literária. E bênçãos por seu trabalho magistral, devoção e empenho para transformar este livro em uma realidade. Muito amor por me ajudar a crescer.

Marie Brown. Uma rainha do lótus de Nefertum e minha preciosa agente, obrigada por saber o que eu precisava em cada passo do caminho e por acreditar no projeto *Mulher Sagrada*.

Kristine Mills-Noble, diretora de arte. Muita gratidão pela capa e design gráfico brilhantes do livro Mulher Sagrada. Você acreditou na visão da obra e foi muito além do dever de uma maneira poderosa e sagrada.

Barbara Shor, editora de texto. Minha eterna gratidão pela edição final do conteúdo do livro que você fez com tanta doçura, humildade e carinho.

Michael Brown, artista extraordinário. Por sua genialidade artística na criação da ilustração na capa de *Mulher Sagrada*.

Eileen Gaffney, editora-chefe. Muita gratidão por seu trabalho impecável e minuciosa atenção, e bênçãos especiais por sua generosidade. Nós jamais chegaríamos à reta final sem você.

Greg Tobin, editor-chefe do Ballantine Publishing Group. Sincero apreço por seu apoio constante.

Beverly Robinson, diretora de Publicidade da One World Books. Obrigada por divulgar *Mulher Sagrada* mundialmente e me manter na ordem divina enquanto eu viajo com o movimento da Mulher Sagrada.

Allison Glismann, assistente editorial da Bal-lantine Books. Obrigada por apoiar tanto Cheryl Woodruff e nos conduzir à reta final.

Lady Prema. Minha verdadeira amiga e irmã devotada que me apoiou em todos os passos da jornada de Mulher Sagrada.

Empress Akwéké. Meu apreço por seu exemplo belo e ousado de como levar uma vida sagrada que me inspirou a assumir minha sacralidade afrakana.

Baba Ishangi, reverendo e ancião. Por ser uma grande inspiração para todos nós na restauração da nossa cultura afrakana.

Minha equipe extraordinária no Heal Thyself: Ntreshah Elsa Bernal, Heru Pa-Ur Tehuti Se Ptah e TaMera Het-Heru, além de Ast Nebt-Het Maat, meu braço direito e assistente em *Mulher Sagrada*; e meu diretor de vídeos, Khadiatou (Terry Wisdom).

David Jackson. Por toda sua habilidade literária e dedicação para produzir o texto biográfico em *Mulher Sagrada* em cima da hora.

Doutora Sharon Oliver e doutora Cheryl Scott. Por sua expertise médica e apoio.

Gerianne Frances Scott. Por ser minha primeira parteira literária e me ajudar no rascunho do livro Mulher Sagrada.

Maxine Tehuti Campbell. Por seus anos de compromisso com a excelência e seu trabalho de composição editorial.

Yolanda M. Tribble (Tribal). Minha gratidão por sua devoção inexorável compondo e fazendo pesquisas para este livro.

Portia Davis (BaSheBa Earth). Por trabalhar na composição quando deveria estar tomando banho de sol.

Chester Higgins e Anthony Mills, meus brilhantes fotógrafos, por serem tão antenados e saberem o que era necessário visualmente para este livro.

Dianne Pharr. Por sua orientação espiritual e por insistir que eu procurasse a fabulosa especialista Marie Brown.

Hazelle Goodman, minha irmã espiritual, por seu apoio e por manter meu coração leve com nossas risadas nos momentos mais difíceis durante a elaboração deste livro.

Litina Egun-Gun, designer da sacola de medicina da Mulher Sagrada.

Para o grupo de estudo da Mulher Sagrada que compartilhou generosamente suas histórias e trabalhos ventrais no diário: Marie Brown, Lillian Cortez, Kristine Mills-Noble, Cheryl Woodruff, Astede Elegba, doutora Ellis, Tonya Reid e Ja¬nine Smalls.

Minha gratidão profunda também àqueles que apoiam minha vida e meu trabalho há anos. Meus irmãos biológicos James e Albert Robinson; meus irmãos espirituais, os gêmeos Tunde-Ra e TaharQa Aleem; as sacerdotisas Smai Tawi da Mulher Sagrada; a Mãe de Purificação Etta Dixon; os músicos sagrados Laraaji, Nadi e Entrfied; minhas filhas espirituais Erykah Badu e Dawn Coleman; Keisha e Karla Williams; Natalie da Park Slope Copy; minha massagista, Najami; os anjos gêmeos Princess e Don; os filhos biológicos do meu marido, Everay, El-Aton, Ptah, Ka-Mena, Sesheta; e os netos dele; e, por fim, a todas as minÏhas irmãs, irmãos, anciãs e contemporâneas divinos que contribuíram para a elaboração do livro *Mulher Sagrada*.

CRÉDITOS DAS IMAGENS

A autora agradece imensamente aos fotógrafos e instituições que lhe deram permissão para usar suas imagens nas seguintes páginas do livro:

Entrando no templo © Terence D. Reddick / Relevo em parede no templo de Ramsés II © The British Museum / Relevo em parede no templo de Ramsés II © The British Museum / Altar sagrado © Chester Higgins Jr. Todos os direitos reservados / Deusa Tawaret © The British Museum / Círculo do Ventre Sagrado © Chester Higgins Jr. Todos os direitos reservados / Música do Círculo do Ventre © Chester Higgins Jr. Todos os direitos reservados / Nut © Victor Boswell/National Geographic Society Image Collection / Deus do ar Shu separando a deusa do céu Nut do deus da terra Geb © The British Museum / Detalhe em tampa de caixão © Victor Boswell/National Geographic Society Image Collection / Figura de argila pintada; vaso de terracota; sílex e faca de marfim © Victor Boswell/ National Geographic Society Image Collection / Refletindo sobre as perguntas no Diário do Ventre Sagrado © Astede Elegba / Compartilhando nossas histórias © Astede Elegba / Órgãos reprodutores femininos © Entrfied Ka Ptah / Queen Afua bota fé em você! © Anthony Mills. Todos os direitos reservados / Círculo do Ventre Sagrado © Chester Higgins Jr. Todos os direitos reservados / Queen Afua, O Compromisso © Chester Higgins Jr. Todos os direitos reservados / Colcha da Mulher Sagrada © Chester Higgins Jr. Todos os direitos reservados / Altar sagrado © Chester Higgins Jr. Todos os direitos reservados / Yolanda Tribble © Anthony Mills. Todos os direitos reservados / Um banquete de mulheres sagradas © Anthony Mills. Todos os direitos reservados / Comida sagrada, cortesia da doutora Chinzera Davis Kahina para Per Ankh Inc. / Queen Afua e Ntrelsa Bernal © Anthony Mills. Todos os direitos reservados / Relevos pintados no Templo de Seti I, c. 1290, Abidos, Victor Boswell/National Geographic Society Image Collection / Dança sagrada © Anthony Mills. Todos os direitos reservados / Dança ventral © Anthony Mills. Todos os direitos reservados / Starla Lewis e filhas © Steve Manczuk / Credo da dança ventral © Anthony Mills. Todos os direitos reservados / Hazelle Goodman © James Kheigsman / Toque de Tehuti © Anthony Mills. Todos os direitos reservados / Sas ou joias criadas por Nekhena Evans © Anthony Mills. Todos os direitos reservados / Contas para cintura © Anthony Mills. Todos os direitos reservados / Mulher com envoltório de cabeça branco © Chester Higgins Jr. Todos os direitos reservados / Uma integrante do Clã da Argila © Anthony Mills. Todos os direitos reservados
Exercício para ter olhos radiantes © Anthony Mills. Todos os direitos reservados / Adornos faciais e vestuário de Kaitha Het-Heru © Anthony Mills. Todos os direitos reservados / Erykah Badu © Kevin Westenberg / Essas são mãos que curam © Anthony Mills. Todos os direitos reservados / Detalhe de uma reunião das Mulheres Sagradas © Hru Ankh Ra Semahj / Sacola de medicina © Anthony Mills. Todos os direitos reservados / Uma aldeia de mães e filhas © Anthony Mills. Todos os direitos reservados / Queen Afua e seus filhos © Chester Higgins Jr. Todos os direitos reservados / Queen Afua e sua filha © Anthony Mills. Todos os direitos reservados / O grupo Sacred Voices © Anthony Mills. Todos os direitos reservados / Uma união sagrada: Hru Ankh Ra Semahj e Queen Afua © Anthony Mills. Todos os direitos reservados / Alianças sagradas © Aaron White / Sobre o ritual © Chester Higgins Jr. Todos os direitos reservados / Ankh, o símbolo da unidade © Chester Higgins Jr. Todos os direitos reservados / Queen Afua saudando Rá no platô de Gizé © Esu Amn-Ra Hru Ma'at / Tehuti e Queen Afua no Santuário de Sekhemet © Ingani (Virginia) Maat Choice / A sacerdotisa Taen-Ra no templo de seus antepassados © Ingani (Virginia) Maat Choice/ Muro das Lamentações no Templo de Cura de Com Ombo © Ingani (Virginia) Maat Choice / Preparando-se para a Iniciação no Lótus Sagrado © Chester Higgins Jr. Todos os direitos reservados / Aspirantes se preparam para a iniciação, cortesia de Merra Khusa / Proclamação de Queen Afua © Chester Higgins Jr. Todos os direitos reservados / Iniciadas na Mulher Sagrada © Robert L. Bowden, Jr./ Queen Afua: Até o Próximo Encontro © Anthony Mills. Todos os direitos reservados